제13판 거시경제론

거시경제론

● 정운찬 · 김영식 · 이재원 지음

13판

MACRO-ECONOMICS

율곡출판사

정운찬(서울대학교 명예교수, 동반성장연구소 이사장)

서울대학교 경제학과를 거쳐 미국 Princeton University에서 경제학 박사학위를 받은 후 Columbia University에서 조교수로 강의와 연구를 시작하였다. 1978년부터 2009년 9월까지 서울대학교 경제학과에 봉직하면서 거시경제학과 화폐금융론 분야에서 이론과 실제를 겸비한 대표적 학자로 자리매김했으며, 우리나라의 경제학계와 민간부문 및 官界에 수많은 후학을 양성하였다. 서울대학교 총장과 국무총리를 역임하였으며, 서울대학교 명예교수로 추대되었다. 야구와의 평생 인연으로 한국야구위원회(KBO) 총재를 역임했으며, 현재 동반성장연구소 이사장으로 활동 중이다.

김영식 교수(서울대학교 경제학부)

정운찬 교수의 제자로 서울대학교 영어영문학과를 졸업하고, 미국 University of Iowa에서 경제학 박사학위를 받은 뒤 뉴질랜드의 Victoria University of Wellington에서 조교수로 재직하였다. 2000년 귀국 후 2004년 8월까지 경희대학교 경제학과에서 부교수로 재직하였고, 같은 해 9월부터 서울대학교 경제학부로 자리를 옮겨 거시경제학과 화폐금융론 강의와 연구를 수행하고 있다. (kimy@snu.ac.kr)

이재원 교수(서울대학교 경제학부)

University of Wisconsin-Madison에서 경제학과와 수학과를 졸업하고, Princeton University에서 경제학 석사학위와 박사학위를 받았다. 현재 서울대학교 경제학부에서 강의와 연구를 수행하고 있다. 서울대학교에 부임하기 전 미국 University of Virginia와 Rutgers University-New Brunswick에서 조교수로 재직하였다. (jwlee7@snu.ac.kr)

제13판

들어가는 글

thirteenth edition
Macroeconomics
Preface

이 책은 이제 不惑이 되었다. 1982년 초판이 나온 이래 여러 차례 개정을 통해 거시경제 환경의 변화와 이를 설명하는 거시경제학의 동향을 소개하고 독자들의 거시경제적 사고에 일조하고자 노력해 왔다. 이번 개정도 이러한 노력의 연속이며, 한 가지 중요한 차이는 서울대학교의 이재원 교수를 공동저자로 맞이하여 책의 구성과 내용을 대대적으로 업그레이드했다는 것이다. 이재원 교수는 거시경제학 분야의 탁월한 연구 실적과 함께 국내외 거시경제학계를 선도할 학자이다.

이번 개정판의 핵심은 다음과 같다. 첫째, 이번 개정판에서는 처음부터 거시경제학의 미시적 기초(microeconomic foundation)를 자세히 설명하고 이를 토대로 일관되게 거시경제모형을 구축·분석하였다. 거시경제학의 연구대상은 미시경제학과 달리 경제 전체이다. '거시경제'는 가계, 기업, 정부 같은 경제주체들과 이들이 거래하는 여러 시장으로 구성되어 있는데, 개별 경제주체들의 행위와 시장들의 균형을 집계(aggregation)함으로써 거시경제 현상을 이해할 수 있다. 즉, 현실에서 관측되는 거시경제 현상은 결국 미시적인 의사결정의 합인 것이다. 따라서 원론적으로 거시경제학과 미시경제학이 특별히 구분되어야 할 이유는 없다.

하지만 거시경제 현상이 그에 상응하는 미시경제 현상의 단순 합과 다르다는 점에 거시경제학의 존재 이유가 있다. 예를 들어 개별 노동자들은 임금 변화에 노동시간을 비탄력적으로 조정하는 경향을 보이지만, 이를 집계한 총노동시간은 임금 변화에 탄력적으로 반응한다. 다른 예로, 개별 상품 중에는 가격이 경제 여건에 따라 자주 조정되는 재화나 서비스가 있는 데 반해, 물가수준은 상당히 경직적으로 움직인다.

이번 개정판은 이러한 거시경제 분석과 미시경제 분석의 차이를 구분하면서도 이 둘의 차이점보다는 공통점을 강조하고 있다. 국민소득(GDP)과 물가수준 같은 거시경제 변수가 개별 경제주체가 내린 결정의 산물이라는 사실은 변함이 없기 때문이다. 이 책의 이전 판을 포함하여 거의 모든 거시경제학 교재가 미시적 기초를 다루었지만, 이를 국가경제의 기본 문제인 장기적인 경제성장과 단기적인 경기변동을 설명하는 거시경제모형에 일관된 방식으로 융합시키지 못했다. 반면에 이 개정판은 미시적 기초를 전면에 내세우고 이를 토대로 대표적인 경제성장모형과 경기변동모형을 도출한 후 정책시사점 등을 논의하고 있다. 이 과정에서 일견 어렵게 보이는 내용은 몇 단계에 걸쳐서 직관 또는 간단한 수식과 함께 쉽게 풀어서 설명하고 있다. 지난 반세기 동안 현대 거시경제학 이론 전체가 미시적 토대 위에 세워졌고, 이에 발맞추어 최근 세계 유수의 대학들이 미시적 기초에 바탕을 둔 거시경제학을 가르치고 있는 점에 비춰볼 때, 우리는 이번 개정이 다소 늦은 감이 있지만 필요한 방향이라는 데 모두 의견을 같이 했다.

둘째, 가장 최근의 새케인즈학파 모형을 중심으로 여러 거시경제모형 간 공통점과 연관성을 강조하였다. 거시경제학을 처음 접했을 때 독자 대부분은 알아야 할 거시경제모형이 너무 많다고 생각했을 것이고, 어떤 독자는 당혹감을 느꼈을 것이다. 하지만 그 첫 인상이 절반은 맞지만 절반은 실제와 다르다고 할 수 있다. 최근 거시경제학자들은 장기적인 경제성장과 단기적인 경기변동 같은 전통적인 주제 이외에 금융, 노동, 조세, 교육, 환경, 불평등, 인구구조 변화 등 다양한 이슈들을 거시경제모형을 이용하여 분석하고 있다. 물론 하나의 모형으로 이 모든 현상을 설명하기는 불가능하다. 결국 거시경제학이 연구대상으로 삼는 주제가 다양해짐에 따라 모형의 다양성이 커진 측면이 있다.

하지만 거시경제학의 주된 관심사인 경제성장과 경기변동에 초점을 맞추면, 현대 거시경제학에서 모형 간 차이가 크지 않음을 알 수 있다. 예전과 달리 거시경제학자들은 실질적으로 동일한 동태적 일반균형모형을 이용하여 장기적 성장과 단기적 변동을 분석하고 있다. 이 두 현상 모두 1) 가계가 주어진 제약조건에서 효용을 극대화하고, 2) 기업은 이윤극대화를 달성하며, 3) 정부는 예산제약 속에서 정책을 집행하고, 4) 거시경제의 모든 시장이 청산된 결과이므로 장기균형(경제성장)과 단기균형(경기변동)의 결과라는 차이만 있을 뿐 서로 다른 모형으로 설명할 필요가 없다는 것이다.

구체적으로 여기서 소개되는 모형들의 출발점은 바로 솔로우 성장모형(Solow growth model)이라 할 수 있다. 이 개정판은 솔로우 모형이 다른 모형들과 마찬가지로 일반균형모형이라는 점을 강조하고 있다. 새고전학파의 일반균형모형(예를 들어 실물경기변동모형)은 솔로우 모형에서 단순하게 가정했던 소비 · 투자 및 노동공급 행위를 미래전망적인(forward-looking) 경제주체의 미시적 의사결정으로 대체하여 좀 더 일반적으로 확장한 모형이다. 그리고 새고전학파 일반균형모형의 핵심 가정, 즉 경제의 모든 기업이 가격을 신축적으로 즉각 조정한다는 가정을 현실경제에 좀 더 가깝게 일부 완화한 모형이 새케인즈학파의 가격경직성모형이고, 이 모형에 국가 간 재화 및 자금 이동까지 고려한 모형이 새케인즈학파의 개방경제모형이다. 이는 현실경제의 적합성 면에서 볼 때 솔로우 모형과 새고전학파의 일반균형모형이 새케인즈학파 거시경제모형의 특수한 형태라는 것을 의미한다. 이러한 주요 모형들 간 연관성에 대한 논의는 거시경제학의 주요 모형들이 별개가 아니라는 사실을 이해하는 데 도움이 될 것이다.

셋째, 제로금리 하한(zero lower bound ; ZLB)과 유동성 함정(liquidity trap)과 같이 지난 10여 년 동안 거시경제의 뉴노멀이 되어 온 거시경제 현상에 대한 논의를 독립된 장으로 추가했다. 역사적으로 경제가 유동성 함정에 빠지는 상황이 빈번히 발생했던 것은 아니다. 하지만 이 현상은 최근 여러 경제위기를 겪으면서 거시경제학의 가장 중요한 정책 어젠다 중 하나가 되었다. 특히 1990년대 이후 일본은 "잃어버린 20년" 동안 극심한 디플레이션과 함께 명목이자율이 제로 수준으로 떨어지면서 유동성 함정에 빠졌다. 또한 2008년 글로벌 금융위기와 대침체(Great Recession), 그리고 최근 코로나19 충격에 대응하여 주요 선진국의 정책당국은 대규모 재정진작과 함께 확장적 통화정책을 통해 기준금리를 낮추었다. 특히 미 연준은 지난 15년 중 10년 동안 연방준비자금 금리를 0%에 가깝게 유지하면서 비전통적인 통화정책을 시행하였다. 더 이상 제로금리 하한과 유동성 함정을 예외적인 현상으로 치부할 수 없는 이유이다.

넷째, 모형의 미시경제적 토대를 유지하되 모형을 되도록 단순화함으로써 독자들이 거시경제학의 주요 이론 및 정책시사점을 쉽게 이해할 수 있도록 노력했다. 미시적 기초를 바탕으로 한 일반균형모형의 분석이 다소 복잡해 보이는 이유 중 하나는 모형경제가 경제여건의 변화에 반응하는 메커니즘이 동시에 여럿 존재하기 때문이다. 이 책은 실증적으로 덜 중요하거나 주요 결론에 영향을 주지 않는 부분을 모형에서 과감히 생략함으로써 핵심 메커니즘이 명확히 드러나도록 했다. 게다가 앞서 말한 대로 모형들의 '공통분모'가 상당히 크다는 점을 구체적으로 예시한 것도 독자들한테 도움이 될 것으로 기대한다.

끝으로, 이 개정판은 경제학원론과 고등학교 수준의 수학을 배운 독자를 대상으로 한다. 학부 수준의 경제학 교재에 자주 등장하는 간단한 미분도 모형분석에 거의 사용하지 않았으며, 대신 이론의 직관적인 이해에 중점을 두었다. 이 책의 2장(거시경제학 방법론)은 경제학원론에서 배웠던 미시경제이론 중 거시경제 분석에 유용한 부분을 요약하고, 책 전반에 걸쳐 거시경제모형의 단순화를 위해 사용될 몇 가지 가정을 소개하고 있다.

이번 개정판을 저술하는 과정에서도 여러 사람들의 도움을 많이 받았다. 김한솔(서울대 박사과정)은 개정판 전반의 데이터 업데이트와 요약, 연습문제 정리 등을 도와주었고 윤혁진, 윤성욱(이상 서울대 경제학부), 김수빈(서울대 영어영문학과)은 재교지를 꼼꼼히 읽고 개정 내용에 대해 코멘트와 함께 오탈자도 찾아주었다. 율곡출판사 박기남 사장님과 방조일 주간님께서는 인내심을 갖고 저자들의 책 개정을 독려해 주셨다. 모든 분들에게 깊이 감사드린다. 물론 항상 우리 곁에서 함께 자리를 지켜준 가족들에게도 고마움과 사랑을 전한다.

끝으로 지난 40여 년 동안 이 책에 보내주신 독자들의 관심과 지도편달에 새삼 깊은 사의를 표하며, 이번 개정판부터 공동저자로 한 팀이 된 이재원 교수와 함께 더 좋은 책을 만드는 데 정진할 것을 약속한다.

2022년 2월 28일

정운찬 · 김영식 · 이재원

초판

들어가는 글

first edition

Macroeconomics

Preface

인류가 경제생활을 영위해 온 이래 오늘날과 같이 경제의 비중이 크게 부각된 시기는 일찍이 없었다. 현대의 경제생활은 매우 복잡한 양상을 띠게 되었고, 이에 수반하여 생겨난 무수한 경제현상이 우리를 둘러싼 채 그 해결을 요구하고 있다. 그중에서도 특히 실업과 인플레이션은 자본주의 경제의 대표적 병폐로서, 이들 현상의 원리에 대한 이해는 현대인이 갖추어야 할 기본 소양이라고 해도 지나친 말이 아니다. 이와 같은 이해는 GNP 통화량, 이자율수준, 물가수준, 고용량 등의 집계변수들(economic aggregates)을 관찰하고, 이들 상호 간의 관계를 연구하는, 이른바 거시경제적 사고에서 비롯된다.

이 책은 두 가지 목적을 위하여 집필되었다. 하나는 필자가 지금까지 거시경제학을 배우고 가르치면서 다져온 거시경제학에 대한 생각을 정리하고자 하는 것이고, 다른 하나는 기초적인 수요 · 공급의 원리와 국민소득의 기본 개념을 습득한 후 거시경제적 사고의 틀을 형성하려는 학생들에게 도움이 되고자 하는 것이다.

필자는 책 전체를 관류하는 거시경제적 사고의 체계를 세우고, 이 체계에 입각하여 내용을 서술하려고 노력하였으며, 아울러 단편적인 지식의 전달보다는 독자들의 사고를 계발하는 데 중점을 두었다. 이러한 입장에서 필자는 특히 다음과 같은 점에 유의하였다. 첫째, 거시경제이론의 체계적 소개와 함께 각 이론의 역사적 배경을 살피는 한편, 이론이 정책과 연결되도록 노력하였다. 둘째, 여러 가지 거시경제적 사고의 틀, 예를 들면 고전학파와 케인즈학파, 통화주의와 케인즈주의 등을 객관적으로 비교 · 검토함으로써 독자들이 균형잡힌 사고를 할 수 있도록 하였다. 셋째, 최근에 등장한 합리적 기대 가설, 거시불균형 분석도 독립적인 장으로 소개함으로써 진부한 사고의 틀만을 고집하지 않으려고 노력하였다. 넷째, 모든 논의에 수요 · 공급원리를 적용하여 전개함으로써 거시경제적 사고가 일반적인 경제적 사고의 일부분임을 보이려고 노력하였다. 다섯째, 불확실성과 기대(또는 예상)라는 개념을 과감히 도입함으로써 실업과 인플레이션 현상의 이해가 전통적인 경제분석만으로는 한계가 있다는 것을 강조하였다.

필자는 학부시절에 조순 선생님으로부터 케인즈의 『일반이론』을 배웠고, 미국에서 박사과정을 밟는 동안 블라인더(A. Blinder), 보몰(W. Baumol), 브랜슨(W. Branson) 교수들로부터 각각 소득결정이론, 동태경제학, 거시경제정책을 배웠다. 이 분들께 감사드리며, 동시에 이 책에서 다루어진 이론의 취사선택이나 그 설명방식이 이 분들의 가르침에 많이 따른 것임을 밝혀둔다

이 책을 저술하는 모든 과정에서 많은 분들이 도와주셨다. 조순 선생님과 경영학과의 박정식 교수께서는 처음부터 끝까지 이 작업을 위해 격려해 주셨다. 이 분들에게 깊은 감사의 뜻을 표한다. 조인구, 김규래, 오상근, 최병일, 김민주, 강남훈, 배영목 제군은 집필 및 교정 단계에서 여러 가지 미흡한 부분과 오류를 지적해 주었다. 총명과 성실을 겸비한 이 학생들의 노고에 깊은 사의를 표한다. 또한 이 책을 만드는 동안 물심양면으로 도움을 아끼지 않으신 강희일 사장님과 세심하고 인내성 있는 편집을 해주신 다산출판사 직원 여러분들에게도 사의를 표한다.

끝으로 이 책을 집필하는 동안 필자가 쾌적한 분위기에서 일할 수 있도록 도와준 가족과 친척들에게도 감사의 뜻을 전하고 싶다.

1982년 8월 21일
서울대학교 관악캠퍼스에서
정 운 찬

차 례

thirteenth edition
Macroeconomics
Contents

1 거시경제학 들어가기

Macroeconomics, part one

제1장 국가경제란 무엇인가?

제2장 거시경제학 방법론

2 거시경제의 장기적 측면과 경제성장모형

Macroeconomics, part two

제3장 장기적 경제성장의 주요 사실

제4장 외생적 경제성장이론

제5장 내생적 경제성장이론과 경제성장정책

3 거시경제학의 미시적 기초

Macroeconomics, part three

제6장 소비와 저축

제7장 소비 · 여가와 노동공급

제8장 노동수요와 투자

제9장 실물부문의 일반균형

제10장 화폐와 물가수준

4 거시경제의 단기적 측면과 경기변동모형

Macroeconomics, part four

제11장 단기적 경기변동의 주요 사실

제12장 새고전학파의 경기변동모형

제13장 새케인즈학파의 경기변동모형

제14장 필립스곡선과 기대

제15장 제로금리 하한과 유동성 함정

제16장 개방경제의 거시경제학

제17장 통화정책의 여러 문제

5 거시경제이론의 발전

Macroeconomics, part five

제18장 소비이론과 투자이론

Macroeconomics
part one

거시경제학 들어가기

01 국가경제란 무엇인가?

1. 거시경제학이란 무엇인가? / 2. 국가경제의 생산 · 소득 · 지출순환 / 3. 국민소득통계
4. 국가경제의 기본 문제 / 5. 코로나19 위기와 최근 국내외 주요 거시경제현상

02 거시경제학 방법론

1. 경제모형이란? / 2. 미시경제모형 / 3. 거시경제모형 / 4. 결론과 로드맵

시장경제는 지난 200여 년간 꾸준히 성장해 왔다. 그 결과 오늘날의 생산과 소득 수준은 과거와는 비교가 안 될 정도로 엄청나게 높아졌다. 그러나 경제성장 과정이 순탄했던 것만은 아니다. 성장의 추세 속에서 호황과 불황이 번갈아 나타났다. 호황기에는 경기가 과열되어 인플레이션이 심각한 문제가 되었으며, 불황기에는 생산설비가 제대로 이용되지 못하고 실업이 만연했다.

불규칙한 경기변동은 경제성장에 대한 낙관론을 부정하는 계기가 되었다. 자본주의 초기에는 생산력의 비약적인 증가로 안정적인 경제성장을 낙관하는 견해가 지배적이었다. 그러나 1930년대 전 세계를 강타한 대공황은 시장경제가 본질적으로 불안정한 속성을 갖고 있으며, 이에 대한 체계적인 분석 없이는 지속적인 성장을 꾀할 수 없다는 인식을 확산시키는 계기가 되었다. 거시경제학은 바로 이와 같은 배경에서 등장하였다.

거시경제학의 과제는 장기적으로 경제 전체의 생산, 고용, 투자, 소비 등이 지속적으로 증가하는 경제성장과 단기적으로 이들 변수가 장기추세선을 중심으로 상승과 하락을 반복하는 경기변동을 규명하고 정책적 시사점을 이끌어내는 것이다.

이제 이 책의 전반에 걸쳐 경제성장과 경기변동을 중심으로 거시경제 문제들의 주요 특성을 살펴볼 것이다. 그리고 이러한 거시경제 현상을 분석하는 이론과 모형에 대해서 알아볼 것이다. 이러한 과정은 거시경제를 이해할 수 있는 경제학적 사고의 틀을 형성하는 데 도움이 되리라 믿는다.

제1편 〈거시경제학 들어가기〉의 1장(국가경제란 무엇인가?)에서는 먼저 국가경제를 구성하는 가계 · 기업 · 정부 및 해외 부문 간 생산 · 소득 · 지출의 순환적 흐름과 그 결과 생성된 국민소득통계를 살펴본다. 그리고 국가경제의 생산 · 소득 · 지출순환에서 나타나는 국가경제의 기본 문제, 즉 장기적 경제성장과 단기적 경기변동의 주요 특성을 살펴본다. 2장(거시경제학 방법론)에서는 국가경제의 기본 문제를 포함한 거시경제 현상을 설명하기 위해 앞으로 배우게 될 거시경제모형의 기본 개념과 로드맵을 개략적으로 소개한다.

Preface

Macroeconomics ch. one

국가경제란 무엇인가?

1

이 장에서는 먼저 국가경제를 구성하는 가계 · 기업 · 정부 · 해외부문 간 생산 · 소득 · 지출의 순환적 흐름을 알아보고 이러한 국가경제의 흐름을 측정하는 국민소득통계를 소개한다. 그리고 시장경제를 표방하는 국가들의 국민소득통계에 나타난 국가경제의 기본 문제, 즉 장기적 경제성장과 단기적 경기변동의 주요 특성을 살펴본다. 아울러 2020년 초 코로나19 충격 이후 우리나라와 세계 경제의 성장률과 인플레이션 동향 등 최근 국내외 주요 거시경제현상을 간략히 살펴본다.

1. 거시경제학이란 무엇인가?

경제학은 전통적으로 거시경제학과 미시경제학의 두 분야로 구분되어 왔다. 미시경제학(microeconomics)은 개인이나 기업과 같은 개별 경제주체들이 주어진 여건에서 자신의 이익을 극대화하기 위해 어떤 결정을 하는가, 그러한 결정은 시장기구를 통해 어떻게 조정되는가 등의 문제를 다룬다. 이에 비해 거시경제학(macroeconomics)은 '크다'는 의미의 '거시(macro)'에서 짐작할 수 있듯이, 이들 경제주체들의 선택이 가계부문, 기업부문, 그리고 경제 전체로 집계되어 나타나는 국가경제의 운행원리를 다룬다. 그러나 단순히 분석대상의 규모만으로 거시경제학과 미시경제학이 구분되는 것은 아니다. 미국의 월마트(Wal-Mart Stores)사는 여러 작은 나라들의 국민소득을 초과하는 매출을 올리고 있지만, 이 회사의 생산량과 제품가격에 관한 연구는 분명히 미시경제학에 속한다. 반면 비록 작은 나라이기는 하지만 트리니다드 토바고(Trinidad and Tobago)의 총생산이나 실업, 인플레이션에 관한 연구는 거시경제학에 속한다.

> **'거시'**를 뜻하는 'macro'는 '크다' 또는 '길다'라는 의미를 가진 그리스어 '$\mu\alpha\kappa\rho o\varsigma$(macros)'에서 유래된 것임

즉, 거시경제학은 국가 단위의 경제를 대상으로 총생산, 총소비, 총투자, 총고용, 경상수지, 물가, 환율 등과 같이 경제 전체에 관한 집계변수(economic aggregates)들을 연구한다. 그러나 이러한 여러 가지 집계변수는 매우 추상적이다. 가령 쌀이나 컴퓨터, 야구경기 등과 같은 구체적인 재화 · 서비스나 이들의 가격은 우리가 일상생활에서 거의 매일 접하는 것이지만, 어느 누구도 총소비나 물가라는 집계변수를 직접 접해 보지는 못했을 것이다.

> **거시경제학의 연구대상**
> - 국가경제의 장기적 경제성장과 단기적 경기변동 및 정책과제
> - 경제 전체에 관한 집계변수의 장 · 단기적 특성과 상호 간의 관계

그럼에도 전통적으로 거시경제학에서 추상화된 집계변수를 연구대상으로 하

는 이유는, 우선 총생산의 증가, 즉 경제성장과 물가 상승(또는 인플레이션) 같은 국가경제 현상의 원인을 규명 · 예측할 때 개별 개인이나 기업의 모든 면을 세세하게 파악하는 것보다 집계변수로 파악하는 것이 훨씬 편리하기 때문이다. 예를 들어 케인즈는 『일반이론』에서 경제 전체의 국민소득 대비 총소비수준을 나타내는 소비성향(propensity to consume)이 상당히 안정적이라고 주장한다. 이때 국민소득 이외에 총소비지출을 결정하는 주관적 요인이나 갑작스런 변화, 또는 특정 개인의 소비성향에 영향을 미치는 요인 등을 주어진 것으로 생각하면 총소비지출 분석의 편의를 도모할 수 있다. 또한 경제를 구성하는 여러 개별 시장과 산업부문의 상황이 아주 똑같지는 않다고 할지라도 대체로 같은 방향으로 움직이는 경향이 있기 때문에 집계변수만을 이용해 분석해도 비교적 오류가 적게 발생한다.

거시경제학에서 국가경제의 집계변수들을 별도로 다루는 또 다른 이유는 경제 전체에 걸친 실업, 인플레이션, 경제성장 등 거시경제 문제에 개인이나 기업의 자원배분을 다루는 미시경제 문제와 다른 일면이 있기 때문이다. 예를 들어 불황이 닥치면 기업은 임금을 줄일 수밖에 없다. 그리고 사람들은 흔히 임금 삭감이 불황을 견디는 방법이라고 생각한다. 그러나 이러한 명제는 거시경제학의 관점에서는 오류일 수도 있다. 임금 삭감은 소득 감소를 가져오고, 이것이 다시 구매력 감소를 가져와 불황을 더욱 심화시킬 수도 있기 때문이다. 다른 예로 거시경제학에서 화폐의 역할은 미시경제학에서와는 많이 다르다. 미시경제학에서는 일반적으로 화폐가 단순한 가격표시 단위, 즉 회계 단위(numeraire)로만 취급된다. 물론 미시경제학에서도 명목치(nominal value)와 실질치(real value)의 구별이 있기는 하지만 그것이 갖는 의미는 크지 않다. 그러나 거시경제를 분석할 때 화폐의 역할은 매우 중요하다. 왜냐하면 화폐는 교환을 매개할 뿐만 아니라 화폐가치에 대한 경제주체들의 예상을 통하여 현재와 미래의 물가수준, 총소비, 총생산, 총고용 등에 영향을 미칠 수 있기 때문이다.

물론 실제 경제문제에서 미시경제의 측면과 거시경제의 측면 사이에는 밀접한 관련성이 있다. 거시경제가 성공적으로 운용되지 못하면 미시경제에 대한 연구가 그 의의를 잃게 될 것이며, 반면에 자원배분을 위한 미시경제 기능이 원활하게 작동하지 못한다면 거시경제 연구의 중요성은 퇴색될 수밖에 없다. 이론의 측면에서도 거시경제학과 미시경제학 사이에는 방법론적 교류가 이루어지고 있다. 최근 들어 거시경제학은 각종 거시경제 현상을 미시경제학적 기초에 근거해 분석하려는 경향을 보여왔다. 이러한 거시경제에 대한 미시경제학적인 탐구는 거시경제학의 기반을 더욱 튼튼하게 만드는 계기가 될 것이다.

요약하면 거시경제학은 국가경제 전체의 관점에서 총체적으로 경제문제를 분석한다. 총체적인 분석이란 국가경제를 구성하는 가계부문 · 기업부문 · 정부부문 · 해외부문 사이의 연관관계를 밝혀내고 전체 경제활동을 순환적 흐름으로 파악하는 것이다. 이 장에서는 거시경제이론을 본격적으로 소개하기에 앞서, 국가경제를 파악하는 데 필수적인 국가경제의 실물 및 자금 순환을 설명하고 이들을 측정하는 통계에 대해 살펴보기로 한다.

2. 국가경제의 생산 · 소득 · 지출순환

우리의 경제에서는 재화와 서비스가 계속 생산되고 있다. 여기서 생산은 한 경제가 가지고 있는 인적 · 물적 생산요소들이 시장을 통해 결합되어 이루어진다. 〈그림 1-1〉은 노동, 자본 등의 생산요소가 결합하는 생산과정을 통해 생산물이 산출되고, 이 생산물이 다시 소비되거나 투자되어 생산요소를 재생산하는 과정을 보여준다. 여기서 '생산물'은 사람이 살아가는 데 필요한 의 · 식 · 주와 정신적 · 문화적 욕구를 충족시키기 위하여 생산되는 재화와 서비스를 말한다. 재화(goods)란 쌀, 옷, 자동차, 건물처럼 물질적 형태를 갖는 상품이다. 서비스(service)란 보통 용역이라고도 하는데 운송, 숙박, 금융, 의료, 문화활동 등과 같은 사람의 노력이다.

소비재
- 생산물 중 소비자의 직접적인 욕망을 충족시키기 위해 사용되는 재화
- 생산물 가운데 가장 많은 부분을 차지

자본재 생산물 중 다른 상품이나 서비스를 생산하는 데 사용되는 재화

생산과정을 거친 생산물 중에 많은 부분은 **소비재**(consumption goods)로 소비자의 손에 들어간다. 그러나 생산물 중에는 소비재로 소비되지 않는 부분이 있다. 제철소에서 생산하는 철을 예로 들면, 생산된 철 가운데 일부분은 자동차, 철제가구, 칼과 같은 여러 가지 소비재로 변형되어 소비자 손으로 들어가고, 나머지는 소비재가 아닌 기계, 공장, 철도 레일 등을 생산하는 데 투입된다. 이것들은 다른 상품이나 서비스를 생산하는 데 사용되는데, 이러한 성격의 재화를 **자본재**(capital goods)라고 한다.

자본재란 생산요소 중 하나인 자본이 되는 재화를 말한다. 자본재는 비록 직접 소비되는 재화는 아니지만, 이들도 생산과정에서 점점 마모되어 결국은 완전히 소진되거나 폐기되고 만다. 자본재는 기업의 생산요소이므로 기업은 지속적

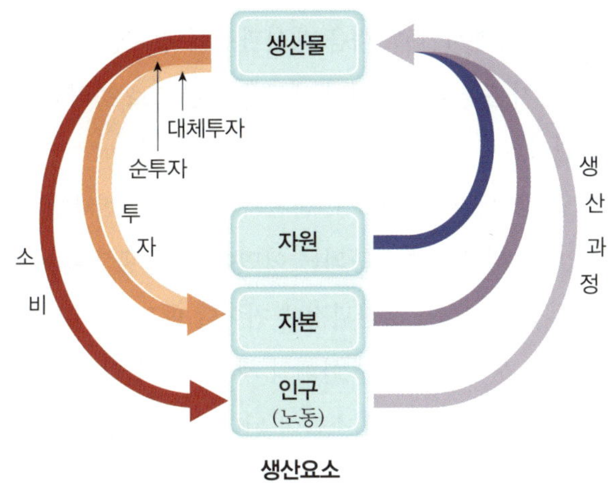

그림 1-1

➡ **국가경제의 순환 : 생산물과 생산요소의 순환**

국가경제에서 생산된 재화나 서비스는 소비되거나 혹은 투자되어 자본 등의 생산요소를 재생산하는 순환과정에 투입된다. 이때 소비는 인간의 노동력을 유지·발전시키는 데 필요한 요건들을 충족시키고 다음 생산과정에 필요한 에너지를 축적한다. 또한 투자는 소모된 자본을 대체하거나 새로운 자본을 축적함으로써 국가경제의 운행을 유지 또는 확장시킨다.

으로 이것을 수리하고, 마모되면 대체한다. 이러한 과정을 통해 기업의 생산능력은 항상 유지될 수 있다. 따라서 자본재도 소비재와 마찬가지로 생산물의 최종적인 종착지가 될 수 있다.

이때 자본재와 구별되어야 할 것으로 **중간재**(intermediate goods)가 있다. 중간재란 최종 생산재, 즉 소비재나 자본재를 생산하는 과정에서 원료나 부속품과 같이 중간에 소요되는 재화를 말한다. 이를테면 자동차를 생산하기 위해 부속으로 들어가는 타이어, 볼트, 너트 등은 중간재이다.

중간재 최종 생산재를 생산하는 과정에서 중간에 소요되는 재화

이렇게 기업이 자본을 마련하기 위해 자본재를 구입하는 것을 **투자**(investment ; I)라 한다. 투자는 두 부분으로 구성되는데, 하나는 생산과정에서 소모된 부분을 대체하기 위한 **대체투자**(replacement investment)이고, 다른 하나는 자본재를 증가시키는 **순투자**(net investment)이다. 즉, 총투자(gross investment)는 대체투자와 순투자의 합이다. 따라서 자본재의 신규 증가액(즉, 투자총액)이 생산과정에서 소모된 기존 자본을 초과한다면, 그 초과분이 순투자이고 그만큼 자본재의 양이 증가한다.

투자 자본을 마련하기 위해 자본재를 구입하는 것. 대체투자와 순투자의 합
- **대체투자** 생산과정에서 소모된 부분을 대체하기 위한 투자
- **순투자** 자본재를 증가시키는 투자

〈그림 1-1〉에 요약된 국가경제의 생산물과 생산요소의 순환에서 우리는 두 가지 중요한 사실을 알 수 있다. 첫째, 모든 국가경제는 소비와 투자 간의 선택이라는 근본적인 문제에 직면한다. 여기서 생산물 중 소비를 하고 남은 부분, 즉 저축이 모두 투자에 이용된다고 하면, 투자는 미래소비를 위해 현재소비를 희

국가경제의 생산물과 생산요소의 순환
- 소비와 투자 간의 선택

■ 국가경제를 키워가는 순환적 성격을 띰

생하는 행위이다. 둘째, 국가경제의 운행은 스스로 다시 새로워지고 스스로를 키워가는 순환적 성격을 띤다. 인간은 소비를 통해서 스스로를 유지 또는 발전시키는 데 필요한 요건들을 충족시키고, 다음 생산과정에 필요한 에너지를 충전한다. 또한 투자는 소모된 자본을 대체하거나 새로운 자본으로 축적되어 국가경제를 유지 또는 확장시킨다.

■ 생산물과 생산요소 순환의 반대방향으로 화폐소득과 지출의 순환이 나타남

지금까지 살펴보았던 생산물과 생산요소 순환의 이면에는 반대방향으로 진행되는 화폐의 흐름이 있다. 생산물이 처분되는 이면에는 그 생산물을 구입하기 위한 화폐의 지출이 있고, 생산요소가 생산과정에 참여할 때도 그 생산요소에 대한 대가로 화폐가 지불된다. 생산물에 대한 화폐의 지출은 기업의 판매수입이 되고, 생산요소에 대한 화폐의 지출은 가계의 소득이 된다. 이처럼 국가경제에서 일어나는 생산 및 소득과 지출의 순환과정을 **국민소득의 순환**(circular flow of national income)이라고 한다. 이제 일정 기간 동안의 국민소득 순환과정을 보다 명확하게 이해하기 위하여 가계부문과 기업부문만 존재하는 단순한 국가경제의 국민소득순환부터 살펴보자.

2.1 가계부문과 기업부문

가계부문 생산요소를 기업부문에 판매해서 얻은 소득으로 기업이 생산한 재화와 서비스를 구매

기업부문 재화와 서비스를 판매해서 얻은 수입 전부를 가계부문에 생산요소 구입의 대가(임금, 지대, 이자, 이윤)로 지불

국가경제에서 **가계부문**(household sector)은 노동 · 자본 · 토지 · 기업활동 등 모든 생산요소를 보유하며 그 생산요소를 기업에 판매하고, 기업은 가계부문으로부터 구입한 생산요소로 재화와 서비스를 생산하여 가계부문 또는 다른 기업들에 판매한다. 가계부문은 생산요소를 **기업부문**(business sector)에 판매해서 얻은 소득으로 기업이 생산한 재화와 서비스를 구매한다.

〈그림 1-2〉에서 재화와 서비스가 거래되는 곳을 재화시장이라 부르고, 생산요소가 거래되는 곳을 생산요소시장이라 한다. 재화시장에서는 재화와 서비스에 대한 가계(및 기업)의 수요와 기업의 공급이 만나서 생산물의 수량과 가격이 결정되며, 이곳에서 가계는 재화와 서비스를 얻고 기업은 그 판매수입을 얻는다. 생산요소시장에서는 노동 · 자본 · 토지 · 기업활동 등의 생산요소에 대한 기업의 수요와 가계의 공급이 만나서 요소가격과 고용량이 결정되며, 기업은 생산요소를, 가계는 그 대가인 소득을 임금 · 이자 · 지대 · 이윤의 형태로 얻게 된다. 기업은 생산물의 판매수입으로 요소소득을 지불하며, 가계는 기업으로부터 얻은 소득으로 생산물을 구매하는 순환적인 관계에 있다.

그림 1-2

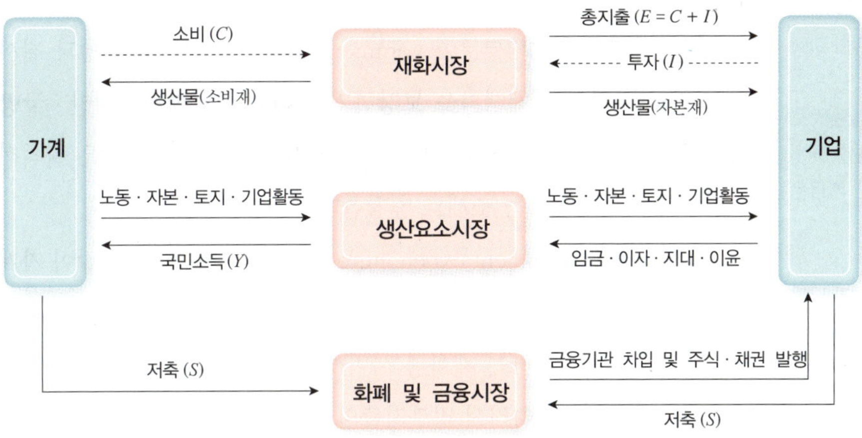

단순한 소득순환모형 : 가계와 기업부문

가계는 보유한 생산요소를 기업에 판매하며, 판매로 얻은 소득으로 기업이 생산한 재화와 서비스를 소비한다. 기업은 가계로부터 구입한 생산요소로 재화와 서비스를 생산한다. 이러한 순환과정을 국민소득의 순환이라 한다.

가계는 보통 소득의 전부를 **소비**(consumption ; C)하지는 않는데, 가계부문이 일정 기간 소득 가운데 소비하지 않은 부분을 **가계저축**(household saving)이라고 한다. 이러한 가계저축은 국가경제 전체의 관점에서 생산물에 대한 구매의 형태로 지출되지 않는 부분이므로 소득순환으로부터의 **누출**(leakage)이다. 즉, 가계저축 액수만큼 기업의 판매수입이 감소하고, 결국 다음 단계의 생산요소 구매도 그만큼 줄어든다. 한편 가계저축은 화폐 · 금융시장에서 금융기관 예금, 주식 및 채권 등으로 보유된다.

가계저축
- 소득 가운데 소비되지 않은 부분
- 소득순환으로부터의 누출

가계뿐만 아니라 기업도 그들의 이윤을 모두 배당하지 않고 그 일부를 기업 내부에 유보하는 방식으로 저축을 한다. 이 사내유보분 가운데 일부를 새로운 기계 구입이나 공장 건설 등 **투자**(investment)에 사용하면 소득순환으로 되돌아온다. 이러한 기업 내부의 저축 이외에 경제 전체에서 기업 투자자금의 주원천이 되는 가계저축은 화폐 및 금융시장을 통해 기업에 제공된다. 그리고 기업은 이렇게 조달한 자금을 투자하여 마련한 자본재로 생산활동을 함으로써 국민소득의 순환과정에 참여하게 된다. 투자의 자금원천이 무엇이든 간에, 투자는 소득순환을 증가시킨다는 의미에서 **주입**(injection)이다.

투자
- 생산설비, 건물 또는 재고를 마련하기 위한 지출
- 기업 내부의 저축 및 가계저축, 금융기관으로부터의 차입을 통해 재원을 마련
- 소득순환으로의 주입

저축과 투자는 금융기관을 통해 이루어지며, 일반적으로 두 크기는 다름

2.2 정부부문과 해외부문

정부부문 국민의 안녕과 질서 유지 및 민간의 원활한 경제생활 보장을 위한 지출을 하며, 지출에 필요한 자금은 조세로 충당

정부지출 자금의 원천에 관계없이 소득순환으로의 주입

조세 소득에 의해 결정되며 소득순환으로부터의 누출

국가경제에서 **정부부문**(government sector)은 국민의 안녕과 질서를 유지하고 민간의 원활한 경제생활을 보장하기 위하여 공공행정 · 치안 · 국방 · 교육 및 각종 경제사업 등에 지출을 하며, 이러한 지출에 필요한 자금은 원칙적으로 국민으로부터 거두어들이는 조세로 충당한다.

정부지출(government expenditure ; G)은 공무원 급여와 같이 가계가 소유하는 생산요소(예를 들어 노동)를 구입하는 데 사용되면 가계부문의 소득을 창출하고, 기업부문이 생산하는 재화나 서비스를 구입하는 데 사용되면 기업부문의 판매수입을 창출한다. 따라서 정부지출의 자금원천이 무엇이든 간에 정부지출은 소득순환에서 주입이다.

조세(tax ; T)는 대상과 목적에 따라 여러 가지가 있다. 정부가 가계를 대상으로 세금을 부과하면(예를 들어 근로소득세) 가계부문은 자신들의 소득으로 그 세금을 내게 된다. 이때 가계부문이 조세액만큼 저축을 감소시키지 않는 한 소비지출은 감소하게 된다. 따라서 소득순환의 측면에서 보면 가계부문의 조세 납부는 누출이다. 정부가 기업을 대상으로 부과하는 조세도 누출이다. 예를 들어 정부가 기업에 법인세를 부과하면 기업은 이윤으로 그 세금을 내야 한다. 따라서 기업은 그만큼 다음 단계의 투자와 생산요소 구입을 줄일 수밖에 없고, 기업활동에 대해 가계부문으로 배당되는 소득도 그만큼 감소한다.

반면에 음(−)의 조세에 해당하는 정부의 **이전지출**(transfer payment)은 기초생활비와 같은 사회보장을 위한 지출, 각종 보조금, 재해보상금 등을 포함한다. 이는 생산활동과 직접 관련된 지출이 아니므로 직접적으로 소득순환을 증가시키지는 않는다. 그러나 이전지출의 수령자들은 그것의 일부를 기업이 생산하는 재화 및 서비스를 구매하는 데 사용할 것이므로, 이전지출은 궁극적으로 소득순환을 증가시키는 요인이다.

정부지출은 주로 조세에 의해 뒷받침되지만, 반드시 동일 기간의 조세수입과 비례하는 것은 아니다. 이번 기 정부지출의 재원이 화폐 · 금융시장을 통한 정부차입이 될 수도 있기 때문이다.

끝으로 정부는 생산활동에 직접 참여하기도 한다. 예를 들면, 한국전력과 같은 정부기업(government enterprise)이 전력을 생산한다든지, 교원 · 경찰 · 법관을 고용하여 교육 · 치안 · 사법 등의 공공재(public goods)를 생산하는 경우가 그

것이다.

다음으로 해외부문이 소득순환에 미치는 영향을 살펴보자. 전통적으로 한 국가경제와 외국 간의 거래는 대부분 상품의 교역, 즉 수입과 수출이었다. 수입(import ; Q)은 국내의 가계 또는 기업이 그들의 소득으로 국내상품 대신 외국에서 생산된 상품을 구매하는 것으로, 수입이 증가하면 그만큼 국내에서 생산되는 상품에 대한 소비 또는 투자지출이 감소하게 된다. 따라서 수입은 국내 소득순환으로부터의 누출이다. 반면 수출(export ; X)은 외국의 가계나 기업이 국내생산물을 구매하는 것이므로 국내 소득순환으로의 주입이다.

화폐 및 금융시장에서는 해외차입 및 해외대출이 추가된다. 이제 가계 · 기업 · 정부 · 해외부문으로 구성된 국가경제에서 잉여자금인 가계저축과 순해외차입(해외차입 − 해외대출)이 금융기관 차입과 주식 및 채권 발행을 통해 기업의 투자로 연결될 뿐만 아니라 적자재정에 필요한 정부차입으로도 연결되어 국민소득의 순환과정에 참여하게 된다.

〈그림 1-3〉의 소득순환모형에 의하면 국가경제가 생산한 재화와 서비스는 가계의 소비, 기업의 투자, 그리고 정부와 해외부문의 지출을 통해 모두 구입된다. 이때 일정 기간 동안 국가경제가 생산한 생산물의 총가치(Ⓐ)를 측정한 것을 생산국민소득이라 하고, 경제주체(가계, 기업, 정부, 해외)가 구입하여 사용한 생산물의 총가치(Ⓒ)를 지출국민소득이라 한다. 결국 사후적으로 경제주체들이 지출한 금액의 총합(지출국민소득)은 국가경제가 생산한 생산물의 총가치(생산국민소득)와 그 크기가 같다.

그리고 일정 기간 동안 가계가 벌어들인 요소소득의 합(Ⓑ)을 분배국민소득이라고 하는데, 이것은 기업이 일정 기간 동안 생산활동 과정에서 지불하는 생산요소(노동, 자본, 토지, 기업활동)의 대가를 의미한다. 그런데 이러한 생산요소비용(임금, 이자, 지대, 이윤)은 기업의 생산물 판매수입으로 충당되므로 분배국민소득과 생산국민소득 또한 그 크기가 같다. 이렇게 국민소득을 생산 측면, 지출 측면, 분배 측면에서 파악할 수 있고, 사후적으로 이 세 측면에서 그 크기가 서로 같다(생산국민소득 = 지출국민소득 = 분배국민소득). 이를 국민소득 3면등가의 법칙이라 부른다.

해외부문
- **수입** 국내 경제주체가 외국에서 생산된 상품을 구매하는 것으로 소득순환으로부터의 누출
- **수출** 국외 경제주체가 국내기업이 생산한 상품에 지출하는 것으로 소득순환으로의 주입

생산국민소득 일정 기간 동안 국가경제가 생산한 생산물의 총가치

지출국민소득 일정 기간 동안 경제주체가 구입한 생산물의 총가치

분배국민소득 일정 기간 동안 가계가 얻은 요소소득의 총가치

국민소득 3면등가의 법칙
생산국민소득
= 지출국민소득
= 분배국민소득

그림 1-3

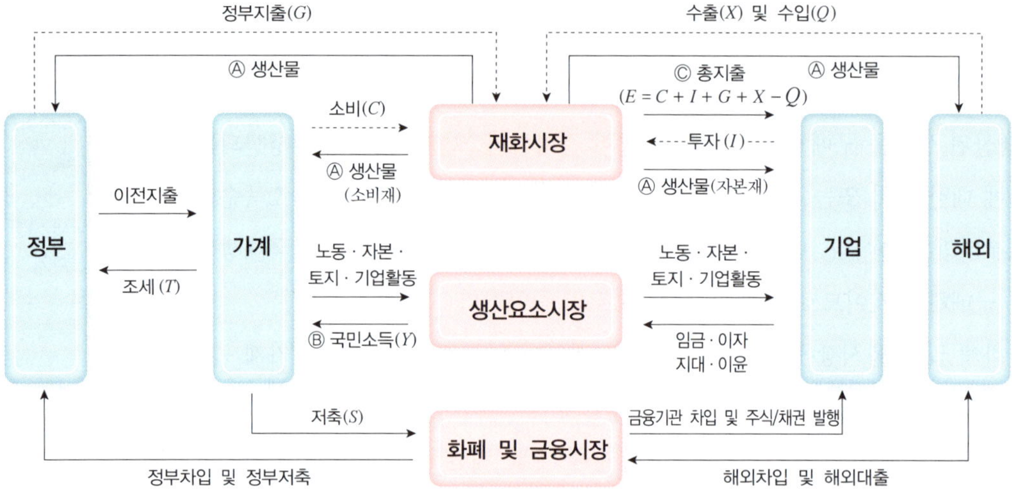

➠ 소득순환모형 : 가계, 기업, 정부와 해외부문

국민소득순환모형에서 정부와 해외부문을 고려해도 기업이 생산한 생산물의 가치가 소득과 항상 일치하는 관계의 기본 틀은 그대로 성립한다. 또한 Ⓐ, Ⓑ, Ⓒ 지점에서 측정된 국민소득은 각각 생산국민소득, 분배국민소득, 지출국민소득이라 한다. 이때 사후적으로 이 세 가지 국민소득이 일치하는 것을 국민소득 3면등가의 법칙이라 한다.

2.3 균형국민소득의 결정

국가경제에서 재화와 서비스의 생산 결정은 사전적으로 기업부문에 의해 이루어지는 반면, 이들 상품에 대한 지출 결정은 소비 · 투자 · 정부지출 · 수출의 주체인 가계 · 기업 · 정부 · 해외부문에 의해 결정된다. 이러한 생산물의 총공급과 총수요가 어떻게 상호작용하여 국민소득을 결정하는지 알아보자.

국가경제에서 생산물의 판매를 통해 얻어진 국민소득은 생산에 사용된 각 생산요소의 공급자에게 소득으로 분배되고, 그 소득은 다시 여러 가지 방식으로 처분된다. 먼저 가계와 기업부문만 고려한다면, 소득 가운데 일부는 소비(C)되고 그 나머지는 저축(S_P)된다. 정부와 해외부문까지 고려하면, 소득 가운데 일부는 조세(T)로 정부에 귀속되고 가계의 소비에는 국산품뿐만 아니라 수입품에 대한 소비도 포함된다. 따라서 국민소득을 소득처분의 관점에서 보면 다음과 같이 표현할 수 있다.

총생산의 가치 = 총소득 생산을 통해 얻은 소득 중 일부는 조세 납부 후 소비되며, 나머지는 저축됨

$$Y^s \equiv C + S_p + T \tag{1.1}$$

여기서 Y^s는 생산을 통해 얻어진 국민소득을 나타낸다. 위 식 (1.1)이 단순한 항등식이라는 데 주의해야 한다. 즉, 식 (1.1)은 국민소득이 어떠한 형태로 나뉘어 처분되는가를 나타내는 식에 불과하다. 그런데 생산을 통해 창출된 국민소득이 모두 분배되고 소비, 저축, 세금의 형태로 처분된다고 가정하면 식 (1.1)은 국가경제의 **총공급** 수준을 나타낸다.

국가경제에서 가계와 기업부문만 고려한다면, 국내생산물에 대한 **총수요**(Y^d)는 소비(C)와 투자(I)로 구성된다. 정부와 해외부문까지 고려하면 정부지출(G) 및 순수출($NX \equiv X - Q$)이 추가된다.

국내생산물에 대한 수요
소비지출과 투자지출, 정부지출과 순수출로 구성 ⇒ 총수요

$$Y^d \equiv C + I + G + X - Q \tag{1.2}$$

여기서 수출(X)이 포함되는 이유는 국내생산물에 대한 수요 중에는 해외로부터의 수요도 있기 때문이다. 또한 수입(Q)을 차감해야 하는 이유는 소비 · 투자 · 정부지출 등에 국내생산물에 대한 수요뿐만 아니라 해외생산물에 대한 수요도 포함되어 있기 때문이다. 대부분의 국가에서 순수출을 경상수지라고도 한다.

만일 총수요가 총공급보다 크다면, 기업은 생산을 증가시키고 이에 따라 국민소득이 증가할 것이다. 반대로 총수요가 총공급에 미달할 때는 기업이 생산을 감소시키고 이에 따라 국민소득이 감소하게 된다. 결국 국민소득의 균형은 다음과 같이 총수요와 총공급이 일치할 때 이루어진다.

국민소득의 균형
총수요 = 총공급

$$Y^s = Y^d \tag{1.3}$$

식 (1.3)에 항등관계를 나타내는 식 (1.1)과 식 (1.2)를 대입하면 **국민소득 균형조건**식을 다음과 같이 쓸 수 있다.

$$S_p + T + Q = I + G + X \tag{1.4}$$

식 (1.4)는 국가경제의 소득순환에서 누출의 합계($S_p + T + Q$)가 주입의 합계($I + G + X$)와 일치해야 한다는 것을 의미한다. 따라서 국민소득의 균형조건은 국

민소득순환모형에서 **누출 · 주입의 균형조건**과 일치한다. 만약 누출의 합계가 주입의 합계보다 크다면 소득순환은 감소할 것이며, 반대로 누출의 합계가 주입의 합계보다 작다면 소득순환은 증가할 것이다. 그리고 누출의 합계와 주입의 합계가 동일하다면 소득순환은 변하지 않고 그대로 유지될 것이므로 국민소득은 균형상태에 있게 된다.

이러한 누출과 주입 간의 균형관계는 저축과 투자 및 경상수지 간의 균형관계를 의미하기도 한다. 먼저 폐쇄경제에서는 수출(X)과 수입(Q)이 0이므로 식 (1.4)를 다음과 같이 나타낼 수 있다.

$$I = S_p + (T - G) \equiv S_p + S_g \tag{1.5}$$

폐쇄경제 :
총투자
= 국민저축
(= 민간저축
+ 정부저축)

정부저축 = 0 : 균형재정
정부저축 < 0 : 재정적자
정부저축 > 0 : 재정흑자

즉, 총투자(I)가 민간저축(S_p)과 **정부저축**($S_g \equiv T - G$)의 합인 **국민저축**(national saving)과 같은 수준에서 국민소득은 균형상태에 있게 된다. 여기서 양(+)의 정부저축($T - G > 0$)은 **재정흑자**(fiscal surplus)를, 음(−)의 정부저축($T - G < 0$)은 **재정적자**(fiscal deficit)를 의미한다.

다음으로 개방경제에서 수출(X)과 수입(Q)이 0이 아닌 경우 식 (1.4)를 투자에 관해 다시 적은 뒤 식 (1.5)와 같은 형태로 나타내면 다음과 같다.

$$I = S_p + (T - G) - NX \equiv S_p + S_g - NX \tag{1.6}$$

개방경제 :
총투자
= 국민저축 − 순수출

즉, 개방경제의 균형국민소득 수준에서 총투자는 국민저축에서 순수출 또는 경상수지를 뺀 값과 일치한다. 위 식은 또한 다음과 같이 민간저축 · 투자의 차이($S_p - I$)와 정부저축 또는 재정흑자($S_g = T - G$), 그리고 경상수지 흑자($NX = X - Q$) 간의 관계식으로 다시 적을 수 있다.

$$(S_p - I) + (T - G) = X - Q \tag{1.7}$$

이처럼 미국이 막대한 경상수지 적자를 보이고 있는 반면, 중국 등 아시아 국가들은 경상수지 흑자를 유지하는 현상을 **세계 경제 불균형**(global imbalance)이라 한다.

즉, 민간 및 정부의 초과저축($S_p - I$와 $T - G$)이 경상수지 흑자($X - Q$)와 동일함을 알 수 있다. 이러한 관계는 2000년대 초부터 2008년 글로벌 금융위기 직전까지 지속된 미국의 막대한 경상수지 적자($Q - X$)가 재정적자($G - T$)의 증가 및 낮은 민간저축(S_p)과 밀접하게 관련이 있다는 것을 보여준다. 또한 동일한 기간 동안 중동

산유국들과 중국을 포함한 아시아 주요 국가들의 지속적인 경상수지 흑자($X - Q$)가 과잉저축과 밀접한 관계가 있다는 것도 보여준다.

이론과 실제 1 세계 경제 불균형(global imbalance)과 글로벌 금융위기

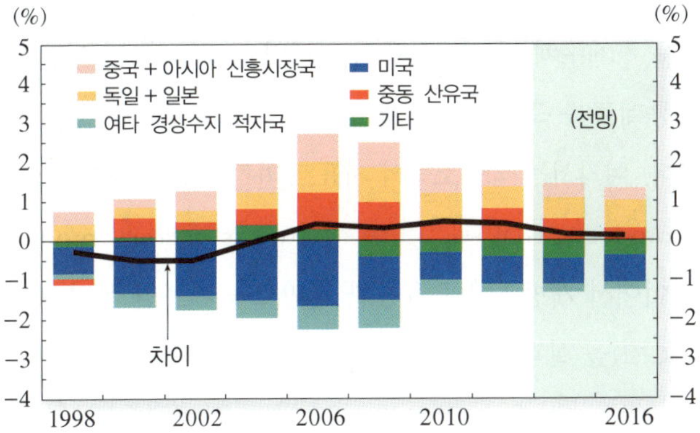

출처 : IMF, *World Economic Outlook*, 2013. 4.

〈그림〉 세계 경제 불균형 추이(세계 GDP 대비)

이러한 세계 경제 불균형의 원인은 무엇인가? 우선 미국의 재정적자 증가와 함께 낮은 저축과 과소비를 세계 경제 불균형의 주요 원인으로 보고 있다. 실제로 2001년 부시 행정부 이후 미국의 재정수지 적자는 크게 증가해 왔다. 이는 부시 행정부가 경기부양을 위해 적극적인 감세정책을 써왔고, 이라크 전쟁 등 군사비 지출이 크게 늘어났을 뿐만 아니라 베이비 붐 세대의 은퇴와 인구 고령화로 인한 사회보장비 지출 등도 많았기 때문이다. 이러한 재정적자의 증가와 함께 민간부문의 과소비 때문에 미국은 국내에서 생산을 통해 벌어들인 소득보다 많은 지출을 하여 해외에서 수입을 해야 했고, 이것이 실질적인 경상수지의 적자로 나타났다.

1990년대 중반 이후 2008년 글로벌 금융위기 전까지 미국의 경상수지는 주요 선진국에 비해 빠른 속도로 악화되었다. 〈그림〉에서 알 수 있듯이 2000년 4,103억 달러의 경상수지 적자가 2006년에는 8,035억 달러로 GDP 대비 6.0%에 달했다. 다행히도 이후 계속해서 그 규모와 비율이 감소하여 2009년에는 3,698억 달러의 경상수지 적자(GDP 비중 2.6%)에 그쳤다. 반면에 금융위기가 본격화된 2008년 이전까지 일본 및 동아시아, 중동 국가들은 미국과는 달리 경상수지 흑자폭이 계속 증가해 왔다. 이들은 금융위기가 발생한 2008~2009년에도 비교적 큰 규모의 무역흑자를 유지하여 적자를 유지한 선진국과 큰 차이를 보였다. 이처럼 미국이 막대한 경상수지 적자를 보이고 있는 반면, 중국 등 아시아 국가들은 경상수지 흑자를 유지하는 국가 간·지역 간 대외경제의 불균형 현상을 세계 경제 불균형(global imbalance)이라 한다.

한편 국내 소비와 투자가 부진한 동아시아 국가들과 산유국들이 대미 경상수지 흑자로 벌어들인 돈을 미국에 재투자하고, 세계 각국의 중앙은행도 외환보유고를 달러로 보유하면서 미국으로 자본이 유입되는 "달러 리사이클링(dollar recycling)"이 2000년대 들어 심화되었다. 특히 이렇게 유입된 달러가 당시 높은 수익률을 보였던 미국 내 부동산 및 주식 매입 자금으로 몰리면서 자산가격에 거품(bubble)이 생기게 되었다. 〈그림〉에서 볼 수 있듯이 2008년 금융위기 이후 세계 경제 불균형은 미국·중국을 중심으로 완화되고 있는 양상이다. 중국의 GDP 대비 경상수지 흑자가 2007년 10.1%에서 2011년 2.8%로 감소하였으며, 같은 기간 미국의 GDP 대비 경상수지 적자는 5.1%에서 3.2%로 감소하였다.

3. 국민소득통계

국민소득은 국가경제의 생산 · 소득 · 지출수준을 나타내는 지표이다. 그러나 국가경제의 생산 · 소득 · 지출 순환과정 중 어디에서 국민소득을 측정하는가, 그리고 어디까지 국민소득으로 포함시키는가에 따라 국민소득의 개념은 다양하다. 국민소득의 내용과 구성을 경제주체 및 경제활동의 형태별로 정리하고, 그 결과를 수입과 지출로 나타낸 통계표를 **국민소득통계**(national income and product accounts ; NIPA)라고 한다. 여기서는 국민소득의 지표로 가장 널리 사용되는 국내총생산(gross domestic product ; GDP)과 국민총생산(gross national product ; GNP)을 먼저 알아보고, 이어서 개방경제의 유용한 국민소득 지표인 국민총소득(gross national income ; GNI)을 살펴본다.

국민소득통계 국민소득의 내용과 구성을 경제주체 및 경제활동의 형태별로 정리하고, 그 결과를 수입과 지출로 나타낸 통계표

3.1 국내총생산(GDP)과 국민총생산(GNP)

국가경제에서는 일정 기간 동안 여러 가지 재화와 서비스가 생산된다. 이렇게 생산된 모든 품목은 보통 시장에서 판매되므로 생산물의 가치는 시장가격으로 측정할 수 있다. **국내총생산**(gross domestic product ; GDP)은 "일정 기간 동안에 한 국가 내에서 생산된 최종 재화와 서비스의 시장가치 총액"을 나타낸다. 여기서 '일정 기간 동안에'는 생산과 소득의 흐름(flow)을 일정한 기간, 즉 3개월(1분기) 또는 1년을 단위로 측정함을 의미한다.

국내총생산(GDP) 일정 기간 동안 한 국가 내에서 생산된 최종 재화와 서비스의 시장가치 총액

■ 국내 거주 외국인 혹은 외국 생산요소에 의한 생산 포함

'국내에서 생산된'은 내국인, 외국인을 구별하지 않고 국내에서 생산된 모든 재화와 서비스의 가치가 국내총생산에 포함된다는 것이다. 따라서 자국민 또는 자국민이 소유한 생산요소에 의해 생산된 것이라 할지라도 외국에서 생산된 것은 국내총생산에 포함되지 않는다. 반면에 외국인이 소유한 생산요소에 의하여 생산된 것이라도 국내에서 생산된 것은 국내총생산에 포함된다. 예를 들어 우리나라 사람이 미국에서 생산한 것은 GDP에 포함되지 않지만, 미국 사람이 우리나라에서 생산한 것은 GDP에 포함된다. 한편 **국민총생산**(gross national product ; GNP)은 생산이 외국에서 이루어지더라도 자국민들이 생산하는 최종 재화와 서비스의 가치를 측정한다. 하지만 경제 개방과 함께 많은 나라들에서 국내 생산의 상당 부분이 외국인 소유의 자본과 외국인 노동에 의해 이루어지면서 GDP가 GNP

국민총생산(GNP) 생산이 외국에서 이루어지더라도 자국민들이 생산하는 최종 재화와 서비스의 가치를 측정

에 비해 국가경제의 생산수준을 좀 더 정확히 측정하는 지표가 되었다.

'최종'은 GDP가 기업 간에 거래되는 **중간생산물**(intermediate output)은 포함하지 않고, 가계(소비재의 경우)나 기업(자본재의 경우) 등 최종 사용자가 구매하여 재판매되지 않는 생산물만을 포함한다는 뜻이다. 만약 쌀이 가계에 팔려서 밥상에 오른다면 최종생산물이지만, 쌀이 공장에 팔려서 식혜음료를 생산하는 데 투입된다면 이는 중간생산물이다. 이처럼 중간생산물은 가공 또는 변형되어 재판매되기 때문에 국내총생산에 포함될 경우 **이중계산**(double counting)을 초래하므로 GDP에 포함되지 않는다. 따라서 최종생산물의 가치는 생산과정의 각 단계에서 새로 창출된 **부가가치**(value added)의 합을 의미하기도 한다.

- 중간생산물 제외 : 생산과정의 각 단계에서 새로 창출된 부가가치의 합
- 시장가치로 평가하여 합산

부가가치 생산자가 생산과정에서 새로 창출한 가치

끝으로 '시장가치의 총액'은 GDP가 최종생산물인 각종 재화 및 서비스의 양과 이들의 시장가격을 곱하여 얻은 수치의 합계임을 의미한다.

3.1.1 GDP의 지출 구성

생산된 모든 최종 재화와 서비스의 가치를 더하는 것 이외에도 국내총생산을 계산할 수 있는 방법이 있다. 2절의 국민소득순환모형에서 살펴보았듯이 국가경제가 생산한 생산물의 총가치는 결국 가계 · 기업 · 정부 · 해외부문이 생산물을 구입하기 위하여 지출한 금액의 총합과 그 크기가 같다. 국내총생산(GDP)에 대한 총지출은 이러한 지출의 주체에 따라 크게 소비, 투자, 정부구입, 순수출 네 가지로 분류된다.

민간소비(private consumption) 지출은 가계의 서비스(의료, 교육 등)에 대한 지출과, 음식 · 옷과 같은 비내구재(non-durable goods), 그리고 가구 · 가전제품 · 자동차와 같은 내구재(durable goods)에 대한 지출로 나누어진다. 한편 **민간국내총투자**(private domestic gross investment) 또는 총자본 형성(total capital formation)은 총고정자본 형성과 재고증감으로 구분된다. 이때 총고정자본 형성은 다시 설비투자(신축 공장 및 기계에 대한 기업의 지출)와 건설투자(사무실 건물에 대한 기업의 지출 및 신축 주택에 대한 가계의 지출)로 나누어진다.

민간소비 [내구재 / 비내구재

총투자 [재고증감 / 총고정자본 형성
- 설비투자
- 건설투자

정부소비 또는 **정부구입**(government purchase)은 가계소비와 마찬가지로 재화와 서비스에 대한 중앙정부와 지방정부의 지출을 의미한다. 단, 정부의 **이전지출**(transfer payment)은 새로운 재화나 서비스의 생산과 독립적으로 이루어지므로 GDP에 대한 지출항목으로 정부구입에 포함되지 않는다. 재화와 서비스

정부구입 = 정부지출 = 정부소비

의 **수출**(export)은 국내에서 생산된 재화와 서비스에 대한 외국 기업과 가계 및 정부의 구매를 의미하며, **수입**(import)은 반대로 외국에서 생산된 재화와 서비스에 대한 국내 기업과 가계 및 정부의 구매를 의미한다. 따라서 수출에서 수입을 뺀 **순수출**(net export)이 GDP에 대한 지출항목으로 포함되어야 한다.

순수출 = 수출 − 수입

요약하면 GDP(Y)는 다음과 같이 총지출의 구성항목인 소비(C), 투자(I), 정부구입(G), 순수출(NX)의 합과 같다.

GDP = 소비 + 투자 + 정부구입 + 순수출

$$Y = C + I + G + NX$$

〈그림 1-4〉의 (a)와 (b)는 각각 1970년부터 2020년까지의 우리나라 GDP, 소비, 투자, 정부구입과 수출 및 수입의 추이를 나타내며, [표 1-1]은 2020년도 우리나라 GDP의 지출 구성을 보여준다. 우선 다른 나라들과 마찬가지로 GDP 구성항목 중 민간소비가 가장 큰 지출항목으로서 국내총생산의 절반 가까이 차지하고 있으며, 그 다음으로 투자(총자본 형성) · 정부구입 · 순수출 순서로 지출비중이 높다. 또한 2020년 재화와 서비스의 수출금액이 수입금액보다 더 많다는 것은 양(+)의 순수출, 즉 경상수지 흑자를 의미한다.

표 1-1

우리나라 GDP와 지출 구성(2020)

2020년 우리나라 GDP의 총지출 항목 중 민간소비가 가장 큰 지출 항목으로서 국내총생산의 절반 이상을 차지하고 있으며, 그 다음으로는 투자, 정부구입, 순수출 순서로 지출비중이 높다.

항목	금액(10억원)	구성비(%)
민간 최종소비지출	897,449.20	46.42
총자본 형성	615,921.90	31.86
총고정자본 형성	601,465.00	31.11
재고증감 및 귀중품 순취득	14,456.90	0.75
정부 최종소비지출	349,122.50	18.06
재화와 서비스의 순수출	71,066.50	3.68
재화와 서비스의 수출	704,554.00	36.45
재화와 서비스의 수입	633,487.50	32.77
통계상 불일치	−407.70	−0.02
국내총생산	1,933,152.40	100.00

자료 : 한국은행 경제통계시스템(http://ecos.bok.or.kr)

그림 1-4

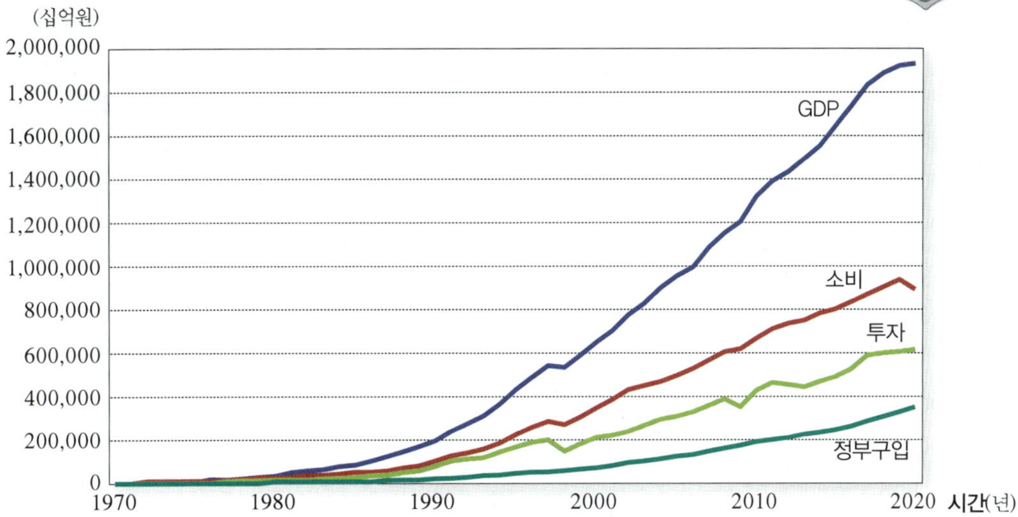

(a) 우리나라의 GDP와 소비, 투자, 정부구입

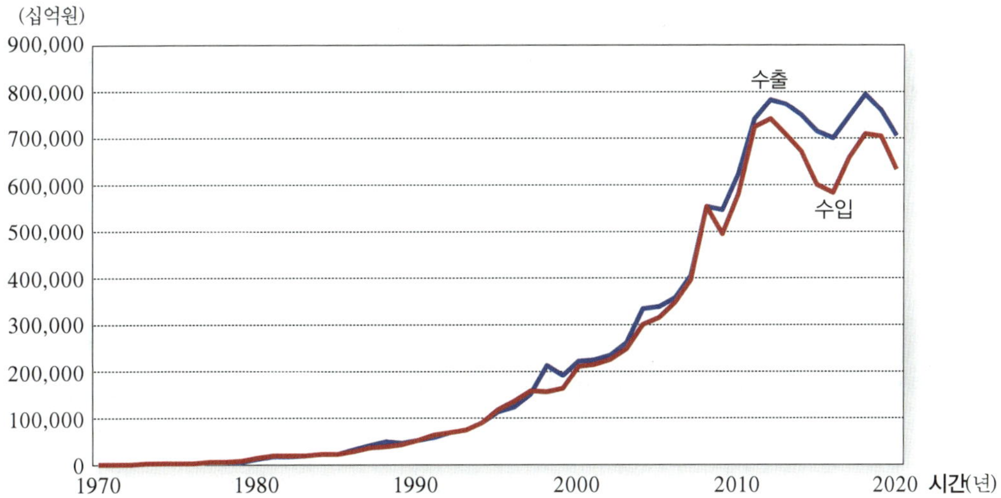

(b) 우리나라의 수출과 수입

자료 : 한국은행 경제통계시스템(http://ecos.bok.or.kr)

➡ 우리나라 GDP와 지출 구성의 추이

(a)는 1970년부터 2020년까지 우리나라의 GDP, 소비, 투자, 정부구입을 나타내며, (b)는 동 기간의 수출 및 수입 추이를 나타낸다. 다른 나라들과 마찬가지로 GDP 구성항목 중 소비가 가장 큰 지출항목이며, 그 다음으로는 투자, 정부구입, 순수출(= 수출 − 수입) 순서로 지출비중이 높다.

그림 1-5

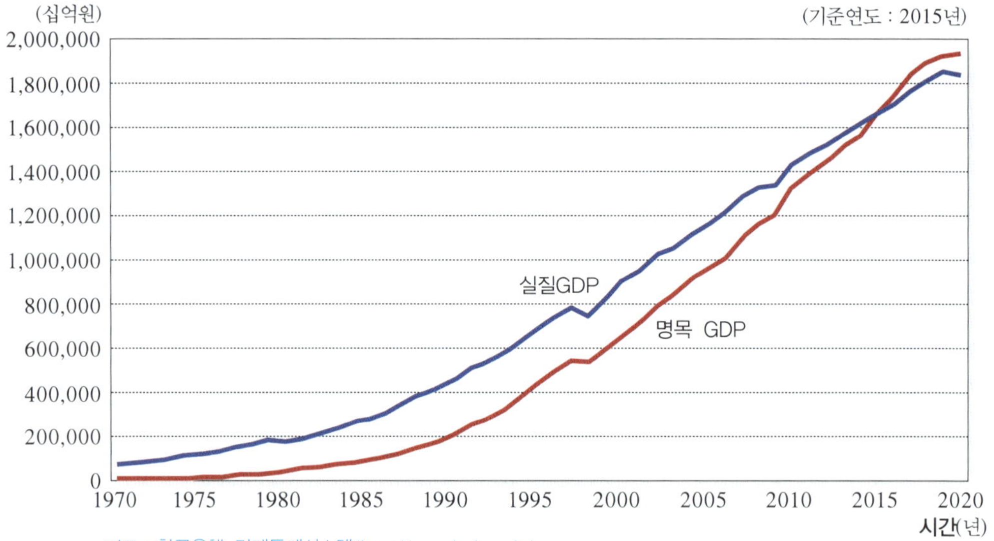

자료 : 한국은행 경제통계시스템(http://ecos.bok.or.kr)

우리나라의 명목 GDP와 실질GDP

기준연도가 2015년인 경우, 1970년대에서 2014년까지의 가격은 평균적으로 2015년보다 더 낮기 때문에 명목 GDP가 실질GDP보다 더 작다. 2015년은 기준연도이므로 명목 GDP와 실질GDP가 동일하며, 2015년 이후에는 명목 GDP가 실질GDP보다 더 크다.

3.1.2 명목 GDP와 실질GDP

명목 GDP 특정 분기 또는 연도의 GDP를 당해 분기 또는 연도의 시장가격으로 나타낸 것

앞서 설명한 GDP의 정의에서와 같이 '특정 분기 또는 연도의 GDP를 당해 분기 또는 연도의 시장가격으로 나타낸 것'을 **명목 GDP**(경상가격 GDP, nominal GDP)라고 한다. 예를 들어 한국의 2022년도 명목 GDP는 2022년의 총생산을 2022년의 시장가격으로 나타낸 것이다. 만약 우리가 두 시점 사이에 GDP가 실질적으로 얼마만큼 변화하였는가를 알고자 한다면 두 시점의 명목 GDP를 비교해서는 안 된다. 왜냐하면 명목 GDP의 변동에는 생산물의 수량과 가격의 변동이 혼합되어 나타나기 때문이다. 따라서 두 시점 사이의 실질 생산량을 비교하기 위해서는 실질GDP 개념이 필요하다. **실질GDP**(불변가격 GDP, real GDP)란 '특정 연도의 GDP를 기준연도의 시장가격으로 나타낸 것'을 말한다.

실질GDP 특정 연도의 GDP를 기준연도의 시장가격으로 나타낸 것

〈그림 1-5〉는 기준연도가 2015년인 경우 1970년에서 2020년까지 우리나라의 명목 GDP와 실질GDP의 변동을 보여준다. 1970년대에서 2010년대 초반

까지의 가격은 평균적으로 2015년보다 더 낮기 때문에 명목 GDP가 실질GDP보다 더 작다. 하지만 2015년에는 명목 GDP와 실질GDP가 동일하며, 2015년 이후에는 가격이 평균적으로 2015년보다 더 높기 때문에 명목 GDP가 실질GDP보다 더 크다.

3.2 국민총소득(GNI)

〈그림 1-3〉의 소득순환모형에서 살펴보았듯이 기업으로부터 생산요소시장으로 유입되는 화폐 흐름은 가계에 지급되는 임금 · 이자 · 지대(또는 임대료) · 이윤 등의 요소소득으로 구성된다. 그리고 이 요소소득의 합은 재화시장에서 기업으로 유입되는 지출의 합과 동일하다. 왜냐하면 기업은 상품 판매수입으로 임금 · 이자 · 임대료 · 이윤 등의 생산요소 사용 대가, 즉 소득을 지급하기 때문이다. 이렇게 한 나라의 국민이 일정 기간 동안 벌어들인 소득을 모두 합친 것을 **국민총소득**(gross national income ; GNI)이라 한다. 따라서 국가 간 상품이나 자산(자본) 거래가 없는 폐쇄경제에서 GNI는 이론상 GDP와 동일해야 한다.

국민총소득(GNI) 한 나라의 국민이 일정 기간 동안 벌어들인 임금 · 이윤 · 이자 · 지대 등의 요소소득을 모두 합친 것

폐쇄경제와 달리 국가 간 상품 및 서비스 무역과 자본 거래가 자유로운 개방경제에서는 GDP와 GNI 간에 다음과 같은 차이가 발생할 수 있다.

$$\text{실질 GNI} = \text{실질GDP} + \text{실질 대외순수취 요소소득} + \text{교역조건 변화로 인한 실질 무역손익}$$

실질GDP + 실질 대외순수취 요소소득 = 실질 GNP

첫째, 경제가 개방됨에 따라 자국민이 벌어들인 요소소득인 GNI를 계산할 때 외국인이 자국에 들어와 투자하거나 일한 대가로 받아가는 임금 · 이자 · 배당 등 대외지급 요소소득은 차감하고, 자국민이 외국에 투자하거나 일한 대가로 받아온 **대외수취 요소소득**은 더해 주어야 한다. 우리나라의 경우 이 두 소득의 차이(대외수취 요소소득 – 대외지급 요소소득), 즉 대외순수취 요소소득은 GDP 전체의 최근 20분기 평균 0.68% 정도에 불과하다.

대외지급 요소소득 외국인이 자국에서 가져가는 임금, 이자, 배당

대외수취 요소소득 자국민이 외국에서 가져오는 임금, 이자, 배당

둘째, GNI에 **교역조건**(= 수출재 가격/수입재 가격) 변화에 따른 무역손익을 포함해야 한다. 어떤 나라가 2021년에 1달러짜리 반도체 300개를 생산해 이 중 국내에 200개를 공급하고 나머지 100개는 수출한다고 가정하자. 이 나라는 수출해서 번 돈으로 배럴당 1달러인 원유 100배럴을 수입한다. 이 경우 2021년 이

실질 GNP + 교역조건 변화로 인한 실질 무역손익 = 실질 GNI

그림 1-6

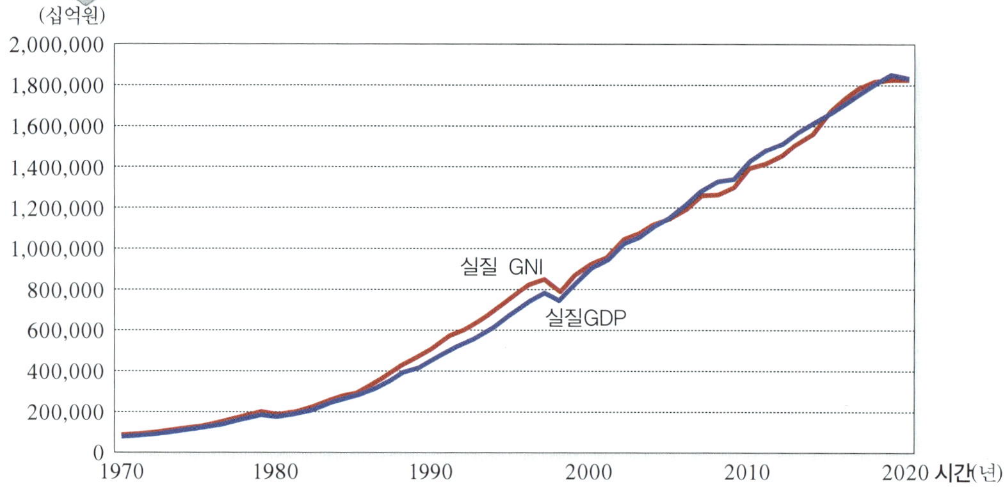

자료 : 한국은행 경제통계시스템(http://ecos.bok.or.kr)

우리나라의 실질 GNI와 실질GDP

개방경제에서 실질 GNI는 실질GDP에 교역조건 변화로 인한 실질 무역손익과 실질 대외순수취 요소소득을 더한 것이다. 2000년대 초반 이래 실질 GNI와 실질GDP의 격차가 감소하여 2000년대 후반부터 2010년대 중반까지 실질GDP가 실질 GNI보다 더 커진 것은 우리나라의 교역조건 악화에 따른 무역손실과 대외순수취 요소소득의 감소에 기인한 것으로 볼 수 있다.

교역조건의 악화 수출가격 하락, 수입가격 상승

나라의 생산(GDP)과 소득(GNI)은 모두 300달러이다. 하지만 2022년에도 전년도와 마찬가지로 반도체 300개를 생산했는데, 반도체 수출가격은 0.5달러로 50% 하락한 반면 원유 수입가격은 1.5달러로 50% 상승했다고 하자. 이와 같이 수출가격이 하락하고 수입가격이 상승하여 교역조건이 악화된 상황에서 이 나라는 원유 100배럴을 수입하기 위해 150달러가 필요하다. 이를 위해서는 반도체 생산량 300개 모두를 0.5달러에 수출해야 한다. 이를 2021년 가격 기준으로 생각해 보면, 이 나라는 결국 300달러어치의 반도체와 100달러어치의 원유를 교환한 것이 된다. 즉, 2021년에는 반도체 300개를 수출하면 원유를 300배럴 수입할 수 있었는데, 이제는 100배럴밖에 수입해 오지 못하는 상황이 된 것이다. 여기서 원유 도입량의 차이 200배럴이 교역손실이 된다. 2021년 가격 기준으로 200달러의 무역손실이 발생한 셈이다.

이제 앞의 예에서 GDP와 GNI를 비교해 보자. 이 나라는 2022년에도 반도체 300개를 생산했으므로 2021년 가격으로 평가한 2022년의 실질GDP는 300

달러로 변동이 없다. 하지만 이 돈으로 원유를 100배럴밖에 수입하지 못하므로 2021년 원유가격(배럴당)으로 환산한 실질 GNI는 100달러밖에 안 된다. 결국 실질GDP는 그대로지만 2022년의 실질 GNI는 2021년보다 66.7%(200달러) 감소한 것이다. 〈그림 1-6〉은 1970년부터 2020년까지 우리나라의 실질 GNI와 실질GDP를 나타낸 것이다.

4. 국가경제의 기본 문제

실질GDP는 국가경제의 경제활동 수준과 그 변화를 종합적으로 나타내는 거시경제지표이다. 〈그림 1-7〉은 1970년부터 2021년 3분기까지 우리나라의 실질GDP를 분기별로 나타낸 것으로, 장기적 경제성장과 단기적 경기변동의 두 가

그림 1-7

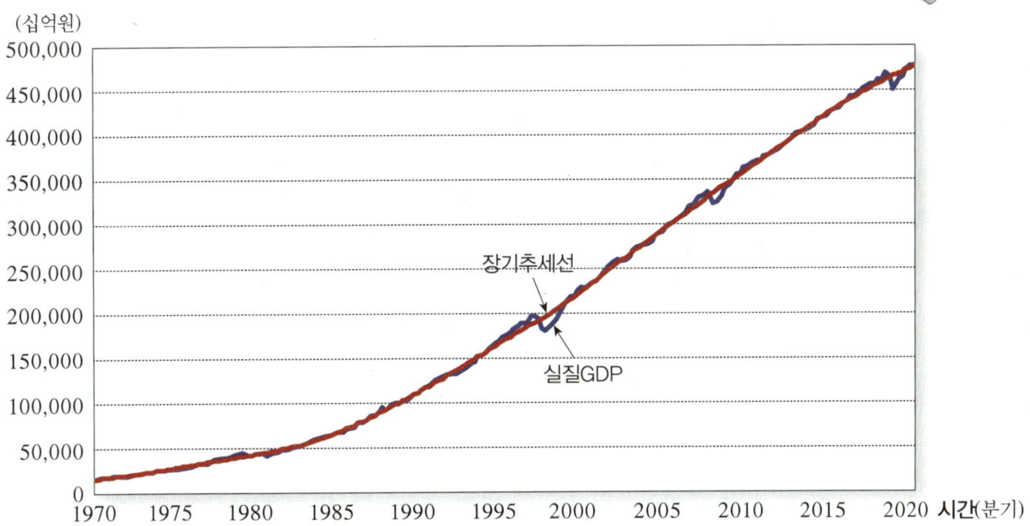

자료 : 한국은행 경제통계시스템(http://ecos.bok.or.kr)

➠ 우리나라의 실질GDP

1970년부터 2021년 3분기까지 우리나라의 분기별 실질GDP를 보면 장기적으로는 실질GDP가 지속적으로 성장하는 추세이며, 단기·중기적으로는 실질GDP가 장기추세선을 중심으로 상승과 하락이 반복되는 패턴을 보이고 있다.

그림 1-8

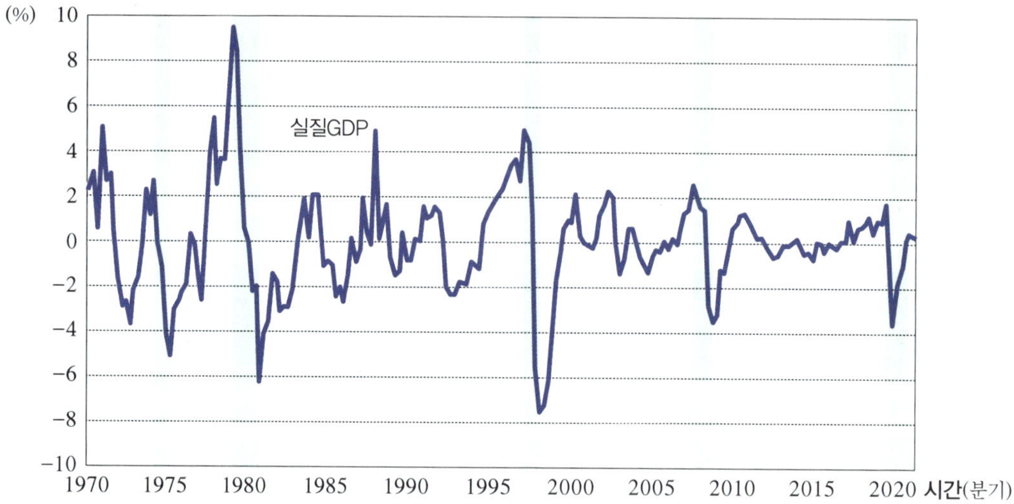

자료 : 한국은행 경제통계시스템(http://ecos.bok.or.kr)

우리나라의 실질GDP 경기변동 추이

우리나라의 실질GDP에서 장기추세선으로부터 벗어난 정도를 백분율로 나타낸 실질GDP의 경기변동은 진폭과 진동수가 불규칙하다는 특징을 갖는다. 또한 실질GDP의 경기변동 추이로부터 1970년대 이후 5차례 중요한 불황기, 즉 1974~1975년, 1979~1981년, 1997~1998년, 2008~2009년, 2020~2021년의 불황기를 확인할 수 있다.

지 중요한 특징을 보여준다.

경제성장 장기적으로 실질GDP가 지속적으로 증가하는 추세를 의미하며, 국가별로 큰 차이를 보임

첫째, 장기적으로 실질GDP가 지속적으로 증가하는 추세를 보이고 있다. 이러한 국가경제의 장기적 성장은 오랜 기간에 걸쳐 생산능력(productive capacity)의 증가와 평균생활수준의 향상을 의미한다. 물론 1997년 외환위기와 2008년 글로벌 금융위기로 성장이 주춤했지만, 장기적 추세로는 경제성장이 지속적으로 이루어져 왔다. 하지만 이러한 경제성장은 국가별로 큰 차이를 보이는데, 국가 간 생산능력과 생활수준의 차이가 장기적으로 수렴하는가 아니면 발산하는가는 바로 국가 간 경제성장의 차이에 의해 결정된다. 이러한 장기적 경제성장(long-run economic growth)과 그 과정에서 나타난 국가 간 경제성장의 차이는 경제성장이론이 규명해야 할 주요 과제라고 할 수 있다.

둘째, 단기·중기적으로는 실질GDP가 장기추세선을 중심으로 상승과 하락을 반복하는 패턴을 보이고 있다. 단기적으로 GDP가 상승하여 상점의 물건이 잘 팔리고 빌려준 돈도 별 어려움 없이 회수할 수 있으며 일자리도 쉽게 구할 수 있

는 때가 있는가 하면, 반대로 GDP가 하락하여 경제의 움직임이 위축되고 모두가 살기 어렵다는 말을 하는 때도 있다. 이와 같이 경제활동이 때로는 활발하고 때로는 둔화되는 현상을 **경기변동**(business fluctuation 또는 business cycle)이라 한다. 〈그림 1-8〉은 우리나라의 실질GDP에서 장기추세선으로부터 벗어난 정도를 나타낸 실질GDP의 경기변동을 보여준다. 우리나라에는 1970년대 이후 5차례 중요한 불황기, 즉 1974～1975년, 1979～1981년, 1997～1998년, 2008～2009년, 2020～2021년의 불황기가 있었음을 알 수 있다.

경기변동 단기·중기적으로는 실질GDP가 장기추세선을 중심으로 상승과 하락을 반복하는 패턴을 보임

5. 코로나19 위기와 최근 국내외 주요 거시경제현상

우리나라를 포함한 세계 경제는 지난 2008년 글로벌 금융위기 이후 연평균 2～3%의 저성장 국면과 함께 저물가 기조를 보여오다가 2020년 1월 코로나바이러스감염증-19의 발생으로 마이너스 성장에 빠지게 되었다. 여기서는 코로나19 충격 이후 세계 경제와 우리나라의 GDP 성장률과 인플레이션 동향을 포함하여 저출산·고령화, 소득·부의 불평등 심화, 인공지능과 거시경제 등 최근 국내외 주요 거시경제현상을 살펴본다. 이러한 이슈들은 국가경제의 기본 문제(장기적 경제성장, 단기적 경기변동)와 함께 앞으로 배우게 될 거시경제이론 및 모형들의 분석대상이 될 것이다.

5.1 코로나19 충격 이후 세계 경제

2020년 코로나19의 전 세계 확산으로 세계 경제는 극심한 경기침체와 마이너스 성장에 직면했다. 우리나라도 1월 20일 첫 환자 발생 이후 수출 급감과 제조업·서비스업 위기 그리고 소비위축에 따른 중소상공인 자영업 위기와 고용충격 등 경제의 전 분야가 심각한 위기를 맞았다.

코로나19 발생 직후 각국 중앙은행의 신속하고 과감한 통화정책과 중앙정부의 재정지출 확대는 경제주체의 심리위축과 이로 인한 경기둔화의 악순환을 어느 정도 차단했다. 미 연준은 코로나19 이후 제로금리, 양적완화, 신용증권 매입 등을 시행하였으며, 한국은행도 기준금리 인하, 통화스왑, 직간접 유동성 공급 조

그림 1-9

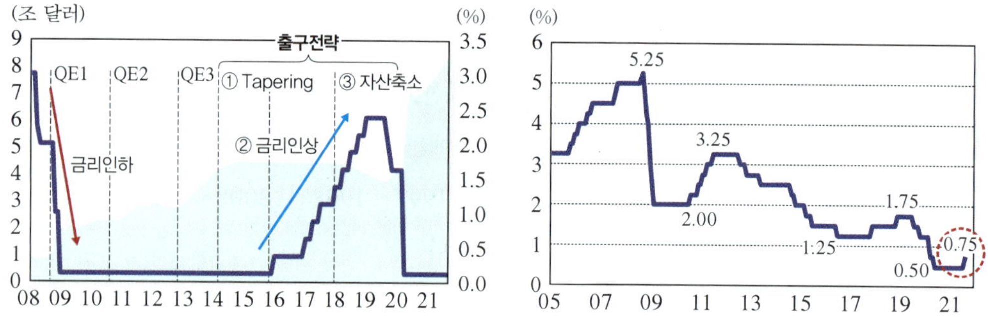

자료 : 미 연준 홈페이지

(a) 미국 (b) 한국

➠ 미국과 우리나라의 기준금리

미국의 경우 2008년 글로벌 금융위기를 수습하기 위해 금리를 대폭 인하하였고 이에 대한 출구전략으로 2016년부터 금리를 다시 인상시키고 있었으나, 코로나19 충격으로 인해 다시 한 번 큰 폭의 금리인하를 단행하였다. 우리나라의 경우 2008년 글로벌 금융위기 이후 금리를 인하하는 추세였다.

그림 1-10

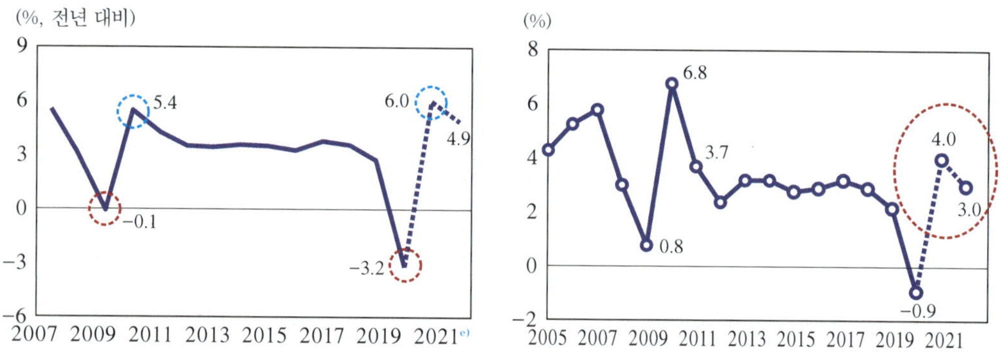

주 : 2021, 2022년은 IMF 7월 전망 기준.
자료 : IMF WEO(2021. 7)

주 : 2021년 이후는 한국은행 전망치.
자료 : 한국은행

(a) 세계 경제 (b) 한국

➠ 세계 경제와 우리나라 GDP 성장률 추이

코로나19 충격에도 불구하고 즉각적인 금리인하 및 양적완화 등의 대응책으로 인해 세계 경제는 완만한 회복세를 보여왔다. 주로 상품교역과 선진국의 수요 회복은 견조한 편이나 서비스교역과 고용회복은 더딘 편이다. 한국의 경우 수출과 투자를 중심으로 완만한 회복세를 보이고 있다.

그림 1-11

자료 : BIS

(a) GDP 대비 가계부채 · 기업부채 비율

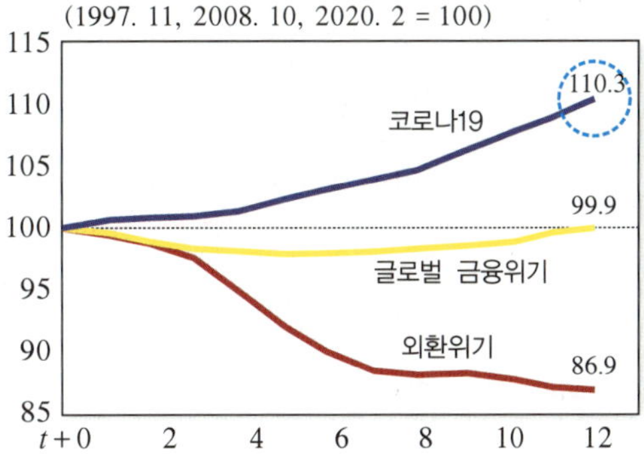

주 : 1997년 11월, 2008년 10월, 2020년 2월을 위기 발생 시점(t)으로 하여 계산.

자료 : 한국은행 자체 시산, KB부동산

(b) 경제위기와 주택가격

우리나라의 가계부채와 주택가격

코로나19 충격으로 인한 경기와 물가의 불확실성이 지속되고 실물과 금융 간 회복 시차가 확대되면서 금융불균형이 심화되었다. 최근 우리나라의 가계부채 증가율은 과거에 비해 높고 주요국 대비로도 매우 높은 수준이다. 코로나19 위기 직후부터 급등한 자산가격은 자산가격 거품과 부채가 누적된 상황에서 기대심리가 반전하면 자산가격이 급락할 위험이 있다는 것을 시사한다.

치 등을 시행하였다. 이러한 중앙은행의 정책대응은 2008 글로벌 금융위기(Global Financial Crisis) 수습과정에서 체득한 중앙은행의 역할을 재현한 것으로 볼 수 있다. 〈그림 1-9〉는 글로벌 금융위기 이후 최근까지 미국과 우리나라의 기준금리 추이를 보여주고 있다.

그 결과 2021년 하반기 코로나 재확산에도 〈그림 1-10〉이 보여주듯이 세계 경제는 완만한 회복세를 보여왔다. 국제무역은 상품교역을 중심으로 회복되어 왔지만, 서비스교역의 회복은 지체되고 있다. 지역별로는 미국 · 유럽의 선진국은 소비 · 투자 중심으로 수요 회복이 견조한 반면, 고용 회복은 더딘 상황이다. 신흥국은 수출 증가에도 불구하고 중국의 규제 강화와 코로나 변이 감염 확산 등으로 성장의 불확실성이 아직 큰 상황이다. 국내경기는 수출과 투자를 중심으로 완만한 회복세를 보이며 2021년 4%, 2022년 3% 성장률이 전망되고 있다.

한편 코로나19 위기가 장기화되면서 국내외 경기와 물가의 불확실성이 지속되고 실물과 금융 간 회복 시차가 확대되면서 가계부채 증가, 자산가격 상승 등

금융불균형이 심화되었다. 〈그림 1-11〉의 (a)에서 알 수 있듯이 한국은 가계부채 증가율이 과거에 비해 높고 주요국 대비로도 매우 높은 수준이다. 특히 소비성향이 높은 20~30대의 가계부채 증가는 향후 소비기반 잠식으로 이어질 수 있다. 또한 〈그림 1-11〉의 (b)는 자산가격이 하락한 과거 외환위기, 글로벌 금융위기와 달리 코로나19 위기 직후부터 자산가격이 급등했음을 보여주고 있다. 이는 자산가격 거품과 부채가 누적된 상황에서 기대심리가 반전하면 자산가격이 급락할 위험이 있다는 것을 시사한다.

5.2 인플레이션[1]

코로나19 충격 이후 글로벌 인플레이션이 지속되고 있다. 미국의 물가는 수급차질과 주택가격 상승 등으로 과거 금융위기 이후보다 높은 수준을 나타내고 있다. 우리나라 소비자물가는 〈그림 1-12〉에서와 같이 2021년 중 2.1%로

그림 1-12

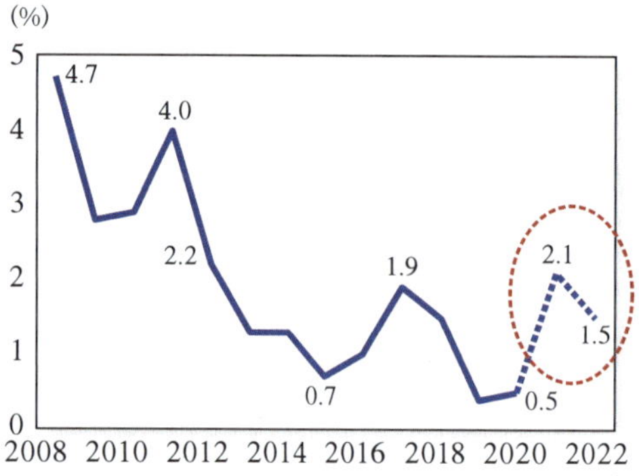

주 : 2021년 이후는 한국은행 전망치.

자료 : 통계청, 한국은행

(a) 소비자물가 상승률

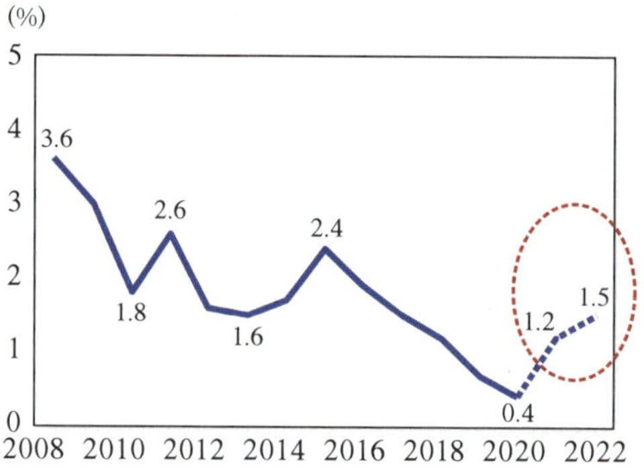

주 : 2021년 이후는 한국은행 전망치.

자료 : 통계청, 한국은행

(b) 근원물가 상승률

우리나라 소비자물가 및 근원물가 상승률

우리나라 소비자물가는 2012년 이후 처음으로 2%를 넘을 것으로 전망된다. 또한 물가 상승 압력이 일부 품목에 국한되지 않음에 따라 근원물가지수(core consumer price index) 역시 상승세를 보이고 있다.

1. 참고문헌 : 박경훈 · 김찬우 · 이종웅 · 지정구 · 권인하 · 김철주 · 장준호, "최근 인플레이션 논쟁의 이론적 배경과 우리경제 내 현실화 가능성 점검", BOK 이슈노트, , 2021. 7.

그림 1-13

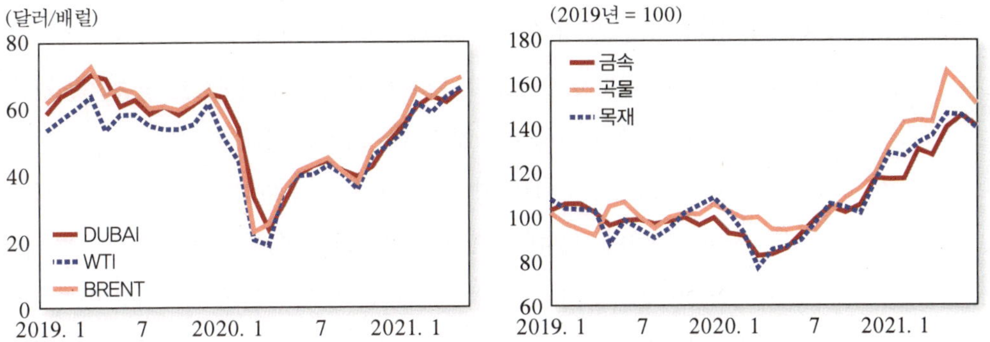

자료 : Bloomberg, IMF

(a) 국제유가

자료 : Bloomberg

(b) 기타 원자재 가격 지수

국제유가와 기타 원자재 가격 지수 추이

국제유가와 기타 원자재 가격 지수는 각각 2020년 상반기와 하반기 이후 지속적으로 상승하는 추세를 보이고 있다. 이러한 원자재 가격 상승이 지속될 가능성은 크지 않지만 원자재 가격의 상승추세는 소비자물가를 지속적으로 상승시킬 수 있다.

2012년 이후 처음으로 2%를 넘을 것으로 전망된다. 이는 경기개선에 따른 수요 압력이 지속되는 가운데 농축산물, 원자재 등 공급측 요인에 기인한 것으로 보인다. 또한 물가 상승 압력이 일부 품목에 국한되지 않고 확대되면서 근원물가지수(core consumer price index)가 상승세를 보이고 있다.

근원물가지수 일시적 외부 충격에 의해 물가 변동이 심한 품목을 제외한 지수

한편 굿하트(Charles Goodhart)는 코로나19 충격에 대응한 세계 각국의 대규모 유동성지원 정책이 통화량 확대를 통해 인플레이션 압력으로 작용할 가능성이 있음을 제기했다.[2] 또한 미국 바이든 정부의 대규모 재정지출 법안이 '수요 증대 → 기대인플레이션 상승' 경로를 통해 인플레이션 상승 요인으로 작용할 수 있다는 견해가 제기되고 글로벌 백신접종 확대 등으로 경기회복 기대도 높아지면서 인플레이션 논의가 본격화되었다.

최근에는 경기회복에 따른 원자재 가격 급등, 실업급여 수급자들의 노동시장 복귀 지연에 의한 임금상승 등과 관련하여 인플레이션 압력이 얼마나 지속될 것인지로 논의가 확대되고 있다. 〈그림 1-13〉에서 볼 수 있듯이 국제 원자재 가

2. Goodhart, C. (2020), "Inflation after the Pandemic : Theory and Practice", VoxEU.org, 13 June.

격은 코로나19 확산으로 2020년 3～4월 중 원유를 중심으로 급락하였으나 이후 빠르게 반등하였다. 기타 원자재 가격은 2020년 하반기부터 시작한 상승세가 이어지고 있다. IMF 등 주요 기관에서는 원자재 가격 상승이 지속될 가능성은 크지 않을 것으로 전망하고 있으나, 원자재 가격이 추세적으로 상승하는 경우 소비자물가를 지속적으로 상승시킬 것으로 우려하고 있다.

우리나라 역시 코로나19 팬데믹 대응을 위한 완화적 재정 · 통화정책 시행으로 유동성이 늘어난 가운데 수요 압력 증가와 국제 원자재 가격 상승이 지속되는 경우 인플레이션이 크게 상승할 수 있다는 우려가 일부 제기되고 있다. 또한 소규모 개방경제라는 특성으로 인해 미국 등 글로벌 물가 상승 압력이 국내로 전이될 가능성도 배제할 수 없는 상황이다.

5.3 저출산 · 고령화[3]

우리나라는 OECD 회원국 중 합계출산율이 1 미만(0.98)인 유일한 국가

우리나라는 세계에서 유례를 찾기 힘들 정도로 저출산 · 고령화가 심각하다. OECD 회원국 중 **합계출산율**이 1 미만(0.98)인 유일한 국가이며, 출생아 수도 30만 명이 위협받는 수준이다. 지난 30년간 출산율 감소폭도 OECD 회원국 중 최고 수준이다. 또한 낮은 출산율과 기대수명 증가 등으로 급속한 고령화가 진행되어 2025년 초고령사회(65세 이상 고령인구 비중 20% 이상) 진입을 눈앞에 두고 있다.

낮은 출산율과 기대수명 증가로 급속한 고령화가 진행되어 2025년 초고령사회 진입 예정

인구 감소와 고령화로 생산연령인구가 2018년부터 감소하기 시작

인구 감소와 고령화로 **생산연령인구**(15～64세)가 2018년을 정점으로 감소하기 시작했으며 베이비붐 세대(1955～1963년생)가 고령층에 접어드는 2020년부터 감소세는 더욱 확대되었다. 또한 제2차 에코붐 세대(1991～1996년생)의 취업시장 진입이 마무리되기 시작하는 2020년대 후반부터 본격적인 인력부족이 나타날 전망이다.

생산연령인구 감소와 노동생산성 저하는 향후 노동의 성장기여도를 0.4～0.5%p 낮출 것으로 보임

저출산 · 고령화에 따른 생산연령인구 감소와 노동생산성 저하는 성장잠재력을 약화시킬 수 있다. 2017년 LG경제연구원의 보고서에 따르면 노동의 성장기여도가 향후 0.4～0.5%p 낮아질 것으로 보인다. 나아가 베이비부머의 노령화는 노동공급 감소뿐만 아니라 제조업부문 숙련노동 단절로 인한 제조업 경쟁력까지 약화시키고 있다.

---

3. 참고문헌 : 정부 관계부처 합동, "인구구조 변화의 영향과 대응방향 – 총론 : 인구구조 변화 대응 전략", 2019. 9.

그림 1-14

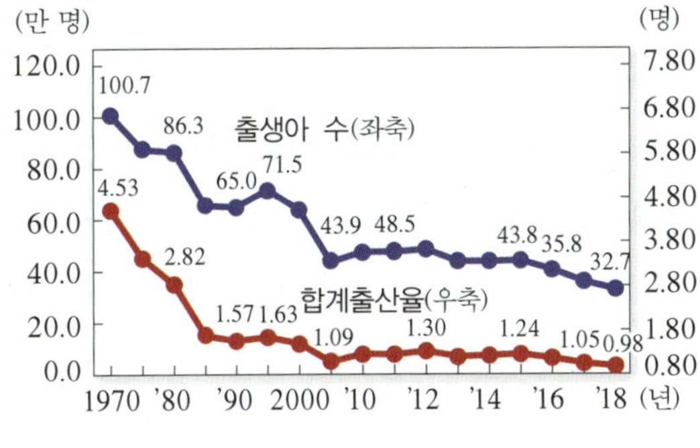

(a) 한국의 출생아 수 및 출산율

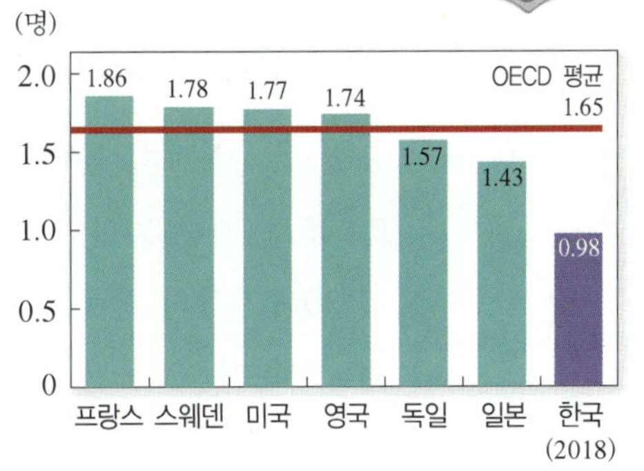

(b) OECD 주요국의 출산율(2017)

➠ 우리나라와 OECD 주요국의 출산율

우리나라는 OECD 회원국 중 합계출산율이 1 미만인 유일한 국가이며, 지난 30년간 출산율 감소폭도 OECD 회원국 중 최고 수준이다.

그림 1-15

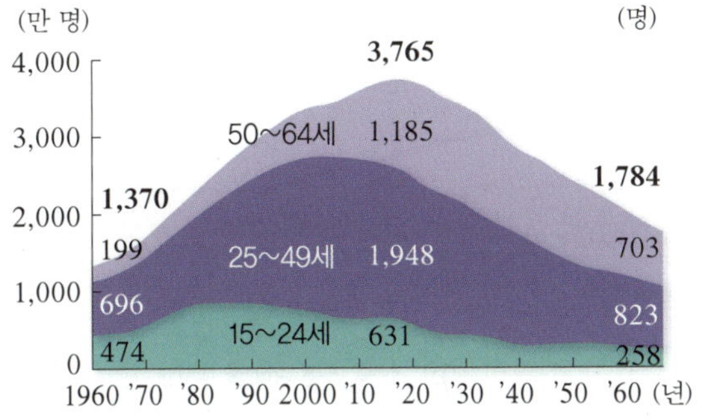

(a) 생산연령인구 연령구조 변화

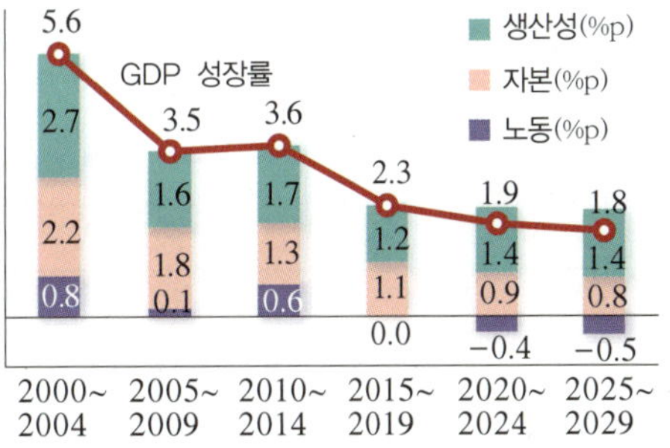

(b) 잠재성장률 전망(LG 경제연구원, 2017)

➠ 우리나라 생산연령인구 변화와 잠재성장률 전망

인구 감소와 고령화로 생산연령인구(15~64세)가 2018년을 정점으로 감소하기 시작했다. 이러한 생산연령인구 감소와 노동생산성 저하는 성장잠재력을 약화시킬 것으로 보인다.

5.4 소득 · 부 불평등 심화[4]

2018년 처분가능소득 지니계수는 0.345로, 지난 2011년 통계 집계 이후 가장 낮은 수준을 기록했으며, 소득 5분위배율도 처분가능소득 기준 6.54배로 관련 통계 작성 후 최저치를 보임

통계청 · 한국은행 · 금융감독원이 발표한 '2019년 가계금융복지조사'에 따르면, 소득분배의 불평등도를 나타내는 **지니계수**(처분가능소득 기준)는 2018년 0.345로, 지난 2011년 통계 집계 이후 가장 낮은 수준을 기록했다. 또한 소득 상위 20% 계층의 평균소득을 하위 20% 계층의 평균소득으로 나눈 **소득 5분위배율**도 처분가능소득 기준 6.54배로, 2017년보다 0.42배 포인트 감소하여 관련 통계 작성 후 최저치를 나타냈다.

이처럼 1분위 가구(소득 하위 20% 계층)의 소득이 상대적으로 많이 늘어난 것은 공적연금과 각종 수당, 근로장려금 등 공적 이전소득 등이 큰 폭으로 늘어났기 때문이다. 즉, 각종 복지제도의 확대로 소득불평등이 다소 완화된 셈이다.

그러나 같은 조사에서 소득 상위층과 하위층의 자산불평등은 역대 최대 수준

그림 1-16

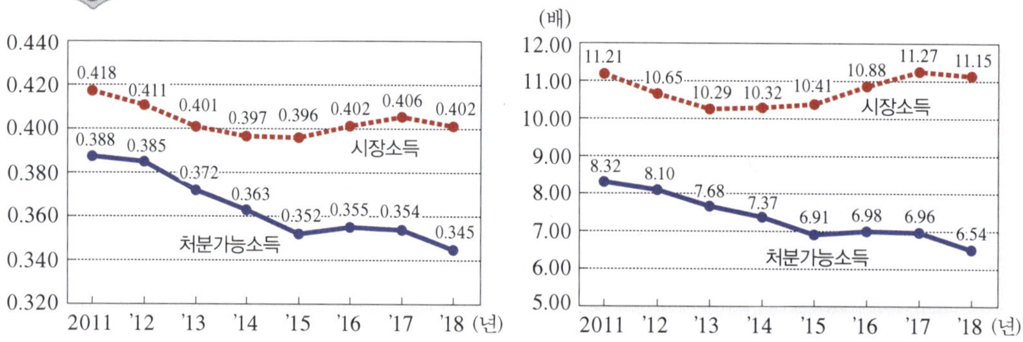

(a) 소득 지니계수 추이 (b) 소득 5분위배율 추이

주 : 지니계수 = '0'이면 완전평등, '1'이면 완전불평등을 의미.
시장소득 = 근로소득 + 사업소득 + 재산소득 + 사적이전소득 − 사적이전지출
처분가능소득 = 시장소득 + 공적이전소득 − 공적이전지출

출처 : 통계청 · 금융감독원 · 한국은행, 2019년 가계금융 · 복지조사 결과, 2019. 12.

➠ 우리나라의 소득 지니계수와 5분위배율

2018년 소득분배의 불평등도를 나타내는 지니계수(처분가능소득 기준)와 소득 5분위배율(처분가능소득 기준)이 각각 통계 작성 후 최저치를 나타냈다. 이처럼 소득 하위 20% 계층의 소득이 상대적으로 많이 늘어난 것은 공적 이전소득 등이 큰 폭으로 늘어났기 때문이다.

---

4. 참고문헌 : 통계청 · 금융감독원 · 한국은행, 2019년 가계금융 · 복지조사 결과, 2019. 12. ; [데스크 칼럼] 엇갈린 소득불평등과 부의 불평등, 연합인포맥스, 2019. 12.

그림 1-17

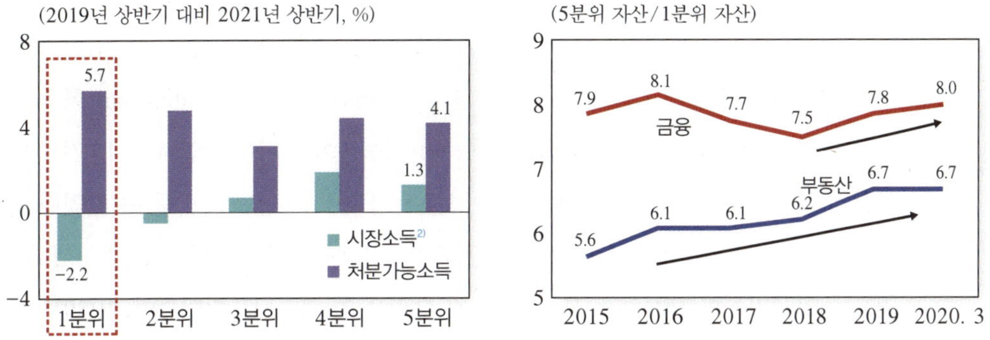

주 : 1) 2인 이상 비농림어가 전국.
2) 근로 + 사업 + 재산 + 사적 이전소득 - 가구간 · 비영리단체 이전지출.

자료 : 통계청 가계동향조사

(a) 소득계층별 소득증가율

주 : 1) 소득 기준.
2) 2020년 가계금융복지조사 기준.

자료 : 통계청

(b) 자산종류별 5분위배율 추이

코로나19 전후 소득불평등과 자산불평등

복지제도의 확대로 소득불평등은 일부 완화되었지만, 보유 부동산의 가격 변화로 인해 부의 불평등은 악화되었으며, 이는 소득 중심으로 이루어진 세제 및 사회복지 체계로는 재분배 효과가 크지 않다는 것을 의미한다.

으로 벌어졌다. 즉, 2018년 순자산 지니계수는 0.597로, 2017년과 비교하여 0.009 증가했다. 순자산 10분위 점유율에서도 상위 10%가 전체 순자산에서 차지하는 비중이 43.3%로, 역대 최고였던 2014년과 같았다. 가구 특성별 순자산에서도 하위 20%의 순자산은 유일하게 마이너스를 보인 반면, 상위 20%와 상위 20~40%의 순자산은 각각 3.5%p, 4.0%p 늘었다.

소득 상위층과 하위층의 자산불평등은 역대 최대 수준으로 벌어짐 ; 부의 불평등 악화는 보유 부동산의 가격 변화 때문인 것으로 나타남

이러한 부의 불평등 악화는 보유 부동산의 가격 변화에 기인하는 것으로 나타났다. 실제로 하위 20%가 보유한 부동산 가치는 중앙값을 기준으로 1억 2,600만원에서 1억 2,500만원으로 100만원 정도 떨어졌다. 그러나 같은 기간 상위 20%의 부동산 가치는 4억 5천만원에서 4억 7,300만원으로 상승했다. 이는 현재의 세제 및 사회복지 체계가 소득 중심으로 이뤄져 소득불평등은 일부 완화하지만, 부의 불평등까지 고려할 경우 여전히 재분배 효과가 크지 않다는 것을 의미한다. 한편 〈그림 1-17〉에서 볼 수 있듯이 코로나19 이후 정부의 이전지출을 통한 재분배정책 영향으로 소득불평등이 어느 정도 개선된 반면, 금융자산 및 부동산 등 자산불평등은 자산가격 상승으로 더 악화되었다.

5.5 인공지능과 거시경제[5]

4차 산업혁명의 핵심 기술이 **인공지능**(artificial intelligence ; AI)이라는 것에 대해서는 이견이 없는 것으로 보인다. 1956년 다트머스(Dartmouth) 학회에서 맥커시(John McCarthy)는 '인공지능' 이라는 용어를 처음 창안하면서 "기계가 언어를 사용하고 추상성과 개념을 형성할 뿐만 아니라 인간만이 풀 수 있었던 문제를 풀고 스스로 발전해 나가도록 만들 방법을 연구하는 분야" 라고 정의했다. 이후 인공지능의 잠재력을 실현시키고자 수많은 연구가 시도되었으며, 1959년 사뮤엘(Arthur Samuel)은 머신러닝(machine learning)이라는 용어를 처음 만들어냈다.

그러나 머신러닝은 기술적 한계로 인해 인간의 지식을 기계에 주입하는 수준에 그쳐 오다가 2012년 딥러닝(deep learning)이 개발되고 2016년 알파고

그림 1-18

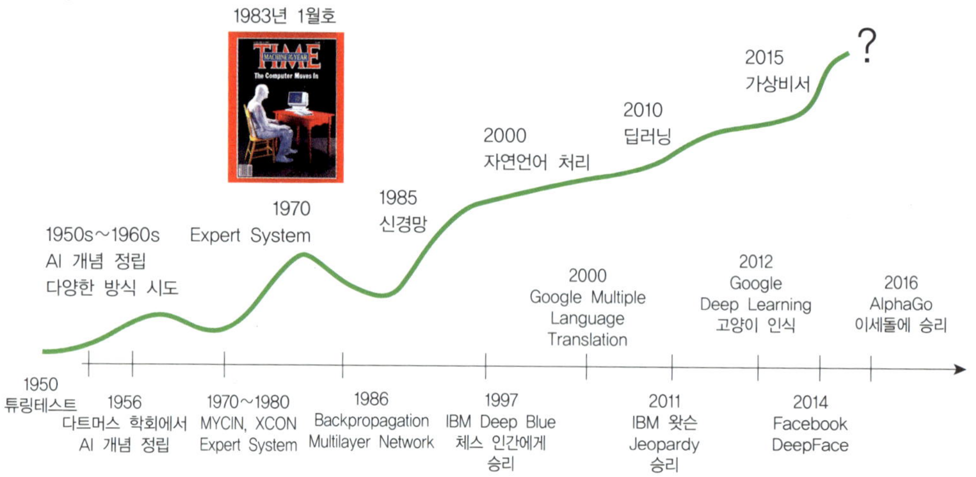

출처 : 소프트웨어정책연구소, 알파고의 능력은 어디에서 오는가?, 2016.

인공지능의 70년 역사

1956년 다트머스 학회에서 맥커시(John McCarthy)가 '인공지능' 이라는 용어를 처음 창안한 이래로 1959년 사뮤엘(Arthur Samuel)이 만들어낸 머신러닝의 기술적 한계를 넘어 2012년 딥러닝이 개발되고 2016년 알파고가 등장하면서 인공지능의 잠재력이 급속도로 실현되고 있다.

---

5. 참고문헌 : 김영식, "AI와 고용, 경제성장, 불평등: 최근 문헌 개관과 정책 함의", 한국경제포럼, 2019.

(Alpha-Go)가 등장하면서 급속도로 발전하였다. 전 세계 로봇 출하 데이터를 사용한 최근 연구결과에 따르면, 인공지능이 탑재된 로봇 분야가 1993년과 2007년 사이에 국내총생산(GDP) 증가분의 약 1/10을 차지한 것으로 나타났다. 또한 2016년 미국 대통령경제자문위원회(Council of Economic Advisers) 보고서에 따르면 전 세계 로봇기술 수요는 2010년과 2014년 사이에 거의 두 배로 증가했으며 로봇공학 특허 수와 점유율도 증가했다.

인공지능의 영향이 컴퓨터 · 인터넷의 영향과 유사한 측면도 있으나 인공지능의 발전은 '인간 지식 노동의 자동화' 라는 의미에서 그 영향이 컴퓨터 및 인터넷 확산의 영향과 근본적으로 다른 부분이 있을 것으로 보인다. 전미경제연구소(National Bureau of Economic Research ; NBER)가 2017년 9월 캐나다 토론토에서 개최한 컨퍼런스에서 인공지능이 거시경제의 고용, 경제성장 및 불평등에 미친 영향을 논의한 문헌의 주요 내용과 정책시사점은 다음과 같다.

첫째, 인공지능 기술 도입에 따른 자동화 업무의 확대는 노동수요를 감소시키는 대체효과를 가져오지만 새로운 업무의 창출은 생산성 효과를 강화하는 재고용 효과를 통해 노동수요와 임금수준 및 노동소득분배율(즉, 총소득에서 노동소득이 차지하는 비중)의 증가를 가져올 수 있다.

둘째, 더 많은 부문이 자동화됨에 따라 자동화 부문에서 생산된 재화의 비중과 자본소득분배율(즉, 총소득에서 자본소득이 차지하는 비중)이 증가한다. 그러나 장기적으로 자동화 부문의 증가에 따라 노동력 대비 자본량이 증가하는 경우 자본집약적인 자동화 부문의 생산이 빠르게 증가하면서 상품가격이 하락할 것이다. 그 결과 자동화 부문에서 생산된 재화의 가격 수요탄력성이 낮다면, 국내총생산(GDP) 대비 자동화 부문 생산물의 부가가치 비중과 자본소득분배율이 감소하게 된다.

셋째, 시장이 불완전하고 재분배에 적지 않은 비용이 수반되는 현실에서 인공지능 관련 기술혁신은 혁신가에게 잉여가 돌아가게 함으로써 불평등을 심화시킬 수 있다. 따라서 여러 가지 조세 수단과 근로자에게 좀 더 유리한 시장배분을 가져오는 제도 변화, 보편적 기본소득(universal basic income ; UBI) 등 사회안전망을 높이고 불평등 문제 완화를 위한 적극적인 재분배 방안이 필요하다.

인공지능 기술 도입에 따른 자동화 업무 확대의 영향

- 노동수요를 감소시키는 대체효과
- 노동수요를 증가시키는 생산성 효과와 새로운 업무의 창출을 통한 재고용 효과
- 단기적으로 자본소득분배율이 증가함
- 장기적으로 자본집약적인 자동화 부문의 생산이 증가하면서 상품가격이 하락하고, 재화의 가격 수요탄력성이 낮은 경우 국내총생산 대비 자동화 부문 생산물의 부가가치 비중과 자본소득분배율이 감소할 수 있음
- 시장이 불완전하고 재분배비용이 적지 않은 경우 불평등을 심화시킬 수 있음

요약

1. 거시경제학이란 무엇인가?

거시경제학은 국가경제의 운행원리를 다루는 학문으로, 집계변수를 다룬다는 점에서 미시경제학과 차이가 있으나 둘은 밀접하게 연결되어 있다. 거시경제학의 과제는 경제 전체의 생산, 고용, 투자, 소비 등이 장기적으로 증가하는 경제성장과 단기적으로 이들 변수가 장기추세선을 중심으로 상승과 하락을 반복하는 경기변동을 규명하고 정책적 시사점을 이끌어내는 것이다. 따라서 거시경제학은 국가경제 전체의 관점에서 각 부문 사이의 연관관계를 밝혀내고 전체 경제활동을 순환적 흐름으로 파악하여 경제문제를 분석한다.

2. 국가경제의 생산 · 소득 · 지출순환

국가경제의 순환은 노동 · 자본 등의 생산요소가 결합하여 생산물(소비재, 자본재 및 중간재)을 산출하고, 이 생산물이 다시 소비되거나 투자(총투자 = 대체투자 + 순투자)의 형태로 생산요소를 재생산하는 과정이다. 이 과정에서 일어나는 화폐소득과 지출의 순환과정을 국민소득의 순환이라고 한다.

2.1 가계부문과 기업부문 단순소득순환모형은 가계와 기업 사이의 재화시장, 요소시장과 관련한 실물과 화폐의 흐름을 분석한다. 요소시장에서 가계는 노동 · 토지 · 자본 등 생산요소(실물)를 제공하며 그 대가로 임금 · 지대 · 이자 등의 요소소득(화폐)을 얻는다. 그리고 재화시장에서 기업은 재화와 서비스를 제공하고 가계는 그것을 구입함으로써 화폐와 실물의 순환이 이루어진다. 이때 가계의 저축은 소득순환을 감소시킨다는 의미에서 누출이고, 기업의 투자는 소득순환을 증가시킨다는 의미에서 주입이다.

2.2 정부부문과 해외부문 정부는 국민의 안녕 보장과 원활한 경제활동을 위해 지출하고, 이에 필요한 자금은 조세로 충당한다. 이때 정부지출은 주입이 되고, 조세는 누출이 되어 소득순환에 영향을 미친다. 한편 해외부문이 도입되면 누출은 저축 · 조세 · 수입이 되고, 주입은 투자 · 정부지출(이전지출 포함) · 수출이 된다. 국민소득의 순환은 생산국민소득 · 지출국민소득 · 분배국민소득으로 파악할 수 있으며 생산물의 총가치가 생산요소비용과 같다는 점에서 3개의 크기가 모두 같은데, 이를 국민소득 3면등가의 법칙이라고 한다.

2.3 균형국민소득의 결정 생산을 통해 얻은 국민소득은 소비(C), 저축(S_p), 조세(T)로 모두 분배되고 처분된다. 국가경제의 총공급 수준은 다음과 같다.

$$Y^s \equiv C + S_p + T$$

국민소득이 총수요에 의해 창출된다는 관점에서 보면 국가경제의 총수요 수준은 소비(C), 투자(I), 정부지출(G), 순수출($X - Q$)로 다음과 같다.

$$Y^d \equiv C + I + G + X - Q$$

국민소득의 균형은 다음과 같이 총수요와 총공급이 일치할 때 이루어진다.

$$Y^s \equiv C + S_p + T = C + I + G + X - Q \equiv Y^d$$

누출과 주입의 관점에서 보면 국민소득의 균형은 다음과 같이 누출의 합과 주입의 합이 일치할 때 이루어진다.

$$S_p + T + Q = I + G + X$$

폐쇄경제에서 총투자(I)는 사후적으로 민간저축(S_p)과 정부저축($S_g \equiv T - G$)의 합인 총저축 또는 국민저축($S_p + S_g$)과 일치하는 반면, 개방경제의 경우에는 사후적으로 총투자(I)는 국민저축($S_p + S_g$)에서 순수출($X - Q$)을 뺀 값과 일치한다.

3. 국민소득통계

3.1 국내총생산(GDP)과 국민총생산(GNP) 일정 기간 동안 한 국가 내에서 생산된 최종생산물의 시장가치 총액을 국내총생산(GDP)이라고 정의한다. 이는 국가경제의 모든 생산과정에서 창출되는 부가가치와 감가상각액의 합계 또는 총지출인 민간소비, 민간국내총투자, 정부구입, 순수출의 합으로 다음과 같이 나타낼 수 있다.

$$Y = C + I + G + NX$$

특정 연도의 GDP를 당해 연도의 시장가격으로 나타낸 것을 명목 GDP, 특정 연도의 GDP를 기준연도의 시장가격으로 나타낸 것을 실질GDP라 한다. 한편 일정 기간 동안 특정 국적을 갖고 있는 자국민들이 생산하는 최종생산물의 시장가치 총액을 국민총생산(GNP)이라고 정의한다.

3.2 국민총소득(GNI) 한 나라의 국민이 일정 기간 동안 벌어들인 임금 · 이자 · 배당 등의 소득을 모두 합산한 것을 국민총소득(GNI)이라고 부른다. 폐쇄경제에서는 GNI와 GDP가 동일하나 개방경제에서는 일반적으로 그 값이 다르다. 이를 반영한 실질 GNI는 다음과 같이 구할 수 있다.

실질 GNI = 실질GDP
+ 교역조건 변화로 인한 실질 무역손익
+ 실질 대외순수취 요소소득

4. 국가경제의 기본 문제

실질GDP는 국가경제의 경제활동 수준과 그 변화를 종합적으로 나타내는 거시경제지표로 두 가지 특징을 갖는다. 첫째는 장기적으로 실질GDP가 지속적으로 증가하면서 국가 간 차이를 보여온 경제성장의 문제이고, 둘째는 단기적으로 실질GDP가 장기추세선을 중심으로 상승과 하락을 반복하는 경기변동의 문제이다.

5. 코로나19 위기와 최근 국내외 주요 거시경제 현상

5.1 코로나19 충격 이후 세계 경제 코로나19의 확산으로 인해 세계 경제는 최악의 경기 침체와 마이너스 성장에 직면하였지만, 각국 정부의 즉각적인 대응책으로 인해 세계 경제는 완만한 회복세를 보이고 있다. 한편 불확실성이 지속되고 실물과 금융 간 회복 시차가 확대되면서 금융불균형이 심화되었다.

5.2 인플레이션 코로나19 충격 이후 글로벌 인플레이션이 지속되고 있다. 또한 국제 원자재 가격 역시 2020년 이후 지속적으로 상승하는 추세에 있어 소비자물가를 더 상승시킬 것으로 우려되고 있다.

5.3 저출산 · 고령화 우리나라는 OECD 회원국 중 합계출산율이 1 미만(0.98)인 유일한 국가이다. 지난 30년간 출산율 감소폭도 OECD 회원국 중 최고 수준이다. 또한 낮은 출산율과 기대수명 증가 등으로 급속한 고령화가 진행되어 2025년 초고령사회(65세 이상 고령인구 비중 20% 이상) 진입을 눈앞에 두고 있다. 인구 감소와 고령화로 생산연령인구(15~64세)가 2018년을 정점으로 감소하기 시작했다. 2017년 LG경제연구원의 보고서에 따르면 생산연령인구 감소와 노동생산성 저하는 향후 노동의 성장기여도를 0.4~0.5%p 낮출 것으로 보인다.

5.4 소득 · 부 불평등 심화 '2019년 가계금융복지조사'에 따르면, 2018년 처분가능소득 지니계수는 0.345로, 지난 2011년 통계 집계 이후 가장 낮은 수준을 기록했다. 또한 소득 5분위배율(= 상위 20% 계층의 평균소득/하위 20% 계층의 평균소득)도 처분가능소득 기준 6.54배로, 2017년보다 0.42배 포인트 감소하여 관련 통계 작성 후 최저치를 나타냈다. 이는 주로 공적연금과 각종 수당, 근로장려금 등 공적 이전소득 등의 증가에 기인한 것으로 보인다. 그러나 소득 상위층과 하위층의 자산불평등은 역대 최대 수준으로 벌어졌다. 이러한 부의 불평등 악화는 보유 부동산의 가격 변화 때문인 것으로 나타났다.

5.5 인공지능과 거시경제 인공지능 기술 도입에 따른 자동화 업무의 확대는 노동수요를 감소시키는 대체효과를 가져오지만 새로운 업무의 창출은 생산성 효과를 강화하는 재고용 효과를 통해 노동수요와 임금수준 및 노동소득분배율의 증가를 가져올 수 있다. 또한 자동화 업무의 확대는 단기적으로 자본소득분배율의 증가를 가져온다. 그러나 장기적으로 자본집약적인 자동화 부문의 생산이 증가하면서 상품가격이 하락하고 재화의 가격 수요탄력성이 낮은 경우 국내총생산 대비 자동화 부문 생산물의 부가가치 비중과 자본소득분배율이 감소할 수 있다. 끝으로 시장이 불완전하고 재분배에 적지 않은 비용이 수반되는 현실에서 인공지능 관련 기술혁신은 혁신가에게 잉여가 돌아가게 함으로써 불평등을 심화시킬 수 있다. 따라서 보편적 기본소득제도와 같은 보다 적극적인 재분배 방안이 필요하다.

연습문제

01 국가경제의 지출과 소득순환에서 총생산의 가치가 총소득의 가치와 같아지는 이유는 무엇인가?

02 다음과 같이 국민소득 및 지출의 순환과정에 있는 4부문 경제에 대해 다음 질문에 답하라.

> [경제 A] 저축 = 투자 = 200,
> 조세규모 = 정부지출규모 = 200,
> 수입 = 수출 = 100
> [경제 B] 저축 = 250, 투자 = 200,
> 조세규모 = 100, 정부지출 = 200,
> 수입 = 150, 수출 = 100

(1) 4부문 경제의 누출과 주입을 고려하여 [경제 A]와 [경제 B]가 서로 어떻게 다른지 설명하라.
(2) 누출과 주입의 개념을 고려하여 [경제 B]의 상황을 자세히 설명하고, 이 상황을 개선하기 위한 방안들을 제시해 보라.

03 한국은행이 발간하는 『조사통계월보』나 『경제통계연보』 등에 수록된 최근 3년간의 자료를 이용하여 다음 표의 공란을 메워라.

연도	(A) 국내 총생산 (real GDP)	(B) 교역조건 변화에 따른 실질 무역손실	(C=A+B) 국내 총소득 (real GDI)	(D) 대외 순수취 요소 소득	(E=C+D) 국민 총소득 (real GNI)
2017년					
2018년					
2019년					

04 어떤 국가경제의 생산품 수량과 가격이 다음 표와 같다고 하자.

	2020년		2019년	
	수량	가격	수량	가격
컴퓨터	100	60	90	50
배	100	2	75	2
옷	50	25	50	30
껌	8,000	0.6	10,000	0.8

(1) 이 나라의 2020년 명목 GDP를 구하라.
(2) 2019년을 기준연도로 할 때 2020년의 GDP 디플레이터와 실질GDP 성장률을 구하라.

Macroeconomics ch. two

거시경제학 방법론

2

이 장에서는 우리가 거시경제현상을 어떠한 방식으로 분석하고 이해할지를 논의한다. 이를 위해 우리가 사용할 거시경제모형의 기초가 되는 미시경제모형의 용어와 분석을 정리하고 거시경제모형의 단순화를 위한 몇 가지 가정들을 소개한다.

1. 경제모형이란?

Macroeconomics ch. two

현실의 국가경제는 매우 복잡하므로 있는 그대로 이해하기는 쉽지 않다. 따라서 우리는 **모형**(model)이라는 렌즈를 통해 현실 세계를 보려고 한다. 경제모형은 현실경제를 단순화해 축소해 놓음으로써 특정 경제 현상이 일어나는 원인 및 전개과정, 그리고 결과를 이해하기 쉽게 만들어 놓은 것이다.

1.1 외생변수와 내생변수

이 책에서 우리가 사용할 모형에는 두 가지 유형의 변수가 있다. **내생변수**(endogenous variable)는 모형이 설명하려는 변수이고, **외생변수**(exogenous variable)는 모형에게 주어진 변수이다. 즉, 〈그림 2-1〉에서와 같이 우리가 외생변수를 모형에 입력하면 모형이 내생변수를 결정하여 출력해 준다고 생각하면 된다.

그림 2-1

모형의 내생변수와 외생변수

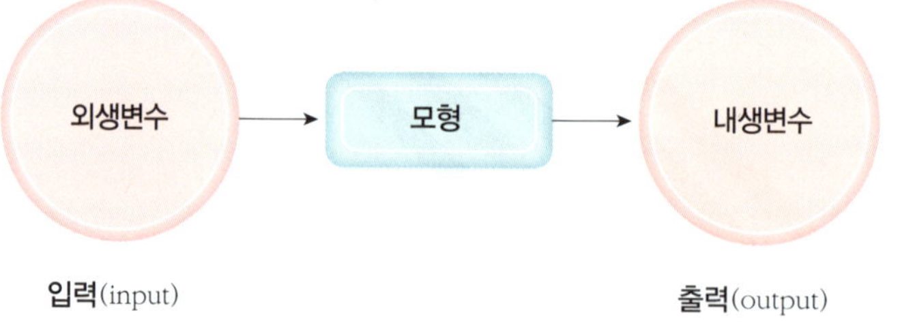

이러한 변수 구분은 우리가 답하고자 하는 질문, 그리고 그 질문의 답을 찾고자 사용하는 모형에 따라 달라질 수 있다. 즉, 특정 변수가 한 모형에서 외생적인데 다른 모형에서는 내생적일 수 있다는 것이다. 예를 들어 '통화공급(M)의 변화가 국가경제의 물가(P) 및 총생산(Y)에 미치는 영향'에 대한 연구를 하는 경우, 물가(P)와 총생산(Y)은 내생변수이고, 통화공급(M)은 외생변수로 취급할 수 있다. 하지만 우리는 '기온이 올라갈 때 중앙은행이 통화공급(M)을 증가시킬까? 그렇다면 얼마나 증가시킬까?' 라는 다소 색다른 질문을 할 수도 있다. 이때 사용하는 모형에서 기온을 주어진 것으로 가정한다면 기온은 외생변수, 통화공급은 내생변수가 된다. 즉, M이 모형에 따라 외생변수 또는 내생변수가 될 수 있는 것이다.

1.2 모형의 예시

경제학에서 이용하는 모형은 주로 수식의 형태로 표현된다. 또한 모형을 그림으로 표현하기도 한다. 내생변수와 외생변수가 의미하는 바를 좀 더 구체적으로 이해하기 위해 경제학을 처음 접할 때 배웠던 수요·공급 모형을 보자. 우리는 이 매우 단순한 모형을 통해 기온이 아이스크림의 가격 및 거래량에 어떻게 영향을 미치는지 보려고 한다.

앞서 얘기한 대로 모형은 단순화의 산물이다. 현실에서 아이스크림의 수요를 결정하는 요인은 무수히 많지만, 이 모형에서는 다른 요인은 무시하고 가격과 기온만 고려하기로 한다. 소비자들의 아이스크림에 대한 수요는 기온이 높을 때 그리고 아이스크림 가격이 낮을 때 높다. 구체적으로 아이스크림의 수요가 다음의 선형 식으로 표현될 수 있다고 가정한다.

$$Q^d = \alpha_1 X - \alpha_2 P_I \ (\alpha_1, \alpha_2 > 0)$$

여기서 α_1과 α_2는 양의 값을 갖는 계수이고, X는 기온, P_I는 아이스크림 가격, 그리고 Q^d는 수요량을 나타낸다. 모형에서 계수 α_1, α_2와 같이 상수로 주어지는 것들을 **파라미터**(parameter) 또는 **모수**라고 부른다.[1]

1. 모형을 가지고 실제로 경제분석을 할 때, 파라미터 또는 모수는 주로 데이터를 이용해 추정한다.

반면에 아이스크림을 생산 · 판매하는 기업의 공급함수는 다음과 같다.

$$Q^s = \alpha_3 + \alpha_4 P_I \ (\alpha_3, \alpha_4 > 0)$$

여기서 α_3과 α_4는 양의 값을 갖는 계수 또는 파라미터이고, Q^s는 공급량을 나타낸다. 즉, 아이스크림 가격이 올라가면 기업은 아이스크림의 공급량을 늘린다.

마지막으로 이 모형경제에서는 아이스크림 가격이 적절하게 조정되어 수요량과 공급량을 같게 한다($Q^s = Q^d$). 즉, 우리가 아이스크림 시장에서 관찰하는 가격과 거래량은 수요량과 공급량이 일치할 때 나타나는 균형가격과 균형거래량이라는 가정이다. 이 균형거래량을 위첨자를 없앤 Q로 표기한다.

아이스크림 시장을 단순화한 이 모형에는 외생변수가 한 개, 그리고 내생변수가 두 개 있다. **외생변수**는 기온(X)이다. 이 모형은 기온이 어떻게 결정되는지 설명하지 않고 단지 주어진 것으로 간주한다. (우리나라 기온이 어떻게 결정되는지 잘 설명하는 모형은 당연히 따로 있을 것이다. 그 모형에서는 기온이 내생변수가 된다). **내생변수**는 아이스크림의 거래량(Q)과 가격(P_I)이다. 이 변수들은 모형 내에서 결정된다.

주어진 외생변수에 대해 내생변수의 해를 구하는 것을 "모형을 푼다" 또는 "모형의 해를 구한다" 라고 한다. 위의 식들을 이용해서 내생변수의 해를 구하면 다음과 같다.

$$P_I = \frac{\alpha_1 X - \alpha_3}{\alpha_2 + \alpha_4}$$

$$Q = \frac{\alpha_1 \alpha_4 X + \alpha_2 \alpha_3}{\alpha_2 + \alpha_4}$$

즉, 〈그림 2-1〉에서와 같이 우리가 외생변수 X의 값을 이 모형에 입력한다면 모형은 내생변수(P_I, Q)의 값을 위와 같이 출력한다고 생각할 수 있다. 이 모형경제에서 아이스크림의 가격과 거래량은 기온의 증가함수이다. 예를 들어 이 모형은 기온이 1도 증가할 때, 아이스크림 가격은 $\frac{\alpha_1}{\alpha_2 + \alpha_4}$만큼 상승하고, 거래량은 $\frac{\alpha_1 \alpha_4}{\alpha_2 + \alpha_4}$만큼 증가한다고 예측한다.

우리는 모형을 분석할 때 위와 같이 수식들을 이용하여 모형의 해를 직접 구하기도 하지만 때로는 그림을 이용하기도 한다. 그림은 쉽게 직관적으로 이해할 수 있다는 장점이 있기 때문이다. 이 모형에서의 수요함수를 그림으로 나타내면

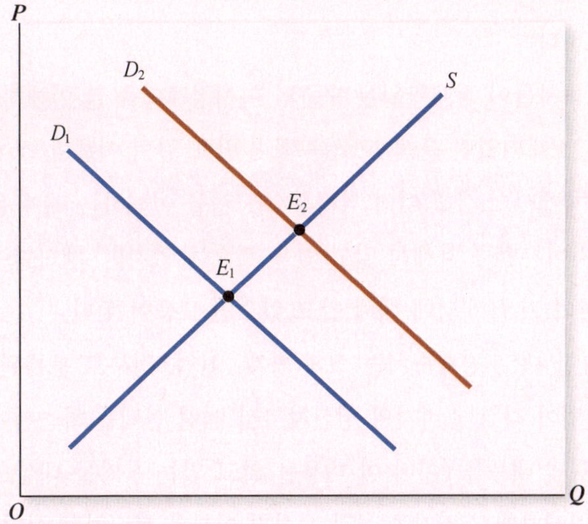

그림 2-2

균형가격과 균형거래량의 결정

수요량과 공급량이 일치해 초과수요나 초과공급이 없이 정지상태에 있는 가격을 균형가격이라고 하며, 이 균형가격을 성립하게 한 수급량을 균형거래량이라고 한다. 이 모형에서 외생변수인 기온(X)이 상승함에 따라 수요곡선은 오른쪽으로 이동($D_1 \rightarrow D_2$)하게 된다. 그 결과 균형점이 E_1에서 E_2로 이동하게 되고 아이스크림의 균형가격이 상승하고 균형거래량이 증가한다.

〈그림 2-2〉의 D_1이 되며 공급함수는 S가 된다. 여기서 기억할 점은 수요곡선 D_1은 기온(X)이 특정 값에 고정된 상황에서 그려진 것이다. 따라서 X가 다른 값을 가진다면 수요곡선의 위치도 바뀐다. 기온이 오른다면 어떻게 될까? 이 경우 각 가격에서의 아이스크림 수요량이 종전과 비교해 더 커지게 되고, 수요곡선은 오른쪽으로 이동하게 된다. 그 결과 균형점이 E_1에서 E_2로 이동하게 되고 아이스크림 가격이 상승하고 거래량은 늘어나게 된다. 즉, 방정식을 직접 풀었을 때와 같은 방향의 결과를 얻게 된다.

우리가 이 책에서 앞으로 보게 될 모형들은 단순한 수요 · 공급 모형보다 복잡하므로 지금과 같이 방정식을 풀어 모형의 해를 항상 명시적으로 보여주기는 쉽지 않다. 따라서 대부분은 그림을 이용하여 모형을 분석할 것이다.

2. 미시경제모형

Macroeconomics ch. two

거시경제학은 각종 거시경제 현상을 미시경제학적 기초에 근거해 분석하려는 경향을 보여왔다. 그 이유는 국민소득과 물가수준 같은 것도 궁극적으로는 개별 경제주체가 내린 결정의 산물이기 때문이다. 따라서 거시경제 현상을 제대로 이해하려면 개별 소비자(또는 가계) 및 기업이 어떻게 미시적 결정을 내리는지에 대한 이해가 필요하다.

이 책에서는 독자들이 경제학원론 수준의 미시경제학을 잘 이해하고 있다고 가정하고, 거기서 소개되었던 분석 도구를 책 전반에 걸쳐 이용할 것이다. 특히 소비자이론이 이 책에서 소개될 여러 거시경제 모형을 이해하는 데 유용하다. 생산자이론은 소비자이론만큼 자세히 알고 있을 필요는 없지만, 생산함수, 생산비용, 이윤극대화 등의 기본 개념에 대해 알고 있으면 도움이 된다.

1장에서 언급한 대로 경제주체는 크게 가계, 기업, 정부로 분류된다. 이 절에서는 가계와 기업이 각각 소비자와 생산자로서 어떤 선택을 하는지에 대해 경제학원론에서 다뤘던 내용을 (이미 이 내용을 알고 있는 독자를 대상으로) 짧게 요약한다. 좀 더 자세하게 소비자 이론과 생산자 이론을 복습하고 싶다면 본인이 가지고 있는 경제학원론 교재의 해당 부분을 읽어보기를 권한다.[2]

2.1 가계

가계는 소비자로서 자신이 쓸 수 있는 소득의 범위 안에서 적절한 상품의 조합을 선택해 소비한다. 앞 절에서 예로 든 아이스크림 이외에도 가계가 지출 대상으로 삼는 것은 수없이 많다. 여기서는 분석의 편의를 위해 우리 경제에 두 종류의 재화만 존재한다고 가정한다. 그 두 재화를 아이스크림과 사과라고 하자. 그렇다면 소비자의 관점에서 아이스크림과 사과 몇 개를 구매해야 할까? 소비자는 한정된 소득으로 가능한 한 큰 만족을 누리려 할 것이다. 이러한 행위를 모형을 통해 살펴보자.

2.1.1 소비자의 선호와 효용함수

어떤 상품 또는 상품묶음(commodity bundle)을 소비함으로써 얻는 만족감을 효용(utility)이라고 부른다. 그리고 상품묶음과 효용 사이에는 일정한 함수관계가 존재하는데, 이것을 **효용함수**(utility function)라고 한다. 이 모형에서는 소

---

2. 예를 들면, 조순 · 정운찬 · 전성인 · 김영식, 『경제학원론(미시경제학)』 제Ⅱ편, 또는 이준구 · 이창용, 『경제학원론』 제2편과 3편을 참고하기 바란다.

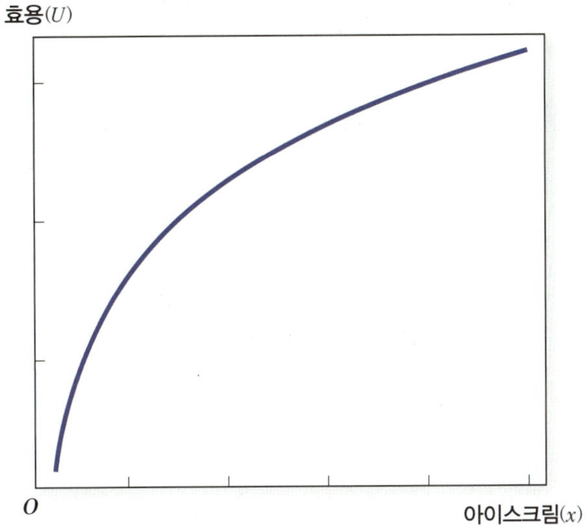

그림 2-3

효용함수 $U(x, y)$
효용함수는 각 상품묶음에 대응되는 효용수준을 나타낸다. 이때 한계효용체감의 법칙이 성립하면 한계효용으로 볼 수 있는 효용함수의 기울기는 소비량이 증가함에 따라 감소한다.

비자의 효용함수를 다음과 같이 나타낼 수 있다.

$$U = U(x, y)$$

위의 함수에서 x는 아이스크림의 소비량, y는 사과의 소비량이다. 일반적으로 재화의 소비량이 늘어나면 소비자가 얻는 효용은 증가한다. 다른 재화를 고정한 상태에서 한 재화를 추가로 1단위 소비했을 때 발생하는 효용의 증가분을 **한계효용**(marginal utility ; MU)이라고 부르는데, 아이스크림의 한계효용(MU_x)과 사과의 한계효용(MU_y)은 둘 다 양의 값을 갖는다.

효용함수 상품묶음과 효용 사이에 존재하는 일정한 함수관계

한계효용 다른 재화를 고정한 상태에서 한 재화를 1단위 추가로 소비했을 때 발생하는 효용의 증가분

반면에 어떤 재화의 소비량을 1단위씩 증가시킬 때 한계효용은 점차 감소하는 것이 일반적인데, 이를 **한계효용체감의 법칙**(law of diminishing marginal utility)이라고 한다. 이 모형에서는 아이스크림의 한계효용(MU_x)은 x가 증가할수록, 사과의 한계효용(MU_y)은 y가 증가할수록 줄어든다. 효용함수의 이러한 성질은 일상생활에서 쉽게 발견할 수 있는 현상이다. 사람 대부분은 사과의 소비량을 100개에서 101개로 늘릴 때보다 0개에서 1개로 늘릴 때 효용이 더 많이 증가하기 마련이다.

한계효용체감의 법칙 어떤 재화의 소비량을 1단위씩 증가시킬 때 한계효용은 점차 감소

이 효용함수에는 두 개의 독립변수(x, y)와 한 개의 종속변수(U)가 있으므로

그림 2-4

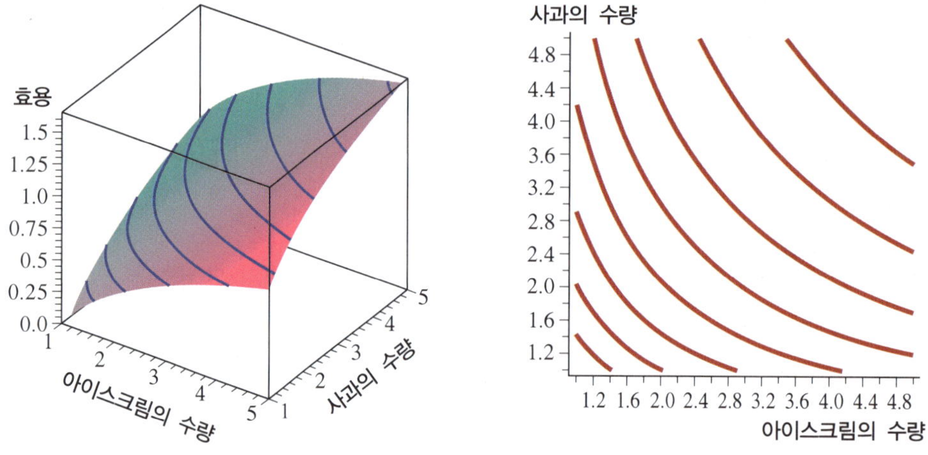

효용함수와 무차별곡선

두 개의 독립변수(x, y)와 한 개의 종속변수(U)가 존재하는 경우 효용함수를 그림으로 제대로 표현하려면 3차원 공간에 그려야 한다. 2차원 공간에서 효용함수를 시각적으로 나타내는 방법 중 하나는 동일한 효용 수준을 가져오는 상품묶음을 연결한 선인 무차별곡선을 그리는 것이다.

이 함수를 제대로 표현하려면 3차원 공간에 그려야 한다. 2차원 공간에 이런 함수를 시각적으로 나타내는 한 방법은 한 변수를 고정하고 나머지 변수를 변화시키는 것이다. 〈그림 2-3〉은 y를 고정하고 x값을 변화시키면서 U의 값이 어떻게 변하는지 보여준다. 이 그림에서 x가 증가함에 따라 U가 증가하되 U의 증가분은 감소함을 알 수 있다. 여기서 효용함수의 기울기가 바로 재화 x, 즉 아이스크림의 한계효용이다. 반대로 x를 고정하고 y를 변경해도 U의 형태는 비슷하다.

2.1.2 무차별곡선

2차원 공간에서 효용함수를 시각적으로 나타내는 또 다른 방법은 지형도(topographic map)에서 볼 수 있는 것과 유사한 등고선(contour lines)을 그리는 것이다. 지형도에서 등고선은 같은 고도의 육지 지점을 연결한다. 마찬가지로 효용함수에서 동일한 수준의 효용을 제공하는 상품묶음을 〈그림 2-4〉와 같이 연결할 수 있다.

무차별곡선 동일한 효용수준을 가져오는 상품묶음을 연결한 선

이처럼 동일한 효용 수준을 가져오는 상품묶음을 연결한 선을 **무차별곡선**

(indifference curve)이라고 한다. 〈그림 2-4〉의 무차별곡선은 앞서 언급한 효용함수의 특성을 반영한다. 첫째, 효용함수는 x와 y의 증가함수이기 때문에 무차별곡선은 우하향하는 모양을 가지며, 원점에서 북동 방향으로 멀리 떨어진 무차별곡선일수록 더 높은 효용수준을 나타내게 된다. 둘째, 무차별곡선은 원점에 대해 볼록한 모양을 갖는데, 이는 **한계대체율**(marginal rate of substitution ; *MRS*)이 체감한다는 가정 때문이다.

한계대체율이란 소비자가 동일한 효용수준을 유지하기 위하여(즉, 무차별곡선 상의 한 점에서 동일한 무차별곡선 상의 다른 점으로 이동하기 위하여) 아이스크림을 한 개 더 먹는 대가로 기꺼이 포기하고자 하는 사과의 양을 의미한다. 한계대체율이 감소하는 이유는 아이스크림의 소비량이 많아질수록 사과에 대한 아이스크림의 상대적 중요성이 감소하기 때문이다. 한계대체율은 무차별곡선의 기울기의 절댓값인데, 한계대체율과 두 상품 사이의 한계효용비율이 같음을 보일 수 있다. 이를 수식으로 표현하면 아래와 같다.

한계대체율 소비자가 동일한 효용수준을 유지하기 위하여 x재 1단위를 더 소비하는 대가로 기꺼이 포기하고자 하는 y재의 단위

$$MRS = \frac{\text{아이스크림의 한계효용}}{\text{사과의 한계효용}} = \frac{MU_x}{MU_y}$$

2.1.3 예산선

소비자는 주어진 예산제약의 범위 안에서 상품묶음을 선택함으로써 효용함수를 극대화한다. 소비자의 소득을 m이라고 하면, 예산제약을 아래의 부등식으로 표현할 수 있다.

$$p_x x + p_y y \leq m$$

즉, 아이스크림과 사과에 대한 총지출은 소득을 초과할 수 없다는 것이다. 그런데 효용함수는 x와 y의 증가함수이므로 효용을 극대화하고자 하는 소비자는 총지출과 소득과 같아질 때까지 소비를 늘릴 것이다. 따라서 위의 예산제약 조건에서 부등호를 빼고 다음과 같이 쓸 수 있다.

$$p_x x + p_y y = m$$

그림 2-5

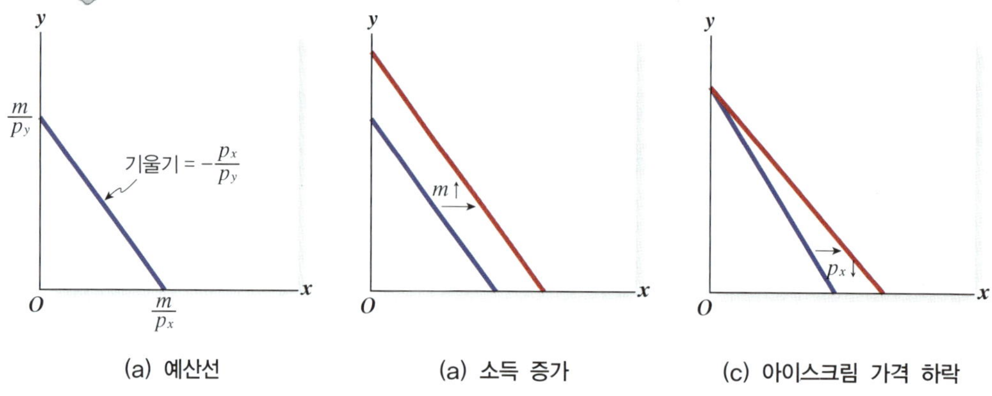

예산선

예산선이란 주어진 가격에서 일정 소득으로 살 수 있는 두 재화의 조합들로 이루어져 있는 직선을 의미한다. 예산선의 기울기는 두 재화의 상대가격이며, 세로축 절편과 가로축 절편은 각각 y재와 x재로 나타낸 실질소득이다. 따라서 소득이 증가하면 예산선은 우측이동하고, x의 가격이 하락하면 예산선은 시계 반대방향으로 회전한다.

또한 위 등식을 다음과 같이 쓸 수도 있다.

$$y = -\frac{p_x}{p_y}x + \frac{m}{p_y}$$

예산선 주어진 가격에서 일정 소득으로 살 수 있는 두 재화의 조합들로 이루어져 있는 직선

이 식을 그림으로 표현하면 〈그림 2-5〉 (a)의 직선과 같다. 이 직선은 주어진 가격(p_x, p_y)에서 일정 소득(m)으로 살 수 있는 두 재화의 조합들로 이루어져 있다. 이 직선을 **예산선**(budget line)이라고 한다.

예산선의 위치는 소득과 가격에 의해 결정된다. 예산선은 소득(m)이 증가하면 〈그림 2-5〉의 (b)에서처럼 우측으로 평행이동 한다. 반면에 아이스크림 가격(p_x)이 하락한다면 예산선의 기울기가 변하게 되고 〈그림 2-5〉의 (c)에서와 같이 예산선이 시계 반대방향으로 회전하게 된다.

2.1.4 소비자의 최적선택

그렇다면 소비자는 예산선 위의 어느 점(상품묶음)을 선택할까? 〈그림 2-6〉의 (a)에서처럼, 최적선택점은 예산선과 무차별곡선이 접한 점이다. 이 결과의

그림 2-6

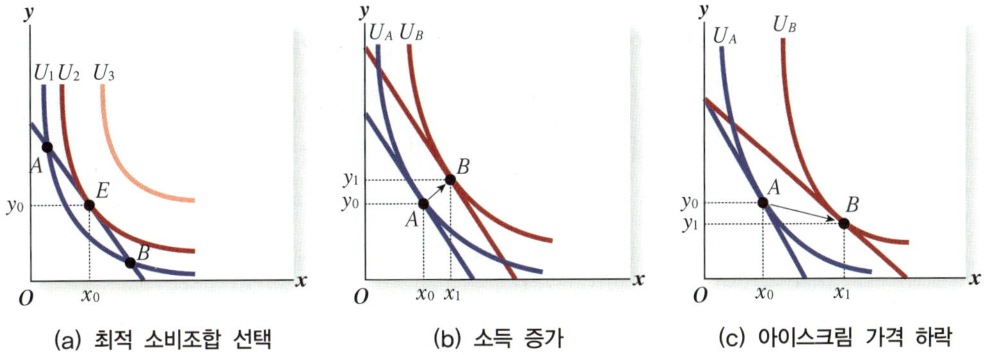

소비자의 최적선택

소비자의 최적선택점은 예산선과 무차별곡선이 접한 점이다. 소득이 늘어나는 경우 (b)와 같이 예산선이 우측이동하고 이로 인해 최적소비점은 A에서 B로 이동한다. x재의 가격이 하락하는 경우 (c)와 같이 예산선이 시계 반대 방향으로 회전하고 최적소비점은 A에서 B로 이동한다.

이해를 돕기 위해 〈그림 2-6〉의 (a)는 대표적인 무차별곡선 세 개를 보여주고 있다. U_3는 예산선 밖에 위치하는 모든 무차별곡선을 대표하며, U_1은 예산선과 두 곳에서 만나는 모든 무차별곡선을 대표한다고 하자. 이 중 소비자는 U_3에서 가장 높은 효용수준을 누릴 수 있지만, 이 곡선은 예산선 밖에 있으므로 선택할 수 없다. 반면 예산선 위의 점 A 또는 점 B는 선택할 수 있지만, 점 E와 비교해 소비자에게 낮은 효용을 준다($U_1 < U_2$). 따라서 점 E에서 소비자의 효용이 극대화된다. 이 최적선택점에서는 무차별곡선의 기울기가 예산선의 기울기와 같게 된다. 식으로 표현하면 다음과 같다.

$$\frac{MU_x}{MU_y} = \frac{p_x}{p_y}$$

즉, 소비자가 자신의 효용을 극대화하면 두 재화의 한계대체율과 상대가격이 같아지게 된다.

소비자의 효용함수가 달라져서 무차별곡선의 모양이 바뀐다든지, 또는 소득 및 재화의 가격이 달라져서 예산선이 움직이면 최적선택점은 바뀔 수 있다. 이 책에서는 주로 후자의 경우를 살펴볼 것이다.

우선 소비자의 소득 변화가 최적선택점에 미치는 영향을 알아보자. 이를 소

소득효과 (실질)소득 변화가 최적선택점에 미치는 영향

득효과(income effect)라고 한다. 소득이 늘어나면 〈그림 2-6〉의 (b)에서처럼 예산선이 우측으로 평행이동 한다. 그 결과 이 소비자의 선택점은 A에서 B로 이동하게 되어, 아이스크림과 사과 모두를 더 많이 소비하게 된다. 이 그림에서와 같이 소득이 증가할 때 소비가 증가하는 재화를 **정상재**(normal good)라고 한다. 물론 소득이 증가할 때 소비가 오히려 줄어드는 **열등재**(inferior good)도 현실에 존재하고 이 경우도 그림으로 표현할 수 있다. 이건 독자가 직접 해보기를 바란다. 이 책에서는 재화가 정상재라고 가정할 것이다.

가격효과 가격변화가 최적선택점에 미치는 영향

다음으로 가격변화가 최적선택점에 미치는 영향을 알아보자. 이를 **가격효과**(price effect)라고 한다. 앞에서 얘기했듯이 아이스크림의 가격이 하락할 때 예산선이 시계 반대방향으로 회전하게 된다. 그 결과 〈그림 2-6〉의 (c)에서처럼 소비자의 선택점은 A에서 B로 이동하게 되고, 아이스크림의 소비가 증가하게 된다. 즉, 아이스크림의 가격이 하락하면 이 소비자의 아이스크림에 대한 수요가 증가함을 알 수 있는데, 우리가 앞 절에서 가정했던 아이스크림의 **수요함수**는 바로 이와 같은 과정을 통해 도출할 수 있다. 반면 아이스크림의 가격이 상승할 때 사과의 소비는 증가할 수도, 감소할 수도 있다. 〈그림 2-6〉의 (c)에서는 사과의 소비가 감소하는 경우를 보였지만, 사과의 소비가 증가하는 경우는 독자가 스스로 그려보기 바란다.[3]

2.1.5 소득효과와 대체효과

앞에서 우리는 아이스크림 가격이 하락하면 아이스크림 소비량이 증가하는 가격효과에 대하여 살펴보았다. 이러한 가격효과는 일반적으로 다음 두 요인에서 온다. 첫째, 사과의 가격은 그대로인데 아이스크림 가격만 하락했기 때문에, 소비자는 효용극대화를 위해 상대적으로 비싸진 사과를 상대적으로 싼 아이스크림으로 대체하려고 한다. 이로 인한 아이스크림 수요량의 증가를 **대체효과**(substitution effect)라고 한다. 이는 본질적으로 두 재화의 상대가격, $\frac{p_x}{p_y}$가 바뀌었기 때문에 나타나는 효과이다. 둘째, 아이스크림 가격이 하락하면 주어진 소득(m)으로 구매할 수 있는 아이스크림의 양이 증가한다는 점에서 소비자의 실질소

대체효과 상대가격 변화가 최적선택점에 미치는 영향

3. 앞선 예시에서 기온이 아이스크림의 수요에 미치는 영향은 효용함수 자체가 기온에 영향을 받는 것으로 생각할 수 있다.

그림 2-7

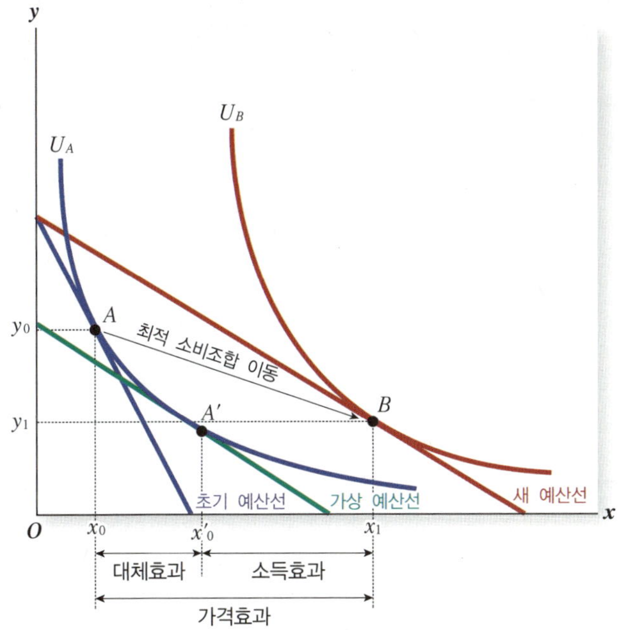

대체효과와 소득효과

가격효과는 상대가격의 변화로 인한 효과인 대체효과와 실질소득의 변화로 인한 효과인 소득효과의 합이다. 그림에서 대체효과는 선택점 *A*에서 *A*′로의 이동을 나타내고, 소득효과는 *A*′에서 *B*로의 이동을 나타낸다.

득이 증가하게 되는데 실질소득의 증가는 정상재인 아이스크림의 수요량을 증가시킨다. 이는 본질적으로 앞에서 살펴보았던 소득(m)이 증가했을 때 아이스크림의 수요량이 늘어났던 효과와 같다. 이 효과를 소득효과(income effect)라고 한다.

이 두 효과를 그림으로 설명하면 〈그림 2-7〉과 같다. 〈그림 2-6〉의 (c)와 비교하면, 이 그림에는 가상의 녹색 예산선이 추가됐다. 이 녹색 선은 원래의 무차별 곡선에 접하면서 새로운 예산선과 똑같은 기울기를 갖도록 그린 것이다. 그림에서 선택점 *A*로부터 *A*′로의 움직임은 순전히 두 재화의 상대가격($\frac{p_x}{p_y}$), 즉 예산선의 기울기가 바뀌었기 때문에 생긴 것이다. 따라서 아이스크림의 수요량이 x_0에서 x_0'로 증가한 것은 대체효과 때문이라 할 수 있다.

다음으로 선택점이 *A*′에서 *B*로 움직인 것은 실질소득의 변화에 따른 것이다. 녹색 가상선과 빨간색의 새 예산선의 기울기는 서로 같은데, 이는 두 재화 사이의 상대가격이 그대로 유지되었기 때문이다. 반면에 마치 m이 증가했을 때와 같은 방식으로 예산선이 수평이동 했는데, 이 수평이동은 아이스크림 가격의 하락이 이 소비자의 실질소득을 증가시킨 것을 반영한다. 따라서 아이스크림 수요량이 x_0'에서 x_1로 늘어난 것은 소득효과 때문이다.

종합하면, 점 A에서 점 B로의 이동을 나타내는 가격효과는 점 A에서 점 A'로의 이동을 나타내는 대체효과와 점 A'에서 점 B로의 이동을 나타내는 소득효과의 합이다. 즉, 가격효과에 의한 아이스크림의 수요량 증가는 다음 식과 같이 분해될 수 있다는 것을 의미한다.

$$\underbrace{x_1 - x_0}_{\text{가격효과}} = (\underbrace{x_1 - x_0'}_{\text{소득효과}}) + (\underbrace{x_0' - x_0}_{\text{대체효과}})$$

아이스크림의 가격 하락이 왜 사과의 수요량에 미치는 영향이 불분명한지도 소득효과와 대체효과를 고려하면 이해할 수 있다. 아이스크림 가격 하락은 소비자의 실질소득 증가로 이어져서 (사과가 정상재라면) 사과의 수요량에 양(+)의 영향을 미친다. 반면에 사과의 명목가격이 변화가 없더라도 아이스크림 대비 상대적으로 비싸지므로 사과의 수요량에 음(−)의 영향을 미친다. 즉, 양의 소득효과와 음의 대체효과의 상대적 크기에 따라 사과의 수요량이 증가할 수도, 감소할 수도 있다.

2.2 기업

생산요소 기업이 재화 및 서비스를 생산하기 위해 투입하는 자원

다음으로 민간부문의 다른 한 축인 기업에 대해 알아보자. 기업은 여러 가지 **생산요소**(factors of production)를 사용해 재화 및 서비스를 만든 다음 이를 소비자(가계)에게 판매한다. 경제학원론의 거시경제 부분에서는 기업의 이러한 행위를 명시적으로 다루지 않았다. 이 책에서는 미시경제의 분석 도구를 일부 이용하여 거시경제의 생산부문을 분석할 것이다.

앞 절에서 우리는 가계(소비자)가 **효용극대화**(utility maximization)를 추구한다는 가정 하에서 가계의 선택행위를 분석하였다. 이 절에서는 기업이 **이윤극대화**(profit maximization)를 추구한다는 가정 하에서 기업의 선택행위를 분석한다.

이윤은 재화나 서비스를 판매한 **수입**(revenue)에서 생산에 든 **비용**(cost)을 뺀 나머지를 뜻한다. 우리는 수입과 직접적인 관련이 있는 생산함수의 특성을 알아보고 기업의 이윤극대화 문제를 살펴본다.

2.2.1 생산함수

기업은 재화나 서비스를 생산하기 위해서 여러 가지 생산요소를 사용한다. 생산요소란 생산물을 생산하기 위하여 투입되는 모든 것을 말한다. 이 책에서는 생산요소를 **노동**(labor ; L)과 **자본**(capital ; K)의 두 종류로 나누어서 분석한다.

예를 들어 영철이라는 사람이 법학전문대학원을 졸업한 후 변호사 사무실을 개업했다고 하자. 이 기업(영철의 법률사무소)은 상품(법률 서비스)을 생산해서 팔기 위해 직원들을 고용한다. 법률 서비스를 생산하기 위해 영철과 직원들이 일한 시간이 노동이고 이를 L로 표기한다. 또한 영철의 법률사무소는 영철과 직원들이 일할 수 있도록 사무실을 렌트하고, 컴퓨터, 정수기, 공기청정기, 복합기 등 법률 서비스를 생산하는 데 필요한 각종 기기들을 갖추어 놓는다. 이러한 비노동 생산요소(공장, 건물, 기계 등)가 자본이고 이를 K로 표기한다.

생산요소의 투입(input)과 생산물의 산출(output) 간에는 일정한 기술적 관계가 존재한다. 이 기술적 관계를 함수 형태로 표시한 것을 **생산함수**(production function)라 하고 다음과 같이 표기한다.

생산함수 생산요소의 투입과 생산물의 산출 간 일정한 기술적 관계를 함수 형태로 표시한 것

$$Y = F(K, L)$$

여기서 Y는 노동 L과 자본 K를 투입하여 얻을 수 있는 재화나 서비스의 생산량이다.

우리가 이 책에서 주로 사용할 생산함수는 다음 세 가지의 특성을 만족한다고 가정한다.

1. **자본의 한계생산물**(marginal product of capital ; MP_K)과 **노동의 한계생산물**(marginal product of labor ; MP_L)은 양의 값을 갖는다.

$$MP_K > 0, \; MP_L > 0$$

자본의 한계생산물 자본 1단위를 추가적으로 투입하였을 때 증가하는 생산물의 증가분

노동의 한계생산물 노동 1단위를 추가적으로 투입하였을 때 증가하는 생산물의 증가분

2. **한계생산체감의 법칙**(law of decreasing marginal product) 또는 **수확체감의 법칙**(law of diminishing returns)을 따른다. 즉, MP_K는 K의 감소함수이고, MP_L은 L의 감소함수이다.

3. **규모수익불변**(constant returns to scale)의 성질을 갖는다. 즉, 모든 양의 상수 λ에 대하여 다음 조건을 만족한다.

$$F(\lambda K, \lambda L) = \lambda F(K, L) \ (\lambda > 0)$$

첫 번째와 두 번째 조건은 우리가 가계의 효용함수에 가정했던 성질과 유사하다. 다른 생산요소를 고정한 상황에서 한 생산요소를 1단위 추가했을 때 발생하는 생산량의 증가분을 한계생산물이라고 부른다. 즉, 1번과 2번 조건에 의하면, 어떤 요소의 투입량은 고정하고 다른 요소의 투입을 증가시키면 총생산은 증가하되 그 증가분은 체감한다. 예를 들어 영철의 법률사무소에서 사무실 크기와 컴퓨터 숫자를 고정하고 일하는 사람 수를 늘리는 경우를 생각해보자. 처음에는 한 사람 늘어날 때마다 생산량의 증가가 상당하겠지만, 어느 단계에 가서는 혼잡이 일어나고 일 인당 컴퓨터 숫자가 감소해서 생산량의 증가가 둔화하기 시작할 것이다.

마지막으로 세 번째 조건에서의 규모수익불변은 모든 생산요소의 투입량을 λ배로 증가시킬 때 생산량도 이에 따라 λ배로 증가하는 경우라고 할 수 있다. 예를 들어 생산과정에 투입되는 모든 생산요소를 정확히 두 배(즉, $\lambda = 2$)로 늘린다면 산출량도 정확히 두 배로 증가한다.

위 세 가지 조건을 모두 만족하면서 거시경제 분석에 가장 널리 쓰이는 생산함수는 다음과 같은 **콥-더글라스 생산함수**(Cobb-Douglas production function)이다.

$$Y = F(K, L) = K^{\alpha}L^{1-\alpha} \ (0 < \alpha < 1)$$

효용함수와 마찬가지로 생산함수에는 두 개의 독립변수(K, L)와 한 개의 종속변수(Y)가 있다. 〈그림 2-8〉의 (a)는 K를 고정하고 L값을 변화시키면서 Y의 값이 어떻게 변하는지 보여준다. 노동의 양이 증가함에 따라 생산량이 증가하되 그 증가분(기울기)은 감소함을 알 수 있다. 이 그림에서 생산함수의 기울기가 바로 노동의 한계생산물(marginal product of labor ; MP_L)이다. 〈그림 2-8〉의 (b)는 노동의 양이 증가함에 따라 노동의 한계생산물이 감소함을 보여준다. 이 그림에서도 자본의 양은 고정되어 있다.

그림 2-8

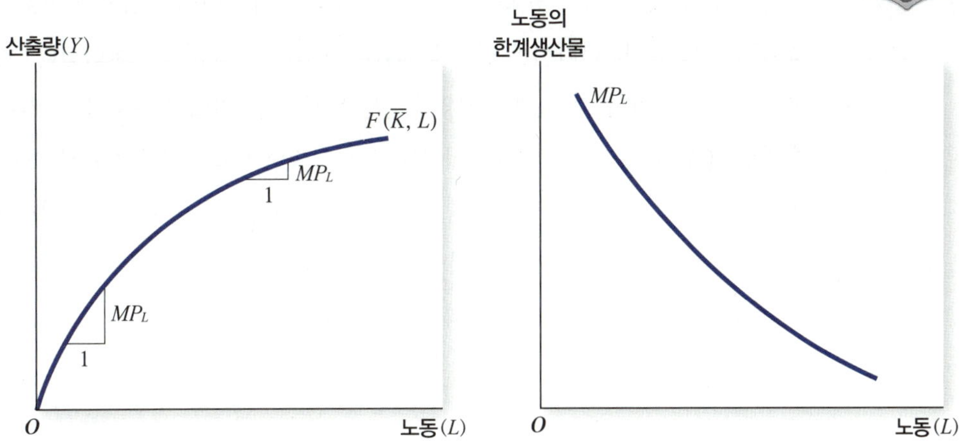

(a) 생산함수 (b) 노동의 한계생산물

한계생산체감의 법칙

생산함수가 한계생산체감의 법칙을 따른다는 가정으로 인해, 자본의 양이 고정인 가운데 노동의 양이 증가하면 생산량의 증가분인 노동의 한계생산물은 감소한다.

2.2.2 이윤

우리는 기업의 목표가 이윤극대화에 있다는 가정 아래 기업의 선택행위를 분석한다. 기업의 **명목이윤**을 $P\Pi$로 나타내면 다음 수식으로 표현할 수 있다.

$$P\Pi \equiv PF(K, L) - WL - R^K K$$

위 식에서 P는 이 기업이 생산하는 재화나 서비스의 명목가격(즉, 원화로 표시된 가격), W는 노동의 명목가격(임금)(nominal wage), 그리고 R^K는 자본의 명목가격(nominal rental price of capital)이다. 예를 들어 영철의 법률사무소에서 R^K는 다달이 내는 사무실의 월세, 정수기의 렌털가격 등을 포함한다. 따라서 $PF(K, L)$는 수입(revenue), WL은 노동비용(labor costs), 그리고 $R^K K$는 자본비용(capital costs)이다. 즉, 기업의 이윤은 재화나 서비스를 판매한 수입에서 생산에 든 노동비용과 자본비용을 뺀 나머지를 뜻한다.

여기서 유의할 점은 노동자나 자본가가 기업을 소유한 경우, 위 식에서의 이윤은 기업 오너 본인에게 지급되는 비용을 제하고 계산한다는 것이다. 예를 들어 영철의 법률사무소에서 영철이는 법률사무소의 소유주이기도 하지만 변호사로서 일을 하기도 한다. 따라서 영철에게 지급되는 급여는 비용으로 처리된다. 자본비용도 마찬가지이다. 현실에서 기업주인은 실제로 그 기업이 사용하는 자본의 소유자인 경우가 많다. 만약 영철이 사무실을 빌린 것이 아니라 소유하고 있다면, 매달 사무실의 월세를 실제로 본인에게 내지 않더라도 자본비용으로 처리한다.

이윤을 화폐단위가 아니라 이 기업이 생산하고 판매하는 재화의 단위로 표현할 수도 있다. 명목이윤을 그 재화의 가격으로 나누어주면 다음과 같이 실질이윤이 된다.

$$\Pi \equiv F(K, L) - wL - r^K K$$

위 식에서 $w \equiv \frac{W}{P}$는 임금을 이 기업이 판매하는 재화 단위로 표시한 실질임금(real wage), 그리고 $r^K \equiv \frac{R^K}{P}$ 자본의 가격을 이 기업이 판매하는 재화 단위로 표시한 실질가격(real rental price of capital)이다.

2.2.3 기업의 최적선택

이 책에서 우리는 많은 경우 재화시장과 요소시장을 완전경쟁시장(perfectly competitive market)이라고 가정한다. 따라서 기업은 재화의 가격과 생산요소의 가격을 주어진 것으로 받아들인다. 가격이 주어진 상태에서 기업은 명목이윤 또는 실질이윤을 극대화하도록 생산량을 선택한다. 생산량을 선택한다는 것은 생산에 쓰일 노동과 자본의 양을 선택한다는 것을 의미한다.

미적분학을 배운 독자들은 이윤을 극대화하는 최적 노동과 자본의 양을 쉽게 구할 수 있을 것이다. 실질이윤함수를 L에 대해서 편미분하고, 또 K에 대해서 편미분해서 실질이윤함수의 기울기가 양방향으로 0이 되게 하는 L과 K를 찾으면 된다.

직관적으로 최적 L을 구하는 방법은 고용에 따른 비용과 편익을 비교하는 것이다. 기업이 노동 한 단위를 추가로 고용할지를 고민 중이라고 하자. 기업의 목적함수인 실질이윤을 보면, 노동 한 단위의 추가 고용에 따른 편익은 노동의 한계생산물(MP_L)인 반면, 추가 고용에 따른 비용은 실질임금(w)이다. 노동 한 단위

그림 2-9

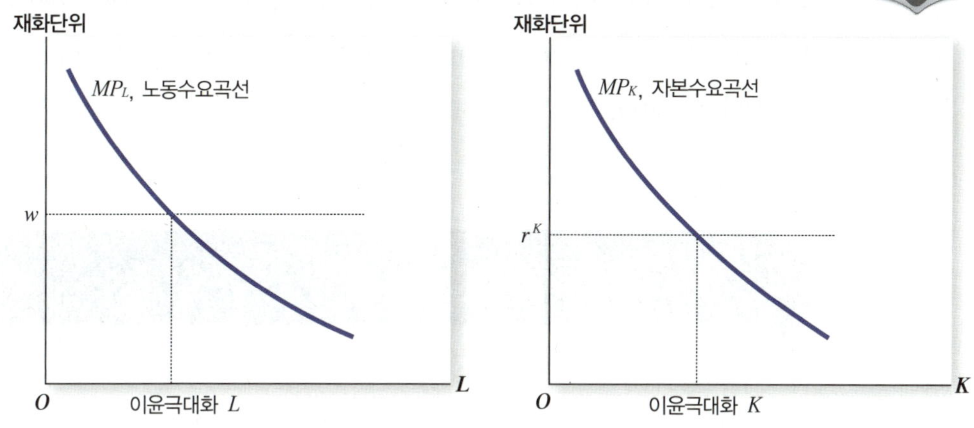

(a) 이윤극대화 고용량 (b) 이윤극대화 자본량

➠ 기업의 최적선택 : 이윤극대화

기업의 노동수요곡선은 기업의 이윤극대화 조건($MP_L = w$)에 따라 결정되며, 기업의 자본수요곡선 또한 기업의 이윤극대화 조건($MP_K = r^K$)에 따라 결정된다. 한계생산체감의 법칙에 따라 각 수요곡선은 우하향하는 형태를 갖는다.

추가로 투입하는 편익이 그 비용보다 크다면, 즉 $MP_L > w$라면 이윤극대화를 위해 노동 한 단위를 추가로 고용하려 할 것이다.

그렇다면 어느 지점까지 노동의 투입을 늘려야 할까? 〈그림 2-9〉의 (a)는 주어진 실질임금 수준에서 기업의 노동 투입에 대한 최적선택을 보여주고 있다. 기업이 $L = 0$에서부터 노동투입량을 차츰 증가시킴에 따라 노동의 한계생산물(MP_L)은 감소하는 반면 실질임금(w)은 기업의 노동투입량에 관계없이 일정하다. 따라서 이윤을 극대화하는 기업은 노동의 한계생산물(MP_L)이 노동의 한계비용(w)과 같아질 때까지 고용을 늘릴 것이다.

여기서 주목할 점은 〈그림 2-9〉의 (a)에서 MP_L곡선은 실질임금(w)이 주어졌을 때 이윤극대화 조건($MP_L = w$)에 따라 기업이 고용하고자 하는 노동의 양을 보여준다는 것이다. 따라서 우하향하는 MP_L곡선은 이 기업의 노동수요곡선이기도 하다.[4] 다른 수요곡선과 마찬가지로 가격(임금)이 오르면 수요가 감소함을 알 수 있다.

4. 우리가 소비자의 최적선택 모형을 통해 한 재화의 수요곡선을 도출했음을 떠올리자.

우리는 같은 방식으로 최적 K를 구할 수 있다. 이윤을 극대화하는 기업은 자본의 한계생산물(MP_K)이 자본의 한계비용(r^K)과 같아지는 수준에서 자본투입량을 결정한다. 〈그림 2-9〉의 (b)에서 우하향하는 MP_K곡선은 이 기업의 **자본수요곡선**이기도 하다.

3. 거시경제모형

Macroeconomics ch. two

우리는 지금까지 개별 가계와 기업이 소비자와 생산자로서 어떤 결정을 내리는지 경제학원론에서 배웠던 미시경제이론에 근거하여 살펴보았다.

거시경제이론에서 가장 어려운 과제 중 하나는 개별 경제주체가 내린 결정을 종합하여 우리가 관심을 기울이는 국민소득과 물가 등 집계 변수에 대한 함의를 알아내는 것이다. 이 **집계**(aggregation) 과정이 어려운 주요 이유는 경제주체들이 이질적이기 때문이다. 각 개인은 여러 재화 및 서비스에 대해 다른 선호를 하고 있을 뿐만 아니라 개인 간 소득 수준도 다르다. 즉, 앞의 모형에서 효용함수 및 예산제약이 사람마다 다를 수밖에 없다. 기업도 마찬가지다. 예컨대 다른 상품을 생산하는 기업의 생산함수는 다를 것이다. 따라서 컴퓨터의 도움 없이는 이질성(heterogeneity)을 모두 고려한 거시경제 모형을 만들고 그 해를 구하는 것은 어려울 수밖에 없다.

이러한 문제를 피하고자 이 책에서는 거시모형 단순화를 위한 두 가지 가정을 한다. 물론 우리가 앞으로 살펴볼 모든 모형에 같은 가정을 적용하는 건 아니다. 이 책의 후반부에서는 이 가정들이 일부 완화된 모형들이 소개된다.

첫째, 모든 가계와 모든 기업은 동질적(homogeneous)이다. 즉, 모든 소비자는 같은 효용극대화 문제를 풀고, 모든 기업은 같은 재화 및 서비스를 생산하며 같은 이윤극대화 문제를 푼다. 모두가 동일하기 때문에, 우리는 모형경제에 가상의 **대표 가계**(representative household)와 **대표 기업**(representative firm)이 존재한다고 가정하고 모형을 풀 수 있다. 결과적으로 우리는 앞서 복습했던 미시행태를 분석하는 도구를 그대로 사용해 거시행태를 분석할 수 있다는 것이다.

물론 이 가정은 현실과 동떨어져 있다. 지난 40여 년 동안 거시경제학자들은 가계와 기업의 이질성이 갖는 거시경제적 함의에 대해 활발히 연구해 왔고 적지 않은 성과를 거두었다. 하지만 분석의 복잡함 때문에 학부 수준의 교재에서는 거의 다루지 않고 있다. 여기서 이질성을 명시적으로 고려하지 않는 또 다른 이유는 동질적인 경제주체를 가정한 단순한 거시모형에서 도출된 주요 결과가 이질적 경제주체들을 가정한, 즉 더 '현실적인' 모형에서 나온 결과와 크게 다르지 않은 경우가 많기 때문이다.[5] 이 경우 최대한 단순한 모형을 사용하는 것이 (모형을 풀기 위한) 기술적인 측면과 아울러 직관적인 측면에서도 도움이 된다.

둘째, 앞 절의 미시모형에서는 경제가 아이스크림, 사과 등 여러 종류의 재화 및 서비스를 생산하고 소비했다. 반면에 우리 거시모형에서는 단일 유형의 재화만 존재한다고 가정한다. 문자 그대로 단일 재화, 예컨대 사과만 존재한다고 생각해도 무방하고, 아니면 경제에서 생산되는 모든 재화와 서비스가 포함된 '복합재화(composite goods)' 로 간주해도 된다.[6] 이 경우에는 대표 기업의 생산함수에서 Y는 생산된 복합재화의 양, 결국 거시경제의 산출량(output)이고, 대표 기업의 명목이윤식에 있는 P는 개별 상품의 명목가격이 아니라 복합재화의 명목가격, 즉 소비자물가지수(CPI)나 GDP디플레이터(GDP deflator) 등의 물가지수로 간주할 수 있다. 이 책에서는 그 단일 상품을 단순하게 "재화" 라고 부르기로 한다. 즉, 이 책에서 소개되는 모형 내에서의 "재화" 는 현실의 모든 재화 및 서비스를 포함한다. 또한 대표 기업의 생산함수는 국가경제의 **총생산함수**이기도 하다.

이 책의 거시모형에서는 가계소비자의 아이스크림과 사과 간의 선택 문제 대신에 다음과 같은 선택 문제를 고려할 것이다.

- 현재소비를 늘릴 것인가, 아니면 미래소비를 늘리기 위해 저축을 늘릴 것인가?
- 현재소비를 늘리기 위해 일을 더 할 것인가, 아니면 소비를 줄이는 대신 여가를 늘릴 것인가?
- 어떤 자산 구성(asset portfolio)을 선택할 것인가? 화폐와 같이 상품을 구매하기에는 편리하지만, 수익이 없는 자산을 보유할 것인가, 일반적으로 수익은 높지만, 상품 구매에 덜 편리한(또는 덜 유동적인) 자산을 보유할 것

5. 부분적인 이유로는 평균에서 많이 벗어난 행위를 하는 경제주체들의 결정은 집계과정에서 서로 상쇄되기 때문이기도 하다. 따라서 평균적인 소비자나 생산자를 가정하는 모형이 이질성을 고려한 모형을 대체로 잘 근사하는 경우가 많다.

6. '상품묶음' 이나 '소비 바구니(consumption basket)' 로 생각해도 무방하다.

인가?

첫 번째 선택문제를 보자. 모형에서 경제는 한 종류의 재화를 생산하지만, 현재의 재화와 미래의 재화는 분명히 다른 재화이다. 예컨대 오늘 사과를 1개 먹는 것의 효용과 1년 후 사과를 1개 먹는 것의 효용은 일반적으로 다르다. 물론 '오늘의 사과' 가격과 '미래의 사과' 가격도 다를 것이다. 따라서 현재소비와 미래소비 사이의 선택 문제는 아이스크림 소비와 사과 소비 사이의 선택 문제와 본질적으로 다르지 않다. 두 번째, 세 번째의 예시도 마찬가지이다. 결국 우리는 앞절과 비슷한 방식으로 여러 거시행태를 분석할 수 있다.

4. 결론과 로드맵

Macroeconomics ch. two

최근 들어 거시경제학은 각종 거시경제 현상을 미시경제학적 기초에 근거해 분석하고 있다. 이 장에서 우리는 경제학원론에서 배웠던 미시경제이론 중 거시경제 분석에 유용한 부분을 간단하게 복습하였다. 그리고 책 전반에 걸쳐 사용될 몇 가지 가정과 용어에 대해서 정리하였다.

거시경제의 가장 중요한 현상은 장기적 경제성장과 단기적 경기변동이다. 우리는 먼저 거시경제의 장기적 측면을 설명하기 위해 개발된 성장모형을 살펴본다. 이어서 거시경제의 단기적 측면을 설명하는 경기변동모형을 알아볼 것이다.

요약

1. 경제모형이란?

1.1 외생변수와 내생변수 내생변수란 모형이 설명하려는 변수이고 외생변수란 모형에게 주어진 변수이다. 어떤 변수가 외생변수인지 내생변수인지는 사용하는 모형에 따라 달라질 수 있다.

1.2 모형의 예시 가장 단순한 모형인 수요·공급 모형을 생각해보면 관심 변수는 거래량과 가격일 것이기 때문에 이것이 내생변수가 되며, 그 외 변수(기온)는 외생변수가 된다. 모형의 해를 구한다는 것은 내생변수들을 외생변수와 모수(파라미터)로 표현하는 것을 의미한다. 모형을 분석하는 것은 수식들을 이용하여 모형의 해를 직접 구하기도 하지만 그림을 통해 직관적으로 이해할 수도 있다.

2. 미시경제모형

2.1 가계 예산제약 하 효용극대화를 추구하는 가계의 최적선택은 무차별곡선의 기울기와 예산선의 기울기가 일치하는 점에서 이루어진다. 무차별곡선은 동일한 효용 수준을 가져오는 상품묶음을 연결한 선으로 무차별곡선의 기울기인 한계대체율은 일반적으로 체감한다고 가정한다. 예산선은 일정 소득으로 살 수 있는 두 재화의 조합들을 연결한 선으로 예산선의 기울기는 두 재화의 상대가격이다. 소득변화에 따른 최적선택점의 변화는 소득효과로 나타나고, 가격변화에 따른 최적선택점의 변화는 가격효과로 나타난다. 이때 가격효과는 소득효과와 대체효과로 분해할 수 있다.

2.2 기업 완전경쟁시장 하 기업은 이윤극대화를 추구하는데, 이윤극대화를 추구하는 기업의 최적선택은 주어진 실질임금 및 실질이자율이 각각 노동의 한계생산물 및 자본의 한계생산물과 일치하는 점에서 이루어진다. 이를 통해 기업의 노동수요곡선과 자본수요곡선을 도출할 수 있으며, 노동의 한계생산물 체감 및 자본의 한계생산물 체감을 가정함에 따라 각 수요곡선은 우하향하는 형태를 나타낸다.

3. 거시경제모형

거시경제이론에서 가장 어려운 과제 중 하나는 집계인데, 이는 경제주체들이 이질적이기 때문이다. 따라서 거시모형의 단순화를 위해 모든 경제주체들은 동질적이어서 대표 가계와 대표 기업이 존재한다는 것과 단일 유형의 재화만 존재한다는 가정을 도입한다. 이를 통해 시점 간 소비 및 저축의 선택, 소비와 여가의 선택, 자산 구성의 선택 등의 문제를 해결한다.

4. 결론과 로드맵

최근 거시경제학은 미시경제학적 기초에 근거하여 각종 거시경제 현상을 분석한다. 거시경제에서 중요한 두 가지 현상은 장기적 경제성장과 단기적 경기변동으로 이를 설명하기 위해 성장모형과 경기변동모형을 살펴본다.

Macroeconomics

part two

거시경제의 장기적 측면과 경제성장모형

03 장기적 경제성장의 주요 사실

1. 소득수준의 지속적 증가 / 2. 소득 · 부 불평등 심화 / 3. 국가 간 소득격차
4. 경제성장의 요인과 성장회계

04 외생적 경제성장이론

1. 모형경제 / 2. 솔로우 모형의 기본방정식 / 3. 장기성장균형 : 균제상태
4. 기술진보와 장기적 경제성장 / 5. 경제성장의 수렴성 / 6. 분배 / 7. 경기변동 / 8. 결론

05 내생적 경제성장이론과 경제성장정책

1. 왜 내생적 경제성장이론인가? / 2. R&D 모형 / 3. 인적자본모형
4. 장기적 경제성장의 여러 문제와 경제성장정책

우리는 1장(4. 국가경제의 기본 문제)에서 우리나라의 국민소득통계에 나타난 국가경제의 기본 문제, 즉 장기적 경제성장과 단기적 경기변동을 개략적으로 살펴보았다. 제2편 3장에서는 먼저 우리나라를 포함한 여러 국가들이 경험해 온 장기적 경제성장의 주요 사실들로 소득수준의 지속적 증가, 소득 · 부의 불평등 심화, 국가 간 소득수준의 격차에 대해 자세히 알아본다.

일찍이 칼도(Nicholas Kaldor)는 산업혁명 이후 한 국가의 경제성장 과정에서 관측되어 온 정형화된 사실들을 다음과 같이 정리하였다.*

(1) 1인당 소득은 지속적으로 증가하며, 생산성 증가율은 감소하지 않는다.

(2) 1인당 자본량은 지속적으로 증가한다.

(3) 자본수익률은 대체로 일정하다.

(4) 자본계수(K/Y)는 대체로 일정하다.

(5) 총소득 중 노동소득과 자본소득이 차지하는 비중은 대체로 일정하다.

(6) 국가 간 생산성 증가율에는 큰 차이가 있다.

이 밖에 장기적으로 한 국가 내에서 혹은 국가들 간에 보편적으로 관측되어온 주요 사실들은 다음과 같다.

(7) 1인당 소득과 투자율 사이에 양의 상관관계가 있다.

(8) 1인당 소득과 인구증가율은 역의 상관관계에 있다.

(9) 산업혁명이 시작된 1800년에서 1950년까지 국가 간 1인당 소득수준의 차이가 지속적으로 커졌는데, 특히 서유럽 · 미국 · 캐나다 · 호주 · 뉴질랜드 등의 국가들과 나머지 국가들 간의 소득격차가 꾸준히 증가했다.

(10) 1960년 이후 1인당 소득과 경제성장률 사이에는 상관관계가 없다. 즉, 일반적으로 가난한 국가와 부유한 국가 사이에 소득수준이 수렴하지 않고 있다. 예외적으로 부유한 국가들 사이에는 1인당 소득수준이 수렴하는 경향을 보이고 있으며, 1960년 이후 동아시아와 남미의 몇몇 국가들은 선진국들과의 소득격차를 줄여왔다.

* Kaldor, N., "Capital Accumulation and Economic Growth," in F. A. Lutz and D. C. Hague eds. *The Theory of Capital*, 1961, St. Martins Press, pp.172 ~ 222.

4~5장에서는 솔로우 모형으로 대표되는 외생적 경제성장이론과 최근의 내생적 성장이론을 소개하고, 각 모형에서 장기적으로 1인당 소득의 성장률이 경제성장의 정형화된 사실과 일치하는지를 평가할 것이다. 그리고 금융, 고령화, 소득불평등 등 각각의 요인과 장기적 경제성장 간의 이론적·실증적 관계에 대해 간략히 알아볼 것이다.

장기적 경제성장의 주요 사실

3

경제성장 국가경제의 총체적 생산수준 혹은 실질 국내총생산(real GDP)의 지속적 증가와 1인당 실질GDP의 지속적 증가

경제성장(economic growth)이란 국가경제의 총체적 생산수준, 즉 실질 국내총생산(real GDP)의 지속적 증가와 1인당 실질GDP로 측정한 생활수준의 지속적 향상을 의미한다. 따라서 주어진 시점에서 한 나라의 경제력과 국민들의 생활수준은 그 나라의 경제성장 정도에 의해 결정된다고 볼 수 있다. 물론 한 나라의 모든 국민들이 동일한 생활수준의 향상을 경험해 온 것은 아니었다. 나아가 국가 간 경제력과 생활수준의 차이가 장기적으로 수렴하는가 아니면 발산하는가는 바로 국가 간 경제성장의 차이에 의해 결정된다. 그렇다면 경제성장의 주된 원동력은 무엇일까? 대부분 국가의 경제성장은 주로 인구 증가를 통한 노동력의 증가, 투자에 의한 물적자본 축적과 교육에 의한 인적자본 축적, 그리고 기술진보 등에 의해 이루어져 왔다.

경제성장의 원동력
- 노동력 증가
- 물적자본 축적
- 인적자본 축적
- 기술진보

1. 소득수준의 지속적 증가

산업혁명 이전 기술진보 부재, 자본축적 실패, 그리고 제한된 토지공급으로 인해 수확체감 현상이 나타남

[표 3-1]에서 볼 수 있듯이 18세기 **산업혁명**이 일어나기 전까지 세계 여러 나라의 생활수준은 오랜 기간 동안 크게 변하지 않았다. 실질GDP가 증가하긴 했지만, 그것은 1인당 실질GDP가 상승해서라기보다는 인구가 증가했기 때문이다. 구체적으로 1820년까지 세계 1인당 GDP 증가율은 0.05%에 불과했으며, 11세기 이전에는 전혀 성장하지 않았다.

이처럼 18세기 전까지 전 세계적으로 성장이 느렸던 것은 중요한 기술적 향상이 이루어지지 않았고 자본축적에도 실패했기 때문이다. 특히 농경사회에서는 토지의 크기와 생산성이 성장률을 결정했는데, 경작이 가능한 토지의 공급이 다하면 수확체감 현상이 나타났다. 이런 상황에서 산업혁명은 하나의 커다란 전환점이었다.

산업혁명 이후
- 전 세계적으로 인구가 증가했음에도 1인당 GDP가 크게 향상
- 여전히 미약한 성장세를 보이는 나라들이 존재

산업혁명 이후 지난 250여 년간 전 세계적으로 인구가 폭발적으로 증가했는데도 1인당 GDP로 측정한 세계 평균 생활수준은 크게 향상되었다. [표 3-1]에서도 볼 수 있듯이 1820년 이후 세계 경제 성장률은 큰 폭으로 증가했으며, 그 추세가 최근까지도 유지되고 있다. 물론 18~19세기의 경제성장은 영국을 중심으로 한 서유럽 지역에서 주로 이루어졌고, 오늘날에도 여전히 미약한 성장세를 보이는 나라들이 많다. 그러나 성장추세가 전 세계로 확산되고 있으며, 특

표 3-1

세계 여러 나라의 1인당 소득수준과 성장률

연도 / 지역	1인당 소득수준				1인당 소득 연평균 성장률						
	1000	1820	1913	2010	1~1000	1501~1819	1820~1913	1914~1950	1951~1972	1973~2008	2009~2010
서 유 럽	427	1,455	3,488	20,889	-0.03	0.17	0.94	0.70	3.97	1.85	1.02
영 국	400	2,074	4,921	23,777	0.00	0.43	0.93	0.93	2.22	2.07	1.01
프 랑 스	425	1,135	3,485	21,477	-0.01	0.18	1.21	1.08	3.93	1.56	1.01
독 일	410	1,077	3,648	20,661	0.00	0.18	1.32	0.17	4.90	1.59	1.04
이탈리아	450	1,511	2,305	18,520	-0.04	0.00	0.45	0.87	5.09	1.80	1.01
동 유 럽[1)]	400	683	1,726	8,678	0.00	0.12	1.00	0.52	3.83	1.58	1.02
구 소 련	400	688	1,414	7,733	0.00	0.12	0.78	1.90	3.38	0.75	1.05
중 남 미	400	628	1,552	6,767	0.00	0.67	0.98	1.30	2.44	1.27	1.05
미 국	400	1,361	5,301	30,491	0.00	0.21	1.47	1.61	2.19	1.81	1.02
아 시 아[2]	470	591	691	6,307	0.00	0.01	0.17	0.10	3.74	3.43	1.07
일 본	425	669	1,387	21,935	0.00	0.04	0.79	0.88	8.02	1.91	1.05
중 국	466	600	552	8,032	0.00	0.00	-0.09	-0.56	2.34	6.13	1.10
인 도	450	533	673	3,372	0.00	0.00	0.25	-0.22	1.40	3.61	1.07
아프리카	425	486	908	2,034	-0.01	0.00	0.67	-0.06	1.97	0.94	1.03
세 계	453	712	1,543	7,814	0.00	0.05	0.84	0.84	2.78	1.80	1.04

주 : 1) 알바니아, 불가리아, 체코슬로바키아, 헝가리, 폴란드, 루마니아, 유고슬라비아
2) 일본 제외

출처 : The Maddison-Project

히 최근 들어 중국과 인도 등 기존의 개발도상국 경제가 빠르게 성장하고 있다.

한편 국민소득은 **금융심화**(financial deepening), 즉 금융발달 정도와 매우 밀접한 관계를 갖는다. 금융심화는 대개 **금융연관비율**(= 금융자산/GDP)로 측정되는데, 금융연관비율이 상승한다는 것은 국민소득 대비 금융자산 규모가 증가하고 그만큼 금융서비스에 대한 선택의 폭이 넓어지는 것을 의미한다. 즉, 자금수요자의 입장에서는 신용제약에 직면할 가능성이 낮아지고, 자금공급자의 입장에서는 자산 증식의 기회가 많이 발생한다는 것을 의미한다. 그 결과 자본의 효율적 배분이 이루어지고 경제성장의 기회가 증가한다.

금융심화 금융발달 정도로, 대개 금융연관비율로 측정

〈그림 3-1〉에서 알 수 있듯이 1970년대 중반 이후 우리나라는 국민소득과 더불어 금융연관비율이 동시에 증가해 왔다. 다만, 한국의 금융연관비율은 독일을 제외하고는 다른 선진국들에 비해 대체로 낮은 수준을 유지하고 있다. 구체적

그림 3-1

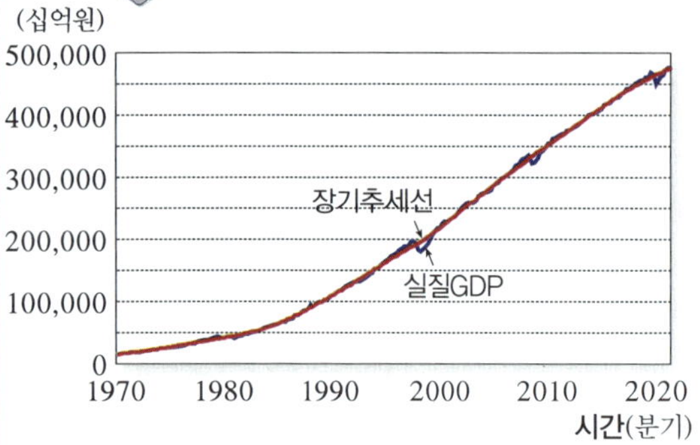

자료 : 한국은행 경제통계시스템(http://ecos.bok.or.kr)

(a) 우리나라의 실질GDP

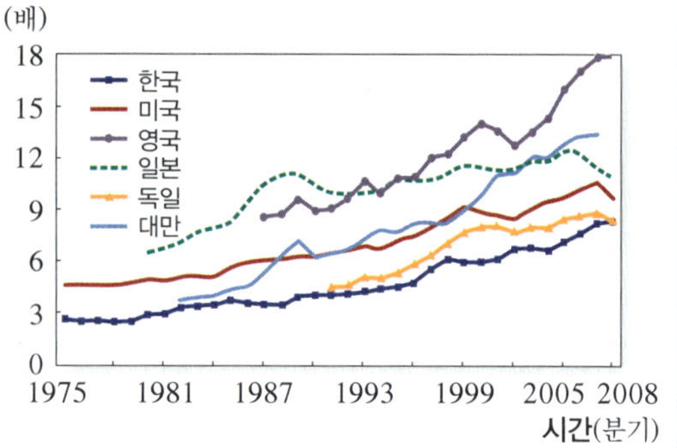

출처 : 김상조 · 김영식 · 박창균 · 최흥식 · 함준호, 『금융백서』, 제1장, 서울대학교출판문화원, 2013.

(b) 금융연관비율

금융심화

1970년부터 2021년 3분기까지 우리나라의 분기별 실질GDP를 보면 장기적으로는 실질GDP가 지속적으로 성장하는 추세이며, 단기 · 중기적으로는 실질GDP가 장기추세선을 중심으로 상승과 하락이 반복되는 패턴을 보이고 있다. 1997~1998년, 2008~2009년의 경우 각각 외환위기와 글로벌 금융위기에 해당하며, 실질GDP가 장기추세선에서 큰 폭으로 하락했다는 것을 확인할 수 있다. 1970년대 중반 이후 우리나라는 국민소득과 더불어 금융연관비율이 동시에 증가해 왔다. 다만, 한국의 금융연관비율은 독일을 제외하고는 선진국에 비해 대체로 낮은 수준을 유지하고 있다.

으로 2008년을 기준으로 한국의 금융연관비율은 8.4배로서 독일의 8.5배와 유사하지만, 미국의 9.7배, 영국의 18.1배, 일본의 10.9배 등에 비해 낮은 수준이다. 일반적으로 국민소득이 높은 나라일수록 금융연관비율이 상승하는 경향이 뚜렷하다. 실제로 미국 · 영국 · 일본 · 네덜란드 등 선진국들은 금융연관비율이 높은 반면, 인도 · 인도네시아 · 이집트 등 소득수준이 낮고 금융산업의 발달이 미미한 지역은 금융연관비율이 낮다.

2. 소득 · 부 불평등 심화

Macroeconomics ch. three

지니계수 계층 간 소득불평등도를 나타내는 지표로서 1에 가까울수록 높은 불평등도를 나타낸다.

〈그림 3-2〉의 (a)에는 20세기 초반 이후 미국의 **지니계수**(Gini coefficient)가 나타나 있다. 지니계수의 추이를 보면 제2차 세계대전 이후부터 1970년대 후반까지는 지니계수가 안정된 수준에 머물렀으나, 1980년대 이후 지속적인 상승

그림 3-2

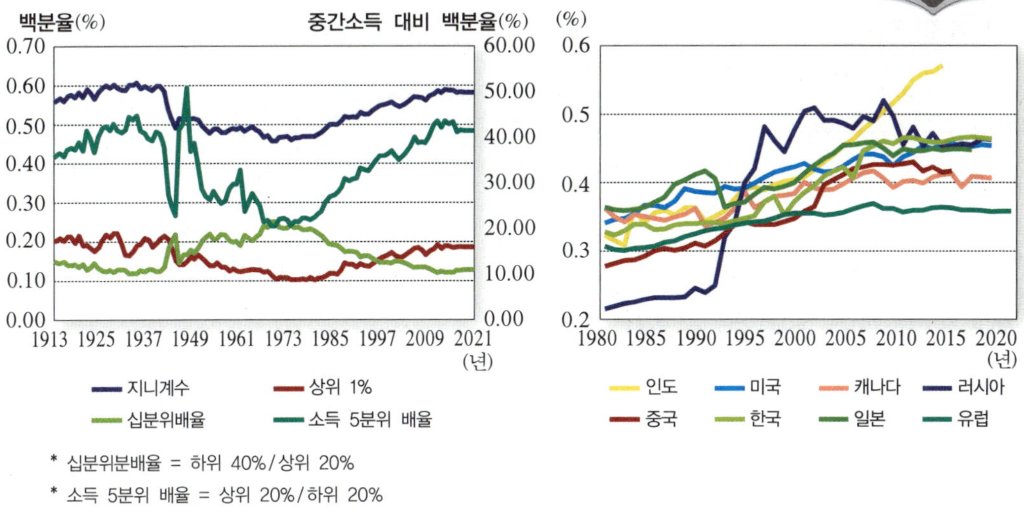

(a) **미국의 지니계수**(Gini coefficient) **추이 : 1913~2021** (b) **국가별 상위 10%의 소득 비중 : 1980~2021**

출처 : World Inequality Data 자료를 이용하여 저자가 계산

➠ 소득불평등 심화

미국의 지니계수는 제2차 세계대전 이후부터 1970년대 후반까지 안정적이었으나, 1980년대 이후 상승하는 추세이다. 뿐만 아니라 국가별로 상위 10%의 소득이 전체 소득에서 차지하는 비중도 증가해 왔다. 미국·캐나다의 경우 1980년에 동 비중이 각각 34%, 36%였으나 이후 지속적으로 증가하여 2019년에는 각각 35%, 41%에 달하였다. 이러한 소득의 편중이 심화되는 양상은 국가별로 속도의 차이는 있지만, 다수의 국가에서 공통적으로 관찰되고 있다.

추세를 보여왔음을 알 수 있다.

〈그림 3-2〉의 (b)는 국가별로 상위 10%의 소득이 전체 소득에서 차지하는 비중 추이를 나타낸 것이다. 미국·캐나다의 경우 1980년에 동 비중이 각각 34%, 34%였으나 이후 지속적으로 증가하여 2019년에는 각각 45%, 41%에 달하였다. 나아가 이러한 증가세는 비록 국가별로 속도의 차이는 있지만, 다수의 국가에서 공통적으로 관찰되고 있다. 다시 말해 최근 상위계층으로의 소득집중 현상은 일부 국가에서만이 아닌 전 세계적인 현상으로 나타나고 있다.

2018
세계불평등보고서

상위계층으로의 소득집중 현상은 개별 국가 단위에서는 물론 전 세계를 하나의 국가처럼 합쳐 살펴보아도 확연하게 드러난다. 〈그림 3-3〉의 (a)는 1980년 이후 전 세계 소득분위별 실질소득 증가율을 나타낸 것이다. 이 기간 동안 중국과 인도를 비롯한 아시아 국가들의 높은 경제성장에 힘입어 전 세계 하위 50%는 상위 50%보다 평균적으로 높은 소득증가율을 보여왔다. 그러나 소득분배 측면

1980년대 이후 전 세계적으로 소득불평등이 심화되었고, 이는 부의 불균형 현상으로 자연스럽게 이어짐

그림 3-3

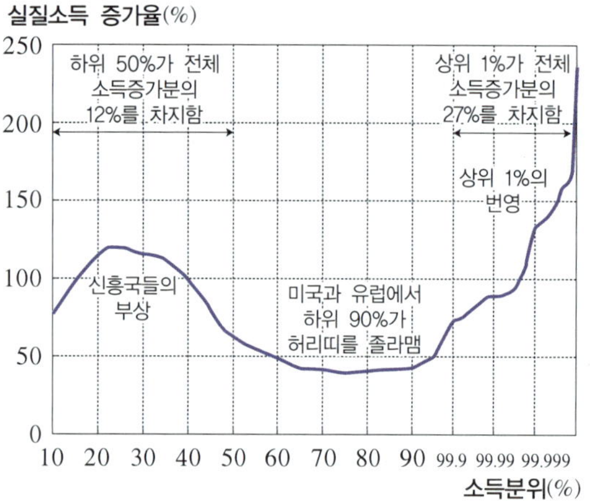

출처 : World Inequality Report 2018(WID)

(a) 전 세계 소득분위별 실질소득 증가율 : 1980~2016

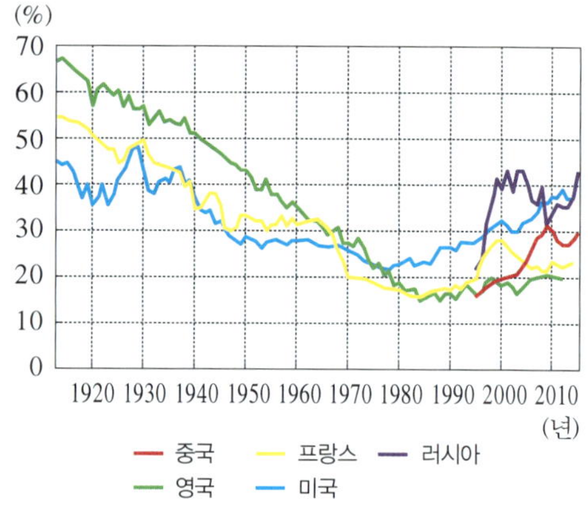

출처 : World Inequality Report 2018(WID)

(b) 국가별 상위 1%의 부 집중도 : 1913~2015

소득 · 부 불평등 심화

2018 세계불평등보고서에 따르면 그림 (a)에서와 같이 전 세계 하위 50%는 상위 50%보다 평균적으로 높은 소득증가율을 나타냈지만 하위 50%는 전체 소득증가분의 12%만을 차지했고, 상위 1%가 27%의 소득증가분을 차지하였다. 또한 (b)에서 국가별 상위 1%가 보유한 부의 비중은 대부분 1980년대까지 하락하는 추세였으나 이후 점차 상승하여 부의 불균형이 심해지고 있다.

에서 하위 50%가 전체 소득증가분의 12%만을 차지한 반면, 상위 1%는 이보다 2배 이상 많은 27%의 소득증가분을 차지하였다.

소득분배의 문제는 자연스럽게 부(Wealth)의 분배 문제로 이어진다. 〈그림 3-3〉의 (b)에는 국가별로 상위 1%가 보유한 부의 비중이 나타나 있다. 미국의 경우 상위 1%가 보유한 부의 비중은 1980년에는 22%였으나 2014년에는 39%로 상승하였다. 중국과 러시아는 동 비중이 1995년에 각각 15%와 22%였으나 2015년에는 2배가량 상승한 30%와 43%를 기록하였다. 이와 같이 소득의 불균형과 더불어 부의 불균형 현상 또한 세계 각국에서 관측되고 있다.

2018 세계불평등보고서는 이러한 소득집중 현상의 원인으로 소득계층별 교육의 불평등, 고소득자의 빠른 소득 증가에 따라가지 못하는 조세제도 등을 지적하고 있다. 또한 동 보고서의 전망에 따르면 현재의 소득집중 추세가 지속될 경우, 개발도상국의 빠른 경제성장을 가정하더라도 전 세계 소득불평등 현상은 향후 수십 년간 더욱 심화될 것으로 예상된다. 따라서 소득불평등 현상은 현재는 물

론 앞으로도 점점 더 중요한 글로벌 경제이슈로 부각될 가능성이 높다 하겠다.

3. 국가 간 소득격차

Macroeconomics ch. three

[표 3-1]에서 볼 수 있듯이 지난 250여 년간 전 세계적으로 1인당 평균소득 수준은 지속적으로 증가해 왔지만 부유한 국가와 가난한 국가 사이의 소득격차는 줄어들지 않고 있다. 최근 국제통화기금(IMF)의 191개 국가에 대한 조사에 의하면, 2021년 기준으로 가장 잘사는 나라인 룩셈부르크의 1인당 GDP가 13만 1,300달러였으며 그 뒤를 이어 아일랜드가 10만 2,390달러였다. 반면 가장 가난

산업혁명 이후 1인당 평균소득수준은 증가했지만 부국과 빈국 사이의 소득격차가 줄어들지 않고 있음

그림 3-4

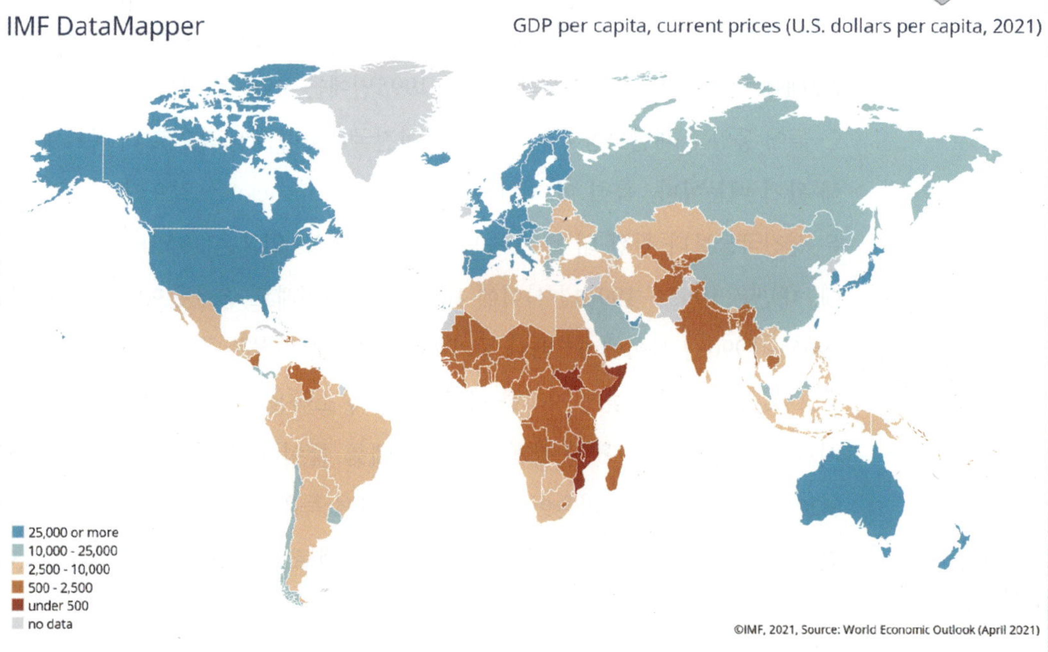

전 세계 국가들의 1인당 소득(2021)

2021년 연평균 1인당 GDP로 측정한 세계 여러 지역의 소득분포를 살펴보면, 북아메리카와 서유럽 지역이 가장 부유한 반면 아프리카와 아시아 지역에 가장 가난한 국가들이 집중되어 있다.

현재 전 세계 소득분포는?

한 나라들인 부룬디(Burundi)와 남수단(Republic of South Sudan)은 연소득이 각각 270달러와 314달러에 불과했다. 〈그림 3-4〉는 2021년 1인당 GDP로 측정한 세계 여러 나라들의 연소득 분포를 보여준다.

이 중에서도 먼저 눈에 띄는 점은 오늘날 가장 부유한 국가들의 소득이 가장 가난한 국가들의 소득보다 약 30배나 높다는 것이다.[1] 이러한 생활수준의 커다란 차이는 주로 지난 200여 년간 발생하였다. 19세기 초반부터 시작된 국가 간 소득격차는 20세기 중반까지 그 격차가 꾸준히 커졌다. 매디슨(Angus Maddison)의 연구에 따르면, 1820년에 서양의 1인당 소득($1,140, 1990년 국제가격 기준)은 동양의 1인당 소득($540)보다 2.1배 높았다. 그러나 1950년에 서양의 1인당 소득($5,450)은 동양의 1인당 소득($727)보다 7.5배나 높았다. 이것은 영국을 필두로 하여 유럽과 미국의 소득이 35~40년 동안에 두 배로 증가하면서 다른 나라들보다 훨씬 더 빠르게 성장했기 때문이다.

20세기 후반에도 선진국의 빠른 성장은 계속되었지만, 동양과 서양 간 소득격차는 더 벌어지지 않았으며 1970년 이후부터는 오히려 그 격차가 감소해 왔다. 서머스(Robert Summers)와 헤스톤(Alan Heston)의 연구에 의하면 1960년에는 7.3배에 달했던 서양과 동양의 격차가 1995년에는 3.7배로 낮아졌다. 이것은 최근 들어 동양의 개발도상국들이 서양의 선진국들보다 상대적으로 더 빠르게 성장해 왔기 때문이다. 특히 이 기간 동안 소위 기적(miracle)을 일으킨 몇몇 나라들은 선진국들보다 훨씬 더 빠른 속도로 성장하였다. 일본은 1955~1980년 사이에, 대만은 1965~1990년 사이에 1인당 소득이 5배로 증가했으며, 우리나라도 1965~1990년 사이에 6.3배나 증가했다. 이러한 기적은 주로 후진국에서 일어났으며, 경제성장을 늦게 시작한 나라들일수록 소득을 두 배로 늘리는 데 걸리는 시간이 선진국보다 훨씬 적게 걸렸다. 예를 들어 1985년 미국 1인당 소득($20,000)의 10%인 나라들이 1950년 이전에 소득을 두 배로 늘리는 데 걸린 시간이 45년이었다면, 1950년 이후에 소득을 두 배로 늘리는 데 걸린 시간은 15년에 불과했다.

20세기 후반 동양과 서양 간의 소득격차는 더 벌어지지 않았으며, 1970년 이후부터는 오히려 그 격차가 감소해 왔음

Asia's rise
— how and when

그렇다면 일반적으로 가난한 국가는 부유한 국가를 따라잡을 수 있는가? 〈그림 3-5〉의 (a)는 세계 각국의 1960년 노동자 1인당 소득과 1960~2019년 연평균 성장률 간의 관계를 산포도로 나타낸 것이다. 이 그림은 일반적으로 각 나

1. Parente, S. and Prescott, E., *Barriers to Riches*, MIT Press, 2000.

그림 3-5

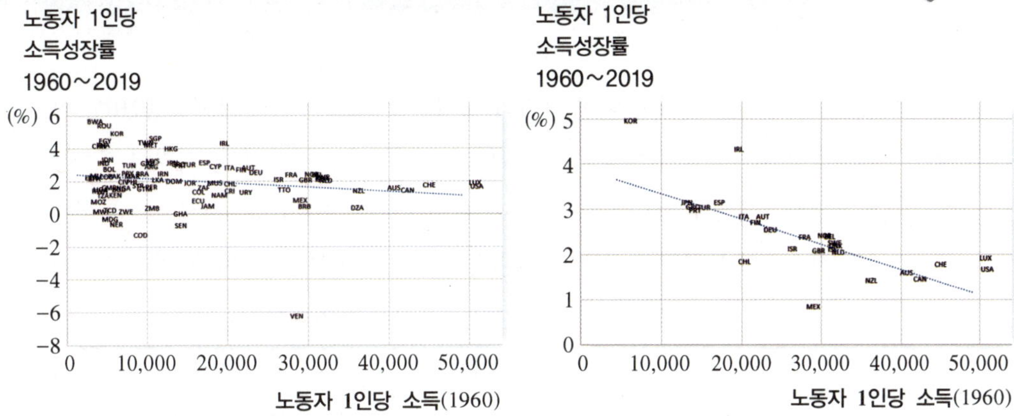

(a) 전 세계 국가　　(b) OECD 국가

출처 : Penn World Table 10.0을 이용하여 저자가 계산

➠ 국가 간 소득수준의 차이(1960~2019년)

그림 (a)에서 세계 각국의 1인당 소득과 그 성장률 사이에는 특정한 관계가 존재하지 않는다. 이것은 세계 각국의 1인당 소득이 장기적으로 수렴하지 않음을 보여준다. 하지만 (b)에서 볼 수 있듯이 비교적 부유한 OECD 국가들 사이에서는 1인당 소득과 성장률 사이에 음의 상관관계가 나타난다. 이는 부유한 국가들 사이에서는 1인당 소득의 장기적 수렴 경향이 있다는 것을 의미한다.

라의 1인당 소득수준과 그 성장률 사이에 특정한 관계가 없기 때문에 세계 각국의 1인당 소득이 장기적으로 수렴하지 않고 있다는 것을 보여준다. 반면에 그림 (b)에 따르면 그림 (a)의 국가들 중 비교적 잘사는 OECD 국가들의 1인당 소득수준과 그 성장률 사이에는 음(-)의 상관관계가 있다. 즉, 부유한 국가들 사이에서는 1인당 소득수준이 상대적으로 낮은 국가의 성장속도가 빠르고 1인당 소득수준이 높은 국가의 성장속도가 느린 현상이 나타나면서 1인당 소득수준이 장기적으로 수렴하는 경향을 보이고 있다.

- 세계 각국의 1인당 소득수준과 성장률 사이에 상관관계가 없어 1인당 소득이 장기적으로 수렴하지 않음
- 부유한 국가들 사이에서는 1인당 소득수준과 성장률 사이에 음(-)의 상관관계가 있어 1인당 소득의 장기적 수렴이 나타남

4. 경제성장의 요인과 성장회계

경제성장의 요인
- 생산요소(자본, 노동) 투입의 증가 : 생산요소가 경제성장에 기여하는 정도는 한계생산성에 의해 결정
- 기술진보

우리는 지금까지 한 국가의 경제성장을 그 경제의 국내총생산(GDP)으로 측정한 생산능력이 지속적으로 확대되는 것이라고 정의했다. 따라서 경제성장을 결정하는 요인은 곧 총생산의 증가를 결정하는 요인이다. 총생산은 무엇보다도 생산요소의 투입량에 의해 결정된다. 생산요소의 투입을 증가시키면 수확체감의 법칙에 따라 한계생산은 감소하지만 총생산은 증가한다.

그러면 대표적 생산요소인 자본과 노동은 각각 얼마만큼 경제성장에 기여하는가? 이것은 자본과 노동의 한계생산성에 의해 결정된다. 자본에 비해 노동이 상대적으로 풍부한 나라는 자본 1단위에 대해 적어도 1단위 이상의 노동이 결합되기 때문에 자본의 한계생산이 노동의 한계생산에 비해 상대적으로 높다. 따라서 경제성장에 노동보다 자본이 더 중요한 역할을 한다. 반대로 자본이 노동에 비해 상대적으로 풍부한 나라는 노동 1단위에 대해 적어도 1단위 이상의 자본이 결합하기 때문에, 노동의 한계생산이 자본의 한계생산에 비해 상대적으로 더 높다. 따라서 노동의 증가가 성장의 중요한 요인이 된다. 그러므로 이 두 생산요소 가운데 어떤 생산요소가 경제성장에 더 크게 기여하는가는 그 경제의 **요소부존도**(factor endowment ratio), 다시 말하면 자본과 노동의 상대적인 부존상태에 따라 달라진다.

요소부존도 자본과 노동의 상대적인 부존상태

기술(technology)
- 재화·서비스를 생산하는 기술과 판매·사회조직·운영 및 기타 모든 부문의 기술과 지식을 의미함
- 기술진보는 모든 생산요소의 생산성을 증가시킨다는 점에서 총요소생산성의 증가를 의미

또 하나의 중요한 성장요인으로 **기술진보**가 있다. 여기서 **기술**(technology)이라고 하는 것은 비단 어떤 재화와 서비스를 생산하는 기술만을 지칭하는 것이 아니라 판매, 사회조직이나 운영, 기타 모든 부문의 기술(skill) 및 지식(knowledge)을 의미한다. 과거의 경제성장은 그 전부터 잘 알려진 기술수준에서 이루어진 데 비하여, 현재의 경제성장은 폭발적인 기술진보 속에서 이루어지고 있다. 물론 기술진보는 실물자본 및 인적자본의 축적과 밀접한 관계가 있다. 기술진보는 보통 새로운 자본설비와 노동력에 체화되며, 풍부한 물적·인적자본은 또한 빠른 기술진보의 밑거름이 되기 때문이다. 결국 기술진보는 직·간접적으로 모든 생산요소, 즉 자본과 노동의 생산성을 증가시킨다. 이러한 점에서 기술진보는 **총요소생산성**(total factor productivity ; TFP)의 증가를 의미한다.

경제성장의 요인을 수량적으로 살펴보기 위해 국가경제의 총생산함수가 다음과 같은 콥-더글라스(Cobb-Douglas) 함수라고 가정하자.

$$Y = zF(K, L) = zK^{\alpha} L^{1-\alpha} \qquad (0 < \alpha < 1) \tag{3.1}$$

여기서 Y는 총산출량, K와 L은 각각 자본투입과 노동투입을 나타낸다. 2장에서 소개된 생산함수에 새로운 변수 z가 추가되었는데, z는 기술수준 또는 총요소생산성(total factor productivity ; TFP)을 나타낸다. 즉, 기술진보로 인해 경제의 총요소생산성이 높아지면 같은양의 자본과 노동을 투입해도 총산출량이 증가한다. 그리고 α와 $(1-\alpha)$는 각각 총소득 중 자본소득분배율과 노동소득분배율을 나타내는 상수이다.

총요소생산성(기술수준)
- 자본과 노동 투입 이외에 경제성장에 기여하는 기술수준, 산업구조, 경제제도 포함
- 자본과 노동의 생산성에 공통적으로 영향을 미침

이제 식 (3.1)에서 각 변수의 변화율 간에는 $\frac{\Delta Y}{Y} = \frac{\Delta z}{z} + \alpha \frac{\Delta K}{K} + (1-\alpha)\frac{\Delta L}{L}$의 관계가 성립하므로 이를 백분율로 나타내면 다음과 같다.[2]

$$\%\Delta Y = \%\Delta z + \alpha(\%\Delta K) + (1-\alpha)(\%\Delta L) \tag{3.2}$$

여기서 $\%\Delta Y$, $\%\Delta z$, $\%\Delta K$, $\%\Delta L$은 각각 총산출량, 기술수준, 자본투입, 그리고 노동투입의 기간 간 변화를 백분율로 나타낸 것이다. 식 (3.2)를 활용하여 기술수준과 개별 생산요소가 경제성장에 기여하는 상대적 중요도를 나타낸 것을 **성장회계**(growth accounting)라 한다.

성장회계 기술진보율, 자본증가율, 노동증가율이 상대적으로 경제성장에 기여하는 정도

그런데 $\%\Delta Y$, $\%\Delta K$, $\%\Delta L$은 모두 측정이 가능한 반면, $\%\Delta z$로 나타낸 기술진보율은 측정하기 어렵다. 따라서 기술진보율은 아래와 같이 총생산증가율로부터 자본과 노동투입 증가율을 뺀 잔차항(residuals)으로 측정한다.

$$\%\Delta z = \%\Delta Y - \alpha(\%\Delta K) - (1-\alpha)(\%\Delta L) \tag{3.3}$$

예를 들어 Y는 6%, K와 L은 각각 5%와 3%씩 성장했으며, $\alpha = 0.4$라고 하자. 이때 성장회계식 (3.3)에 따르면 z는 2.2%만큼 성장에 기여했음을 알 수 있다.[3] 총요소생산성은 잔차항으로 측정하기 때문에 솔로우 잔차항(Solow residual)이라고 하기도 한다.

2. 총생산함수의 양변에 자연로그(natural logarithm)를 취한 후 기간 간 차분을 하거나 시간에 대해서 미분하면 식 (3.2)와 같은 변화율 간의 관계가 도출된다.

3. Robert M. Solow, "Technical Change and the Aggregate Production Function," *Review of Economics and Statistics*, Vol. 39, No. 3 (Aug., 1957), pp.312~320.

[표 3-2]는 1960~2019년 동안 우리나라와 주요국의 성장회계를 기간별로 나타낸 것이다. 먼저 1960~1990년 사이에 한국의 경우를 보면 1966~1990년 동안 연평균 10.3%의 높은 성장률을 나타냈는데, 자본기여율(46%)과 노동기여

표 3-2

주요국의 성장회계

(단위 : 연평균 증가율, %)[1)]

국가		1960~1990	1991~2000	2001~2010	2010~2019
한국	Y	10.30	7.22	4.69	2.92
	L	4.33(42)	0.71(10)	−0.18(−4)	0.21(7)
	K	4.74(46)	2.51(35)	1.54(33)	1.32(45)
	TFP	1.24(12)	3.66(51)	3.21(68)	1.35(46)
일본[2)]	Y	6.8	1.31	0.67	1.00
	L	0.95(14)	−0.66(−50)	−0.35(−53)	0.12(12)
	K	3.87(57)	1.35(103)	0.53(79)	0.16(16)
	TFP	1.97(29)	0.59(45)	0.46(69)	0.61(61)
프랑스	Y	3.5	2.12	1.26	1.36
	L	0.04(1)	0.20(9)	0.27(21)	0.33(24)
	K	2.03(58)	0.96(45)	0.77(61)	0.61(45)
	TFP	1.44(41)	0.93(44)	0.2(16)	0.37(27)
독일	Y	3.2	1.94	0.89	1.68
	L	−0.26(−8)	−0.10(−5)	0.00(0)	0.56(33)
	K	1.89(59)	0.79(41)	0.51(57)	0.38(23)
	TFP	1.57(49)	1.22(63)	0.35(39)	0.72(43)
영국	Y	2.5	2.62	1.62	1.80
	L	−0.10(−4)	0.02(1)	0.16(10)	1.2(67)
	K	1.30(52)	0.95(36)	0.58(36)	0.55(31)
	TFP	1.30(52)	1.60(61)	0.84(52)	0.02(1)
미국	Y	3.1	3.45	1.75	2.27
	L	1.30(42)	1.20(35)	−0.32(−18)	1.15(51)
	K	1.40(45)	1.12(33)	0.88(50)	0.71(31)
	TFP	0.40(13)	1.06(31)	1.16(66)	0.39(17)

주 : 1) ( ) 안은 요인별 기여율(%).
2) 일본의 경우 2010~2019 대신에 2010~2018.

출처 : OECD data를 이용하여 저자가 계산

율(42%)에 비해 총요소생산성의 기여율(12%)은 대체로 낮은 수준에 머물렀다. 한편 같은 기간 주요 선진국의 경제성장은 대부분 자본투입과 총요소생산성이 주도하는 패턴을 보였으나, 지속적인 인구유입이 있었던 미국은 예외적으로 노동투입의 기여율이 높게 나타났다. 1960년대 말부터 1980년까지 관측되었던 미국의 **생산성 저하**(productivity slowdown)는 당시 노동자들이 새로운 정보통신기술(information communication technology)을 직접 배워가는 과정에서 나타난 것으로 볼 수 있다. 실제로 1990년대에 들어서는 노동자들의 정보통신기술 습득에 힘입어 생산성이 다시 회복되는 모습을 보였다.

둘째, 1990년대 이후 2008년 글로벌 금융위기 직전까지 미국 · 영국을 제외한 대부분 국가의 성장률은 1960~1990년대에 비해 큰 폭으로 감소했다. 특히 일본은 1990년대 이후 연평균 성장률이 1%대로 급락하면서 '잃어버린 20년'을 겪었다. 또한 1960~1990년대와 달리 한국을 포함한 대부분의 국가에서 총요소생산성의 성장기여율이 높게 나타났다.

이론과 실제 1 포스트코로나 저성장 기조와 성장회계

그림의 (a)에서 볼 수 있듯이 2008 글로벌 금융위기와 유사하게 2020 코로나19 충격 이후 잠재성장률 하락에 따른 장기적 성장모멘텀 약화가 우려되고 있다. 그림의 (b)에 나타난 2011년 이후 우리나라 잠재성장률의 성장회계에 따르면 장기적으로 노동투입이 잠재성장률 하락 요인으로 작용하고 있음을 알 수 있다. 향후 정보통신기술(ICT) 산업 확대에 따른 생산성 향상이 잠재성장률 하락세를 늦추는 데 기여할 것으로 기대된다.

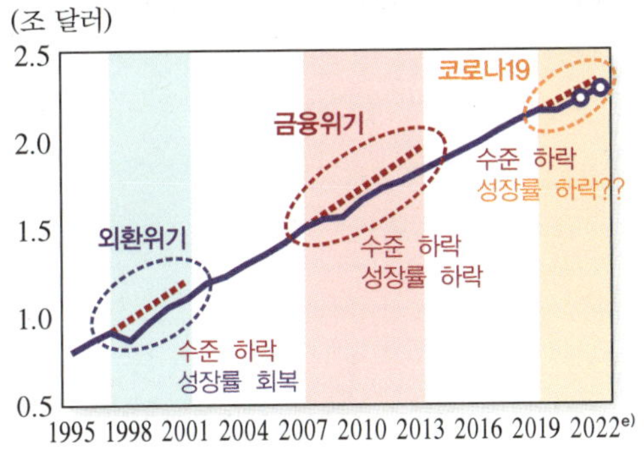

주 : 1) 점선은 해당 시점에서의 추세치.
자료 : 한국은행

(a) 위기 이후 GDP 손실 비교

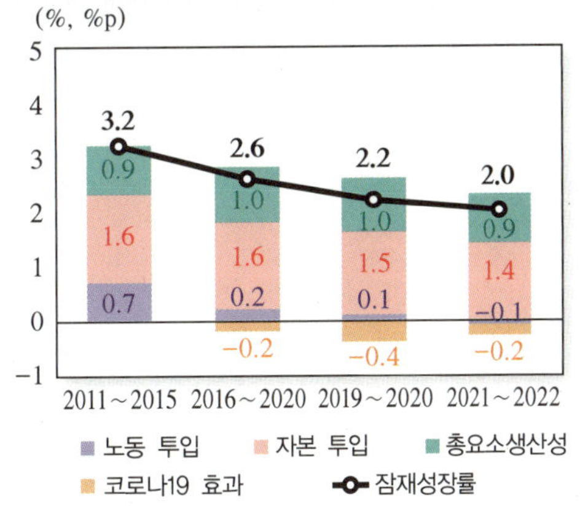

자료 : 한국은행 조사국

(b) 잠재성장률 요인별 기여도

요약

1. 소득수준의 지속적 증가

경제성장이란 실질GDP의 지속적 증가와 1인당 실질 GDP로 측정된 평균 생활수준의 지속적 향상을 의미한다. 특히 1820년 이후 세계 경제 성장률은 큰 폭으로 증가했으며, 그 추세가 최근까지 유지되고 있다. 하지만 오늘날에도 여전히 낮은 수준의 성장세를 보이는 나라들이 많다. 한편 장기적 경제성장과 함께 금융심화도 나타났다.

2. 소득 · 부 불평등 심화

경제성장으로 증가한 소득과 부가 모든 사람에게 균등하게 분배되지는 않는다. 1980년대 이후 소득분배가 점점 더 상위계층으로 집중되는 소득집중 현상이 전 세계적으로 관측되고 있으며, 부의 분배 또한 유사한 흐름을 보이고 있다. 이러한 소득 · 부 불평등 심화의 원인으로는 교육의 불평등, 고소득자의 빠른 소득 증가에 발맞추지 못하는 조세제도 등이 지적되고 있다.

3. 국가 간 소득격차

지난 250여 년간 전 세계적으로 1인당 평균소득수준이 지속적으로 증가해 왔지만, 부국과 빈국 사이의 소득격차는 좁혀지지 않았다. 그러나 1970년 이후부터 동양의 개발도상국들이 상대적으로 빠른 성장세를 보이며 서양 국가와의 소득수준 격차는 감소해 왔다. 한편 일반적으로 국가 간 소득수준이 장기적으로 수렴하지 않지만, 부유한 국가들의 경우 소득수준과 성장률 사이에 음(−)의 관계가 존재하여 소득이 장기적으로 수렴하는 현상을 보인다.

4. 경제성장의 요인과 성장회계

한 국가의 장기적 경제성장은 생산요소 투입의 증가와 기술진보에 의해서 결정된다. 생산요소의 투입은 그 경제에 존재하는 투입요소들의 상대적인 부존상태에 따라 달라진다. 기술진보는 직 · 간접적으로 모든 생산요소의 생산성을 증가시킨다는 점에서 총요소생산성의 증가를 의미한다.

국가경제의 총생산함수로부터 경제성장률은 자본증가율, 노동증가율, 기술진보율의 합으로 구성된다. 개별 생산요소와 기술수준이 경제성장에 기여하는 상대적 중요도를 나타낸 것을 성장회계라고 한다. 1960~2019년 주요국의 성장회계를 보면, 먼저 1960~1990년 우리나라는 주로 노동 · 자본투입 증가를 바탕으로 높은 성장을 기록했다. 같은 기간 주요 선진국의 경제성장은 대부분 자본과 총요소생산성이 주도하는 모습을 보였다. 1990년대 이후 대부분 국가의 성장률이 큰 폭 감소했으며, 한국을 포함한 대부분의 국가에서 총요소생산성의 성장기여율이 높게 나타났다.

연습문제

01 총생산함수 $Y = zK^{0.36}L^{0.64}$와 데이터를 고려하여 다음의 물음에 답하라.

연도 \ 요소	Y	K	L	z
1997	8,272.9	17,009.8	130.45	
1998	8,654.5	17,574.0	132.21	
1999	9,084.1	18,197.4	134.15	

(1) 위의 표에서 각 연도의 총요소생산성 또는 솔로우 잔차 z의 값을 구하라.

(2) 위의 표를 이용하여 연 GDP 성장률에 대한 성장회계를 계산하라. 각 연도의 경제성장은 어떤 요소에 의해 주도되었는가?

02 어떤 나라 경제에서 물적자본(K)과 노동(L)을 생산요소로 투입하여 생산된 총산출량(Y)이 연 5%로 성장하고 있다. 물적자본 단위당 임대율(rental rate)이 0.1이고, 자본계수($\frac{K}{Y}$)는 3이다. 물적자본과 인구는 각각 3%, 2%로 성장하고 있다. 단, 모든 사람들이 일을 한다고 가정한다.

(1) 총산출이 노동급여와 자본임대비용으로 모두 지급되는 경우 자본소득분배율과 노동소득분배율을 각각 계산하라.

(2) 총요소생산성의 성장률을 계산하라. 생산투입요소를 2배로 늘리는 경우 총산출량이 2.5배만큼 늘어난다면 총요소생산성의 성장률은 어떻게 변화하겠는가?

03 생산성이 얼마나 증가했는지를 판단하는 것은 매우 중요한 일이다. A국의 생산함수는 규모수익불변의 특성을 갖고, $Y_t = z_t \cdot F(K_t, L_t)$로 표시된다. 여기서 Y_t, z_t, K_t, L_t는 각각 총산출량, 총요소생산성, 자본투입, 노동투입을 의미한다. 이 나라의 경제지표가 다음과 같이 주어졌을 때 다음 질문에 답하라.

- **성장률** : 연 9%
- **자본증가율** : 연 10%
- **자본소득이 총소득에서 차지하는 비중** : 30%
- **노동증가율** : 연 6%
- **노동소득이 총소득에서 차지하는 비중** : 70%

(1) 이 자료가 지난 20년간의 연평균 자료라고 할 때, 이로부터 지난 20년간 A국의 연평균 생산성 증가율이 얼마였는지를 계산하라.

(2) 경제학자 B씨는 위의 계산을 한 후 "비록 A국의 경제성장률이 9%로 다른 나라보다 크게 높은 수치지만 생산성 증가만을 볼 때는 다른 나라의 경우와 크게 다르지 않다. 즉, A국의 경제성장은 영감(inspiration)에 의한 것이라기보다는 땀(perspiration)에 의한 것일 뿐이다"라고 평가하였다. 경제학자 B씨가 "영감에 의한 경제성장과 땀에 의한 경제성장"을 구분하는 이유는 무엇일까? 그리고 B씨의 계산이 옳다면, A국의 향후 경제성장 전망은 어둡다고 생각해야 하는가?

(3) A국의 노조는 "노동생산성 증가만큼 임금이 인상되어야 한다"라고 주장하면서 위로부터 계산된 수치를 임금인상 요구에 대한 근거로 제시하였다. 이에 대해 논평하라.

(4) 만약 앞의 자료가 지난 20년간의 연평균 자료가 아니라 지난 1년간 성장률, 자본증가율, 노동증가율 자료라고 하자. 그러면 문제 (1)에서 계산된 결과를 생산성 증가율로 해석할 수 있을지 논평하라.

(서울대학교 경제학부 2001학년도 대학원 입시문제)

Macroeconomics ch. four

1. 모형경제

2. 솔로우 모형의 기본방정식

3. 장기성장균형 : 균제상태

4. 기술진보와 장기적 경제성장

5. 경제성장의 수렴성

6. 분배

7. 경기변동

8. 결론

외생적 경제성장이론

4

이 장에서는 장기적 경제성장의 주요 사실을 설명하는 대표적 이론인 솔로우(Robert Solow)의 신고전학파 경제성장모형(Neoclassical economic growth model)을 알아보려고 한다.

1. 모형경제

솔로우(R. Solow, 1924 ~) 미국 MIT 대 명예교수. 거시적 생산함수에 대한 경험적 연구와 더불어 경제성장이론에 기여한 공로로 1987년 노벨 경제학상을 수상하였다.

1절에서는 솔로우 모형을 소개한다. 먼저 각 경제주체의 행태를 설명하고, 그 다음에 일반균형이 어떻게 달성되는지 알아본다. 여기서 일반균형이란 국가경제 내의 모든 시장이 동시에 균형을 이루고 있는 상태를 의미한다.

1.1 기업

먼저 기업을 살펴보자. 대표 기업은 아래의 생산함수에 따라 재화를 생산한다.

$$Y_t = z_t F(K_t, L_t) \tag{4.1}$$

2장(2.2.1 생산함수)에서 논의한 대로 대표 기업의 생산함수는 국가경제의 총생산함수라고 생각할 수 있다. 식 (4.1)에서 Y_t는 현재(t기)의 총산출량, K_t와 L_t는 각각 t기의 자본투입과 노동투입, z_t는 t기의 기술수준 또는 총요소생산성을 나타낸다. 솔로우 모형에서 z_t는 외생변수이다. 아래 첨자 t는 기간을 나타내며, 초기 기간은 0으로 한다(즉, $t = 0, 1, 2, \cdots$).

우리는 생산함수의 특성 및 기업의 이윤극대화 문제에 대해 2장(2.2 기업)에서 살펴본 바 있다. 생산함수(4.1)의 특성을 요약하면 다음과 같다. 자본투입 또는 노동투입이 늘어남에 따라 총산출량이 증가하지만($MP_K > 0$, $MP_L > 0$), 증가분 또는 한계생산은 감소한다(한계생산체감의 법칙). 또한 규모수익불변(CRS)의 특성을 갖는다.

기업은 이윤극대화를 위해 각 생산요소의 한계생산물이 그 생산요소의 가격과 같아질 때까지 투입한다. 다시 말하면, MP_K곡선은 기업의 자본수요곡선이고,

MP_L곡선은 기업의 노동수요곡선이다. 그런데 각 생산요소의 균형투입량은 기업의 수요곡선에 상관없이 결정되는데 그 이유에 대해서는 다음 절에서 설명할 것이다.[1]

1.2. 가계

이 모형에서 소비자들은 동질적(homogeneous)이다. 각 소비자는 재화를 소비할 뿐만 아니라, 노동자(worker)로서 노동을 공급하고, 자본가(capitalist)로서 자본을 생산요소시장에서 공급하는 역할도 한다. 앞서 2장(2.1 가계)에서는 가계가 각자 효용을 극대화하도록 소비를 결정한다고 가정했다.[2] 하지만 솔로우 모형에서는 분석의 단순화를 위해 아래와 같은 몇 가지 가정을 한다.

첫째, 우선 거시경제의 총생산은 국민소득과 같은 점을 기억하자. 가계는 국민소득(Y_t)의 일정 비율 s만큼을 저축하고, 그 나머지 $(1-s)$비율만큼은 소비한다고 가정한다. 총저축과 총소비를 각각 S_t, C_t라 하면, 다음과 같이 쓸 수 있다.

$$S_t = sY_t, \ C_t = (1-s)Y_t$$

예컨대 저축률(s)이 0.3이면 총소득의 70%는 소비하는 데 지출하고 나머지(30%)는 저축한다.

둘째, 노동공급의 원천인 인구는 다음과 같이 변화한다고 가정한다.

$$L_{t+1} = (1+n)L_t \quad (n > -1)$$

여기서 L_t는 현재(t기) 인구이고 n은 기간 간 인구증가율을 나타내며, 인구 감소의 가능성을 고려하기 위하여 음(−)의 인구증가율도 허용한다. 예를 들어,

---

1. 앞서 2장(2.2 기업)에서도 언급했듯이 기업은 기계설비, 사무실, 건물 등의 자본을 소유하지 않고 가계 자본가로부터 매기 임대하여 사용한다고 가정한다. 어떤 독자는 이 가정이 자연스럽지 않다고 생각할 수 있을 것이다. 하지만 많은 경우 기업의 주인이 바로 그 기업이 사용하는 자본의 소유자이므로 기업이 자본을 소유하고 있는 것과 같다. 다만 장부상으로는 기업이 사무실 월사용료 등을 자본가에게 매기 지불하는 것으로 간주하는 것이다.
2. 가계의 효용극대화 문제는 6장(소비와 저축)과 7장(소비 · 여가와 노동공급)에서 자세히 알아볼 것이다.

$n = 0.02$일 때 인구는 매기 2%씩 증가한다. 모형을 좀 더 단순화하기 위해, 매기 개별 근로자에게는 1만큼의 가용시간이 주어지고, 여가로부터는 아무런 효용도 얻지 못한다고 가정한다. 이 경우 개별 노동자는 주어진 시간을 실질임금과 관계없이 모두 노동으로 공급하므로 인구(L_t)는 총노동시간 곧 노동력을 의미한다. 따라서 노동공급은 총인구에 의해 외생적으로 주어진다. 일반적으로 실제 데이터에서 1인당 GDP와 노동자 1인당 GDP는 서로 다르지만 여기서는 모든 사람이 일하므로 구분하지 않기로 한다.

셋째, 자본가는 투자(I_t)를 통해 자본의 양을 증가시키는데 자본량은 다음과 같이 축적된다.

$$K_{t+1} = I_t + (1 - d)K_t \tag{4.2}$$

여기서 K_0는 주어진 초기 자본량, d는 자본 단위당 감가상각률을 나타낸다. 공장이나 기계설비와 같은 고정자산은 사용할수록 마모가 되며 일정 기간이 지나면 사용할 수 없게 되는데, 이를 **감가상각**(depreciation)이라 한다. 예를 들어 $d = 0.1$이라면, 매기 10%만큼 자본이 감가상각 된다. 위 식에 의하면, t기가 시작하는 시점에 K_t만큼의 자본이 있을 때, 다음 기($t+1$기)의 자본량(K_{t+1})은 t기 동안 마모되지 않고 남은 기계설비($(1-d)K_t$)에 투자를 통해 새로 추가된 기계설비(I_t)를 합한 것과 같다.

1.3. 정부 및 해외 부문

솔로우 모형에서는 일반적으로 폐쇄경제를 가정한다. 그리고 모형을 더 단순화시키기 위해 정부부문은 무시한다. 따라서 이 모형경제에서는 $NX_t = 0$, $G_t = 0$, $T_t = 0$이 된다.

1.4. 일반균형

일반균형 솔로우의 일반균형은 완전경쟁적인 생산요소시장, 재화시장, 그리고 대부자금시장이 동시에 균형인 상태를 의미

솔로우 모형의 **일반균형**은 완전경쟁적인 생산요소시장, 재화시장, 그리고 대부자금시장이 동시에 균형인 상태를 의미한다.

우선 노동시장을 살펴보자. 노동에 대한 수요곡선은 MP_L곡선이므로 (전형

적인 수요곡선처럼) 우하향한다. 반면에 앞 절에서 우리는 근로자는 실질임금(w_t)에 관계없이 본인에게 주어진 시간을 모두 공급한다고 가정했다. 따라서 수직축에 가격(w_t), 수평축에 수량(L_t)이 있는 그래프에서 노동공급곡선은 수직선이 된다. 결국 노동수요에 상관없이 t기의 균형고용량은 외생적으로 주어진 L_t에 의해서 결정된다. 균형자본량도 같은 방식으로 결정된다. 식 (4.2)에 따르면, 현재(t기)의 자본공급(K_t)은 과거의 투자(I_{t-1})에 의해 이미 결정되어 있는 상황이므로 현재의 자본임대가격(r_t^K)에 전혀 영향을 받지 않는다. 따라서 자본공급곡선은 수직선이 된다. 결과적으로 자본수요곡선(MP_K곡선)은 균형자본량을 결정하는 데 아무런 역할을 하지 못한다.[3]

t기의 노동시장
균형고용량은 아래 그림에서처럼 기업의 노동수요에 관계없이 항상 L_t에 의해 결정된다.

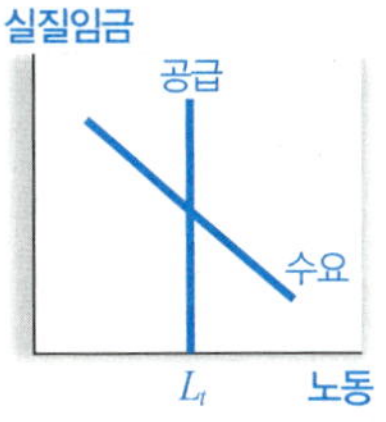

다음으로 재화시장의 균형조건은 다음과 같다.

$$Y_t = C_t + I_t \tag{4.3}$$

좌변의 Y_t는 기업이 생산해서 공급하는 재화의 총량이다. 즉, 생산물의 총공급이라고 할 수 있다. 우변은 총지출인데 소비지출과 투자지출의 합이다. 총지출은 재화에 대한 총수요라고 생각할 수 있다.

재화시장이 균형인 경우, 대부자금시장의 균형은 자동으로 이루어진다. 이것을 확인하기 위해 식 (4.3)에서 소비를 좌변으로 옮기면 다음의 식이 된다.

$$Y_t - C_t = I_t \tag{4.4}$$

좌변은 총저축이다. 총저축(S)은 1장(2.3 균형국민소득의 결정)에서 소개됐던 민간저축($S_p \equiv Y - T - C$)과 정부저축($S_g \equiv T - G$)의 합인데, 이 모형에서는 정부지출과 조세가 0이므로 총저축은 총생산(또는 국민소득)에서 소비를 뺀 것과 같게 된다. 즉, $S \equiv S_p + S_g = (Y - T - C) + (T - G) = Y - C$이다. 따라서 식 (4.4)를 다시 쓰면 다음과 같다.

$$S_t = I_t \tag{4.5}$$

식 (4.5)가 바로 대부자금시장 균형조건이다. 즉, 자금의 흐름 관점에서 보

3. 물론 각 생산요소의 가격은 수요곡선과 (수직인) 공급곡선이 만나는 지점에서 결정된다.

면, 총저축은 국민소득에서 소비지출을 제한 후 남은 부분으로서 투자의 재정조달을 하는 역할을 한다. 따라서 거시경제에서 총저축은 자금의 공급, 총투자는 자금에 대한 수요라고 볼 수 있다.

2. 솔로우 모형의 기본방정식

이제 솔로우 모형에서 4개의 내생변수 $\{Y_t, C_t, I_t, K_{t+1}\}$가 어떻게 결정되는지를 알아보자($t = 0, 1, 2, \cdots$). 먼저 $\{Y_t, C_t, I_t, K_{t+1}\}$에 관련된 식들을 여기에 다시 정리하면 다음과 같다.

$$Y_t = z_t F(K_t, L_t)$$
$$C_t = (1-s)Y_t$$
$$I_t = sY_t$$
$$K_{t+1} = I_t + (1-d)K_t$$

위에서부터 차례로 생산함수, 소비함수, 투자함수, 자본량의 축적과정식이라 부를 수 있다. 투자함수는 식 (4.3) 또는 식 (4.5)와 소비함수를 이용해 도출할 수 있다.

솔로우 모형에서 총요소생산성(z_t)과 인구(L_t)는 외생적으로 주어진다. 수학적인 관점에서 솔로우 모형을 푼다는 것은, 위의 연립방정식을 이용해서 주어진 외생변수 $\{z_t, L_t\}$와 **파라미터**(parameter) 또는 **모수** (s, d)에 내생변수 $\{Y_t, C_t, I_t, K_{t+1}\}$의 해를 구하는 것이다.[4]

1인당 GDP 한 나라의 경제규모는 GDP로 측정하는 게 일반적이지만, 그 나라의 생활수준을 판단하려면 1인당 GDP를 보는 게 더 적절함

그런데 한 나라의 경제 규모는 GDP로 측정하는 것이 일반적이지만, 그 나라의 생활수준을 판단하려면 **1인당 GDP**(per capita GDP)를 보는 것이 더 적절하다. 1인당 변수는 아래와 같이 소문자로 표기하기로 하자.

4. 파라미터는 모형에 주어진 상수(constant)로서 일반적으로 데이터를 이용해 추정한다. 독자들은 4개 연립방정식으로부터 4개의 내생변수 해를 구하는 것이 어렵지 않겠다고 생각할 수 있다. 하지만 이 식들은 매기($t = 0, 1, 2, \cdots$) 만족되어야 하고 네 번째 식에서 기간들이 서로 연결되어 있기 때문에 이 모형을 손으로 푸는 것은 일반적으로 쉽지 않다.

$$y_t \equiv \frac{Y_t}{L_t},\ c_t \equiv \frac{C_t}{L_t},\ i_t \equiv \frac{I_t}{L_t},\ k_t \equiv \frac{K_t}{L_t}$$

이제 위의 연립방정식을 1인당 변수를 이용해서 다시 쓸 수 있다. 첫 번째로 총생산함수를 보자. 양변을 총인구로 나누고 생산함수가 규모수익불변(CRS)의 특성을 갖는다는 점을 이용하면 총생산함수를 다음과 같이 변형할 수 있다.

$$\frac{Y_t}{L_t} = z_t \frac{F(K_t, L_t)}{L_t} = z_t F\left(\frac{K_t}{L_t}, \frac{L_t}{L_t}\right) = z_t F(k_t, 1)$$
$$\Rightarrow y_t = z_t F(k_t, 1)$$

여기서 함수 $f(\cdot)$를 $f(k_t) \equiv F(k_t, 1)$로 정의하면 총생산함수 $Y_t \equiv z_t F(K_t, L_t)$를 다음과 같은 **1인당 생산함수**(per capita production function)로 표현할 수 있다.

1인당 생산함수 총생산함수의 양변을 인구수로 나누고 생산함수가 규모수익불변(CRS)의 특성을 가진다는 점을 이용하여 도출

$$y_t = z_t f(k_t) \tag{4.6}$$

예를 들어 콥–더글라스 생산함수 $Y_t = z_t K_t^{\alpha} L_t^{1-\alpha}$를 1인당 생산함수로 표현하면 $y_t = z_t k_t^{\alpha}$가 된다. 식 (4.6)의 1인당 생산함수도 1인당 자본량(k_t)에 대해 한계생산체감의 성질을 갖기 때문에 〈그림 4-1〉과 같이 1인당 자본량의 증가에 따라 그 기울기가 감소하는 형태를 보인다.

다음으로 1인당 소비함수와 1인당 투자함수는 위 연립방정식의 두 번째 식과 세 번째 식의 양변을 총인구로 나눠주고 $y_t = z_t f(k_t)$로 치환하면 다음과 같다.

$$c_t = (1-s)y_t = (1-s)z_t f(k_t)$$
$$i_t = s y_t = s z_t f(k_t)$$

마지막으로 자본량 축적과정식을 총인구로 나눈 후에 앞서 도출한 1인당 투자함수를 대입하면 다음과 같이 1인당 자본량 축적과정식을 도출할 수 있다.

$$\frac{K_{t+1}}{L_{t+1}} \frac{L_{t+1}}{L_t} = \frac{I_t}{L_t} + (1-d)\frac{K_t}{L_t}$$
$$\Rightarrow k_{t+1}(1+n) = i_t + (1-d)k_t$$
$$\Rightarrow k_{t+1} = \frac{s z_t f(k_t)}{1+n} + \frac{(1-d)k_t}{1+n}$$

그림 4-1

1인당 생산함수

1인당 생산함수 $y = zf(k)$는 1인당 자본량(k)에 대해 한계생산체감의 성질을 갖기 때문에 원점에 대해 오목한 형태로 그려지고, 1인당 자본량의 증가에 따라 접선의 기울기가 감소하는 형태를 보인다.

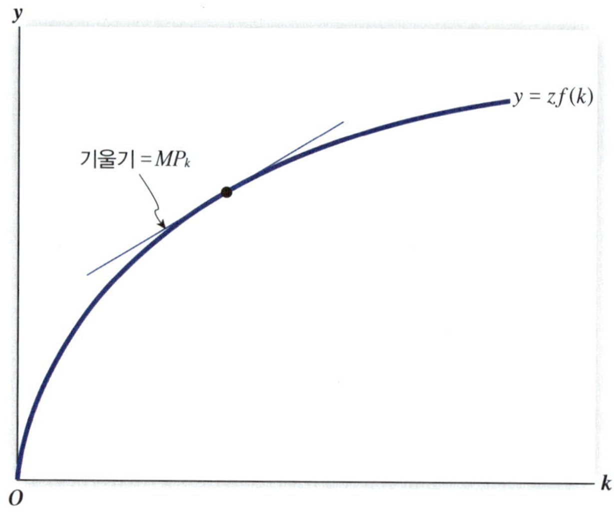

정리하면 앞서 총량으로 나타낸 연립방정식을 다음과 같이 1인당 변수로 나타낼 수 있다.

$$y = z_t f(k_t) \tag{4.7}$$

$$c_t = (1-s) z_t f(k_t) \tag{4.8}$$

$$i_t = s z_t f(k_t) \tag{4.9}$$

$$k_{t+1} = g(k_t) \equiv \frac{s z_t f(k_t)}{1+n} + \frac{(1-d)k_t}{1+n} \tag{4.10}$$

그런데 식 (4.7), (4.8), (4.9)는 t기의 1인당 자본량(k_t)이 정해지면 같은 기의 1인당 GDP, 1인당 소비, 1인당 투자를 정해 주는 단순한 역할을 한다. 반면에 마지막 식 (4.10)은 시간이 지남에 따라 1인당 자본량이 주어진 초기 자본량(k_0)으로 부터 어떻게 변하는지를 보여준다. 즉, $k_1 = g(k_0)$, $k_2 = g(k_1)$, $k_3 = g(k_2)$, …와 같은 방식으로 1인당 자본량의 동태적 경로를 구할 수 있다.[5]

이 과정을 그림으로 표현하면 〈그림 4-2〉의 (a)와 같다. 저축률(s), 인구증

5. 초기 자본(k_0)은 −1기의 투자로 결정된다고 볼 수 있는데, 경제가 0기에 시작하므로 −1기는 존재하지 않는다. 따라서 이 모형경제는 외생적으로 주어진 k_0만큼의 1인당 자본을 가지고 시작한다.

그림 4-2

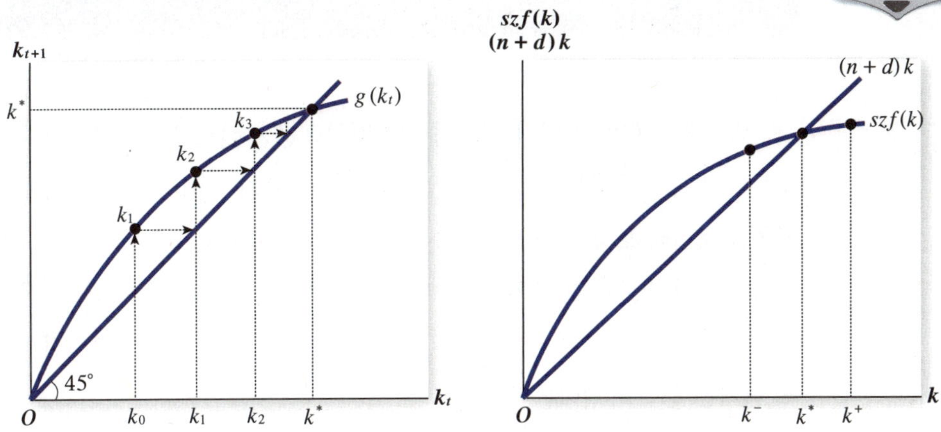

(a) 1인당 자본량의 축적과정 (b) 균제상태의 결정

➠ 1인당 자본량의 축적과정과 균제상태의 결정

1인당 균형자본량의 축적과정은 (k_t, k_{t+1}) 평면에서 원점을 지나며 오목한 모양을 갖는다. 이러한 오목한 형태는 한계생산체감의 성질을 갖는 생산함수 $f(k)$에 기인한다. 1인당 자본량이 시점에 관계없이 일정한 값을 갖는 균제상태는 k^*수준에서 결정된다. 이러한 안정적 균제상태는 $szf(k)$와 $(n+d)k$의 교점으로 나타낼 수 있다. 즉, 1인당 자본량을 일정 수준으로 유지하기 위해 요구되는 자본축적량만큼 자본이 실제로 투자될 때 균제상태가 달성된다.

가율(n), 자본감가상각률(d), 기술수준(z), 그리고 초기 1인당 자본량(k_0)이 일정하게 주어진 상황에서, $k_{t+1} = g(k_t)$를 (k_t, k_{t+1}) 평면에 나타낸 것인데, 함수 $g(k_t)$는 원점을 지나며 오목한 모양의 그래프가 된다. 이러한 오목한 형태는 한계생산체감의 성질을 갖는 생산함수 $f(k_t)$에 기인한다.

식 (4.10)이 솔로우 모형의 동태적 분석에 핵심적인 역할을 한다는 점에서 **솔로우 모형의 기본방정식**(The Fundamental Difference Equation of the Solow Model)이라고 불리기도 한다. 이 기본방정식은 아래와 같은 형태로도 표현할 수 있다.

솔로우 모형의 기본방정식 시간이 지남에 따라 1인당 자본이 주어진 초기 자본량으로부터 어떻게 변하는지를 보여주는 1인당 자본량 축적과정식

$$\Delta k_{t+1} = \frac{sz_t f(k_t)}{1+n} - \frac{(n+d)k_t}{1+n} \tag{4.11}$$

여기서 $\Delta k_{t+1} \equiv k_{t+1} - k_t$이다.

3. 장기성장균형 : 균제상태

솔로우 모형이 장기적 경제성장의 정형화된 사실로 알려진 1인당 자본량과 소득의 지속적 증가를 설명할 수 있는지를 알아보기 위해 솔로우 모형의 장기적 균형을 분석해 보자. 총생산함수 (4.1)에 의하면, 총산출량은 생산요소가 증가하거나 기술이 진보할 때 증가한다. 이 절에서 우리는 기술수준이 고정된 상황을 우선 고려한다($z_t = z$). 즉, 기술진보 없이 생산요소의 투입 증가가 장기적 경제성장에 미치는 영향을 알아본다.

〈그림 4-2〉의 (a)에서 기술진보가 없는 경우 초기 1인당 자본량을 k_0라고 하면, 1인당 균형자본량은 $k_1, k_2, k_3, \cdots$로 증가하면서 장기적으로는 일정한 값 k^*로 수렴한다. 1인당 소득과 소비도 1인당 자본량에 따라 증가하면서 장기적으로는 각각 일정한 값 $y^* = zf(k^*)$, $c^* = (1-s)y^*$로 수렴한다. 이는 곧 1인당 자본량과 소득, 소비의 성장률이 단기적으로 양(+)의 값을 갖지만, 장기적으로는 결국 0이 됨을 의미한다. 즉, 솔로우 모형에서 매기 총요소생산성 또는 기술수준이 $z_t = z$로 일정한 경우에 경제가 궁극적으로는 k_t, y_t, c_t, i_t 등과 같은 모든 1인당 변수들이 시점과 관계없이 일정한 값을 갖는 **장기성장균형**(balanced growth path) 또는 **균제상태**(steady state)에 도달한다. 1인당 초기 자본량(k_0)이 k^*보다 큰 경우에도, 균형자본량이 점차 감소하면서 장기적으로는 k^*로 수렴한다. 즉, 경제는 초기 상태에 상관없이 궁극적으로는 항상 균제상태에 도달하게 된다.

장기성장균형 모든 1인당 변수들이 시점과 관계없이 일정한 값을 갖는 상태

경제가 장기적으로 균제상태로 수렴하는 이유를 다른 각도에서 살펴보자. 기본방정식 (4.11)에서 1인당 자본량의 변화, 즉 Δk_{t+1}의 부호는 다음과 같이 우변에 있는 1인당 투자 $i_t = szf(k_t)$와 $(n+d)k_t$ 간의 상대크기에 따라 결정된다.

$$(1)\ szf(k_t) = (n+d)k_t \Rightarrow \Delta k_{t+1} = 0$$

$$(2)\ szf(k_t) > (n+d)k_t \Rightarrow \Delta k_{t+1} > 0$$

$$(3)\ szf(k_t) < (n+d)k_t \Rightarrow \Delta k_{t+1} < 0$$

먼저 (1)에서처럼 1인당 투자가 $(n+d)k_t$와 크기가 같은 경우에는 1인당 자본량이 증가하지도 감소하지도 않는다($\Delta k = 0$). 즉, (1)의 조건을 만족시키는 1인당 자본량이 바로 k^*, 균제상태의 1인당 자본량이다. 여기서 $(n+d)k_t$는 1인당

자본량을 일정 수준으로 유지하기 위해 요구되는 1인당 투자량이라는 의미에서 **요구투자량**(required investment) 또는 **손익분기투자량**(break-even investment)이라고 부른다. 손익분기투자량은 자본감가상각률(d)이 높을수록 커야 한다. 그 이유는 감가상각률이 높을수록 기계설비가 더 빨리 마모되므로 기계설비의 양을 일정하게 유지하려면 투자를 더 많이 해야 하기 때문이다. 또한 손익분기투자량은 인구증가율(n)이 높을 때 더 커야 하는데, 그 이유는 인구가 더 빨리 증가할수록 노동자 한 명에게 할당되는 기계설비 등 자본재의 양이 더 빨리 줄어들기 때문이다.

이제 (2)의 경우를 살펴보자. 〈그림 4-2〉의 (b)에서 k_t가 k^*보다 작은 경우이다($k_t = k^- < k^*$). 이 경우에는 실제 투자량이 손익분기투자량보다 크므로, 1인당 자본량이 증가한다($\Delta k > 0$). 언제까지 증가할까? 1인당 자본량이 k^*보다 작은 구간에서는 1인당 투자가 손익분기투자보다 크므로, k가 k^*와 같아질 때까지 계속 증가한다. (3)은 (2)의 반대 상황이다. k_t가 k^*보다 크면(즉, $k_t = k^+ > k^*$), 실제 투자량이 손익분기투자량보다 작으므로, 1인당 자본량이 k^*와 같아질 때까지 감소한다($\Delta k < 0$). 즉, 경제가 지금 어느 지점에 있든지 결국 균제상태에 도달하게 될 것이다.

총생산함수가 특정한 형태로 주어지면 (1)의 조건으로부터 k^*를 명시적으로 도출할 수 있다. 예를 들어 총생산함수가 콥-더글라스 함수 $Y_t = z_t K_t^{\alpha} L_t^{1-\alpha}$인 경우 1인당 균형자본량은 균제상태에서 아래 조건을 만족해야 한다.

$$szk^{*\alpha} = (n+d)k^*$$

위 식을 k^*에 대해 풀면 다음과 같다.

$$k^* = \left(\frac{sz}{n+d}\right)^{\frac{1}{1-\alpha}} \tag{4.12}$$

이처럼 균제상태에서 1인당 자본량이 일정하므로 1인당 산출량 또는 소득 역시 일정하다. 따라서 1인당 소득의 증가율, 즉 경제성장률은 0이 된다. 경제가 이러한 특성이 있는 균제상태에 결국 도달하는 이유는 〈그림 4-2〉에서처럼 1인당 생산함수가 오목하기 때문이다. 즉, 1인당 생산함수의 한계생산체감으로 인해 1인당 자본량 증가에 따라 1인당 산출량의 증가 속도가 계속 감소하다가 결국 0이

되기 때문이다. 한편 균제상태라고 하더라도 국내총생산(GDP) 또는 국민소득은 증가한다. 1인당 산출량($\frac{Y}{L}$), 자본량($\frac{K}{L}$) 및 소비($\frac{C}{L}$)의 성장률이 0이라는 것은 총산출량(Y), 총자본량(K), 그리고 총소비(C)의 성장률이 인구 또는 노동(L) 증가율 n과 같게 됨을 의미한다.

그러나 장기성장균형 또는 균제상태에서 경제성장률이 0이라는 것은 제2편의 서두에서 언급한 장기적 경제성장의 정형화된 사실 '1인당 소득과 자본량이 지속적으로 증가해 왔다'를 설명하기 어렵다.

그러면 우리가 지금까지 일정한 값으로 가정한 인구증가율(n), 저축률(s), 기술수준(z), 자본감가상각률(d) 및 초기 1인당 자본량(k_0)의 변화가 1인당 소득과 자본량의 지속적 증가를 가져올 수 있을까? 여기서는 먼저 인구증가율과 저축률의 변화가 균제상태에 미치는 영향을 각각 분석하고, 실제 장기적 경제성장 과정에서 관측된 사실과 일치하는지를 평가할 것이다. 그리고 균제상태에서 1인당 소비를 극대화하는 황금률 자본량에 대해 알아본 뒤 다음 절에서는 기술진보가 균제상태에 미치는 영향을 분석해보자.

3.1 인구 증가

먼저 인구 증가는 지속적인 경제성장을 가져올 수 있을까? 예를 들어 정부의 아동교육비 지원정책으로 출산율이 높아져 인구증가율이 n_1에서 n_2로 증가했다고 하자. 그러면 〈그림 4-3〉의 (a)에서 1인당 자본축적이 $g(k_t; n_1)$에서 $g(k_t; n_2)$로, (b)에서 균제상태의 요구투자량이 $(n_1+d)k$에서 $(n_2+d)k$로 이동함에 따라 균제상태의 1인당 자본량이 k_1^*에서 k_2^*로 감소하고, 1인당 소득 또는 산출량도 $y_1^*=zf(k_1^*)$에서 $y_2^*=zf(k_2^*)$로 감소한다. 같은 결과를 식 (4.12)에서도 확인할 수 있다. 이처럼 균제상태에서 인구 증가에 따라 1인당 소득이 감소한다는 것은 제2편 서두에서 언급한 장기적 경제성장의 정형화된 사실 '1인당 소득과 인구성장률은 역의 상관관계에 있다'와 일치한다.

인구 증가

- 일시적인 음(−)의 성장률 ⇒ 1인당 소득과 인구증가율 간 역의 상관관계
- 균제상태에 이르면 경제성장률은 다시 0이 됨

그리고 초기 균제상태(k_1^*)로부터 새로운 균제상태(k_2^*)에 도달할 때까지 1인당 자본량의 변화를 나타내는 〈그림 4-3〉의 (a)를 통해 확인할 수 있듯이 1인당 자본량이 감소하는 과정에서 일시적으로 음(−)의 경제성장이 나타난다. 왜냐하면 인구 증가에 따라 1인당 자본량을 일정 수준으로 유지하기 위해 요구되는 투자량 $(n_2+d)k$보다 1인당 실제 투자량 $szf(k)$가 작아지기 때문이다. 그 결과 새로운 균

그림 4-3

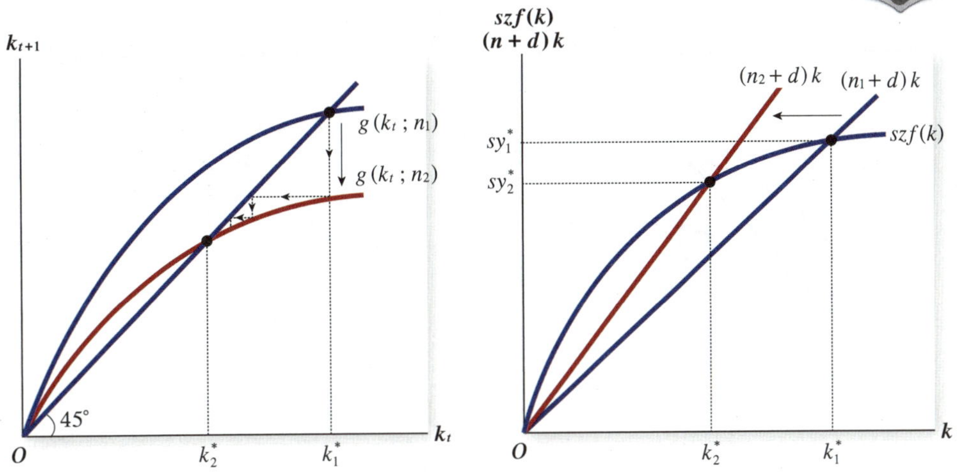

(a) 1인당 자본축적의 변화　　(b) 균제상태의 변화

인구 증가와 경제성장

초기 균제상태(k_1^*)에서 인구증가율이 n_1에서 n_2로 상승하면 (b)에서 1인당 자본량을 일정 수준으로 유지하기 위해 요구되는 자본량 $(n_2+d)k$보다 1인당 실제 투자량 $szf(k)$가 작아지기 때문에 (a)에서와 같이 1인당 자본량이 감소하기 시작한다. 그러나 일단 새로운 균제상태(k_2^*)에 도달하면 1인당 자본량과 산출량의 증가율은 다시 0이 되고 총자본량과 총산출량의 증가율은 새로운 인구증가율 n_2와 같아진다.

제상태에 도달할 때까지 1인당 자본량과 산출량이 감소하는 것이다. 그러나 일단 새로운 균제상태(k_2^*, y_2^*)에 도달하면 1인당 자본량과 산출량의 증가율은 다시 0이 되고, 총자본량과 총산출량의 증가율은 인구증가율 n_2와 같아진다. 이는 곧 인구 감소가 새로운 균제상태에 이르는 과정에서만 양(+)의 경제성장을 가져오고, 균제상태에 이르면 경제성장률은 다시 0이 될 뿐 지속적인 경제성장을 가져오지 못함을 의미한다.

3.2 저축률의 증가

그렇다면 저축률의 증가는 장기적 경제성장을 가져올 수 있을까? 예를 들어 평균수명 연장에 따라 저축성향이 증가했다고 하자. 이에 따라 〈그림 4-4〉에서 저축성향이 s_1에서 s_2로 증가하면 (a)의 1인당 자본축적이 $g(k_t\,;s_1)$에서 $g(k_t\,;s_2)$로, (b)의 1인당 저축(투자)이 $s_1zf(k)$에서 $s_2zf(k)$로 각각 상방이동하게 된다. 이때 균제상태의 1인당 자본량이 k_1^*에서 k_2^*로 증가하게 되어 1인당 소득 또는 산출

그림 4-4

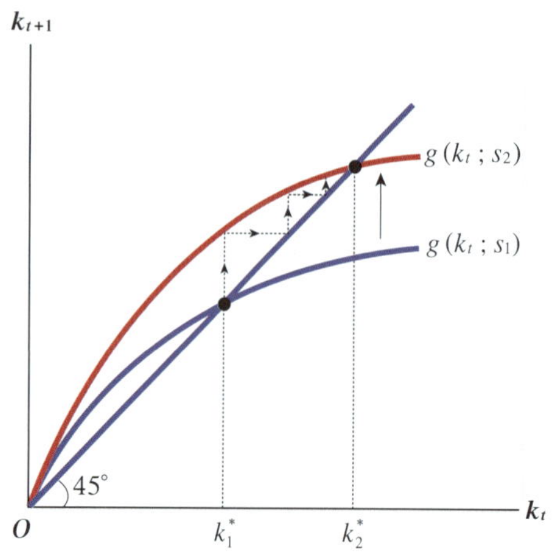

(a) 1인당 자본축적의 변화

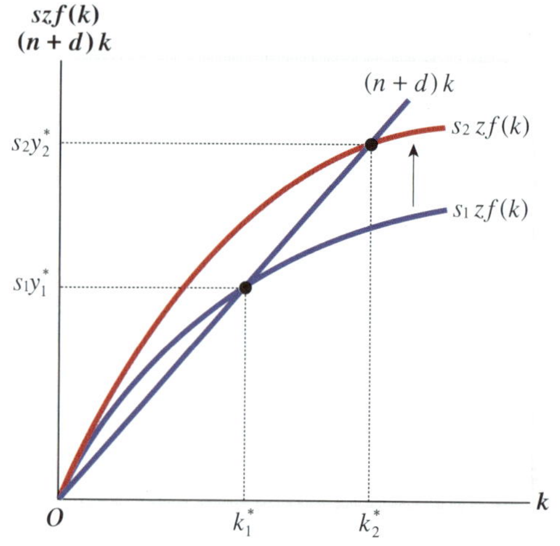

(b) 균제상태의 변화

저축률의 증가와 경제성장

초기 균제상태(k_1^*)에서 저축률이 s_1에서 s_2로 증가하면 (b)에서 1인당 자본량을 일정 수준으로 유지하기 위해 요구되는 자본량 $(n+d)k$보다 1인당 실제 투자량 $s_2zf(k)$이 크기 때문에 (a)에서와 같이 1인당 자본량이 증가하기 시작한다. 그러나 일단 새로운 균제상태(k_2^*)에 도달하면 1인당 자본량과 산출량의 증가율은 다시 0이 되고 총자본량과 총산출량의 증가율은 인구증가율 n과 같아진다.

저축률의 증가
- 일시적인 양(+)의 성장률 ⇒ 1인당 소득과 투자율 간 양의 상관관계
- 균제상태에 이르면 경제성장률은 다시 0이 됨
  ⇒ 지속적인 경제성장 설명 불가

량도 $y_1^* = zf(k_1^*)$에서 $y_2^* = zf(k_2^*)$로 증가한다. 즉, 1인당 소득과 저축률 사이에 양(+)의 상관관계가 있다. 한편 균형에서 저축률은 투자율과 동일하므로, 1인당 소득과 저축률 간 양의 상관관계는 1인당 소득과 투자율 간 양의 상관관계를 의미한다. 같은 결과를 식 (4.12)에서도 확인할 수 있다. 이는 제2편 서두에서 언급한 장기적 경제성장의 정형화된 사실 '1인당 소득과 투자율 사이에 양의 상관관계가 있다'와 일치하는 것이다.

이때에도 새로운 균제상태에서 1인당 자본량과 산출량 또는 소득의 증가율, 즉 경제성장률은 0이 되고, 총자본량과 총산출량의 증가율은 외생적으로 주어진 인구증가율 n과 동일해진다. 〈그림 4-4〉의 (a)에 나타나 있듯이 초기 균제상태(k_1^*)로부터 새로운 균제상태(k_2^*)에 이르는 과정에서 1인당 자본량의 증가율은 새로운 균제상태에 도달할 때까지만 양의 값을 가질 뿐, 균제상태에 이르면 결국 0이 된다.

이러한 일시적인 양의 성장률은 저축률 증가에 따라 1인당 실제 투자량

$s_2 z f(k)$가 1인당 자본량을 일정하게 유지하기 위해 요구되는 투자량 $(n+d)k$보다 커지면서 1인당 자본량과 산출량이 증가한 결과이다. 그러나 장기적으로는 자본 축적에 따라 자본의 한계생산이 체감하면서 1인당 자본량과 산출량의 성장률은 0으로 수렴하고 총자본량과 총산출량의 성장률은 주어진 인구증가율로 수렴한다. 따라서 솔로우 모형에서 저축률의 증가로 인한 경제성장 역시 장기균형에 이르는 과정에서 나타나는 일시적 현상일 뿐이다. 이와 같이 저축률의 변화가 장기적으로 1인당 산출량의 수준만 변화시키고 균제상태에서 1인당 산출량 성장률을 변화시키지 못하는 것을, **수준효과**(level effect)만 있고 **성장효과**(growth effect)가 없다고 표현한다. 예컨대 저축률 및 투자율의 증가는 1인당 GDP를 25,000달러에서 30,000달러로 증가시킬 수는 있지만, 소득이 증가하는 과도기(transition periods)가 지난 후 장기적으로 1인당 GDP의 성장률을 0%에서 1%로 증가시킬 수는 없다.

이론과 실제 1 저축률과 경제성장—중국의 사례*

지난 30년간 연평균 10%에 가까운 높은 경제성장률을 기록한 중국의 성장요인을 살펴보면 주로 저축률의 증가에 기인한 측면이 크다. 중국 경제성장의 대부분은 높은 투자를 바탕으로 달성되었는데, 그 투자는 근본적으로 중국의 높은 저축률을 기반으로 하고 있기 때문이다. 실제로 최근 중국의 총저축률은 53%에 달하는데, 이는 과거 한국과 일본의 경제성장기에 저축률이 40% 수준이었던 통계와 비교해도 매우 높은 수치이다.

중국의 이러한 높은 저축률의 원인은 첫째로 1960년대 베이비 붐 세대의 활발한 경제활동, 둘째로 시장경제 도입에 따른 의료서비스 및 주택 수요의 증가, 셋째로 국영기업들의 기업유보이윤 증가 등에서 찾을 수 있다. 솔로우 성장모형에서 살펴본 것처럼, 최근 중국 경제를 살펴보면 높은 저축률이 1인당 자본량과 1인당 소득을 증가시킴으로써 중국의 경제성장을 견인한 것으로 해석할 수 있다.

* **참고자료** : 박춘원, 「중국 경제를 읽는 키워드, 저축 수수께끼」, 『주간 하나금융포커스』, 하나금융경영연구소, 2012. 5.

3.3 황금률 자본량

우리는 앞에서 1인당 산출량 또는 소득을 중심으로 균제상태를 살펴보았다. 그러나 소비자들이 궁극적으로 관심을 갖는 것은 그들의 평생 소비로부터 얻게 되는 효용 또는 후생수준이다. 여기서는 균제상태에서 1인당 소비를 극대화하는

소비자들이 궁극적으로 관심을 갖는 것은 평생 소비로부터 얻게 되는 효용

1인당 자본량을 도출해 보자.

균제상태에서 1인당 소비 c^*는 소득 $y^* = zf(k^*)$에서 저축을 뺀 값이다. 이때 (대부자금시장 균형조건에 의해) 1인당 저축은 1인당 투자량과 같고, 균제상태에서는 1인당 투자량이 손익분기투자량 $(n+d)k^*$과 같으므로, 1인당 소비는 다음과 같이 $y^* = zf(k^*)$와 $(n+d)k^*$의 차이로 결정된다.

$$c^* = zf(k^*) - (n+d)k^* \tag{4.13}$$

〈그림 4-5〉의 (a)에서 균제상태의 1인당 자본량 k^*에 대해 $y^* = zf(k^*)$와 $(n+d)k^*$의 차이로 결정되는 1인당 소비 c^*를 그림으로 나타낸 것이 〈그림 4-5〉의 (b)이다. 이때 균제상태의 1인당 소비를 극대화하는 1인당 자본량 k^*_{gr}를 **황금률 자본량**(golden rule quantity of capital)이라고 한다.

황금률 자본량 균제상태에서 1인당 소비를 극대화하는 1인당 자본량 $MP_K = n + d$

〈그림 4-5〉의 (a)에서 황금률 자본량 k^*_{gr}는 1인당 생산함수의 기울기와 $(n+d)k^*$의 기울기가 같아지는 수준에서 결정됨을 알 수 있다.[6] 1인당 생산함수의 기울기는 바로 자본의 한계생산(MP_K)을 의미하므로 황금률 자본량 k^*_{gr}는 다음의 관계를 충족하는 값으로 결정된다.

$$MP_K = n + d \tag{4.14}$$

즉, 자본의 한계생산이 인구증가율에 감가상각률을 더한 값과 같아지는 수준에서 1인당 소비가 극대화된다.

한편 〈그림 4-5〉의 (a)에서 1인당 자본량을 황금률 자본량 수준(k^*_{gr})으로 유지하기 위한 저축률을 s_{gr}이라 하면 $s_{gr}\,zf(k^*_{gr}) = (n+d)k^*_{gr}$가 성립한다. 이때 s_{gr}을 **황금률 저축성향**(golden rule savings rate)이라고 한다. 〈그림 4-5〉의 (b)에서 균제상태의 1인당 자본량이 k^*_{gr}보다 작은 경우($k^* < k^*_{gr}$), 저축률의 증가는 1인당 자본량의 증가와 함께 1인당 소비도 증가시킬 것이다. 그러나 반대로 $k^* > k^*_{gr}$이면 저축률의 증가는 1인당 자본량은 증가시키지만 1인당 소비는 감소시킬 것이다.

황금률 저축성향 1인당 자본량을 황금률 자본량 수준으로 유지하기 위한 저축률

6. 균제상태에서 1인당 소비 $c^* = zf(k^*) - (n+d)k^*$를 극대화하는 1인당 자본량은 식 (4.13)을 k^*에 대해 미분한 뒤 $zf'(k^*) = MP_K$로 놓으면 $MP_K = n + d$를 충족하는 값으로 결정된다.

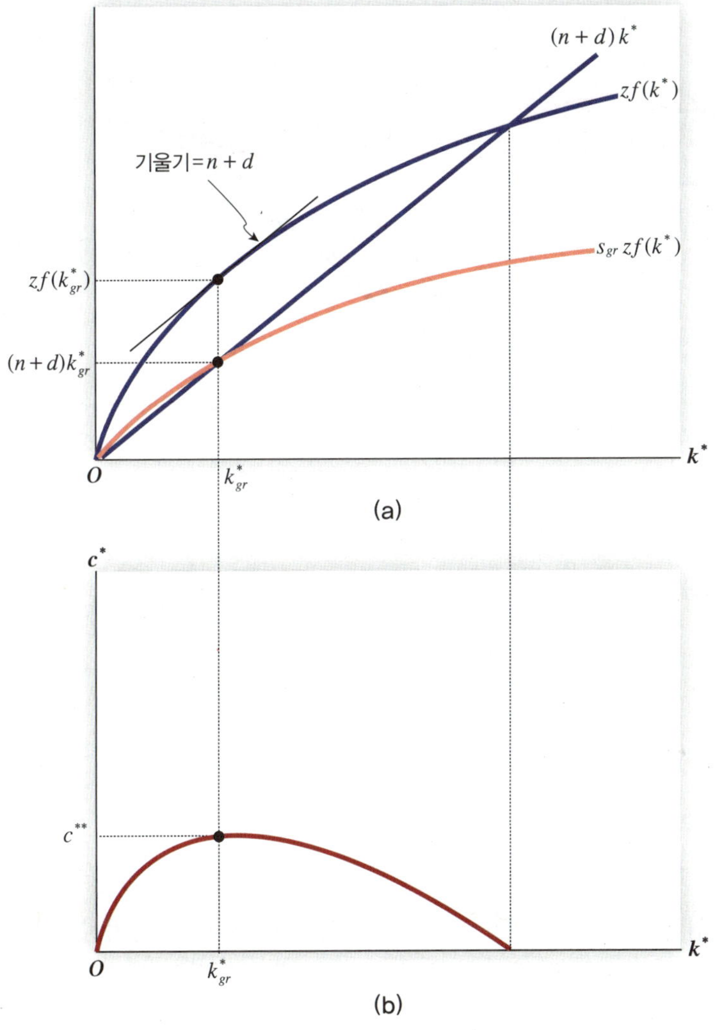

그림 4-5

1인당 황금률 자본량의 결정

균제상태의 1인당 자본량 k^*에 대해 $y^* = zf(k^*)$와 $(n+d)k^*$의 차이로 결정되는 1인당 소비 c^*를 극대화하는 1인당 자본량 k^*_{gr}을 황금률 자본량이라고 한다. 황금률 균제상태에서 1인당 생산함수의 기울기는 $(n+d)$와 같다는 것을 알 수 있다. 저축률 s_{gr}은 황금률 자본량 k^*_{gr}수준에서 $(n+d)k^*_{gr}$와 저축량 $s_{gr}zf(k^*_{gr})$를 일치시키기 때문에 황금률 저축성향이라고 한다.

4. 기술진보와 장기적 경제성장

Macroeconomics ch. four

3절에서 우리는 기술진보가 수반되지 않은 생산요소의 투입 증가가 경제성장에 미치는 영향을 알아보았다. 인구 증가를 통한 노동투입량의 증가는 1인당 자본량과 산출량의 지속적 증가로 이어지지 않았다. 오히려 인구가 더 빠른 속도로

그림 4-6

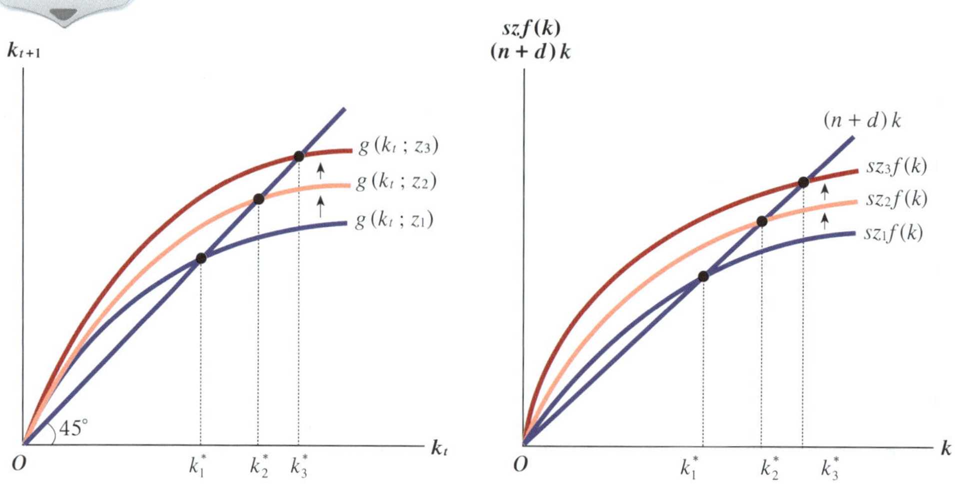

(a) 지속적 기술진보 (b) 균제상태의 변화

➠ 지속적 기술진보

기술진보를 의미하는 z값의 상승은 (a)의 1인당 균형자본 축적 방정식 $g(k_t; z)$와 (b)의 1인당 저축(투자) $szf(k)$를 모두 상방으로 이동시킨다. 그러나 한계생산이 체감하는 한 $g(k_t; z)$와 $szf(k)$의 오목한 형태는 그대로 유지되기 때문에 일회적 기술진보에 의한 지속적 경제성장은 불가능하다. 그러나 기술수준이 매기 일정률로 상승하는 경우, $g(k_t; z)$와 $szf(k)$는 지속적으로 상방이동하여 장기적 경제성장이 가능하다.

증가할 때, 장기적으로 GDP의 성장률은 올라갔지만 1인당 GDP의 성장률은 0으로 수렴했고, 1인당 GDP 자체는 오히려 감소했다. 마찬가지로 저축 및 투자를 통한 자본투입 증가도 경제성장으로 이어지지 않았다. 투자율이 증가하면 장기적으로 1인당 GDP는 증가했다. 그러나 1인당 GDP의 성장률은 1인당 GDP가 증가하는 과도기에만 양(+)의 값을 가질 뿐, 결국 0으로 수렴했다.

솔로우 모형에서 인구 감소와 저축률 증가가 1인당 자본량과 산출량의 지속적 증가, 즉 장기적 경제성장에 영향을 미치지 못하는 것은 기본적으로 자본에 대한 한계생산체감 때문이다. 즉, 1인당 생산함수가 오목한 형태를 갖기 때문에, 1인당 자본량을 증가시키는 어떠한 변화도 결국 새로운 균형에 이르기까지만 일시적으로 경제성장을 가져왔던 것이다.

기술진보
- 일회적 기술진보 : 일시적인 양(+)의 경제성장률
- 지속적 기술진보 : 장기적으로 경제성장률이 기술진보율에 비례하여 결정됨

그렇다면 **기술진보**(technological progress)는 지속적 경제성장을 가져올 수 있을 것인가? 먼저 기술진보는 1인당 생산함수 $y = zf(k)$에서 z값의 상승으로 나타난다. 따라서 z_1에서 z_2로의 기술수준 향상은 〈그림 4-6〉의 (a)에서 1인당 자본축적을 $g(k_t; z_1)$에서 $g(k_t; z_2)$로, (b)에서 1인당 저축(투자)을 $sz_1f(k)$에서

$sz_2 f(k)$로 각각 상방이동시키는 역할을 한다. 그러나 기술진보로 1인당 생산함수가 상방이동하더라도 한계생산이 체감하는 한 생산함수의 오목한 형태는 그대로 유지된다. 따라서 일회적(one-time) 기술진보에 의한 지속적 경제성장의 가능성은 낮아 보인다.

이제 기술수준이 다음과 같이 매기 일정률로 상승하는 경우를 상정해 보자.

$$z_{t+1} = (1+a) z_t \quad (a > 0) \tag{4.15}$$

이는 〈그림 4-6〉의 (a)에서 1인당 자본축적을 나타내는 $g(k_t\,; z)$와 (b)에서 1인당 저축(투자)를 나타내는 $szf(k)$의 지속적 상방이동을 의미하므로 〈그림 4-6〉에서와 같이 균제상태의 1인당 자본량이 지속적으로 증가하고 따라서 1인당 소득도 지속적으로 증가할 것이다. 그 결과 기술수준이 일정한 경우와 달리 1인당 자본량과 소득의 성장률이 장기적으로 양(+)의 값을 가질 것이다.

우리는 앞 절에서 **장기성장균형**(balanced growth path) 또는 **균제상태**(steady state)는 1인당 산출량, 자본량, 소비 등의 성장률이 0인 상태라고 정의하였다. 하지만 일반적으로 경제성장 모형의 장기성장균형 또는 균제상태는 위의 '1인당 변수들이 동일한 일정률(constant rate)로 증가하는 상태' 를 의미한다. 따라서 앞 절에서의 균제상태는 그 '동일한 일정 성장률' 이 0이 되는 특수한 경우임을 알 수 있다.

구체적으로 앞 절에서의 결과와 달리 기술수준이 식 (4.15)에서와 같이 매기 일정률로 상승하는 경우에는 경제가 '일반적인 균제상태' 로 수렴한다. 즉, 균제상태에서 1인당 자본량과 1인당 소득이 매기 같은 일정률로 상승한다. 그렇다면 그 성장률은 어떻게 결정되는가? 먼저 콥-더글라스 생산함수를 가정하면 1인당 생산함수는 $y_t = z_t k_t^{\alpha}$이다. 이때 1인당 소득의 증가율은 다음과 같이 나타낼 수 있다.

$$\frac{y_{t+1}}{y_t} = \frac{z_{t+1}}{z_t}\left(\frac{k_{t+1}}{k_t}\right)^{\alpha} \tag{4.16}$$

이제 균제상태에서 1인당 자본량과 1인당 소득의 동일한 성장률을 $(1+g)$라고 하자. 식 (4.16)에 $\frac{y_{t+1}}{y_t} = \frac{k_{t+1}}{k_t} \equiv (1+g)$를 대입한 뒤 $(1+g)$에 대해 정리하면 다음과 같이 균제상태의 경제성장률이 결정된다.

그림 4-7

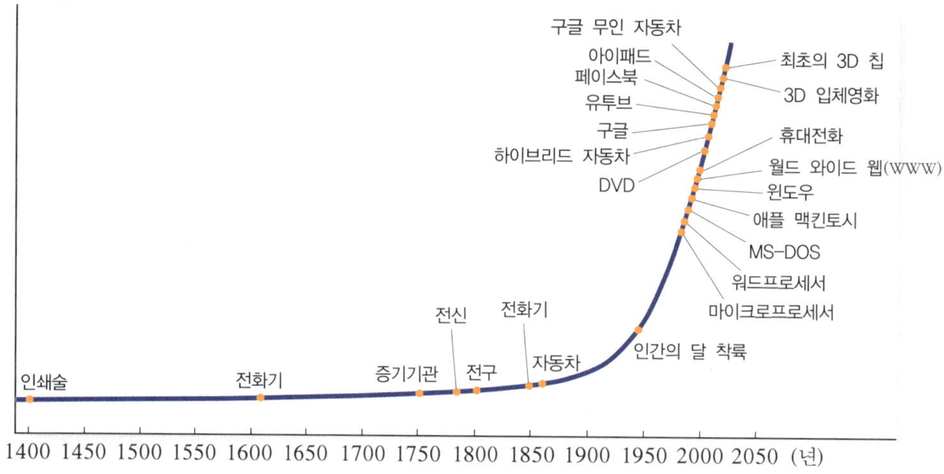

출처 : Hallberg, R. "The Promise of Accelerating Growth in Technology," *Seeking Alpha*, 2012. 3. 23.

기술진보의 사례

인쇄술에서부터 3D 칩에 이르기까지 기술진보가 있어왔다. 특히 18세기 산업혁명 이후 지속적인 기술혁신이 1인당 소득의 추이와 유사한 패턴을 보여왔다는 점에서 지속적인 기술진보가 장기적 경제성장의 주 원동력이 되어 온 것으로 보인다.

$$\frac{y_{t+1}}{y_t} = \frac{k_{t+1}}{k_t} \equiv 1 + g = (1 + a)^{\frac{1}{1-\alpha}} \tag{4.17}$$

즉, 장기적으로 1인당 자본량과 1인당 소득이 식 (4.17)에 따라 기술진보율(a)에 비례하여 지속적으로 증가할 것이다. 장기성장균형에서 1인당 GDP가 일정률로 증가한다는 결과는 사실과 부합한다. 실제로 우리나라를 포함한 세계 주요 나라들의 1인당 GDP 시계열 자료에서 경기변동 부분을 제외한 장기추세선을 보면, 1인당 GDP의 성장률이 거의 일정함을 알 수 있다. 또한 균제상태에서 1인당 소득과 1인당 자본량이 같은 속도로 증가하므로 두 변수 간 비율($\frac{k}{y}$)은 일정한 값을 갖는다.[7] 이 결과는 제2편 서두에서 언급한 장기적 경제성장의 정형화된 사실 '자본계수($\frac{K}{Y}$)는 대체로 일정하다'와 부합한다. 예컨대 미국의 경우 $\frac{k}{y}$의 값이 제2차 세계대전 이후 대략 3.2로 일정하게 유지되어 왔다.[8]

---

7. 이 값은 1인당 균형자본 축적 방정식 (4.10)을 이용하여 도출할 수 있다.
8. Feenstra et al. (2015), "The next generation of the Penn World Table," *American Economic Review*, 105(10) : 3150–82.

결국 솔로우 모형에서는 지속적인 기술진보만이 장기적 경제성장을 가져올 수 있다. 실제로 〈그림 4-7〉과 같이 18세기 산업혁명 이후 지속적인 기술혁신이 1인당 소득의 추이와 유사한 패턴을 보여왔다는 점에서 지속적 기술진보가 장기적 경제성장의 주 원동력이 되어 온 것으로 보인다.

새로운 산업혁명의 시기가 왔습니다.

5. 경제성장의 수렴성

Macroeconomics ch. four

지금까지 알아본 솔로우 모형에 의하면 저축률의 증가나 인구증가율의 감소는 새로운 균제상태에 이르기까지만 일시적으로 1인당 자본량과 소득을 증가시킬 뿐, 균제상태에 이르면 1인당 자본량과 소득의 성장률은 결국 0이 된다. 따라서 지속적인 기술진보만이 경제성장의 정형화된 사실인 1인당 소득과 자본량의 지속적 증가를 가져올 수 있다.

솔로우 모형의 시사점

- 저축률 증가나 인구증가율 감소는 일시적으로 경제를 성장시키나 균제상태에서는 성장률이 0이 됨
- 지속적인 기술진보만이 균제상태에서 양(+)의 성장률을 가능케 함

이제 이러한 솔로우 모형의 국가 간 소득수준 격차에 대한 시사점을 알아보자. 장기적 경제성장의 주요 사실 중 하나는 국가 간 생활수준의 격차가 매우 크다는 점이다(3장 3절 참조). 우리는 이 절에서 다음의 질문에 대해 논의하려 한다. "소득수준이 낮은 나라가 소득수준이 높은 나라를 따라잡을 것인가?"

5.1 절대적 수렴

솔로우 모형에 따르면 소득수준이 낮은 가난한 나라가 소득수준이 높은 부유한 나라를 따라잡을 수 있다는 예측이 가능하다. 어떤 가난한 나라와 부유한 나라가 초기 1인당 자본량 수준의 차이를 제외하고는 인구증가율, 저축률, 생산함수뿐만 아니라 동일한 기술수준 또는 총요소생산성을 갖고 있다고 하자. 예를 들어 〈그림 4-8〉의 (a)에서 가난한 나라와 부유한 나라의 현시점 1인당 자본량을 각각 k_p, k_r이라 하면($k_p < k_r$), 한계생산체감에 의하여 1인당 자본량이 적은 가난한 나라의 한계생산성이 더 높다. 따라서 부유한 나라보다는 가난한 나라에서 자본을 축적할 유인이 커지고, 가난한 나라의 자본축적 속도($k_{p,t+1} - k_{p,t}$)는 부유한 나라의 자본축적 속도($k_{r,t+1} - k_{r,t}$)보다 빠르게 된다.

이를 더 명확하게 보기 위해 식 (4.11)의 양변을 k_t로 나누어서 1인당 자본

그림 4-8

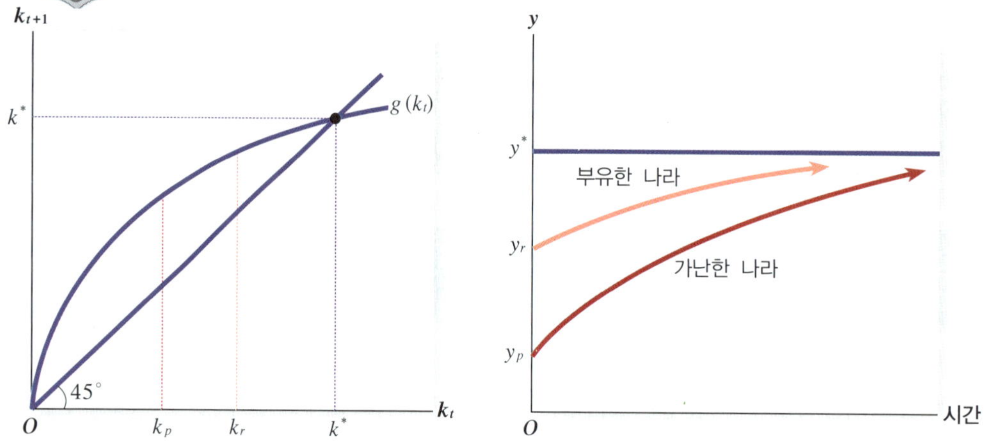

(a) 1인당 자본량의 수렴 (b) 1인당 소득수준의 수렴

절대적 수렴 가설

가난한 나라와 부유한 나라의 1인당 자본량을 각각 k_p, k_r이라 하면($k_p < k_r$), 한계생산체감에 의하여 1인당 자본량이 적은 가난한 나라의 한계생산성이 더 높다. 따라서 부유한 나라보다는 가난한 나라에서 자본을 축적할 유인이 커지고, 가난한 나라의 자본축적 속도는 부유한 나라의 자본축적 속도보다 빠르게 된다. 결국 가난한 나라와 부유한 나라의 1인당 자본량은 모두 k^*로 수렴하고 1인당 소득은 $y^* = zf(k^*)$로 수렴한다.

량의 성장률을 구해보자.

$$\frac{k_{t+1} - k_t}{k_t} = \frac{1}{1+n}[sz_t k_t^{\alpha-1} - (n+d)] \tag{4.18}$$

식 (4.18)에서 좌변이 1인당 자본량의 성장률이다. 우변에서 볼 수 있듯이, 다른 모든 조건이 같다면 현시점에서 1인당 자본을 더 많이 가지고 있는 나라의 성장률이 낮음을 알 수 있다.[9]

결국 〈그림 4-8〉에서와 같이 가난한 나라와 부유한 나라의 1인당 자본량은 모두 k^*로 수렴하고, 1인당 소득은 $y^* = zf(k^*)$로 수렴한다. 이와 같이 국가경제의 기본 구조에 대한 고려 없이 1인당 소득이 국가 간에 수렴한다는 주장을 **절대적 수렴**(absolute convergence) 가설이라 한다.[10]

절대적 수렴 가설 국가경제의 기본 구조에 관계없이 1인당 소득이 수렴한다는 주장

9. 식 (4.18)에서 $0 < \alpha < 1$이므로 k_t의 지수가 음(−)의 값을 갖는다($\alpha - 1 < 0$).

10. 〈그림 4-8〉은 기술수준이 일정한 경우를 보인다. 하지만 식 (4.15)에서와 같이 기술수준이 증가하는 경우에도($a > 0$) 같은 결론을 내릴 수 있는데, 그 이유는 가난한 나라와 부유한 나라가 다

보몰(William Baumol)은 OECD 16개국을 대상으로 1870년 당시 1인당 소득수준이 낮은 나라일수록 이후 110년 동안 연평균 1인당 소득증가율이 높게 나타나고 그 결과 국가 간 소득격차가 줄어들고 있었다는 점을 들어 절대적 수렴 가설이 일반적으로 성립한다고 해석하였다. 드롱(J. Bradford Delong)은 보몰의 결과가 보몰이 살펴본 소수 OECD 국가에만 적용되며 경제여건이 서로 다른 선진국 · 후진국 간에는 일반적으로 절대적 수렴 가설이 성립하지 않는다고 주장하였다.[11]

5.2 조건부 수렴

솔로우 모형의 절대적 수렴 가설은 부유한 나라들과 가난한 나라들 간의 지속적인 소득격차를 설명하지 못한다. 경제학자들은 그 이유를 경제의 구조적인 차이에서 찾고 있다. 즉, 국가경제의 기술수준 또는 총요소생산성, 생산함수, 저축률, 인구증가율 등이 다르다면 균제상태가 다를 것이고, 따라서 국가 간 소득수준의 수렴이 발생하지 않을 수도 있다는 것이다.

국가 간 지속적 소득격차의 구조적 요인
- 생산함수의 차이
- 저축률의 차이
- 인구증가율의 차이

예를 들어 〈그림 4-9〉에서 부유한 나라의 저축률이 가난한 나라의 저축률보다 높아서($s_p < s_r$) 두 나라가 각각 $g(k_t; s_r)$, $g(k_t; s_p)$의 1인당 자본축적을 갖는다고 하자. 이 경우 균제상태에서 1인당 자본량은 부유한 나라가 가난한 나라보다 크다($k_p^* < k_r^*$). 또한 자본량이 상대적으로 적은 가난한 나라의 자본축적 속도 ($k_{p,t+1} - k_{p,t}$)가 부유한 나라의 자본축적 속도 ($k_{r,t+1} - k_{r,t}$)보다 느리기 때문에 두 나라 사이에 1인당 소득이 수렴하지 않게 된다. 이와 같이 경제의 기본 구조가 다른 나라들 사이에는 수렴현상이 발생하지 않을 수 있다는 주장을 **조건부 수렴**(conditional convergence) 가설이라 한다.

조건부 수렴 가설 경제의 기본 구조가 다른 나라들 사이에는 1인당 소득의 수렴현상이 발생하지 않을 수 있다는 주장

그렇다면 실제로 국가 간에 어떤 기본 구조의 차이가 국가 간 소득수준의 지속적인 격차를 가져오는가? 먼저 국가 간 저축률과 인구증가율의 차이는 국가 간 소득격차의 일부를 설명하는 데 도움이 될 것으로 보인다. 그러나 한 국가경제의

른 조건이 동일하다면 궁극적으로 같은 장기성장균형으로 수렴하기 때문이다. 단지 차이점이라면 〈그림 4-8〉의 (b)에서 장기성장균형을 나타내는 y^*선이 수평선이 아니라 우상향하는 선이 된다는 것이다.

11. 3장(3. 국가 간 소득격차)의 〈그림 3-5〉에 드롱의 주장이 잘 나타나 있다. 드롱의 결론이 솔로우 모형과 배치되는 건 아니다. 모형에서 절대적 수렴은 국가 간 현시점의 자본량(또는 소득) 이외에 다른 조건들이 모두 같을 때만 발생하기 때문이다.

그림 4-9

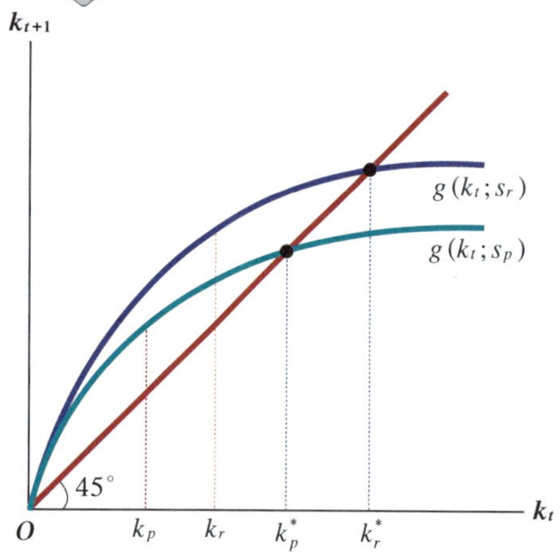

(a) 국가 간 저축률의 차이

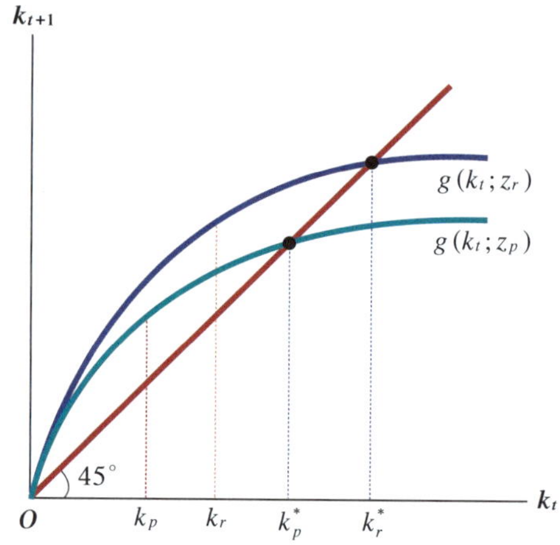

(b) 국가 간 기술수준의 차이

조건부 수렴 가설

부유한 나라의 저축률이 가난한 나라의 저축률보다 큰 경우($s_p < s_r$) 균제상태에서 부유한 나라의 1인당 자본량이 가난한 나라보다 크다($k_p^* < k_r^*$). 또한 가난한 나라의 자본축적 속도가 부유한 나라보다 느리기 때문에 두 나라 사이에 1인당 소득이 수렴하지 않게 된다. 이러한 국가 간 소득수준의 비수렴성은 부유한 나라의 기술수준이 가난한 나라의 기술수준보다 높은 경우($z_p < z_r$)에도 유사하게 나타난다.

지속적 기술진보가 1인당 소득수준의 지속적 증가를 가져올 수 있듯이, 국가 간 소득격차의 상당 부분은 국가 간 기술수준의 차이와 그에 따른 총요소생산성의 차이에서 올 가능성이 높다.

국가 간 기술 차이를 보이는 이유

- 새로운 기술을 통해 배우는 기간이 국가마다 차이가 있음

실제로 개별 국가들이 일정 시점에서 기술수준의 차이를 보이는 몇 가지 이유가 있다. 첫째, 노동자와 경영자가 새로운 기술을 **실행학습**(learning by doing)을 통해 배우는 기간이 국가마다 차이가 있다. 실제로 1960년대 말부터 1980년대까지 미국의 생산성 저하(productivity slowdown)는 당시 노동자들이 새로운 정보기술(information technology)을 실행을 통해 배워가는 기간에 나타난 것으로 볼 수 있다. 또한 국가 간에는 부유한 나라들이 이미 사용 중인 기술을 가난한 나라들이 실행을 통해 배워서 수용하는 데 일정 기간이 소요될 것이다.

- 신기술 도입에 대한 장벽이 국가마다 차이가 있음

둘째, 신기술 도입에 대한 장벽(barriers)이 국가마다 차이가 있다. 예를 들어 어떤 회사의 노동조합이 현재 고용된 노동자들을 보호하기 위해 생산공정의 조정이나 새로운 기계설비의 도입을 막을 수 있다. 이 밖에 국내산업을 보호하기 위한 정부의 무역제한 조치나 정부보조금도 기술 도입의 장벽이 될 수 있다. 이처

럼 보호받는 산업은 세계시장에서 경쟁력을 갖기 위해 필요한 연구 · 개발에 투자할 유인도 낮을 것이다.

■ 기업들 간 생산투입요소들의 효율적 배분이 국가마다 차이가 있음

셋째, 기업들 간 생산투입요소들의 효율적 배분이 국가마다 차이가 있다. 정부발주 사업 계약을 정치인의 인척들에게 나눠준다든지, 뇌물을 받고 특정 산업에 정부보조금을 지급하는 것과 같은 부정부패는 비효율적인 기업들에게 특혜를 주는 결과를 가져온다. 또한 금융시장이 발달되지 않은 나라에서는 새 기술을 가진 신생기업이 사업 착수에 필요한 자금을 조달하는 데 어려움이 많을 것이다.

이러한 이유들로 인해 개별 국가들의 기술수준과 총요소생산성이 서로 다르다면 국가 간 소득수준의 수렴이 나타나지 않을 것이다. 예를 들어 부유한 나라가 가난한 나라보다 더 높은 기술수준을 갖고 있으며($z_r > z_p$), 저축률과 인구증가율 등은 두 나라 모두 동일하다고 하자. 〈그림 4-9〉의 (a)와 유사하게 (b)에서 부유한 나라와 가난한 나라가 각각 $g(k_t; z_r)$과 $g(k_t; z_p)$의 1인당 자본축적을 보인다고 하면, 균제상태에서 부유한 나라가 가난한 나라보다 더 큰 1인당 자본량을 갖게 된다($k_r^* > k_p^*$). 따라서 기술수준이 높은 부유한 나라와 기술수준이 낮은 가난한 나라 간 1인당 소득수준은 장기적으로 수렴하지 않게 된다($y_r^* > y_p^*$).

A Contribution to the Empirics of Economic Growth

실제로 맨큐(N. Gregory Mankiw) · 로머(David Romer) · 와일(David Weil)은 솔로우 모형에 인적자본을 도입한 뒤 각국의 물적 · 인적자본 및 기술수준에 따라 각국의 소득수준이 수렴해가는 균제상태도 서로 다르다는 조건부 수렴 가설을 뒷받침하였다.

6. 분배[12]

Macroeconomics ch. four

앞 절에서는 국가 간 소득 격차에 대해 알아보았다. 한편 소득불평등은 개별 국가 내에서도 관찰된다. 소득분배 문제는 근래에 더 주목받고 있는데, 3장(2. 소득 · 부 불평등 심화)에서 보았듯이 지니계수 등 각종 소득불평등 지표들이 최근 들어 악화되고 있기 때문이다. 솔로우 모형을 통해 한 국가 내에서 소득분배의 결정요인에 대해 알아보자.

12. 이 절은 미분(differentiation)을 배운 독자들을 대상으로 한다. 편미분(partial differentiation)에 익숙하지 않은 독자는 이 절을 건너뛰고 7절(경기변동)로 넘어가도 무방하다.

우리는 지금까지 솔로우 모형을 분석하면서 기업의 이윤극대화에서 도출된 자본과 노동에 대한 수요는 무시했다. 이는 균형자본량, 균형노동투입 및 균형산출량이 기업의 생산요소(자본, 노동)에 대한 수요와 상관없이 외생적으로 주어지는 생산요소의 공급에 의해 결정되기 때문이다. 반면에 노동의 가격, 즉 실질임금은 노동공급뿐만 아니라 노동수요에도 영향을 받는다. 임대료와 같은 자본가격도 마찬가지이다. 따라서 자본가와 근로자 간 소득분배에 대한 시사점을 보기 위해서는 생산요소에 대한 수요를 함께 고려해야 한다.

2장(2.2.2 이윤)에서 보았듯이 기업의 t기 실질이윤(Π_t)은 아래와 같다.

$$\Pi_t = z_t F(K_t, L_t) - w_t L_t - r_t^K K_t$$

이를 총생산 $Y_t = z_t F(K_t, L_t)$에 대해서 다시 쓰면 다음과 같다.

$$Y_t = w_t L_t + r_t^K K_t + \Pi_t \tag{4.19}$$

즉, 총생산은 노동소득($w_t L_t$), 자본소득($r_t^K K_t$), 이윤(Π_t)의 형태로 각각 근로자, 자본가, 기업소유주에게 분배된다. 우변은 결국 총소득인데, 1장에서 논의했듯이 거시경제에서 총생산은 총소득과 항상 같음을 위 식에서 확인할 수 있다.[13]

완전경쟁기업이 이윤극대화를 한다면 생산요소의 균형가격은 그 생산요소의 한계생산물과 같다. 또한 총생산함수가 규모수익불변(CRS)의 특성을 갖는 경우 이윤은 0이 된다($\Pi_t = 0$).[14] 이 결과를 이용하여 식 (4.19)를 다시 쓰면 아래와 같다.

$$Y_t = MP_{L,t} \times L_t + MP_{K,t} \times K_t \tag{4.20}$$

즉, 총생산은 자본 · 노동의 한계생산에 비례하여 자본과 노동에 대한 댓가로 지급된다. 예컨대 노동생산성이 증가한다면 실질임금이 높아지므로 노동소득이 늘

13. 재화시장의 균형조건까지 고려하면 $Y_t = C_t + I_t = w_t L_t + r_t^K K_t + \Pi_t$이다. 즉, 총생산 = 총지출 = 총소득의 3면등가법칙이 성립한다.

14. 이는 오일러의 정리(Euler's Theorem)에 따른다. $\lambda Y = F(\lambda K, \lambda L)$의 좌변과 우변을 각각 λ에 대해 미분한 후, λ를 1로 놓으면 이윤이 0이 됨을 보일 수 있다.

어나게 된다.

이 모형에서는 이윤이 0이지만, 일상적인 의미의 이윤이 0인 것은 아니다. 현실에서는 기업소유주가 자본가인 경우가 대부분이다. 즉 기업이 자본을 소유한다. 따라서 자본소득은 결국 기업의 이윤이라고 볼 수 있다.

식 (4.20)에서 $MP_{L,t}$와 $MP_{K,t}$의 형태는 생산함수에 따라 다르다. 총생산함수가 콥-더글라스 함수 $Y_t = z_t K_t^{\alpha} L_t^{1-\alpha}$인 경우 노동과 자본의 한계생산은 각각 다음과 같다.[15]

$$MP_{L,t} = (1-\alpha) z_t \left(\frac{K_t}{L_t}\right)^{\alpha} = (1-\alpha)\frac{Y_t}{L_t}$$

$$MP_{K,t} = \alpha z_t \left(\frac{L_t}{K_t}\right)^{1-\alpha} = \alpha \frac{Y_t}{K_t}$$

즉, 콥-더글라스 생산함수의 경우, 각 생산요소의 한계생산성은 그 생산요소의 평균생산성(average productivity)에 비례한다. 위 결과를 이용하면 노동소득과 자본소득은 각각 다음과 같다.

$$\text{노동소득} = MP_{L,t} \times L_t = (1-\alpha) Y_t$$

$$\text{자본소득} = MP_{K,t} \times K_t = \alpha Y_t$$

총생산함수의 모수 α는 총소득 중 자본소득으로 분배되는 비율(**자본소득분배율**)과 노동소득으로 분배되는 비율(**노동소득분배율**)을 결정한다. 예를 들어 $\alpha = \frac{1}{3}$이라면, 총소득의 약 67%가 노동소득, 33%가 자본소득으로 분배된다. 이 모형에서 만약 α가 시간이 지남에 따라 바뀌지 않고 일정한 값을 갖는다면 자본소득 대비 노동소득 비율이 일정하다. 이 결과는 미국, 일본 등 여러 국가에서 관찰된 데이터와 대체로 부합한다. 실제로 미국의 경우 최근까지 노동소득이 총소득에서 차지하는 비율이 60% 중반대로 거의 일정했다.

하지만 최근에는 선진국과 (정도는 덜하지만) 신흥 경제국에서 노동소득이 총소득에서 차지하는 비중이 감소하고 있다. 여러 이유가 있겠지만, 가장 중요한 요인으로 기술발전에 따른 경제구조의 변화를 들 수 있다. 1장(5.5 인공지능과 거

15. 생산함수를 각각 L_t와 K_t에 대해 편미분해서 구한다.

시경제)에서 언급했듯이 더 빠른 컴퓨터와 산업용 로봇의 출현에 따른 자동화(automation)는 노동력을 자본으로 대체할 유인을 증가시킨다. 만약 노동이 생산에서 덜 중요한 역할을 한다면, 노동의 소득점유율은 감소할 수밖에 없다. 즉, 생산함수에서 α의 값이 증가하는 것이다.

자본소득의 상대적 증가는 3장(2. 소득 · 부 불평등 심화)에서 보았던 국가 내 소득불평등 심화 현상을 일부 설명할 수 있다. 무엇보다도 고소득 가계에 자본이 집중되어 있기 때문이다. 이에 더해 근로자들 간 노동소득의 불평등도 최근에 심화하고 있다. 기술진보와 첨단산업 발달은 평균 생활 수준을 높였지만, 동시에 비숙련(unskilled) 노동자에 비해 숙련(skilled) 노동자에 대한 수요를 증가시켰다. 이로 인해 숙련 노동자와 비숙련 노동자 사이의 실질임금 차이가 더 벌어지게 되었다. 요약하면, 기술발전에 따른 경제구조의 변화는 자본을 많이 소유하거나 상대적으로 고급 기술을 가진 가계에 유리하게 작용했다고 볼 수 있다.

7. 경기변동

Macroeconomics ch. four

솔로우 모형은 장기적 경제성장을 설명하는 이론이지만 단기적 경기변동에 대한 중요한 시사점을 주기도 한다. 앞 절에서와 달리, 총요소생산성(z_t)이 식 (4.15)와 같이 장기적으로 우상향하지만, 단기적으로는 추세선을 중심으로 등락을 거듭한다고 하자. 이를테면 총요소생산성이 다음 식과 같이 매기 일정률로 상승하는 부분과 등락을 거듭하는 부분으로 되어있다고 생각해 볼 수 있다.

$$z_t = z_t^g \times z_t^c$$

위 식에서 장기추세를 나타내는 z_t^g가 식 (4.15)에 따라 증가하고, 단기변동을 나타내는 $z_t^c > 0$은 평균적으로 1의 값을 갖지만 단기에는 1보다 작은 값 또는 1보다 큰 값을 가질 수 있다. 이럴 경우 z_t^c의 값에 따라 균형점이 등락을 거듭하기 때문에 경기변동이 발생한다.

이를 〈그림 4-6〉의 (b)와 비슷한 그림으로 설명할 수 있다. 논의의 단순화를 위해 총요소생산성(z_t)의 장기추세선은 무시하기로 한다(즉, $a = 0$ 이고 z_t^g는 상

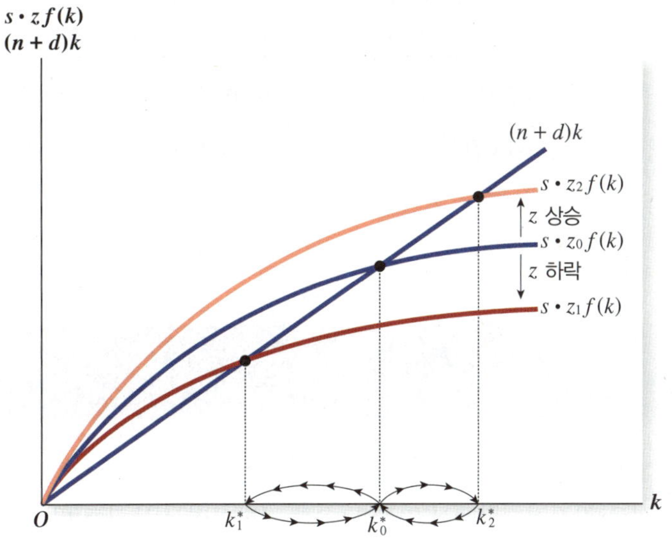

그림 4-10

솔로우 모형과 경기변동
솔로우 모형에 따르면 경기변동은 총요소생산성의 단기적 등락으로 인해 발생한다. z_t^c의 등락에 따라 1인당 투자곡선이 이동하고 이로 인해 실제 투자량과 손익분기투자량 간 괴리가 발생한다. 1인당 자본량은 실제 투자량과 손익분기투자량이 같아질 때까지 변동하고 이로 인해 1인당 GDP도 변동한다.

수이다). 〈그림 4-10〉에서 k_0^*, k_1^*, k_2^*는 각각 z_t^c가 평균값(z_0)을 가질 때, 평균보다 작은 값(z_1)을 가질 때, 그리고 평균보다 큰 값(z_2)을 가질 때, 실제 1인당 투자량을 손익분기투자량과 같게 해주는 1인당 자본량이다. 즉, 평균적으로는 (또는 장기추세선 상에서는) 1인당 자본량이 k_0^*의 값을 갖되, z_t^c의 값에 따라 등락한다.

예를 들어 z_t^c가 일시적으로 평균보다 낮아졌다고 하자. 이 경우 〈그림 4-10〉에서 1인당 투자곡선이 $sz_1 f(k)$로 내려가고, $k = k_0^*$에서 실제 투자량이 손익분기투자량보다 작아지게 된다. 따라서 1인당 자본량은 실제 투자량과 손익분기투자량이 다시 같아질 때까지, 즉 k_1^*이 될 때까지 감소한다. 1인당 자본량이 감소함에 따라 1인당 GDP도 감소하게 되어 경제가 불황에 빠지게 된다. 하지만 장기적으로 z_t^c가 평균값(z_0)으로 돌아가게 되면서 1인당 투자곡선이 원래 위치인 $sz_0 f(k)$로 돌아가면, $k = k_1^*$에서 실제 투자량이 손익분기투자량보다 커지게 된다. 따라서 1인당 자본량은 실제 투자량과 손익분기투자량이 다시 같아질 때까지, 즉 k_0^*이 될 때까지 증가한다. 1인당 자본량이 증가함에 따라 1인당 GDP도 증가하게 되어 경제가 불황에서 빠져나오게 된다. 반대의 경우, 즉 z_t^c가 일시적으로 평균보다 높아진 경우도 같은 방식으로 분석할 수 있다.

이 모형에 따르면 경기변동은 결국 총요소생산성의 단기적 등락으로 인해 발생한다. 이는 12장(새고전학파의 경기변동모형)에서 살펴볼 **실물경기변동이론**(real business cycle theory)과 매우 밀접한 연관성을 갖는다. 실물경기변동모형은 솔로우 모형과 비슷한 점이 많지만, 소비 · 저축 · 투자 · 노동공급이 (솔로우 모형에서처럼) 단순 가정에 의해 정해지는 게 아니라 가계의 효용극대화에 의해 결정된다는 점이 다르다. 경제주체의 최적화행위 및 경기변동에 대해서는 제3편(거시경제학의 미시적 기초)과 제4편(거시경제의 단기적 측면과 경기변동모형)에서 자세히 살펴볼 것이다.

8. 결론

솔로우 모형은 거시경제학에서 가장 단순한 모형이면서 동시에 다른 거시경제모형들의 기준이 되는 모형이다. 이 책에서 앞으로 볼 모형들은 솔로우 모형을 확장한 것들이라고도 볼 수 있다. 우리는 솔로우 모형이 (그 단순함에도 불구하고) 경제성장의 메커니즘을 분명히 보여줄 뿐만 아니라 경제성장의 여러 정형화된 사실과도 잘 부합함을 보았다. 추가로 우리는 이 모형의 소득분배 및 경기변동에 대한 시사점도 볼 수 있었다.

우리가 솔로우 모형을 통해 배운 가장 중요한 교훈은 오직 기술진보만이 지속적인 경제성장의 원천이라는 것이다. 솔로우 모형은 장기적 경제성장의 원동력을 지속적인 기술진보에서 찾고 있을 뿐 아니라 국가 간에 지속되어 온 소득격차의 상당 부분도 국가 간 기술수준과 그에 따라 결정되는 총요소생산성의 차이로 설명하고 있다. 그러나 솔로우 모형은 이러한 결론만을 제시하고 있을 뿐, 어떤 요인이 지속적인 기술진보를 가져오는가에 대한 설명을 제시하지는 못했다. 솔로우 모형의 이러한 한계는 기술진보라는 성장원동력을 단지 외생변수로 취급해버린 데 기인한다.

솔로우 모형은 성장원동력인 기술진보를 외생변수로 가정함

이러한 한계를 극복하기 위해 1980년대 중반 이후, 솔로우 모형에서 외생변수로 취급했던 기술수준과 총요소생산성이 내생적으로 결정되는 경제성장이론들이 등장하였다. 이에 대해서는 5장에서 자세히 살펴볼 것이다.

Box 4-1 솔로우 모형과 피케티의 『21세기 자본론』*

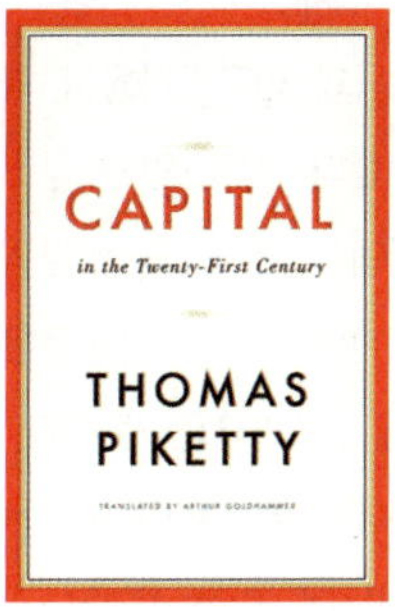

피케티(Thomas Piketty) 연구의 핵심은 자본에 대한 수익률이 경제성장률보다 높기 때문에 자본소유자인 최상위계층으로의 부의 집중은 필연적이라는 것이다. 세계대전이나 대공황과 같은 자본파괴 현상이 없는 한, 최상위소득자들은 대부분 자본소유자들로서 소득의 대부분을 저축하고 재투자하며, 또 자손들에게 상속하므로 소득이나 부의 불평등은 심화되어 갈 수밖에 없다는 것이다.

피케티의 『21세기 자본론』에는 간단한 이론적 모형으로서 2가지 기본법칙이 나와 있다.

자본주의 제1기본법칙 : $\alpha = \frac{rK}{Y}$

자본주의 제2기본법칙 : $\frac{K}{Y} = \frac{s}{g}$

여기서 g는 국민소득(Y)의 성장률을 나타낸다. 먼저 피케티는 제1기본법칙을 통해 자본소득 비율(α)이 장기간에 걸쳐 U자형으로 변화해 왔음을 보였다. 그리고 제2기본법칙을 통해 국가별로 불평등의 심화를 예시하였다. 즉, 자본이 축적되면서 국민소득 대비 자본스톡 비율($\frac{K}{Y}$)이 상승하고 성장률(g)이 하락하면서 자본의 소유 집중도가 더욱 심화되었던 나라들의 사례를 제시하였다. 특히 제2기본법칙이 40년(1970~2010년) 이상의 장기간에 걸쳐 미국, 캐나다, 호주, 영국, 프랑스, 독일, 일본 같은 나라들의 자료에서 확인된다고 주장했다.

이러한 피케티의 제2기본법칙은 솔로우 모형의 균제상태를 나타내는 다음 식으로 보다 쉽게 설명할 수 있다.

$$sy = (n+d)k \Leftrightarrow s = (n+d)\frac{k}{y} = (n+d)\frac{K/L}{Y/L} = (n+d)\frac{K}{Y}$$

따라서 국민소득 대비 자본량 비율($\frac{K}{Y}$)은 장기적으로 $\frac{s}{n+d} = \frac{s}{g}$로 수렴하는데, 1인당 자본량이 일정한 값을 갖는 균제상태에서 국민소득 성장률 g는 인구증가율(n)과 감가상각률(d)의 합에 해당된다. 만일 저축률(s)이 12%일 때 성장률(g)이 2%에서 1.5%로 하락하면 장기적인 자본/소득(K/Y) 비율은 6(= 12%/2%)에서 8(= 12%/1.5%)로 증가하게 된다. 현실적인 예로서 1인당 소득증가율이 1.5~2%이고 인구증가율이 0이어서 총성장률 또한 1.5~2%인 많은 유럽 국가들은 저축률이 12%일 때 국민소득의 6~8배에 해당하는 자본량을 축적하게 된다. 이는 보다 자본집약적인 경제가 되는 장점이 있는 반면, 자본소유주에게 돌아가는 자본소득 비율이 높아져서 소득불평등이 심화됨을 의미한다.

* 노영훈, "Piketty 2014를 통해 살펴본 불평등도 심화와 조세정책적 대응방안", 『재정포럼』, 조세연구원, 2014. 8.

요약

1. 모형경제

1.1 기업 대표 기업의 생산함수는 국가경제의 총생산함수로 생각할 수 있으며, 한계생산체감의 법칙이 성립하고 규모수익불변의 특성을 갖는다.

1.2 가계 솔로우 모형에서 가계는 총소득의 일정 비율만큼을 저축하고, 그 나머지 비율만큼은 소비한다고 가정한다. 그리고 여가로부터는 아무런 효용도 얻지 못한다고 가정하기 때문에 외생적으로 주어지는 총인구는 곧 노동력을 의미한다. $(t+1$기$)$의 자본량은 t기 동안 마모되지 않고 남은 자본량에 투자를 통해 새로 추가된 부분을 합한 것과 같다.

1.3 정부 및 해외 부문 솔로우 모형에서는 일반적으로 폐쇄경제를 가정하고 모형의 단순화를 위해 정부부문은 무시하기로 한다.

1.4 일반균형 생산요소시장의 균형은 수요에 상관없이 외생적으로 주어졌거나 이미 결정되어 있는 공급에 의해 결정된다. 재화시장의 균형이 달성되면 대부자금시장의 균형은 자동으로 이루어진다.

2. 솔로우 모형의 기본방정식

생산함수, 소비함수, 투자함수, 자본량의 축적과정식을 이용하면 시간이 지남에 따라 1인당 자본이 주어진 초기 자본량으로부터 어떻게 변하는지를 보여주는 1인당 자본량 축적과정식을 도출할 수 있으며, 이를 솔로우 모형의 기본미분방정식이라고 한다. 이를 통해 1인당 자본의 동태적 경로를 구할 수 있다.

3. 장기성장균형 : 균제상태

솔로우 모형에서는 1인당 생산함수의 한계생산체감으로 인해 1인당 자본량이 결국 0이 되어 장기성장균형 또는 균제상태에 도달한다. 솔로우 모형의 균제상태에서 1인당 산출량, 자본량, 소비의 성장률은 0이고 총산출량, 총자본량, 총소비의 성장률은 인구증가율과 같다.

3.1 인구 증가 한편 균제상태에서 총산출량, 총자본량, 그리고 총소비의 성장률은 인구증가율과 같게 된다. 솔로우 모형에 의하면 인구 증가는 균제상태의 1인당 소득을 감소시키는데, 이는 1인당 소득과 인구증가율이 역의 상관관계에 있다는 사실과 일치한다. 한편 인구 감소는 새로운 균제상태에 이르는 과정에서 일시적으로 양의 경제성장을 가져오고, 균제상태에 이르면 경제성장률은 다시 0이 될 뿐 지속적 경제성장을 가져오지는 못한다.

3.2 저축률의 증가 솔로우 모형에서 저축률의 증가는 균제상태의 1인당 소득을 증가시키는데, 이는 1인당 소득과 저축률(투자율) 사이에 양의 상관관계가 있다는 사실과 일치한다. 한편 저축률의 증가는 새로운 균제상태에 이르는 과정에서 일시적으로 양의 경제성장을 가져오지만 균제상태에 이르면 경제성장률은 다시 0이 된다는 점에서 수준효과만 있고 성장효과는 없다.

3.3 황금률 자본량 황금률 자본량은 균제상태의 1인당 소비가 극대화되는 1인당 자본량을 의미하며, 인구증가율과 감가상각률의 합이 자본의 한계생산과 같아지는 수준에서 결정된다. 한편 1인당 자본량을 황금률 자본량 수준으로 유지하기 위해 요구되는 저축률을 황금률 저축성향이라고 한다.

4. 기술진보와 장기적 경제성장

솔로우 모형에서 기술수준이 지속적으로 상승하는 경우 균제상태는 1인당 산출량, 자본량 및 소비가 동일한 일정률로 성장하는 상태를 말한다. 이때 자본의 한계생산이 체감해도 지속적인 기술진보는 균제상태의 1인당 자본량과 소득의 지속적 증가를 통해 장기적인 경제성장을 가져올 수 있다. 이는 18세기 산업혁명 이후 지속적 경제성장의 주 원동력이 지속적인 기술혁신이었다는 사실과 일치한다.

5. 경제성장의 수렴성

5.1 절대적 수렴 솔로우 모형에 따르면 자본축적이 서로 다른 두 나라도 국가경제의 기본 구조가 동일한 경우 장기적으로 동일한 1인당 자본량과 소득수준에 수렴하게 된다. 이러한 절대적 수렴성이 도출되는 것은 기본

적으로 자본의 한계생산이 체감하기 때문이다.

5.2 조건부 수렴 경제의 기본 구조가 다른 나라들 사이에는 수렴현상이 발생하지 않을 수 있다. 이러한 조건부 수렴은 국가경제의 기술수준, 생산함수, 저축률, 인구증가율 등의 차이에서 올 수 있다. 조건부 수렴 가설은 비교적 다양한 실증분석 결과들에 의해 뒷받침된다.

6. 분배

최근 선진국의 노동소득이 총소득에서 차지하는 비중이 감소하고 있다. 가장 중요한 요인으로 기술발전에 따른 경제구조의 변화가 있다. 기술의 향상으로 인해 노동력이 자본으로 대체될 유인이 증가하여 노동이 생산에서 덜 중요한 역할을 한다면 노동의 소득 점유율이 감소할 수 있는 것이다. 기술발전에 따른 경제구조의 변화는 자본을 많이 소유하거나 상대적으로 고급 기술을 가진 가계에 유리하게 작용했다고 볼 수 있다.

7. 경기변동

솔로우 모형에 따르면 경기변동은 총요소생산성의 단기적 등락으로 인해 발생한다. 이는 실물경기변동이론과 일맥상통하지만 실물경기변동이론은 가계의 효용극대화 행태에 의해 결정된다는 점이 다르다.

8. 결론

솔로우 모형은 거시경제학에서 가장 단순하지만 다른 모형들의 기준이 되는 모형이다. 솔로우 모형은 기술진보만이 지속적인 경제성장의 원천으로 보고 있으나 어떤 요인이 지속적인 기술진보를 가져오는가에 대한 설명을 제시하지는 못했다. 이러한 한계를 극복하기 위해 내생적 경제성장모형이 등장하였다.

연습문제

01 솔로우 모형을 가정하라.

(1) 1인당 자본량($\frac{K}{L}$)과 경제성장률의 변화를 그래프와 수식을 사용하여 설명하라. 균제상태의 1인당 자본량이 어떻게 결정되는지를 설명하고 황금률 자본량과의 관계를 논하라.

(2) 1인당 국민소득의 수렴현상이 발생하는가? 솔로우 모형의 수렴현상이 경험적으로 타당하였는지 간단히 논하라.

(1997년 행정고시 기출문제 일부 변형)

02 솔로우 모형에서 특정 시점 T를 기준으로 다음의 변화가 있을 때 총산출량의 균형성장경로를 예시하라.

(1) 인구증가율이 n_1에서 n_2로 증가하는 경우

(2) 저축률이 s_1에서 s_2로 증가하는 경우

03 솔로우 성장모형에서 자본 단위당 감가상각률이 감소한다고 하자. 균제상태에서 1인당 자본량과 1인당 산출량에 미치는 효과는 무엇인가? 그 이유를 직관적으로 설명하라.

04 솔로우 모형의 균제상태에 있는 경제에서 자연재해나 전쟁으로 자본스톡이 파괴되었다고 하자.

(1) 장기적으로 1인당 자본량과 1인당 산출량에 미치는 효과는 무엇인가?

(2) 단기적으로 총자본량의 성장률은 노동 또는 인구증가율보다 높은가, 낮은가?

(3) 제2차 세계대전 후 독일과 일본의 실질GDP 성장률은 매우 높았다. 문제 (1)과 (2)의 결과는 이러한 역사적 경험과 일치하는가? 그 이유를 설명

하라.

05 솔로우 모형에서 인구성장률이 2%이고, 저축은 GDP의 10%가 이루어지는 경제를 상정하자. 이 경제에서 총소득 중 노동소득이 차지하는 비중(노동소득분배율)은 50%이며, 자본은 감가상각되지 않는다고 한다. 이 경제의 생산함수가 다음과 같다고 할 때, 아래 질문에 답하라.

총생산함수 : $Y = z \cdot K^{0.5} L^{0.5}$

(1) 균제상태에서 총산출량과 1인당 자본량의 성장률이 얼마인지 계산하고, 그 이유를 직관적으로 설명하라.

(2) 균제상태의 1인당 소비를 극대화하려 한다면, 자본량과 저축률은 얼마가 되어야 하는가? 총요소생산성의 감소가 1인당 황금량 자본량과 황금률 저축성향에 미치는 영향을 설명하라. 그리고 실제 저축률이 여기서 구한 저축률로 변할 때 1인당 소비와 1인당 자본량의 변화를 시간경로를 통해 보여라.

(3) 경제성장 과정에서 이 모형이 제시하는 1인당 소득의 수렴현상은 발생하는가? 그리고 수렴현상이 경험적으로 타당했는지에 대해서도 설명하라.

(4) 두 폐쇄경제 H와 F가 위와 동일한 생산함수를 갖고 있다고 하자. 경제 H의 저축률이 경제 F의 저축률보다 높다는 것 이외에는 모든 면에서 두 경제가 동일하다고 할 때, 두 경제의 1인당 소득이 장기적으로 수렴하는가? 그 이유를 분석·설명하라.

(5) 두 폐쇄경제 H와 F가 위와 같이 동일한 생산함수를 갖고 있고, 경제 H가 경제 F보다는 많은 양의 초기 자본을 보유하고 있다는 것 이외에는 모든 면에서 두 경제가 동일하다고 할 때, 솔로우 성장모형에서 두 경제의 장·단기 1인당 GDP 성장률은 어떤 차이를 보이는지 설명하라. (단, 두 경제의 초기 자본량은 균제상태의 자본량보다는 작다.)

(6) 이제 기술수준이 $z_{t+1} = (1 + 0.03) z_t$와 같이 매기 3% 상승한다고 하자. 균제상태에서 1인당 자본량, 1인당 소득, 1인당 소비의 성장률을 계산하고 그래프를 이용하여 설명하라.

(7) 다음의 주장을 설명·분석하라.

> "지난 30년간 연평균 10%에 가까운 중국의 높은 경제성장은 대부분 높은 투자를 바탕으로 달성되었는데, 그 투자는 근본적으로 중국의 높은 저축률에 기인한다."

(1997년 행정고시 기출문제 변형)

06 다음 표는 1960년대 중반부터 1990년경까지 동아시아 몇 국가와 미국의 실질GDP의 연평균 성장률과 자본투입, 노동투입, 총요소생산성 각각의 연평균 성장률을 보여주고 있다. 1960년대 중반 동아시아 국가들의 실질GDP와 총요소생산성은 미국의 실질GDP와 총요소생산성보다 낮은 수준이었다.

동아시아 국가들과 미국의 성장회계

	생산량	자본	노동	기술수준
홍콩(1966~1991)	7.3%	3.62%	1.38%	2.3%
싱가포르(1966~1990)	8.7%	6.91%	1.62%	0.2%
한국(1966~1990)	10.3%	5.54%	3.07%	1.7%
대만(1966~1990)	9.4%	3.65%	3.17%	2.6%
미국(1966~1990)	3.0%	1.15%	1.28%	0.6%

(A. Young, "The Tyranny of Numbers : Confronting the Statistical Realities of the East Asian Growth Experience," *Quarterly Journal of Economics*, 1995.)

한편 솔로우 모형은 생산에 투입되는 자본과 노동이 대체 가능하고 이들 생산요소의 한계생산이 체감하는 생산함수를 가정한다. 구체적으로 다음과 같은 경제 전체의 총체적 생산함수를 가정한다 :

$$Y = z \cdot K^{\alpha} L^{1-\alpha} \quad (0 < \alpha < 1)$$

여기서 Y는 생산량 또는 실질GDP, K와 L은 각각 자본과 노동 투입, z는 기술수준 또는 총요소생산성을 나타낸다.

(1) 솔로우 모형의 생산함수를 이용하여 표에 나타난 국가 간 경제성장률의 차이를 설명하라.

(2) (1)의 설명을 기초로 하여 '1인당 소득수준의 지속적 증가'라는 목표를 달성하기 위하여 우리나라 정부가 수립할 수 있는 정책을 제시하라.

07 국가 i와 국가 j의 1인당 GDP의 성장률을 비교하려고 한다. 두 국가 모두 아직 균제상태에 진입하지 못한 상태이며, 국가 i와 국가 j의 1인당 자본량은 다음과 같이 축적된다.

> • **국가 i** : $k_i' - k_i = s_i A k_i^{\alpha} h_i^{1-\alpha} - (n_i + \delta) k_i$
> • **국가 j** : $k_j' - k_j = s_j A k_j^{\alpha} h_j^{1-\alpha} - (n_j + \delta) k_j$
> (k는 올해 초의 1인당 자본량, k'은 내년 초의 1인당 자본량, s는 저축률, A는 생산성, h는 1인당 평균 교육수준, n은 인구증가율, δ는 자본의 감가상각률, $0 < \alpha < 1$)

국가 i와 j의 1인당 GDP는 다음과 같이 결정된다.

> • **국가 i** : $y_i = A k_i^{\alpha} h_i^{1-\alpha}$ • **국가 j** : $y_j = A k_j^{\alpha} h_j^{1-\alpha}$

두 국가의 1인당 평균 교육수준은 각각 올해 초와 내년 초에 동일하다고 가정할 때 위와 같이 제시된 모형을 사용하여 다음 물음에 답하라.

(1) 두 국가의 인구증가율, 1인당 평균 교육수준 및 올해 초의 1인당 GDP가 동일하지만, 국가 i의 저축률이 국가 j보다 높다고 한다. 두 국가의 올해 1인당 GDP 성장률을 비교하여 설명하라.

(2) 두 국가의 저축률, 1인당 평균 교육수준 및 올해 초의 1인당 GDP가 동일하지만, 국가 i의 인구증가율이 국가 j보다 높다고 한다. 두 국가의 올해 1인당 GDP 성장률을 비교하여 설명하라.

(3) 두 국가의 저축률, 인구증가율 및 올해 초의 1인당 자본량이 동일하지만, 국가 i의 1인당 평균 교육수준이 국가 j보다 높다고 한다. 두 국가의 올해 1인당 GDP 성장률을 비교하여 설명하라.

(2013년 행정고시 기출문제)

08 솔로우 모형에서 정부가 정부구입 $G = gL(g > 0)$의 재원을 조달하기 위해 소비자에게 조세 T를 부과하고 정부는 매기 균형예산($G = T$)을 유지한다. 소비자는 가처분소득의 일정 부분 $C = (1-s)(Y-T)$를 소비한다. 여기서 s는 저축률이고, $0 < s < 1$의 값을 갖는다.

(1) 1인당 균형자본량의 축적과정을 도출하라. 균제상태에서 1인당 자본량을 결정하는 식을 도출하고, 그림으로 나타내라.

(2) 1인당 자본량이 높고 낮은 2개의 균제상태가 있을 수 있음을 보여라.

(3) 1인당 자본량이 낮은 균제상태는 무시하자. 1인당 자본량이 높은 균제상태에서 1인당 정부지출 g의 증가가 1인당 자본량과 산출량에 미치는 효과는 무엇인가? 그리고 총산출량, 총소비, 그리고 총투자의 증가율에 미치는 효과는 무엇인지 설명하라.

09 신고전학파 경제성장모형인 솔로우 모형은 부국과 빈국 간 1인당 소득의 상대적 격차가 줄어드는 수렴현상(convergence)을 예측하고 있다. 그러나 실증분석 결과에 의하면 실제로 이 수렴이 나타나지 않고 국가 간 소득격차가 오히려 증가하는 경우가 많았다.

(1) 폐쇄경제를 가정하고 솔로우 모형에서 수렴이 발생하는 메커니즘을 설명하라.

(2) 솔로우 모형을 개방경제로 확대하면 수렴은 더욱 촉진된다. 그 이유를 설명하라.

(3) 솔로우 모형의 예측과는 달리 실제로는 수렴이 발생하지 않는 이유는 무엇인가?

(2005년 행정고시 기출문제 일부 변형)

10 인구규모, 인구증가율 및 인구구성(demographics)의 변화가 경제성장에 미치는 효과를 솔로우 모형을 이용하여 분석하라.

(1) 남한과 북한이 통일되어 남한으로 대규모의 노동유입이 이루어질 경우에 남한의 1인당 소득수준과 1인당 소득증가율이 어떠한 영향을 받는지 분석하라.

(2) 최근 인구 고령화 때문에 경제성장이 둔화될 것이

라는 우려가 제기되고 있다. 이 우려가 타당한지를 분석하라.

(3) 출산율의 저하가 1인당 소득수준과 국내총생산(GDP) 증가율에 미치는 영향을 분석하라.

(2012년 행정고시 기출문제)

11 솔로우 모형의 총생산함수를 다음과 같이 가정해 보자.

$$Y = K^{a}(AL)^{1-a}$$

(여기서 A는 노동부가적(labor-augmenting) 기술수준 또는 생산성으로서 노동의 효율성 지표를 나타낸다)

매기 인구성장률이 n이고, 기술진보율이 g라고 가정하자. 여기서 기술진보는 노동부가적(labor-augmenting) 기술진보를 의미한다.

(1) 균제상태의 조건을 구하고 그림으로 나타내라. 1인당 소득, 자본량, 소비의 성장률과 총소득, 총자본량, 총소비의 성장률을 구하라.

(2) 기술진보가 없는 경우($g = 0$) 균제상태의 조건을 구하고, 기술진보가 있는 경우($g > 0$)와 비교하여 설명하라.

(3) 기술진보가 있는 경우와 기술진보가 없는 경우 황금률 조건을 구하고, 그림으로 나타내라.

(4) 민간저축(S)을 다음과 같이 가계부문 임금저축(S_w)과 기업부문 이윤저축(S_π)의 합으로 가정한다.

$$S = S_w + S_\pi = s_w W + s_\pi \Pi$$

여기서 s_w와 s_π는 각각 임금저축률과 이윤저축률을 나타내는 상수이고 $s_w > s_\pi$라고 가정한다. 이윤저축률의 증가가 장기적 경제성장에 미치는 영향을 분석 · 설명하라.

(5) 이 경제의 균제상태에서 효율적 노동자(AL) 1인당 자본, 효율적 노동자 1인당 산출, 효율적 노동자 1인당 소비수준을 각각 구하라.

(2013년 외교관후보자 선발 기출문제 일부 변형)

12 신고전학파 경제성장모형과 관련하여 다음 물음에 답하라.

t기의 생산함수 : $Y_t = K_t^{\alpha}(A_t L_t)^{1-\alpha}$

자본축적함수 : $\dot{K}_t = sY_t - \delta K_t$

[단, Y : 산출량, A : 기술수준, K : 자본스톡, L : 노동, s : 저축률, δ : 감가상각률, α : 자본소득분배율, n : 인구증가율, g_A : 기술증가율]

(1) 균제상태(steady state)의 1인당 국민소득수준과 경제성장률(Y의 성장률)을 도출하라.

(2) M, N 두 나라는 저축률을 제외한 모든 조건이 동일하고, N국의 저축률(s_N)은 M국의 저축률(s_M)보다 높으며, M국은 황금률 균제상태에 도달해 있다. M국의 저축률을 도출하고, 두 국가 간의 저축률 차이가 1인당 소득, 1인당 소비, 경제성장률(Y의 성장률)에 미치는 영향을 분석하라.

(2011년 행정고시 기출문제)

13 기술수준이 일정한 솔로우 모형에서 매기 전체 노동인구의 일정 비율(u)이 실업 상태에 있다고 가정하자. 따라서 어떤 기간에 노동인구가 N일 때 총노동공급은 $(1-u)N$이 되고 총생산함수는 다음과 같다.

$$Y = zK^{\alpha}((1-u)N)^{1-\alpha}$$

인구성장률은 0이라고 가정한다. 이 밖에 솔로우 모형의 가정은 본 교재와 동일하다.

(1) 1인당 균형자본량의 축적과정을 도출하고 균제상태에서 1인당 자본량이 어떻게 결정되는지 그래프를 이용하여 분석 · 설명하라.

(2) 정부의 정책 변화로 실업률 u가 하락했다고 하자. 이러한 변화가 장기적으로 1인당 균형자본량과 1인당 소득수준 및 성장률에 미치는 영향을 그래프를 이용하여 분석 · 설명하라.

14 다음과 같은 콥-더글라스(Cobb-Douglas) 생산함수를 상정하는 솔로우(Solow) 성장모형이 있다. 물음에 답하라.

$$Y = AK^{\alpha}L^{1-\alpha} \; (0 < \alpha < 1)$$

여기서 Y는 총생산, A는 총요소생산성, K는 자본, L은 노동이다. 이 경제에서 기술진보는 없으며 $(\Delta A/A = 0)$, 인구증가율$(\Delta L/L)$, 감가상각률, 저축률은 각각 n, δ, s로 일정하고 저축함수는 $S = sY$이다.

(1) 1인당 소득과 자본을 각각 y, k라 할 경우 1인당 자본의 변화를 수식으로 나타내라.

(2) 노동소득 분배율의 증가가 균제상태(steady state)에서의 1인당 자본에 미치는 영향을 논하라.

(3) 이 경제에서 황금률(golden rule) 수준의 저축률을 구하고, 노동소득 분배율의 증가가 황금률 수준의 저축률에 미치는 영향을 논하라.

(2020년 외교관후보자 선발시험 기출문제)

1. 왜 내생적 경제성장이론인가?

2. R&D 모형

3. 인적자본모형

4. 장기적 경제성장의 여러 문제와 경제성장정책

내생적 경제성장이론과 경제성장정책

5

이 장에서는 솔로우의 외생적 경제성장모형이 갖는 문제점을 개선하기 위해 1980년대 중반부터 등장한 내생적 경제성장이론을 살펴보고 장기적 경제성장을 촉진하기 위한 정책에 대해서도 알아보려고 한다.

1. 왜 내생적 경제성장이론인가?

4장에서 살펴보았듯이 대표적 경제성장이론인 솔로우 모형은 장기적 경제성장의 주요 사실, 즉 소득수준의 지속적 증가와 국가 간 소득수준의 격차를 각각 외생적으로 결정되는 기술진보율과 외생적 기술진보율의 국가 간 차이로 설명했다. 그러나 솔로우 모형이 장기적 경제성장의 원동력으로 본 지속적 기술진보와 그에 따른 총요소생산성 증가의 결정요인에 대해서는 아무런 설명을 제시하지 못했다.

일반적으로 한 국가경제의 기술진보와 총요소생산성 증가는 연구 및 개발(research and development ; R&D), 교육, 직장 내 훈련(on-the-job training), 실행에 의한 학습(learning by doing) 등에 의해 이루어진다. 특히 이러한 활동들의 공통점은 연구·개발 보조금, 공교육에 대한 정부지출 규모, 경제성장 촉진을 위한 정부의 성장전략 등 경제여건의 변화에 대한 경제주체들의 선택이라는 것이다. 4장의 솔로우 모형은 기술수준과 총요소생산성을 주어진 것으로 가정했기 때문에 가계부문과 기업부문 선택의 결과로서 기술진보와 총요소생산성의 증가를 설명하는 데 한계가 있었다.

이에 1980년대 중반 이후 로머(Paul Romer)와 루카스(Robert E. Lucas, Jr.)를 비롯한 경제학자들은 기술진보와 총요소생산성 증가의 경제적 결정요인들을 설명하려고 노력했는데, 이러한 시도를 **내생적 성장이론**(endogenous growth theory)이라 한다. 지금까지 내생적 경제성이론은 크게 두 방향으로 발전되어 왔다.

첫째는 한 국가의 기술진보가 연구·개발부문(R&D sector)에 의해 내생적으로 결정되는 R&D 모형이다. 둘째는 가계부문의 교육과 실행학습 등 인적자본 투자에 의한 지식축적과 기술(skill) 습득이 기술진보와 총요소생산성의 증가를 가져오는 인적자본모형이다. 주어진 노동력에 대한 물적자본 투자가 한계생산체감을 가져오는 것과 달리, 인적자본 투자는 비경합성(nonrivalry)을 갖는 지식과 기술을 무한정 증가시킴으로써 유효노동력의 지속적인 증가를 가져오게 된다. 그 결과 인적자본 투자의 경우 실질적으로 고정투입요소를 제거함으로써 자본의 한계생산체감이 나타나지 않고 한계생산불변이 가능해진다는 점에서 인적자본모형을 'Ak모형' 이라고도 한다. 이제 R&D 모형과 인적자본모형의 몇 가지 형태를 차례로 알아보자.[1]

2. R&D 모형

Macroeconomics ch. five

R&D 모형 기술수준이 연구·개발부문에 투입되는 자본과 노동에 의해 결정되는 모형

R&D(research and development) **모형**은 재화를 생산하는 부문 외에도 신기술을 창출하는 연구 · 개발부문(R&D sector)을 명시적으로 고려함으로써 국가경제의 기술수준이 외생적으로 주어진 것이 아니라 연구 · 개발부문에 투입되는 자본과 노동에 의해 내생적으로 결정되도록 한다.

로머(Paul Romer), 아기온(Philippe Aghion)과 하윗(Peter Howitt) 등에 의해 개발된 R&D 모형에서 재화부문의 1인당 생산함수를 $y_t = A_t f(k_t)$라고 할 때 기술수준(A)의 발전속도, 즉 기술진보율은 다음과 같이 나타낼 수 있다.

$$\frac{A_{t+1} - A_t}{A_t} = a(L_{At}, K_{At}) \qquad (a_{L_A} > 0,\ a_{K_A} > 0) \tag{5.1}$$

R&D 모형과 솔로우 모형
- 한계생산체감과 성장동력으로서 기술진보를 인정
- R&D 모형 : 내생적 기술진보에 의해 1인당 생산함수가 지속적으로 상방이동하여 장기적 경제성장 가능

여기서 $a_{L_A}, a_{K_A} > 0$은 각각 기술진보율이 R&D부문에 투입되는 노동(L_{At})과 자본(K_{At})의 증가함수임을 의미한다. R&D 모형에 따르면 재화부문의 생산함수 $f(k_t)$가 한계생산체감의 성질을 갖더라도 R&D부문에 투입된 노동(L_{At})과 자본(K_{At})에 의해 결정되는 기술진보의 속도 $a(L_{At}, K_{At})$가 일정 수준을 유지하면 기술수준(A)이 지속적으로 상승하여 장기적 경제성장이 가능해진다.

이러한 상황은 4장(4. 기술진보와 장기적 경제성장)의 〈그림 4-6〉과 유사한

1. 참고문헌 : Romer, P. M., "Increasing Returns and Long Run Growth", *Journal of Political Economy*, 1986. ; Romer, P. M., "Endogenous Technological Change", *Journal of Political Economy*, 1990. ; Aghion, P. and Howitt, P. "A Model of Growth through Creative Destruction", *Econometrica*, 1992. ; Lucas, R. E. Jr., "On the Mechanics of Economic Development", *Journal of Monetary Economics*, 1988. ; Rebelo, S., "Long Run Policy Analysis and Long Run Growth", *Journal of Political Economy*, 1991.

그림 5-1

R&D 모형과 경제성장

R&D 모형에서는 기술진보가 내생적으로 이루어짐에 따라 지속적인 기술수준의 향상이 나타난다. 이에 따라 1인당 생산함수와 자본축적이 지속적으로 상방이동하면서 1인당 자본량과 소득의 지속적 증가가 가능해진다.

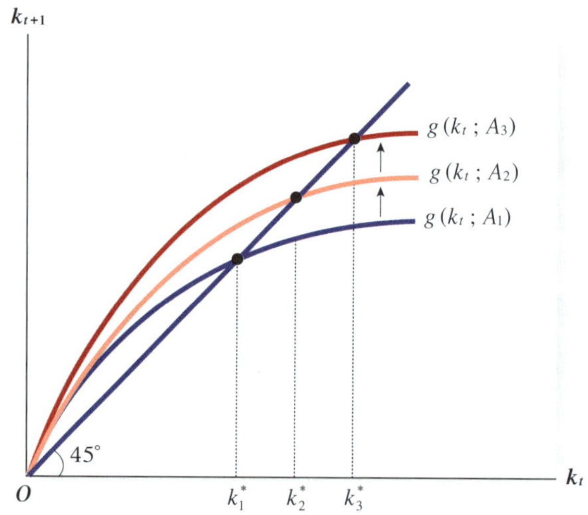

〈그림 5-1〉을 통해 확인할 수 있다. 즉, 기술진보가 경제 내의 R&D부문에서 이루어짐에 따라 재화부문의 1인당 생산함수와 자본축적 경로가 지속적으로 상방이동하면서 1인당 자본량과 소득의 지속적 증가가 가능해진다. 한계생산체감과 경제성장의 원동력으로서 기술진보를 인정하는 것은 솔로우 모형과 같다. 다만 R&D 모형은 기술진보를 연구·개발부문에서 내생적으로 결정되는 변수로 본다는 점에서 차이가 있다. 이러한 R&D 모형에서 장기적 경제성장의 결정요인과 국가 간 소득수준의 수렴성에 대해 알아보자.

2.1 기본 가정

기술진보
- 더 많은 생산을 가능케 하는 지식의 축적
- 지식은 비경합성과 배제 가능성을 가짐

기술진보는 동일 자본과 노동을 투입하더라도 종전보다 더 많은 생산을 가능케 하는 지식(knowledge)의 축적을 의미한다. 여기서 지식은 **비경합성**(nonrivalry)과 **배제 가능성**(excludability)을 갖는다. 지식의 비경합성이란 지식이 한 번 공개되면 그것을 공유하는 데 비용이 들지 않음을 의미한다. 또한 지식은 재산권이나 특허법 등의 제도적 장치에 의해 배제 가능성을 확보할 수 있으므로, 지대를 추구(rent seeking)하는 경제주체들에 의해 지식축적이 빠르게 이루어질 수 있다.

구체적으로 로머는 R&D부문에서의 기술진보 또는 지식축적 과정을 다음과 같이 가정했다.

$$A_{t+1} = L_{At}^{\lambda} A_t^{\phi} \quad (0 < \lambda \leq 1,\ 0 < \phi < 1) \tag{5.2}$$

즉, 기존의 지식스톡 수준(A_t)에서 R&D부문에 종사하는 연구인력(L_{At})이 많을수록 지식창출이 많이 이루어진다. 식 (5.2)는 R&D부문의 노동투입(L_{At})만 고려했다는 점에서 식 (5.1)을 단순화시킨 형태로 볼 수 있다. 또한 $\lambda > 0$은 연구인력의 생산성을 나타내는데, $\lambda = 1$이라면 지식축적은 연구인력에 비례해 이루어진다. 그러나 일반적으로 연구인력이 많을수록 중복된 지식이 창출될 가능성 또한 높기 때문에 $0 < \lambda \leq 1$은 이러한 연구노력의 중복효과(stepping-on-toes effect)를 나타낸다. 한편 $0 < \phi < 1$은 이미 축적되어 있는 지식스톡이 많을수록 연구인력 투입의 생산성이 높아진다는 점에서 기존 지식의 파급효과(spillover effect)를 나타낸다.

R&D부문 지식축적의 결정요인
- 연구인력
- 연구인력의 생산성
- 기존 지식의 파급효과

2.2 장기적 경제성장의 결정요인과 수렴성

기술수준 또는 지식이 식 (5.2)에 따라 축적되는 경우 균제상태에서 1인당 자본량과 소득의 성장률을 도출해 보자. 먼저 1인당 생산함수를 $y = Af(k) = Ak^{\alpha}$ $(0 < \alpha < 1)$로 가정하면 1인당 소득성장률은 다음과 같이 나타낼 수 있다.

$$\frac{y_{t+1}}{y_t} = \frac{A_{t+1}}{A_t}\left(\frac{k_{t+1}}{k_t}\right)^{\alpha} \tag{5.3}$$

일반적인 장기성장균형(balanced growth path) 또는 균제상태(steady state)의 정의에 따라 균제상태에서 1인당 자본량과 소득의 동일 성장률을 $(1+g)$, 지식스톡 증가율 또는 기술진보율을 $(1+a)$라고 하자. 식 (5.3)에 $\frac{y_{t+1}}{y_t} = \frac{k_{t+1}}{k_t} = (1+g)$와 $\frac{A_{t+1}}{A_t} = (1+a)$를 각각 대입한 뒤 $(1+g)$에 대해 정리하면 다음과 같다.

$$\frac{y_{t+1}}{y_t} = \frac{k_{t+1}}{k_t} \equiv 1 + g = (1+a)^{\frac{1}{1-\alpha}} \tag{5.4}$$

즉, 균제상태에서 1인당 자본량과 소득의 증가율은 기술진보율$\left(\frac{A_{t+1}}{A_t} = 1 + a\right)$에 비례하여 결정된다. 그런데 균제상태의 기술진보율(a)은 식 (5.2)로부터 다음과 같

이 도출된다.[2]

$$a \simeq \frac{\lambda n_A}{1-\phi} \quad (5.5)$$

여기서 n_A는 연구인력의 증가율을 나타낸다($\frac{L_{A_{t+1}}}{L_{A_t}} = 1 + n_A$).

R&D 모형의 특징
- 연구인력의 증가율과 생산성이 높을수록, 기존 지식의 긍정적 파급효과가 클수록 장기 경제성장률이 증가함
- 지식의 비경합성으로 인해 R&D 모형은 지속적으로 유지되어 온 국가 간 성장률 격차를 설명하기 어려움

식 (5.4)와 식 (5.5)에 의하면 균제상태에서 경제성장률, 즉 1인당 소득과 자본량의 증가율은 R&D부문 연구인력의 증가율(n_A), 연구인력의 생산성(λ), 기존 지식의 파급효과(ϕ)에 달려 있다. 연구인력의 증가율과 연구생산성이 높을수록, 그리고 기존 지식의 긍정적 파급효과가 클수록 장기 경제성장률이 증가한다.

그러나 R&D 모형과 같이 내생적 기술진보를 경제성장의 원동력으로 보는 성장이론들은 국가 간 성장률 격차가 지속적으로 존재한다는 경험적 사실을 충분히 설명하기 어렵다. 지식의 비경합성으로 인해 가난한 나라도 부유한 나라의 기술을 상당 부분 공유할 수 있기 때문이다. 이러한 문제의식에 따라 선진국에서 개발된 기술이 후진국 경제구조에 적합하지 않을 수 있다든지, 후진국이 기술을 습득하기 위해서는 인적자본 축적 등을 통해 충분한 수용능력(absorptive capacity)을 가져야 한다든지 하는 기술전파(technology spillover)의 어려움을 모형에 도입하려는 시도들이 나타나게 되었다.

3. 인적자본모형

Macroeconomics ch. five

한계생산체감을 극복하는 요소
- 인적자본, 지식자본
- 지식자본의 외부성
- 학습효과

비경합성을 갖는 지식의 축적은 연구·개발부문에서만 이루어지는 것이 아니라 가계부문의 교육과 실행학습(learning by doing)과 같은 인적자본 투자에 의해서도 이루어진다. 특히 인적자본 투자는 노동자의 지식과 기술을 무한정 증가시킴으로써 유효노동력의 증가를 가져오게 된다. 그 결과 노동력은 실질적으로 고정투입요소가 아니므로 인적자본의 증가는 한계생산체감 없이 장기적 경제성장을 가능하게 한다. 4장(1. 모형경제)에서 주어진 노동력에 대한 물적자본 투

2. 기술진보 과정을 나타내는 식 (5.2)의 양변에 자연로그(ln)를 취하고 기간 간 차분을 한 뒤 균제상태 조건($\frac{A_{t+1}}{A_t} \simeq \frac{A_t}{A_{t-1}} = 1 + a$)과 $ln(1+x) \simeq x$(단, x가 충분히 작음)를 적용하면 식 (5.5)가 도출된다.

자가 한계생산체감을 가져오는 것과 대조적이다. 이제 인적자본모형의 몇 가지 형태를 알아보자.

3.1 루카스 모형

어느 한 시점에 국가경제의 생산가능인구 중 상당수는 실제로 고용되어 재화 · 서비스를 생산하고, 일부는 학교에 다니며 교육을 받고, 일부는 실업자로 구직활동을 하고 있다. 이들 중 학교에 다니는 사람들은 현재 재화 · 서비스 생산에 참여하지 못하는 데 따르는 사회적 비용을 발생시키지만, 현재 교육투자를 통해 습득한 지식과 기술로 미래에 더 많은 재화 · 서비스를 생산하게 된다.

또한 인적자본 수준이 높은 사람일수록 새로운 지식과 기술을 빨리 습득할 뿐 아니라 자신의 지식 · 기술을 후학들에게 효율적으로 전수할 수 있다. 따라서 한 국가에서 기존에 축적된 지식 · 기술, 즉 인적자본 수준이 높을수록 교육 투자의 효율성도 높아져서 주어진 교육 투자로부터 더 많은 지식축적과 기술 습득을 가능케 하고, 이는 결국 국가경제의 성장률을 높일 수 있다. 루카스(Robert E. Lucas, Jr.)의 인적자본모형은 바로 이러한 인적자본 축적을 통한 장기적 경제성장을 이론적으로 설명하고 있다.

3.1.1 기본 가정

국가경제의 개별 소비자가 현재 h_t^s의 인적자본(지식 · 기술)을 갖고 있다고 하자. 그리고 소비자는 매기 주어지는 1만큼의 가용시간 중 u는 노동에, $(1-u)$는 지식 · 기술 습득을 위해 교육에 투자한다고 하자. 솔로우 모형에서와 마찬가지로 소비자는 여가로부터 아무런 효용도 얻지 못한다고 하자. 소비자의 노동시간 u는 소비자의 기존 지식 · 기술 수준을 나타내는 보유인적자본량 h_t^s에 따라 그 효율성(또는 생산성)이 다를 수 있으므로 uh_t^s는 효율성 단위(efficiency unit)로 나타낸 **유효노동공급**을 의미한다. 이때 효율성 단위당 실질임금을 w로 나타내면 소비자의 임금소득은 wuh_t^s가 된다. 유효노동공급(uh_t^s)은 실질임금(w)의 증가함수라고 가정한다. 인적자본 축적 이외에 소비자의 저축 또는 차입이 없다고 가정하면 소비자의 예산제약식은 다음과 같다.

유효노동공급
- 노동자 교육 및 기술 습득 수준에 따른 효율성 단위로 나타낸 노동공급
- 실질임금의 증가함수로 가정

$$c_t = wuh_t^s \tag{5.6}$$

즉, 소비는 항상 임금소득과 같으므로 소비자는 미래소비를 위해 임금소득 중 일부를 저축할 수 없다. 그러나 가용시간 중 일부$(1-u)$를 지식 · 기술 습득을 위한 교육에 투자함으로써 현재 임금소득은 줄지만, 미래에 더 생산적인 노동으로 높은 임금소득을 받을 수 있다. 따라서 여기서는 소비자의 교육 투자가 저축의 기능을 대신한다고 볼 수 있다.

인적자본축적의 결정요인
- 지식 · 기술 습득을 위해 교육에 투자하는 시간
- 교육 투자의 효율성

한편 현재 인적자본 h_t^s를 보유한 소비자가 지식 · 기술 습득을 위해 교육에 투자하는 시간 $(1-u)$는 다음의 과정에 따라 미래의 인적자본으로 축적된다.

$$h_{t+1}^s = b(1-u)h_t^s \quad (b>0) \tag{5.7}$$

여기서 b는 한 국가의 교육제도 및 정책을 포함한 교육부문의 효율성을 나타내는 계수이다. 식 (5.7)은 소비자의 보유인적자본량(h_t^s)이 높을수록 소비자가 지식 · 기술 습득을 위해 교육에 $(1-u)$시간을 투자하여 얻게 되는 새로운 인적자본량도 증가한다는 것을 의미한다. 이는 인적자본 축적 과정에서 나타나는 기존 인적자본의 긍정적 파급효과를 의미한다. 즉, 인적자본 수준이 높은 사람일수록 새로운 지식 · 기술을 빨리 습득할 뿐 아니라 자신이 갖고 있는 지식 · 기술을 다른 사람들에게 효율적으로 전수함으로써 더 많은 지식 · 기술의 축적을 가능케 한다는 것이다.

생산함수는 단순화를 위해 물적자본 없이 유효노동만을 생산투입요소로 하며, 다음과 같이 유효노동에 대해 규모수익불변이고 한계생산불변인 형태를 가정한다.

$$y_t = zuh_t^d \tag{5.8}$$

여기서 uh_t^d는 유효노동투입을, z는 (효율성 단위로 나타낸) 노동의 한계생산성 또는 생산기술 수준을 나타낸다. 식 (5.8)의 생산함수에서 유효노동시간(uh_t^d)에 대한 **한계생산불변**은 주어진 노동투입(u)에 대해 식 (5.7)에 따라 이루어지는 인적자본 축적에 기인한다. 즉, 비경합성을 갖는 지식 · 기술 등 인적자본(h_t^d)의 무한정 축적은 유효노동투입(uh_t^d)을 지속적으로 증가시킴으로써 한계생산체감을

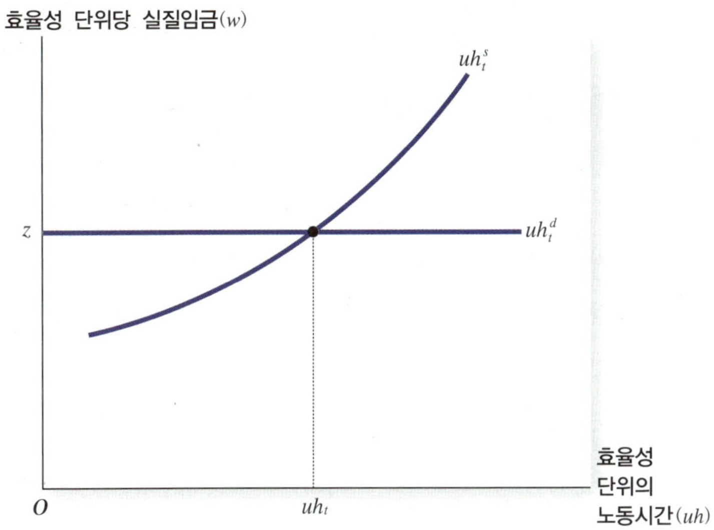

그림 5-2

균형실질임금의 결정
루카스의 인적자본모형에서 일반균형은 노동시장과 재화시장의 동시적 균형을 의미한다. 실질임금(w)의 증가함수인 노동공급 uh_t^s와 $w=z$에서 수평인 노동수요 uh_t^d가 일치하는 수준에서 균형인적자본량이 $h_t^s = h_t^d = h_t$로 결정된다. 노동시장이 균형이면 왈라스 법칙에 의해 재화시장의 균형은 자동적으로 이루어진다.

가져오는 고정투입요소(u)를 실질적으로 사라지게 한 것으로 볼 수 있다.

이때 기업의 이윤 π_t는 다음과 같다.

$$\pi_t = y_t - w(uh_t^d) = (z - w)uh_t^d \tag{5.9}$$

그러면 기업의 노동수요(uh_t^d)는 어떻게 결정되는가? 기업의 이윤을 나타내는 식 (5.9)에서 $w > z$이면 기업의 이윤이 음(−)이 되므로 이윤을 극대화하는 노동수요는 $uh_t^d = 0$이 된다. 반대로 $w < z$이면 기업의 이윤이 양(+)이 되므로 기업은 이윤 극대화를 위해 무한대의 노동수요를 원하겠지만 경제 전체의 유한한 노동공급으로는 충족될 수 없을 것이다. 한편 $w = z$이면 기업의 이윤이 항상 0이 되므로 기업의 이윤을 극대화하는 노동수요는 주어진 실질임금 수준 $w = z$에서 무차별적으로 결정된다. 따라서 기업의 노동수요곡선은 <그림 5-2>에서와 같이 $w = z$에서 수평이 된다. 이는 노동수요곡선의 위치가 유효노동투입(uh_t^d)의 한계생산성 또는 기술수준 z에 의해서 결정됨을 의미한다.

유효노동수요 유효노동투입의 한계생산성에 의해 결정

3.1.2 장기적 경제성장의 결정요인과 수렴성

루카스의 인적자본모형에서 일반균형은 노동시장과 재화시장의 동시균형을 의미한다. 우선 〈그림 5-2〉에서 실질임금(w)의 증가함수로 가정된 유효노동공급 uh_t^s와 $w=z$에서 수평인 유효노동수요 uh_t^d가 일치하는 수준에서 균형인적자본량이 $h_t^s=h_t^d=h_t$로 결정된다. 그리고 노동시장이 균형이면 왈라스 법칙에 의해 재화시장의 균형은 자동적으로 이루어진다. 즉, 노동시장의 균형과 일치하는 인적자본량 h_t와 실질임금 $w=z$를 소비자의 예산제약식 (5.6)에 대입하면 다음과 같은 재화시장의 균형조건이 도출된다.

$$c_t = wuh_t^s = zuh_t^d = y_t \tag{5.10}$$

이제 균형인적자본량 $h_t^s=h_t^d=h_t$를 인적자본 축적 방정식 (5.7)에 대입하면 균형인적자본은 다음과 같이 축적된다.

$$h_{t+1} = b(1-u)h_t \tag{5.11}$$

식 (5.11)의 인적자본 축적 과정을 (h_t, h_{t+1}) 평면에 나타내면 〈그림 5-3〉과 같이 원점을 지나며 기울기가 $b(1-u)$인 직선이 된다. 4장의 솔로우 모형에서 오목한 모양의 1인당 자본축적 과정과는 달리 교육부문의 효율성 b가 충분히 커서 $b(1-u)>1$이면 초기 1인당 인적자본량 h_0에 관계없이 1인당 인적자본량이 지속적으로 증가함을 〈그림 5-3〉에서 확인할 수 있다. 그리고 1인당 인적자본 축적 방정식 (5.11)의 기울기 $b(1-u)$는 1인당 인적자본과 소득, 소비의 동일한 성장률이라는 점에서 균제상태의 장기성장률을 의미한다.

$$\frac{h_{t+1}}{h_t} = \frac{y_{t+1}}{y_t} = \frac{c_{t+1}}{c_t} = b(1-u) \tag{5.12}$$

인적자본모형의 특성
- 장기적 경제성장의 결정요인 : 인적자본 축적에 투입하는 시간, 교육부문의 효율성
- 국가 간 지속적 성장률 격차 설명 가능

따라서 장기적 경제성장은 외생적으로 주어진 기술수준(z)에 관계없이 소비자가 인적자본 축적을 위해 교육 및 기술 습득에 투자하는 시간($1-u$)과 교육부문의 효율성(b) 등 국가경제의 내생적 요인들에 의해 결정된다. 또한 이러한 장기적 경제성장은 식 (5.8)과 같이 유효노동투입(uh_t)에 대해 한계생산불변의 특성을 갖는

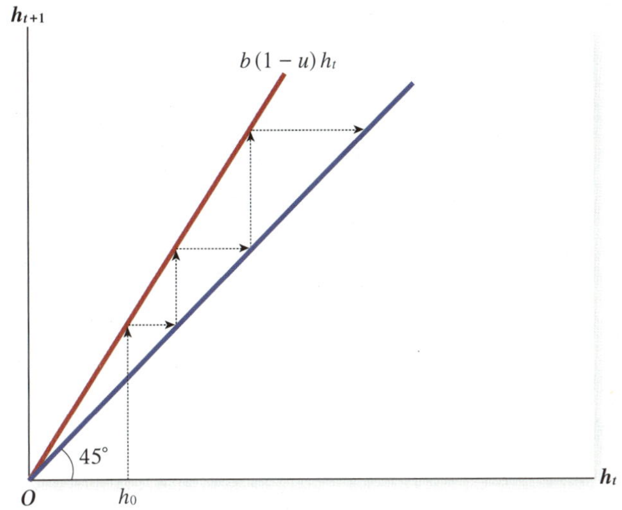

그림 5-3

루카스의 인적자본모형과 경제성장

균형성장경로 또는 균제상태에서 인적자본은 $h_{t+1} = b(1-u)h_t$의 과정을 따라 축적된다. 이러한 직선의 형태는 한계생산이 체감하지 않는 생산함수 $y_t = zuh_t^a$에 기인한다. 교육부문의 효율성 b가 충분히 커서 $b(1-u)>1$이면 1인당 인적자본과 소득은 매기 $b(1-u)$의 비율로 영원히 성장한다.

생산함수에 기인한다. 이는 앞서 언급했듯이 인적자본(지식 · 기술)의 비경합성(nonrivalry)이 가져온 결과로, 솔로우 모형에서 경합성(rivalry)을 갖는 물적자본의 경우 한계생산이 체감하여 외생적인 지속적 기술진보가 없는 한 장기적 경제성장이 불가능한 것과 대조를 이룬다.

한편 4장(5. 경제성장의 수렴성)에서 살펴보았듯이 솔로우 모형에서 국가 간 1인당 소득의 절대적 수렴이 도출되는 것은 기본적으로 물적자본의 한계생산이 체감하기 때문이었다. 그러나 루카스의 인적자본모형에서는 장기적으로 인적자본의 한계생산이 체감하지 않는다. 따라서 인적자본이 고도로 축적된 부유한 나라의 인적자본 한계생산이 인적자본 축적이 빈약한 가난한 나라의 인적자본 한계생산보다 낮을 이유가 없다. 그 결과 가난한 나라의 인적자본 축적 속도를 부유한 나라의 인적자본 축적 속도보다 빠르게 하는 유인이 없어지며, 결국 장기적으로 가난한 나라와 부유한 나라의 1인당 자본량과 소득은 수렴하지 않는다.

구체적으로 가난한 나라와 부유한 나라가 동일한 기술수준(z)과 교육부문의 효율성(b) 및 교육 투자시간($1-u$)을 갖고 있는 경우, 〈그림 5-4〉의 (a)에서 알 수 있듯이, 초기 1인당 인적자본량(h_p)이 적은 가난한 나라와 초기 1인당 인적자본량(h_r)이 많은 부유한 나라의 인적자본 축적 속도가 $b(1-u)$로 같게 된다. 따라서 가난한 나라와 부유한 나라 사이의 소득격차는 장기적으로 좁혀지지 않는다.

초기 1인당 인적자본량이 상이한 두 국가의 소득격차는 장기적으로 좁혀지지 않음

그림 5-4

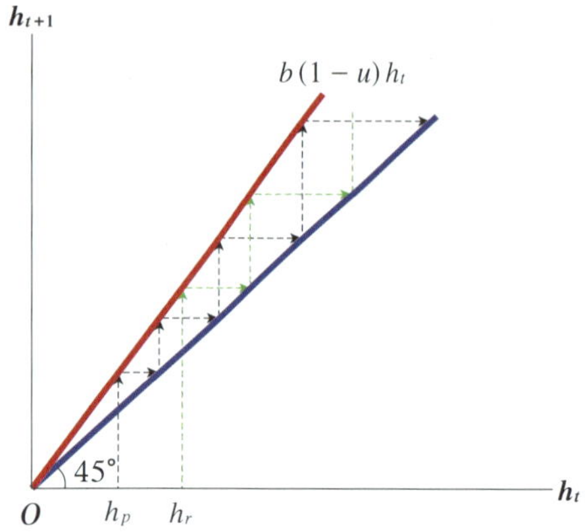

(a) 1인당 인적자본량의 비수렴

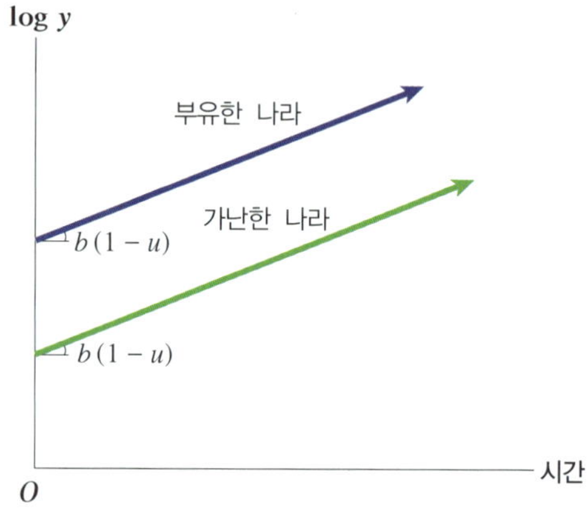

(b) 1인당 소득수준의 비수렴

루카스의 인적자본모형과 경제성장의 비수렴성

가난한 나라와 부유한 나라가 동일한 기술수준(z)과 교육 투자의 효율성(b) 및 교육 투자시간($1-u$)을 갖고 있는 경우, 초기에 1인당 인적자본량(h_p)이 적은 가난한 나라와 1인당 인적자본량(h_r)이 많은 부유한 나라의 인적자본 축적 속도가 $b(1-u)$로 같게 된다. 그 결과 (b)와 같이 가난한 나라와 부유한 나라는 두 나라 간 초기 1인당 인적자본량과 소득수준의 차이가 영원히 지속되는 성장경로를 보이게 된다.

그 결과 〈그림 5-4〉의 (b)와 같이 가난한 나라와 부유한 나라는 두 나라 간 초기 1인당 인적자본량과 소득수준의 차이가 영원히 지속되는 성장경로를 보이게 된다. 여기서 시간(가로축)에 대한 log y(세로축)의 기울기는 1인당 소득(y)의 성장률을 나타낸다.[3] 따라서 루카스의 인적자본모형은 앞서 살펴본 R&D 모형과 달리 국가 간 경제성장의 비수렴성을 설명하는 데 유용한 것으로 보인다.

3. 두 시점 간(즉, $t-1$기와 t기 사이) 1인당 소득의 성장률을 g_t로 놓으면 g_t는 다음과 같이 정의된다.

$$g_t = \frac{y_t}{y_{t-1}} - 1 \Leftrightarrow 1 + g_t = \frac{y_t}{y_{t-1}}$$

만약 x가 아주 작은 수일 경우, $\log(1+x) \cong x$라는 사실은 이미 잘 알려져 있다. 즉, $(1+x)$의 로그는 근사적으로 x와 같다. 따라서 만약 g_t가 작은 수이면 다음이 성립한다.

$$\log(1+g_t) = \log\left(\frac{y_t}{y_{t-1}}\right) \cong g_t \Leftrightarrow \log y_t - \log y_{t-1} \cong g_t$$

한편 $(\log y_t - \log y_{t-1})$은 $t-1$기와 t기 사이 $\log y$의 기울기이고 $\log y_t - \log y_{t-1} \cong g_t$이므로, $t-1$기와 t기 사이 $\log y$의 기울기는 같은 기간 y의 성장률(g_t)을 나타낸다. 만약 매 기간 y의 성장률이 일정하여 $g_t = g$이면, $\log y$는 일정한 기울기를 갖는 직선이 될 것이다.

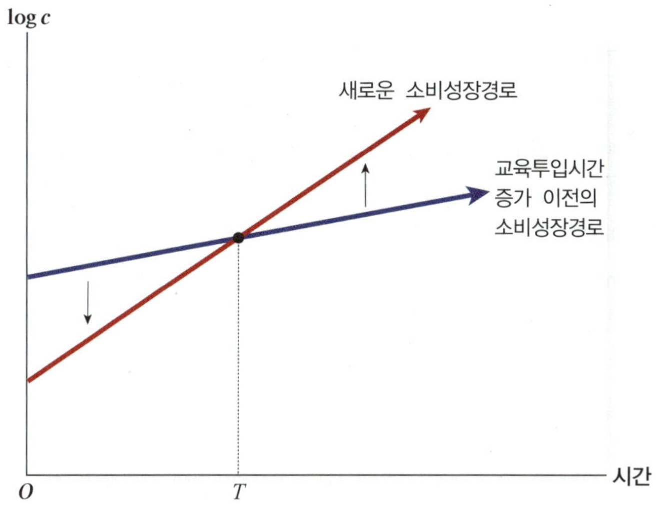

그림 5-5

교육투입시간의 증가와 소비경로

소비자가 노동시간 u를 줄이고 교육투입시간 $(1-u)$를 늘리는 경우, 단기적으로는 노동소득의 감소로 소비가 감소하지만, 장기적으로는 소득성장률의 상승에 따라 일정 시점 T 이후 소비수준이 교육투입시간 증가 이전의 소비수준을 능가하게 된다.

3.1.3 정부정책과 경제성장

지금까지 살펴본 루카스의 인적자본모형에 따르면 소비자의 교육 투자에 영향을 미치는 정부정책은 장기적 경제성장률에 영향을 미칠 수 있다. 예를 들어 정부의 4차 산업혁명 선도인력 양성 교육 지원정책에 따라 소비자가 노동시간 u를 줄이고 교육투입시간 $(1-u)$를 늘리는 선택을 했다고 하자.

〈그림 5-5〉에 예시된 소비의 성장경로와 같이 단기적으로는 노동소득(zuh_t)의 감소로 소비가 감소한다. 그러나 장기적으로는 소득성장률 $b(1-u)$의 증가에 따라 일정 시점 T 이후 소비수준이 교육투입시간 증가 이전의 소비수준을 능가하게 된다. 또한 교육부문의 효율성(b)을 증가시키는 교육정책 개혁과 교육제도의 개선 역시 인적자본과 소득의 성장률을 증가시키고, 그 결과 소비수준도 높아진다. 이는 초기 인적자본 수준이 같더라도 교육열이 높고 효율적인 교육정책을 운영하는 나라일수록 영구적으로 높은 경제성장률을 달성할 수 있음을 시사한다.

균제상태의 장기성장률 증가 요인
- 교육투입시간 증가
- 인적자본 축적의 효율성 증가

이론과 실제 1 교육과 성장*

경제학자들은 여러 국가들에서 평균교육연수와 실질 GDP 성장률 간 양(+)의 상관관계가 있음을 관측해 왔다. 빌즈(Mark Bils) 교수와 클리나우(Peter Klenow) 교수는 공동연구에서 1960년에 어떤 한 나라의 평균교육연수가 1년 더 증가하는 것이 1960~1990년 사이의 기간 동안 1인당 실질GDP의 연평균 성장률이 0.3%p 더 높아지는 것과 연관되어 있다고 추정했다. 그러나 이는 평균교육연수와 평균경제성장률 간 상관관계를 나타낼 뿐이며, 더 많은 평균교육연수가 직접 평균경제성장률의 증가를 가져온다는 인과관계를 의미하는 것은 아니다.

일반적으로 교육과 경제성장 간 상관관계는 다음과 같은 세 가지 인과관계를 의미하는 것으로 볼 수 있다. 첫째, 높은 교육수준이 성장을 가져올 수 있다. 즉, 루카스의 인적자본모형처럼 사람들이 평균적으로 더 많은 시간을 지식·기술 습득을 위한 교육에 투자한 결과 총생산이 더 빠른 속도로 증가할 수 있다. 둘째, 제3의 요인이 높은 교육수준과 고성장을 동시에 가져올 수 있다. 예를 들어 재산권이 잘 보호되는 법체계를 가진 사회에서는 사람들이 교육에 대한 투자가 자신들의 미래소득을 증가시킨다는 것을 확신하기 때문에 교육을 더 많이 받으려고 할 것이다. 동시에 이러한 사회에서는 더 많은 기술혁신과 연구 및 개발이 이루어지기 때문에 경제성장률 또한 증가할 것이다. 이 경우에는 교육이 성장을 가져오는 직접적인 인과관계는 없지만 이들 간 양(+)의 상관관계는 나타날 수 있다. 셋째, 성장이 높은 교육수준을 가져올 수 있다. 사람들이 미래의 높은 경제성장률을 예상하기 때문에 향후 높은 임금을 받기 위해 현재 교육에 더 많은 투자를 할 수 있다는 것이다.

실제로 빌즈와 클리나우의 분석결과에 따르면 1960~1990년 사이의 기간 동안 '교육 → 경제성장'의 직접적 인과관계는 교육과 성장 간 상관관계의 약 30%를 설명하는 데 그치는 것으로 조사되었다. 이는 성장을 촉진하는 데는 교육정책 개선보다는 특허정책이나 연구·개발부문에서 정부의 역할 개선이 더 중요하다는 것을 시사한다.

* Bils, M. and Klenow, P. "Does Schooling Cause Growth?" *American Economic Review* 90, 2000.

3.2 실행학습모형

실행학습 노동자들이 직접 생산활동을 통해 지식·기술 등 인적자본을 습득하는 것

실행학습(learning-by-doing)이란 노동자들이 직접 생산활동을 통해 지식·기술 등 인적자본을 습득하는 것을 의미한다. 구체적으로 노동자가 실행학습을 통해 습득하는 인적자본(h)을 다음과 같이 노동자가 생산하는 재화의 산출량(y)과 사용하는 물적자본(k)의 함수로 나타낼 수 있다고 하자.

$$h(y,k)=y^{\theta}k^{1-\theta} \quad (0<\theta<1) \tag{5.13}$$

학습에 따른 노동효율성의 결정요인
- 노동자의 자본 사용
- 노동자의 산출량

이제 노동투입 L은 실행학습을 통해 습득한 지식·기술 $h(y,k)$에 따라 그 효율성이 다를 수 있으므로 $h(y,k)L$은 효율성 단위(efficiency unit)로 나타낸 유효

노동투입을 의미한다. 이러한 실행학습을 고려한 총생산함수는 다음과 같이 물적 자본(K)과 유효노동($h(y, k)L$)에 대해 규모수익불변과 한계생산체감의 특성을 갖는다고 가정하자.

$$Y = zF(K, h(y, k)L) = zK^{\alpha}[h(y, k)L]^{1-\alpha} \quad (0 < \alpha < 1) \tag{5.14}$$

여기서 균형자본량은 4장(1. 모형경제)에서와 같은 방식으로 축적된다고 하자.

$$K_{t+1} = sY_t + (1-d)K_t \tag{5.15}$$

일반적으로 개별 기업이나 노동자가 식 (5.13)의 실행학습을 통한 지식 · 기술 습득까지 고려해 고용, 투자 및 생산 결정을 할 수는 없지만, 경제 전체의 1인당 산출량 또는 소득은 실행학습의 영향을 받기 마련이다. 이제 식 (5.14)의 양변을 노동(L)으로 나눈 뒤 식 (5.13)을 대입하면 다음과 같이 자본한계생산이 불변인 1인당 생산함수가 도출된다.

$$y = zk^{\alpha}[h(y, k)]^{1-\alpha} = zk^{\alpha}(y^{\theta}k^{1-\theta})^{1-\alpha} \Leftrightarrow y = Ak \quad (A = z^{\frac{1}{1-\theta(1-\alpha)}}) \tag{5.16}$$

이는 실행학습을 통한 지식 · 기술 습득으로 유효노동력 $h(y, k)L$이 증가함에 따라 자본의 한계생산체감을 가져오는 고정투입요소가 실질적으로 없어짐을 의미하는 것으로 볼 수 있다.

또한 식 (5.15)의 양변을 노동(L_t)으로 나누면 1인당 균형자본량 축적 방정식이 도출된다(단, 인구증가율은 0이라고 가정한다).

$$k_{t+1} = sy_t + (1-d)k_t \tag{5.17}$$

이제 식 (5.16)의 1인당 생산함수를 식 (5.17)에 대입하면 다음과 같은 1인당 균형자본량 축적 방정식이 도출된다.

$$k_{t+1} = (1 + sA - d)k_t \tag{5.18}$$

그림 5-6

실행학습모형과 경제성장

실행학습을 통한 지식·기술 습득으로 유효노동력이 증가함에 따라 물적자본의 한계생산체감을 가져오는 고정투입요소가 실질적으로 없어지고 균제상태에서 직선 형태의 물적자본 축적과정이 나타난다. 따라서 1인당 초기자본량(k_0)에 관계없이 소득의 지속적 증가와 국가 간 소득수준의 비수렴성을 설명하는 데 유용하다.

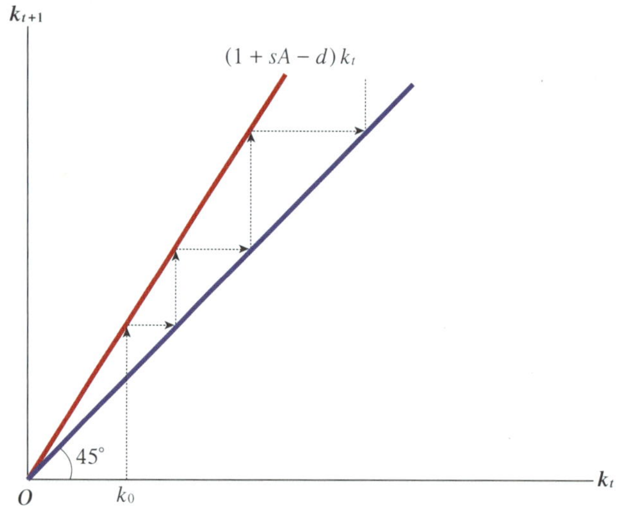

실행학습모형의 특징
물적·인적자본의 동시축적모형과 유사하게 저축률이 수준효과와 성장효과를 가지며, 국가 간 비수렴성을 설명하는 데 유용함

식 (5.18)의 자본축적 과정을 (k_t, k_{t+1}) 평면에 나타내면 저축률(s) 또는 기술수준(A)이 비교적 높은 경우 〈그림 5-6〉과 같이 원점을 지나며 기울기가 $(1+sA-d)>1$인 직선이 되는데, 이때 기울기 $(1+sA-d)$는 균제상태의 성장률을 의미한다. 먼저 루카스의 인적자본모형과 유사하게 $(1+sA-d)>1$이면 초기 자본량 k_0에 관계없이 1인당 자본량이 지속적으로 증가함을 〈그림 5-6〉에서 쉽게 확인할 수 있다. 즉, 식 (5.16)의 1인당 생산함수에서 물적자본에 대한 한계생산이 불변이기 때문에 1인당 자본량과 소득의 지속적 증가가 가능해진다.

또한 솔로우 모형에서는 저축률(s)이 장기성장률에 아무런 영향을 미칠 수 없었으나 실행학습모형에서는 저축률이 장기성장률을 결정하는 중요한 요소가 된다. 즉, 솔로우 모형에서는 장기적으로 수준효과(level effect)만 갖던 저축률의 변화가 실행학습모형에서는 성장효과(growth effect)까지 갖게 되는 것이다. 끝으로 앞서 살펴본 루카스의 인적자본모형과 유사하게 실행학습모형도 국가 간 경제성장의 비수렴성을 설명하는 데 유용한 것으로 보인다.

3.3 물적 · 인적자본의 동시축적모형

실물자본과 인적자본이 동시에 축적되는 경우 각각의 한계생산이 체감해도 장기적 경제성장이 가능한지 살펴보자.

3.3.1 기본 가정

1인당 생산함수를 다음과 같이 물적자본(k)과 인적자본(h)에 대해 규모수익 불변이고 한계생산이 체감하는 함수로 가정한다.

물적 · 인적자본 동시축적모형의 가정

- 규모수익불변이고 한계생산이 체감하는 1인당 생산함수

$$y_t = k_t^{0.5} h_t^{0.5} \tag{5.19}$$

생산된 재화는 소비와 물적자본 및 인적자본에 대한 투자로 사용된다. 1인당 물적자본과 인적자본은 각각 다음과 같이 축적된다고 가정한다.

- 생산된 재화는 소비, 물적자본 및 인적자본에 대한 투자로 사용

$$\begin{aligned} k_{t+1} &= k_t + sy_t \qquad (0 < s < 1) \\ h_{t+1} &= h_t + qy_t \qquad (0 < q < 1) \end{aligned} \tag{5.20}$$

여기서 s와 q는 각각 1인당 소득 대비 물적자본과 인적자본의 투자비율을 나타내며, 단순화를 위해 물적자본과 인적자본의 단위당 감가상각률은 모두 0이라고 가정한다.

- 물적자본과 인적자본의 단위당 감가상각률은 모두 0

3.3.2 장기적 경제성장의 결정요인과 수렴성

1인당 산출량 또는 소득(y), 물적자본(k), 인적자본(h)이 각각 동일한 일정률로 성장하는 균제상태에서 인적자본과 물적자본의 비율($\frac{h}{k}$)이 일정한 값 g를 갖는다고 하자. 1인당 물적 · 인적자본 축적 방정식 (5.20)의 양변을 각각 k_t, h_t로 나누면 균제상태에서 1인당 물적자본과 인적자본의 성장률은 각각 다음과 같다.

$$\begin{aligned} \frac{k_{t+1}}{k_t} &= 1 + s\left(\frac{y_t}{k_t}\right) = 1 + s\left(\frac{h_t}{k_t}\right)^{0.5} = 1 + sg^{0.5} \\ \frac{h_{t+1}}{h_t} &= 1 + q\left(\frac{y_t}{h_t}\right) = 1 + q\left(\frac{k_t}{h_t}\right)^{0.5} = 1 + qg^{-0.5} \end{aligned} \tag{5.21}$$

그런데 균제상태에서 1인당 물적자본 성장률과 인적자본 성장률이 같으므로 g는 다음과 같이 결정된다.

$$sg^{0.5} = qg^{-0.5} \Leftrightarrow g = \frac{q}{s} \tag{5.22}$$

또한 균제상태에서 1인당 생산함수는 다음과 같이 Ak 또는 $A^{-1}h$ 형태가 된다.

$$\begin{aligned} y_t &= k_t^{0.5} h_t^{0.5} = k_t^{0.5}(gk_t)^{0.5} = g^{0.5} k_t \equiv Ak_t \\ y_t &= k_t^{0.5} h_t^{0.5} = \left(\frac{h_t}{g}\right)^{0.5} h_t^{0.5} = g^{-0.5} h_t \equiv A^{-1} h_t \end{aligned} \tag{5.23}$$

물적 · 인적자본의 동시 축적 결과 실질적으로 고정투입요소가 존재하지 않아 균제상태에서 한계생산이 불변

즉, 물적 · 인적자본의 한계생산은 상수(constant)로서 1인당 소득 대비 물적자본과 인적자본 투자비율(s, q)의 함수로 결정된다. 따라서 물적자본과 인적자본이 동시에 축적되는 경우 단기적으로 각각의 한계생산이 체감해도, 균제상태에서는 1인당 생산함수의 한계생산이 불변하는 성질을 갖는다. 이러한 결과는 물적자본과 인적자본의 동시축적 결과 균제상태에서는 실질적으로 고정투입요소가 존재하지 않기 때문이다.

이제 1인당 물적 · 인적자본 축적을 나타내는 식 (5.20)에 균제상태의 1인당 생산함수 $y_t = \left(\frac{q}{s}\right)^{0.5} k_t$와 $y_t = \left(\frac{s}{q}\right)^{0.5} h_t$를 각각 대입하면 다음과 같은 균제상태의 자본축적 방정식이 도출된다.

$$\begin{aligned} k_{t+1} &= [1 + (sq)^{0.5}]k_t \\ h_{t+1} &= [1 + (sq)^{0.5}]h_t \end{aligned} \tag{5.24}$$

물적 · 인적자본 동시 축적모형의 특징

- 한계생산이 체감해도 균제상태에서는 한계생산이 불변하여 1인당 자본과 소득의 지속적 증가 가능
- 저축률 또는 소득 대비 물적 · 인적자본 투자비율이 수준효과뿐 아니라 성장효과도 가짐
- 국가 간 경제성장의 비수렴성

여기서 1인당 물적자본량(k_t)의 축적 과정을 (k_t, k_{t+1}) 평면에 나타내면 〈그림 5-7〉과 같이 원점을 지나며 기울기가 $[1 + (sq)^{0.5}] > 1$인 직선이 된다. 먼저 앞서 살펴본 루카스의 인적자본모형 및 실행학습모형과 유사하게 초기 자본량 k_0에 관계없이 1인당 자본량이 지속적으로 증가함을 〈그림 5-7〉에서 쉽게 확인할 수 있다. 즉, 균제상태에서 물적자본 또는 인적자본에 대한 한계생산체감이 나타나지 않기 때문에 1인당 자본량과 소득의 지속적 증가가 가능해지는 것이다.

또한 1인당 자본축적 방정식 (5.24)의 기울기 $[1 + (sq)^{0.5}]$는 균제상태의 성장률을 의미한다. 솔로우 모형에서는 저축률 또는 소득 대비 자본투자비율(s, q)

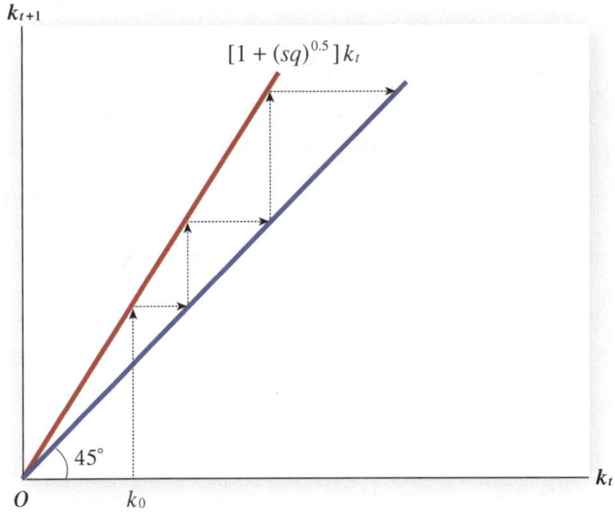

그림 5-7

물적 · 인적자본의 동시 축적모형과 경제성장

균제상태에서 1인당 자본량은 $k_{t+1} = [1+(sq)^{0.5}]k_t$의 과정을 따라 축적된다. 이러한 직선의 형태는 물적자본과 인적자본의 동시축적에 기인한다. 이때 소득 대비 물적 · 인적자본 투자비율 (s, q)의 상승은 1인당 자본량과 소득의 장기성장률을 증가시킨다.

이 장기성장률에 아무런 영향을 미칠 수 없었으나, 물적 · 인적자본 동시축적모형에서는 저축률이 장기성장률을 결정하는 중요한 요소가 된다.

끝으로 국가 간에 저축률을 포함한 경제의 기본 구조가 동일한 경우 앞서 살펴본 루카스의 인적자본모형과 실행학습모형에서와 같이 초기 보유자본이 많은 부유한 나라와 초기 보유자본이 적은 가난한 나라는 두 나라 간 초기 1인당 물적자본량과 소득수준의 차이가 영원히 지속되는 성장경로를 보이게 된다. 결국 장기적으로 가난한 나라와 부유한 나라의 1인당 자본량과 소득은 수렴하지 않는다.

4. 장기적 경제성장의 여러 문제와 경제성장정책

Macroeconomics ch. five

우리는 지금까지 국가 간 경제성장의 차이가 주로 생산에 사용되는 물적 · 인적자본 축적의 차이와 기술수준 또는 생산성의 차이에 기인한다는 것과 이를 설명하는 대표적 경제성장이론을 살펴보았다. 여기서는 국가 간 자본축적과 생산성의 차이를 가져오는 구조적 요인 중 금융, 고령화, 소득불평등 등이 장기적 경제성장과 어떠한 관계를 갖는지 알아보자.

국가 간 자본축적과 생산성 차이의 구조적 요인
- 금융
- 고령화
- 소득불평등

4.1 금융과 경제성장[4]

금융이 성장에 영향을 미치는 경로

- 소규모 저축을 모아 대규모 투자에 필요한 자금을 공급함
- 교육투자에 자금 공급 ⇒ 인적자본 축적 촉진과 소득불평등 완화
- 투자비용 감소

1장(4.1 금융제도)에서 살펴보았듯이 국가경제의 금융제도를 구성하는 금융중개기관과 금융시장은 소규모 저축들을 모아 생산성이 높은 대규모 투자에 필요한 자금을 공급함으로써 물적자본 축적에 기여한다. 금융제도는 또한 교육투자를 원하는 사람들에게 자금을 공급함으로써 인적자본 축적을 촉진시킬 뿐만 아니라 소득불평등이나 세대 간 경제적 이동성에도 큰 영향을 미친다. 금융이 이러한 기능을 적은 비용으로 원활하게 수행할수록 낮은 투자비용으로 생산성이 높은 물적·인적자본 투자가 촉진되고, 그 결과 자원배분의 효율성이 높아질 뿐만 아니라 경제성장이 촉진된다.

금융발전, 경제성장, 소득불평등의 실증적 관계와 한국 경제의 정책함의

실제로 금융제도가 발달되어 있고 경제성장률이 높은 나라들 중 많은 경우 좋은 금융제도가 경제성장이 일어나기 전부터 정착되어 있었다. 예를 들어 1960년 당시 금융발달 측면에서 하위 20% 국가들의 1인당 소득은 1960~2000년 사이에 매년 1.2% 증가한 반면, 상위 20% 국가들의 1인당 소득은 같은 기간 매년 3.2% 증가하였다.

경제성장이 금융발전을 가져오기도 함

한편 경제성장이 금융발전을 가져오기도 한다. 경제가 성장하면 금융에 대한 수요가 증대되어 금융의 성장을 촉진하고, 실물부문의 기술발전이 금융부문의 기술발전을 촉진시키기도 한다. 이러한 관계는 2장(1.1 소득수준의 지속적 증가)에서 살펴보았듯이 장기적으로 경제성장과 함께 국가경제의 금융심화(financial deepening)를 나타내는 금융연관비율(= 금융시장/GDP)의 지속적인 증가에도 나타나 있다. 또한 최근 기술(technology)과 금융(finance)의 융합으로 기존 금융서비스가 획기적으로 효율화되거나 새로운 금융서비스가 출현하는 것을 의미하는 핀테크(FinTech)는 실물부문의 IT 혁신이 금융발전을 촉진시킨 한 예라고 할 수 있다.

[한국은행 금요강좌] 금융혁신과 핀테크

4.2 고령화와 경제성장[5]

우리나라를 포함하여 대다수 선진국들이 빠른 속도의 인구 고령화를 경험하

---

4. 참고문헌 : Weil, D., *Economic Growth*, Prentice Hall, 2009. ; King, R. and Levine, R., "Finance and Growth : Schumpeter Might Be Right," *Quarterly Journal of Economics*, 1993.

5. 참고문헌 : 김기호, 「인구 고령화가 경제성장에 미치는 영향」, 『금융경제연구』, 한국은행 금융경

고 있다. 인구 고령화는 경제 전반에 영향을 주어 성장을 저해하는 요소로 작용할 것으로 예상된다. 실제로 한국개발연구원(KDI)의 분석에 따르면 인구 고령화의 영향으로 우리나라의 잠재성장률은 2030년에는 1.6%, 2050년에는 0.74% 수준까지 감소할 것이라고 한다.

고령화가 경제성장을 저해하는 이유
- 노동인구의 양과 질 감소
  ⇒ 해결방안 : 여성 노동참여율의 증진, 해외노동인력 유입, 정년 연장, 인적자본 투자 확충
- 사회 전체의 저축 감소

그렇다면 고령화가 경제성장을 저해하는 이유는 무엇일까? 첫째, 인구 고령화는 노동인구의 양과 질을 떨어뜨릴 수 있다. 노년층 인구의 증가에 따라 고령 노동자의 수가 증가하는 데 반해, 저출산에 따른 젊은 층의 노동력은 지속적으로 감소할 것이기 때문이다. 젊은 층의 노동력은 상대적으로 새로운 지식과 기술을 습득한 인력이므로 이러한 노동시장의 인구 구성비 변화는 장기적으로 노동시장의 생산력을 저해하는 요소로 작용할 수 있다. 이 문제를 해결하기 위해서는 여성 노동참여율의 증진, 해외노동인력 유입, 정년 연장과 같은 방안을 통해 노동인구의 양을 늘리고 인적자본 투자 확충을 통해 노동의 질을 증대시키는 정책이 필요하다.

[한국은행 금요강좌]
우리나라 고령화 현황과 과제

둘째, 인구 고령화가 지속되면 사회 전체의 저축이 감소하기 때문에 경제성장에 필요한 자본축적이 감소할 수 있다. 사람들은 평생 고른 생활수준을 영위하기 위해 젊을 때 저축을 하여 노년층 소비에 필요한 자산을 확보한다. 만약 전체 인구에서 저축을 하는 젊은 층의 비율은 감소하고 음(−)의 저축을 하는 노년층의 비율이 증가한다면 사회 전체의 저축은 감소하게 될 것이다. 더욱이 우리나라의 베이비 붐 세대를 형성하고 있는 장년층이 자신들이 젊은 시절 축적해 놓은 자산을 노후 소비를 위해 대거 처분하게 된다면, 이는 자산시장에 영향을 줄 뿐만 아니라 장기적으로 우리나라의 자본축적을 변화시킬 수 있다.

한편 한 연구결과에 따르면 미국, 스웨덴, 영국, 이탈리아, 일본, 캐나다, 프랑스 등 7개국에서 고령화가 진행됨에 따라 단기에는 효율적 노동공급이 크게 감소하여 1인당 실질GDP가 줄어드는 반면, 장기에는 인적자본에 대한 투자의 증가로 노동생산성 증가와 함께 1인당 실질GDP가 증가하는 것으로 나타났다. 그러나 인적자본 투자 증가에 따른 성장효과가 노동공급 감소효과를 완전히 상쇄하지는 못한다는 연구결과도 제시되었다.

제연구원, 2005. 9. ; 한국개발연구원, 「고령화의 경제적 영향에 대한 분석」, 2005. 12. ; 국회예산정책처, 『저출산 · 고령화의 영향과 정책과제』, 저출산 · 고령사회 대응 연구(종합), 2009. 12. ; Fougere, M. and Merette, M., "Population Ageing and Economic Growth in Seven OECD Countries," *Economic Modelling*, 1999.

이론과 실제 2 저출산 · 고령화와 저성장*

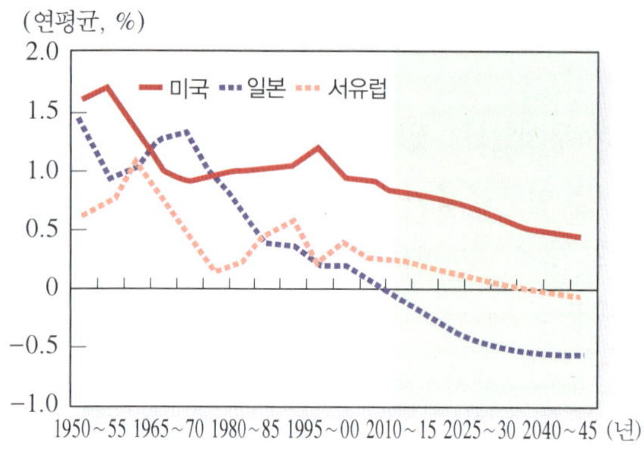

자료 : World Bank

(a) 인구증가율 전망[1)]

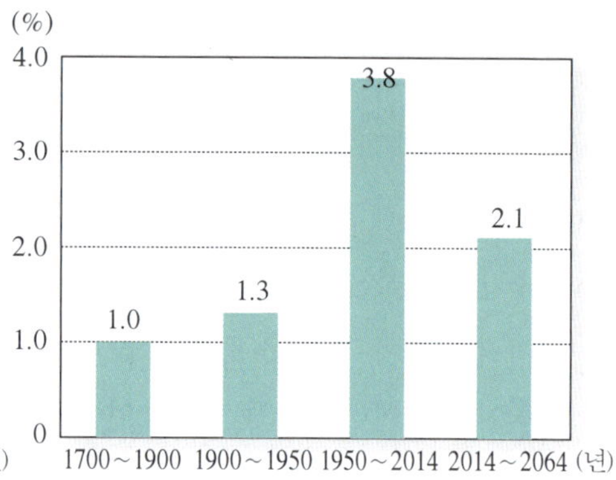

자료 : Mckinsey Global Institute

(b) 세계 경제 성장률 추이 및 전망[2), 3), 4)]

주 : 1) 음영부분은 2012년에 실시한 전망기간.
2) G19와 나이지리아 20개국 대상(세계 인구의 63%와 글로벌 GDP의 80%를 차지함).
3) 연평균 성장률 기준.
4) 2014~2064년 노동생산성의 연평균 증가율을 1.8%로 가정.

맥킨지(McKinsey Global Institute)가 2015년 1월 발표한 보고서 「Global Growth : Can Productivity Save the Day in an Aging World」에 따르면 1964~2014년 중 노동가능인구 및 노동생산성의 연평균 증가율은 각각 1.7%와 1.8%를 기록하였으며, 동 기간 중 1인당 연평균 생산액은 2.4배까지 확대되었다. 하지만 향후 50년간은 세계 경제의 성장에 기여했던 인구통계학적 요인이 사라질 가능성이 높아졌다. 실제로 이미 다수의 국가에서는 전체 인구 중 노동가능인구(15~64세) 비중이 증가하여 노동력과 소비가 늘면서 경제성장을 견인하는 인구보너스(demographic bonus) 현상이 약화되고, 오히려 노동가능인구 비중이 감소하여 경제성장이 지체되는 인구오너스(demographic onus) 현상이 나타나고 있다.

특히 향후 50년간 고령화가 급진전되면서 노동가능인구의 연평균 증가율은 0.3%에 그칠 것으로 추정된다. 위 〈그림〉의 (b)에서와 같이 노동생산성의 연평균 증가율이 과거 50년과 동일한 수준(1.8%)을 유지하더라도 세계 경제의 연평균 GDP 성장률은 3.8%에서 2.1%로 약 40% 둔화될 것으로 추정된다. 이에 따라 2007~2009년의 대침체(Great Recession) 또는 1974~1984년의 에너지위기 당시 경험했던 저성장이 '뉴노멀(New Normal)'이 될 가능성이 커지고 있다.

과거 50년에 버금가는 수준의 GDP 성장률 달성이 가능하기 위해서는 노동생산성 증가율을 과거 50년의 1.8%보다 훨씬 높은 3.3%까지 끌어올려야 할 것으로 추정된다. 이를 위해서는 기업들의 실물자본에 대한 투자 확충, R&D 투자 확대를 통한 신기술 개발, 여성과 노인들을 위한 유연한 작업환경 제공, 청년층에 대한 직업훈련 및 조언자 역할 강화 등에 주력할 필요가 있는 것으로 지적되었다.

* "최근 맥킨지 보고서의 세계 경제 성장잠재력 확충필요성 주장", 『주간금융브리프』, 2015. 3. 7. 한국금융연구원.

4.3 소득불평등과 경제성장[6]

2장(1.2 소득 · 부 불평등 심화)에서 살펴보았듯이 최근 20여 년간 OECD 국가의 평균적인 소득불평등과 우리나라의 소득불평등은 지속적으로 심화되어 왔다. 전통적으로 효율과 형평은 상충관계를 갖는 것으로 이해되었다. 형평을 추구하다 보면 효율성을 해치게 되는데, 평등한 분배는 오히려 근로 및 투자의 유인을 감소시켜 경제성장을 저해한다는 것이다. 그러나 1990년대 이후 다양한 실증분석 결과 소득 및 부의 불평등도와 경제성장 간에 음(-)의 상관관계가 있음이 밝혀지면서 성장과 분배가 상충관계를 갖는다는 전통적 고정관념이 깨지

그림 5-8

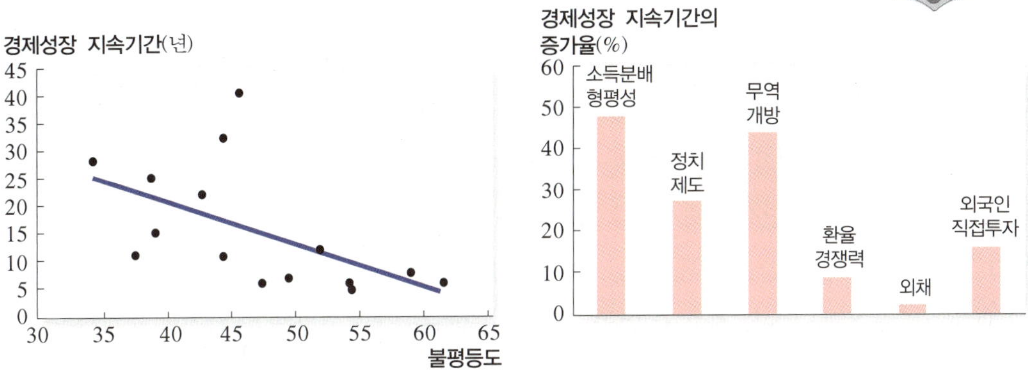

(a) 소득불평등도와 경제성장 지속기간[1), 2), 3)]　　(b) 경제성장 지속기간을 결정하는 요인들[4)]

주 : 1) 소득불평등도는 지니계수(Gini coefficient)로 측정 : 0은 모든 가구의 소득이 동일한 것을 나타내며, 100은 한 가구가 모든 소득을 차지하고 있는 상태를 의미함.
2) 최소 지속기간은 5년이며, 표본에서 성장기간이 끝난 것만 포함.
3) 자료 : Penn World Table, World Income Inequality Database(United Nations University)
4) 각 요인이 10%p 상승(50% → 60%)할 때 경제성장 지속기간의 증가율(%).

출처 : Berg, A., and Ostry, J. D. "Inequality and Unsustainable Growth : Two Sides of the Same Coin?" *IMF Staff Discussion Note*, 2011.

➡ 소득불평등도와 경제성장 지속기간

소득불평등도와 경제성장 지속기간 간에는 음(-)의 상관관계가 나타나며, 소득분배의 형평성이 다른 요인들에 비해 상대적으로 경제성장 지속기간에 큰 영향을 미친다.

---

6. 하준경, "21세기 성장동력으로서의 동반성장", 동반성장포럼, 2013. 5. 9. ; 윤성주, 「포용적 성장을 통한 경제성장 : 소득불평등을 중심으로」, 『재정포럼』, 한국조세재정연구원, 2014. 7. ; IMF staff, "Fiscal Policy and Income Inequality," *IMF Policy Paper*, IMF, 2014. ; 홍승현 · 류덕현 · 전병목 · 윤성주, 「경제성장과 재정정책」, 한국조세재정연구원, 2014. 12.

기 시작했다.

〈그림 5-8〉의 (a)는 경제성장의 지속기간과 소득불평등 사이에 음(−)의 상관관계가 있음을 나타내고 있다. 이는 소득불평등의 정도가 심할수록 성장의 지속기간이 짧게 나타날 가능성이 높다는 것을 의미하는 것으로, 소득불평등도가 성장의 지속 가능성에 부정적 영향을 미친다는 것을 시사한다. 또한 (b)는 경제성장의 지속기간에 영향을 미치는 여러 요인 중 소득분포의 영향력이 상대적으로 크다는 것을 보여주고 있다. 즉, 소득불평등도 10%p의 감소가 경제성장 지속기간의 기대치를 평균적으로 50% 증가시키는 것으로 추정되었다. 이는 소득불평등도가 경제성장 지속 가능성의 중요한 결정요인이라는 점을 시사하고 있다.

소득불평등이 경제성장을 저해하는 경로
- 물적 · 인적자본의 감소
- 정치 · 사회적 불안

국가경제의 소득불평등이 경제성장을 저해하는 경로는 크게 물적 · 인적자본의 감소, 정치 · 사회적 불안 등이 있다. 즉, 자본시장이 불완전한 상황에서 소득불평등이 커질수록 신용제약에 직면한 소규모 기업가와 저소득층은 각각 적정 수준의 실물자본 투자와 인적자본 투자를 실행하기 어렵다. 또한 소득불평등의 심화로 정치 · 사회적 불안이 증가하면 범죄가 늘어나고 이를 방지하기 위한 비용이 상승하면서 경제성장이 저해된다.

계층 간 이동성 경제시스템의 효율적 운영을 의미 ⇒ 계층 간 이동성이 높을수록 성장률 증가

소득이동성이 경제성장에 미치는 영향

한편 소득불평등도 자체보다는 계층 간 이동 가능성이 더 중요하다는 주장도 있다. 계층 간 이동 가능성이 높다는 것은 그만큼 한 사회의 경제시스템이 효율적으로 운영되고 있음을 의미한다. 효율성이 높을수록 경제가 더 활발하게 성장하므로 결국 계층 간 이동 가능성이 높은 나라가 그렇지 못한 나라보다 빠르게 성장한다는 것이다. 계층 간 이동 가능성에 영향을 주는 요인에는 교육, 정책과 제도, 결혼, 차별 등이 있다. 특히 교육을 많이 받을수록 이동 가능성이 높고 정책과 제도가 이를 촉진한다면 사람들이 자기의 처지를 개선하기가 용이해지는 반면, 인종 · 종교 · 지역 · 성에 따른 차별이 있으면 그만큼 이동 가능성이 저하된다.

이론과 실제 3 형평 제고를 통한 경제성장정책의 역사적 기원

유럽에서는 19세기 후반에 접어들면서 경제발전에서 인적자본의 중요성이 점점 커짐에 따라 자본가들이 앞장서서 노동자와 대중에게 양질의 교육을 제공할 수 있도록 공교육을 확충할 것을 주장했다. 예를 들어 영국에서는 특히 1867년 파리박람회 이후 공교육 확충 및 교육개혁에 대한 자본가들의 로비가 강화되었고, 정부는 이를 수용했다. 1851년의 박람회에서는 90개 정도의 제조업 종목 중 대부분에서 최고상을 휩쓴 영국이 1867년에는 단지 10개

정도의 종목에서만 수상하게 됨으로써 영국의 교육제도에 대한 전반적 위기감이 확산되었다.

1868년 의회에 과학교육에 대한 위원회 등이 설치되었고 교육실태에 대한 전면적 재점검이 각종 위원회들을 통해서 지속적으로 이루어졌다. 1870년의 교육법에서는 정부가 초등교육의 전면적 실시를 책임지게 되었고, 1880년에는 의무교육이 실시되었으며, 1890년 지방 조세법에서는 기술교육을 위한 공적기금을 조성했다.

마네(Edouard Manet, 1832~1883)의 '1867년 파리 만국박람회'

프랑스에서도 자본가들이 교육개혁을 지원하여 1881년에는 무상 의무 초등교육이 실시되었고 과학기술 교육을 더욱 확충했다. 한편 독일에서는 자본가들이 대학개혁을 로비하고 기술훈련의 강화와 기초과학의 산업적 응용을 위한 자금을 지원하였으며, 정부에서도 공교육제도를 확충하기 위한 조세를 부과하고 교사에 대한 훈련 및 자격증 제도를 확립했다. 네덜란드에서는 이미 1830년대에 산업자본가와 기업가들을 대표하는 민간조직들의 자금지원으로 산업학교들이 설립되었다.

이와 같이 공교육을 대폭 확충한 결과 자본에 대한 렌트에 비해 임금이 크게 상승하고 소득분배 상황이 현저히 개선되었으며, 중산층이 확대되고 지속적 안정성장의 토대가 마련되었다. 자본가들이 나서서 공교육을 통한 재분배를 로비하고 정부가 이를 수용함으로써 자본축적에 따른 이윤율의 하락 등 기존 생산시스템의 문제를 해결할 수 있었다. 자본가들은 양질의 노동력과 지속적 기술혁신을 통해 이윤율을 높이고자 스스로의 계급적 특권을 기꺼이 포기했던 것이다.

출처 : 하준경, 「21세기 성장동력으로서의 동반성장」, 동반성장포럼, 2013. 5. 9.

소득불평등 완화 및 경제성장을 위한 재정정책
- 소득재분배정책
- 포용적 성장을 위한 재정정책

최근 국제통화기금(IMF)의 한 보고서는 소득재분배를 재정정책의 주요 목적 중 하나로 보면서 정부가 재정정책을 통해 다음과 같이 소득불평등에 유의미한 영향을 미칠 수 있다고 주장했다.

소득 주도 성장의 이해와 과제

첫째, 경제성장의 결과 시장에서는 시장소득 불평등이 발생한다. 이러한 소득불평등으로 인한 정치·사회적 불안 및 그에 따른 투자의 불확실성 확대 등은 경제성장에 부정적인 영향을 미칠 가능성이 높다. 이때 정부는 〈그림 5-9〉에서와 같이 조세 및 이전지출 등의 **소득재분배정책**을 통해 소득분배 형평성을 제고할 필요가 있다. 구체적으로 시장불평등은 조세, 현금이전(cash transfers) 등의 소득재분배정책을 통해 일부 완화되는데, 이로 인해 완화된 불평등도는 경제성장에 각각 상이한 영향을 미치게 된다. 우선 높은 수준의 세금과 보조금은 투자유인을 감소시킬 뿐만 아니라, 고소득층과 저소득층 모두의 노동공급을 감소시킬 수 있다. 반면에 소득재분배를 통한 불평등의 완화는 정치·사회적 불안을 감소시켜 투자에 긍정적 영향을 미칠 수 있을 뿐만 아니라, 저소득층의 교육·건강에 대한 지

그림 5-9

소득불평등, 경제성장 및 재정정책
경제성장에 부정적인 영향을 미치는 시장소득 불평등을 완화시키기 위해 정부는 단기적으로 조세 및 이전지출 등의 소득재분배정책을 통해 소득분배 형평성을 제고할 수 있다. 또한 경제성장이 시장소득 불평등에 미치는 영향을 완화시키기 위해 경제주체들이 성장에 기여할 수 있는 기회를 가질 수 있도록 인적자본 투자에 대한 지원 등 포용적 성장을 위한 재정정책이 필요하다.

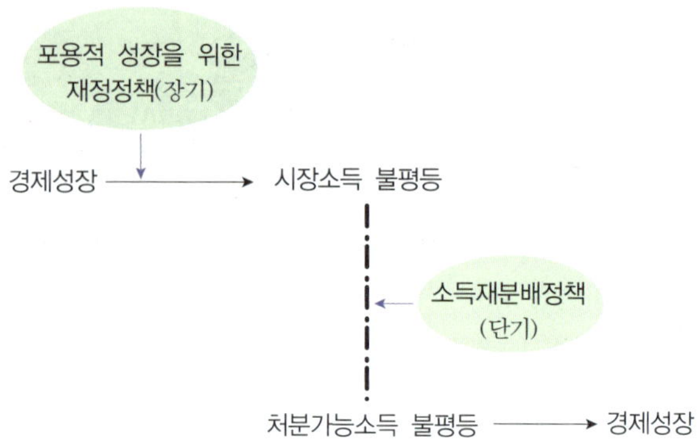

출의 증가를 이끌어내어 노동시장과 자본시장의 불완전성을 일부 상쇄시킴으로써 경제성장에 긍정적 영향을 미칠 수 있다. 또한 위기상황 발생 시 이를 극복하기 위한 사회적 공감대를 형성하는 것이 용이해지는 것도 경제성장에 긍정적 영향을 미칠 것으로 보인다.

둘째, 경제성장이 시장소득 불평등에 미치는 영향을 완화시키기 위해 저소득층을 포함한 다수의 경제주체들이 경제성장에 기여할 수 있는 기회를 가질 수 있도록 정부가 교육서비스 등에 대한 접근성 향상을 지원할 필요가 있다. 이러한 인적자본 투자에 대한 정부의 지원은 그 성과가 나타나기까지 비교적 오랜 시간이 걸린다는 점에서 장기적인 접근방법으로 볼 수 있으며, 최근 부각되고 있는 포용적 성장(inclusive growth)을 위한 재정정책으로 볼 수 있다.

실제로 재분배정책 지표들(세율, 사회보장 지출 등)이 경제성장과 양(+)의 상관관계를 갖고 있음이 밝혀졌다. 또한 최근의 한 실증분석에 의하면 미국에서 GDP의 6%를 재분배(상위 30% 소득계층이 하위 70% 계층을 지원하는 방식)에 사용하면 하위계층의 인적자본 투자 증가 등으로 미국의 장기 경제성장률이 0.5% 상승하는 것으로 추정되었다.

이론과 실제 4 동반성장과 포용성장

과거 수십 년 동안 경제성장과 소득불평등의 문제는 학계와 정책입안자들의 주요 관심사가 되어 왔다. 1980년대 들어 자율적 시장경제체제에서 경제성장의 성과가 별도의 제도적 장치 없이 낙수효과(trickle down)를 통해 저소득층의 소득 증가로 이어질 수 있다는 논리가 대두되었다. 그러나 1990년대 여러 개발도상국가들의 경험에 의하면 이와 같은 낙수효과가 명확히 나타나지 않았다. 이러한 문제점들을 인식하면서 세계은행 등을 중심으로 동반성장(shared growth) 등의 개념이 논의되기 시작하였다.

우리나라에서도 한국 경제의 저성장·양극화 문제의 해법으로 '경제 전체의 파이를 키우면서 분배구조는 좀 더 공정하게 개선하자'는 취지의 동반성장이 활발히 논의되고 있다.* 특히 대·중소기업 간 동반성장을 이루기 위한 구체적 전략으로 (초과)이익공유 또는 협력이익배분이 제안되었다. 대기업이 (당초 목표한 것보다) 높은 이익을 올리면 그것의 일부를 협력중소기업에 돌려 그 중소기업이 기술개발, 해외진출, 또는 고용안정에 투자할 수 있도록 선순환시킴으로써 낙수효과를 복원할 필요가 있다는 것이다. 이러한 동반성장은 아담 스미스가 『도덕감정론』에서 강조했던 '공정한 관찰자(impartial spectator)' 정신에 기반한다는 점에서 자본주의 정신의 실천이라고 볼 수 있다.

실제로 이익공유는 1920년대 미국 할리우드 영화산업 태동기에 처음 등장한 이후 영화배우·제작사·배급사 사이의 협력을 촉진하여 왔으며, 현재까지 미국·영국·호주·뉴질랜드·네덜란드 등의 제조업·건설업·유통서비스업·인터넷사업·프랜차이즈 사업 등 다양한 산업에서 기업 간 협력에 널리 활용되고 있다. 이익공유가 가장 성공한 곳은 미국의 NFL(National Football League)로 알려져 있다.

한편 동반성장과 관련된 개념으로 포용적 성장(inclusive growth)이 있다. 포용성장의 핵심은 기회의 균등으로 경제성장에 기여할 수 있는 기회가 모든 경제주체들에게 균등해야 한다는 것이다. 기회의 불균등으로 인한 노동시장 참여의 정도가 소득불평등을 초래하기도 하며, 소득불평등으로 인한 교육·보건 등에 대한 투자의 차이가 기회의 균등에 영향을 미칠 가능성이 높다.

* 정운찬, 『한국경제, 동반성장, 자본주의 정신』, 파람북, 2021. 3.

요약

1. 왜 내생적 경제성장이론인가?

솔로우 모형이 설명하지 못했던 기술진보와 총요소생산성 증가의 경제적 결정요인들을 설명하려는 시도를 내생적 경제성장이론이라고 한다. 크게 두 가지 접근이 있는데, 하나는 기술진보가 연구·개발부문에 의해 내생적으로 결정된다고 보는 R&D 모형이고, 다른 하나는 기술진보와 총요소생산성 증가가 인적자본 투자에 의한 노동력의 지식축적과 숙련도 향상의 결과라고 보는 인적자본모형이다.

2. R&D 모형

2.1 기본 가정 기술진보는 동일 자본과 노동을 투입하더라도 종전보다 더 많은 생산을 가능케 하는 지식의 축적을 의미한다. 로머는 R&D부문에서의 기술진보 또는 지식축적이 R&D부문의 연구인력과 그들의 생산성, 기존 지식의 파급효과에 의해 이루어진다고 가정했다.

2.2 장기적 경제성장의 결정요인과 수렴성 R&D부문 연구인력의 증가율과 생산성이 높을수록, 그리고 기존지식의 파급효과가 클수록 균제상태의 1인당 소득과 자본량 성장률이 증가한다. 그러나 지식의 비경합성으로 인해 가난한 나라도 부유한 나라의 기술을 상당 부분 채용할 수 있는 상황에서 R&D 모형은 국가 간 성장률 격차가 지속적으로 존재한다는 사실을 충분히 설명하기 어렵다.

3. 인적자본모형

비경합성을 갖는 지식의 축적은 가계부문의 교육과 실행학습 등 인적자본 투자에 의해서도 이루어진다. 특히 인적자본 투자는 노동자의 지식과 기술을 무한정 증가시킴으로써 유효노동력의 증가를 가져오고, 그 결과 인적자본의 증가는 한계생산체감 없이 장기적 경제성장을 가능하게 한다.

3.1 루카스 모형 루카스의 인적자본모형에 의하면 장기적 경제성장의 결정요인은 교육 및 기술 습득에 투입하는 시간과 교육부문의 효율성이다. 예를 들어 노동시간을 줄이고 교육투입시간을 늘리는 경우 단기적으로 노동소득이 감소해 소비가 감소할 수 있다. 하지만 장기적으로 소득증가율의 상승에 따라 교육투입시간 증가 이전의 소비수준을 능가하게 된다. 루카스의 인적자본모형은 비경합성을 갖는 지식·기술 등 인적자본의 무한정 축적에 의한 자본한계생산 불변에 기초하여 R&D 모형만으로 설명하기 어려웠던 국가 간 지속적인 성장률 격차를 설명하는 데 유용하다.

3.2 실행학습모형 노동자들이 직접 자본 사용과 생산활동을 통해 지식·기술 등 인적자본을 습득하는 실행학습(learning by doing)은 노동의 효율성 증가를 통해 경제 전체적으로 자본의 한계생산불변을 가능케 함으로써 장기적 성장과 국가 간 성장의 비수렴성을 설명하는 데 유용하다.

3.3 물적·인적자본의 동시축적모형 물적자본과 인적자본 각각에 대하여 한계생산이 체감하는 경우에도 물적자본과 인적자본이 동시에 축적되면 균제상태에서는 물적자본 또는 인적자본에 대해 더 이상 한계생산이 체감하지 않는 Ak 형태의 생산함수가 도출된다. 이때 "A"는 1인당 소득 대비 물적·인적자본 투자비율에 의해 결정된다. 1인당 소득의 지속적 증가와 국가 간 경제성장의 비수렴성 설명에 유용하다.

4. 장기적 경제성장의 여러 문제와 경제성장정책

4.1 금융과 경제성장 금융은 소규모 저축들을 모아 생산성이 높은 대규모 투자에 필요한 자금을 공급함으로써 물적자본 축적에 기여한다. 금융은 또한 교육투자를 원하는 사람들에게 자금을 공급함으로써 인적자본 축적을 촉진시킬 뿐만 아니라 소득불평등이나 세대 간 경제적 이동성에도 큰 영향을 미친다. 한편 경제가 성장하면 금융 발전을 촉진하고, 실물부문의 기술발전이 금융부문의 기술발전을 촉진시키기도 한다.

4.2 고령화와 경제성장 인구 고령화는 노동인구의 양과 질을 떨어뜨리는 한편 사회 전체의 저축률 하락을 가져옴으로써 자본축적을 감소시키기 때문에 경제성장을 저해하는 요소로 작용할 수 있다.

4.3 소득불평등과 경제성장 자본시장이 불완전한 상황에서 소득불평등이 심할수록 물적자본과 인적자본의 축적이 저하되며, 범죄 발생 등으로 사회적 혼란이 가중된다. 따라서 정부는 조세·이전지출 등의 소득재분배정책과 포용적 성장을 위한 재정정책을 통해 소득불평등을 완화하고 경제성장을 촉진할 수 있다.

연습문제

01 루카스의 인적자본모형에서 효율성 단위로 나타낸 노동시간의 한계생산성(z)이 일시적으로 증가하는 경우 인적자본과 소비, 그리고 성장률에 미치는 효과를 분석하여 설명하라. 단, 유효노동공급(uh_t^s)은 실질임금(w)에 대해 비탄력적이다.

02 루카스의 인적자본모형에서 1만큼의 가용시간 중 u는 노동에, v는 정부부문에 투입되어 정부만이 소비하는 재화를 $gvh(g > 0)$만큼 생산한다고 하자. 그 나머지 시간 $(1 - u - v)$는 인적자본 축적에 사용된다.

(1) v가 증가하고, 같은 양만큼의 u가 감소한다고 하자. 이것이 소비수준과 소비의 증가율에 미치는 효과를 설명하라. 그리고 v 증가 이전과 이후의 소비성장경로를 그림으로 비교하여 설명하라.

(2) v는 증가하고, u는 변동이 없다고 하자. 이것이 소비수준과 소비의 증가율에 미치는 효과를 설명하라. 그리고 v 증가 이전과 이후의 소비성장경로를 그림으로 비교하여 설명하라.

03 내생적 경제성장이론에 근거하여 다음 명제를 평가하라.

> "자본의 한계생산이 체감하는 생산함수를 갖는 국가경제에서 저축률의 증가는 장기적 경제성장률에 영향을 미치지 못한다."

04 실행학습모형 같은 한계생산이 불변하는 모형에서 일정 시점 T에 저축률의 증가가 소비의 성장경로에 미치는 영향을 저축률 증가 이전의 경로와 비교하여 예시하라.

05 로머(Paul Romer)는 비경합성과 배제 가능성을 갖는 지식자본의 외부효과로 인해 지식의 한계생산이 체감하지 않는다고 주장했다. 구체적으로 로머는 지식의 외부효과가 반영된 총생산함수를 다음과 같이 가정했다.

$$Y = AF(K, \hat{k}L) = AK^{\alpha}(\hat{k}L)^{1-\alpha} \quad (0 < \alpha < 1)$$

여기서 K와 L은 각각 경제 전체의 지식자본과 노동을, $\hat{k}$은 1인당 평균 지식자본을 나타낸다. 위 생산함수에 따르면 국가경제에 평균적으로 지식이 높은 사람들이 많아서 평균 지식자본 $\hat{k}$이 높을수록 지식자본의 긍정적 외부효과로 인해 경제 전체의 노동생산성도 증가한다. 균형지식자본은 4장의 솔로우 모형과 같은 방식으로 축적된다고 가정한다.

$$K_{t+1} = sY_t + (1 - d)K_t$$

(1) 경제 전체의 1인당 생산함수를 도출하고 그 특성을 직관적으로 설명하라.

(2) 1인당 균형자본 축적 방정식을 도출하라. 장기적으로 1인당 소득의 지속적 증가와 국가 간 소득수준의 비수렴성을 설명할 수 있는가?

06 선진국을 중심으로 인구구조의 고령화가 진행되고 있다. 우리나라도 지난 2000년에 전체 인구 대비 노인인구 비율이 7.2%로 고령화 사회에 도달하였고, 2018년에는 14%를 넘는 고령사회에, 2026년에는 20%인 초고령사회에 진입할 것으로 예상된다. 고령화의 원인으로는 저출산과 평균수명의 증가를 들 수 있는데, 우리나라의 평균 출산율은 2005년 세계 최저수준인 1.08명을 기록하였다. 저출산·고령화가 장기적 경제성장에 미치는 영향을 외생적 성장이론과 내생적 성장이론을 이용하여 설명하라.

07 30년 동안 고도성장을 이룩한 우리나라 경제는 1997년 말 경제위기를 맞은 후 1998년에는 마이너스 성장을 기록하였다.

(1) 1960년대 초 이래 우리나라 경제가 이룩한 성장과정의 주요 특징을 기술하라.

(2) 우리나라 경제가 다시 높은 성장을 달성하기 위한 방안을 내생적 성장이론의 관점에서 논하라.

(1999년 행정고시 기출문제 일부 변형)

08 우리나라에서 과거 1960～1970년대에는 투자자금만 있으면 큰 수익을 낼 수 있는 실물투자 기회가 많았지만 최근에는 투자의 수익률을 결정하는 자본의 한계생산성이 1970년대에 비해 3분의 1 수준으로 떨어지면서 투자부진의 한 원인이 되고 있다.

(1) 자본의 한계생산성 하락이 물적자본에 비해 고급인력(skilled labor)과 기술의 부족에 기인한다는 견해를 경제학적으로 설명하라.

(2) 이러한 인적자본과 기술혁신의 부족이 우리나라의 장기적 경제성장에 미치는 영향을 내생적 성장이론에 기초하여 설명하라.

09 최근 우리나라의 경우 출산율의 저하로 인한 인구증가율의 하락 및 고령화가 사회 · 경제적 문제로 대두되고 있다.

(1) 솔로우 성장모형에 기초하여 인구증가율의 하락이 경제성장에 어떤 영향을 줄 것인지 그림을 이용하여 분석하라. 내생적 경제성장모형의 예측과 다른 점은 무엇인가?

(2) (1)에서 분석한 인구증가율과 경제성장의 관계가 최근 우리나라의 출산율 저하 및 고령화에 따라 경제성장이 둔화될 것이라는 우려와 일치한다고 할 수 있는가? 만일 일치하지 않는다면 왜 그렇게 생각하는지 설명하라.

(2006년 외무고시 기출문제 일부 변형)

10 다음과 같은 생산함수를 상정한 성장모형을 고려하자.

$$Y = AK + BL$$

여기서 Y는 총생산, K는 자본, L은 노동이다. 그리고 A와 B는 양의 상수이다. 자본의 변화는 $\Delta K = I - \delta K$로 주어지고, I는 투자로서 $I = sY$로 주어진다. 여기서 δ는 감가상각률, s는 저축률이다. 인구증가율은 n, 즉 $\frac{\Delta L}{L} = n$이다.

(1) 1인당 소득과 자본을 각각 y, k라 할 경우, 1인당 생산함수와 1인당 자본의 변화를 수식으로 나타내라.

(2) 저축률에 따라 장기의 1인당 소득이 정체될 수도 있고, 지속적 증가가 일어날 수도 있음을 설명하라. (그래프를 활용하는 것이 좋다.)

(2008년 입법고시 기출문제)

11 경제성장에 관한 Ak모형에 대하여 다음 질문에 답하라.

(1) 다음의 주어진 수식을 이용하여 Ak모형을 간단히 설명하고, 1인당 성장률을 구하라.

$$Y = AK,\ \ \dot{K} = sY - \delta K,\ \ \frac{\dot{L}}{L} = n$$

(단, Y = 산출, A = 상수, K = 자본, s = 저축률, δ = 감가상각률, L = 노동, n = 인구증가율이다)

(2) 우리나라의 1인당 경제성장률 4%를 지속적으로 달성하기 위해서는 저축률이 어느 수준으로 유지되어야 하겠는가? (단, 우리나라의 자본-산출계수$\left(\frac{K}{Y}\right)$는 4이고, GDP 가운데 감가상각이 차지하는 비율은 16%이며, 인구증가율은 2%이다.)

(2007년 행정고시 기출문제)

12 내생적 경제성장이론을 이용하여 다음 주장이 우리나라의 경제성장에 시사하는 점을 분석 · 설명하라. (출처 : 정운찬, 『미래를 위한 선택, 동반 성장』), 21세기북스, 2013.)

(1) “한국처럼 산업구조가 고도화된 나라는 첨단기술, 원천기술, 핵심기술이 있어야 투자가 지속적으로 이루어진다. 이것을 개발하려면 연구를 해야 한다. 하지만 우리는 남이 연구한 것을 가져다가 개발은 잘 하지만 자체 연구가 되지 않으니 투자가 활성화될 수 없다.”

(2) “현재 우리나라 교육은 총체적 부실에 빠져 있다고 해도 지나친 말이 아니다. 인적 · 물적자본, 공적 · 사적자원이 많이 들어가는데, 그에 비해 인재가 안 나온다. … 인재는 건전한 상식과 상당한 전문지식을 가지고 있을 뿐만 아니라 변화하는 미래 사회에 대처할 수 있는 능력을 갖춘 사람을 말한다. … 미래의 창조적 인재를 키우기

위해 우리의 교육은 무엇을 언제부터 어떻게 가르칠지 더 많이 고민해야 한다. 그리고 이를 실제 교육현장에 적용할 교육시스템의 개혁이 필요하다."

13 외생적 또는 내생적 경제성장모형을 이용하여 남북한 통일이 경제성장에 미치는 효과를 이론적으로 설명하라.

Macroeconomics
part three

거시경제학의 미시적 기초

지금까지 우리는 대부분의 경제행위나 의사결정을 주어진 것으로 가정했다. 특히 솔로우 성장모형은 사람들이 생산을 통해 얻은 소득의 일정 부분을 소비하고 저축하며, 노동공급은 항상 풀 타임으로 이루어져 고정된 것으로 가정했다. 즉, 한계소비성향과 한계저축성향이 일정하고 노동공급은 임금수준에 관계없이 비탄력적으로 이루어진다고 가정한 것이다.

그러나 1970년대에 루카스(Robert E. Lucas, Jr.)는 이러한 방법론의 오류를 지적하였다. 거시계량모형에 의한 경제 예측이 타당성을 갖기 위해서는 소비 · 투자함수의 계수들이 경제여건 및 정책환경에 따라 변하지 않고 안정적(policy invariant)이어야 한다. 그러나 가계 및 기업들이 향후 조세삭감이나 정부지출 증가와 같은 정책 변화와 그 지속성 여부 등 정책의 구체적 내용을 알고 있다면 이러한 정보를 자신들의 효용 및 이윤극대화에 반영시킬 것이므로, 그 결과로 도출되는 소비 · 투자함수의 계수는 변하게 된다. 예를 들어 기간 간 고른 소비수준을 선호하는 소비자에게 조세삭감이 일시적인 경우 처분가능소득 증가에 대한 한계소비성향은 조세삭감이 영구적인 경우의 한계소비성향보다 작을 것이다. 이와 같이 계수가 일정한 행위함수에 근거하여 거시경제정책 효과를 분석하는 것은 잘못이라는 주장을 '루카스 비판(Lucas critique)'이라 한다. 루카스는 거시경제모형의 행위함수를 임의적으로 가정할 것이 아니라, 불확실성 속에서 합리적 기대를 하는 가계와 기업의 최적 소비 및 투자 선택의 결과로 도출해야 한다고 주장했다.

제3편에서는 소비, 저축, 노동 및 투자 등에 대한 개인의 결정이 어떻게 이루어지는지에 대해 자세히 알아보려고 한다. 그리고 나서 이러한 개인의 미시적 의사결정이 집계되어 나타난 거시경제의 결과를 살펴볼 것이다. 국가경제의 주요 경제주체는 가계, 기업 및 정부로 구성된다. 현실 세계에서 가계(household)는 모두 서로 다르며 따라서 개별 가계는 경제환경의 변화에 다르게 반응한다. 기업도 마찬가지이다. 결과적으로 가계나 기업의 개별 의사결정을 집계하는 것은 어려운 일이고 컴퓨터의 도움 없이는 불가능하다.

이 책에서 우리는 경제에 무수히 많은 가계가 있지만 모두 동일하다고 가정함으로써 어려운 집계 문제를 피해가려고 한다. 같은 이유로 기업에 대해서도 동일한 가정을 한다. 이 가정은 분명히 비현실적이지만, 우리가 동질적 경제주체의 가정 하에서 얻을 수 있는 많은 통찰력이 가계나 기업의 이질성을 고려하는 경우에도 변하지 않는다는 것이 밝혀졌다. 이 가정의 한 가지 중요한 이점은 개별 경제주체들의 집계된 행위를 분석할 때 대표 가계(representative household) 또는 대표 기업(representative firm)의 경제행위나 의사결정을 고려하는 것으로 충분하다는 것이다. 예를 들어 대표 가계의 소비 결정이 곧 경제 전체의 소비 결정이 된다.

가계와 기업의 동질성 외에도 제3편 전체에 걸친 또 다른 중요한 기본 가정은 가격의 신축성 또는 유연성(price flexibility)이다. 이 가정에 따르면 가격은 수요 또는 공급의 변화에 따라 같은 기간 내에 즉시 조정된다. 현실 세계에서 이 가정은 단기적으로 유효하지 않을 수 있지만 일단 유용한 출발점 또는 벤치마크가 될 것이다. 제4편에서는 가격 조정이 같은 기간 내에 즉각적으로 이루어지지 않는 가격경직성(price stickiness)을 고려할 때 가격이 신축적인 벤치마크와 비교해서 어떤 차이를 보이는지 살펴볼 것이다.

경제학원론에서 배웠듯이 고전적 이분성(classical dichotomy)은 신축적인 가격 조정 하에서 성립한다. 생산량 및 소비와 같은 실질변수는 통화량과 같은 명목변수와 무관하게 결정된다는 것이다. 이 특성은 우리가 경제의 명목부문 또는 화폐부문과는 별도로 경제의 실물부문 분석을 가능하게 한다.

앞서 제2편의 경제성장모형에서 보았듯이 거시경제학은 동학(dynamics), 즉 시간의 흐름에 따른 경제 전체의 변화에 초점을 맞추고 있다. 본서에서는 가장 단순한 형태의 동학을 고려하기 위해 현재와 미래의 두 기간이 있는 모형경제를 가정한다. 동태적 의사결정의 특성에 대한 대부분의 통찰력을 얻는 데는 두 기간으로 충분할 것이다.

먼저 6장에서 가계의 소비 및 저축 결정을 살펴보고, 7장에서는 가계의 여가 및 노동공급 결정을 알아본다. 8장에서는 기업으로 관심을 돌려서 생산에 필요한 노동 고용과 미래 자본을 늘리기 위한 투자의 최적 선택을 논의한다. 9장에서는 6~8장에서 살펴본 대표 가계와 대표 기업의 최적화 행위 결과와 정부부문을 통합하여 재화시장, 대부자금시장 및 노동시장이 어떻게 동시균형, 즉 일반균형(general equilibrium)에 도달하게 되는지를 살펴볼 것이다. 그리고 모형경제에서 외생변수의 변화, 즉 충격(shocks)에 대해 내생변수가 어떻게 반응하는지를 분석해 볼 것이다. 9장까지는 모형경제에 화폐가 없이 재화와 서비스 같은 실물만 있고 가격도 화폐 대신 실물로 표시하였다. 10장에서는 모형경제에 화폐를 도입하고 교환의 매개 또는 지급 수단으로서 화폐에 대한 수요와 화폐로 표시한 물가수준 및 다른 명목변수들이 어떻게 결정되는지 살펴볼 것이다.

소비와 저축

6

우리는 솔로우 성장모형에서 가계는 단순히 소득의 일정 부분을 소비하고 나머지 부분은 저축을 한다고 가정하였다. 이러한 가정은 모형의 단순화를 통해 경제성장 메커니즘을 포함한 여러 거시경제현상을 이해하는 데 도움이 되었다. 그러나 루카스(Robert E. Lucas, Jr.)가 지적했듯이 미시적 기초로부터 도출되지 않은 소비함수를 이용하여 거시경제정책을 분석하고 평가하는 것은 오류의 소지가 있는 결과를 가져올 수 있다. 이 장에서는 가계의 소비와 저축을 가계의 경제적 의사결정으로 보고 소비 · 저축 선택의 결정요인 분석을 통해 소비함수를 도출할 것이다.

1. 효용함수와 예산제약

대표 가계가 두 기간 동안 산다고 가정한다. 이 가계는 첫 번째 기간(1기 또는 현재)에는 소득 Y를 얻고 두 번째 기간(2기 또는 미래)에는 소득 Y'을 얻는다.[1] 주어진 소득에서 가계는 1기에 얼마만큼 소비하고 저축할지를 결정한다. 1기의 소비를 늘리면 현재의 효용이 증가하지만, 1기 소비를 줄이고 저축을 더 많이 하면 2기에 더 많이 소비할 수 있다.

현재 및 미래 소비의 선택은 미시경제학에서 두 종류의 재화가 있을 때 상품조합(commodity bundle)을 선택하는 문제와 수학적으로 동일하다. 여기서 두 재화는 "현재재화"와 "미래재화"이며, 현재재화의 소비와 미래재화의 소비를 각각 C와 C'으로 표기한다. 대표 가계의 선호를 나타내는 효용함수(utility function)는 다음과 같다.

$$U(C, C')$$

효용함수는 2장(2.1.1 소비자의 선호와 효용함수)에서 보았던 효용함수와 같은 성질을 갖는다. 즉, 함수 U는 C와 C'의 증가함수이며 한계효용체감의 법칙을 따른다. 또한 현재재화와 미래재화는 모두 정상재이다.

1. 솔로우 모형에서와 달리 이 모형에는 두 기간만 존재한다. 따라서 단순한 표기를 위해 기간을 나타내는 아래 첨자 대신에 1기(현재) 변수는 첨자 없이, 2기(미래) 변수는 프라임(′)으로 나타낸다.

이제 가계의 소비 · 저축 선택을 제약하는 예산(budget)에 대해 생각해 보자. 가계는 두 재화를 각각 얼마만큼 구매할 수 있으며, 두 재화 간 상대가격은 무엇인가? 가계가 1기에 C만큼 소비한다고 하면 가계의 저축, 즉 민간저축 S_p는 아래와 같다.[2]

$$S_p = Y - C \tag{6.1}$$

한편 가계는 저축에 대한 이자를 받는데, 1기에 S_p만큼 저축하면 2기 소비는 다음과 같이 결정된다.

$$C' = Y' + (1 + r)S_p \tag{6.2}$$

여기서 r은 1기와 2기 사이의 실질이자율이다. 식 (6.1)의 S_p를 식 (6.2)에 대입한 뒤 정리하면 다음과 같은 예산제약식(budget constraint)이 도출된다.

예산제약식의 기울기 $= -(1+r)$

예산제약식의 가로축 절편 $= Y + \frac{Y'}{(1+r)}$

$$C + \frac{C'}{1+r} = Y + \frac{Y'}{1+r} \tag{6.3}$$

식 (6.3)은 현재소비(C)와 미래소비(C')를 선택하는 문제의 예산제약식이다. 모형경제에 화폐가 없으므로 모든 가격은 1기 재화의 단위로 표시된다. 식의 좌변에서 미래소비(C')의 계수 $\frac{1}{1+r}$은 1기 재화 단위로 표시한 2기 재화의 가격을 나타낸다.[3]

어떤 의미에서 실질이자율이 기간 간 상대가격이 될까? 이자율은 두 재화의 기간 간 교환 비율을 결정하기 때문이다. 어떤 가계가 오늘 한 단위의 재화를 저축한다면 2기에 $(1 + r)$ 단위의 재화를 받게 된다. 거꾸로 얘기하면 2기에 한 단위의 재화를 얻으려면 오늘 $\frac{1}{1+r}$단위의 재화를 소비 대신 저축해야 한다. 즉, $\frac{1}{1+r}$은 미래재화 한 단위의 현재가치가 되는 것이다. 높은 이자율은 현재재화가 미래재화에 비해 비싸다는 것을 의미한다. 즉, 시장에서 사람들이 현재재화를 얻는 대가로 많은 미래재화를 제공할 의향이 있는 것이다. 반대로 낮은 금리는 현

2. 여기서 정부부문은 고려하지 않는다. 따라서 $G = T = 0$이다.

3. 마찬가지로 2장(2.1.3 예산선)의 아이스크림-사과 모형의 예산제약식($y + \frac{p_x}{p_y}x = \frac{m}{p_y}$)에서 아이스크림($x$)의 계수 $\frac{p_x}{p_y}$는 사과 단위로 표시한 아이스크림의 가격이었다.

재재화가 상대적으로 싸다는 것을 의미한다.[4]

식 (6.3)의 우변은 가계의 총예산이다. 가계소득은 Y만큼의 1기 재화와 Y'만큼의 2기 재화로 구성된다. 이들을 1기(현재) 재화 단위로 표시한 후 더하면 이 가계 평생소득의 현재가치가 된다. **현재가치**(present value)는 미래재화의 수량을 현재재화 단위로 나타낸 것을 의미한다. 예산제약식 (6.3)에 따르면 평생소비의 현재가치는 평생소득의 현재가치와 같다.[5]

현재가치
현재재화의 단위로 미래재화의 수량을 나타낸 것

식 (6.1)과 (6.2)에서 $S_p > 0$는 저축을 나타내지만, 이것이 양수이어야 하는지는 아직 언급하지 않았다. 그렇다면 $S_p < 0$인 경우에도 식 (6.1) ~ (6.3)이 그대로 적용될 것인가? 그것은 일반적으로 가계의 차입(borrowing) 능력에 달려 있다. 만약 가계가 원하는 만큼 주어진 이자율 r로 빌릴 수 있고 빌린 원금과 이자를 항상 갚는다고 가정하면, S_p가 음수 값을 가질 수 있고, 예산제약식 (6.3)이 여전히 적용된다. 이때 저축 S_p가 음수라는 것은 가계가 현재소비와 현재소득의 차이, 즉 $C - Y > 0$을 지불하기 위해 차입하고 있음을 의미한다. 여기서는 우선 가계가 주어진 이자율 r로 자유롭게 빌릴 수 있다고 가정하자. 가계가 차입하는 데 제약이 있는 경우는 18장(1.2 불완전 신용시장과 소비)에서 살펴볼 것이다.

〈그림 6-1〉은 주어진 1기, 2기 소득(Y, Y')과 이자율(r)에서 예산제약식 (6.3)을 충족하는 모든 소비조합 (C, C')을 연결한 예산선(budget line)을 보여준다. 예산선은 다음 몇 가지 특징을 갖는다. 첫째, 예산선의 기울기는 $-(1+r)$이고, 앞서 얘기한 대로 현재소비와 미래소비 간 상대가격을 의미한다. 따라서 이자율 상승은 예산선을 더 가파르게 한다. 둘째, 예산선은 반드시 (Y, Y')을 통과한다. 이는 가계가 저축이나 차입 없이 매 기간 주어진 소득을 소비할 수 있는 옵션($C = Y$, $C' = Y'$)이 있기 때문이다. 셋째, 현재소득이나 미래소득이 증가하면 예산선이 오른쪽으로 평행이동 한다. 마지막으로, 저축 및 차입하는 데 제약이 없다는 가정은 가계가 예산선 상의 어떤 점이든지 선택할 수 있음을 의미한다. 반대로 저축 및 차입이 불가능한 경우에는 예산선 상에서 (Y, Y') 이외의 다른 소비조합은 선택할 수 없다.

4. 물론 현실에서는 재화를 직접 빌리고 빌려주기보다는 화폐로 거래한다. 이때 높은 명목이자율은 현재의 1원이 미래의 1원보다 상대적으로 가치가 높음을 의미한다.

5. 물론 평생소비의 현재가치가 평생소득보다 작은 경우도 허용된다. 하지만 효용함수가 소비의 증가함수이므로 효용극대화를 하는 가계가 소득의 일부를 소비하지 않고 버리는 경우는 발생하지 않는다. 따라서 2장(2.1.3 예산선)에서와 같이 예산제약에서 부등호를 생략하였다.

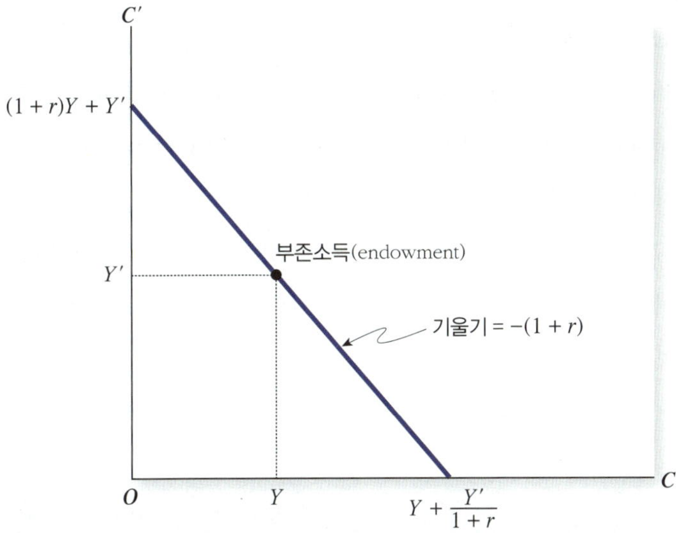

그림 6-1

예산제약선

예산제약선은 주어진 가계의 평생소득의 현재가치 하 선택가능한 현재소비와 미래소비의 조합을 나타낸다. 이때 예산제약선의 기울기의 절댓값은 $(1+r)$이다.

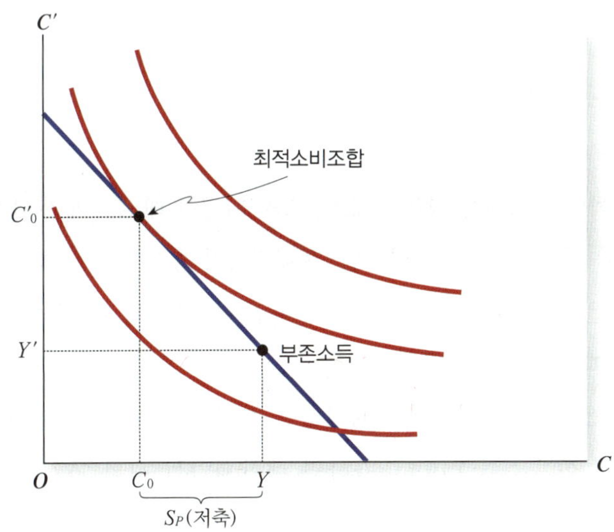

그림 6-2

소비-저축의 선택

가계의 초기 부존점을 지나는 예산제약선의 기울기가 $-(1+r)$인 경우 최적 소비 선택은 무차별곡선의 기울기가 $-(1+r)$과 같아지는 점에서 이루어진다. 이 가계는 저축자로서 1기에 $S_P(=Y-C_0)$만큼 저축한다.

이제 가계가 현재 · 미래의 소득과 이자율을 고려하여 효용극대화를 한다고 생각해 보자. 〈그림 6-2〉는 이 효용극대화의 결과를 보여주고 있다. 2장(2.1.4 소비자의 최적선택)에서 간략히 설명했듯이, 가계는 예산이 허용하는 가장 높은 무차별곡선을 선택할 것이며, 이는 무차별곡선이 예산선에 접하는 지점을 선택할 것임을 의미한다. 〈그림 6-2〉는 가계 저축이 양수인 경우를 보여준다($S_p > 0$). 반대의 경우, 즉 가계가 차입하는 경우는 독자가 직접 그려보기를 바란다.

우리는 현재소득, 미래소득, 실질이자율이 각각 Y, Y', r로 주어졌을 때, 최적 소비조합은 무차별곡선이 예산선과 접하는(즉, 무차별곡선의 기울기와 예산선의 기울기가 같은) 지점에서 이루어진다는 것을 확인했다. 그렇다면 소득 또는 이자율이 변할 때 최적 소비조합 (C, C')는 어떻게 반응하는가? 다음 절에서는 그래프를 이용하여 이들 변수가 한 번에 하나씩 변할 때 최적 소비선택이 어떻게 변하는지 알아볼 것이다.

2. 소득의 변화

Macroeconomics ch. six

외생적으로 주어진 현재소득과 미래소득의 변화에 대해 최적 소비선택이 어떻게 반응하는지를 차례로 살펴보고 몇 가지 시사점을 논의해보자.

2.1 현재소득의 변화

먼저 현재소득이 증가하는 경우를 보자. 앞서 가정한 대로 가계가 예산 내에서 저축 및 차입을 자유롭게 할 수 있다면, 현재소득의 증가에 따른 최적 소비조합(C, C')의 선택은 가계가 소득 증가 이전에 차입자 또는 저축자였는지 여부에 영향을 받지 않는다.

우선 가계가 소득 변화 이전에 저축자였던 경우를 살펴보자($S_p > 0$). 〈그림 6-3〉의 (a)에서 현재소득(Y)이 증가하면 예산제약선 위의 초기 부존소득(endowment)을 나타내는 점 (Y, Y')이 오른쪽으로 이동하고($E_0 \rightarrow E_1$) 이자율은 그대로이므로 예산선은 적색 선과 같이 기울기의 변화 없이 우측이동한다. 이때 가계의 원래 소비조합은 새로운 예산선 안쪽에 위치하게 되는데, 이는 가계가 더 높은 무차별곡선에서 현재소비와 미래소비를 선택할 수 있음을 의미한다($A_0 \rightarrow A_1$). 또한 현재재화와 미래재화는 모두 정상재이므로 새로운 최적 소비조합에서 현재와 미래의 소비가 모두 증가한다.

그림 6-3

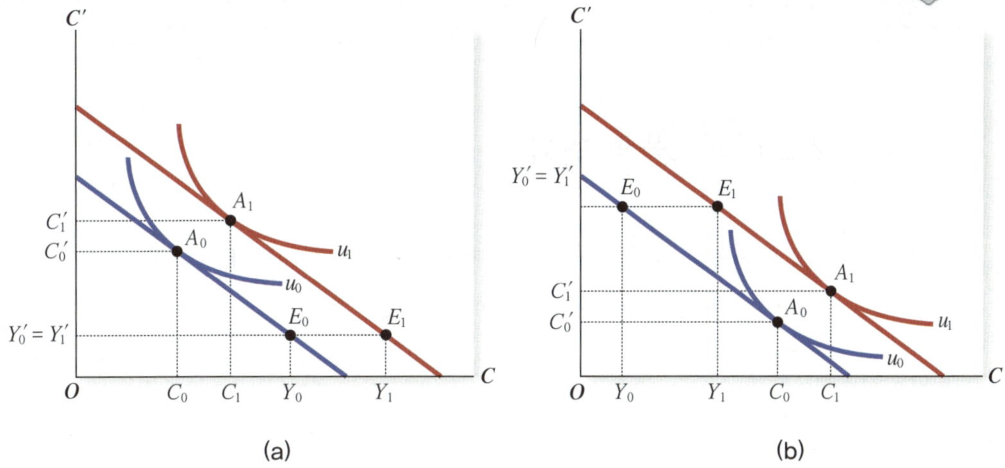

➠ 현재소득의 증가와 소비

현재소득이 증가한다면 가계는 현재소득 증가분 전체를 현재소비에 사용하기보다는 미래를 위해 일부를 저축할 것이다. 따라서 현재소비와 미래소비는 모두 증가하게 된다.

이 분석을 통해 현재소득(Y)이 증가하면 현재소비(C)가 증가한다는 것을 알 수 있다. 그러나 미래소비(C')도 증가하기 때문에 현재소비(C)의 증가분은 현재소득(Y) 증가분보다 작아야 한다. 그 이유는 미래에 더 많은 소비를 하려면 현재 늘어난 소득의 일부를 저축해야 하기 때문이다. 이는 곧 다음 관계를 의미한다.

$$0 < \frac{\Delta C}{\Delta Y} < 1$$

즉, 현재소비의 증가분(ΔC)은 현재소득의 증가분(ΔY)보다 작다. 여기서 $\frac{\Delta C}{\Delta Y}$를 **한계소비성향**(marginal propensity to consume) 또는 줄여서 MPC라고 부르며 1보다 작은 양수값을 갖는다. 정리하면 가계가 초기에 저축자인 경우, 현재소득의 증가는 현재소비, 저축, 미래소비의 증가로 이어진다.

〈그림 6-3〉의 (b)는 가계가 현재소득 증가 이전에 차입자인 경우를 보여준다. 이 경우에도 현재소득 증가는 현재소비 및 미래소비의 증가로 이어진다. 또한 이 그림에서 가계는 현재소득 증가 이후에도 여전히 차입하고 있지만, 이전보

다는 차입을 덜 하고 있다.[6] 이는 가계가 현재소득의 증가분 중 일부를 소비하고 나머지는 저축함으로써 나타난 자연스러운 결과이다. 한편 현재소득의 증가분이 충분히 크다면, 이 가계는 차입자에서 저축자로 바뀔 수 있을 것이다.

2.2 미래소득의 변화

다음으로 미래소득(Y')이 증가하는 경우를 살펴보자. 〈그림 6-4〉에서 미래소득이 증가하면 예산제약선 위의 초기 부존소득을 나타내는 점 (Y, Y')이 위쪽으로 이동하므로($E_0 \rightarrow E_1$) 예산선은 적색 선처럼 기울기의 변화 없이 상방이동한다.

이때 앞서 살펴본 현재소득이 증가한 경우와 마찬가지로 가계의 원래 소비조합은 새로운 예산선 안쪽에 위치하게 되는데, 이는 가계가 이전보다 더 높은 적색의 무차별곡선에서 현재소비와 미래소비를 선택할 수 있음을 의미한다. 그 결과 새로운 최적 소비선택에서 현재와 미래의 소비가 모두 증가한다. 이 결과는 솔

그림 6-4

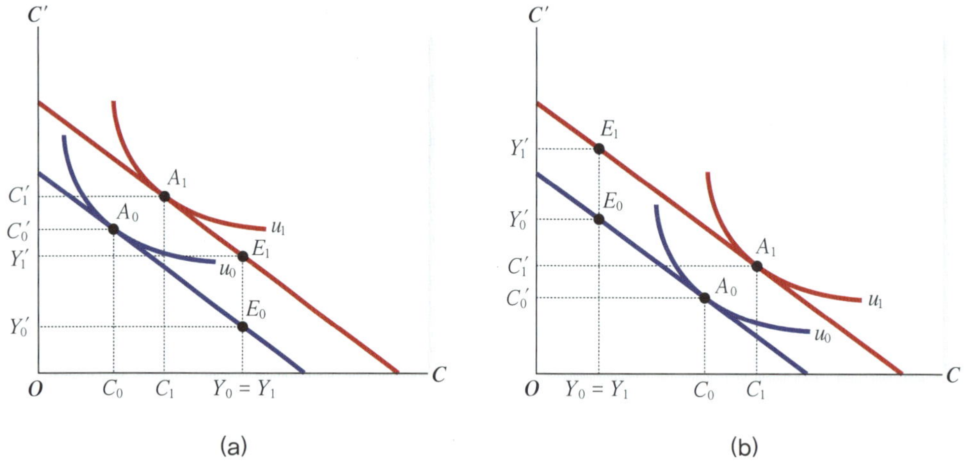

➠ 미래소득의 증가와 소비

미래소득이 증가한다면, 가계는 미래소득 중 일부를 현재소비를 위해 미리 차입함으로써 현재와 미래의 소비를 모두 증가시킬 것이다.

---

6. 즉, S_p가 큰 음수였다가 상대적으로 작은 음수가 되므로 S_p는 증가한다.

로우 모형에서의 가정, 즉 현재소비는 미래소득과 상관없이 현재소득에만 반응한다는 가정과 다르다. 여기서는 현재소비가 현재소득과 미래소득의 변화에 모두 반응한다.

한편, 현재소득(Y)이 그대로 있는 상황에서 현재소비의 증가는 저축의 감소 또는 차입의 증가로 이어진다. 〈그림 6-4〉의 (a)와 (b)는 가계가 미래소득 변화 이전에 각각 저축자와 차입자인 경우를 보여준다.

2.3 시사점 : 소비 평활화와 항상소득가설

앞의 분석은 두 가지 중요한 시사점을 갖는다. 첫째, 가계는 소비평활화(consumption smoothing), 즉 고른 소비를 선호한다. 가계는 소득이 현재 증가하거나 향후 증가할 것으로 예상할 때 현재·미래의 소비를 모두 증가시키길 원한다. 무엇이 그것을 가능하게 할까? 다름 아닌 저축 또는 차입이 현재와 미래 소비의 고른 증가를 가능하게 한다. 현재소득이 증가할 때 가계는 현재뿐만 아니라 미래에도 더 많은 소비를 하기 위해 저축을 늘리거나 차입을 줄이는 반면, 미래소득 증가가 예상될 때는 저축을 줄이거나 차입을 늘림으로써 현재소비를 늘린다. 이러한 기간 간 고른 소비에 대한 욕구는 가계의 한계효용이 체감한다는 가정에 기인한다. 따라서 소득 증가 시점과 관계없이 가계는 소득이 늘어난 기간에 소비를 크게 늘리기보다는 조금씩이라도 여러 기간에 걸쳐 소비를 고르게 늘리는 것을 선호한다.

둘째, 가계의 평생효용극대화는 솔로우 모형의 가정과 대조되는 소비함수를 시사한다. 구체적으로 현재소비는 전적으로 현재소득에만 의존해서 결정되지 않는다. 대신에 가계의 소비는 가계가 현재와 미래에 벌어들이는 총소득의 가치에 의해 결정된다. 우리는 이것을 가계의 예산제약식 (6.3)에서 직접 확인할 수 있는데, 가계가 현재소비를 얼마만큼 할 수 있는지는 현재·미래소득(Y, Y')을 포함한 평생소득의 현재가치 또는 평생 부(lifetime wealth) $PVI \equiv Y + \frac{Y'}{1+r}$에 영향을 받는다.

이 모형의 가계에 "소득이 증가하는 경우 소비를 얼마만큼 늘리겠는가" 라는 질문을 한다고 해보자. 가계는 "소득 증가가 일시적인지 아니면 영구적인지에 달려 있다" 라고 답할 것이다. 소득의 일시적 증가는 현재소득(Y)만 증가하고 미래소득(Y')은 그대로 있는 것을 의미하지만, 영구적 소득 증가는 현재소득과 미래

소득이 모두 증가하는 것을 의미한다. 가계 소득이 영구적으로 증가하는 경우에 가계는 저축이나 차입을 거의 조정하지 않고도 매기 늘어난 소득을 소비에 사용함으로써 소비를 고르게 증가시킬 수 있다. 따라서 소득의 영구적 증가에 대한 한계소비성향은 소득의 일시적 증가에 대한 한계소비성향보다 더 크게 나타난다.

이처럼 소득 변화가 일시적 또는 영구적인지에 따라 한계소비성향이 달라진다는 결과는 1950년대 밀턴 프리드먼(Milton Friedman)이 정립한 **항상소득가설**(permanent income hypothesis)에서 처음 강조되었다. 프리드먼은 소득 변화가 일반적으로 평생 부(*PVI*)의 변화를 통해 소비에 영향을 미치기 때문에 평생 부의 증가에 거의 기여하지 못하는 일시적 소득 증가는 대부분 저축 증가로 이어지지만, 평생 부의 증가에 일대일로 기여하는 영구적 소득 증가는 대부분 소비 증가로 나타난다고 보았다.

피셔(I. Fisher, 1867~1947) 미국의 경제학자. 계량경제학의 창시자 중 한 사람으로, 특히 화폐이론과 물가이론에 공헌하였다.

이론과 실제 1 생애주기가설

일반적으로 사람들의 소득수준은 일생의 단계에 따라 많이 다르다. 학교 교육을 받는 유년기나 청년기는 노동시장에 아직 진입하지 못했으므로 소득이 없거나 적은 상태이다. 노년기에도 일반적으로 소득이 없거나 소액의 연금만을 받는다. 반면 중년기는 경제활동이 가장 왕성한 시기로, 이 기간에 소비자는 많은 소득을 얻게 된다. 따라서 소비자는 전 생애에 걸쳐 동일한 수준의 소비를 유지하기 위해 소비에 비해 소득이 적은 노년기와 유년기에는 음(−)의 저축을 하고, 소비에 비해 소득이 많은 중년기에는 양(+)의 저축을 한다. 이것이 바로 1950년대에 모딜리아니, 브람버그, 앤도에 의해 주창된 생애주기가설(lifecycle hypothesis)의 핵심이다. 여기에서는 피셔의 시점 간 소비선택모형과 관련지어 생애주기가설을 살펴보자.

우선 〈그림 1〉의 (a)에서와 같이 은퇴시점(retirement ; *R*)까지 일하고 시점 *D*에 사망(decease)하는 소비자를 상정해 보자. 이 소비자가 애초에 보유하고 있던 자산에서 발생한 소득은 *a*이고, 은퇴할 때까지 벌어들인 근로소득은 매기 *Y*로 일정하며, 일생 동안 자신이 축적한 부를 모두 소비한다고 하자. 이 소비자는 일생 동안 소비를 매기 동일한 수준 *C*로 유지하기 위해 은퇴시점(*R*) 이전까지는 소득이 소비보다 많으므로 저축을 하고, 그 이후에는 소득이 없으므로 축적해 두었던 부를 사용하는 음(−)의 저축을 한다. 〈그림 1〉의 (b)에서 알 수 있듯이 2017년 우리나라 사람들의 연령에 따른 저축총액과 순자산 보유는 (a)의 생애주기가설 예측과 유사하게 '역U자형'을 나타낸다. 저축총액이 정점에 이르는 연령대는 40~49세이다. 저축액에 부동산 등이 포함된 순자산의 경우는 그보다 조금 더 늦은 50~59세에 가장 높은 수준이 된다. 우리나라의 평균 은퇴연령이 남성 61.9세, 여성 54.9세* 라는 점을 감안하면 은퇴시점 전후로 순자산이 본격적으로 감소하기 시작한다는 것을 확인할 수 있다.

한편 생애주기가설에서는 개인이 사망하기 전에 축적한 부를 모두 사용한다고 가정하고 있다. 그러나 현실에서 관측되는 음(−)의 저축(dissaving)의 크기는 이론이 예측하는 것보다 작은 것으로 조사된다. 즉, 사망시점에 상당한 부가 남아 있는 사람들이 많다는 것이다. 노년기에 예기치 못한 질병 등 각종 위험에 대비하기 위한 일

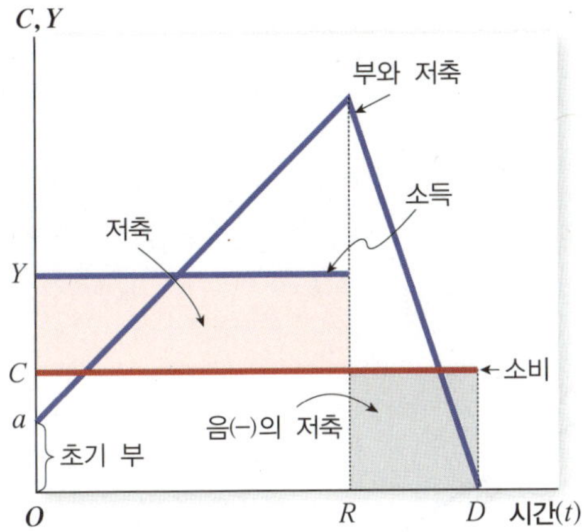

(a) 생애주기별 저축행태

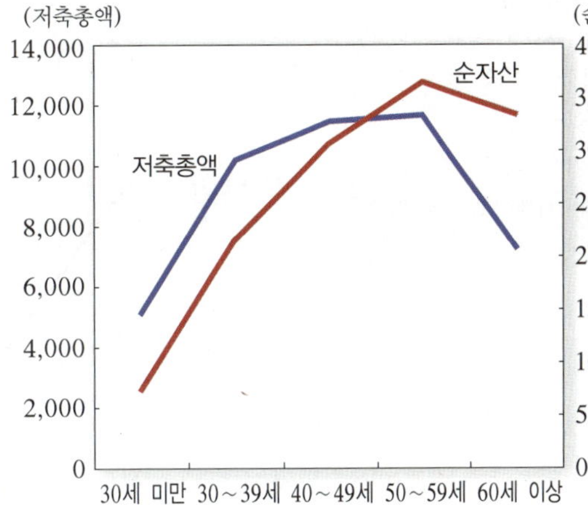

주 : 저축총액 = 저축액 + 전월세보증금.
순자산 = 저축액 + 부동산 평가액 + 자동차 등 기타 자산 평가액 − 부채.

자료 : 통계청, 「2017년 가계금융 · 복지조사」, 2017. 12.

(b) 우리나라의 연령대별 저축총액 및 순자산

〈그림 1〉

종의 예비적 저축의 결과 생애주기가설이 상정하는 것보다 음의 저축의 크기가 훨씬 작게 나타날 수 있다. 또 다른 이유로는 유산의 동기(bequest motives)를 들 수 있다.

지금까지 살펴본 생애주기가설은 앞서 살펴본 프리드먼의 항상소득가설과 기본적으로 매우 유사하다. 두 이론에서 모두 기간 간 고른 소비를 선호하는 미래전망적 경제주체의 소비는 평생 부의 일정 부분으로 결정된다. 또한 프리드먼의 항상소득가설에서 임시소득이 양(+)인 경우는 바로 생애주기가설의 중년층 소득에 해당되는 것으로 볼 수 있으며, 생애주기가설의 생애평균소득은 프리드먼의 항상소득에 대응된다.

* 한국조세연구원, 「평균 은퇴연령에 대하여」, 『재정포럼』, 2008. 9.

3. 이자율의 변화

Macroeconomics ch. six

이제 이자율의 변화를 고려해 보자. 이자율이 상승하는 경우 $(r_0 \rightarrow r_1)$ 〈그림 6-5〉에서 예산선이 초기 부존점 (Y, Y')을 지나면서 시계방향으로 회전한다. 초기 부존점 (Y, Y')은 이자율 수준에 관계없이 가계가 항상 선택 가능하므로 새 예산선은 반드시 이 점을 지나야 한다. 반면에 예산선의 기울기는 $-(1+r)$이므로

그림 6-5

➠ 이자율 상승

이자율이 상승하면 예산선이 초기 부존점 (Y, Y')을 지나면서 시계방향으로 회전한다.

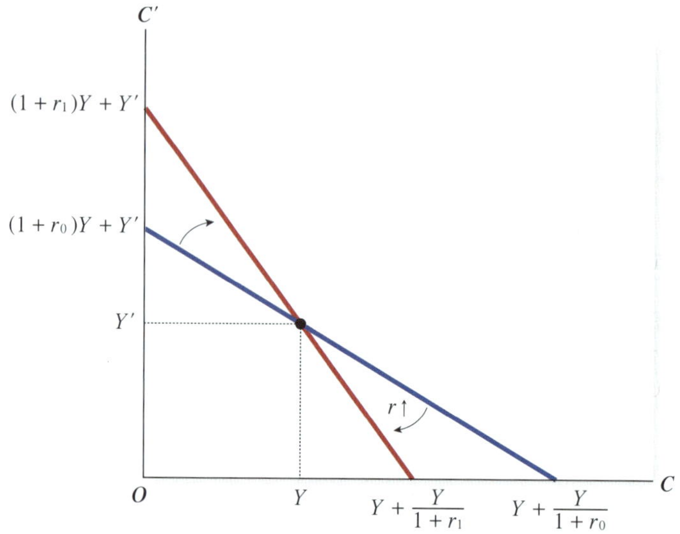

이자율(r) 상승에 따라 가팔라진다. 이자율 상승은 1기 재화와 2기 재화 간 상대가격의 변화를 의미하므로 2장(2.1.5 소득효과와 대체효과)에서 설명한 바와 같이 소득효과와 대체효과를 발생시킨다.

먼저 이자율 상승의 **대체효과**를 살펴보자. 이자율 상승은 1기(현재) 재화를 상대적으로 더 비싸게 하므로 다른 조건이 동일하다면 가계는 현재소비를 줄이고 미래소비를 늘리고 그 결과 저축은 증가한다. 이때 대체효과는 현재소비와 미래소비 간 대체효과라는 점에서 기간 간 대체효과(intertemporal substitution effect)라고 한다.

둘째, 이자율 상승에 따른 **소득효과**는 가계가 이자율 변화 이전에 저축자인지 차입자인지에 따라 소비에 서로 다른 영향을 준다. 가계가 저축자였다면, 이자율 상승은 이자수익의 증가를 의미하므로 소득 증가에 따라 정상재인 현재소비와 미래소비가 모두 증가할 것이다. 그러나 가계가 차입자였다면, 이자율 상승은 곧 이자비용의 증가를 의미하므로 소득 감소에 따라 현재소비와 미래소비가 모두 감소할 것이다.

이제 2장(2.1.5 소득효과와 대체효과)의 〈그림 2-7〉과 유사하게 〈그림 6-6〉에서 이자율 상승의 소득효과와 기간 간 대체효과가 어떻게 나타나는지 살펴보자. 첫째, 최초 소비선택과 동일한 효용을 주면서 이자율 상승에 기인한 상대가

그림 6-6

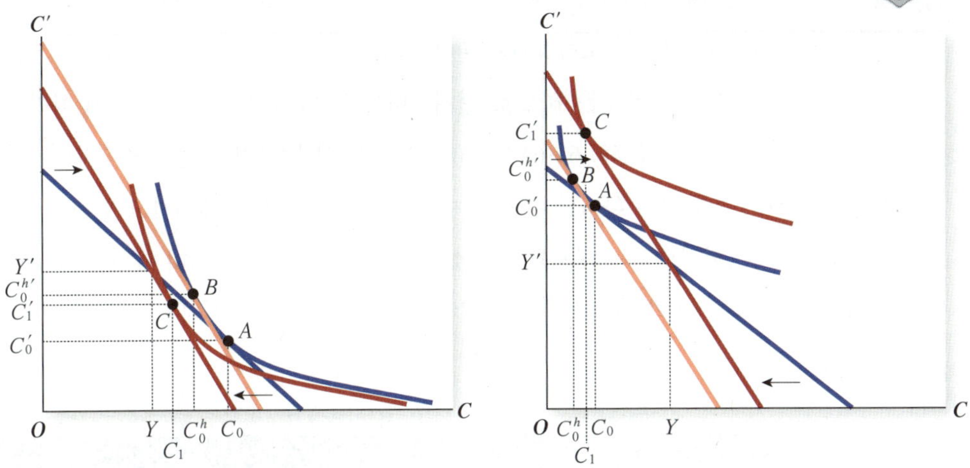

(a) 초기 차입자 (b) 초기 저축자

➠ 이자율 상승과 소비

차입자의 경우 이자율 상승에 따른 소득효과는 현재소비와 미래소비를 모두 감소시킨다. 반면, 저축자의 경우 이자율 상승에 따른 소득효과는 현재소비와 미래소비를 증가시킨다. 앞서 설명한 대체효과를 함께 고려한다면, 차입자의 경우 이자율 상승에 따라 현재소비는 무조건 감소하지만 미래소비의 변화방향은 알 수 없다. 저축자의 경우 이자율 상승에 따라 미래소비는 무조건 증가하지만 현재소비의 변화방향은 알 수 없다.

격의 변화를 반영하여 가상의 주황색 예산선이 가팔라진 기울기로 초기 무차별곡선을 접하고 있다. 이 접점에서의 소비점 *B*와 초기 소비점 *A* 간 차이가 바로 이자율 상승의 기간 간 대체효과를 나타낸다. 즉, 효용수준이 일정한 상태에서 이자율 상승에 따른 현재소비와 미래소비 사이의 조정을 나타낸다. 둘째, 소득효과는 이 주황색 예산선을 새 예산선(적색 선)까지 평행이동시킬 때 나타나는 소비의 변화를 의미한다. 즉, 이자율이 일정한 상태에서 소득 변화에 따른 소비의 변화인데, 이는 그림에서 소비점 *B*에서 소비점 *C*로의 이동으로 나타난다.

결국 이자율 상승이 현재소비에 미치는 최종 효과는 소득효과와 대체효과의 상대적 크기에 따라 결정된다. 우선 기간 간 대체효과는 현재소비의 감소를 가져온다. 즉, 이자율 상승의 현재소비에 대한 대체효과는 항상 음(−)이다. 그러나 현재소비에 대한 소득효과는 가계가 초기에 저축자인지 차입자인지에 따라 양(+)일 수도 음(−)일 수도 있다.

소비자가 초기에 차입자인 경우 이자율 상승은 이자비용의 증가를 의미하므로 음(−)의 소득효과가 발생한다. 따라서 대체효과와 소득효과 모두 같은(−) 방

이자율 상승의 효과

저축자	C	C'
대체효과	−	+
소득효과	+	+
대체 > 소득	−	+
대체 = 소득	0	+
대체 < 소득	+	+

차입자	C	C'
대체효과	−	+
소득효과	−	−
대체 > 소득	−	+
대체 = 소득	−	0
대체 < 소득	−	−

향으로 작용하면서 〈그림 6-6〉의 (a)에서와 같이 현재소비의 감소를 가져온다.

반대로 소비자가 초기에 저축자인 경우 이자율 상승은 이자수익의 증가를 의미하므로 양(+)의 소득효과가 발생한다. 따라서 대체효과(−)와 소득효과(+)가 서로 반대방향으로 작용하므로 현재소비는 두 효과의 상대적 크기에 따라 감소 또는 증가한다. 〈그림 6-6〉의 (b)는 이자율 상승의 기간 간 대체효과(−)가 소득효과(+)보다 크게 나타난 결과 현재소비가 감소한 것을 예시하고 있다.

경험적으로는 대체효과가 소득효과보다 크다고 알려져 있다. 따라서 우리는 앞으로 가계의 현재소비가 실질이자율의 감소함수라고 가정한다.

4. 재정정책과 리카도 대등정리

우리는 지금까지 정부 정책이 일정한 상태에서 가계의 소비선택을 살펴보았다. 현실에서 정부 정책은 경제 상황에 따라 변하는 것이 일반적이다. 이제 정부 정책 변화, 특히 조세의 변화에 대해 가계의 최적 소비조합이 어떻게 반응하는지를 알아보자.

4.1 정부의 예산제약

정부가 현재(1기)와 미래(2기)에 각각 G, G'만큼의 재화를 구입한다고 가정하자. 여기서 정부가 왜, 그리고 어떻게 정부지출 (G, G')을 선택하는지는 논외로 한다. 가계는 G와 G'을 주어진 것으로 놓고 소비를 선택한다. 즉, 가계의 소비선택에서 정부지출은 외생변수이다. 한편 정부는 정부지출에 필요한 재원을 조달하기 위해 가계로부터 현재와 미래에 각각 T, T'만큼을 조세로 거두어들인다. 이 조세수입은 가계의 경제행위에 아무런 영향을 받지 않는다는 점에서 정액세(lump sum tax)이다.

정부는 매 기간 지출과 조세수입을 정확히 맞추는 균형재정(balanced budget)을 유지할 필요는 없다. 가계와 마찬가지로 정부도 주어진 이자율에서 원하는 만큼 저축하거나 차입할 수 있으며, 정부는 부채를 반드시 갚는다고 가정한다. 정부의 1기 예산제약식은 다음과 같이 적을 수 있다.

$$B = G - T$$

여기서 $B > 0$은 정부차입 또는 차입을 위해 정부가 발행한 채권으로서 1기 정부지출과 조세수입의 차이와 같다($B = G - T = -S_g$). 만약 $B < 0$이라면 정부지출이 조세수입보다 작은 경우이므로 정부저축을 의미한다. 정부의 2기 예산제약식은 다음과 같다.

$$T' = G' + (1 + r)B$$

즉, 정부는 2기 지출뿐만 아니라 1기에 빌린 부채와 이자를 갚을 만한 만큼의 조세를 거두어야 한다.

이제 정부의 1기, 2기 예산제약식을 결합하면 다음 식이 도출된다.

$$G + \frac{G'}{1 + r} = T + \frac{T'}{1 + r} \tag{6.4}$$

이 식은 가계의 평생예산제약(lifetime budget constraint), 즉 식 (6.3)과 동일하게 해석된다. 식 (6.4)에 따르면 현재가치로 나타낸 정부지출의 합(좌변)이 현재가치로 나타낸 조세수입의 합(우변)과 같아야 한다.

4.2 조세와 소비

이제 가계는 세금을 내야 하므로 세후(after-tax) 또는 **처분가능소득**(disposable income)만 소비에 지출할 수 있다. 따라서 가계의 예산제약식 (6.3)은 다음과 같이 달라진다.

$$C + \frac{C'}{1 + r} = (Y - T) + \frac{(Y' - T')}{1 + r} \tag{6.5}$$

여기서 $(Y - T)$와 $(Y' - T')$은 각각 1기, 2기의 처분가능소득(disposable income)을 나타낸다.

위 식 (6.5)와 정부의 예산제약식 (6.4)를 합한 뒤 재정렬하면 가계의 예산제약식을 다음과 같이 나타낼 수 있다.

그림 6-7

리카도 대등정리와 소비
점 E_1은 1기에 조세를 징수하여 정부지출에 충당하는 상황을, 점 E_2는 1기에 국채를 발행하여 정부지출에 충당하되 2기에 조세징수를 통해 이를 상환하는 상황을 나타내고 있다. 정부의 재원조달방식에 관계없이 최적 소비점 A는 변하지 않고 저축만 변한다.

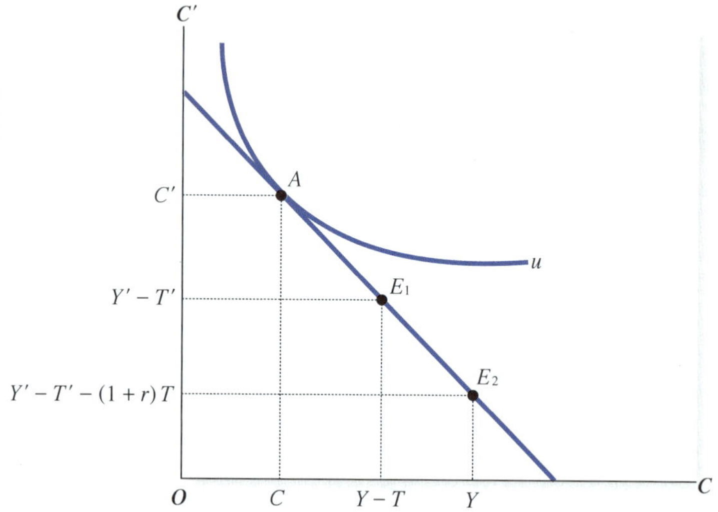

$$C + \frac{1}{1+r}C' = Y + \frac{1}{1+r}Y' - \left(G + \frac{1}{1+r}G'\right) \tag{6.6}$$

이 식 (6.6)에 따르면, 가계의 총예산은 처분가능소득의 현재가치와 같으며, 처분가능소득의 현재가치는 세전(pre-tax)소득의 현재가치에서 조세의 현재가치를 뺀 값이다. 그런데 정부의 예산제약식 (6.4)에 따르면 조세의 현재가치는 정부지출의 현재가치와 같기 때문에 가계의 총예산은 세전 소득의 현재가치에서 정부지출의 현재가치를 뺀 것과 같게 된다.

리카도(David Ricardo, 1772~1823) 영국의 경제학자. 아담 스미스의 이론을 계승·발전시켜 노동가치설, 차액지대설 및 비교우위설을 주장하였고, 소득이론과 무역이론에 기여하였다.

가계의 예산제약식 (6.6)에서 1기와 2기 조세(T, T')가 더 이상 나타나지 않는데, 이는 중요한 정책시사점을 갖는다. 이는 정부의 예산제약식 (6.4)를 충족하는 조세 조합, 즉 정부지출의 현재가치와 동일한 현재가치를 갖는 모든 조세 조합 (T, T')은 가계의 입장에서 전혀 차이가 없음을 의미한다. 다시 말해서 정부지출이 고정된 경우 조세 부과의 시점은 중요하지 않다는 것이다. 19세기에 경제학자 데이비드 리카도(David Ricardo)가 이를 처음 논의했다는 점에서 **리카도 대등정리**(Ricardian equivalence)라고 한다.

리카도 대등정리

- 정부의 1기 조세삭감으로 소비자의 1기 처분가능소득이 변해도 2기 조세 증가에 대비한 1기 저축의 증가를 가져올 뿐 소비를 변화시키지 못함

리카도 대등정리의 경제적 의미를 직관적으로 설명해 보자. 〈그림 6-7〉에서 정부가 주어진 지출(G, G')을 정액세(T, T')로 조달하는 경우 가계의 납세 후 처분가능소득이 ($Y-T$, $Y'-T'$)이고, 이때 최적 소비선택은 점 A에서 이루어진다고

하자. 그런데 정부가 1기 정액세를 T만큼 삭감하고 이에 따른 1기 재정적자를 T만큼의 (1기간 만기) 국채를 발행해 조달하는 조세정책을 시행한다고 하자. 국채이자율이 시장이자율(r)과 동일하다고 가정하면 정부는 2기에 국채를 상환하기 위해 원리금에 해당하는 $T(1+r)$만큼의 조세를 더 거두어야 할 것이다. 이때 가계의 조세부담은 1기에 T만큼 감소하고 2기에 $T(1+r)$만큼 증가하므로 조세삭감 후 현재가치로 나타낸 가계의 평생 조세부담은 다음과 같이 전혀 변하지 않게 된다.

$$\left(T+\frac{T'}{1+r}\right)-T+\frac{T(1+r)}{1+r}=T+\frac{T'}{1+r}$$

따라서 정액세 대신 국채 발행을 통한 정부지출의 재원조달은 〈그림 6-7〉에서 가계의 초기 부존소득만 $(Y-T, Y'-T')$에서 $(Y, Y'-T'-(1+r)T)$로 이동시킬 뿐 가계의 평생소득과 예산선은 변하지 않는다. 결국 최적 소비점 A도 변하지 않고 저축의 크기만 변한다. 정부가 1기에 조세를 징수할 경우 가계는 $(Y-T-C)$만큼 저축하는 반면, 국채를 발행할 경우 가계는 저축을 $(Y-C)$로 증가시켜 2기에 발생할 조세 증가에 대비한다.

■ 주어진 정부지출의 재원을 조달하는 방식의 변화는 민간부문의 경제활동에 아무런 영향도 주지 못함

이처럼 정부의 재원조달 방식 변경으로 가계의 1기 처분가능소득이 변하더라도, 이는 저축의 변화로 연결될 뿐 소비 결정을 변화시키지 못하는 것이다. 리카도 대등정리는, 정부지출 수준이 일정하게 주어져 있을 때 정부지출의 재원조달방법(조세 또는 국채 발행)의 변화가 민간부문의 경제활동에 아무런 영향도 주지 못한다는 점에서 조세정책의 무력성(ineffectiveness of tax policy)을 시사한다.

4.3 리카도 대등정리의 한계

리카도 대등정리가 현실적으로 성립하는가에 대해서는 많은 의문이 제기되고 있다. 경제학자 대부분은 리카도 대등정리가 너무 제약된 가정에서 도출된 것이기 때문에 현실 설명력이 떨어진다고 지적한다.

첫째, 리카도 대등정리가 성립하기 위해서는 저축과 차입이 자유롭고 저축이자율과 차입이자율이 같다는 완전신용시장(perfect credit market)의 가정이 충족되어야 한다. 가계의 저축과 차입이 자유롭지 않은 극단적인 예를 살펴보자. 만약 가계가 저축 및 차입을 전혀 할 수 없는 경우 아래와 같이 1기와 2기의 소비는 각각 1기와 2기의 처분가능소득과 같아야 한다.

리카도 대등정리의 가정
- 신용시장의 완전성
- 경제활동인구 증가율 = 0%
- 합리적이고 미래지향적인 소비자
- 일정한 정부지출수준과 균형재정

$$C = Y - T, \quad C' = Y' - T'$$

이 경우 정부의 예산제약식 (6.4)를 만족시키는 서로 다른 (T, T') 조합은 소비에 영향을 미친다. 또한 현실경제와 같이 예금이자율이 차입이자율보다 낮은 불완전신용시장에서도 리카도 대등정리가 성립하지 않는다.

둘째, 리카도 대등정리가 성립하려면 경제활동인구의 증가율이 0%이어야 한다. 여기서 경제활동인구란 조세를 부담하는 경제주체를 의미한다. 예를 들어 국채 발행과 함께 현재 감세정책이 이루어졌을 때, 경제활동인구 증가율이 양(+)의 값을 나타내어 미래의 조세부담을 나누어 분담할 수 있다면, 현재의 경제활동인구 1인당 조세감면액에 비해 미래 조세부담액의 현재가치가 작아지게 된다. 따라서 가계소비자들은 조세감면에 대응하여 소비를 늘릴 것이다. 아울러 현재 조세삭감과 함께 발행된 국채가 미래 세대의 조세를 통해 상환되는 경우에도 이와 비슷한 현재소비의 증가가 있을 것이다.

셋째, 리카도 대등정리가 성립하려면 가계소비자들이 합리적이고 미래전망적(forward looking)이어야 한다. 그러나 현실에서 소비자들은 근시안적(myopic)인 소비행태를 보이곤 한다. 따라서 먼 미래의 조세 증가는 현재의 조세 감소에 비해 소비에 미치는 영향이 작을 수 있다. 정부가 20년 만기 국채를 발행했을 때 20년 뒤까지 심각하게 고려하지 않는 소비자들이 많다면 현재 조세삭감은 효과를 보게 된다. 극단적인 예로 솔로우 모형에서와 같이 현재소비가 현재처분가능소득의 선형함수라면(즉, $C = (1 - s)(Y - T)$), 조세삭감은 현재소비를 증가시킬 것이다.

넷째, 리카도 대등정리는 정부의 행태에 대해 매우 제약적인 가정을 하고 있다. 우선 정부지출 수준이 일정하지 않다면 대등정리는 성립하지 않는다. 또한 대등정리는 정부가 현재 · 미래 정부지출의 현재가치 합이 현재 · 미래 조세수입의 현재가치 합과 같은 예산제약식을 준수한다고 가정한다. 물론 매우 오랜 시간을 두고 본다면 정부도 궁극적으로는 예산제약식을 충족시켜야 하겠지만, 단기적으로 보면 지난 수십 년간 정부가 현재가치로 환산한 균형예산을 유지한 경우는 전 세계적으로 거의 찾아보기 힘들다. 이러한 제약된 가정을 고려할 때, 리카도 대등정리를 이용해 조세정책의 무력성을 주장하는 것은 극단적인 해석일 것이다.

다섯째, 우리는 모형에서 정부가 정액세(lump sum tax)를 부과한다고 가정했지만, 현실에서는 소득세나 소비세 등 가계의 소비행위에 직접 영향을 주는 세금을 부과한다. 이 경우에도 대등정리는 성립하지 않는다.

이와 같이 리카도 대등정리가 현실적으로 완벽하게 성립하지는 않지만 조세 정책의 유효성을 평가하는 데 유용한 기준(benchmark)이 되어왔다. 현실경제에서 신용시장이 완전하지는 않더라도 많은 소비자가 저축과 차입을 비교적 자유롭게 하고 있다. 게다가 대부분의 경제주체가 완전 근시안적인 것은 아니며 어느 정도는 미래지향적인 소비행태를 보이는 것 또한 사실이다. 따라서 정부지출의 변화가 수반되지 않는 조세 변화는 상황에 따라 경제에 제한적인 영향만을 줄 수 있다는 점도 기억해야 한다. 종합하면, 리카도의 대등정리는 현실에 완벽히 부합하는 건 아니지만, 증세 혹은 감세정책 논의의 중요한 출발점이 된다고 할 수 있다.

4.4 정부지출과 소비

지금까지 우리는 정부지출이 일정한 경우 리카도 대등정리에 의해 소비는 조세 변화에 영향을 받지 않음을 보았다. 이제 정부지출의 변화가 소비에 미치는 영향을 살펴보자.

앞서 논의했듯이 가계의 현재소비와 미래소비는 결국 평생처분가능소득의 현재가치에 영향을 받는다. 그런데 가계의 예산제약식 (6.6)에서 현재 정부지출(G)의 한 단위 감소가 평생처분가능소득의 현재가치에 미치는 영향은 현재소득(Y)의 한 단위 증가가 평생처분가능소득의 현재가치에 미치는 영향과 완전히 동일하다는 것을 알 수 있다. 따라서 정부의 현재지출 감소와 같은 수준의 현재소득 증가는 현재소비에 동일한 영향을 미친다. 따라서 2절(2.1 현재소득의 변화)의 〈그림 6-3〉을 그대로 적용할 수 있고, 그 결과 G의 감소는 C와 C'의 증가로 이어지고 다음과 같은 결과를 가져온다.

$$\frac{\Delta C}{\Delta Y} = -\frac{\Delta C}{\Delta G}$$

마찬가지로, 식 (6.6)의 우변에 있는 평생처분가능소득의 현재가치 관점에서 볼 때 미래 정부지출(G')의 한 단위 감소는 미래소득(Y')의 한 단위 증가와 완전히 동일하다고 볼 수 있다. 따라서 2절(2.2 미래소득의 변화)의 〈그림 6-4〉를 그대로 적용하여 G'의 감소는 C와 C'의 증가를 가져온다는 것을 알 수 있다.

Box 6-1 리카도 대등정리에 대한 배로(Robert Barro)의 설명

리카도 대등정리에 의하면 민간 보유 국공채는 민간의 미래 조세부담을 의미하기 때문에 민간부문의 순자산(net wealth)이 될 수 없다. 예를 들어 정부가 민간 보유 영구국공채 B에서 발생하는 이자비용 rB를 조세를 통해 상환한다면, B는 곧 조세부담의 현재가치(PV)와 동일하다는 것을 다음 식에서 쉽게 확인할 수 있다.

$$PV = \frac{rB}{(1+r)} + \frac{rB}{(1+r)^2} + \cdots\cdots = \frac{rB}{r} = B$$

배로는 이러한 리카도 대등정리를 근거로 하여 재정정책의 무력성을 주장했다.* 정부가 조세징수가 아닌 국채 발행을 통해 재원을 조달하면, 민간은 이번 기에 징수되지 않은 만큼의 처분가능소득을 저축한다. 〈그림 6-7〉에서 초기 처분가능소득이 E_1에서 E_2로 이동할 때 민간저축이 $(Y-T-C)$에서 $(Y-C)$으로 증가하는 것이다. 이것은 대부자금 공급의 증가를 의미한다. 반면 정부지출에 필요한 재원을 조달하기 위해 정부가 국채를 발행하면 대부자금 수요가 증가한다. 결국 대부자금의 수요와 공급이 동시에 증가하므로, 그 변화폭이 동일하다면 이자율은 종전과 같은 수준에서 결정된다.

실제로 2008년 중 미국 세금환급액의 사용내역에 대한 설문 결과 [표 1]과 같이 80% 가까이 저축 혹은 채무상환에 사용한다고 응답했다. 금융위기로 인해 신용경색이 심화되고 경기침체로 고용사정이 악화되는 상황에서 감세의 소비지출 증대 효과는 매우 제한적이라는 점을 시사한다.**

표 1 2008년 중 세금환급 사용내역 설문 결과(미국)

	응답자 수	비율(%)
지출	447	19.4
저축	715	31.0
채무상환	1,083	47.0
기타	61	2.6
합계	2,306	100

자료 : Shaporo, Slemrod(2009)

* Barro, R. J., "Are Government Bonds Net Wealth?" *Journal of Political Economy*, 1974.

** 성병묵 · 김예진, 「글로벌 금융위기에 대응한 주요국 재정정책 운용과 향후 과제」, 한국은행 조사국, 2009.

5. 소비함수

Macroeconomics ch. six

지금까지 우리는 효용극대화를 하는 가계의 소비행위에 대해 분석했다. 현재소비(C)는 평생(세후)소득의 현재가치와 이자율에 영향을 받는다. 이를 함수로 표현하면 아래와 같다.

$$C = C(\underset{-}{r}, \underset{+}{PVI})$$

위 식에서 −부호와 +부호는 현재소비가 각각 이자율의 감소함수, 평생(세후)소득의 증가함수임을 나타낸다. 평생(세후)소득은 소득 및 정부지출에 영향을 받으므로, 위의 함수를 좀 더 구체적으로 아래와 같이 쓸 수 있다.

$$C = C(\underset{-}{r}, \underset{+}{Y}, \underset{+}{Y'}, \underset{-}{G}, \underset{-}{G'}) \tag{6.7}$$

즉, 현재소비는 현재 또는 미래의 소득이 증가할 때 증가하고, 이자율이 증가할 때, 그리고 현재 또는 미래의 정부지출이 증가할 때 감소한다. 식 (6.7)을 **소비함수**라고 부르자.

예를 들어 소비함수가 선형함수라고 가정한다면, 아래와 같은 형태를 가진다.

$$C = -\beta_1 r + \beta_2 Y + \beta_3 Y' - \beta_2 G - \beta_3 G'$$
$$\Rightarrow C = -\beta_1 r + \beta_2 (Y - G) + \beta_3 (Y' - G')$$

위 식에서 Y의 계수와 G의 계수의 절댓값이 같은 이유는 앞서 보았듯이 Y와 $-G$가 평생(세후)소득(PVI)에 동일한 영향을 주기 때문이다.[7] 같은 이유로 Y'의 계수와 G'의 계수의 절댓값은 같아야 한다.

식 (6.7)에 들어간 변수 이외에 현재소비에 영향을 주는 요인은 많다. 소비는 가계의 자산가치에도 영향을 받는다. 다수의 연구는 가계가 소유한 부동산이나 주식의 가치가 증가할 때 소비가 증가함을 보였다. 자산을 모형에 넣는 건 그리 어렵지 않다. 식 (6.6)의 우변에 자산을 나타내는 변수, 이를테면 D를 넣으면 된다. 이때 D가 증가하면 〈그림 6-3〉에서처럼 예산선이 우측으로 평행이동하고 소비가 증가하게 된다. 또한 소비는 날씨, COVID-19와 같은 전 세계적인 유행병, 그리고 소비심리(consumer sentiment) 등에도 영향을 받는다. 소비함수를 간단히 표현하기 위해 식 (6.7)에는 명시적으로 포함 안 시켰지만, 현실에서는 다양한 요인이 소비에 영향을 줄 수 있음을 기억하자.

---

7. 한계소비성향 β_2는 0보다 크고 1보다 작아야 한다.

이론과 실제 2 고령화에 따른 저축률 하락과 자산시장의 변화*

생애주기가설에 의하면 인구 고령화가 진행되면서 음(−)의 저축을 하는 노년층이 늘어나므로 민간부문의 저축률이 하락할 것이다. 아울러 고령화에 따라 노년층에 대한 사회복지지출이 증가하는 반면에, 조세수입의 기반이 되는 생산활동은 상대적으로 줄어들면서 정부부문의 저축률도 하락할 것이다. 실제로 우리나라의 경우 노년부양비율이 5% 증가하는 경우 총저축률이 연평균 1% 정도 하락하는 것으로 분석되었다. 중국도 지난 30년간 '한 자녀 낳기' 운동이 보편화됨에 따라 총 출산율은 2.6명에서 1.56명으로 하락했으며, 1960년대 출생한 베이비 붐 세대가 고령인구에 포함되는 2050년에는 인구 연령의 중간값이 49세로 급증할 것으로 예상된다. 그 결과 노인부양비율이 현재 11%에서 42%로 네 배 가량 확대되고 저축률도 크게 하락할 것으로 예상된다.

이처럼 인구 고령화에 따른 경제 전체의 저축률 하락은 금융시장에 공급되는 자금규모를 감소시켜 금융시장의 본래 기능을 위축시킬 뿐만 아니라 노년층이 소비에 필요한 자금을 조달하기 위해 금융자산을 현금화함으로써 자산가격이 하락할 수 있다. 또한 노년층의 위험기피도가 평균적으로 높기 때문에 고령화가 진행될수록 경제 전체적으로 주식과 같은 위험자산에 대한 수요가 줄고, 국채와 같은 안전자산 수요가 늘어나 국채가격이 상승하고 국채수익률은 하락할 것이다. 실제로 실증분석에 의하면 2006년 현재 우리나라 가계의 주식 보유에 연령효과가 명확히 존재하고 있으며, 고령화로 인한 거시경제변수 간의 관계 변화로 국채 수요가 급증함에 따라 국채수익률이 낮게 나오는 경향을 보였다.

MIT의 경제학자 포터바(James Poterba)에 따르면 미국의 S&P500지수도 지난 40여 년간 〈그림 1〉의 (a)에서와 같이 생산가능인구(15~64세)의 비중과 유사하게 움직인 것으로 나타났다. 특히 베이비 붐 세대가 가장 왕성하게 노동시장에 참여했던 1990년대에 주가가 크게 상승했다. 이 결과는 베이비 붐 세대가 은퇴하기 시작하는 2010년 이후부터 이들이 자산의 순매도자가 됨에 따라 주가가 급격히 하락할 수 있음을 의미한다. 예를 들어 시겔(Jeremy Siegel)은 노년에 대비하여 자산을 구입해 왔던 베이비 붐 세대가 자산을 매도하는 한편, 저출산에 따른 새로운 중년층의 자산수요 감소가 예상되기 때문에

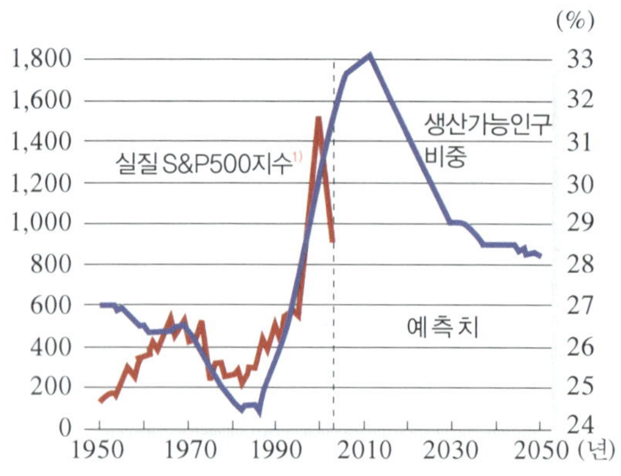

주 : 1) 명목S&P500지수/소비자물가지수.

출처 : Poterba, J., "The Impact of Population Aging on Financial Markets in Developed Countries," *Federal Reserve Bank of Kansas City Economic Review*, 2004.

(a) 생산가능인구와 주가지수

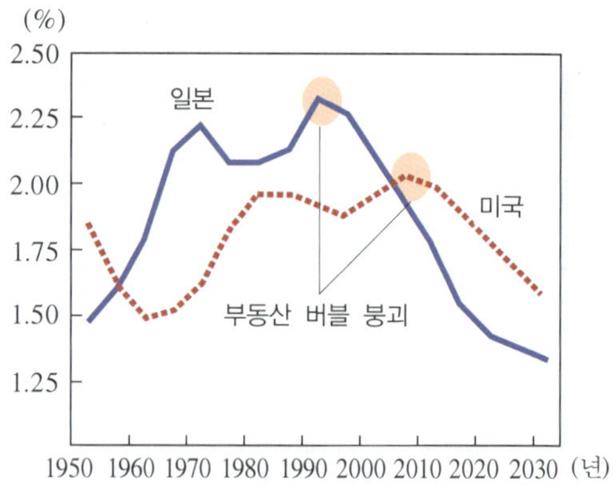

주 : 1) 생산가능인구/부양인구(총인구 - 생산가능인구) 비율.

자료 : Nishimura, K. G., "Population Ageing, Macroeconomic Crisis and Policy Challenges," The 75th Anniversary Conference of Keynes' General Theory, 2011.

(b) 생산가능인구와 부동산 가격

〈그림 1〉 인구 고령화와 자산가격의 변화

자산가격이 40~50% 정도 떨어질 것으로 예측하였다.

그러나 밀킨(Michael Milken)은 이러한 비관적인 견해와 상반되는 의견을 제시하였다. 대부분의 베이비 붐 세대가 의학발전의 도움으로 더 오래 살 것이기 때문에 그만큼 노년층의 은퇴시기가 늦춰진다면 자산에 대한 수요도 계속 증가할 수 있다는 것이다.

한편 부채가 과다한 상태에서 고령화에 따른 자산수요 감소로 자산가격이 하락세로 전환되면(또는 가격하락 기대가 형성되면) 원리금상환을 위해 보유자산을 매각하거나 신규 차입을 해야만 하는 경제주체들의 부채상환 능력이 크게 저하되면서 위기가 발생할 수 있다. 실제로 금융위기를 겪은 미국과 일본의 경우 〈그림 1〉의 (b)에서 볼 수 있듯이 인구 고령화에 따른 생산가능인구의 상대적 비율이 낮아지기 시작하는 시점과 부동산 버블 붕괴 시점이 비슷하게 나타났다.

* **참고문헌** : 박춘원, 「중국 경제를 읽는 키워드, 저축 수수께끼」, 『주간 하나금융포커스』, 하나금융경영연구소, 2012. 5. ; 국회예산정책처, 『저출산 및 고령화가 경제에 미치는 영향과 정책과제』 저출산·고령사회 대응 연구(종합), 2009. 12. ; 김재칠·고광수·김근수·박진모·박창욱, 『인구 고령화와 우리나라의 자본시장 I : 가계의 주식 보유에 미치는 영향을 중심으로』, 한국증권연구원, 2006. ; 최공필·남재현, 『인구 고령화의 경제적 영향과 시사점』, 한국금융연구원, 2005. ; *The Economist*, "China's achilles heel," 2012. 4. 21. ; *The Economist*, "A Future Meltdown," 2004. 9. 3. ; *The Economist*, "Baby Boom and Bust," 2006. 5. 11.

6. 결론

Macroeconomics ch. six

우리는 무차별곡선과 예산선 그래프를 이용하여 가계의 소비/저축 문제를 분석해 보았다. 핵심 내용은 다음과 같다.

첫째, 가계의 현재소비는 현재소득과 미래소득에 모두 의존하여 결정된다. 즉, 가계는 미래전망적(forward looking)인 소비선택을 한다.

둘째, 현재소득 또는 미래소득이 증가하는 경우 가계는 시점 간 고른 소비(consumption smoothing)를 위해 저축 또는 차입을 조정함으로써 현재소비와 미래소비를 모두 늘린다. 이는 가계의 현재소득 증가분 중 일부만 현재소비를 늘리는 데 쓰고 나머지는 저축한다는 점에서 소득 증가의 한계소비성향(marginal propensity to consume)이 양수이고 1보다 작다는 것을 의미한다.

셋째, 이론적으로 이자율이 소비에 미치는 영향은 명확하지 않다. 이자율이 오를 때 기간 간 대체효과는 가계의 현재소비를 줄이지만, 소득효과는 저축자면 현재소비를 늘리고 차입자인 경우는 현재소비를 줄인다. 여기서는 경험적 사실에 따라 대체효과가 소득효과보다 더 크다는 가정 하에 앞으로 소비함수를 이용한 분석에서 현재소비를 이자율의 감소함수로 간주할 것이다.

넷째, 정부지출 수준이 일정하게 주어졌을 때, 정액세의 부과 시점은 소비에 영향을 미치지 않는다. 이 결과를 리카도의 대등정리라고 한다. 정부지출의 증가는 조세부담을 증가시켜 소비를 감소시킨다.

다섯째, 우리는 위의 결과들을 소비함수로 요약한다. 다만 우리가 소비함수에 명시적으로 포함하지 않은 요인들도 (예를 들면, 가계의 자산가치) 소비에 영향을 줄 수 있음을 기억하자.

요약

1. 효용함수와 예산제약

2기간 모형의 효용함수는 현재재화의 소비와 미래재화의 소비의 함수이다. 이 효용함수는 각 재화의 소비의 증가함수이며 한계효용체감의 법칙을 만족한다. 대표 가계가 직면하는 예산제약선은 기울기가 $-(1+r)$, 가로축 절편이 $Y+\frac{Y'}{(1+r)}$인 직선이다.

2. 소득의 변화

2.1 현재소득의 변화 현재소득이 증가하는 경우 소비의 평활화를 위해 현재소비와 미래소비를 모두 증가시킨다. 저축자의 경우 늘어난 소득의 일부를 저축하고, 차입자의 경우 차입의 크기를 줄인다. 현재소득의 증가분이 충분히 크다면 차입자가 저축자로 바뀔 수 있다.

2.2 미래소득의 변화 미래소득이 증가하는 경우에도 현재소득이 증가하는 경우와 마찬가지로 현재소비와 미래소비가 모두 증가한다.

2.3 시사점 : 소비 평활화와 항상소득가설 한계효용체감을 가정하고 있기 때문에 가계는 고른 소비를 선호한다. 이로 인해 현재소득 또는 미래소득이 증가하는 경우 저축 또는 차입을 조정함으로써 여러 기간에 걸쳐 소비를 고르게 늘리는 것을 선호한다.

한편, 가계의 현재소비는 현재소득에만 의존하지 않고 현재소득을 포함한 평생소득의 현재가치 또는 평생 부에 영향을 받는다. 특히 일시적인 소득의 증가보다는 영구적인 소득의 증가가 발생할 때 한계소비성향이 더 크게 나타난다. 이는 밀턴 프리드먼이 정립한 항상소득가설에 의해 처음 강조되었는데, 그는 평생 부의 증가에 기여를 하는 영구적 소득 증가는 대부분 소비 증가로 나타나지만 그렇지 못하는 일시적 소득 증가는 대부분 저축 증가로 이어진다고 보았다.

3. 이자율의 변화

이자율이 상승하는 경우, 대체효과와 소득효과가 발생한다. 대체효과에 의해서는 가계가 저축자인지 차입자인지와 무관하게 현재소비를 감소시키고 미래소비는 증가시킨다. 소득효과에 의해서는 가계가 저축자인 경우 현재소비와 미래소비를 모두 증가시키는 반면 차입자인 경우 현재소비와 미래소비를 모두 감소시킨다. 결과적으로 이자율의 상승으로 인한 저축자의 미래소비는 항상 증가시키지만 현재소비의 변화방향은 알 수 없다. 차입자의 경우 현재소비는 항상 감소하지만 미래소비의 변화방향은 알 수 없다.

4. 재정정책과 리카도 대등정리

4.1 정부의 예산제약 현재가치로 나타낸 정부지출의 합이 현재가치로 나타낸 조세수입의 합과 같아야 한다.

4.2 조세와 소비 정부지출수준이 일정하게 주어져 있을 때, 정부지출의 재원조달방식은 민간부문의 경제활동에 아무런 영향을 주지 못한다. 즉, 2기간 모형에서 정부의 1기 재원조달방식 변경으로 소비자의 1기 가처분소득이 변하더라도, 이는 2기 조세변화에 대비한 1기 저축의 변화로 연결될 뿐 소비수준을 변화시키지 못한다. 그 결과 실질이자율도 변하지 않는다.

4.3 리카도 대등정리의 한계 재정정책의 무력성은 유동성제약이 없는 완전신용시장 등 매우 제약적인 가정에서 도출된다.

4.4 정부지출과 소비 정부지출의 감소는 소득의 증가와 평생처분가능소득의 현재가치에 완전히 같은 영향을 미친다. 따라서 정부의 현재지출 감소(증가)는 같은 정도의 현재소득 증가(감소)와 소비에 동일한 영향을 미친다.

5. 소비함수

효용극대화를 하는 가계의 현재소비는 평생(세후)소득의 현재가치의 증가함수, 이자율의 감소함수이다. 이 외에도 소비에 영향을 주는 요인으로는 자산, 날씨, COVID-19와 같은 전 세계적인 유행병, 그리고 소비심리 등이 있다.

6. 결론

가계는 미래전망적인 소비선택을 하는데, 이는 현재소비가 현재소득과 미래소득에 모두 의존함을 의미한다. 가계의 현재소득 또는 미래소득이 증가하는 경우 시점 간 고른 소비를 위해 현재소비와 미래소비를 모두 늘린다. 이는 한계소비성향이 양수이고 1보다 작다는 것을 의미한다. 대체효과가 소득효과보다 더 크다는 가정 하 현재소비는 이자율의 감소함수이다. 정부지출 수준이 일정한 가운데 정액세의 부과 시점은 소비에 영향을 미치지 않으며 이를 리카도의 대등정리라고 한다.

연습문제

01 2기간 소비선택모형에서 실질이자율과 소비자의 미래소득이 증가한다고 하자. 소비자가 차입자, 저축자인 경우 각각 소득효과와 대체효과에 따라 현재와 미래의 최적 소비와 저축이 어떻게 변하는지 그림으로 나타내라.

02 2기간 소비선택모형을 이용하여 다음의 문제에 답하라.

(1) 소비자의 세금이 이번 기에 ΔT만큼 증가하는 경우 현재소비와 미래소비, 그리고 현재저축에는 어떠한 영향을 미치는가?

(2) 소비자의 세금이 영구적으로 ΔT만큼 증가하는 경우 현재소비와 미래소비, 그리고 현재저축에는 어떠한 영향을 미치는가? (1)과 비교하여 설명하라.

03 2기간 소비선택모형에서 정부가 이자소득세를 부과한다고 하자. 차입자인 경우에는 실질이자율이 이자소득세가 부과되기 전과 후 r로 동일하지만, 대여자인 경우에는 이자소득세 x가 부과되어 납세 후 실질이자율은 $(1-x)r$이 된다. 이자소득세 x가 0에서부터 점점 증가하는 경우를 고려하여 아래의 물음에 답하라.

(1) 이자소득세의 증가가 소비자의 평생예산제약식에 미치는 효과를 보여라.

(2) 이자소득세의 증가가 소비자의 현재와 미래의 최적 소비선택과 저축에는 어떠한 영향을 미치는가? 그리고 소비자가 차입자, 대여자인 경우 각각 소득효과와 대체효과에 따라 결과가 어떻게 나타나는지 설명하라.

04 소비자의 현재소득은 200이고, 미래소득은 150이다. 또한 소비자는 현재 정액세를 40만큼 납부하고, 미래에 정액세를 50만큼 납부한다. 실질이자율은 기간당 5%이다. 그리고 소비자는 가능하다면 매기 일정한 소비를 원한다고 하자. 그러나 소비자는 차입을 할 수 없다.

(1) 소비자의 평생예산제약식을 적고, 무차별곡선을 그려라.

(2) 소비자의 현재와 미래의 최적 소비와 저축을 계산하고 그림으로 나타내라.

(3) 현재의 세금이 20, 미래의 세금이 71로 바뀐 경우 소비자의 현재와 미래의 최적 소비와 저축을 계산하고 그림으로 나타내라.

(4) 현재소득이 100으로 바뀐 경우 문제 (1)~(3)을 다시 풀어라.

05 소비자의 현재소득은 100이고, 미래소득은 120이다. 또한 소비자는 현재 정액세를 20만큼 납부하고, 미래에 정액세를 10만큼 납부한다. 실질이자율은 10%이다. 그리고 이 소비자에게 현재소비와 미래소비는 완전보완재(perfect complement)이고, 가능하다면 매기 일정한 소비를 원한다고 하자.

(1) 이 소비자의 무차별곡선을 그리고, 현재가치로 나타낸 소비자의 평생 부를 구하라. 이 소비자의 현재 및 미래의 최적 소비와 저축 또는 차입은 얼마인가?

(2) 현재소득이 100에서 140으로 증가하는 경우 소비자의 현재 및 미래의 최적 소비와 저축 또는 차입을 구하고, 문제 (1)과 다른 점을 설명하라. 현재소득 증가에 대한 한계소비성향은 얼마인가?

(3) 이제 이자율이 10%에서 8%로 하락한다고 하자. 이자율 하락이 이 소비자의 현재 및 미래 최적 소비와 저축 또는 차입에는 어떤 영향을 미치는가? 그 이유를 설명하라.

06 최근 유로지역을 포함한 여러 나라에 재정위기를 불러온 국가채무 문제를 해결하기 위해 정부지출을 줄이고 조세를 늘이는 재정긴축이 시행된다고 하자. 항상소득가설에 기초하여 국가채무의 증가가 소비에 미치는 영향을 설명하라.

07 생애주기가설에서 W의 부(wealth)를 가지고 있고, 매기 Y의 소득을 얻는 소비주체를 생각해 보자. 그리고 소비의 부 탄력성과 소득탄력성은 각각 $k_1 = 0.1$과 $k_2 = 0.5$라고 하자.

(1) (단기) 소비함수를 도출하라.

(2) 부가 $W = 1,000$만원, 소득이 $Y = 200$만원인 사람의 한계소비성향(MPC)과 평균소비성향(APC)을 구하라. 그리고 부는 $W = 1,000$만원으로 동일하지만 소득이 $Y = 400$만원인 사람의 MPC 및 APC와 비교하라. 이 결론은 케인즈의 소비함수이론의 예측과 부합하는가?

(3) 1기의 부가 $W_1 = 1,000$만원이고, 매기 소득이 $Y = 200$만원인 사람을 생각해 보자. 그리고 이 사람의 부와 소득은 매기 10%씩 증가한다고 한다. 이 사람의 1기 및 2기의 단기 소비함수와 장기 소비함수를 도출하라.

(4) 질문 (3)에서 도출한 장기 소비함수의 MPC 및 APC를 구하라. 이 결과를 (2)의 답과 비교하고, 생애주기가설의 관점에서 설명하라.

08 선진국을 중심으로 인구구조의 고령화가 진행되고 있다. 우리나라도 지난 2000년에 전체 인구 대비 노인인구 비율이 7.2%로 고령화 사회에 도달하였고, 2018년에는 14%를 넘는 고령사회에, 2026년에는 20%인 초고령사회에 진입할 것으로 예상된다. 고령화의 원인

으로는 저출산과 평균수명의 증가를 들 수 있는데, 우리나라의 평균 출산율은 2005년 세계 최저 수준인 1.08명을 기록하였다. 생애주기가설에 의하면 인구 고령화가 저축률과 금융시장에 미치는 영향은 무엇인가?

09 다음 명제의 참, 거짓을 밝히고 그 이유를 간략히(5줄 이내) 서술하라 : 리카도 대등정리에 의하면 주어진 정부지출에 대하여 현재조세가 증가하는 경우 현재저축이 감소하고 현재소비가 증가한다.

10 재정수지와 정부부채 관련 다음 물음에 답하라.

(1) 현재 t기 말의 정부부채(B_t)는 100이다. $t+2$기 말에 이 정부부채를 완전히 상환하기 위하여 필요한 세금(T_{t+2})의 크기를 구하고, 이로부터 재정운영에 대한 시사점을 설명하라. (단, 실질이자율(r)은 10%, 정부지출(G_{t+2})은 100, $t+1$기의 재정수지는 균형이다)

(2) 위의 (1)을 통해 GDP 대비 정부부채 비율과 경제성장률(g)의 관계를 설명하라.

(2019년 행정고시 기출문제)

7

소비 · 여가와 노동공급

우리는 솔로우 모형에서 노동자가 주어진 시간을 임금과 관계없이 모두 노동시간으로 공급한다고 가정했다. 이 장에서는 노동시간의 선택을 가계소비자 · 노동자의 의사결정으로 보고 노동공급에 영향을 미치는 요인들을 살펴볼 것이다.

1. 1기간 모형

Macroeconomics ch. seven

먼저 간단한 1기간 모형을 이용하여 노동공급 선택의 핵심을 직관적으로 알아보자. 앞 장에서와 달리 1기간 모형을 먼저 살펴보는 이유는 가계가 현재소비, 미래소비, 노동공급을 동시에 고려하는 모형의 분석이 다소 복잡하기 때문이다. 우리는 1기간 모형에서 도출된 결과가 2기간 모형에서도 여전히 유효함을 볼 것이다.

1.1 효용함수와 예산제약

우리는 앞 장에서 단순화를 위해 가계소득이 외생적으로 주어져 있다고 가정했다. 그러나 실제로 가계소득의 상당 부분은 노동소득이 차지하고 있으며, 노동소득은 노동자가 얼마나 많은 시간을 일하는지에 달려 있다. 이때 대부분의 경제행위와 마찬가지로 노동의 공급도 편익과 비용에 따라 결정된다. 더 많은 시간을 일하면 노동소득이 증가하고 소비를 늘릴 수 있는 반면, 그만큼 여가시간이 줄어들게 된다. 특히 '일과 삶의 균형(work-life balance)'을 중시하는 현대인에게 노동 · 여가의 선택은 중요한 의미를 갖는다.

이제 대표 가계의 노동 · 여가 선택 문제를 분석해 보자. 먼저 대표 가계는 다음 효용함수를 갖는다.

$$U(C, l)$$

여기서 C는 소비를, l은 여가(leisure)를 나타낸다. 앞 장에서와 마찬가지로 위 효용함수 $U(\cdot)$는 C와 l의 증가함수이고 오목하다고 가정한다. 이는 소비와 여가 각각의 한계효용이 감소한다는 것을 의미한다.

1기간 모형에서는 가계가 저축할 유인이 없다. 따라서 저축하지 않고 처분가능소득을 전부 소비로 지출한다. 이때 조세(T)는 앞 장에서와 마찬가지로 소득수준과 관계없이 부과되는 **정액세**(lump-sum tax)이고, 세수는 정부지출의 재원으로 사용된다($T = G$).[1] 따라서 가계의 **예산제약식**은 다음과 같다.

$$C = \underbrace{wL + \Pi}_{\text{가계소득}} - \underbrace{G}_{\text{조세}} \tag{7.1}$$

여기서 w, L, Π는 각각 시간당 실질임금, 노동공급, 기업이윤을 나타난다. 가계소득은 노동소득(wL)과 기업의 주주로서 받는 이윤소득 또는 배당소득(Π)의 합이 된다.[2]

또한 매기 가계에게 주어진 총시간을 1로 놓고, 가계는 주어진 시간을 노동과 여가로 나눈다고 하자. 이를 식으로 표현하면 아래와 같다.

$$1 = L + l$$
$$\Rightarrow l = 1 - L$$

이를 가계 예산제약식 (7.1)에 대입하면 다음과 같다.

$$C = w(1 - l) + \Pi - G$$
$$\Rightarrow C + wl = w + \Pi - G \tag{7.2}$$

식 (7.2)를 통해 실질임금(w)이 소비 대비 여가의 상대가격임을 알 수 있다. 직관적으로 재화단위로 나타낸 여가의 실질가격이 실질임금인 이유는 여가를 한 단위 늘리면 w만큼의 소득을 포기해야 하고, 이는 곧 w만큼 재화 소비의 감소로 이어지기 때문이다. 즉, w는 소비와 여가의 교환비율이다. 따라서 소비재 단위로 표시한 여가의 가격은 실질임금과 같다.

---

1. 1기간 모형이므로 정부도 가계와 마찬가지로 차입 또는 저축이 없다.
2. 솔로우 모형에서는 가계소득이 $wL + r^K K$로 주어졌다. 이는 가계가 자본을 소유한다는 가정에 기인했다. 또한 생산함수가 규모수익불변(CRS) 성질을 가지므로 기업이윤이 0이었다. 앞으로는 기업이 자본을 직접 소유하고 가계가 기업을 소유한다고 가정한다. 앞서 언급했듯이 이 두 설정은 수학적으로 같다. 기업이 자본을 직접 소유할 경우, 1기간 모형에서의 기업이윤은 $\Pi = r^K K$가 되고, 궁극적으로 가계소득은 $wL + r^K K$가 된다.

그림 **7-1**

소비 · 여가 선택의 예산선

소비 · 여가 선택의 예산선의 기울기는 $-w$이다. 총 시간은 1로 주어져 있기 때문에 여가는 1을 넘길 수 없으므로 $l = 1$에서는 수직선이 된다.

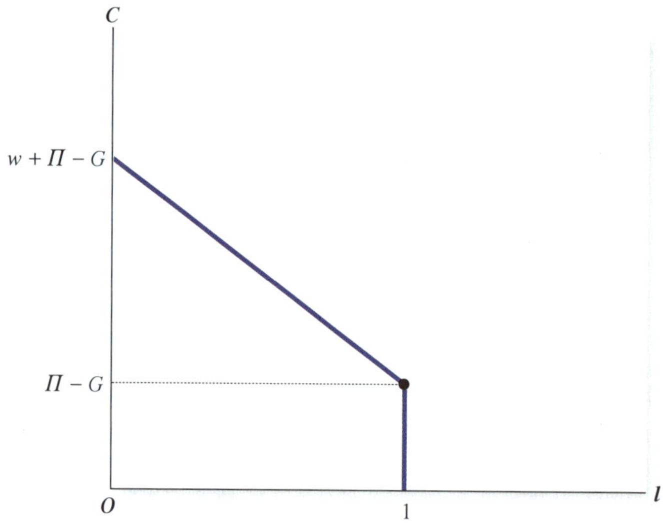

소비와 여가를 선택하는 문제는 우리가 6장(소비와 저축)에서 살펴본 현재재화 · 미래재화의 두 재화를 선택하는 문제와 유사하다. 여기서 두 재화는 소비와 여가인 셈이다. 가계는 주어진 실질임금, 기업이윤, 그리고 정부지출(또는 정액세) 하에서 최적 여가 · 소비 조합(l, C)를 선택한다.

우리는 〈그림 7-1〉에서와 같이 예산선을 그릴 수 있다. 실질임금 수준에 관계없이 예산제약선은 항상 여가 · 소비 점 $(l, C) = (1, \Pi - G)$를 지난다. 가계는 원하면 총시간을 여가로 즐길 수 있고, 이때 소비를 $(\Pi - G)$만큼 할 수 있기 때문이다. 예산제약선의 기울기는 $-w$이다. 즉, 소비 대비 여가의 상대가격을 의미하는 실질임금 수준이 예산선의 기울기를 결정한다. 실질임금이 상승하면 소비 대비 여가가 더 비싸지는 것을 의미하므로 예산선이 더 가팔라진다. 이때 가팔라진 예산선은 여전히 $(1, \Pi - G)$를 지난다.

이와 같은 예산제약 하에서 가계 노동자는 〈그림 7-2〉에서와 같이 무차별곡선과 예산선이 접하는 점에서 소비 · 여가를 선택할 것이다. 이때 최적 소비 · 여가 조합에서 무차별곡선의 기울기를 나타내는 한계대체율은 예산선의 기울기의 절댓값, 즉 실질임금과 같다.

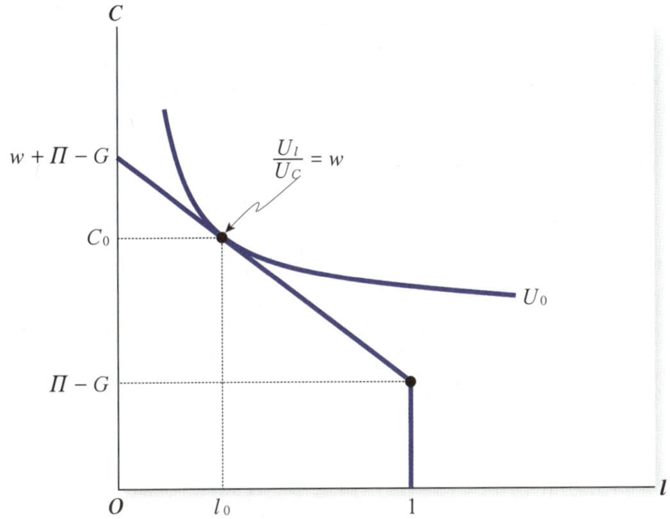

그림 7-2

최적 소비 · 여가 선택

최적 소비 · 여가의 선택은 예산선의 기울기와 무차별곡선의 기울기(한계대체율)가 일치하는 점에서 이루어진다.

1.2 실질임금의 변화

이제 실질임금의 상승이 소비 · 여가 선택에 미치는 영향을 알아보자. 이는 〈그림 7-3〉의 적색 선과 같이 예산선의 기울기를 가팔라지게 하고 수직축 절편의 증가를 가져온다. 이러한 실질임금 상승이 소비 · 여가 선택에 어떤 영향을 미치는지 알아보기 위해 6장(3. 이자율의 변화)에서와 같이 대체효과와 소득효과로 나누어 분석해 보자.

먼저 대체효과를 보기 위해 가팔라진 새 예산선을 가계의 초기 소비 · 여가 선택이 이루어진 무차별곡선에 접할 때까지 수평이동시킨 가상의 예산선을 그려 보자. 이때 초기 최적 선택점(A)에서 이 가상의 예산선과 원래의 무차별곡선이 접하는 점(B)으로의 이동은 **대체효과**를 나타낸다. 실질임금 상승은 소비 대비 여가의 상대가격(또는 기회비용) 상승을 의미하므로 소비를 늘리고 여가를 줄이게 된다. 줄어든 여가는 노동시간의 증가로 이어진다.

다음으로 **소득효과**는 〈그림 7-3〉의 점 B에서 점 C로의 이동으로 나타낼 수 있다. 즉, 소득효과는 가상의 예산선이 새로운 소비 · 여가 선택이 이루어진 무차별곡선에 접할 때까지 오른쪽으로 수평이동하면서 나타나는 소비 및 여가의 증가

실질임금 상승

- **대체효과**
  소비 증가, 여가 감소
  (노동공급 증가)
- **소득효과**
  소비 증가, 여가 증가
  (노동공급 감소)
- **대체효과 > 소득효과**
  소비 증가, 여가 감소
  (노동공급 증가)
- **대체효과 = 소득효과**
  소비 증가, 여가 일정
  (노동공급 일정)
- **대체효과 < 소득효과**
  소비 증가, 여가 증가
  (노동공급 감소)

그림 7-3

실질임금의 상승

실질임금이 상승하는 경우 대체효과에 의해 여가는 감소하고 소비는 증가한다. 소득효과에 의해서는 소비와 여가 모두 증가한다. 결과적으로 소비는 반드시 증가하는 반면, 여가의 변화방향은 알 수 없다. 대체효과가 크다고 가정할 경우 여가는 실질임금 증가에 따라 감소하는데, 이는 노동공급이 실질임금의 증가함수임을 의미한다.

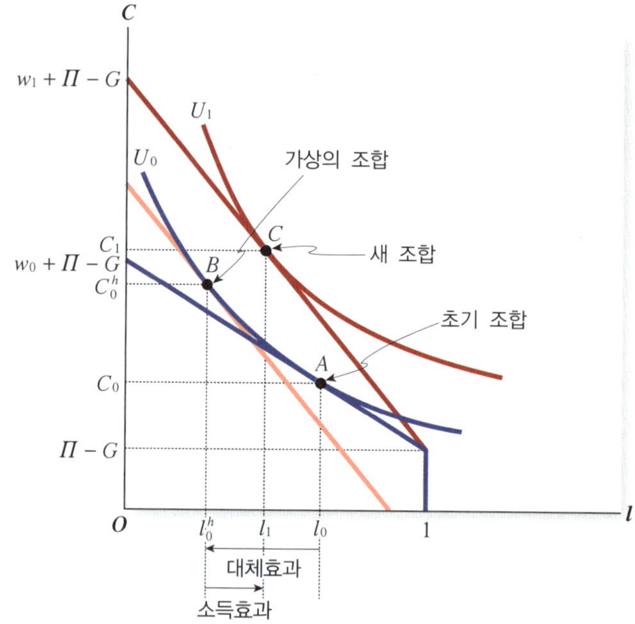

를 의미한다. 여가가 증가하므로 노동시간은 감소한다. 즉, 실질임금 상승은 주어진 노동시간에 대한 노동소득의 증가를 의미하므로, 소득 증가에 따라 정상재인 소비와 여가가 모두 증가하고 노동은 감소하게 된다.

종합하면 실질임금 상승은 소비의 증가를 가져온다. 소비에 대한 대체효과와 소득효과가 모두 양(+)이기 때문이다. 그러나 실질임금 상승이 여가 및 노동공급에 미치는 최종 효과는 소득효과와 대체효과의 상대적 크기에 따라 결정된다. 〈그림 7-3〉에서 보았듯이 실질임금 상승의 여가에 대한 대체효과는 음(-)이고 소득효과는 양(+)이다. 따라서 실질임금 상승의 노동공급에 대한 대체효과는 양(+)이고 소득효과는 음(-)이 된다. 〈그림 7-3〉은 실질임금 상승의 대체효과가 소득효과보다 커서 노동공급이 증가하는 경우를 나타내고 있다. 이는 경험적 사실과 부합하는 경우로서 노동공급이 실질임금의 증가함수임을 의미한다.

1.3 정부지출의 변화

정부지출의 증가는 노동공급에 어떤 영향을 미칠까? 국가경제의 총생산이 노동투입의 함수라는 점을 감안할 때 이 질문은 재정진작의 효과에 종요한 시사점을 갖는다.

먼저 가계의 예산제약식 (7.2)에서 볼 수 있듯이 정부지출(G)의 변화는 정부예산제약($G = T$)에 따라 가계가 부담하는 조세(T)의 변화를 가져오므로 예산선은 기울기의 변화 없이 평행이동한다. 따라서 정부지출의 변화는 대체효과 없이 오직 소득효과만을 발생시킨다. 예를 들어 〈그림 7-4〉는 정부지출의 증가가 예산선을 왼쪽으로 평행이동시키면서 음(-)의 소득효과를 가져옴을 보여준다. 그 결과 소비와 여가 모두 감소하며 여가의 감소는 노동공급의 증가로 이어진다.

정부지출의 증가는 소득효과만을 발생시키며, 소비와 여가를 모두 감소시킨다. (노동공급 증가)

우리는 앞서 경험적으로 볼 때 실질임금 변화의 노동공급에 대한 소득효과는 대체효과에 비해 상대적으로 작다고 언급한 바 있다. 이 경험적 사실은 실질임금이 변할 때뿐만 아니라 정부지출의 변화에 대해서도 적용된다. 따라서 정부지출의 증가는 이론적으로 음(-)의 소득효과에 의해 노동공급의 증가로 이어지지만, 현실에서 그 효과는 크지 않다고 예상할 수 있다.

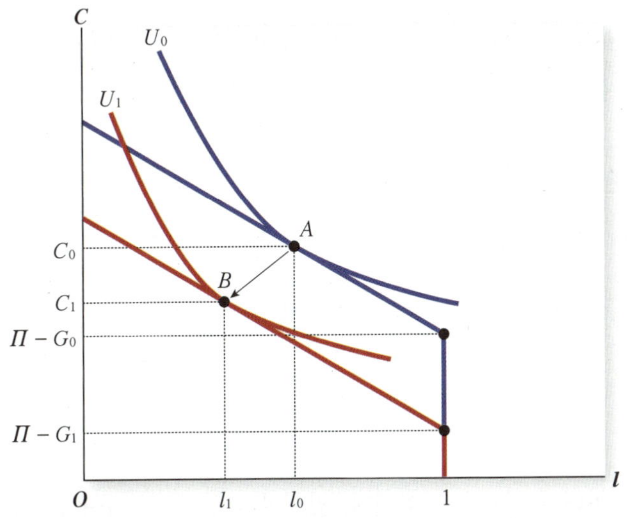

그림 7-4

정부지출의 증가

정부지출의 증가는 예산선을 좌측이동시킨다. 이로 인해 소득효과만 발생하며, 이로 인해 소비와 여가가 모두 감소하며 노동공급은 증가한다.

1.4 노동공급함수

지금까지 분석을 요약하면 노동공급은 실질임금과 정부지출의 증가함수로 나타낼 수 있다.

$$L^s = L^s(\underset{+}{w}, \underset{+}{G}) \tag{7.3}$$

노동공급함수
실질임금의 증가함수
정부지출의 증가함수

여기서 함수 $L^s(\cdot)$를 **노동공급함수**라고 부르자. 이론적으로 정부지출의 증가(감소)는 순수한 소득효과를 통해 노동공급의 증가(감소)를 가져오는 반면, 실질임금의 변화는 대체효과와 소득효과가 서로 반대방향으로 작용하면서 노동공급에 불명확한 영향을 미친다. 경험적으로 실질임금 변화의 소득효과가 작다는 점을 고려하여 앞으로는 노동공급을 실질임금의 증가함수로 가정한다.

2. 2기간 모형

우리는 지금까지 6장의 소비 · 저축 선택과 앞 절의 소비 · 여가 선택을 별개의 문제로 다뤄왔다. 그러나 실제로 가계의 노동공급, 소비, 저축 또는 차입 결정은 서로 밀접한 연관성을 갖는다. 이제 가계가 소비 · 여가 및 소비 · 저축 결정을 동시에 하는 경우를 살펴보기 위해 2기간 모형을 분석해 보자.

2.1 효용함수와 예산제약

대표 가계의 선호를 다음 효용함수로 나타내자.

$$U(C, C', l, l')$$

위 함수에서 l'은 미래의 여가를 나타낸다. 앞서와 마찬가지로 효용함수는 함수 내 각 변수의 증가함수이고 한계효용체감의 법칙을 따른다.

가계의 1기 예산제약식은 다음과 같다.

$$C + S_p = wL + \Pi - G \tag{7.4}$$

1기간 모형의 예산제약식 (7.1)과 달리 2기간 모형에서는 가계가 저축 또는 차입할 수 있으므로 식 (7.4)의 좌변에 S_p가 들어갔다. 2기 예산제약식은 다음과 같다.

$$C' = w'L' + \Pi' - G' + (1+r)S_p \tag{7.5}$$

즉, 미래의 소비는 미래에 발생할 세후 처분가능소득, 저축 및 이자수입의 합과 같다.

두 예산제약식 (7.4)와 (7.5)를 결합하여 다음과 같은 **평생예산제약식**으로 나타낼 수 있다.

$$\underbrace{C + \frac{C'}{1+r}}_{\text{소비의 현재가치}} + \underbrace{wl + \frac{w'l'}{1+r}}_{\text{여가의 현재가치}} = \underbrace{w + \frac{w'}{1+r}}_{\text{풀타임 일하는 경우 노동소득의 현재가치}} + \underbrace{\Pi + \frac{\Pi'}{1+r}}_{\text{배당소득의 현재가치}} - \underbrace{\left(G + \frac{G'}{1+r}\right)}_{\text{조세의 현재가치}} \tag{7.6}$$

위 예산제약식 하에서 가계는 효용극대화를 위해 현재 · 미래 소비(C, C'), 현재 · 미래 여가(l, l')를 선택하는데, 이때 이자율과 실질임금을 포함한 다른 변수들은 주어진 것으로 간주한다.

지금까지 우리는 그래프를 이용하여 예산제약식 (7.6) 좌변에 있는 (C, C', l, l') 네 변수의 선택을 동시에 분석하기 어려웠기 때문에 6장(소비와 저축)에서는 (C, C')을, 앞 절에서는 (C, l)을 각각 나누어 살펴보았다. 여기서는 예산제약식 (7.6) 좌변의 현재 · 미래 여가(l, l') 선택이 현재 노동공급(L^s)에 미치는 영향을 중심으로 분석해보자. 이 경우 앞서 보았던 현재 · 미래 소비(C, C') 선택 또는 소비 · 여가(C, l) 선택을 나타낸 그래프와 유사하게, 현재여가(l)와 미래여가(l')를 각각 그래프의 수평축과 수직축에 놓고 무차별곡선과 예산선을 그릴 수 있다. 이때 예산선 기울기의 절댓값은 다음과 같이 현재여가와 미래여가 사이의 상대가격으로 주어질 것이다.

$$|\text{기울기}| = \frac{\text{현재여가}(l)\text{의 가격}}{\text{미래여가}(l')\text{의 가격}} = \frac{w}{\frac{w'}{1+r}}$$

먼저 예산선의 기울기에 변화를 가져오는 요인이 현재 노동공급에 미치는 영향을 직관적으로 알아보자. 일반적으로 예산선 기울기의 변화는 (기간 간) 대체효과와 소득효과를 가져오지만, 앞서와 마찬가지로 소득효과는 경험적으로 볼 때 무시할 만큼 작다고 가정한다.

현재여가가 미래여가보다 더 비싸지면, 대체효과에 의해 현재여가가 상대적으로 경제주체에게 덜 매력적이게 되므로 가계는 현재여가를 줄이고 미래여가를 늘릴 것이다. 구체적으로 예산선 기울기의 절댓값이 커지는 두 가지 경우를 생각해 보자. 첫째, 다른 여건이 주어진 상황에서 현재 실질임금(w)의 상승은 현재여가의 상대가격을 상승시켜 현재여가의 감소를 가져오고, 따라서 현재 노동공급이 증가한다. 이 결과는 1기간 모형에서 얻은 결과와 동일하다. 둘째, 다른 여건이 주어진 상황에서 실질이자율의 상승 또한 현재여가의 상대가격을 상승시켜 현재여가의 감소를 가져오고 그 결과 현재 노동공급은 증가한다. 직관적으로 실질이자율의 상승은 미래 실질임금의 현재가치를 낮추므로 미래에 일하는 것보다 현재 일하는 것이 더 유리하다.[3]

현재 실질임금의 상승
현재여가의 감소(현재 노동공급 증가)

실질이자율의 상승
현재여가의 감소(현재 노동공급 증가)

한편 예산제약식 (7.6)에서 알 수 있듯이 현재 · 미래 여가(l, l') 평면에 그린 예산선의 위치는 이윤소득과 정부지출에 의해 결정된다. 즉, 정부지출(G, G') 또는 이윤소득(Π, Π')의 변화는 예산선을 평행이동시키면서 소득효과를 통해 여가 선택에 영향을 미칠 것이다. 예를 들어 1기간 모형에서와 같이 현재 정부지출의 증가는 음(−)의 소득효과를 통해 현재 노동공급의 증가를 가져온다. 그러나 경험적으로 볼 때 비노동소득의 변화는 현재 · 미래 소비에만 소득효과가 있을 뿐 현재 · 미래 여가에 미치는 소득효과는 미미한 것으로 알려져 있다.

노동공급 선택에 대한 소득효과는 매우 작기 때문에 비노동소득의 변화는 노동공급에 미치는 효과가 미미하거나 거의 없다고 가정한다.

2.2 노동공급함수

2기간 모형의 분석을 바탕으로 1기간 모형에서 도출한 노동공급함수 (7.3)을 다음과 같이 확장할 수 있다.

$$L^s = L^s(\underset{+}{w}, \underset{+}{r}, \underset{+}{G}) \tag{7.7}$$

3. 미래의 실질임금(w') 변화도 기울기에 영향을 준다. 분석의 단순화를 위해 미래실질임금의 현재 노동공급에의 영향은 고려하지 않기로 한다.

그림 7-5

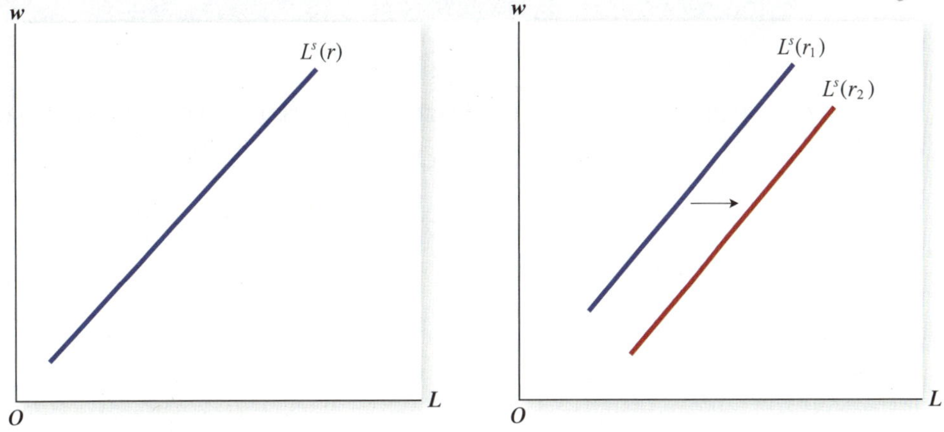

(a) 노동공급곡선 (b) 이자율 상승과 노동공급곡선의 이동

노동공급곡선

임금 상승의 대체효과가 소득효과보다 크게 나타나는 경우를 가정하면 (a)와 같이 현재노동이 실질임금의 증가함수가 된다. 주어진 실질임금 수준에서 실질이자율이 상승하는 경우($r_1 \rightarrow r_2$) 노동공급곡선이 우측으로 이동하게 된다.

노동공급함수
실질임금의 증가함수
실질이자율의 증가함수
정부지출의 증가함수

여기서 "+"는 노동공급이 이론적으로 실질임금, 실질이자율, 정부지출 각각의 증가함수라는 것을 나타낸다. 경험적으로는 실질이자율이나 정부지출보다 실질임금이 더 중요한 노동공급의 결정요인으로 알려져 있다.

다른 여건이 주어진 상황에서 노동공급이 실질임금의 증가함수라는 것은 〈그림 7-5〉의 (a)에서처럼 노동공급곡선이 실질임금에 대해 우상향함을 의미한다. 또한 실질임금이 주어진 상황에서 실질이자율이 상승할 때 노동공급이 증가하는 것은 〈그림 7-5〉의 (b)에서 노동공급곡선의 우측이동으로 나타낼 수 있다. 이와 유사하게 정부지출의 증가도 노동공급곡선의 우측이동을 가져올 것이다.

3. 결론

Macroeconomics ch. seven

우리는 이 장에서 무차별곡선과 예산선 그래프를 이용하여 가계의 소비 · 여가 선택 문제를 분석하고 노동공급에 영향을 미치는 요인들을 살펴보았다. 그리고 분석의 결과를 식 (7.7)의 노동공급함수로 요약하여 나타냈다.

식 (7.7)의 노동공급함수에 포함된 변수 이외에 노동공급에 영향을 주는 요인이 많이 있다. 예를 들어 모형의 다른 변수들(Π, Π', G', w')은 최소한 이론적으로 소득효과 또는 대체효과를 통해 노동공급에 영향을 준다. 하지만 그 효과가 작으므로 우리 모형에서는 고려하지 않았다. 또한 앞서 언급한 바와 같이 경험적으로 볼 때 노동공급함수에 명시적으로 포함된 실질이자율(r)과 정부지출(G)이 실질임금(w)에 비해서는 노동공급에 미치는 효과가 상대적으로 덜 중요하다고 알려져 있다. 따라서 분석의 단순화를 위해 실질이자율과 정부지출은 노동공급함수에서 생략되는 경우도 있다는 점을 기억해 두자.

요약

1. 1기간 모형

1.1 효용함수와 예산제약 1기간 효용함수는 소비와 여가의 증가함수이며, 각각의 한계효용은 감소한다고 가정한다. 예산제약의 경우 기울기가 $-w$이고 $l_t = 1$에서 수직의 형태로 나타내어진다. 최적 소비와 여가의 선택은 예산제약선의 기울기인 $-w$와 무차별곡선의 기울기인 $-\frac{u_l}{u_c}$가 일치할 때 달성된다.

1.2 실질임금의 변화 실질임금이 상승하는 경우 대체효과에 의해 소비는 증가하고 여가는 감소(노동공급은 증가)한다. 소득효과에 의해서는 소비와 여가가 모두 증가한다(노동공급의 감소). 대체효과가 소득효과보다 크다고 가정하면 실질임금의 증가는 소비를 증가시키고 여가는 감소(노동공급은 증가)시킨다.

1.3 정부지출의 변화 정부지출의 증가는 음(−)의 소득효과만을 가져오며 이는 소비와 여가의 감소(노동공급의 증가)를 가져온다.

1.4 노동공급함수 1기간 모형의 최적 소비와 여가 선택을 통해 노동공급함수는 실질임금과 정부지출의 증가함수임을 알 수 있다.

2. 2기간 모형

2.1 효용함수와 예산제약 2기간 효용함수는 현재소비, 미래소비, 현재여가, 그리고 미래여가의 증가함수이며, 각각의 한계효용은 감소한다고 가정한다. 평생예산제

약식은 소비의 현재가치와 소비로 나타낸 여가의 현재가치의 합이 노동소득의 현재가치와 배당소득의 현재가치의 합에서 조세의 현재가치를 감한 것과 같다고 나타내어진다. 이를 현재여가와 미래여가 평면에 그려본다면 기울기의 절댓값은 현재여가와 미래여가 사이의 상대가격인 $w/(w'/(1+r))$이다.

2.2 노동공급함수 2기간 모형을 고려한 노동공급함수는 실질임금의 증가함수, 실질이자율의 증가함수, 그리고 정부지출의 증가함수이다. 따라서 실질임금–노동공급 평면에서 노동공급곡선은 우상향하며, 실질이자율의 증가와 정부지출의 증가에 따라 우측이동한다.

3. 결론

가계의 소비 · 여가 선택 문제를 분석하여 도출한 노동공급함수는 실질임금의 증가함수, 실질이자율의 증가함수, 그리고 정부지출의 증가함수임을 도출하였다. 노동공급에는 이 외에도 현재와 미래의 이윤소득, 미래 실질임금, 그리고 미래 정부지출도 영향을 미칠 수 있다.

연습문제

01 파이썬 프로그래머 시장에서 임금이 상승한다고 하자. 어떤 프로그래머는 파이썬 코딩 일을 추가적으로 더 하는 반면에 다른 파이썬 프로그래머들은 일하는 시간을 줄이는 것이 관측되었다. 이것을 어떻게 설명할 수 있을까?

02 1기간 모형의 그래프를 이용하여 실질임금 상승이 여가 · 노동공급에 미치는 대체효과가 소득효과와 동일하거나 소득효과보다 작은 각각의 경우에 노동공급곡선을 도출하라.

03 다음 각각이 노동공급곡선에 미치는 영향을 설명하라.

(1) 경제활동인구의 감소

(2) 어떤 지역의 제철공장이 문을 닫는 경우

(3) 제2차 세계대전 이후 여성의 노동시장 참여 증가

04 1기간 모형의 〈그림 7-1〉에서 선택 가능한 소비 · 여가 집합이 사다리꼴 모양을 띠고 있다. 2장(2.1.3 예산선)에서와 같은 삼각형 모양의 소비 · 여가 집합은 가능하지 않은가? 어떤 조건 하에서 선택 가능한 소비 · 여가 집합이 사다리꼴 또는 삼각형 모양이 되는지 설명하라.

05 2기간 모형에서 현재 · 미래여가(l, l') 선택을 나타내는 그래프를 이용하여 이자율 상승이 현재노동공급에 미치는 기간 간 대체효과가 소득효과보다 크게 나타나는 경우를 분석 · 설명하라.

06 1기간 모형에서 가계의 효용함수가 $U(C, l) = \log C + \phi \log l \, (\phi > 0)$이라고 하자.

(1) 가계의 노동공급함수를 도출하라.

(2) 실질임금 상승이 여가 · 노동공급에 미치는 대체효과와 소득효과, 그리고 최종효과를 그래프에 나타내고 설명하라.

노동수요와 투자

8

우리는 지금까지 소비 · 저축 · 노동공급 등 가계의 의사결정에 대해 알아보았다. 이제 기업의 의사결정 문제로 넘어가 보자. 솔로우 성장모형에서와 같이 기업들은 노동과 자본 두 생산요소를 사용하여 재화와 서비스를 생산한다. 이때 노동은 노동시장에서 고용되고 자본은 투자에 의해 형성된다. 이 장에서는 기업의 이윤극대화 행위로부터 노동수요와 투자수요를 각각 도출한다. 솔로우 모형에서와 달리 여기서 도출되는 투자함수는 미시적 기초에 기반한다.

1. 1기간 모형

먼저 간단한 1기간 모형으로 논의를 시작해 보자. 동일한 기업들을 대표하는 한 기업이 자본(K)과 노동(L)을 투입하여 아래의 생산함수를 통해 재화(Y)를 생산한다.

$$Y = zF(K, L)$$

여기서 z는 외생적으로 주어진 총요소생산성을 나타내며 함수 $F(\cdot)$는 솔로우 성장모형에서와 같이 자본 · 노동의 한계생산이 각각 체감하고 규모수익이 불변인 특성을 갖는다.

기업의 이윤은 다음과 같이 수입과 비용의 차이로 정의된다.

$$\Pi = zF(K, L) - wL$$

솔로우 모형에서와 같이 초기 자본량 K는 외생적으로 주어진 것으로 가정한다.[1] 가계가 자본을 소유하고 기업은 자본 임대에 대한 사용료를 지급했던 솔로우 모형과 달리, 이 모형에서는 기업이 자본을 직접 소유한다. 따라서 위의 이윤 식에서 기업은 노동에 대한 비용(wL)만 지불한다.[2]

---

1. 이 장에서는 모형에 1기간 또는 2기간만 존재하므로, 1기 초의 자본량이 곧 초기 자본량이다.
2. 솔로우 모형을 살펴본 4장(1.1 기업)에서도 언급했듯이 자본의 소유에 대한 두 가정은 수학적으로 동일하다. 기업이 자본을 직접 소유하는 경우 자본 사용료를 가계에 지급하지 않으므로 노동

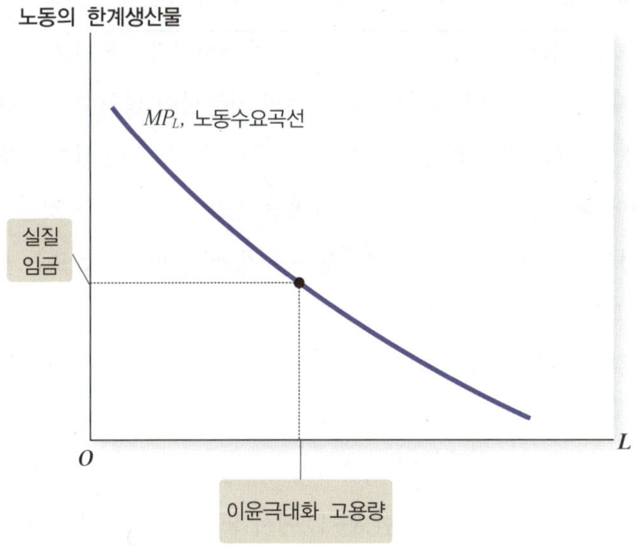

그림 8-1

노동한계생산과 노동수요곡선

기업의 이윤을 극대화하는 고용선택의 최적조건은 추가적인 노동투입의 한계수익과 한계비용이 같아지는 수준 ($MP_L = w$)에서 결정된다. 따라서 실질임금의 상승은 현재노동수요를 감소시켜 우하향하는 노동수요곡선이 도출된다.

기업은 주어진 실질임금(w)에서 이윤 Π를 극대화하는 노동투입을 선택한다. 기업의 최적 노동투입량 또는 노동수요는 2장(2.2.3 기업의 최적선택)과 4장(6. 분배)에서와 같은 방식으로 구할 수 있다. 구체적으로 기업은 아래 식과 같이 노동의 한계생산물(MP_L)이 노동의 가격, 즉 실질임금(w)과 같아지는 수준에서 노동투입량을 결정한다.[3]

기업의 최적 노동수요
노동투입의 한계수입 = 한계비용

$$MP_L = w$$

$MP_L > w$ 또는 $MP_L < w$인 상태에서는 기업이 고용을 더 늘리거나 줄임으로써 이윤을 증가시킬 수 있으므로 이윤이 극대화된 상태가 아님을 확인할 수 있다.

〈그림 8-1〉은 위 조건을 실질임금 · 고용량(w, L) 평면에 나타낸 것이다. 여기서 MP_L곡선은 주어진 실질임금(w)에서 기업이 고용하고자 하는 노동의 양(L)을 나타낸다는 점에서 기업의 **노동수요곡선**이다. 그림에서 노동수요곡선은 우하향하는데, 그 이유는 노동투입량을 증가시킬수록 한계생산이 감소하기 때문이다. 다른 수요곡선과 마찬가지로 가격(실질임금)이 오르면 수요량이 감소함을 볼 수 있다.

비용을 지불하고 남은 기업이윤은 $\Pi = r^K K$가 된다. 하지만 궁극적으로 기업의 소유주가 가계이므로 기업이윤은 가계에 배당금으로 지급된다. 그 결과 가계소득은 $wL + r^K K$가 되어 솔로우 모형에서와 같다.

3. 미분을 배운 독자는 이윤 Π를 노동투입 L에 대해 편미분하여 도출되는 도함수의 기울기가 0이 되게 하는 이윤극대화 조건 $MP_L = w$를 쉽게 구할 수 있다.

한편 노동의 한계생산물(MP_L)은 노동투입량(L)뿐만 아니라 기술수준(z) 및 자본투입량(K)에도 영향을 받는다. 첫째, 다른 조건이 일정할 때, 기술진보는 총요소생산성의 증가를 통해 노동의 한계생산물을 증가시킨다. 즉, MP_L은 z의 증가함수이다. 둘째, 다른 조건이 일정할 때, 기업의 자본량이 많을수록 노동의 한계생산성이 높다. 즉, MP_L은 K의 증가함수이다. 직관적으로 K의 값이 크다는 것은 노동 한 단위에 더 많은 도구, 컴퓨터, 사무용품 등이 투입된다는 것을 의미한다. 이 경우 추가되는 노동 한 단위의 생산성은 증가한다. 따라서 z 또는 K의 증가는 추가적인 고용의 편익을 증가시키므로 노동수요의 증가를 가져온다. 노동한계생산 MP_L의 결정요인을 고려하여 노동의 한계생산을 $MP_L(L, K, z)$로 표기하기도 한다.[4]

이러한 노동수요와 임금, 노동수요와 총요소생산성 간의 관계는 고용의 최적조건과 노동의 한계생산체감으로 증명할 수 있다.

노동수요의 결정요인을 종합하면 다음과 같다. 첫째, 실질임금의 상승은 노동수요의 감소를 가져온다. 이는 〈그림 8-1〉에서 노동수요곡선 상의 움직임을 의미한다. 둘째, 총요소생산성의 증가는 노동수요의 증가를 가져오는데, 이는 노동수요곡선 또는 MP_L곡선의 우측이동으로 나타난다. 반대로 총요소생산성의 하락은 노동수요곡선을 좌측으로 이동시킨다. 셋째, 자본량의 변화도 노동수요곡선을 이동시킨다. 그런데 초기 자본량 K는 (모형에 존재하지 않는) 0기의 투자에 의해 이미 결정되어 있으므로 현시점에서 초기 자본량이 증가하는 일은 발생하지 않는다. 반면에 모형경제에 외생적으로 주어진 초기 자본이 자연재해 등으로 일부 파괴될 수 있는데, 이러한 초기 자본량의 감소는 노동수요곡선을 좌측으로 이동시킨다. 〈그림 8-2〉는 노동수요곡선의 이동을 보여주고 있다.

기업의 노동수요에 대한 지금까지 논의를 다음과 같이 실질임금, 총요소생산성 및 자본량의 함수로 요약할 수 있다.

$$L^d = L^d(\underset{-}{w}, \underset{+}{z}, \underset{+}{K}) \tag{8.1}$$

---

4. 우리는 4장(6. 분배)에서 콥-더글라스 생산함수 $Y = zF(K, L) = zK^{\alpha}L^{(1-\alpha)}$의 경우 노동한계생산을 아래와 같이 구한 바 있다.

$$MP_L = zF_L(K, L) = (1-\alpha)z\left(\frac{K}{L}\right)^{\alpha}$$

여기서 생산함수에 아래첨자가 추가된 $F_L(K, L)$은 함수 F를 L에 대해 편미분한 결과로 도출된 도함수를 가리킨다. 위 식에서 MP_L은 L의 감소함수임을 볼 수 있다. 또한 MP_L은 z와 K의 증가함수임을 확인할 수 있다.

그림 8-2

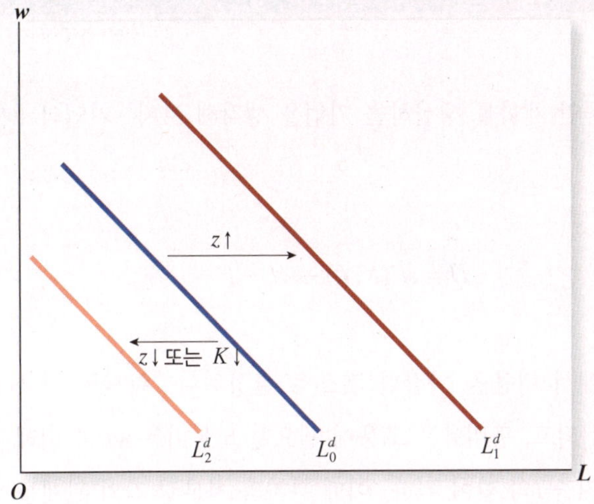

노동수요곡선의 이동
주어진 실질임금 수준에서 총요소생산성의 증가(z↑)는 노동의 한계생산을 증가시켜 노동수요곡선을 오른쪽으로 이동시킨다. 반면 총요소생산성의 감소(z↓) 또는 초기 자본량의 감소(K↓)는 노동의 한계생산을 감소시켜 노동수요곡선을 왼쪽으로 이동시킨다.

식 (8.1)의 함수 $L^d(\bullet)$를 **노동수요함수**라고 부르자. 노동에 대한 수요는 w의 감소함수, z와 K의 증가함수이다.

노동수요
- 실질임금의 감소함수
- 총요소생산성의 증가함수
- 초기 자본량의 증가함수

일반적으로 기업은 새로운 기계설비 구매와 같은 투자지출(I)을 통해 자본량을 아래의 식에 따라 증가시킨다.

$$K' = I + (1 - d)K \tag{8.2}$$

하지만 1기간 모형에서 기업은 투자를 전혀 하지 않는다. 1기간 모형에서는 '미래'가 존재하지 않으므로 기업이 미래의 생산활동에 사용될 자본 K'을 늘릴 경제적 유인이 없기 때문이다. 즉, 1기간 모형에서 가계가 저축하지 않는 이유와 본질적으로 같다. 이제 1기간 모형을 2기간 모형으로 확장하여 기업의 노동수요와 투자 결정을 알아보자.

2. 2기간 모형

Macroeconomics ch. eight

이제 2기간 동안 재화를 생산하는 기업을 생각해 보자. 기업의 1기 이윤은 다음과 같다.

기업의 1기 이윤
= 1기 생산물의 판매 수입 – 임금비용 – 투자비용

$$\Pi = zF(K, L) - wL - I$$

기업이윤은 수입에서 비용을 차감한 것으로 결정된다. 위 식에서 산출량 $Y = zF(K, L)$가 수입이 되고, 총비용은 고용에 필요한 노동비용 wL과 미래 자본량을 늘리기 위한 투자지출 I의 합이 된다. 이때 투자와 자본량 간의 관계를 나타내는 자본축적방정식은 (8.2)와 같다.

기업의 2기 이윤은 다음과 같다.

기업의 2기 이윤
= 2기 생산물의 판매 수입 – 임금비용 + 자본 청산가치

$$\Pi' = z'F(K', L') - w'L' + (1-d)K'$$

위 식의 우변에서 첫 두 항$(z'F(K', L') - w'L')$은 1기 이윤과 동일한 형태이고, 마지막 항 $(1-d)K'$은 2기 말에 감가상각 후 남은 자본량의 청산가치(liquidation value)를 나타낸다. 기업이 2기에 모든 생산을 마친 후 감가상각되고 남은 기계설비 등의 자본 $(1-d)K'$은 다음 기 생산이 더 이상 없기 때문에 시장에서 처분되어 기업의 수입이 된다.

기업의 투자지출은 1기 이윤과 2기 이윤에 반대방향으로 영향을 미친다는 점에 주목할 필요가 있다. 우선 기업이 1기에 투자를 늘리면 1기 이윤이 줄어든다. 하지만 1기의 투자는 2기에 기업이 사용할 수 있는 자본량 K'를 증가시킨다. 늘어난 자본량은 생산량 $Y' = z'F(K', L')$을 증가시키고 생산 후 청산가치 $(1-d)K'$ 또한 증가시킴으로써 2기 이윤을 증가시킨다.

2.1 노동수요

대표 기업의 목적은 다음과 같은 1기, 2기 이윤의 현재가치 V를 극대화하는 것이라고 가정하자.

$$\begin{aligned} V &= \Pi + \frac{\Pi'}{1+r} \\ &= zF(K, L) - wL - I + \frac{z'F(K', L') - w'L' + (1-d)K'}{1+r} \end{aligned} \tag{8.3}$$

기업은 주어진 임금(w, w')과 이자율(r) 수준에서 이윤극대화를 위해 노동투입 혹은 고용(L, L')과 투자(I)를 선택한다. 여기서 투자 선택은 자본축적방정식 (8.2)에 따라 1기 시작 시점 자본량이 K로 주어진 상태에서 2기 시작 시점 자본량 K'을 결정한다. 즉, 기업이 이윤극대화 과정에서 I를 결정한다는 것은 K'을 결정한다는 것을 의미한다.

먼저 노동수요는 앞서 1기간 모형과 동일하게 고용의 한계비용과 한계편익을 비교하여 결정된다. 기업 이윤극대화의 목적함수인 식 (8.3)에서 노동 한 단위 추가 고용에 따른 편익과 비용은 각각 노동한계생산물 MP_L과 노동의 단위가격, 즉 실질임금 w이다. 따라서 1기간 모형에서와같이 기업의 현재(1기) 노동수요는 현재 노동한계생산이 주어진 현재 실질임금과 같아지는 수준에서 결정된다.

$$MP_L = w$$

따라서 1기 노동수요곡선은 〈그림 8-2〉의 노동수요곡선과 동일하다.

마찬가지로 미래(2기) 노동수요는 (현재가치로 나타낸) 미래 노동한계생산이 (현재가치로 나타낸) 미래 실질임금과 같아지는 수준에서 결정된다.[5]

$$\frac{MP_{L'}}{1+r} = \frac{w'}{1+r} \Leftrightarrow MP_{L'} = w'$$

여기서 $MP_{L'}$도 MP_L과 마찬가지로 2기 기술수준(z')과 자본량(K')과 양(+)의 관계

5. 앞서와 마찬가지로 미분을 배운 독자는 아래 조건 역시 V를 L'에 대해 편미분하여 쉽게 도출할 수 있다.

를 갖는다. 따라서 2기 노동수요곡선도 〈그림 8-2〉의 노동수요곡선과 같은 형태를 갖는다. 2기 노동한계생산 $MP_{L'}$의 결정요인을 고려하여 2기 노동의 한계생산을 $MP_{L'}(L', K', z')$로 표기하기도 한다.

요약하면, 기업의 현재 노동수요함수와 미래 노동수요함수는 다음과 같이 쓸 수 있다.

$$L^d = L^d(\underset{-}{w}, \underset{+}{z}, \underset{+}{K})$$
$$L'^d = L'^d(\underset{-}{w'}, \underset{+}{z'}, \underset{+}{K'})$$

즉, 모든 기에서 기업의 노동수요는 실질임금의 감소함수이고, 기술수준(또는 총요소생산성)과 자본량의 증가함수이다.

2.2 투자

앞서 언급했듯이 기업의 투자는 현재 및 미래 이윤에 영향을 미친다. 즉, 다른 여건이 주어진 상황에서 투자는 현재이윤을 줄이는 반면 미래이윤의 증가를 가져온다. 따라서 기업이 투자를 통해 미래 자본량의 증가 여부를 결정할 때 투자의 편익이 비용보다 큰지를 검토해야 한다.

기업의 이윤을 나타내는 식 (8.3)에서 투자 한 단위 증가의 비용은 자본재 한 단위 가격인 1이 된다. 투자 한 단위 증가의 편익은 이로 인한 미래(2기) 자본량의 한 단위 증가가 가져올 편익을 의미한다. 우선 미래의 추가 자본량은 2기 생산에 투입되어 미래 자본의 한계생산물 $MP_{K'}$만큼 2기 이윤을 증가시킨다. 또한 2기에서 생산 후 남은 자본량을 처분할 때 추가 자본량은 $(1-d)$만큼 자본 청산가치의 증가를 가져온다. 따라서 투자의 한계편익은 미래 추가 자본량이 가져올 두 가지 편익의 합, 즉 $MP_{K'}+(1-d)$가 된다. 투자의 한계비용이 현재시점에서 발생한다는 점을 고려하여 투자의 한계편익을 다음과 같이 현재가치로 나타낼 수 있다.

$$\text{투자의 한계편익의 현재가치} = \frac{MP_{K'}+(1-d)}{1+r}$$

미래 자본량(K') 또는 이와 일대일 관계에 있는 투자(I)가 증가할수록 자본

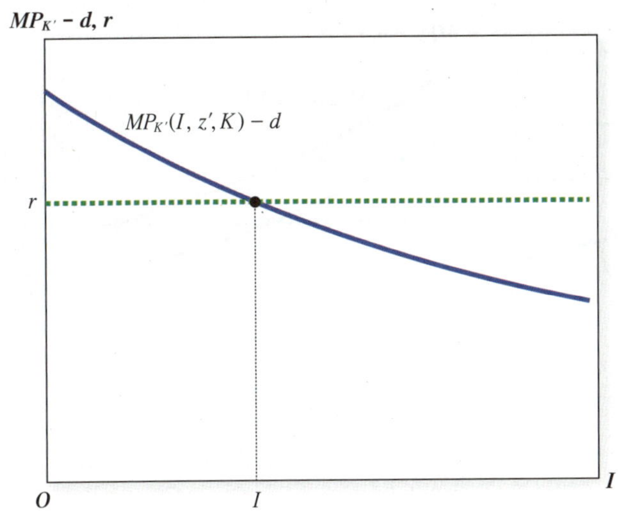

그림 8-3

기업의 투자수요

기업의 이윤극대화를 위한 투자선택은 한계수익과 한계비용이 같아지는 수준($MP_{K'} - d = r$)에서 결정된다.

의 한계생산($MP_{K'}$)은 체감하게 되고, 이는 위 식에서 한계편익 현재가치의 감소로 이어진다. 반면에 투자의 한계비용은 자본재의 단위가격 1이므로 투자의 증가 또는 감소에 따라 변하지 않는다.

기업은 앞서 최적 노동투입량을 결정할 때와 같은 방식으로 최적 투자(또는 최적 K')를 결정한다. 즉, 기업은 다음과 같이 투자의 한계편익과 한계비용이 같아지는 수준에서 투자를 결정한다.

기업의 최적 투자
(한계원칙)
투자의 한계수익 = 한계비용

$$\frac{MP_{K'} + (1-d)}{1+r} = 1 \Leftrightarrow MP_{K'} - d = r$$

한편 미래 자본한계생산물($MP_{K'}$)은 미래 자본량(K')과 기술수준(z')의 영향을 받는다. 여기서 K'은 자본축적방정식 $K' = I + (1-d)K$에 따라 결정된다. 이러한 $MP_{K'}$의 결정요인을 고려하여 미래 자본한계생산물을 $MP_{K'}(I, z', K)$으로 표기한 뒤, 위 식을 다음과 같이 나타낼 수 있다.

$$MP_{K'}(I, z', K) - d = r \tag{8.4}$$

$MP_{K'} - d > r$인 경우 투자를 더 늘림으로써, $MP_{K'} - d < r$인 경우 투자를 더 줄임으로써 이윤을 증가시킬 수 있으므로 이윤이 극대화된 상태가 아님을 쉽게 확인할 수 있다.

〈그림 8-3〉은 이러한 기업의 최적투자 결정 과정을 그래프로 보여주고 있

그림 8-4

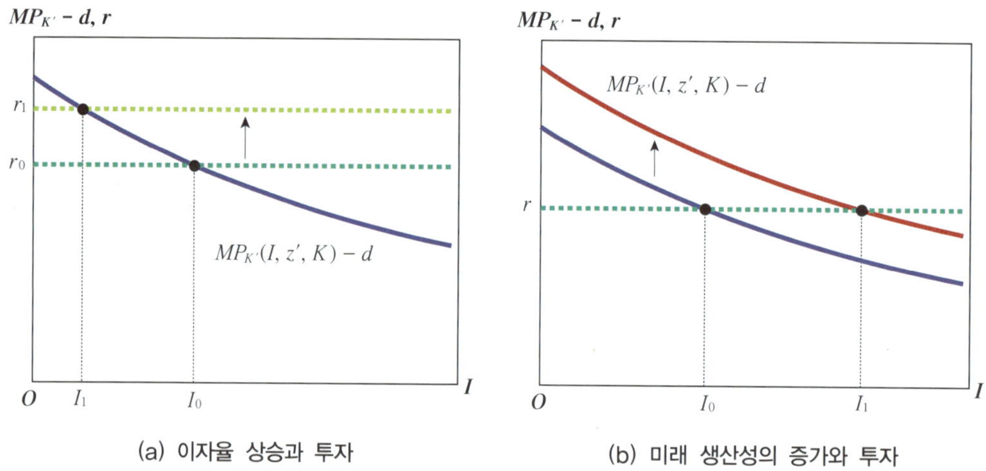

➠ 이자율 상승 및 미래 생산성 증가와 투자

실질이자율 상승은 미래수입의 현재가치 감소 또는 기회비용의 상승을 의미하므로 투자를 감소시킨다. 또한 미래 생산성의 증가는 투자의 한계편익에 해당하는 미래 자본의 한계생산성 증가를 의미하므로 투자를 증가시킨다.

다. 기업이 $I = 0$에서 출발하여 최적 투자수준을 찾을 때까지 투자를 서서히 늘린다고 가정해 보자. 다른 변수들은 주어진 상황에서 I를 증가시키면 한계생산체감 법칙에 의해 식 (8.4)의 좌변 $MP_{K'}(I, z', L') - d$는 감소하는 반면에, 우변(r)은 일정하다. 이윤을 극대화하는 기업은 좌변을 나타내는 우하향하는 곡선과 우변을 나타내는 수평선이 만나는 지점까지 투자를 늘린다. 그래프에서 우하향하는 곡선($MP_{K'}(I, z', K) - d$)은 주어진 이자율(r)에서 기업이 구매하고자 하는 자본재의 수량(I)을 나타낸다는 점에서 기업의 **투자수요곡선**이 된다.

이제 이자율 및 다른 요인들에 대해 기업의 투자가 어떻게 반응하는지 살펴보자. 먼저 이자율이 상승하면 투자는 어떻게 반응할까? 〈그림 8-4〉의 (a)에서처럼 이자율 상승은 투자 감소를 가져온다. 앞서 언급했듯이 기업의 입장에서 투자에 들어가는 비용은 현재(1기)에 발생하는 반면, 투자로부터 얻는 편익은 미래(2기)에 실현된다. 따라서 다른 조건이 같을 때 이자율 상승은 미래수익의 현재가치를 감소시키므로 투자유인을 낮춘다.

투자가 이자율의 감소함수라는 것을 달리 설명할 수도 있다. 현실경제에서 기업들은 금융시장에서 채권 발행 등을 통해 투자자금을 차입・조달한다. 이 경우 이자율은 자금의 차입비용을 의미한다. 따라서 차입비용 상승은 투자를 위축시킬 것이다. 2기간 모형에서 암묵적으로 가정한 것처럼 기업이 외부자금 대신에 내부자금을 투자지출에 사용하는 경우도 마찬가지이다. 일반적으로 기업은 내부자금을 투자에 사용하는 대신에 은행에 예금을 하거나 정부채권을 구입하여 이자수입을 얻을 수 있다. 이 경우 이자율은 내부자금을 투자에 사용하는 데 따르는 기회비용이 된다. 따라서 이자율, 즉 투자의 기회비용이 상승할 때 투자유인은 감소할 것이다.

다음으로 미래 총요소생산성 z'의 증가가 예상된다고 하자. 이는 식 (8.4)에서 좌변, 즉 투자의 한계편익에 해당하는 미래 자본의 한계생산성 증가를 가져오므로, 기업은 미래에 더 많은 자본을 생산에 투입하려고 한다. 따라서 1기에서 투자가 증가한다. 〈그림 8-4〉의 (b)는 이 경우를 보이고 있다. 식 (8.4)의 좌변이 증가하므로, 〈그림 8-4〉의 (b)에서 투자수요곡선이 위쪽으로 이동한다. 그 결과 주어진 이자율에서 투자가 증가한다.

끝으로 외생적으로 주어진 초기 자본량 K의 변화가 기업의 투자에 미치는 영향을 살펴보자. 초기에 주어진 자본량이 적다면 기업은 미래(2기)최적자본량 수준에 도달하기 위해 1기에 투자를 더 많이 해야 한다. 따라서 초기에 주어진 자본량이 적을수록 기업의 투자수요는 증가한다. 결국 〈그림 8-4〉의 (b)에서처럼 투자수요곡선이 위쪽으로 이동한다.

기업의 투자(I)에 대한 지금까지 논의를 다음과 같이 이자율(r), 미래 총요소생산성(z') 및 초기 자본량(K)의 함수로 요약할 수 있다.

$$I = I(\underset{-}{r}, \underset{+}{z'}, \underset{-}{K}) \tag{8.5}$$

식 (8.5)의 함수를 **투자함수**(investment function) 또는 **투자수요함수**(investment demand function)라 부른다. 투자는 이자율의 감소함수, 미래 총요소생산성의 증가함수, 초기 자본량의 감소함수이다.

투자
- 실질이자율의 감소함수
- 미래 총요소생산성의 증가함수
- 초기 자본량의 감소함수

〈그림 8-5〉는 이러한 특성을 갖는 투자수요함수를 보여주고 있다. 투자수요는 이자율의 감소함수이므로 투자수요곡선은 우하향한다. 이자율 변동에 따른 투자의 변화는 곡선 상의 이동으로 표현된다. 반면 주어진 이자율 수준에서 미래 총요소생산성 증가나 초기 자본량 감소에 따른 투자 증가는 투자수요곡선의 우측 이동을 가져온다.

그림 **8-5**

투자함수

투자함수는 이자율의 감소함수이므로 투자-이자율 평면에서 우하향하는 형태로 나타난다. 또한 투자함수는 미래 총요소생산성의 증가함수 그리고 초기 자본량의 감소함수이므로, 미래 총요소생산성이 증가(z'↑)하거나 초기 자본량이 감소(K↓)하면 투자함수곡선은 우측이동한다.

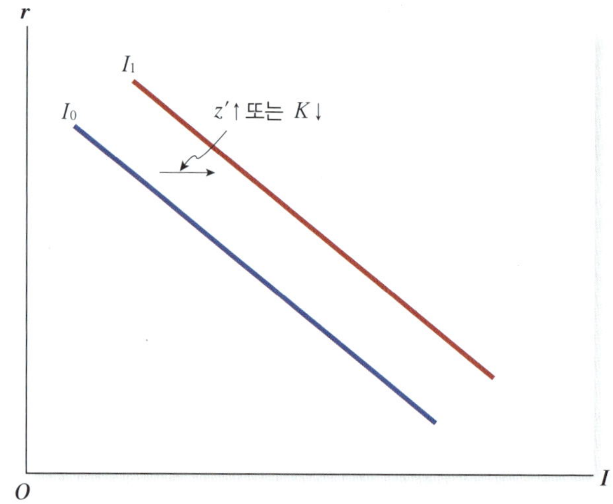

3. 결론

Macroeconomics ch. eight

이 장에서는 이윤극대화를 하는 기업의 노동수요와 투자수요를 각각 도출했다. 솔로우 모형과 달리, 이 장에서 도출된 투자수요함수는 미시적 기초에 기반한다. 주요 결과는 다음과 같다.

실질임금 상승은 노동의 한계비용을 증가시켜 노동수요의 감소로 이어진다. 반면에 총요소생산성의 증가 및 자본량의 증가는 노동의 한계생산성 증가로 이어져 노동에 대한 수요를 증가시킨다.

한편 실질이자율의 상승은 투자의 감소로 이어지는데, 그 이유는 실질이자율 상승은 투자에서 발생하는 수익의 현재가치 하락 또는 투자자금 조달을 위한 차입비용 및 기회비용의 증가를 의미하기 때문이다. 또한 미래의 총요소생산성 증가는 미래 자본의 한계생산성을 증가시키고, 이는 투자의 증가를 가져온다.

요약

1. 1기간 모형

1기간 모형에서 노동수요함수는 기업의 이윤극대화 문제를 해결하여 도출할 수 있다. 기업의 최적 노동수요는 노동투입의 한계수입과 한계비용이 일치하는 수준에서 결정되며, 노동수요함수는 실질임금의 감소함수, 총요소생산성의 증가함수, 그리고 자본량의 증가함수로 나타낼 수 있다.

2. 2기간 모형

2.1 노동수요 다기간 이윤의 현재가치를 극대화하는 기업의 각 기에서의 노동수요는 실질임금의 감소함수이고 기술수준과 자본량의 증가함수이다.

2.2 투자 다기간 이윤의 현재가치를 극대화하는 기업의 투자는 이자율의 감소함수인데, 이는 이자율 상승이 미래수입의 현재가치 감소 또는 기회비용의 상승을 의미하기 때문이다. 또한 기업의 투자는 미래 총요소생산성의 증가함수인데, 이는 미래 총요소생산성이 증가하면 투자의 한계편익에 해당하는 미래 자본의 한계생산성을 증가시키기 때문이다. 투자는 초기 자본량의 감소함수이기도 하다.

3. 결론

이윤극대화를 하는 기업의 노동수요와 투자수요를 각각 도출해 보았다. 현재(미래)의 노동수요는 현재(미래) 실질임금의 감소함수, 현재(미래) 총요소생산성의 증가함수, 그리고 현재(미래) 자본량의 증가함수이다. 투자함수는 실질이자율의 감소함수, 미래 총요소생산성의 증가함수, 그리고 초기 자본량의 감소함수이다.

연습문제

01 농업을 위주로 살아가는 한 마을이 있다. 농민들은 일정한 크기의 농지에서 자신들의 노동력과 몇 대의 기계를 이용하여 효율적으로 쌀을 생산하고 있다. 그러던 어느 날 갑작스런 폭우로 농지의 절반이 물에 잠기고 당분간 나머지 절반의 농지에서만 재배와 수확이 가능하게 되었다고 하자. 폭우로 인한 인명손실이나 기계의 손실은 없다고 가정할 때 토지와 노동, 자본의 한계생산성은 각각 어떻게 변할 것인가? 그리고 생산요소의 가격과 생산물의 가격에는 어떤 변화가 일어나겠는가?

02 1기간 모형에서 기업의 생산함수가 콥-더글라스 함수 $Y = zK^{\alpha}L^{1-\alpha}\,(0 < \alpha < 1)$이고 완전 경쟁적 노동시장에서 결정되는 임금은 w라 하자.

(1) 기업의 노동수요함수를 도출하라.

(2) 1절에서 살펴본 노동수요함수의 특성과 일치하는가? 설명하라.

03 2기간 모형의 그래프를 이용하여 다음이 각각 기업의 투자에 미치는 영향을 설명하라.

(1) 자본 단위당 감가상각률(d)의 상승

(2) 자연재해로 인한 초기 자본량(K)의 감소

04 자본재 한 단위의 수요가격(P_k^d)은 다음의 관계가 성립한다.

$$P_k^d = R_t + \frac{R_{t+1}}{(1+r)} + \frac{R_{t+2}}{(1+r)^2} + \cdots + \frac{R_{t+n}}{(1+r)^n}$$

(1) 이자율(r)은 10%, 내구연한은 2년이며, 매년 예상수익이 10원인 경우의 자본재 수요가격(P_k^d)을 구하라. 또한 이자율(r)이 5%로 하락하는 경우의 자본재 수요가격(P_k^d)을 구하고, 자본재 수요가격의 이자율탄력성을 구하라.

(2) 이자율(r)은 10%, 내구연한은 무한대이며, 매년 예상수익이 10원인 경우의 자본재 수요가격(P_k^d)을 구하라. 또한 이자율(r)이 5%로 하락하는 경우의 자본재 수요가격(P_k^d)을 구하고, 자본재 수요가격의 이자율탄력성을 구하라.

(3) 일반적으로 현재가치법과 한계효율법은 모두 투자가 이자율의 감소함수라는 점을 보여주고 있다. 그러나 경험적 자료에 의하면 이론적 결론과는 달리 투자의 이자율탄력성이 매우 낮은 것으로 나타나고 있다. 이처럼 현실과 이론이 불일치하는 이유를 자본재 수요가격의 이자율탄력성과 자본재 공급의 가격탄력성으로 나누어 설명하라.

05 2기간만 존재하는 경제에서 기업의 생산가능곡선과 기업가의 효용함수가 다음과 같이 주어져 있다.

- **생산가능곡선** : $Y_2 = 120 - \frac{1}{120} Y_1^2$
- **효용함수** : $U(C_1, C_2) = C_1^{1/3} \cdot C_2^{2/3}$

그리고 대부자금시장에서 이자율 20%로 자금의 대부와 차입이 자유롭다고 한다.

(1) 이때 기업의 생산 및 투자, 기업가의 소비 및 효용 수준은 얼마인가? 그리고 결정된 투자의 현재가치와 내부수익률은 각각 얼마인가?

(2) 시장이자율이 10%로 하락하였다면 기업의 투자결정은 어떻게 변화하는가? 그리고 이때 투자의 현재가치와 내부수익률은 각각 얼마인가?

(3) 위의 질문 (1)과 (2)의 결과를 비교하고, 투자이론에 비추어 설명하라.

1. 모형경제

2. 재화시장 · 노동시장의 균형

3. 대부자금시장의 균형

4. 모형의 일반균형분석

5. 결론

실물부문의 일반균형

9

우리는 지금까지 가계와 기업의 의사결정을 따로 살펴보았다. 이 장에서는 이들이 어떻게 서로 어떻게 연결되는지를 알아보기 위해 6~8장에서 도출한 가계와 기업의 선택을 종합적으로 분석해 보자. 특히 우리가 솔로우 모형에서 논의한 거시경제학의 가장 중요한 질문을 다시 논의한다. 즉, 국가경제의 국민소득 또는 총생산(GDP)은 어떻게 결정되는가? 경제에서 생산된 재화·서비스는 어떻게 다른 용도로 배분되는가?

그러나 분석의 측면에서 솔로우 모형과 몇 가지 차이가 있다. 첫째, 총생산 그리고 총지출의 항목 간 배분이 가계와 기업의 최적화 행위와 시장균형의 결과로 결정된다. 국가경제의 시장들이 상호작용하면서 모든 시장들의 동시균형(즉, 일반균형)을 위해 개별 시장가격이 어떻게 조정되는지를 알아볼 것이다. 둘째, 솔로우 성장모형에서와 같이 총생산이 기술수준의 변화에 따라 장기성장균형에 어떻게 수렴하는지를 분석하는 대신에, 여기서는 주어진 기술수준에서 현시점의 균형총생산이 결정되는 과정에 초점을 맞출 것이다.

모형경제에는 재화·서비스시장(또는 줄여서 재화시장), 대부자금시장, 노동시장, 화폐시장 등 네 개의 시장이 있다. 이 장에서는 화폐시장을 고려하지 않는다. 화폐시장에서 결정되는 균형 통화량의 변화는 일반적으로 물가수준을 포함한 **명목변수**(nominal variables)뿐만 아니라 **실질변수**(real variables)에도 영향을 미친다. 하지만 여기서는 우선 분석의 단순화를 위해 경제학원론에서 배운 **고전적 이분성**(classical dichotomy)을 가정한다. 이는 우리가 지금까지 가정해 온 바와 같이 모든 시장에서 수요와 공급의 변화에 따라 가격이 신축적으로 조정될 때, 화폐시장에서 수요 또는 공급의 변화는 명목변수에만 영향을 미치고 실질변수에는 아무런 영향을 미치지 않는다는 가설로서 **고전학파**와 그 뒤를 이은 **신고전학파** 경제학의 대표적 견해이다. 실질GDP, 고용, 실질임금, 실질이자율 등 실질변수들이 명목부문과 완전히 분리되어 결정되므로 이 장에서는 화폐시장을 제외한 실물부문의 균형을 중심으로 살펴본다.

고전적 이분성 실질 부문과 화폐 부문 간 상호작용이 존재하지 않는다는 고전학파의 견해

1. 모형경제

국가경제에서 주요 경제주체는 가계, 기업, 그리고 정부이다. 우리는 6～8장에 걸쳐 가계와 기업이 재화시장, 대부자금시장, 노동시장에서 수요자 또는 공급자로서 어떻게 의사결정을 내리고 어떻게 행동하는지에 대해 자세히 살펴보았다. 여기서는 먼저 이를 간략히 요약하고 개별 시장의 균형조건을 제시한다. 그러고 나서 이 모형경제를 이용하여 주어진 경제여건을 나타내는 외생변수의 변화에 대해 내생변수들이 어떻게 반응하는지를 예측해 보려고 한다.

앞서 6～8장에서와 같이, 분석의 단순화를 위해 모형경제에서 대표 가계, 대표 기업, 정부가 현재(1기), 미래(2기)의 두 기간 동안 경제행위를 한다고 가정한다.

1.1 가계

대표 가계는 노동을 공급하여 소득을 얻고 세금을 낸다. 가계는 납세 후 처분가능소득으로 현재소비뿐 아니라 미래소비를 위한 저축 또는 차입을 한다. 현재(1기)시점에서 이러한 가계의 의사결정은 6장(소비와 저축)과 7장(소비 · 여가와 노동공급)에서 각각 도출한 **소비함수**와 **노동공급함수**로 요약된다.

$$C = C(\underset{-}{r}, \underset{+}{Y}, \underset{+}{Y'}, \underset{-}{G}, \underset{-}{G'}) \quad (9.1)$$

$$L^s = L^s(\underset{+}{w}, \underset{+}{r}, \underset{+}{G}) \quad (9.2)$$

식 (9.1)에 따르면 가계의 현재소비(C)는 현재 · 미래 소득(Y, Y')의 증가함수이다. 이는 가계의 평생소득이 증가할 때 현재소비가 증가하기 때문이다. 또한 현재소비는 현재 · 미래 정부지출(G, G')과 음(−)의 관계를 갖는데, 이는 정부지출 증가가 현재 또는 미래의 조세 증가로 이어지고, 이는 곧 평생소득의 감소를 가져오기 때문이다.

현재소비는 현재소득과 미래소득의 증가함수, 현재 정부지출과 미래 정부지출의 감소함수이며, 실질이자율의 감소함수이다.

위의 소비함수에서 **한계소비성향**(MPC)은 양수이고 1보다 작다. 즉, 다른 조건이 일정할 때 $0 < MPC = \frac{\Delta C}{\Delta Y} < 1$의 조건이 성립한다. 가계는 기간 간 고른 소비를 선호하므로, 현재소득이 일시적으로 증가할 때 현재소비뿐 아니라 미래소비

증가를 위해 추가 소득의 일부를 저축할 것이기 때문이다.

솔로우 모형과 달리 소비는 또한 실질이자율과 음(−)의 관계를 갖는다. 왜 그럴까? 실질이자율은 저축의 실질수익률이다. 가계가 현재(1기) 소비를 한 단위 줄이고 대신 저축하면 미래(2기)에 $(1+r)$단위만큼의 추가 소비를 할 수 있다. 실질이자율이 높을수록 미래소비로 나타낸 현재소비의 기회비용이 증가한다. 6장(3. 이자율의 변화)에서 자세히 설명했듯이 경험적 사실에 따라 이자율 변화의 (기간 간) 대체효과가 소득효과보다 크다는 가정 하에 현재소비를 이자율의 감소함수로 간주한다.

현재 노동공급은 실질임금과 실질이자율 그리고 정부지출의 증가함수이다.

식 (9.2)에 따르면 가계의 노동공급(L^s)은 첫째로 실질임금(w)과 양(+)의 관계를 갖는다. 여기에는 7장(1.2 실질임금의 변화)에서 자세히 살펴보았듯이 실질임금 변화의 대체효과가 소득효과보다 비교적 크다는 가정이 깔려 있다. 둘째, 현재 노동공급은 실질이자율의 증가함수이다. 7장(2. 2기간 모형)에서 설명했듯이 실질이자율 상승은 미래 실질임금의 현재가치를 낮추므로 현재 노동공급을 늘리는 것이 유리하기 때문이다. 셋째, 정부지출(G)의 증가(감소)는 조세의 증가(감소)를 가져오기 때문에 음(양)의 소득효과를 통해 노동공급의 증가(감소)를 가져온다.

1.2 기업

대표 기업은 자본(K)과 노동(L)을 생산요소로 투입하여 재화 · 서비스(Y)를 생산한다. 다음의 기업 **생산함수**는 우리가 2장(2.2.1 생산함수)에서 논의했던 표준적인 특성을 모두 만족한다.

$$Y = zF(K, L) \tag{9.3}$$

8장(노동수요와 투자)에서 자세히 살펴보았듯이 주어진 현재(1기), 미래(2기)의 생산성 z, z'과 초기 자본량(K)에서 이윤의 현재가치를 극대화하는 기업은 다음과 같은 **노동수요함수**에 따라 현재 노동투입 또는 고용(L^d)을 결정하고 **투자함수**에 따라 미래 생산을 위한 투자재 구입(I)을 결정할 것이다.

$$L^d = L^d(\underset{-}{w}, \underset{+}{z}, \underset{+}{K}) \tag{9.4}$$

$$I = I(\underset{-}{r}, \underset{+}{z'}, \underset{-}{K}) \tag{9.5}$$

위 식들이 의미하는 바를 간단히 복습해보자. 먼저 8장(1. 1기간 모형)에서 자세히 논의했듯이 이윤을 극대화하는 기업은 노동의 한계생산물이 실질임금(w) 수준과 같아지도록 고용을 결정한다. 식 (9.4)에 따르면 기업의 노동수요(L^d)는 실질임금(w)의 감소함수, 기술수준(또는 총요소생산성(z))과 초기 자본량(K)의 증가함수인데, 그 이유는 다음과 같다. 첫째, 노동의 한계생산물이 체감하는 상황에서 실질임금이 상승하면 기업은 노동한계생산물이 높아진 실질임금과 같아질 때까지 고용을 줄일 것이다. 둘째, 총요소생산성의 증가는 노동한계생산물 증가를 통해 노동수요의 증가를 가져온다. 왜냐하면 주어진 실질임금에서 노동한계생산물이 증가하면 기업은 높아진 노동한계생산물이 주어진 실질임금과 같아질 때까지 고용을 늘릴 것이기 때문이다. 셋째, 초기 자본량의 증가도 자본과 보완적 관계인 노동의 한계생산 증가를 가져오므로 총요소생산성 증가와 비슷하게 노동수요를 증가시킨다.

현재 노동수요는 실질임금의 감소함수이며, 생산성과 초기 자본량의 증가함수이다.

식 (9.5)로 나타낸 기업의 투자수요(I)는 8장(2. 2기간 모형)에서 자세히 살펴보았듯이 실질이자율(r)의 감소함수이고 미래 생산성(z')의 증가함수이며, 초기 자본량(K)의 감소함수이다. 투자는 가계의 저축과 마찬가지로 미래에 편익을 얻기 위해 현재 편익을 포기하거나 비용을 지출하는 경제행위라는 점에서 미래전망적(forward looking) 의사결정이다. 이때 투자가 실질이자율과 음(−)의 관계를 갖는 이유는 기업이 투자에 필요한 자금을 외부에서 차입하는 경우 실질이자율이 바로 투자의 차입비용이며 기업이 내부자금을 이용하여 투자를 하더라도 실질이자율은 투자의 기회비용이 되기 때문이다. 따라서 실질이자율이 높을수록 현재투자의 비용이 증가하므로 다른 여건이 주어진 상황에서 투자는 감소할 것이다. 한편, 투자는 미래 총요소생산성과 양(+)의 관계를 갖는다. 현재투자는 미래 자본량의 증가를 통해 미래 이윤에 영향을 미치므로 현재 투자수요는 미래 예상되는 총요소생산성 수준에 영향을 받는다. 즉, 미래 총요소생산성이 증가할수록 현재투자는 증가할 것이다.

투자수요는 실질이자율과 초기 자본량의 감소함수이며, 미래 생산성의 증가함수이다.

1.3 정부

기업이 생산한 재화를 현재(1기)와 미래(2기)에 각각 G, G'만큼 구입하는 정부가 있다. 이 정부지출의 재원 조달을 위해 정부는 가계에 정액세 T, T'을 부과한다. 여기서 정부지출 G, G'은 외생적으로 주어진 변수로 가정한다.

한 가지 강조할 점은 매기에 정부지출이 조세수입과 같을 필요는 없다는 것이다. 가계와 비슷하게 정부도 지출에 모자라는 자금을 차입하거나 지출하고 남는 자금을 저축 또는 빌려줄 수 있다. 그 결과 현재(1기) 정부는 재정적자($G > T$), 재정흑자($G < T$), 또는 균형재정($G = T$) 상태에 있을 수 있다. 그러나 주어진 정부지출(G, G')에 대해 다음과 같이 정부지출의 현재가치가 조세수입의 현재가치와 같아지도록 1기와 2기 조세 T, T'을 조정해야 한다.

$$G + \frac{G'}{1+r} = T + \frac{T'}{1+r} \tag{9.6}$$

리카도 대등정리 주어진 정부지출의 재원을 조달하는 방식의 변화는 민간부문의 경제활동에 아무런 영향도 주지 못함

또한 6장(4. 조세와 리카도 대등정리)에서 논의했듯이 이러한 정부의 예산제약은 **리카도 대등정리**(Ricardian equivalence)라는 정책 시사점을 갖는다. 이 정리에 따르면 거시경제의 실물부문에 중요한 영향을 미치는 것은 정부의 현재·미래 지출(G, G')이다. 반면에 이러한 정부의 현재 지출과 미래 지출에 대해서 조세수준이나 부과 시점, 부채 발행규모 등은 가계의 의사결정에 아무런 영향을 미치지 않는다는 것이다. 바로 이런 이유로 앞서 살펴본 가계의 소비함수식 (9.1)에 현재·미래 조세(T, T')가 나타나지 않는다고 볼 수 있다. 이 장에서는 리카도 대등정리가 성립한다는 가정 하에 논의를 전개한다. 이 대등정리가 현실과 완전히 부합되는 건 아니지만, 거시경제이론의 중요한 벤치마크이기 때문이다.

1.4 시장청산조건

모형경제에서 모든 시장들은 가격의 신축적 조정에 의해 수요와 공급이 일치하는 균형에 도달한다. 이러한 가격조정을 통한 즉각적인 시장청산이 바로 신고전학파의 견해와 일치한다는 점에서 이 모형을 **신고전학파 모형**(Neoclassical model)이라고 할 수 있다. 먼저 **노동시장의 균형조건** 또는 시장청산조건은 다음과 같다.

$$L^s = L^d \tag{9.7}$$

시장청산조건
- 노동시장의 균형
- 재화시장의 균형
- 대부자금시장의 균형

이 조건이 노동시장의 균형 고용수준을 결정한다.

재화시장은 기업이 생산·공급한 재화·서비스의 총량이 가계, 기업, 정부가

구입한 재화 · 서비스의 총량과 같아지는 수준에서 균형이 이루어진다. 즉, 현재(1기) **재화시장의 균형조건**을 다음 식으로 나타낼 수 있다.

$$Y = C + I + G \tag{9.8}$$

위 식의 좌변은 기업이 공급한 재화의 수량을 나타내며 생산함수 $Y = zF(K, L)$와 투입요소(K, L) 및 생산성(z)에 의해 결정된다. 우변은 가계소비(C), 기업투자(I), 정부지출(G)의 합으로 결정되는 재화의 총수요를 나타낸다. 지금까지 가정해온 바와 같이 폐쇄경제에서 순수출(net exports ; NX)은 0이라고 가정한다.

끝으로, 4장의 솔로우 모형에서처럼 재화시장이 균형인 경우 대부자금시장의 균형은 자동으로 이루어진다. 대부자금시장의 균형조건은 3절에서 자세히 살펴볼 것이다.

1.5 요약

지금까지의 논의를 요약하면, 가계가 주어진 제약조건 하에서 효용을 극대화하고, 기업은 이윤극대화를 달성하며, 정부는 예산제약식 하에서 정책을 집행하고, 거시경제의 모든 시장(노동시장, 재화시장, 대부자금시장)이 청산된다면, 현시점(1기)의 수량 및 가격 내생변수들은 다음의 식들을 만족해야 한다.

$$\begin{aligned} \text{노동공급} \quad & L^s = L^s(w, r, G) \\ \text{노동수요} \quad & L^d = L^d(w, z, K) \\ \text{노동시장의 균형} \quad & L^s = L^d \end{aligned}$$

$$\begin{aligned} \text{소비} \quad & C = C(r, Y, Y', G, G') \\ \text{투자} \quad & I = I(r, z', K) \\ \text{총생산} \quad & Y = zF(K, L) \\ \text{재화시장의 균형} \quad & Y = C + I + G \end{aligned}$$

이 '균형조건식' 들을 이용하여 주어진 **외생변수** $\{G, G', z, z', K\}$에 대해서 **내생변수** $\{Y, C, I, L, w, r\}$의 해(solution)를 구할 수 있다. 다시 말해서 〈그림 9-1〉

그림 9-1

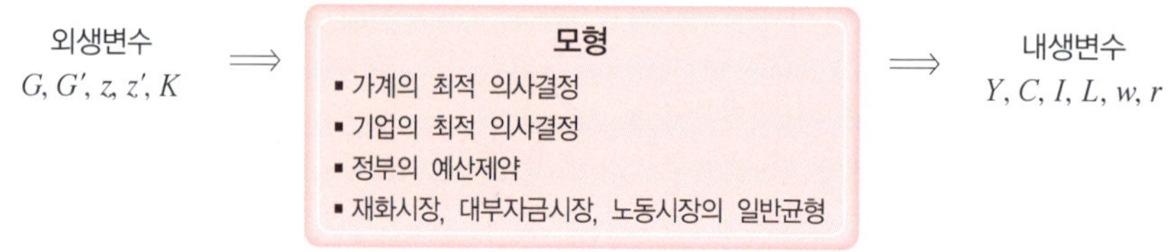

모형경제 내생변수의 결정

균형조건식들에 주어진 외생변수들의 값을 대입하여 내생변수들의 값을 동시에 결정할 수 있다.

에서처럼 주어진 외생변수들의 값을 위의 연립방정식, 즉 모형에 입력하면 모형이 일반균형의 결과로 내생변수를 결정해서 출력해 준다고 볼 수 있다.

여기서 잊지 말아야 할 것은 미래(2기)에도 노동시장과 재화시장의 수요 · 공급을 나타내는 식들이 있기 때문에, 엄밀한 의미에서 '모형을 푼다'는 것은 미래(2기)의 균형조건식들과 위에 열거한 현재(1기)의 균형조건식들로 구성된 연립방정식을 풀어 1기와 2기 내생변수 $\{Y, Y', C, C', I, L, L', w, w', r, r'\}$의 해를 동시에 구해야 한다는 것이다. 이렇게 해야 하는 이유는 일반적으로 현재와 미래의 일반균형이 서로 분리된 것이 아니기 때문이다. 다시 말해서 경제 여건의 변화는 일반적으로 현재와 미래의 의사결정에 함께 영향을 미치고, 그 결과 현재와 미래의 시장균형도 서로 밀접하게 연관되어 결정되기 때문이다.

예를 들어 미래 총요소생산성(z')의 증가는 미래의 총생산함수를 통해 미래 총산출량 및 총소득을 직접 증가시키고, 이는 가계의 소비평탄화(consumption smoothing)에 의해 현재소비와 미래소비를 모두 증가시킨다. 또한 미래 총요소생산성의 증가는 현재투자를 증가시키고 이는 미래 자본량의 증가로 이어지므로 미래 총생산은 더욱 늘어날 것이다. 따라서 현재소비와 미래소비는 더욱 증가하게 된다. 한편 이러한 변화는 현재와 미래의 노동공급과 노동수요에도 영향을 미칠 것이고, 이는 현재와 미래의 산출량에 추가적인 영향을 줄 것이다. 하지만 현실적으로 1기, 2기의 균형조건식들이 모두 포함된 연립방정식을 동시에 풀어서 1기, 2기 내생변수들의 해를 구하는 것은 일반적으로 매우 어렵다. 또한 앞의 예에서 볼 수 있듯이, 현재와 미래 간 상호작용하는 모든 메커니즘을 동시에 이해하는 것 역시 쉽지 않다.

이 책에서는 다음과 같은 방식으로 이 어려운 문제를 피해 가려 한다. 첫째, 균형조건식들로 이루어진 연립방정식을 직접 풀기보다는 주로 그래프를 이용하여 내생변수들이 결정되는 과정을 분석한다. 둘째, 그래프는 현재(1기)의 균형 가격과 수량만을 보여준다. 미래(2기)의 수량변수와 가격변수도 균형조건식들을 동시에 만족해야 함은 물론이다. 다만 2기의 균형을 명시적으로 보여주지는 않을 것이다. 셋째, 필요에 따라 가정을 단순화하여 상대적으로 더 중요한 메커니즘을 부각할 것이다. 이러한 그래프 분석은 독자들이 모형의 핵심 결론을 직관적으로 이해하는 데 도움이 될 것으로 기대된다.

2. 재화시장 · 노동시장의 균형

2.1 총수요

재화시장의 균형조건식 (9.8)의 우변에 있는 재화의 총수요를 Y^d로 나타내자. 이는 현재(1기) 기업이 생산한 모든 재화에 대한 총지출로서 다음과 같이 가계소비와 기업투자, 그리고 정부지출의 합이 된다.

$$Y^d = C(r, Y, Y', G, G') + I(r, z', K) + G \tag{9.9}$$

1장(2. 국가경제의 생산 · 소득 · 지출의 순환)에서 소개된 국민소득 3면등가 법칙에 따라 국민소득 또는 총소득(Y)은 총지출 또는 총수요(Y^d)와 사후적으로 같아야 한다($Y^d = Y$). 거시경제에서 누군가의 지출은 곧 누군가의 소득이 되기 때문이다. 여기서 (거시경제의 총생산 측면에 대한 고려 없이) 총소득은 총지출에 의해 항상 자동으로 결정된다는 가정 하에 소비함수의 Y에 Y^d를 대입하면, 위 식을 다음과 같이 다시 적을 수 있다.

$$Y^d = C(r, Y^d, Y', G, G') + I(r, z', K) + G \tag{9.10}$$

식 (9.10)에는 3개의 내생변수 r, $Y^d(=Y)$, Y'가 있다. 그렇다면 주어진 미래

소득 Y'에 대해 실질이자율(r)과 총수요(Y^d)는 어떤 관계를 갖는가? 이에 대한 답은 쉬워 보인다. 우리는 식 (9.1)과 식 (9.5)에서 소비(C)와 투자(I) 모두 실질이자율의 감소함수임을 알았다. 따라서 외생변수인 정부지출(G)이 고정되어 있다면, $Y^d = C + I + G$로부터 실질이자율 상승이 소비와 투자 감소를 통해 총수요의 감소를 가져오는 것은 당연해 보인다. 그러나 식 (9.10)을 좀 더 자세히 보면 우변의 소비가 현재소득 Y(균형에서는 총수요 Y^d와 동일)의 함수임을 알 수 있다. 다시 말해서 Y^d가 식 (9.10)의 양변에 있기 때문에 실질이자율(r)과 총수요(Y^d) 간의 관계를 명시적으로 보이기 위해서는 (가능하다면) 우변의 Y^d를 좌변으로 옮겨 Y^d를 r의 함수로서 나타내야 할 것이다.

한편 총수요와 실질이자율의 관계를 수식을 통해 명시적으로 보이지 않더라도, 우리는 식 (9.10)으로부터 두 변수는 음(−)의 관계에 있다는 것을 유추할 수 있다. 특히 우변의 소비함수에 있는 Y^d는 **승수효과**(multiplier effect)를 통해 실질이자율(r) 상승이 더욱 큰 총수요(Y^d) 하락으로 이어지게끔 한다. 이러한 승수효과로 증폭된 총수요와 실질이자율 간 음(−)의 관계를 직관적으로 이해해 보자. 우선 식 (9.10)에 따르면 실질이자율(r) 상승은 앞서 언급한 대로 소비(C)와 투자(I) 감소를 통해 총수요(Y^d)를 직접 감소시킨다. 그러나 이것이 다가 아니다. 총수요가 감소하면 총소득 또한 감소하므로 소비가 추가로 더 줄어들고, 그 결과 총수요가 더 큰 폭으로 감소하는 것이다.

이제 수식과 그래프를 이용하여 이 관계를 좀 더 자세히 살펴보자. 실질이자율과 총수요 간 음(−)의 관계를 명시적으로 보기 위해 소비와 투자가 각각 다음과 같은 선형함수를 갖는다고 하자.

$$C = a(Y - G) - br + c \quad (a, b, c > 0)$$
$$I = -dr + e \quad (d, e > 0)$$

여기서 a, b, c, d, e는 양(+)의 상수이다. 단순화를 위해 꼭 필요하지 않은 변수들(Y', G, G', z', K)은 생략했다. 소비는 납세 후 처분가능소득($Y - G$)의 증가함수, 실질이자율(r)의 감소함수이다. 여기서 상수 a는 한계소비성향(MPC)으로서 $0 < a < 1$이고 정부예산은 균형재정($T = G$)을 가정한다. 투자는 실질이자율의 감소함수이다.

위 선형 소비함수와 투자함수를 총수요식 (9.10)에 다음과 같이 대입할 수

그림 9-2

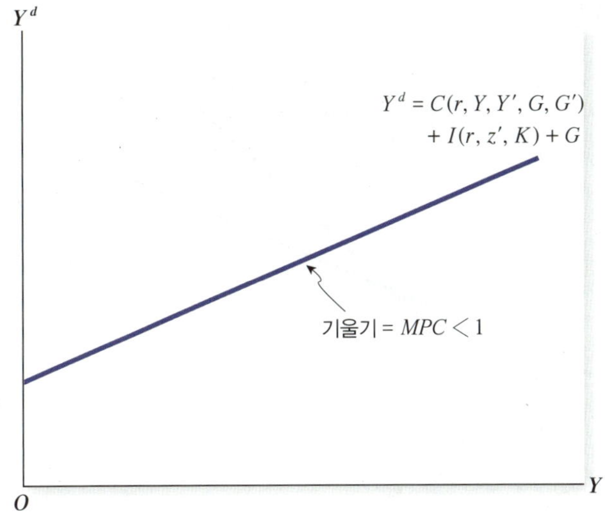

총지출선
총소득 Y의 증가는 소비의 증가를 통해 총수요 Y^d의 증가를 가져오기 때문에, 총지출선은 우상향한다. 총지출선의 기울기는 1보다 작은데, 이는 한계소비성향(MPC)이 1보다 작기 때문이다.

있다.

$$Y^d = \underbrace{[a(Y-G) - br + c]}_{C} + \underbrace{[-dr + e]}_{I} + G \tag{9.11}$$

우변에 있는 소비함수(C)의 Y에 Y^d를 대입한 뒤 이 식을 Y^d에 대해서 나타내면 다음과 같다.

$$Y^d = -\left(\frac{b+d}{1-a}\right)r + G + \frac{c+e}{1-a} \tag{9.12}$$

이 식은 총수요 Y^d와 실질이자율 r이 역의 관계를 가지며, 한계소비성향(a)이 클수록 이 역의 관계는 더 강해짐을 보여준다. 이는 한계소비성향이 클수록 승수효과가 커지기 때문이다. 또한 정부지출(G)의 증가는 총수요의 증가를 가져온다는 것을 알 수 있다.

이제 총수요와 실질이자율 간 역의 관계를 그래프로 도출해 보자. 먼저 식 (9.9)에 따르면 총소득 Y의 증가는 소비의 증가를 통해 총수요 Y^d의 증가를 가져온다. 이러한 관계는 〈그림 9-2〉에서 우상향하는 선으로 나타낼 수 있다. 이 총지출선의 기울기는 1보다 작은데, 이는 식 (9.11)에서 알 수 있듯이 기울기를 나

그림 9-3

총지출선과 45°선

총수요는 총지출선과 45°선($Y^d = Y$)이 만나는 점에서 결정된다. 45°선은 국민소득(총소득)이 총지출에 의해 자동으로 결정됨을 의미하는 직선이고, 궁극적으로 총소득 = 총생산이므로 이 그래프에서 결정된 총수요는 '총수요 측면에서 결정된 균형 국민소득'으로도 해석할 수 있다.

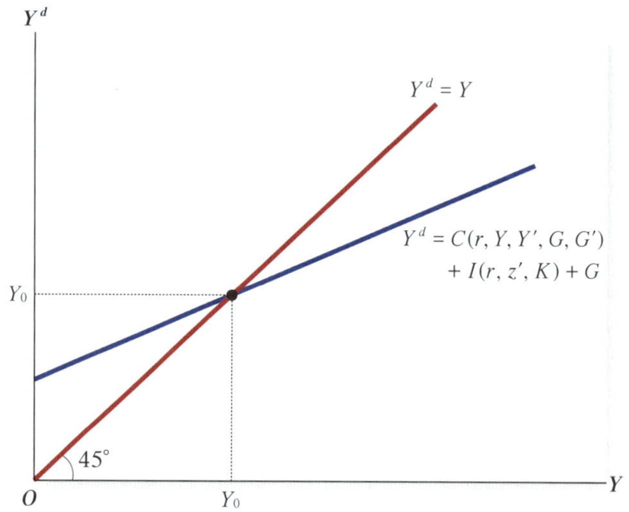

타내는 한계소비성향이 1보다 작기 때문이다.

한편 앞서 언급했듯이 거시경제에서 총지출(총수요)과 총소득은 사후적으로 항상 일치해야 한다($Y^d = Y$). 〈그림 9-3〉에서 총소득은 총지출에 의해 자동으로 결정됨을 의미하는 식 $Y^d = Y$를 45°선으로 나타낼 수 있다. 여기에 〈그림 9-2〉의 총지출선을 추가한 후 45°선과 만나는 점에서 총수요가 결정된다. 총지출선의 세로축 절편이 0보다 크다는 가정 하에 원점을 지나는 45°선은 총지출선 아래에서 출발한다. 또한 45°선의 기울기는 1인 반면 총지출선의 기울기는 1보다 작기 때문에 이 두 직선은 정확히 한 번 만나게 된다. 여기서 주목할 점은 총지출선이 주어진 실질이자율 r에 대해서 그려졌다는 것이다. 따라서 실질이자율이 변하면 총지출선이 이동하고, 이에 따라 총수요도 변하게 된다.

〈그림 9-4〉의 (a)는 〈그림 9-3〉과 같은 총지출선과 45°선이고 (b)의 세로축은 실질이자율(r), 가로축은 국민소득(Y)이다. 다른 외생변수들은 주어진 상황에서 초기 실질이자율이 r_0일 때 총지출선 $Y^d(r_0)$가 45°선과 만나는 점에서의 총수요 수준을 Y_0라고 하자. 이제 r_0보다 낮은 실질이자율 r_1을 고려해 보자. 가계와 기업이 각각 소비와 투자를 늘리므로 총지출선이 〈그림 9-4〉의 (a)에서 $Y^d(r_0) \rightarrow Y^d(r_1)$과 같이 위로 이동하고, 그 결과 총수요는 이전보다 더 높은 수준 Y_1에서 결정된다. 다음으로 r_0보다 높은 실질이자율 r_2를 고려해 보자. 가계와 기

그림 9-4

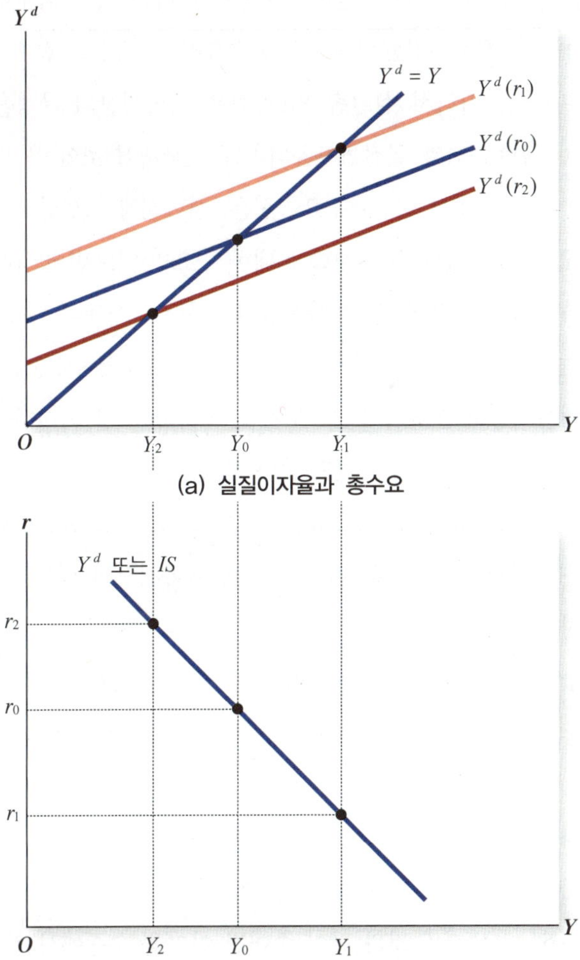

(a) 실질이자율과 총수요

(b) 실질총수요곡선

실질총수요곡선(*IS*곡선)의 도출

초기 균형이 (r_0, Y_0)에서 달성된 가운데, 실질이자율이 감소$(r_0 \rightarrow r_1)$하는 경우 가계와 기업이 각각 소비와 투자를 늘리므로 총지출선이 상방이동하고 이로 인해 총수요는 기존 균형에서보다 높은 수준에서 결정된다. 반면 실질이자율이 증가$(r_0 \rightarrow r_2)$하는 경우 가계와 기업이 각각 소비와 투자를 감소시키므로 총지출선이 하방이동하고 이로 인해 총수요는 기존 균형에서보다 낮은 수준에서 결정된다. 이러한 실질이자율과 총수요에 의해 결정된 국민소득의 조합을 연결한 것을 재화수요곡선(output demand curve) 또는 실질총수요곡선이라고 하며 *IS*곡선이라 부르기도 한다.

업이 각각 소비와 투자를 줄이므로 총지출선이 〈그림 9-4〉의 (a)에서 $Y^d(r_0) \rightarrow Y^d(r_2)$와 같이 아래로 이동하고, 그 결과 총수요는 이전보다 더 낮은 수준 Y_2에서 결정된다.

이러한 실질이자율과 총수요의 조합을 서로 연결하면 〈그림 9-4〉의 (b)에서와 같이 우하향하는 직선이 도출되는데, 이를 **재화수요곡선**(output demand curve) 또는 재화 및 서비스에 대한 총수요를 나타낸다는 점에서 **실질총수요곡선**이라고 한다. 실질총수요곡선 또는 재화수요곡선은 실질이자율이 증가하면 총수요가 감소함을 보여준다.

실질총수요곡선 재화시장의 균형을 가져오는 소득과 이자율의 조합을 (Y, r)평면에 표시한 것

독자들은 재화시장의 균형이 방금 도출한 실질총수요곡선과 앞으로(2.2절에서) 도출할 실질총공급곡선이 만나는 점에서 이루어진다는 것을 미루어 짐작할 수 있을 것이다. 이는 곧 재화시장균형이 실질총수요곡선 상의 한 점에서 결정될 것이라는 것을 의미한다. 따라서 실질총수요곡선은 재화시장의 균형을 가져올 수 있는 산출량(또는 국민소득)과 실질이자율의 모든 '잠재적 조합'을 연결한 선이라고 볼 수 있다. 다시 말해서 실질총수요곡선은, 재화시장의 생산 · 공급 측면을 아직 고려하지 않은 상황에서 혹은 재화에 대한 수요만 있으면 공급은 얼마든지 자동적으로 충족된다는 가정 하에, 재화시장의 균형조건식($Y = C + I + G$ 또는 식 (9.9))을 만족하는 Y와 r의 모든 조합을 나타낸다. 1장(2.3 균형국민소득의 결정)에서 설명했듯이 재화시장의 균형식이 곧 '투자(I) = 저축(S)'을 의미한다는 점에서 실질총수요곡선을 **IS곡선**이라 부르기도 한다. 물론 실질총수요곡선은 재화시장의 균형조건을 만족하는 모든 (Y, r)조합을 나타내므로 이 곡선만으로 균형산출량과 균형이자율을 결정할 수 없다. 바로 여기에 재화시장의 생산 및 공급 측면을 살펴보아야 하는 이유가 있다.

실질총수요곡선 자체의 이동
- 평생 부의 변화
- 미래 총요소생산성의 변화
- 정부지출의 변화

재화시장의 생산 · 공급 측면을 살펴보기 전에 실질총수요곡선의 이동에 대해 먼저 알아보자. 실질이자율 이외의 다른 요인으로 인한 소비 또는 투자의 변화는 실질총수요곡선 자체를 이동시킨다. 예를 들어 주어진 실질이자율 수준에서 현재가치로 나타낸 평생 부 또는 미래 총요소생산성의 변화는 각각 소비 또는 투자를 변화시키므로 실질총수요곡선의 이동을 가져온다.

또한 〈그림 9-5〉에 예시된 것과 같이 주어진 이자율 수준에서 정부지출의 증가(감소)는 실질총수요곡선을 오른쪽(왼쪽)으로 이동시킨다. 주어진 실질이자율 r_0에서 총수요가 증가하기 때문이다. 이때 실질총수요곡선의 이동폭은 어떻게 결정되는가? 우선 정부지출의 영향을 구체적으로 보기에 앞서 일반적으로 총지출이 외생적으로 ΔE만큼 변할 때 실질총수요곡선이 얼마만큼 이동하는지 살펴보자. 총지출의 변화(ΔE)는 실질이자율을 고정시켰을 때 다음과 같이 총수요의 변화(ΔY^d)를 가져온다.

$$\Delta Y^d = MPC \cdot \Delta Y^d + \Delta E \tag{9.13}$$

여기서 실질총수요의 변화(ΔY^d)는 곧 국민소득의 변화를 가져오므로 이러한 소득 증가에 의해 유도된 소비지출의 증가, 즉 $MPC \cdot \Delta Y^d$를 포함한다.

그림 9-5

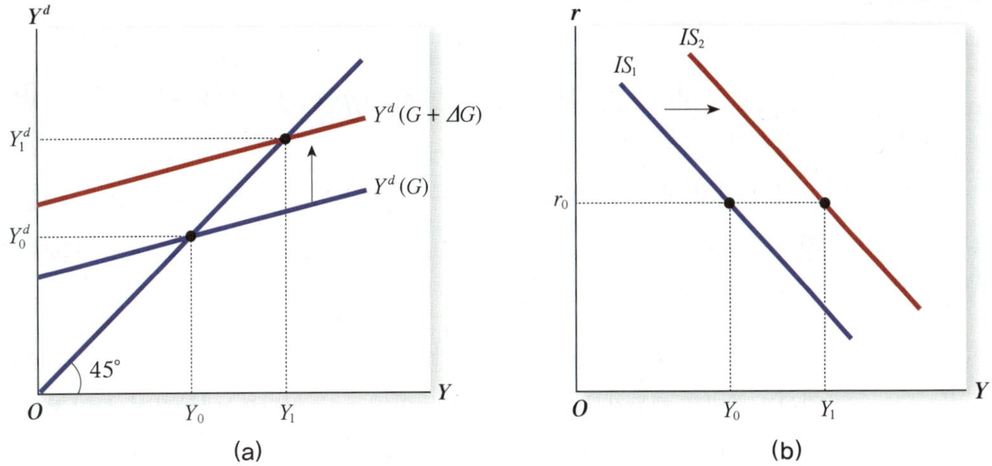

➠ 실질총수요곡선의 이동

실질이자율 이외의 다른 변수들로 인한 소비 또는 투자의 변화와 외생적인 정부지출의 변화는 총수요곡선 자체를 이동시킨다. 예를 들어 주어진 이자율 수준에서 정부지출의 증가(ΔG)는 총수요곡선을 오른쪽으로 이동시킨다.

이제 앞의 식을 ΔY^d에 대해 다시 적으면 총수요는 다음과 같이 외생적 지출 변화(ΔE)의 일정 배수만큼 변한다.

$$\Delta Y^d = \left(\frac{1}{1-MPC}\right)\Delta E \tag{9.14}$$

여기서 $\frac{1}{1-MPC}$은 외생적 지출변화의 **승수효과**를 나타낸다. 따라서 한계소비성향(MPC)이 클수록 주어진 외생지출 증가(ΔE)에 대한 총수요의 증가분이 커진다. 특히 식 (9.14)는 실질이자율이 고정된 상황에서 도출된 것이므로 외생지출 변화 ΔE에 대한 실질총수요곡선의 이동폭을 나타낸다.

승수효과 독립지출 변화의 일정 배수만큼 국민소득이 변화

예를 들어 〈그림 9-5〉에서 현재 정부지출이 ΔG만큼 증가하는 경우 현재 총지출의 변화는 다음과 같다.

$$\Delta E = \Delta G - MPC \cdot \Delta G = (1-MPC)\Delta G \tag{9.15}$$

즉, 현재 정부지출이 ΔG만큼 증가하면 정부예산제약식 $G + \frac{G'}{1+r} = T + \frac{T'}{1+r}$에 따라 조세의 현재가치도 ΔG만큼 증가한다. 그 결과 평생 부가 ΔG만큼 감소하므

로 현재소비가 $MPC \cdot \Delta G$만큼 감소한다. 이 식을 식 (9.14)에 대입하면 다음과 같이 ΔY^d가 결정된다.

$$\Delta Y^d = \left(\frac{1}{1-MPC}\right)\Delta E = \left(\frac{1}{1-MPC}\right)(1-MPC)\Delta G = \Delta G \qquad (9.16)$$

현재 정부지출의 일시적 증가에 따른 승수는 1

따라서 현재 정부지출의 증가는 총수요를 같은 크기만큼 증가시킨다. 이는 현재 정부지출 증가에 따른 승수가 1이고, 실질총수요곡선은 정부지출의 증가분만큼 우측으로 수평이동함을 의미한다.

위의 결과는 리카도 대등정리가 성립한다는 가정 하에 도출되었다. 이제 6장(4.3 리카도 대등정리의 한계)에서 논의했듯이 리카도 대등정리의 가정과 달리 가계가 저축 또는 차입을 전혀 할 수 없어서 가계의 현재소비가 단순히 현재처분가능소득가 같다고 하자($C = Y - T$). 이때 정부가 지출을 늘리면서 같은 기간 증세를 하지 않는다면, 식 (9.15)에서 두 번째 항($-MPC \cdot \Delta G$)은 존재하지 않을 것이다. 그 결과 실질총수요곡선의 우측이동 폭이 증가할 것이다.

2.2 노동시장의 균형과 총공급

이제 경제의 총공급 측면을 살펴보자. 현재(1기)시점에서 기업이 생산 · 공급하는 재화의 수량은 대체로 고용수준에 달려 있다. 또 다른 주요 생산요소인 자본량은 현재시점에서 고정되어 있기 때문이다. 먼저 노동시장에서 고용(L)과 노동의 가격, 즉 실질임금(w)이 어떻게 결정되는지 알아보자.

앞서 언급했듯이 노동시장의 균형은 다음과 같이 노동수요와 노동공급이 일치할 때 이루어진다.

$$L^d(w, z, K) = L^s(w, r, G) = L$$

위 식에서 첨자가 없는 L은 균형고용을 나타낸다. 외생변수들이 주어진 상황에서 위의 노동시장 균형조건에 따라 〈그림 9-6〉의 (a)에서 균형실질임금과 고용(w_0, L_0)이 결정된다. 이렇게 노동시장에서 균형고용 L_0이 결정되면 (b)에서 총생산함수 $Y = zF(K, L)$에 의해 총산출량 Y_0가 결정된다.

이제 〈그림 9-4〉에서 도출한 실질총수요곡선과 유사한 방식으로 노동시장

그림 9-6

노동시장 균형과 총공급

노동시장 균형조건에 따라 균형실질임금과 균형고용이 결정되며, 균형고용이 결정되면 총생산함수에 의해 총산출량이 결정된다.

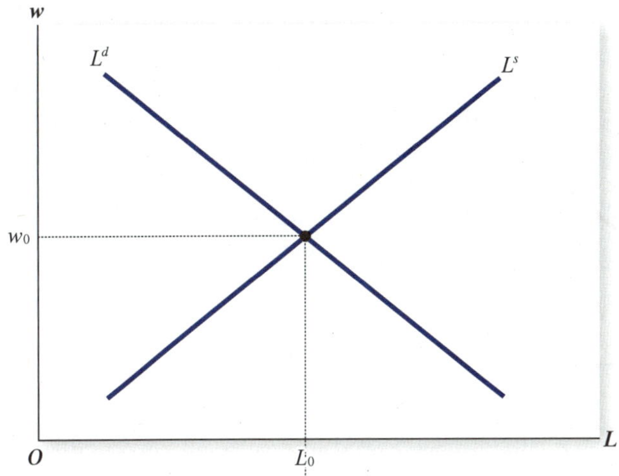

(a) 노동시장

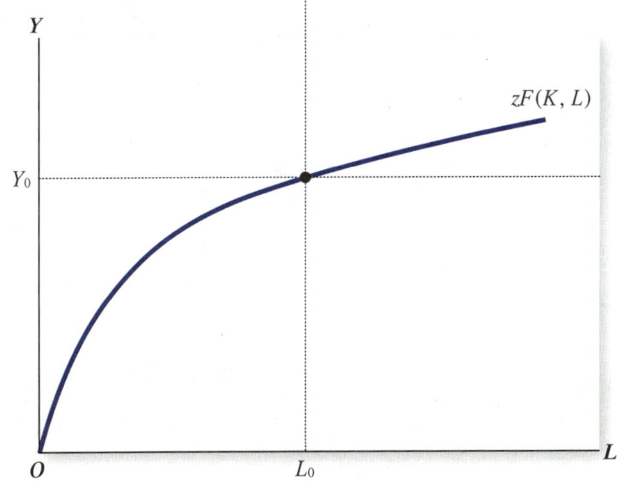

(b) 총생산함수

의 균형과 총생산함수로부터 실질이자율과 총생산 간의 관계를 도출해 보자. 먼저 〈그림 9-7〉의 (a)에서 실질이자율이 r_1인 경우 노동시장의 균형실질임금과 고용은 노동수요곡선 L^d와 노동공급곡선 $L^s(r_1)$이 만나서 결정되는 (w_1, L_1)이 되고 이때 재화의 총산출량은 (b)의 총생산함수에 의해 Y_1이 된다. 다음으로 실질이자율이 r_1에서 r_2로 상승하는 상황을 고려하자. 〈그림 9-7〉의 (a)에서 실질이자율 상승으로 현재노동의 가치가 미래노동의 가치에 비하여 상대적으로 증가하면서 기간 간 대체효과에 의해 현재노동공급이 $L^s(r_1)$에서 $L^s(r_2)$로 증가한다. 그

그림 9-7

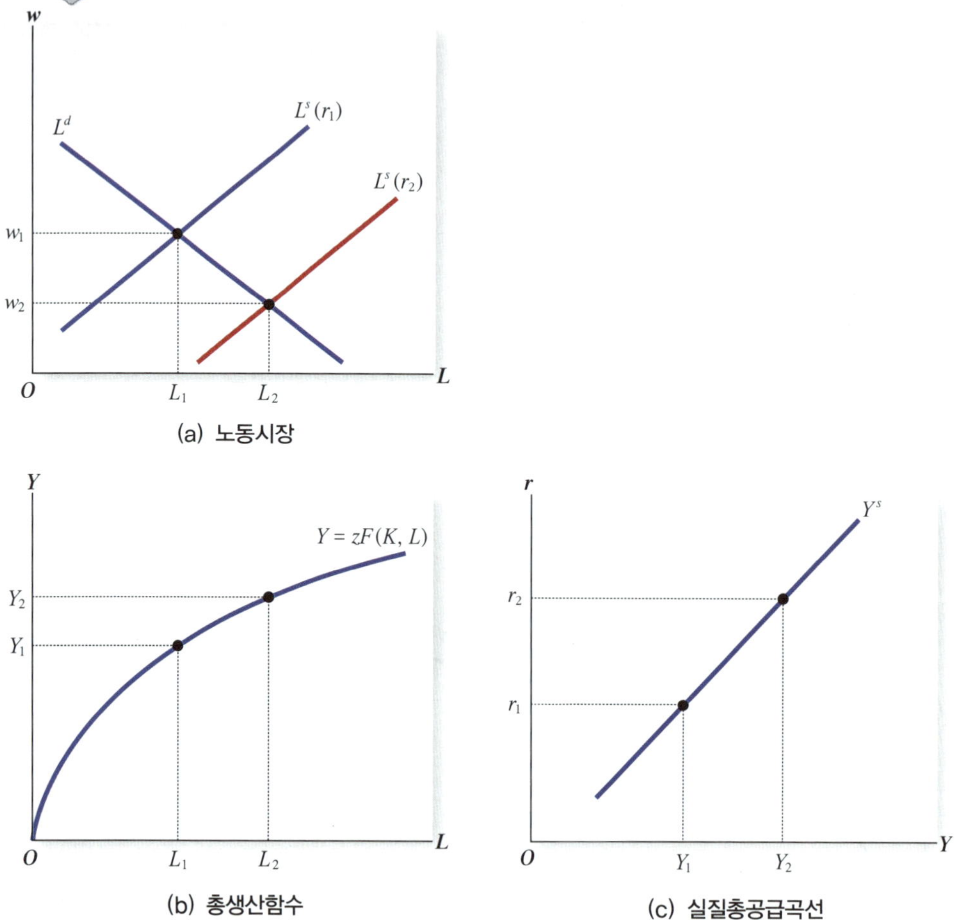

실질총공급곡선의 도출

실질이자율이 r_1에서 r_2로 상승하면 기간 간 대체효과에 의해 현재노동공급이 증가한다. 이로 인해 균형고용량이 증가하여 총산출량도 증가한다. 이러한 실질이자율과 총생산의 조합을 연결하면 우상향하는 곡선을 도출할 수 있는데 이를 실질총공급곡선이라고 한다.

결과 균형고용량이 L_1에서 L_2로 증가하고 (b)에서 총산출량도 Y_1에서 Y_2로 증가한다. 이러한 실질이자율과 총생산의 조합 (r_1, Y_1)과 (r_2, Y_2)를 연결하면 〈그림 9-7〉의 (c)에서와 같이 우상향하는 곡선 Y^s가 도출되는데, 이를 **실질총공급곡선**이라 부르기로 한다.

실질총공급곡선 자체의 이동
- 총요소생산성의 변화
- 정부지출의 변화

한편 총요소생산성의 변화에 따른 노동수요곡선의 이동이나 실질이자율 이외의 다른 요인으로 인한 노동공급곡선의 이동은 실질총공급곡선 자체를 이동시

그림 9-8

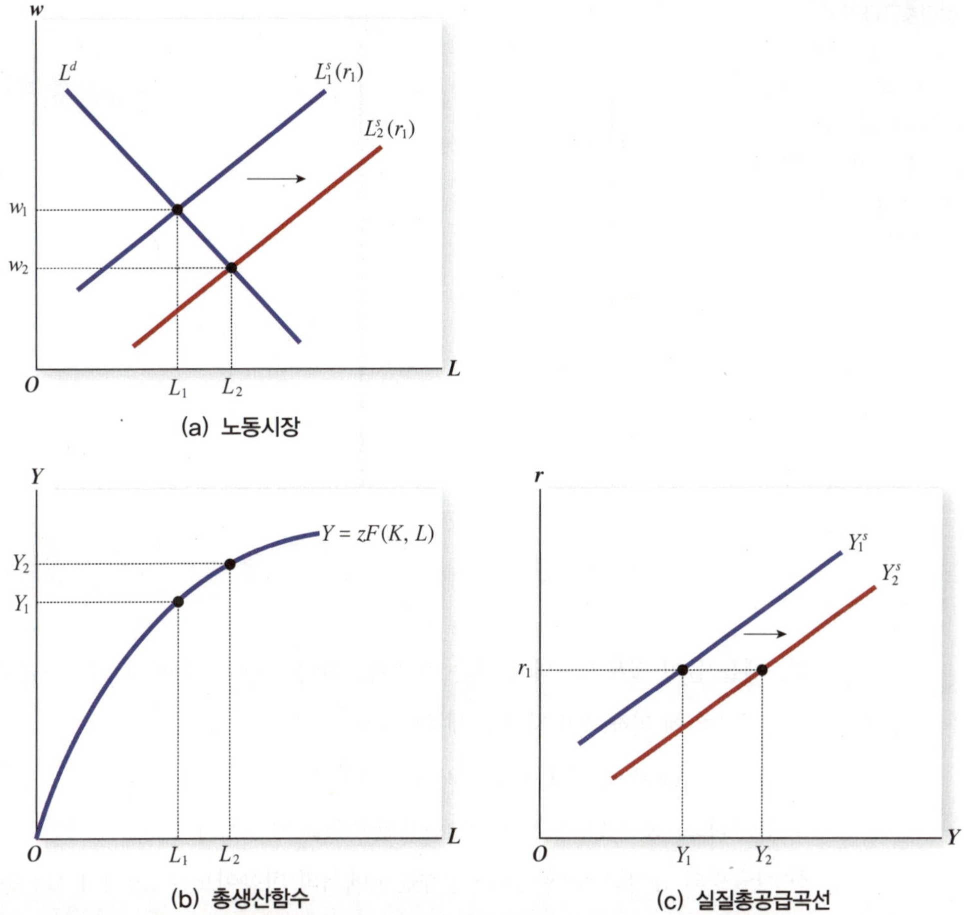

정부지출의 증가와 실질총공급곡선의 이동

정부지출이 증가하는 경우 평생 부 감소에 따른 음의 소득효과에 의해 현재노동공급이 증가하고 이로 인해 균형고용량이 증가하여 총산출량도 증가한다. 따라서 실질총공급곡선이 우측이동한다.

킨다. 먼저 총요소생산성의 증가는 실질총공급곡선의 우측이동을 가져온다. 즉, 총요소생산성의 증가에 따라 노동한계생산이 증가하면 노동수요가 늘어나고 그 결과 균형고용과 총산출량이 증가하는데, 이러한 총산출량의 증가는 주어진 실질이자율 수준에서의 변화이므로, 실질총공급곡선은 우측으로 이동한다.

또한 정부지출의 변화는 실질총수요곡선뿐만 아니라 실질총공급곡선도 이동시킨다. 왜냐하면 정부지출의 재원조달을 위해 소비자로부터 거두어들이는 조세의 변화가 평생 부의 변화를 통해 여가와 노동공급에 영향을 미치기 때문이

그림 9-9

실질총공급곡선

노동공급이 실질이자율의 영향을 받지 않는 경우 총산출량은 실질이자율 수준에 관계없이 결정되며, 실질총공급곡선은 실질이자율에 관계없이 수직선이 된다.

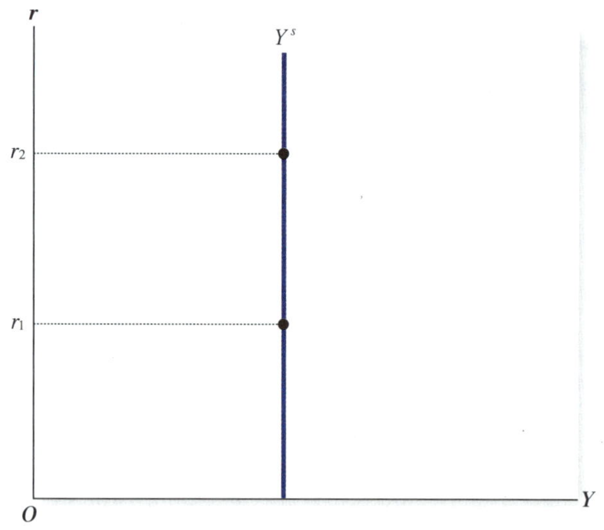

다. 예를 들어 정부지출의 증가는 정부예산제약식(정부지출의 현재가치 = 조세수입의 현재가치)에 의해 소비자의 조세부담을 증가시킨다. 그 결과 평생 부 감소에 따른 음의 소득효과에 의해 〈그림 9-8〉의 (a)에서 노동공급이 $L_1^s(r_1)$에서 $L_2^s(r_1)$으로 증가하고, 총산출량도 (b)에서 총생산함수를 따라 Y_1에서 Y_2로 증가한다. 이러한 산출량의 증가는 주어진 이자율수준 r_1에서의 변화이므로 (c)에서 실질총공급곡선의 우측이동으로 나타낼 수 있다.

7장(2.2 노동공급함수)에서 언급했듯이 노동공급에 영향을 미치는 요인으로 여겨지는 실질임금, 실질이자율 및 정부지출 가운데 경험적으로 실질임금이 가장 중요한 노동공급의 결정요인으로 알려져 있다. 여기서는 분석의 단순화를 위해서 노동공급이 실질이자율과 정부지출의 영향을 받지 않고 단순히 실질임금의 증가함수로 결정된다고 가정한다.

〈그림 9-7〉의 실질총공급곡선 도출 과정을 볼 때 노동공급이 실질이자율의 영향을 받지 않는 경우 총산출량은 실질이자율 수준에 관계없이 결정된다. 이는 실질총공급곡선 Y^s가 〈그림 9-9〉에서와 같이 실질이자율에 관계없이 수직선이 된다는 것을 의미한다. 또한 정부지출 증가에 따른 조세부담의 증가가 음의 소득효과에 의해 노동공급을 증가시키고 그 결과 실질총공급곡선의 우측이동을 가져오는 것도 고려하지 않을 것이다. 이 단순화는 실증적으로 덜 중요한 메커니즘을

모형에서 제거함으로써 그래프를 이용한 모형분석을 쉽게 할 뿐만 아니라, 고전학파 경제학의 주요 결론, 이를테면 GDP는 주로 총공급에 의해 결정된다는 결론에 부합한다.

2.3 실물부문의 균형

지금까지 차례로 살펴본 재화시장의 실질총수요곡선과 실질총공급곡선을 결합하여 노동시장의 균형과 함께 실물부문의 균형을 도출해 보자. 〈그림 9-10〉의 (a)에서 L^d와 L^s는 각각 노동시장의 수요곡선과 공급곡선을 나타내며, (b)에서 IS와 Y^s는 각각 앞서 도출한 재화시장의 실질총수요곡선과 실질총공급곡선을 나타낸다. 총공급이 실질이자율과 독립적으로 결정되기 때문에 실질총공급곡선은 수직선이 된다. 반면에 총수요를 구성하는 소비와 투자는 모두 실질이자율과 음(-)의 관계를 갖기 때문에 실질총수요곡선은 우하향한다. 따라서 재화시장과 노동시장의 동시균형으로 정의되는 **실물부문의 균형**은 〈그림 9-10〉의 (a)

그림 9-10

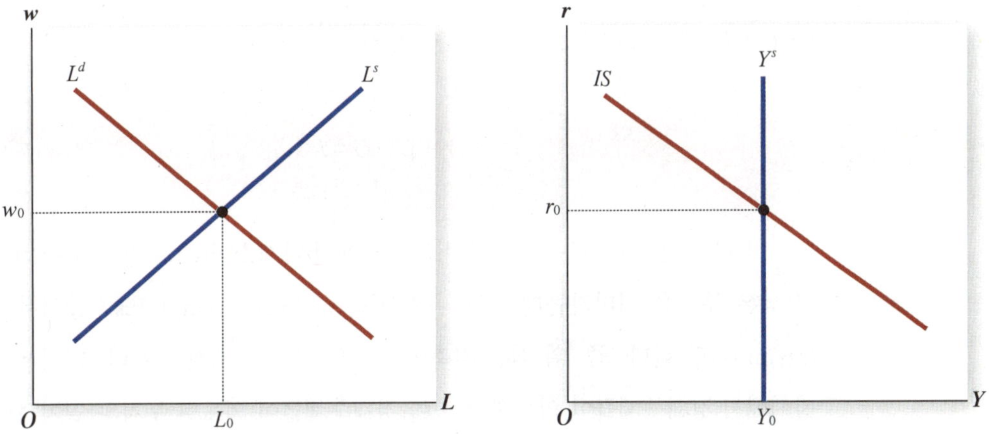

(a) 노동시장 (b) 재화시장

실물부문의 균형

재화시장과 노동시장의 동시균형으로 정의되는 실물부문의 균형은 노동수요곡선과 노동공급곡선이 교차하고 실질총수요곡선과 실질총공급곡선이 교차하는 점에서 달성된다. 실물부문 균형을 이루는 고용, 실질임금, 실질이자율 및 총생산(국민소득)은 각각 L_0, w_0, r_0, Y_0가 된다. 이 모형에서 재화시장의 수요와 공급 간 균형은 가격변수인 실질이자율의 신축적이고 즉각적인 조정을 통해 이루어진다.

에서 L^d와 L^s가 만나는 점과 (b)에서 IS와 Y^s가 만나는 점에서 결정된다. 예를 들어 〈그림 9-10〉에서 실물부문 균형을 이루는 고용, 실질임금, 실질이자율 및 총생산(국민소득)은 각각 L_0, w_0, r_0, Y_0가 된다.

이 모형에서 재화시장의 수요와 공급 간 균형은 가격변수인 실질이자율의 신축적이고 즉각적인 조정을 통해 이루어진다. 만약 실질이자율이 너무 높다면 소비와 투자가 매우 작아질 것이고 그 결과 재화시장의 총수요가 총공급에 미치지 못할 것이다. 반대로 실질이자율이 너무 낮다면 소비와 투자는 많아질 것이고 그 결과 재화시장의 총수요가 총공급을 초과할 것이다. 전자와 후자의 불균형 상태가 각각 실질이자율의 즉각적인 하락과 상승을 통해 재화에 대한 총수요와 총공급 수준이 일치하는 균형 상태로 수렴할 것이다.

3. 대부자금시장의 균형

Macroeconomics ch. nine

재화시장의 균형조건은 **대부자금시장**(loanable fund market)에서 저축과 투자 간의 균형관계로도 나타낼 수 있다. 이를 알아보기 위해 재화시장의 균형조건 $Y=C+I+G$에서 C와 G를 좌변으로 이동하면 다음과 같다.

$$Y-C-G=I$$

위 식의 좌변 $Y-C-G$는 국민소득(Y)에서 가계소비(C)와 정부지출(G)을 빼고 남은 부분을 의미하는데, 이를 국민저축(national saving) 또는 줄여서 **저축**(saving)이라 한다. 즉, 위 식은 저축이 투자와 같다는 조건이 된다. 따라서 경제 전체에서 경제주체들이 의도한 저축이 경제주체들이 의도한 투자와 일치하면 재화시장이 균형을 이룬다.

일반적으로 국민저축은 민간부문의 저축과 정부부문의 저축으로 나뉜다.

$$S=Y-C-G=\underbrace{(Y-T-C)}_{S_p}+\underbrace{(T-G)}_{S_g}=I$$

여기서 $(Y-T-C)$는 처분가능소득(disposable income)에서 소비를 뺀 것으로서

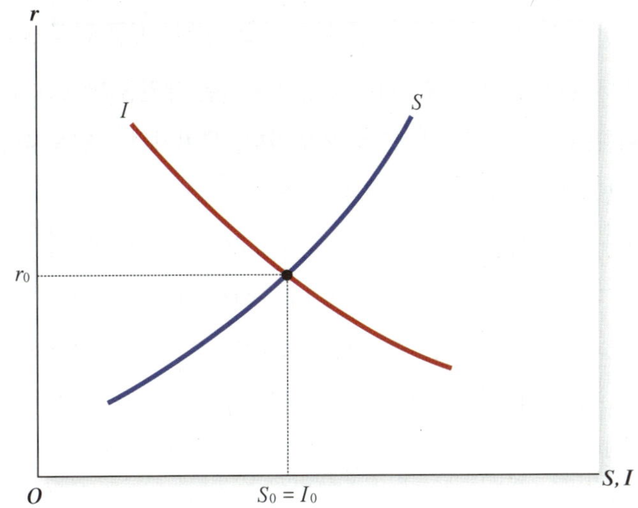

그림 9-11

대부자금시장의 균형

저축을 통한 대부자금 공급량은 실질이자율과 양의 관계에 있으며, 투자자금 조달을 위한 대부자금 수요량은 실질이자율과 음(−)의 관계에 있다. 대부자금시장 이자율은 기업의 투자자금 수요량과 가계와 정부의 저축자금 공급량이 같아질 때까지 조정되며, 대부자금공급곡선과 대부자금수요곡선이 만나는 점에서 균형이자율이 결정된다.

민간저축(private saving, S_p)을 나타낸다. 반면에 $(T-G)$는 정부의 조세수입에서 정부지출을 뺀 것으로서 **정부저축**(public saving, S_g)을 나타낸다. 여러 나라에서 정부지출이 조세수입보다 큰 적자재정을 운영한다는 점에서 정부저축은 보통 음(−)이 된다. 경제 전체에서 저축이 투자와 같다는 것은 직관적으로 거시경제에서 투자에 필요한 자금이 가계와 정부의 저축에서 조달된다는 것이다. 혹은 주어진 총생산 또는 국민소득에 대해서 가계와 정부가 소비하고 남은 부분이 투자에 사용된다고 볼 수 있다.

국민저축(S) = 민간저축(S_p) + 정부저축(S_g)

민간저축(S_p) = 처분가능소득($Y-T$) − 소비(C)

정부저축(S_g) = 조세수입(T) − 정부지출(G)

저축이 투자와 균형을 이루는 과정을 알아보기 위해 식 (9.1)과 식 (9.5)의 소비함수와 투자함수를 $Y-C-G=I$에 대입해 보자.

$$\underbrace{Y-C(r,Y,Y',G,G')-G}_{S}=I(r,z',K)$$

위 식의 좌변에 따르면 저축(S)은 실질이자율(r), 소득(Y, Y'), 그리고 재정정책 변수(G, G')의 영향을 받는다. 특히 다른 조건들이 일정할 때 저축 S는 실질이자율 r과 양(+)의 관계를 갖는 반면, 투자 I는 실질이자율 r과 음(−)의 관계를 갖는다.

〈그림 9-11〉은 실질이자율에 대해 우상향하는 저축곡선 S와 우하향하는 투자곡선 I를 나타내고 있다. 저축 · 투자 그래프는 특정 재화에 대한 공급 · 수

요 그래프처럼 보인다. 실제로 저축은 **대부자금공급**의 원천이다. 즉, 가계는 그들의 저축을 투자자들에게 직접 빌려주거나 금융기관을 통하여 투자자들에게 대여한다. 저축을 통한 대부자금 공급량은 실질이자율과 양(+)의 관계를 갖는다. 반면에 투자는 **대부자금에 대한 수요**이다. 즉, 투자자들은 채권을 발행하여 자금을 직접 조달하거나 은행을 통해 간접적으로 차입한다. 투자자금 조달을 위한 대부자금 수요량은 실질이자율과 음(−)의 관계를 갖는다.

저축을 통한 대부자금 공급량
- 실질이자율과 양(+)의 관계

투자자금 조달을 위한 대부자금 수요량
- 실질이자율과 음(−)의 관계

대부자금시장 이자율은 기업의 투자자금 수요량과 가계와 정부의 저축자금 공급량이 같아질 때까지 조정된다. 〈그림 9−11〉에서 이자율이 너무 낮으면 대부자금에 대한 초과수요가 발생하고($I > S$), 이는 이자율 상승을 가져온다. 반대로 이자율이 너무 높으면 대부자금의 초과공급이 발생하고($S > I$), 이는 이자율 하락을 가져온다. 결국 균형이자율은 대부자금공급곡선과 대부자금수요곡선이 만나는 점에서 결정된다. 즉, 균형이자율 수준에서 가계·정부의 저축과 기업의 투자가 균형을 이루게 되고 이때 대부자금 공급량과 대부자금 수요량도 같아진다.

이자율은 재화시장과 대부자금시장의 동시균형을 가져오는 역할을 한다.

지금까지의 분석에서 우리는 이자율의 특별한 역할을 알 수 있다. 재화시장과 대부자금시장의 동시균형을 가져오는 조정자 역할이 바로 그것이다. 이자율 조정으로 이루어진 재화시장의 균형이 곧 **대부자금시장의 균형**을, 반대로 대부자금시장의 균형이 재화시장의 균형을 의미한다는 점에서 두 시장의 청산조건은 동일한 것으로 볼 수 있다. 즉, 국가경제 전체로 볼 때 **자금순환**(flow of funds)과 **실물순환**(flow of goods)은 마치 동전의 양면과 같다는 것이다.

대부자금시장 균형조건과 재화시장 균형조건 간의 동치 관계를 활용하여 재화시장의 균형을 가져오는 이자율과 소득의 조합인 실질총수요곡선을 대부자금시장 균형조건으로부터 도출할 수 있다. 이때 **실질총수요곡선**은 대부자금시장의 균형($I = S$)을 가져오는 소득과 이자율의 조합을 나타내므로 ***IS*곡선**이라 부르기도 한다.

〈그림 9−12〉는 *IS*곡선의 도출과정을 보여준다. 먼저 〈그림 9−12〉의 (a)에서 저축곡선 S의 위치는 소득수준 Y에 달려 있다. 소득 Y가 증가하면 사람들이 저축을 늘리는데, 이는 저축곡선을 우측으로 이동시키므로 실질이자율 r이 하락한다. 따라서 대부자금시장의 균형조건을 충족시키는 소득(Y)과 실질이자율(r)은 (b)에서와 같이 역의 관계를 갖는다. 이 역의 관계를 나타내는 곡선이 바로 *IS*곡선 또는 실질총수요곡선이다.

그림 9-12

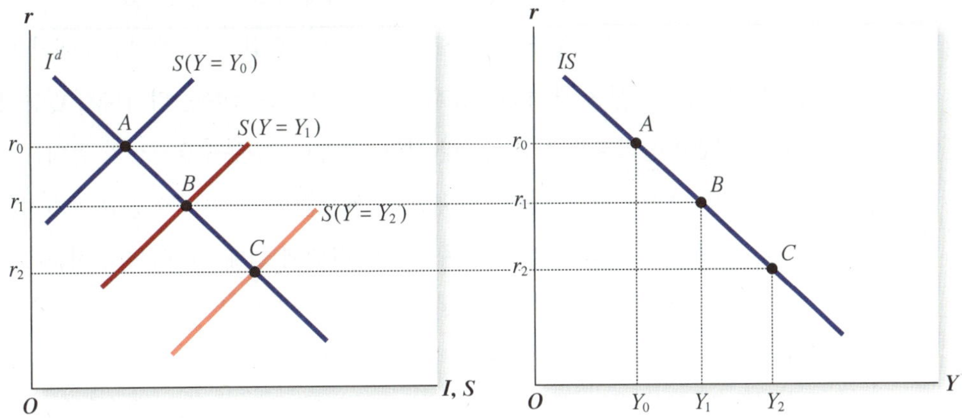

(a) 국민소득의 변화와 대부자금시장　　　(b) *IS*곡선

대부자금시장 균형과 *IS*곡선

소득수준이 증가($Y_0 \to Y_1 \to Y_2$)함에 따라 저축이 증가하여 저축곡선이 우측으로 이동하고 이로 인해 실질이자율은 하락한다. 이와 같이 대부자금의 균형을 가져오는 소득과 이자율의 조합을 *IS*곡선이라고 한다.

4. 모형의 일반균형분석

Macroeconomics ch. nine

우리는 지금까지 가계 · 기업 · 정부가 거래하는 세 시장(재화시장, 노동시장, 대부자금시장)이 어떻게 동시에 균형, 즉 **일반균형**(general equilibrium)을 이루는지에 대해 알아보았다. 수학적으로 모형의 일반균형은 외생변수들이 주어진 값을 갖는 상황에서 가계의 효용극대화와 기업의 이윤극대화로부터 도출된 여러 식들, 정부의 예산제약식, 그리고 시장청산조건으로 구성된 연립방정식을 만족시키는 내생변수들의 집합이다. 이는 외생변수들이 변하면 내생변수들의 균형값이 달라진다는 것을 의미한다.

이제 2절(실물부문의 균형)의 그래프들을 이용하여 모형에서 외생변수의 변화가 내생변수에 미치는 영향을 분석한다. 즉, 모형경제에서 외생변수의 변화에 따라 일반균형이 어떻게 바뀌는지 보는 것이다. 모형의 외생변수에는 현재 · 미래 총요소생산성(z, z'), 현재 · 미래 정부지출(G, G'), 그리고 현재 자본량(K)이 있다.

거시경제의 충격 생산성, 정부지출 등 외생변수의 변화

이러한 외생변수의 변화를 거시경제의 "**충격**(shock)"이라 부르기도 한다.

외생변수의 변화 또는 '충격'은 두 가지 범주로 나눌 수 있다. 현재 총요소생산성(z)은 실질총공급곡선을 구성하는 노동수요함수, 총생산함수에만 나타나고 실질총수요곡선을 구성하는 소비함수, 투자함수 등에는 나타나지 않는다. 즉, 실질총공급곡선의 위치는 z에 따라 달라지지만, 실질총수요곡선의 위치는 z에 영향을 받지 않는다. 이와 같이 z의 변화는 실질총공급곡선의 이동만을 가져온다는 점에서 '**총공급 충격**'이라 부를 수 있다. 반면에 현재 · 미래 정부지출(G, G')과 미래 총요소생산성(z') 같은 외생변수들은 (현시점에서) 실질총수요곡선을 구성하는 식들에만 나타난다. 이 외생변수들의 변화는 실질총수요곡선의 이동만을 초래하므로 '**총수요 충격**'이라 부를 수 있다. 한편 경제에 주어진 초기 자본량(K)은 투자함수와 총생산함수에 나타나므로, 이 변수의 변화는 총수요와 총공급 모두에 영향을 미친다. 하지만 8장(1. 1기간 모형)에서 언급했듯이 초기 자본량은 외생적으로 감소할 수 있지만 증가할 수는 없다는 점을 기억해두자.

4.1 현재 생산성 충격

현재 총요소생산성이 z_0에서 z_1으로 증가한다고 하자. 총공급 충격이라는 점을 고려하여 모형의 총공급 측면을 나타내는 그래프에 초점을 맞춰보자. 먼저 z의 증가는 노동한계생산을 증가시키므로 〈그림 9-13〉의 (a)에서 노동수요곡선의 우측이동을 가져온다. 이는 노동시장의 고용 증가($L_0 \rightarrow L_1$)와 실질임금 상승($w_0 \rightarrow w_1$)을 가져온다. 또한 현재 생산성 증가에 따른 노동한계생산 증가는 주어진 고용수준(L)에서 더 많은 총산출량(Y)을 의미하므로 (b)에서 총생산함수가 비례적으로 상방이동한다. 그 결과 노동시장의 고용 증가($L_0 \rightarrow L_1$)에 따른 총생산의 증가($Y_0 \rightarrow Y_1$)가 나타난다. 종합하면 〈그림 9-13〉에서 볼 수 있듯이 공급 측면의 총생산이 두 가지 경로를 통해 증가한다. 하나는 현재 총요소생산성의 외생적 증가이고, 다른 하나는 고용의 내생적 증가이다.

한편 현재 생산성 증가로 인한 총공급 증가는 〈그림 9-13〉의 (c)에서 수직인 실질총공급곡선을 우측으로 이동시킨다($Y_0^s \rightarrow Y_1^s$). 이때 실질이자율의 원래 수준(r_0)에서 총공급이 총수요를 초과하게 된다. 이 불균형은 가격 하락, 즉 실질이자율의 하락을 통해 해소된다. 결과적으로 모형경제의 균형이 실질총수요곡선(또는 IS곡선)을 따라 점 A에서 점 B로 이동함에 따라 총생산 또는 국민소득이 증

그림 9-13

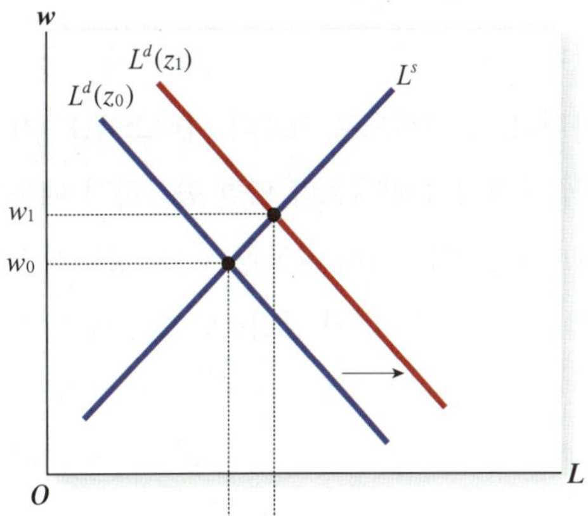

(a) 노동시장

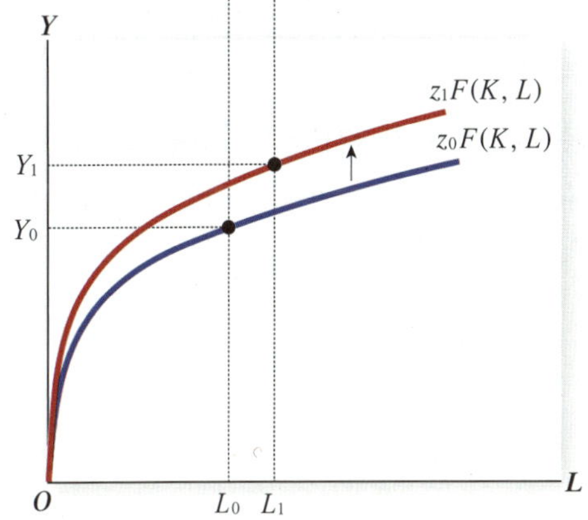

(b) 총생산함수

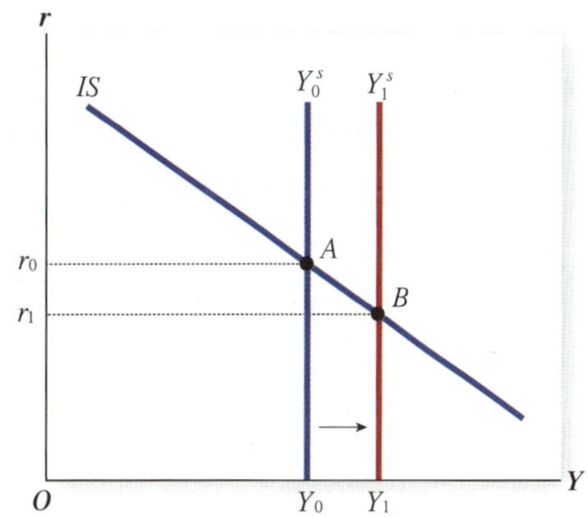

(c) 재화시장

현재 생산성 증가

현재 총요소생산성이 증가($z_0 \rightarrow z_1$)하는 경우, 이는 노동한계생산을 증가시켜 노동수요곡선을 우측이동시킨다. 이로 인해 균형고용과 실질임금이 증가한다. 한편, 노동한계생산 증가로 인해 총생산함수가 비례적으로 상방이동하고 그 결과 고용과 총생산의 증가가 나타난다. 총생산의 증가로 인해 실질총공급곡선이 우측이동하여 국민소득은 증가하고 실질이자율은 하락한다. 재화시장의 균형에서 총생산의 증가는 총지출의 증가를 가져와야 하므로 가계소비 증가와 기업투자 증가를 유도하기 위해 실질이자율이 하락해야 한다. 따라서 새로운 균형에서 실질이자율 하락과 함께 소비와 투자가 모두 증가한다.

가하고 실질이자율은 하락한다.

우리는 위의 분석에서 총공급의 증가는 이자율 하락을 초래하고, 이는 총수요 또는 총지출의 증가로 이어진다는 것을 보았다. 그렇다면 총지출을 구성하는 소비, 투자, 정부지출은 각각 어떻게 반응할까? 우선 정부지출은 이 모형에서 외생변수이므로 변하지 않는다. 반면에 소비와 투자는 실질이자율 하락에 따라 증가한다. 또한 현재소득(Y)의 증가도 소비의 증가를 가져온다.

아울러 그래프에는 나타나 있지 않지만 실질이자율 하락과 현재소득 증가만이 소비 증가를 가져오는 것은 아니다. 일반적으로 가계의 미래소득(Y')이 증가할 때 기간 간 고른 소비를 선호하는 가계의 현재소비 또한 증가하기 때문이다. 예를 들어 앞서 언급한 현재투자(I)의 증가는 미래 자본량(K')을 증가시키고 이는 미래 생산과 소득(Y')의 증가를 통해 현재소비에 긍정적인 영향을 미치게 된다. 그러나 현실에서 이러한 피드백 효과는 크지 않다. 투자 증가에 비해 이미 경제에 축적된 자본량이 크기 때문에 일회적 투자 증가는 자본량 증가에 미미한 영향을 미치기 때문이다.

이 책 전반에 걸쳐 제2편(거시경제의 장기적 측면과 경제성장모형)의 솔로우 모형 등을 이용한 경제성장 분석을 제외하고는, 투자가 증가 또는 감소하더라도 단기·중기적으로 현재 및 미래 자본량은 거의 일정하다고 가정한다. 이러한 가정은 경제가 충격에 반응하는 여러 메커니즘 중 상대적으로 더 중요한 메커니즘에 우리가 초점을 맞출 수 있도록 도와줄 것이다.

4.2 미래 생산성 충격

앞서 살펴보았듯이 현재 총요소생산성(z)의 변화는 현재 총공급에 직접 영향을 미치는 반면, 미래 총요소생산성(z')의 변화는 현재 총수요에 영향을 미친다. 이를 좀 더 자세히 알아보기 위해 경제주체들이 미래 총요소생산성이 z_0'에서 z_1'으로 증가할 것으로 예상한다고 하자. 미래 생산성(z')의 증가는 현재 총수요에 직접·간접으로 영향을 미친다. 첫째, z'의 증가는 직접적으로 미래 자본한계생산성을 증가시키므로 현재투자(I)를 증가시킨다. 이때 현재투자의 증가는 미래 자본량의 증가를 초래하지만, 앞서 가정한 대로 이 효과는 무시한다. 둘째, z'의 증가는 미래 생산함수($Y' = z'F(K', L')$)를 통해 미래 총생산(Y') 또는 총소득을 증가시킨다. 앞서 살펴본 현재 생산성(z) 충격의 영향과 유사하게 z'의 증가는 미래 고용(L')을 증가시키고 미래 생산함수를 상방이동시키기 때문이다. 이러한 Y'의 증가는 현재소비(C)의 증가로 이어진다. 종합하면 주어진 실질이자율(r)에서 현재투자와 현재소비의 증가는 〈그림 9-14〉의 (a)에서 총지출선을 $Y^d(z_0')$에서 $Y^d(z_1')$으로 상방이동시키고 (b)에서 실질총수요곡선의 우측이동을 가져온다

그림 9-14

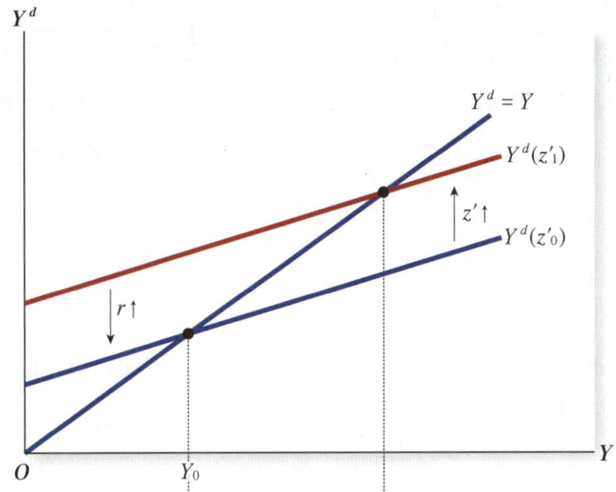

(a) 미래 생산성 증가와 총수요

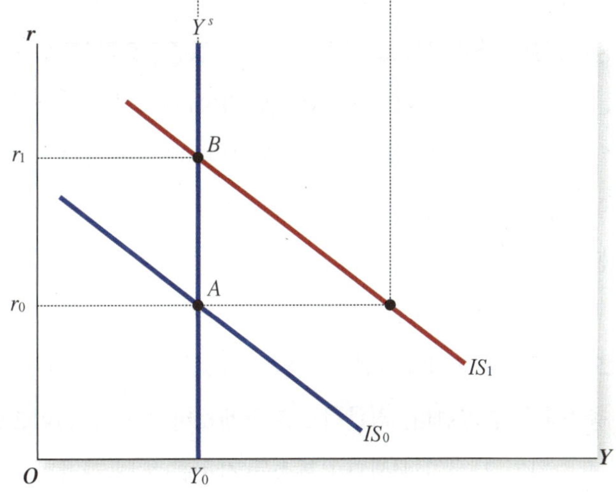

(b) 재화시장

미래 생산성 증가

미래 생산성이 증가($z'_0 \rightarrow z'_1$)하는 것으로 예상되는 경우, 미래의 자본한계생산 증가로 인해 현재 기업투자가 증가한다. 또한 가계의 미래 예상소득이 증가하고 이는 현재소비의 증가를 가져온다. 그 결과 총지출선이 상방이동하고 이는 실질총수요곡선의 우측이동을 가져온다. 이때 실질총공급곡선이 수직의 형태를 나타내고 있으므로 균형총생산은 변화하지 않고 실질이자율만 상승한다. 실질이자율의 상승은 현재소비와 투자를 감소시킨다. 결국 민간지출은 불변이나 그 구성요소인 현재소비와 투자 각각의 변화방향은 알 수 없다.

($IS_0 \rightarrow IS_1$).

그러나 실질총수요곡선(IS)의 우측이동은 균형총생산의 증가를 가져오지 않는다. 실질이자율이 그대로 있지 않기 때문이다. 〈그림 9-14〉의 (b)에서 수직인 실질총공급곡선 Y^s의 이동이 없으므로 균형총생산은 변하지 않고 실질이자율만 상승한다. 즉, 원래의 실질이자율에서 총수요가 총공급을 초과하므로, 가격변수인 실질이자율의 상승을 통해 새 균형이 이루어지는 것이다. 실질이자율 상승에 따른 총지출 감소는 (a)에서 총지출선을 원래 위치로 하방이동시킨다.

최종적으로 현재 소비(C)와 투자(I) 각각의 변화는 확실하지 않다. 균형에서 총생산(국민소득)이 불변이고 외생변수인 정부지출(G)이 불변이므로 민간지출 $C+I$도 변화가 없다. 이자율 상승에 따라 $C+I$가 감소하면서 z'의 증가에 따른 $C+I$의 증가를 상쇄한 것이다. 그러나 C와 I 각각의 변화에 대해서는 확실하게 말할 수 없다.

4.3 정부지출의 증가

모형의 외생변수 중 하나인 현재 정부지출(G)이 증가한다고 하자. 6장(4. 조세와 리카도 대등정리)에서 논의한 바와 같이 **리카도 대등정리**(Ricardian equivalence)가 성립한다는 가정 하에 G의 증가에 필요한 추가 재원이 조세 또는 부채 발행 중 어떤 방식으로 조달되는지는 결과에 아무런 영향을 미치지 않는다.

현재 정부지출(G)의 증가는 총수요 충격이므로 실질총수요곡선(IS)의 위치에 영향을 미친다. 실질총수요곡선을 나타내는 식 (9.10)에 G가 두 군데 나타난다. 하나는 총지출($Y^d = C+I+G$)의 한 항목으로 들어간다. 다른 하나는 소비함수의 한 결정요인으로 들어간다. 가계의 평생예산제약식에 따르면 G의 한 단위 증가는 (납세 후) 평생처분가능소득의 현재가치 $(Y-G)+\frac{1}{1+r}(Y'-G')$를 한 단위 감소시키기 때문이다. 전자는 직접적으로 총지출을 증가시키는 반면, 후자는 소비함수를 통해 간접적으로 총지출을 감소시킨다. 최종적으로는 전자의 효과가 후자의 효과보다 크므로 총지출은 증가한다. 직관적으로 한계소비성향(MPC)이 1보다 작기 때문에 정부지출 증가가 가계의 평생가처분소득 감소를 통해 간접적으로 총지출을 감소시키는 효과가 총지출 항목으로서 갖는 직접효과보다 작다.

따라서 G의 증가는 주어진 실질이자율 수준에서 〈그림 9-15〉의 (a)에서 총지출선을 상방으로 이동시키고, 이는 (b)의 실질총수요곡선을 우측으로 이동시킨다. 이때 실질총공급곡선은 이동이 없으므로 재화시장의 새 균형에서 총생산(국민소득)은 변하지 않고 실질이자율만 상승하게 된다. 이러한 실질이자율 상승은 현재 소비와 투자를 감소시키면서 총지출선을 원래 위치로 하방이동시킨다. 최종적으로 총지출의 변화는 없지만, 정부지출(G)이 증가한 만큼 투자(I)와 소비(C)는 감소한다. 투자는 실질이자율의 상승 때문에 줄어들고, 소비는 실질이자율의 상승과 증세에 따른 평생가처분소득의 감소 때문에 줄어든다.

정부지출승수 정부지출 한 단위 변화에 대해서 총생산이 몇 단위 변화하는지를 나타냄

독자들은 **정부지출승수**(government spending multiplier) 또는 **재정승수**

그림 9-15

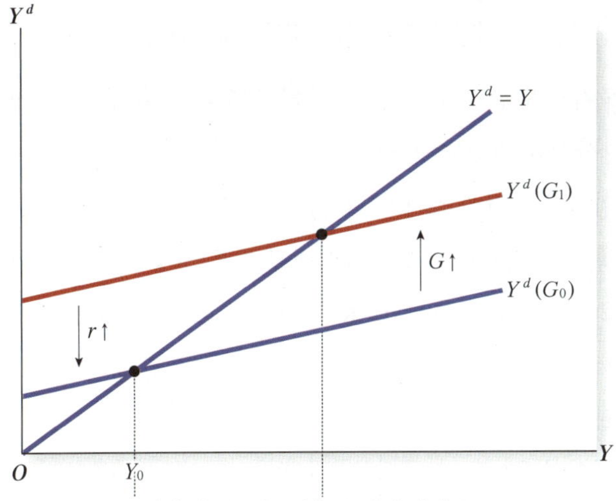

(a) 현재 정부지출 증가와 총수요

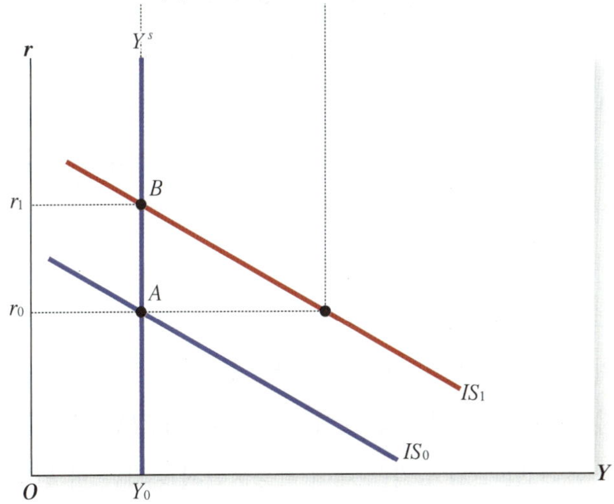

(b) 재화시장

현재 정부지출 증가의 효과

현재 정부지출이 증가($G_0 \rightarrow G_1$)하는 경우 직접효과에 의해 총지출을 증가시키는 반면 간접효과에 의해 총지출을 감소시킨다. 한계소비성향이 1보다 작기 때문에 최종적으로는 총지출이 증가한다. 그 결과 총지출선이 상방이동하고 이는 실질총수요곡선의 우측이동을 가져온다. 이때 실질총공급곡선이 수직의 형태를 나타내고 있으므로 균형총생산은 변화하지 않고 실질이자율만 상승한다. 실질이자율의 상승은 현재소비와 투자를 감소시킨다. 결국 현재 정부지출의 증가는 민간지출의 감소를 가져온다.

(fiscal multiplier)에 대해 들어본 적이 있을 것이다. 이는 $\frac{\Delta Y}{\Delta G}$, 즉 정부지출 한 단위 변화에 대해서 총생산(국민소득)이 몇 단위 변화하는지를 측정한다. 지금까지 배운 신고전학파 모형에서 정부지출의 증가는 균형총생산에 아무런 영향을 미치지 않는다는 점에서 정부지출승수가 0이 된다. 이러한 결과는 재화의 총공급이 정부지출과 관련이 없다는 가정에 기인한다. 다시 말해서 모형에는 정부지출의 증가가 기업으로 하여금 생산을 늘리도록 유도하는 메커니즘이 존재하지 않는다. 한편 총수요 측면에서 정부지출(G) 증가의 승수효과가 0인 것은 실질이자율 상

신고전학파 모형에서 정부지출승수는 0

승이 소비(C)와 투자(I)를 모두 감소시켜 G의 증가를 상쇄시키면서 총지출($Y^d = C + I + G$)을 불변으로 만들기 때문이다. 즉, 민간지출이 정부지출의 증가에 의해 완전히 구축된(crowded-out) 것이다. 거시경제학에서 **구축효과**(crowding-out effect)는 정부지출의 증가가 실질이자율의 상승을 통해 민간지출의 감소를 가져올 수 있다는 사실을 일컫는 용어이다.

구축효과 정부지출의 증가가 실질이자율의 상승을 통해 민간지출의 감소를 가져옴

재정진작이 이처럼 완전히 효과가 없다는 결과가 독자들에게는 낯설게 보일지 모른다. 최근에 미국 경제가 제2차 세계대전 이후 가장 극심한 두 차례 경기침체, 즉 2007~2008 **대침체**(the Great Recession)와 2020~2021 **코로나19 침체**(COVID-19 recession)에 미국 정부는 2009년 미국 경제회복 및 재투자법(American Recovery and Reinvestment Act of 2009)과 2020년 코로나바이러스 지원, 구호 및 경제안정법(Coronavirus Aid, Relief, and Economic Security Act of 2020) 등 선례 없는 재정진작책으로 대응했다. 이러한 대규모 재정확장의 주요 목적은 바로 경기를 반등시키는 것이었다. 하지만 모형에서와 같이 재정정책이 아무런 효과가 없다면 이러한 재정진작책이 무슨 소용이 있을 것인가?

이러한 정부지출의 **제로**(zero) **승수효과**는 가계의 노동공급이 실질임금에만 의존한다는 단순화된 가정에 기인한다. 7장(2.2 노동공급함수)에서 논의했듯이 노동공급이 실질이자율의 증가함수임을 고려하여 실질총공급곡선 Y^s가 우상향한다면 정부지출승수는 0보다 커질 것이다. 또한 정부지출 증가에 따른 음(−)의 소득효과가 노동공급의 증가를 가져온다면 고용 증가를 통해 Y^s의 우측이동을 가져오고 그 결과 정부지출승수는 0보다 커질 것이다. 그러나 이 경우에도 정부지출승수는 1보다 작다. 즉, G 한 단위 증가에 대해서 총생산의 증가는 한 단위 미만이라는 것이다. 이 또한 실질이자율 상승에 따른 정부지출의 구축효과에 기인한다.

실질총공급곡선이 우상향하는 경우
$0 <$ 정부지출승수 < 1

종합해서 볼 때 정부지출의 제로 승수효과는 몇 가지 가정 하에서 도출된 극단적인 결과이지만 그 기본 원리는 여전히 유효하다. 재정확장은 일반적으로 소비, 투자와 같은 민간지출을 구축함으로써 적어도 부분적으로 확장효과를 상쇄시킨다. 이는 화폐의 고전적 이분성(classical dichotomy)과 함께 **신고전학파 모형**의 주요 정책 시사점이며, 정책당국이 명심해야 하는 중요한 경고 중 하나이다. 이에 대해서는 13장(새케인즈학파의 경기변동모형)에서 재정정책을 분석할 때 다시 논의할 것이다.

5. 결론

Macroeconomics ch. nine

이 장에서는 총수요 및 총공급 충격이 거시경제에 미치는 영향을 분석하는 데 유용한 2기간 모형을 살펴보았다. 이 모형을 통해 거시경제에 총수요 · 총공급 충격이 발생했을 때 총생산, 투자, 소비, 실질금리, 실질임금, 고용이 일반균형에서 어떻게 결정되는지를 볼 수 있었다.

이 신고전학파 모형의 주요 시사점 중 하나는 GDP 또는 국민소득이 거시경제의 총공급에 의해 결정된다는 것이다. 이 모형에서 기술수준이나 생산성 변화와 같은 공급측 요인은 실질총공급곡선을 이동시켜 GDP의 결정에 영향을 주는 반면, 민간소비나 투자의 변화에 기인한 실질총수요곡선의 이동은 실질이자율의 변화만 가져올 뿐 GDP에는 영향을 주지 않았다. 또한 확장적 재정정책 같은 총수요진작책도 효과가 없었다. 다시 말해서 실질총공급곡선이 수직이므로 실질총수요곡선 위치에 상관없이 GDP는 전적으로 총공급에 의해 결정된다는 것이다.

이 결과는 19세기 초 프랑스 경제학자 장 바티스트 세이(Jean-Baptiste Say)의 주장, 즉 "공급은 스스로 수요를 창출한다(Supply creates its own demand.)"라는 **세이의 법칙**(Say's Law)과 공통점을 갖는다. 이 법칙은 "재화와 서비스가 공급되면 그 가치만큼 소득이 창출되고, 이 소득이 수요로 이어지므로 과잉생산은 일어날 수 없다"라고 해석할 수 있다. 일시적으로 초과공급이나 실업이 발생할 수 있지만, 물가와 임금의 신속한 조정을 통해 불균형이 즉각 해소된다는 것이다.

반면 케인즈(John M. Keynes)는 단기적으로 총수요가 총공급을 결정한다고 보았다. 대공황 같은 현상은 총수요의 부족에 기인하고 물가나 임금이 고전학파 경제학의 가정처럼 신속히 조정되지 않기 때문에 거시경제의 총수요 부족이 오래 지속될 수 있다는 것이 그의 주장이다. 이때 기업은 고정된 가격에서 전적으로 수요량에 따라 생산결정을 하게 된다. 이와 같이 총수요가 부족한 상황에서 정부지출의 증가와 같은 총수요 진작정책은 정당화될 수 있다. 우리는 이러한 케인즈의 이론을 13장(새케인즈학파의 경기변동모형)에서 자세히 살펴볼 것이다.

결국 '총생산(총공급) = 총소득 = 총지출(총수요)'의 국민소득 3면 등가의 법칙은 사후적으로 위의 두 경우에서 모두 성립한다. 다만 이 항등식에서 결정되는 국민소득 수준이 거시경제의 총공급 또는 총수요에 의해 주도되는지에 대한 견해가 다른 것이다. 이러한 견해 차이는 거시경제를 장기적 관점에서 보는지, 아니면 단기적 관점에서 보는지에 기인한 것이라고 볼 수 있다.

요약

1. 모형경제

1.1 가계 가계의 의사결정은 소비함수와 노동공급함수로 요약된다. 소비함수는 현재소득 및 미래소득과 양(+)의 관계를 가지며, 현재 정부지출 및 미래 정부지출 그리고 실질이자율과 음(−)의 관계를 갖는다. 노동공급함수는 실질임금, 실질이자율 그리고 정부지출과 양(+)의 관계를 갖는다.

1.2 기업 기업의 의사결정은 노동수요함수와 투자함수로 요약된다. 노동수요함수는 실질임금과 음(−)의 관계를 가지며, 총요소생산성 및 초기 자본량과 양(+)의 관계를 갖는다. 투자함수는 실질이자율 및 초기 자본량과 음(−)의 관계를 갖고, 미래 총요소생산성과 양(+)의 관계를 갖는다.

1.3 정부 정부는 현재와 미래에 각각 G, G'만큼 지출을 하고 T, T'만큼 재원을 조달한다. 리카도 대등정리에 따르면 이러한 정부의 예산제약으로 인해 정부의 재원 조달 방식은 가계의 의사결정에 아무런 영향을 미치지 않는다.

1.4 시장청산조건 모든 시장들은 가격의 신축적 조정에 의해 수요와 공급이 일치하는 균형에 도달한다. 노동시장의 경우 노동수요와 노동공급이 일치하는 수준에서 균형 고용수준이 결정되며, 재화시장에서는 기업이 생산하여 공급한 재화 및 서비스의 총량이 가계, 기업, 정부가 구입한 재화 및 서비스의 총량과 같아지는 수준에서 균형이 달성된다.

1.5 요약 앞서 살펴본 시장청산조건식들에 주어진 외생변수들의 값을 대입하면 내생변수들의 값을 결정할 수 있다.

2. 재화시장 · 노동시장의 균형

2.1 총수요 총수요는 기업이 생산한 모든 재화에 대한 총지출로서 가계소비, 기업투자 그리고 정부지출의 합이다. 총수요는 실질이자율과 역의 관계에 있으며, 이를 국민소득−실질이자율 평면에 그린 곡선은 실질총수요곡선 또는 IS곡선이라고 한다. 한계소비성향이 커질수록 총수요와 실질이자율 간 역의 관계가 강해지며, 실질이자율 이외의 다른 변수들의 변화는 실질총수요곡선 자체를 이동시킨다.

2.2 노동시장의 균형과 총공급 노동시장의 균형은 노동수요와 노동공급이 일치하는 수준에서 달성되며, 이에 따라 균형 실질임금과 고용이 결정된다. 균형 고용이 결정되면 총생산함수에 의해 총산출량이 결정된다. 노동공급이 실질이자율과 양의 관계에 있다고 보면 실질이자율과 총생산의 조합은 연결한 곡선인 실질총공급곡선은 국민소득−실질이자율 평면에서 우상향한다. 반면, 노동공급이 실질이자율의 영향을 받지 않는다고 가정하면, 총산출량은 실질이자율 수준에 관계없이 결정되기 때문에 실질총공급곡선은 수직선이 된다.

2.3 실물부문의 균형 실물부문의 균형은 재화시장과 노동시장의 동시균형으로 볼 수 있다. 즉, 노동수요곡선과 노동공급곡선이 만나고 실질총수요곡선과 실질총공급곡선이 만나는 점에서 결정되며, 이때 균형 고용, 실질임금, 실질이자율, 총생산(국민소득)이 결정된다. 이러한 모형경제에서 균형은 가격변수에 의해 신축적이고 즉각적인 조정을 통해 이루어지는데, 이는 신고전학파의 견해와 일치한다는 점에서 신고전학파 모형이라고도 한다.

3. 대부자금시장의 균형

재화시장의 균형은 대부자금시장의 균형으로도 나타낼 수 있다. 즉, 재화시장의 균형조건($Y = C + I + G$)은 대부자금시장의 균형조건($S = I$)으로 나타낼 수 있다. 이때, 재화시장과 대부자금시장의 동시균형을 가져오는 조정자 역할을 하는 것이 실질이자율이다.

4. 모형의 일반균형분석

4.1 현재 생산성 충격 현재 총요소생산성이 증가하면 노동한계생산이 증가한다. 이로 인해 노동수요가 증가하여 균형고용과 실질임금이 증가한다. 한편, 노동한계생산 증가로 인해 총생산함수가 비례적으로 상방이동하고 그 결과 고용과 총생산의 증가가 나타난다. 총생산의 증가로 인해 실질총공급곡선이 우측이동하여 국민소득은 증가하고 실질이자율은 하락한다. 재화시장의 균형에서 총생산의 증가는 총지출의 증가를 가져와야 하므로 가계소비 증가와 기업투자 증가를 유도하기 위해 실질이자율이 하락해야 한다. 따라서 새로운 균형에서 실질이자율 하락과 함께 소비와 투자가 모두 증가한다.

4.2 미래 생산성 충격 미래 생산성이 증가할 것으로 예상되는 경우, 미래의 자본한계생산이 증가한다. 이로 인해 현재 기업투자가 증가하여 가계의 미래 예상소득이 증가하고 이는 현재소비의 증가를 가져온다. 그 결과 총지출선이 상방이동하고 이는 실질총수요곡선의 우측이동을 가져온다. 이때, 실질총공급곡선이 수직의 형태를 나타내고 있으므로 균형총생산은 변화하지 않고 실질이자율만 상승한다. 실질이자율의 상승은 현재소비와 투자를 감소시킨다. 결국 민간지출은 불변이나 그 구성요소인 현재소비와 투자 각각의 변화방향은 알 수 없다.

4.3 정부지출의 증가 현재 정부지출이 증가하면 직접효과에 의해 총지출이 증가하는 반면 간접효과에 의해 총지출이 감소한다. 한계소비성향이 1보다 작기 때문에 최종적으로는 총지출이 증가한다. 그 결과 총지출선이 상방이동하고 이는 실질총수요곡선의 우측이동을 가져온다. 이때, 실질총공급곡선이 수직의 형태를 나타내고 있으므로 균형총생산은 변화하지 않고 실질이자율만 상승한다. 실질이자율의 상승은 현재소비와 투자를 감소시킨다. 결국 현재 정부지출의 증가는 현재소비의 감소를 가져온다.

5. 결론

이 장에서는 총수요 및 총공급 충격의 거시경제적 효과를 분석하는 데 유용한 2기간 일반균형모형을 살펴보았다. 이 신고전학파 모형에서 국민소득은 오로지 총공급에 의해 결정된다.

연습문제

01 다음 사항이 실질총수요곡선의 기울기에 각각 어떠한 영향을 미치는지 설명하라.

(1) 한계소비성향의 증가

(2) 현재소비에 대한 이자율의 기간 간 대체효과의 증가

(3) 투자가 이자율에 비탄력적으로 될 때

02 아래의 변화가 가져오는 실질총수요곡선 이동의 방향과 크기를 구하라.

(1) 미래소득의 증가

(2) 미래 총요소생산성의 증가

(3) 현재 자본량의 감소

03 노동공급이 실질임금의 증가함수일 뿐만 아니라 실질이자율 및 정부지출의 증가함수일 때 정부지출의 증가가 실질총공급곡선의 이동에 미치는 영향을 설명하라.

04 노동공급이 실질임금의 증가함수일 뿐만 아니라 실질이자율 및 정부지출의 증가함수일 때 다음 충격이 각각 현재 총생산(국민소득), 고용, 실질임금, 소비, 투자에 미치는 영향을 분석 · 설명하라.

(1) 현재 총요소생산성의 증가

(2) 미래 총요소생산성의 증가

(3) 정부지출의 증가

05 개별 소비자의 선호가 변하여 현재여가를 줄이고 재화소비를 늘린다고 하자. 이것이 현재 총산출량, 고용, 실질임금, 소비, 투자에 미치는 영향을 설명하라.

06 최근 경제위기 극복과정에서 재정지출의 증가와 재정적자 확대로 국가채무가 중요한 문제로 등장함에 따라 아래와 같은 주장들이 제기되고 있다.

> **갑** : 정부가 국채 발행을 통해 지출을 증가시키면 재화와 용역에 대한 수요를 증가시켜 생산과 고용의 증가로 이어지게 될 것이다. 물론 이 과정에서 이자율이 상승하여 민간투자가 위축될 수도 있지만 전체적으로 현세대는 소비와 고용이 늘어나 혜택을 받게 될 것이다. 그러나 이 부채를 갚아야 될 미래 세대는 그 부담을 짊어지게 될 것이다.
>
> **을** : 만일 정부가 빚을 내어 지출을 늘려 경기를 부양시킨다면, 단기적으로 국민들의 소득과 민간소비가 늘어난다고 생각하겠지만 그것은 오산이다. 국민들의 소득이 일시적으로 늘어나더라도 언젠가는 정부가 부채를 갚기 위해 세금을 증가시킬 것을 알고 있기 때문에 그에 대비하여 소비를 늘리지 않을 것이다. 즉, 정부는 미래의 소득을 일시적으로 현재로 끌어당긴 것에 불과하므로, 이를 알고 있는 국민들이 소비를 늘리지 않을 것이기 때문에 적자재정의 경기부양효과는 거의 없다.

(1) 국가채무가 개인저축, 국민저축, 실질금리에 미치는 파급효과를 설명하라.

(2) 국채 발행으로 인한 부담이 미래 세대로 전가되는 세대 간 형평성 문제가 제기된다. 이를 중첩세대모형과 리카도 대등정리로 설명하라.

(3) 국가채무의 효율적 관리방안에 대하여 설명하라.

(2009년 행정고시 기출문제)

07 주 5일 근무제 도입과 함께 경제주체들이 여가와 소비를 늘린다고 하자. 이것이 우리나라 경제의 총산출량, 고용, 실질임금, 소비, 투자 등에 미치는 효과를 분석하라.

08 우리나라는 최근 구조조정과 고령화 등에 따른 사회복지지출이 증가하면서 재정적자폭이 늘어나고, 그 결과 국가채무가 증가하고 있다.

(1) 이러한 재정적자의 증가와 국가채무의 증가가

국내소비와 투자에 미치는 영향을 분석하여 설명하라.

(2) 리카도 대등정리가 성립하는가? 성립하지 않는다면 그 이유는 무엇인가?

09 최근 중동 상황의 불안정으로 인한 원유가격의 상승은 수송비용의 상승과 원유를 원료로 사용하는 재화들의 생산비용을 증가시킬 것으로 예상되고 있다. 이에 따라 원유가격의 상승이 국가경제의 생산성(평균생산성 및 한계생산성)을 하락시킨다고 가정하자.

(1) 원유가격의 상승이 일시적일 것으로 예상된다고 할 때, 실질이자율, 실질소득, 실질소비, 실질투자, 고용 등에 미치는 효과를 분석하라.

(2) 원유가격의 상승이 영구적일 것으로 예상된다면, (1)의 경우에 비해 실질이자율과 실질소득에 미치는 영향은 어떻게 달라지는가?

(2002년 외무고시 기출문제 일부 변형)

10 최근 경기침체에서 벗어나기 위한 다각적인 정책대안이 모색되고 있다. 이 중 경기회복을 촉진하기 위한 재정정책으로서 조세감면정책과 적자재정을 수반한 정부지출증가정책의 상대적 효과에 대하여 논란이 일고 있다.

(1) 정부지출을 변화시키지 않고 조세를 감면시킬 경우의 거시경제적 효과에 대하여 지지와 비판의 시각에서 논하라.

(2) 적자재정을 수반하는 정부지출의 증가가 가져올 거시경제적 효과에 대하여 지지와 비판의 시각에서 논하라.

(3) 균형재정을 유지하기 위해 조세를 증액시키는 동시에 정부지출을 증가시키는 경우 거시경제적 효과에 대하여 설명하라.

(2005년 외무고시 기출문제 일부 변형)

11 다음 명제의 참, 거짓을 밝히고 그 이유를 간략히(5줄 이내) 서술하라.

(1) 리카도 대등정리에 의하면 주어진 정부지출에 대하여 현재조세가 증가하는 경우 현재저축이 감소하고 현재소비가 증가한다.

(2) 미래소득의 감소, 현재 정부지출의 일시적 감소, 미래 총요소생산성의 감소는 각각 현재의 실질총수요곡선을 좌측으로 이동시킨다.

1. 화폐수량설 : 통화량과 물가
2. 인플레이션과 명목 · 실질이자율
3. 화폐공급
4. 화폐수요
5. 화폐시장의 균형과 충격 분석
6. 결론

10

화폐와 물가수준

우리는 9장(실물부문의 일반균형)에서 실질 내생변수들의 균형값이 어떻게 결정되는지 알아보았다. 이 장에서는 거시경제의 화폐수요와 물가수준 등 명목변수들이 결정되는 명목부문(nominal sector) 또는 화폐부문에 대해 살펴보자.

1. 화폐수량설 : 통화량과 물가

화폐의 기능
- 교환의 매개수단
- 가치저장수단
- 회계 단위

화폐의 중립성 화폐가 장기적으로 경제의 실물부문에 아무런 영향을 미치지 못함

고전적 이분성 경제의 실물부문과 명목부문이 이론적으로 분리됨

일반적으로 화폐는 **교환의 매개수단**(medium of exchange), **가치저장수단**(store of value), **회계 단위**(unit of account)의 세 가지 본질적인 기능을 지닌다.[1] 화폐의 이러한 역할에도 불구하고 많은 경제학자는 화폐가 장기적으로 경제의 실물부문에 아무런 영향을 미치지 않는 베일(veil)에 불과하다는 데 동의한다. 이 현상을 **화폐의 중립성**(neutrality of money)이라 한다. 화폐가 중립적이면 경제의 모든 실질변수가 명목변수들과는 무관하게 결정된다. 즉, 경제의 실물부문과 명목부문이 이론적으로 분리되는데, 이를 **고전적 이분성**(classical dichotomy)이라 한다. 우리는 이제까지 고전적 이분성이 성립한다는 가정 하에 실물경제를 화폐시장과 분리하여 따로 분석했다.

한편 경제에서 유통되는 화폐의 양, 즉 통화량은 물가수준을 포함한 명목변수에 영향을 미친다. 이를 가장 명확히 보여주는 이론이 고전학파의 **화폐수량설**(quantity theory of money)이다. 화폐수량설은 흄(David Hume), 스미스(Adam Smith), 리카도(David Ricardo) 등 고전학파 경제학자들에 의해 보편화된 이후 여러 가지 형태로 표현되어 왔으나 어떤 형태이든 본질적으로 통화량과 물가수준의 관계에 그 초점을 맞추고 있다. 이러한 화폐수량설의 한 형태인 피셔(Irving Fisher)의 거래수량설을 살펴보자.

화폐유통속도 일정 기간 동안 실질GDP를 구성하는 재화 및 서비스를 구매하기 위한 한 단위의 화폐가 평균적으로 얼마나 자주 사용되는가를 나타냄

이 이론은 **화폐유통속도**(velocity of money)라는 개념에서 출발한다. 화폐유통속도는 다음과 같이 정의된다.

$$V \equiv \frac{PY}{M}$$

여기서 V는 화폐유통속도, M은 통화량, P는 물가수준, Y는 실질GDP를 가리킨

---

1. 화폐의 기능에 대한 상세한 설명은 경제학원론 교과서를 참고하기 바란다.

다. 화폐유통속도는 일정 기간 동안에 실질GDP를 구성하는 재화나 서비스를 구매하기 위해 화폐 한 단위가 평균적으로 얼마나 자주 사용되는가를 나타낸다. 예컨대 V의 값이 크다는 것은 경제가 생산한 재화 · 서비스의 화폐가치(PY)에 비해 경제에서 유통되는 화폐의 양(M)이 적어서 화폐 한 단위가 교환의 매개수단으로서 더 자주 사용됨을 의미한다.

위 식에서 M을 좌변으로 옮기면 다음과 같은 **교환방정식**을 도출할 수 있다.

$$MV = PY$$

그런데 교환방정식은 화폐유통속도(V)의 정의에 따른 항등식에 지나지 않는다는 사실에 주의할 필요가 있다. 이 식의 좌변(MV)은 단순히 실질GDP를 구성하는 재화 · 서비스의 구매에 사용된 화폐의 양을 나타내며, 우변(PY)은 실질GDP를 구성하는 재화 · 서비스의 매출액 또는 화폐소득을 의미한다. 화폐경제에서 재화 · 서비스의 구매에 사용된 통화의 양은 언제나 재화 · 서비스의 매출액과 같을 수밖에 없는 것이다.

그러나 화폐유통속도(V)가 사회의 지불관습과 거래 관련 금융제도에 의해 일정한 값으로 주어지고 실질GDP(Y)는 (9장에서처럼) 고전적 이분성에 의해 명목 부문과 상관없이 생산요소의 투입량과 생산기술에 의해 결정된다면, 위 교환방정식은 단순한 항등식에서 물가수준(P)이 통화량(M)에 비례한다는 이론, 즉 **화폐수량설**로 전환된다. 예컨대 M이 10% 늘어나면 (V와 Y가 고정되어 있으므로) P도 10% 상승한다는 것이다. 이러한 고전학파의 물가이론에 따르면 인플레이션의 원인은 통화량의 급격한 증가에 있으므로, 통화량 증가율만 적당한 수준으로 유지하면 심각한 인플레이션 현상은 나타나지 않게 된다.

화폐유통속도가 일정한 값으로 주어지고 실질 GDP는 경제의 명목부문과 무관하게 결정된다면 교환방정식은 화폐수량설로 전환됨

그러나 화폐유통속도가 일정하다는 화폐수량설의 가정은 비현실적이라는 지적을 받아왔다. 화폐유통속도가 단기적으로 큰 변화가 없는 거래제도 및 지불관습에 의해 일정한 값을 갖는다는 가정은 교환의 매개수단 또는 거래의 지급수단(means of payment)으로서 화폐의 기능만을 고려한 데에서 기인한다. 이에 반해 케인즈(John M. Keynes)는 1930년대 대공황을 겪으면서 화폐가 교환의 매개수단일 뿐만 아니라, 불확실한 미래와 현재를 연결하는 고리로서 가치의 저장수단이라는 점을 중시하였다. 케인즈가 그의 『일반이론』에서 소개한 **유동성선호설**(liquidity preference hypothesis)에 따르면, 가치저장수단으로서 화폐의 수요는

이자율에 영향을 받게 되고, 이때 화폐유통속도 역시 이자율의 단기 변동에 영향을 받는다. 이처럼 화폐유통속도가 일정하지 않으면 통화량과 명목국민소득 또는 통화량과 물가수준이 비례관계를 갖는다는 고전적 화폐수량설은 더 이상 성립하지 않게 된다.

이에 대해 프리드먼(Milton Friedman)은 대공황시기에 통화량이 급격히 감소하였다는 실증분석을 제시하면서, 명목소득과 통화량 간의 비례관계를 나타내는 화폐수량설이 여전히 현실을 잘 설명한다고 주장하였다. 그러나 그는 고전적인 화폐수량설과는 달리 화폐수요의 결정요인으로서 소득 또는 평생 부뿐만 아니라 케인즈가 강조한 이자율 등 여러 가지 자산의 수익률을 명시적으로 고려함으로써 보다 일반적인 **신화폐수량설**을 주장하였다.

그 이후 화폐수요에 관한 논의는 화폐수요함수의 안정성, 특히 화폐수요가 이자율에 대하여 얼마나 민감하게 반응하느냐를 중심으로 이루어졌다. 프리드먼으로 대표되는 통화주의자(monetarist)들은 이자율이 화폐수요에 미치는 영향이 상대적으로 미미하다고 주장했다. 반면에 케인즈와 그의 견해를 발전시킨 케인즈학파는 화폐수요가 이자율에 민감하게 반응하기 때문에 불안정하다는 점을 강조하였다.

여기서는 위의 논의를 미시적 기초에 기반한 화폐시장모형을 통해 살펴본다. 먼저 인플레이션율을 정의하고 명목이자율과 실질이자율의 관계를 정리한다. 그리고 화폐를 현금과 요구불예금의 합(M1)으로 정의한 뒤 화폐수요함수를 도출하는데, 이때 화폐수요는 케인즈의 유동성선호설과 프리드먼의 신화폐수량설에서와 같이 이자율과 역의 관계를 갖는다. 마지막으로 중앙은행에 의해 외생적으로 결정되는 화폐공급과 함께 화폐시장의 균형이 어떻게 결정되는지 알아본다.

2. 인플레이션과 명목 · 실질이자율

화폐로 나타낸 현재(1기)의 물가수준을 P라고 하고 미래(2기)의 물가수준을 P'라고 하면, 1기와 2기 사이의 **인플레이션율** π는 다음과 같이 정의된다.

$$\pi \equiv \frac{P' - P}{P}$$

한편 많은 경제주체들은 어떤 경제행위를 할 때 미래의 물가 상승에 대해 깊은 관심을 갖는다. 예컨대 임금계약을 체결하려는 노동자들이나 신상품 출시를 계획하는 기업은 내년도 물가수준에 관심을 두기 마련이다. 그런데 현시점에서 미래의 물가수준(P')을 정확히 알 수 없으므로 경제주체들은 예측된 물가수준(P'^e)에 기반해 의사결정을 내린다. 즉, 경제주체들의 의사결정에 기대인플레이션(expected inflation)이 중요한 변수로 작용한다. **기대인플레이션율**(π^e)은 다음과 같이 정의된다.

$$\pi^e \equiv \frac{P'^e - P}{P}$$

하지만 미래의 물가수준을 한치의 오차 없이 정확하게 파악하기란 불가능하다. 따라서 기대인플레이션율은 실제 인플레이션율과 어느 정도 예측오차(forecast error)가 나기 마련이다.

인플레이션율은 또한 명목이자율과 실질이자율을 구분하는 데 중요한 역할을 한다. **명목이자율**은 은행예금에 지급되는 이자율처럼 화폐 단위로 측정된 이자율을 의미하는 반면, **실질이자율**은 실물재화를 단위로 계산한 이자율을 뜻한다. 실물부문의 경제분석에서 중요한 것은 명목이자율이 아니라 실질이자율이다. 그렇다면 명목이자율과 실질이자율 사이에는 어떤 관계가 있을까? 현재 100만원을 가진 사람이 이 돈으로 컴퓨터 한 대를 구입할 수 있다고 하자. 명목이자율이 3%이고, 인플레이션율이 2%인 경우, 이 사람이 100만원을 은행에 예금한다면 1년 뒤에는 103만원을 돌려받게 되어 102만으로 값이 오른 컴퓨터 1대를 구입하고도 1만원이 남는다. 이때 1만원은 102만원짜리 컴퓨터 한 대의 약 1%에 해당하는 금액이므로, 이 사람이 실제로 누리는 이자율은 1%가 된다.

명목이자율은 화폐 단위로 측정된 이자율을 의미하고 실질이자율은 실물재화를 단위로 계산한 이자율을 의미함

위 예에 착안하여 실질이자율(r)과 명목이자율(R), 그리고 인플레이션율(π)의 관계를 수식으로 나타내면 다음과 같다.[2]

$$1 + R = (1 + r)(1 + \pi) \approx 1 + r + \pi$$

위 식을 **피셔 방정식**(Fisher equation)이라 부른다. 피셔 방정식에 따르면 실질이자율은 명목이자율에서 인플레이션율을 뺀 값이다.

2. $1 + R = 1 + r + \pi + r\pi$에서 $r\pi$는 충분히 작으므로 $R \approx r + \pi$이다.

그림 10-1

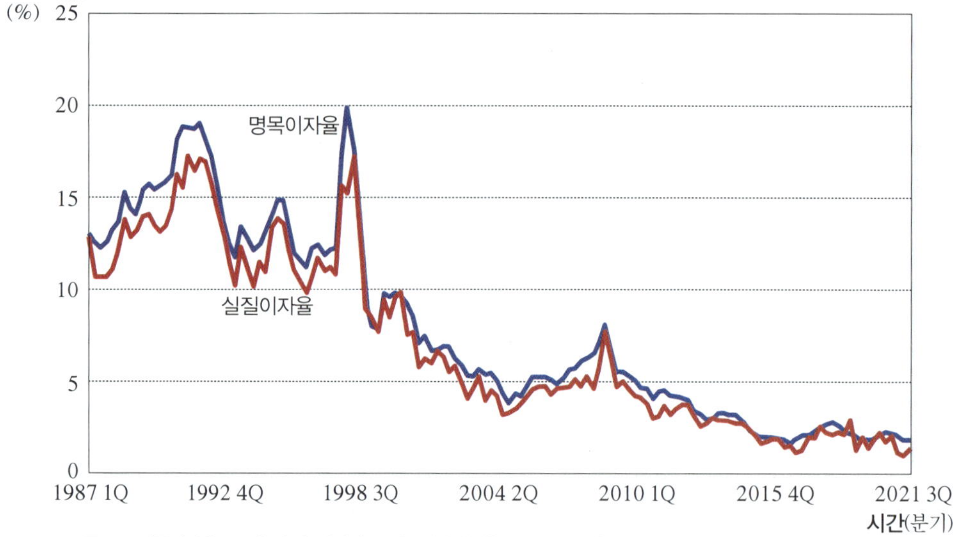

주 : 명목이자율 = 3년 만기 회사채 금리, 실질이자율 = 명목이자율 – CPI 인플레이션

출처 : 한국은행

명목이자율과 실질이자율

피셔 방정식에 의하면 명목이자율은 실질이자율과 인플레이션율의 합으로 나타낼 수 있다.

$$r = R - \pi$$

예컨대 어떤 은행의 예금 이자가 3%인데 같은 기간 물가상승률도 3%라면 예금의 실질적인 수익은 없다. 인플레이션율이 명목이자율을 초과하면 실질이자율은 음(–)의 값을 갖는다. 반면 명목이자율은 항상 0보다 크거나 같아야 하는데, 그 이유와 거시경제학적 함의는 15장(제로금리 하한과 유동성 함정)에서 자세히 알아볼 것이다. 〈그림 10–1〉은 우리나라의 명목이자율과 실질이자율을 나타낸다. 두 이자율이 대체로 같은 방향으로 움직이지만 동일하지는 않다는 것을 알 수 있다.

사후적 실질이자율은 실제 관측된 인플레이션을 사용하여 계산되고 사전적 실질이자율은 기대인플레이션율을 사용하여 계산됨

위 식에서처럼 실제 관측된 인플레이션율(π)을 사용하여 계산된 실질이자율을 **사후적**(ex post) **실질이자율**이라 한다. 반면에 예상물가수준에 기초한 기대인플레이션율(π^e)을 사용하여 아래와 같이 계산된 실질이자율을 **사전적**(ex ante) **실질이자율**이라 한다.

$$r = R - \pi^e$$

앞서 언급한 대로 경제주체들은 현재 시점에서 미래에 실현될 실제 인플레이션율의 값을 정확히 알 수 없다. 따라서 경제주체들은 사전적 실질이자율에 따라 의사결정을 한다. 즉, 이 책에서 r은 사전적 실질이자율을 나타낸다.

3. 화폐공급

Macroeconomics ch. ten

화폐는 물물교환경제에서 발생하는 여러 가지 거래비용(transaction cost)을 절감하는 수단으로 등장하였다.[3] 화폐가 거래비용을 줄일 수 있는 것은 유동성 때문이다. **유동성**(liquidity)이란 한 형태의 자산이 가치의 손실 없이 다른 형태의 자산이나 재화와 얼마나 신속하고 편리하게 교환될 수 있는가를 판가름하는 기준이다. 일반적으로 한 형태의 자산을 다른 형태의 자산으로 바꾸기 위해서는 비용이 수반된다. 이 비용이 많이 들수록 교환을 통해 획득하는 재화 및 자산의 가치는 원래의 가치보다 떨어진다. 이때 하나의 자산이 다른 형태의 재화나 자산과 교환되는 과정에서 가치가 하락하는 정도가 작을수록 유동성이 높다고 한다. 예를 들어 한 국가의 모든 거래에서 법에 의해 액면가치가 보장되는 화폐, 즉 **법정통화**(legal tender)는 유동성이 가장 높은 자산이라 할 수 있다.

유동성 자산이 가치의 손실 없이 다른 형태의 자산이나 재화로 얼마나 신속하고 편리하게 교환될 수 있는가를 판가름하는 기준

만일 우리가 지급수단으로서 화폐의 기능을 중시한다면 화폐는 유동성이 가장 높은 현금(법정통화)과 예금을 취급하는 금융기관의 예금통화를 합한 것으로 정의된다.[4] 우리는 이것을 (좁은 의미의) 통화 혹은 **M1**이라 부른다. 여기서 예금

협의의 통화(M1) 현금 + 예금통화

3. 예를 들어 물물교환경제에서 거래가 성사되려면 갑이 내놓은 물건을 을이 원하는 동시에 을은 갑이 원하는 물건을 가지고 있어야 한다. 즉, 욕망의 이중적 일치(double coincidence of wants)를 보장하는 거래상대를 찾아야 한다. 그러나 여기에는 많은 어려움이 뒤따른다. 화폐경제에서는 자기가 생산한 제품을 화폐와 교환하고, 여기서 받은 화폐로 자신이 원하는 물건을 구입하면 된다. 즉, 욕망의 이중적 일치가 필요 없고, 단지 두 단계의 거래만으로 원하는 교환이 모두 이루어진다. 물물교환에 수반되는 막대한 거래비용이 사라지거나 혹은 무시할 수 있을 정도로 작아지는 것이다.

4. 1999년까지 우리나라의 금융기관 분류방식은 통화정책기능의 여부에 따라 크게 통화금융기관(은행 또는 제1금융권), 비통화금융기관(비은행금융기관 또는 제2금융권)으로 분류하였다. 그러나 금융규제 완화와 금융혁신 진전으로 예금상품의 통화성 구분이 모호해지면서 1999년 이후부터는 취급하는 금융서비스의 성격을 기준으로 예금취급기관, 보험회사, 증권회사, 기타 금융기관으로 분류하고 있다. 우리나라 금융기관의 현황에 대해서는 다음을 참고하라. 정운찬 · 김홍범, 『화폐와 금융시장』, 제4판, 율곡출판사, 2012. ; 한국은행, 『우리나라의 금융제도』, 2005.

통화는 보통예금과 수표·어음을 발행할 수 있는 당좌예금 등의 요구불예금(demand deposit ; DD), 수시입출식예금(money market deposit account ; MMDA), 그리고 단기금융펀드(money market fund ; MMF)같이 언제든지 자유롭게 인출할 수 있는 결제성 예금으로 구성된다.

광의통화(M2)
M1 + 은행의 정기예금, 거주자 외화예금, 수익증권, 금융채 등

광의통화(M2)는 협의통화(M1)보다 넓은 의미의 통화지표이다. M2에는 M1에 포함되는 현금과 예금통화뿐만 아니라 은행의 정기예금, 거주자 외화예금, 수익증권, 그리고 금융채 등이 포함된다. M2에 포함되는 이러한 금융상품들은 지급결제의 수단보다는 저축수단으로 더 많이 사용된다. 그러나 약간의 이자소득을 포기하는 경우 언제든지 인출이 가능하므로, 유동성 측면에서 결제성 예금과 큰 차이가 없다고 할 수 있다.

금융기관유동성(Lf)
M2 + 만기 2년 이상 정기예금, 장기금전신탁, 보험계약준비금 등

그리고 금융기관유동성(Lf, 종전 M3)에는 M2에 더하여 만기 2년 이상 정기예금과 장기금전신탁, 그리고 보험회사의 보험계약준비금 등 은행뿐 아니라 비은행금융기관의 금융상품까지 포함된다. 마지막으로 가장 포괄적인 통화지표인 광의유동성(L)에는 Lf에 정부와 기업 등이 발행하는 국채, 회사채, 기업어음 등이 추가된다.[5]

이 장에서는 분석의 편의와 이론적 통일성을 위하여 현금과 결제성 예금의 합으로 정의된 M1을 중심으로 논의를 전개한다. 또한 M1의 공급은 중앙은행에 의해 외생적으로 결정된다고 가정한다.[6]

4. 화폐수요

Macroeconomics ch. ten

우리는 6장(소비와 저축)에서 미래전망적 가계의 저축이나 차입수단으로서 채권과 같은 수익자산(interest-bearing asset)을 고려하였다. 이제 저축의 수단으

---

5. 한국은행, 『한국은행의 알기 쉬운 경제이야기』, 2013.

6. 엄밀히 말하면 중앙은행은 본원통화(high-powered money)를 경제에 공급하는데, M1은 본원통화에 통화승수(money multiplier)를 곱한 것이다. 통화승수는 은행의 지급준비율과 민간의 현금보유비율에 의해 결정된다. 통화승수에 대한 자세한 논의는 경제학원론 교과서를 참고하기를 바란다. 이 책에서는 중앙은행이 M1을 직접 공급한다고 가정한다. 실제로 중앙은행이 본원통화의 공급량을 조절함으로써 통화량(M1)을 원하는 방향으로 쉽게 이끌어 나갈 수 있으므로 비현실적인 가정은 아니다.

로서 채권뿐만 아니라 화폐도 존재하는 경우, 이 두 자산에 대한 가계의 수요가 어떻게 결정되는지 살펴보자. 여기서 화폐는 정부를 대신하여 중앙은행이 발행하는 법정통화와 이자수익이 거의 없는 결제성 예금을 의미하며, 민간부문(가계, 기업)은 자체적인 화폐 발행을 통한 차입이 불가능하다. 채권은 6장(소비와 저축)에서와 같이 가계나 정부가 모두 발행할 수 있으며, 채무불이행 위험(default risk)이 없는 경우를 상정한다.

채권이나 저축성 예금과 달리 화폐의 명목이자율은 0이다. 이는 인플레이션을 고려한 실질수익률 측면에서도 화폐가 채권이나 저축성예금 등 이자수익을 제공하는 다른 자산보다 불리하다는 것을 의미한다. 그런데도 사람들은 왜 화폐를 기꺼이 보유하는 것인가? 그 이유는 화폐가 교환의 매개수단 또는 거래의 지급수단으로서 유동성이 가장 높은 자산이기 때문이다. 우리는 이 절에서 화폐 보유의 편익과 비용을 고려한 두 가지 모형으로부터 화폐에 대한 수요함수를 도출한다.

4.1 MIU 모형

6장(1. 효용함수와 예산제약)에서와 같이 대표 가계가 소비와 저축을 선택하는 모형을 살펴보자.[7] 먼저 1기에 화폐단위로 표현한 민간저축($S_{p,n}$)은 다음과 같다.

$$S_{p,n} \equiv PS_p = B_n + M^d = PY - PC \tag{10.1}$$

위 식에서 실질민간저축(S_p)에 재화 한 단위의 가격, 즉 물가수준(P)을 곱한 것(PS_p)이 명목민간저축($S_{p,n}$)이다. 명목민간저축은 명목소득(PY)에서 명목소비(PC)를 뺀 것이다. 저축은 두 종류의 자산을 통해서 할 수 있다. M^d는 화폐수요를 나타내고, B_n은 이자수익을 제공하는 다른 자산, 예컨대 명목정부채권(nominal government bond) 또는 저축성예금을 나타낸다.[8]

이제 2기의 명목소비는 다음과 같다.

$$P'C' = P'Y' + (1+R)B_n + M^d$$

7. 여기서 조세는 고려하지 않는다.

8. 6장(소비와 저축)에서 아래첨자 'n'이 없는 B는 재화단위로 표현한 실질정부채권(real government bond)이었다. 여기서는 정부채권이 화폐로 표현되므로 아래첨자를 추가했다.

즉, 미래 명목소비는 미래 명목소득, 정부채권 또는 저축성예금에서 발생하는 원금과 이자, 그리고 가계가 보유하고 있는 화폐의 합과 같아야 한다. 위 식에서 볼 수 있듯이 화폐는 채권과 달리 이자를 지급하지 않는다는 점에서 가치저장수단 또는 저축수단으로서 채권 또는 저축성예금에 비해 열등하다. 이를 좀 더 명확히 보기 위해 $S_{p,n} \equiv B_n + M^d$를 이용하여 위 식을 다음과 같이 쓸 수 있다.

$$P'C' = P'Y' + (1+R)(B_n + M^d) - RM^d$$
$$\Rightarrow P'C' = P'Y' + (1+R)S_{p,n} - RM^d \quad (10.2)$$

식 (10.2)의 마지막 항($-RM^d$)은 주어진 총명목자산($S_{p,n}$) 중에서 정부채권이나 저축성예금만으로 이루어진 자산포트폴리오(B_n) 대신에 화폐가 M^d만큼 들어간 자산포트폴리오를 구성함으로써 발생하는 비용이다. 즉, 명목이자율(R)은 저축수단으로 채권과 같은 이자지급 자산 대신 화폐를 보유함으로써 발생하는 기회비용으로 해석할 수 있다.

식 (10.1)과 식 (10.2)를 결합하면 다음과 같은 명목예산제약식이 도출된다.

$$PC + \frac{1}{1+R}P'C' + \frac{R}{1+R}M^d = PY + \frac{1}{1+R}P'Y' \quad (10.3)$$

위 예산제약식에서 우변은 평생소득의 명목현재가치이고, 좌변은 가계의 총지출을 명목현재가치로 나타낸 것이다.[9] 주목할 점은 가계가 채권 대신 화폐를 소유할 때 $\frac{R}{1+R}M^d$만큼의 지출이 발생한다는 것이다. M^d의 계수, $\frac{R}{1+R}$은 화폐를 한 단위 소유할 때 발생하는 기회비용의 명목현재가치이다. 따라서 화폐의 '가격'이라고 생각할 수도 있다.

명목예산제약식 (10.3)을 현재물가수준으로 나누어 주면 다음과 같은 실질예산제약식이 도출된다.

$$C + \frac{1}{1+R}\frac{P'}{P}C' + \frac{R}{1+R}\frac{M^d}{P} = Y + \frac{1}{1+R}\frac{P'}{P}Y$$

위 식을 실질이자율과 명목이자율 사이의 관계, 즉 $1+R = (1+r)(1+\pi)$를 이용

9. '명목현재가치'를 구할 때 실질이자율이 아니라 명목이자율을 사용하여 미래 명목지출과 명목소득을 할인(discount)한다는 점에 주목하자.

하여 다시 쓰면 아래와 같다.

$$C + \frac{1}{1+r}C' + \frac{R}{1+R}\frac{M^d}{P} = Y + \frac{1}{1+r}Y' \tag{10.4}$$

위 식을 6장(1. 효용함수와 예산제약)의 식 (6.3)과 비교해 볼 때 세 번째 항을 제외하면 동일함을 알 수 있다. 이 세 번째 항은 가계가 저축의 일부를 이자지급 자산 대신 화폐로 보유함에 따라 발생하는 '실질비용'을 나타낸다.

우리는 예산제약식을 도출하는 과정에서 화폐가 가치저장수단과 회계단위로서 역할을 하는 것을 볼 수 있었다. 화폐의 세 가지 기능 중 남은 하나인 교환의 매개수단(또는 거래의 지급수단)을 모형에 도입하는 방법은 몇 가지가 있다. 이 책에서는 화폐를 가계의 효용함수에 직접 포함하는 가장 단순한 접근법을 사용한다. 이 모형을 **MIU 모형**(money in the utility function model)이라 한다. 이제 가계의 효용함수는 다음과 같다.

$$U\left(C, C', \frac{M^d}{P}\right) \tag{10.5}$$

여기서 화폐는 이를 발행하는 정부(중앙은행)에 대한 신뢰에 기반하여 보유되고 별도의 내재가치(intrinsic value)를 갖는 것이 아니라는 점에 비추어 볼 때 경제주체가 단순히 화폐를 보유함으로써 효용을 누린다는 가정은 논란의 여지가 있다. 하지만 가장 유동성이 높은 자산인 화폐는 거래비용을 줄여줌으로써 경제주체 간의 편리한 거래를 가능하게 하는 **유동성 서비스**(liquidity service)를 제공한다. 또한 화폐는 모든 거래의 보편적 지급수단으로서 재화를 구매하는 데 들이는 시간(shopping time)을 줄여줌으로써 소비자가 좀 더 많은 여가시간을 향유하는 데 도움을 줄 수도 있다. 예를 들어 소비자가 유동성이 매우 낮은 부동산 같은 자산만 가지고 있는 극단적인 경우, 재화나 서비스를 구매할 때마다 매번 본인이 소유한 부동산을 일부 팔아야 하는 수고를 해야 할 것이다. 따라서 화폐를 직접 효용함수에 포함하는 것이 부자연스러운 측면이 있지만, 교환의 매개수단이라는 화폐의 기능을 모형에 편리하게 도입하는 한 방법이라고 볼 수 있다. 즉, 화폐는 효용함수에 직접 포함될 수 있는 유동성 서비스 및 여가를 대신해서 포함된 것이다.

유동성 서비스 거래비용을 줄여줌으로써 경제주체 간 편리한 거래를 가능하게 하는 서비스

한 가지 주목할 점은 효용함수에 M^d가 아니라 $\frac{M^d}{P}$, 즉 **실질화폐잔고**(real money balances)가 포함되었다는 것이다. 예컨대 재화 한 단위의 가격이 1만원

일 때 1만원짜리 지폐 한 장과 재화 한 단위의 가격이 5만원일 때 5만원짜리 지폐 한 장은 동일한 유동성 서비스를 제공한다는 가정이다. 실질화폐잔고가 화폐의 실질적인 구매력을 나타낸다는 점에서 명목화폐량 대신에 실질화폐잔고를 효용함수에 포함하는 것이 더 적절해 보인다.

이제 효용함수 (10.5)와 예산제약식 (10.4)를 이용하여 가계의 효용극대화 문제를 풀 수 있다. 이미 6장(소비와 저축)에서 최적소비조합 (C, C')의 선택을 살펴보았으므로, 여기서는 주어진 미래소비(C')에 대해 소비 · 실질화폐잔고$(C, \frac{M^d}{P})$의 선택 문제를 살펴보자. 그런데 이 문제는 최적소비조합을 결정하는 문제와 본질적으로 같다.[10] 효용함수 (10.5)는 소비와 실질화폐에 대해 6장(1. 효용함수와 예산제약)에서의 효용함수와 같은 성질을 가지며, 예산제약식 (10.4) 또한 6장에서의 예산제약식과 비슷한 형태를 가진다. 다만 식 (10.4)에서 실질화폐잔고의 (재화 단위로 표현한) 실질가격은 $\frac{R}{1+R}$이며, 이 실질가격은 명목이자율(R)이 증가할 때 상승한다는 점에 주목하자.[11]

우선 현재소득(Y)의 변화가 실질화폐잔고의 수요에 미치는 영향을 보자. 현재소득의 증가는 예산선을 우측으로 평행이동 시키고 양의 소득효과를 발생시킨다. 따라서 실질화폐잔고의 수요는 증가한다. 다음으로 실질화폐의 재화에 대한 상대가격$(\frac{R}{1+R})$ 변화가 실질화폐잔고 수요에 미치는 영향을 보자. 명목이자율(R)의 증가는 화폐의 실질가격 상승으로 이어지고, 이는 실질화폐잔고의 수요에 음(−)의 대체효과와 음(−)의 소득효과를 발생시킨다. 따라서 명목이자율이 증가하면 실질화폐잔고의 수요는 감소한다.

실질화폐수요함수 현재소득의 증가함수, 명목이자율의 감소함수

이 모형에서 나온 결과를 다음의 **실질화폐수요함수**로 요약할 수 있다.

$$\frac{M^d}{P} = L(\underset{+}{Y}, \underset{-}{R})$$

거시경제학에서 화폐수요함수를 주로 L로 표기하는데, 그 이유는 화폐에 대한 수요는 결국 유동성(Liquidity)에 대한 수요이기 때문이다. 위 식에서 물가수준을 우변으로 이동하여 아래와 같이 쓸 수 있다.

$$M^d = P \cdot L(Y, R) \tag{10.6}$$

10. 따라서 독자는 6장에서와 유사한 그래프를 이용하여 분석할 수 있을 것이다.
11. $\frac{R}{1+R}$을 R에 대해 미분하면 쉽게 확인할 수 있다.

요약하면, 명목화폐수요는 소득의 증가함수, 명목이자율의 감소함수이며, 물가수준에 비례한다.[12]

명목화폐의 수요 소득의 증가함수, 명목이자율의 감소함수, 물가수준에 비례

4.2 다중지급수단 모형

이제 화폐 이외에 신용카드(credit card)와 같은 대체 지급수단이 존재하는 다중지급수단(multiple means of payment) 모형에서 화폐에 대한 수요를 도출해 보자. 국가경제의 총지출(Y)을 결정하는 가계의 소비재 구입과 기업의 자본재 구입, 그리고 정부구입에 화폐나 신용카드가 지급수단으로 사용된다고 하자. 단, 기업이 판매하는 재화 · 서비스의 화폐가격은 지불수단에 관계없이 P로 동일하다.

은행 또는 신용카드사가 결제네트워크를 구축하고 신용카드 발급신청자의 과거 신용거래를 조회하며, 매달 청구서를 발송하고 연체된 채권을 회수하는 등 신용카드서비스를 제공한다고 하자. 이때 은행이 신용카드 이용고객에게 거래 재화 단위당 부과하는 수수료를 q라 하고, 은행의 신용카드서비스 공급량을 $X^s(q)$라고 하자. 은행의 신용카드서비스 공급량이 증가함에 따라 한계비용이 상승한다고 가정하면 신용카드서비스 공급곡선 X^s는 〈그림 10-2〉의 (a)와 같이 우상향하게 된다.

이제 신용카드서비스에 대한 수요 측면을 살펴보자. 소비자 · 기업 · 정부가 은행이 제공하는 신용카드서비스를 이용하여 재화를 구입하는 경우, 거래대금은 매기 말에 무이자로 은행에 지급한다. 한편 소비자 · 기업 · 정부는 매기 초에 명목이자율 R로 저축 또는 차입할 수 있다고 가정한다. 소비자 · 기업 · 정부가 신용카드를 이용하여 구입하는 재화의 수량으로 나타낸 신용카드서비스 수요량을 $X^d(q)$라고 하면 화폐를 지불수단으로 구입하는 재화의 수량은 $Y-X^d(q)$가 된다.

재화 구입의 지급수단으로서 신용카드와 화폐 중 어느 것을 선택할 것인가는 신용카드서비스를 이용한 재화 구입의 한계편익과 한계비용의 비교를 통해 결정된다. 먼저 은행이 제공하는 신용카드서비스 이용의 한계편익은 추가 거래대금 P를 매기 초에 현금으로 지급하지 않고 은행계좌에 넣어둠으로써 매기 말(또는 다음 기 초)에 얻게 되는 원금과 이자의 합 $P(1+R)$이 된다. 한편 신용카드서비스 사용에 따른 한계비용은 매기 말 은행에 지급해야 하는 거래대금 P와 신용카드

12. 화폐수요는 일반적으로 미래소득을 포함한 다른 요인들의 영향도 받지만, 여기서는 단순화를 위해 고려하지 않는다.

그림 10-2

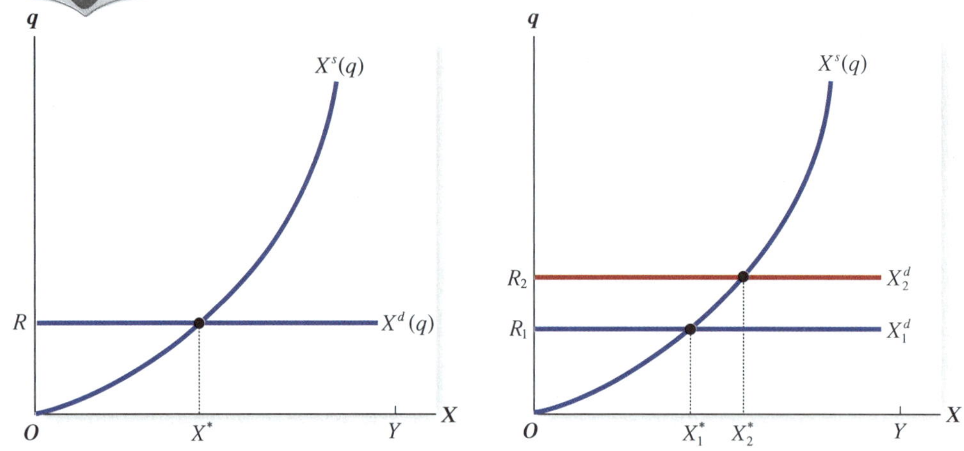

(a) 신용카드서비스시장의 균형 (b) 명목이자율의 상승

➠ 신용카드서비스시장

은행이 고객에게 제공하는 신용카드서비스의 한계비용이 증가한다고 가정하면 거래 재화 단위당 수수료 q에 대해 신용카드서비스 공급곡선 $X^s(q)$는 우상향하게 된다. 재화 구입의 지불수단으로 화폐와 신용카드가 공존하는 경제에서 신용카드서비스에 대한 수요곡선 $X^d(q)$는 $q=R$ 수평선이 된다. 그 결과 (a)에서 신용카드서비스의 균형가격은 R, 균형거래량은 X^*가 된다. 이제 (b)에서와 같이 명목이자율이 상승하면($R_1 \rightarrow R_2$) 신용카드서비스의 균형가격 상승과 균형거래량 증가($X_1^* \rightarrow X_2^*$)를 가져오고 화폐를 이용한 재화 구입은 감소한다.

서비스 수수료의 합 $P+Pq=P(1+q)$이다. 따라서 신용카드서비스 이용의 한계편익이 한계비용보다 크면($P(1+R)>P(1+q)$, 즉 $R>q$) 경제주체는 신용카드로 모든 재화를 구입하는 반면, 신용카드서비스 이용의 한계편익이 한계비용보다 작으면($R<q$) 경제주체는 화폐로 모든 재화를 구입할 것이다. 만약 신용카드서비스 이용의 한계편익이 한계비용과 같다면($R=q$) 실질적으로 신용카드와 화폐는 동일한 지급수단이 되므로 경제주체들은 신용카드와 화폐를 구분하지 않고 사용할 것이다. 따라서 거래의 지급수단으로 화폐와 신용카드가 공존하는 경제에서 신용카드서비스에 대한 수요곡선 X^d는 〈그림 10-2〉의 (a)에서와 같이 $q=R$에서 수평선이 된다. 그 결과 신용카드서비스의 균형수수료는 R, 균형거래량은 X^*가 된다.

이제 〈그림 10-2〉의 (b)에서와 같이 명목이자율이 R_1에서 R_2로 상승한다고 하자. 그 결과 신용카드서비스의 균형가격은 상승하고 균형거래량은 X_1^*에서 X_2^*로 증가한다. 이처럼 신용카드서비스의 균형거래량(X^*)은 명목이자율(R)의 증가함수 $X^*(R)$이 되고, 이때 소비자 · 기업 · 정부가 화폐를 이용하여 구입하는 재화의 수량은 $Y-X^*(R)$이 된다. 이는 소비자 · 기업 · 정부가 재화 구입을 위해 보유하는 화폐의 수량이 다음과 같이 결정됨을 의미한다.

$$M^d = P[Y - X^*(R)] \Leftrightarrow M^d = P \cdot L(\underset{+}{Y}, \underset{-}{R})$$

여기서 두 번째 식은 첫 번째 식의 우변에서 화폐로 구입하는 재화의 수량[$Y-X^*(R)$], 즉 실질화폐수요가 국민소득 또는 총지출 Y의 증가함수이고 명목이자율 R의 감소함수임을 $L(Y,R)$로 단순화시켜 나타낸 것이다. 결과적으로 이 모형에서 도출된 화폐수요함수는 앞선 MIU 모형에서 도출된 함수와 정성적으로 같다고 할 수 있다.

4.3 화폐수요곡선

위에서 도출한 화폐수요함수를 명목화폐수요(M^d)와 물가수준(P)의 평면에 나타내면 〈그림 10-3〉과 같이 원점을 지나며 기울기가 $\frac{1}{L(Y,R)}$인 직선이 된다.

그림 10-3

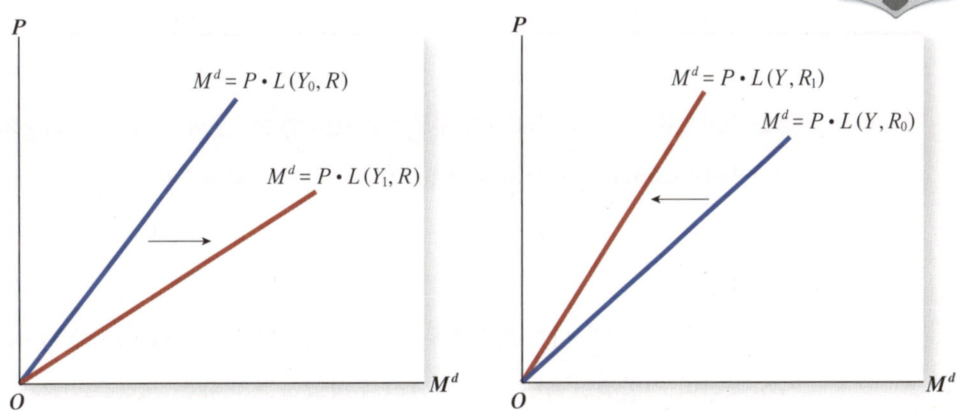

(a) 명목화폐수요곡선 : 소득 증가 (b) 명목화폐수요곡선 : 명목이자율 상승

명목화폐수요곡선과 곡선의 이동

실질화폐수요 $L(Y, R)$은 현재소득의 증가함수이고, 명목이자율의 감소함수이다. 명목화폐수요를 나타내는 식 $M^d = P \cdot L(Y, R)$을 명목화폐수요(M^d)와 물가수준(P)의 평면에 나타내면 원점을 지나며 기울기가 $\frac{1}{L(Y,R)}$인 직선이 된다. 따라서 주어진 명목이자율 수준에서 실질소득이 Y_0에서 Y_1으로 증가하면 명목화폐수요함수의 기울기가 완만해진다. 반면 명목이자율이 R_0에서 R_1으로 상승하면 기울기가 가팔라진다.

그림 10-4

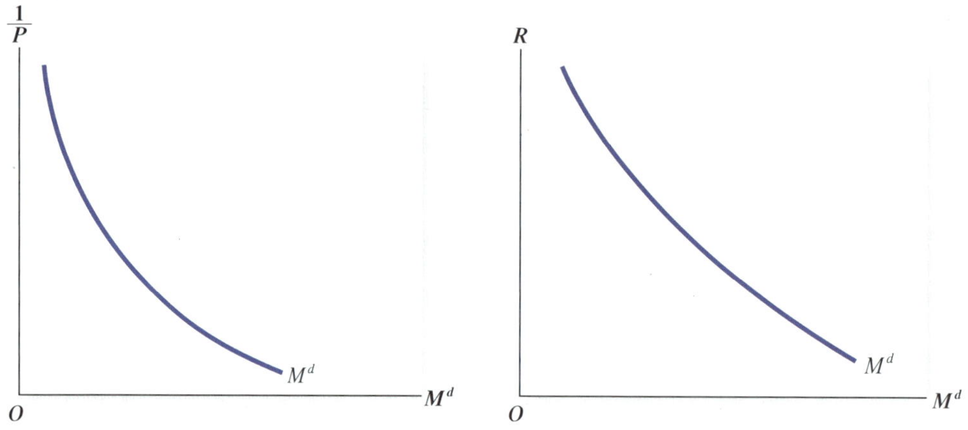

(a) $\frac{1}{P}$에 대해 나타낸 명목화폐수요곡선 (b) R에 대해 나타낸 명목화폐수요곡선

명목화폐수요함수

화폐수요함수를 재화의 가격(P)과 명목화폐수요(M^d) 평면에 나타내면 〈그림 10-3〉과 같이 우상향하지만, 화폐의 가격($1/P$) 또는 화폐소유의 기회비용(R)과 명목화폐수요(M^d) 평면에 나타내면 〈그림 10-4〉와 같이 우하향한다.

따라서 소득(Y)의 증가와 명목이자율(R)의 상승은 실질화폐수요 $L(Y, R)$을 각각 증가·감소시키므로 선의 기울기는 각각 감소·증가한다. 예를 들어 현재소득이 Y_0에서 Y_1으로 증가하는 경우 실질화폐수요가 증가하고 그 결과 명목화폐수요함수의 기울기가 완만해지면서 〈그림 10-3〉의 (a)에서와 같이 이동하게 된다. 반면 명목이자율이 R_0에서 R_1로 상승하면 실질화폐수요가 감소하고 그 결과 명목화폐수요의 기울기가 가팔라지면서 〈그림 10-3〉의 (b)에서와 같이 이동하게 된다.

화폐수요곡선을 다른 방식으로 표현할 수도 있다. 〈그림 10-3〉에서의 화폐수요곡선이 일반적인 수요곡선과 달리 우상향하는 이유는 세로축의 P가 화폐의 가격이 아니라 화폐 단위로 측정한 재화가격이기 때문이다. 재화 단위로 측정한 화폐의 가격은 $\frac{1}{P}$이다. 만약 〈그림 10-4〉의 (a)에서처럼 화폐수요함수를 명목화폐수요(M^d)와 화폐의 실질가격($\frac{1}{P}$)의 평면에 나타내면, 화폐수요곡선은 보통의 수요곡선처럼 우하향한다. 또한 명목이자율이 화폐보유의 기회비용인 점에 착안하여, 〈그림 10-4〉의 (b)에서처럼 화폐수요함수를 명목화폐수요와 명목이자율의 평면에 나타낼 수 있다. 이 경우에도 화폐수요곡선은 우하향한다. 우리는 다음 절에서 〈그림 10－3〉의 화폐수요곡선을 이용하여 화폐시장의 균형을 분석할 것이다.

5. 화폐시장의 균형과 충격 분석

Macroeconomics ch. ten

명목화폐공급(M^s)이 중앙은행에 의해 외생적으로 결정된다고 가정하면, 화폐시장의 균형은 주어진 명목화폐공급과 앞서 도출한 명목화폐수요(M^d)가 일치하는 수준에서 결정된다.

$$M^s = M^d = P \cdot L(Y, R)$$

〈그림 10－5〉에서 화폐시장의 균형은 물가수준에 관계없이 중앙은행에 의해 외생적으로 주어진 통화량 M_0에서 수직선인 명목화폐공급 M^s와 우상향하는 명목화폐수요 $M^d = P \cdot L(Y, R)$이 만나는 점에서 이루어지며, 이때 균형물가수준은 P_0, 균형통화량은 $M^d = M^s = M_0$가 된다.

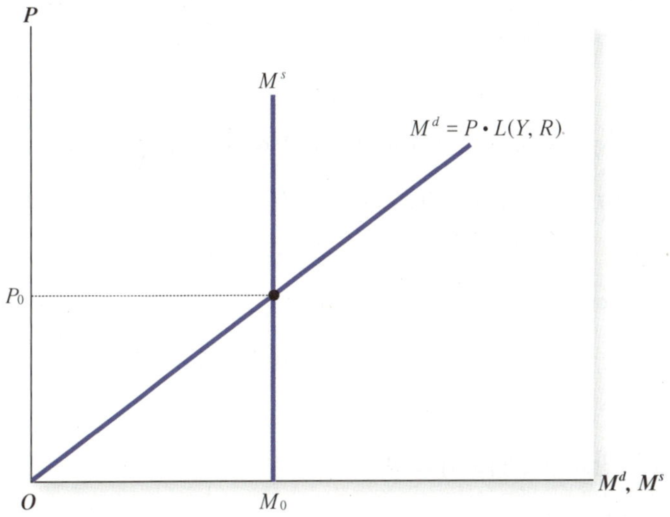

그림 10-5

화폐시장의 균형

통화당국에 의해 외생적으로 결정되는 1기의 화폐공급을 M^s로 나타내면, 화폐시장의 균형은 명목화폐수요와 명목화폐공급이 일치하는 점에서 이루어진다. 이때 균형물가수준은 $P = P_0$, 균형통화량은 $M^d = M^s = M_0$가 된다.

한편 화폐시장의 균형에서 화폐유통속도는 다음과 같이 결정된다.

$$V = \frac{PY}{M} = \frac{PY}{P \cdot L(Y,R)} = \frac{Y}{L(Y,R)}$$

여기서 실질화폐수요 $L(Y,R)$은 명목이자율(R)의 감소함수이므로 화폐유통속도는 이자율과 양(+)의 관계를 갖는다.

한편 실질화폐수요 $L(Y,R)$과 화폐유통속도 V의 이자율탄력성에 대해서는 다음 세 가지 견해가 있다. 이 세 가지 견해를 쉽게 이해하기 위해 실질화폐수요함수가 다음과 같은 선형함수라고 가정하자.

$$L(Y,R) = \beta_1 Y - \beta_2 R \qquad (\beta_1 > 0,\ \beta_2 > 0) \tag{10.7}$$

첫째, 1절에서 살펴본 고전학파의 화폐수량설은 우리가 4절에서 고려했던 화폐의 가치저장 기능을 무시했다. 따라서 실질화폐수요함수는 이자율에 영향을 받지 않는다. 반면 화폐수량설은 화폐의 교환매개수단 기능을 강조했고 이때 화폐수요는 소득 또는 산출량의 증가함수가 된다. 즉, 경제가 많은 양의 재화를 거래할수록 화폐수요가 늘어난다는 것이다. 따라서 화폐수량설은 식 (10.7)에서 $\beta_2 = 0$인 특수한 경우를 가정하고 있다. 이때 유통속도는 $\frac{1}{\beta_1}$이 되어 일정한 값을 갖게 된다. 둘째, 케인즈는 화폐가 가치저장수단이라는 점을 중시하였고, 이는 곧 β_2가 상대적으로 큰 화폐수요함수로 구체화되었다. 이 경우 $L(Y,R)$과 V가 단기적으로 변동성이 큰 이자율에 민감하게 반응한 결과 불안정적이다. 셋째, 프리드먼의 신화폐수량설은 케인즈의 견해를 일부 수용하여 화폐수요가 이자율에 반응한다는 것을 인정하였으나, 그 영향력은 미미하기 때문에 V가 안정적이라고 주장했다.

이제 〈그림 10-5〉의 화폐시장 그래프를 이용하여 외생변수의 변화가 물가수준과 명목이자율 등 명목변수에 미치는 영향을 분석해 보자. 우리는 9장(4. 모형의 일반균형분석)에서 경제여건의 외생적 변화 혹은 충격에 대해서 실질변수들이 어떻게 반응하는지를 살펴보기 위해 재화시장(혹은 대부자금시장) 그래프와 노동시장 그래프를 이용하여 분석하였다. 이 장에서는 화폐시장 그래프를 이용하여 명목변수들의 반응을 살펴보려고 한다.

5.1 현재 화폐공급의 증가

화폐공급의 변화는 물가수준 변동의 주요 요인으로 알려져 왔다. 현재 화폐공급 M이 외생적으로 증가한다고 하자. 우선 M의 변화는 실물부문에 아무런 영향을 미치지 않는다는 것을 기억할 필요가 있다. 즉, 이 모형에서 화폐는 중립적(neutral)이다.

화폐공급 M의 증가는 물가수준에만 영향을 미친다. 〈그림 10-6〉의 화폐시장 그래프에서 M의 증가는 수직인 화폐공급곡선 M^s를 우측으로 이동시키는 반면, 화폐수요곡선 M^d의 이동은 가져오지 않는다. 그 결과 물가수준 P가 M의 증가에 비례하여 상승한다. 이는 앞서 언급한 화폐수량설과 동일한 결론이며, 화폐의 중립성 하에서 매우 당연한 결과이다. 경제에 유통되는 화폐의 양이 실물부문에 아무런 영향을 미칠 수 없을 때, 중앙은행의 화폐공급 증가는 화폐의 가치만 떨어뜨리는 결과를 초래하기 때문이다. 예컨대 실물재화의 양이 고정된 상태에서 화폐공급만 두 배로 늘어난다면 화폐 한 단위의 실질가치는 반으로 줄어든다. 즉, 재화의 명목가격이 두 배가 되는 것이다.

그래프에서 화폐수요곡선이 이동하지 않는 이유는 다음과 같다. 실질화폐수요함수 $L(Y, r+\pi^e)$에서 먼저 화폐가 중립적이므로 실질소득(Y)과 실질이자율(r)

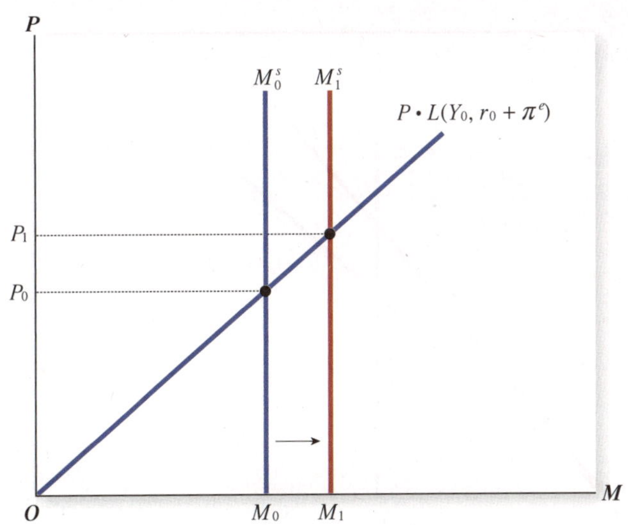

그림 10-6

현재 화폐공급의 증가

화폐공급 M의 증가는 화폐공급곡선 M^s를 우측이동시키는 반면 M^d의 이동은 가져오지 않으므로 물가수준 P만 M의 증가에 비례하여 상승시킨다.

은 화폐공급의 변화에 상관없이 일정하다. 한편 기대인플레이션율(π^e) 역시 일정한데, 그 이유는 기대인플레이션은 미래의 화폐공급에 영향을 받기 때문이다. 여기서는 현재의 화폐공급만 증가하고 미래에 추가적인 화폐공급 변화는 없다고 가정하므로 기대인플레이션은 일정하게 유지된다.

5.2 미래 화폐공급의 증가

현재 중앙은행이 미래 화폐공급 M'의 증가를 약속한다고 하자. 이때 경제주체들은 중앙은행이 미래에 화폐공급을 늘릴 것이라고 예상하므로 미래의 물가 역시 오를 것으로 예측한다. 즉, 예상되는 화폐공급의 외생적 증가가 기대인플레이션율(π^e) 상승을 가져온 것이다.

이러한 π^e의 상승은 피셔방정식 $R = r + \pi^e$에 의해 명목이자율의 상승을 가져오는데, 이는 실질화폐수요 $L(Y, R)$을 감소시키므로 〈그림 10-7〉에서 원점을 지나는 화폐수요곡선의 기울기 $\frac{1}{L(Y,R)}$을 더 가팔라지게 한다. 그 결과 일정한 현재 화폐공급 M_0에서 수직인 화폐공급곡선을 따라 현재 물가수준 P가 상승한다. 현재 화폐공급의 증가 없이도 기대인플레이션 상승에 따라 사람들이 화폐수요를 줄이면서 현재 물가수준이 상승할 수 있음을 보여준다. 이 결과는 물가수준

그림 10-7

미래 화폐공급의 증가
중앙은행이 미래 화폐공급 M'의 증가를 약속하면 경제주체들은 미래의 물가가 상승할 것으로 예측하여 기대인플레이션율(π^e)이 상승한다. 이로 인해 실질화폐수요가 감소하여 현재 물가가 상승한다.

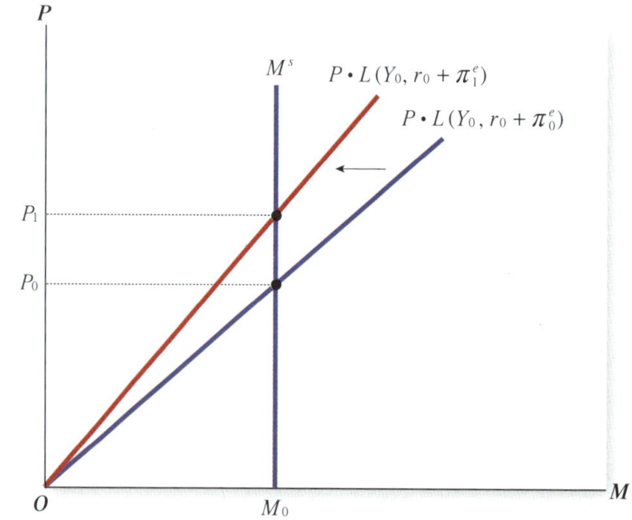

이 같은 시점의 화폐공급에만 영향을 받는다는 화폐수량설의 결론과 다르다.

5.3 생산성 충격

앞서 언급했듯이 고전학파 모형에서 화폐공급의 변화, 즉 통화충격은 실질변수에 대해서 중립적이다. 그러나 총요소생산성(z, z') 또는 정부지출(G, G') 같은 실물부문 외생변수의 변화는 명목변수들에 영향을 미칠 수 있다.

예를 들어 현재 총요소생산성 z의 증가를 고려해 보자. 9장(4.1 현재 생산성 충격)의 분석에 따르면 z의 증가는 국민소득(Y) 증가와 실질이자율(r) 하락을 가져온다. 이 두 가지 모두 주어진 기대인플레이션율(π^e)에서 실질화폐수요 $L(Y, R)$을 증가시키므로 〈그림 10-8〉에서 원점을 지나는 화폐수요곡선의 기울기 $\frac{1}{L(Y, R)}$을 더 완만하게 한다. 따라서 일정한 현재 화폐공급 M_0에서 수직인 화폐공급곡선을 따라 현재 물가수준 P가 하락한다.

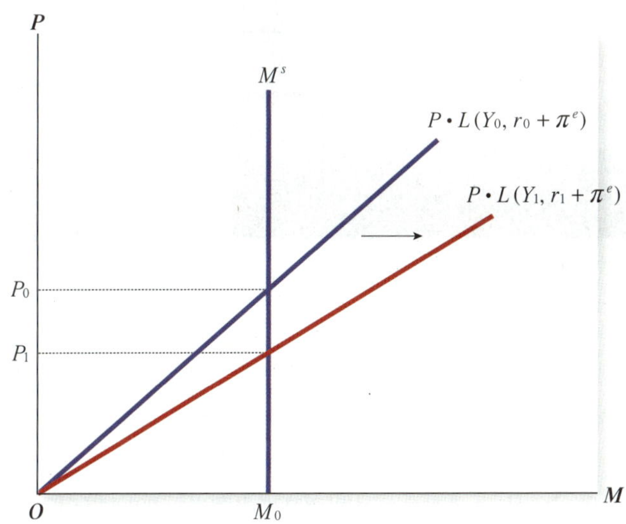

그림 10-8

현재 생산성의 증가

총요소생산성(z)의 증가는 국민소득(Y)의 증가와 실질이자율(r)의 하락을 가져온다. 이로 인해 실질화폐수요가 증가하여 현재 물가수준(P)은 하락한다.

6. 결론

이 장에서는 고전적 이분성이 성립한다는 가정 하에 거시경제의 화폐부문을 실물부문과 분리하여 살펴보았다. 우리는 화폐의 세 가지 기능을 모두 포함한 모형으로부터 화폐수요함수를 도출하였고 화폐시장의 균형이 어떻게 달성되는지 알아보았다. 핵심 결론은 물가는 현재의 통화량뿐만 아니라 경제주체들이 예상하는 미래의 화폐공급 변화에도 영향을 받는다는 것이다. 또한 고전학파의 화폐수량설은 이 장에서 살펴본 화폐시장모형의 특수한 경우임을 알 수 있었다.

이론과 실제 1 비트코인은 '화폐'인가?*

화폐경제학에서 화폐의 필수적 역할(essentiality)을 요약하는 두 가지 명제가 있다. "불신은 모든 화폐의 근원이다(Evil is the root of all money)"가 하나이고, "화폐는 기억이다(Money is memory)"가 다른 하나이다.

화폐 없이 차용증서를 써 주고 물건을 사고파는 상거래를 상상해 보자. 개인의 차용증서만으로는 사후적으로 완전한 채무이행을 보장할 수 없고, 이러한 신뢰의 문제 때문에 거래는 쉽게 이루어지기 어렵다. 그러나 구매자가 판매자에게 차용증서 대신 정부 또는 중앙은행에 의해 신뢰가 형성되어 있는 화폐를 지급한다면 거래가 성사될 수 있을 것이다. 즉, 신뢰 문제가 없다면 화폐 또한 반드시 필요하지 않다는 것을 의미한다는 점에서 "불신(distrust)이 화폐의 근원"이라는 것이다.

또한 구매자와 판매자 간 거래의 기록이 모든 사람들 사이에 공적으로 유지·관리될 수 있다면 구매자가 채무불이행 시 거래 기록에 근거하여 처벌을 받게 될 것이므로, 이 경우에도 신뢰의 문제가 해결될 수 있다. 이러한 공적 거래 기록(public record keeping)이 없는 상황에서는 판매자가 구매자로부터 받은 화폐가 과거 판매자-구매자 간 거래의 증거이기 때문에 실질적으로 공적 거래 기록을 대체할 수 있다는 점에서 "화폐는 기억"이라는 것이다.

일반적으로 공적 거래 기록의 유지 및 관리가 불완전하거나 비용이 발생하고 화폐 보유도 비용이 수반되기 때문에 공적 거래 기록과 화폐가 각각 서로를 완전히 대체하기보다는 공적 거래 기록을 바탕으로 한 신용거래와 화폐를 이용한 거래가 공존하는 것이 보통이다.

비트코인은 어떠한가? 비트코인 블록체인(Bitcoin Blockchain)의 기반 기술인 공개 분산원장(public distributed ledger) 또는 공적 블록체인(public blockchain)은 거래의 기록·관리에 대한 책임과 권한을 독점하는 외부 기관 없이 참가자들이 거래정보를 기록한 원장을 P2P(개인 간 거래) 네트워크에 나눠 기록·관리하는 것이 특징이다. 비트코인 블록체인은 또한 시간과 장비, 전력 등 자원비용이 발생하는 작업증명(proof of work)과 이러한 거래 검증에 참여를 유도하는 인센티브, 즉 비트코인 채굴을 통해 기존 전자화폐의 이중지불(double spending) 문제 해결방안을 최초로 제시함으로써 외부기관 없이 거래 참가자 간 신뢰 형성 메커니즘을 구현했다. 따라서 비트코인은 일견 화폐의 필수적 역할을 요약하는 두 명제("불신은 모든 화폐의 근원이다"와 "화폐는 기록이다")의 필요조건, 즉 '신뢰'와 '공적 거래 기록'을 모두 갖춘 것처럼 보였다.

그러나 비트코인에 적용된 블록체인 기술은 현시점에서 문제점들이 있다. 우선 신뢰를 형성하는 과정에서 과도한 자원비용이 발생하고 주어진 시간에 처리할 수 있는 거래 건수가 너무 제한적이다. 예컨대 비트코인과 이더리움(Ethereum)이 사용한 전력비용은 시리아 · 아제르바이잔 같은 국가 전체의 전력 비용과 맞먹는다. 기술적 오류 같은 문제 발생 시 참가자 간 이견 조정 메커니즘을 포함한 지배구조 시스템이 없어 의사결정이 지연될 가능성도 높다. 이처럼 비트코인 블록체인의 '신뢰'와 '공적 거래 기록'은 매우 높은 비용 발생과 기술적 · 구조적 불완전성을 갖고 있다.

이는 '코인(coin · 주화)'이라는 접미사가 붙은 '비트코인'이 법정화폐 및 기존 지급결제시스템에 대한 신뢰가 높은 대부분의 국가에서 '화폐'로 널리 통용되거나 기존 법정화폐를 대체하기에는 근본적인 한계가 있음을 시사한다. 실제로 비트코인 가격의 매우 높은 변동성과 여타 금융자산(달러, 유로 엔화 등 기축통화 포함) 가격변동과의 매우 낮은 상관관계는 비트코인이 화폐로서의 필수적 기능, 즉 교환의 매개, 회계단위, 가치의 저장 수단으로서 역할을 수행하기 어렵다는 것을 방증한다.

물론 비트코인 블록체인을 포함한 공적 블록체인이 향후 많은 사람들이 다양한 목적으로 사용하는 공적 플랫폼으로 발전될 가능성을 배제할 수는 없다. 공적 블록체인 기술의 구현을 가능케 한 핵심 인센티브로서 비트코인은 '가상화폐'가 아니라 블록체인 기술을 가치의 원천으로 하는 일종의 '고(高)위험 자산'으로 봐야 할 것이다.

더군다나 비트코인을 보유한다고 해서 공적 블록체인 기술에 대한 권리를 갖는 것도 아니다. 그래서 존스홉킨스대의 존 파우스트(Jon Faust) 교수는 비트코인을 내재가치는 없지만 보유자의 주관적 기호에 따라 가치를 갖는 '수집품(collectibles)'이라고 평가한다.

* Kiyotaki, N. and Moore, J. "Evil is the root of all money," *American Economic Review*, 2002. ; Kocherlakota, N. "Money is memory," *Journal of Economic Theory*, 1998. ; Yermack, D. "Is Bitcoin a Real Currency? An Economic Appraisal" *Handbook of Digital Currency*, Chapter 2, 2015. ; Faust, J. "While visions of Bitcoins danced in their heads," Center for Financial Economics, Johns Hopkins University, 2017.

요약

1. 화폐수량설 : 통화량과 물가

화폐수량설은 통화량이 물가수준을 포함한 명목변수에 영향을 미친다는 가설이며, 대표적으로 피셔의 거래수량설이 있다. 거래수량설에 따르면 화폐의 유통속도가 일정한 값으로 주어지고 실질GDP가 경제의 명목부문과 상관없이 결정된다면 물가수준이 통화량에 비례한다. 그러나 화폐의 유통속도가 고정되어 있다는 가정은 비현실적이라는 지적을 받아왔고, 이후 화폐수요에 관한 논의는 화폐수요함수의 안정성을 중심으로 이루어졌다. 통화주의자들은 이자율이 화폐수요에 미치는 영향이 상대적으로 미미하다고 하나, 케인즈학파는 화폐수요가 이자율의 영향을 크게 받는다는 점을 강조한다.

2. 인플레이션과 명목 · 실질이자율

인플레이션율은 물가의 증가율을 의미하며, 기대인플레이션율은 경제주체들이 예측하는 물가수준에 기반한 증가율을 의미한다. 명목이자율은 화폐 단위로 측정된 이자율을 의미하며, 실질이자율은 실물재화를 단위로 계산한 이자율을 의미한다. 인플레이션과 명목이자율 그리고 실질이자율의 관계는 피셔 방정식으로 나타낼 수 있다.

3. 화폐공급

화폐는 유동성의 정도에 따라 협의의 통화, 광의통화 또는 금융기관유동성으로 볼 수 있다. 협의의 통화에는 현금과 예금을 의미한다. 광의통화는 협의통화에 더해 은행의 정기예금, 거주자 외화예금, 수익증권, 그리고 금융채 등이 포함된다. 금융기관유동성은 광의통화에 더해 만기 2년 이상 정기예금과 장기금전신탁, 그리고 보험계약준비금 등이 포함된다.

4. 화폐수요

4.1 MIU 모형 화폐를 포함하는 효용함수는 화폐의 기능 중 교환의 매개수단을 모형에 도입한 것으로, 가계는 실질화폐잔고에서 효용을 누린다고 가정한다. 그 결과 얻어지는 명목화폐의 수요는 소득의 증가함수, 명목이자율의 감소함수이며 물가수준에 비례한다.

4.2 다중지급수단 모형 신용카드 모형에 따르면 경제주체들은 신용카드서비스 이용의 한계편익과 한계비용을 고려하여 신용카드와 화폐의 사용 선택을 결정한다. 신용카드서비스 이용의 한계편익은 추가 거래대금을 매기 초 현금으로 지급하지 않고 은행계좌에 넣어둠으로써 매기 말 얻게 되는 원금과 이자의 합이고, 한계비용은 매기 말 은행에 지급해야 하는 거래대금과 신용카드서비스 수수료의 합이다. 이를 통해 신용카드서비스의 균형거래량이 명목이자율의 증가함수라는 것을 알 수 있고, 실질화폐수요가 국민소득의 증가함수, 명목이자율의 감소함수임을 알 수 있다.

4.3 화폐수요곡선 화폐수요곡선은 물가수준과 명목화폐수요 평면에 나타내면 우상향하며, 소득의 증가와 명목이자율의 상승에 따라 선의 기울기가 각각 감소, 증가한다. 화폐수요곡선이 우상향하는 이유는 물가가 화폐의 가격이 아닌 재화의 가격이기 때문인데, 화폐의 가격이라고 할 수 있는 물가의 역수 또는 화폐소유의 기회비용인 명목이자율과 명목화폐수요 평면에 나타내면 우하향한다.

5. 화폐시장의 균형과 충격 분석

5.1 현재 화폐공급의 증가 현재 화폐공급의 증가는 화폐공급곡선을 우측이동시키는 반면 화폐수요곡선의 이동은 가져오지 않는다. 이는 실질화폐수요함수는 실질소득, 실질이자율, 기대인플레이션율의 함수인데 세 변수 모두 현재 화폐공급의 변화와 무관하기 때문이다. 결국, 현재 화폐공급의 증가는 물가수준만 화폐공급의 증가에 비례하여 상승시킨다.

5.2 미래 화폐공급의 증가 중앙은행이 미래 화폐공급의 증가를 약속하면 경제주체들은 미래의 물가가 상승할 것으로 예측하여 기대인플레이션율이 상승한다. 이로 인해 실질화폐수요가 감소하여 현재 물가가 상승한다. 즉, 현재 화폐공급의 증가 없이도 기대인플레이션 상승에

따라 현재 물가수준이 상승할 수 있다.

5.3 생산성 충격 총요소생산성이 증가하는 경우 국민소득의 증가와 실질이자율의 하락을 가져온다. 이로 인해 실질화폐수요가 증가하여 현재 물가수준은 하락한다.

6. 결론

고전적 이분성이 성립한다는 고전학파의 화폐수량설에서와 달리 화폐의 세 가지 기능을 모두 포함한 모형에 따르면 물가는 현재의 통화량뿐만 아니라 미래의 화폐공급 변화에도 영향을 받는다.

연습문제

01 어떤 경제의 통계가 다음 표와 같이 조사되었다. 이를 이용하여 다음 문항들에 답하라.

명목국민소득	200조원
실질국민소득	150조원
실질경제성장률 (전년 대비)	5%
실업률	4.5%
물가상승률 (전년 대비)	3%
실질이자율	1.5%
통화량	100조원
총저축률 (명목국민소득 대비)	30%
현금통화비율 (예금 대비)	8%
법정지급준비율 (예금 대비)	2%
초과지급준비율 (예금 대비)	0.8%

(1) 화폐유통속도와 마샬의 k를 각각 계산하라.

(2) 본원통화의 규모를 계산하라.

(3) 중앙은행이 100억원의 통화안정증권을 민간에 매각한다면, 다른 조건이 일정하다고 할 때 통화량은 얼마나 증가 또는 감소하는가?

(4) 중앙은행이 법정지급준비율을 7.5%로 높임에 따라 은행들은 초과지급준비율을 0.1%p 낮춘다면, 다른 조건이 일정하다고 할 때 통화량은 몇 % 상승 또는 하락하는가?

(2008년 입법고시 기출문제)

02 현금자동인출기계(ATM)의 증가가 화폐수요와 물가수준에 미치는 영향을 설명하라.

03 일반균형모형에서 미래에 예상되는 통화성장률의 증가가 현재 총산출량, 고용, 실질임금, 명목이자율과 물가수준에 미치는 영향을 설명하라.

04 통화정책의 유효성과 화폐수요의 이자율탄력성 사이의 관계를 설명하라.

(1998년 외무고시 기출문제 일부 변형)

05 2008년 금융위기와 경기침체에 대응하여 미 연준은 저금리 정책을 유지하면서 국채 및 민간부문의 특정 자산의 매입을 통해 시중에 유동성을 공급하는 양적완화정책을 2009년과 2010년 두 차례에 걸쳐 시행하였다. 그리고 2011년 9월에는 단기국채를 매도하고 장기국채를 매입하는 오퍼레이션 트위스트 정책을 시행하였다. 일반균형모형(또는 실질총수요 · 실질총공급 모형)을 이용하여 미 연준의 양적완화정책이 국민소득, 소비, 투자, 고용, 실질임금, 실질이자율, 그리고 물가수준에 미치는 영향을 분석 · 설명하라.

06 일반균형모형을 이용하여 다음이 각각 거시경제의 국민소득, 소비, 투자, 고용, 실질임금, 실질이자율, 물가수준에 미치는 영향을 분석 · 설명하라.

(1) 미래 총요소생산성의 일시적 증가

(2) (1)과 동시에 체크카드 등 대체지불수단이 널리 보급되는 경우

07 일본은행은 2013년 1월에 디플레이션과 엔고를 해소하기 위한 2% 물가상승률 목표의 조기 달성을 위해 무제한 양적완화정책을 결정하였다. 이를 근간으로 하는 '아베노믹스'를 향후 지속해 가면서 2014년 4월에는 소비세 인상을 앞두고 있다. 일반균형모형(또는 실질총수요 · 실질총공급 모형)을 이용하여 소비세 인상이 국민소득, 소비, 투자, 고용, 실질임금, 실질이자율, 그리고 물가수준에 미치는 영향을 분석 · 설명하라.

08 다음 명제의 참, 거짓을 밝히고 그 이유를 간략히 서술하라 : "일반균형모형에서 현재 총요소생산성의 일시적 증가는 현재 실질이자율의 하락, 소비 · 고용 · 투자의 증가, 그리고 실질임금 · 물가수준의 상승을 가져온다."

09 화폐수요이론에 관한 다음 질문에 순차적으로 답하라.

(1) 포트폴리오 이론을 활용하여 토빈의 투자적 화폐수요이론을 설명하고, 이자율 변화에 따라 화폐수요가 어떻게 변할지 그림으로 나타내라.

(2) 보몰-토빈의 거래적 화폐수요이론에 따르면 화폐수요의 소득탄력성은 1보다 작다. 다시 말해, 소득에 관한 한 화폐수요에는 규모수익이 존재한다"는 언급에 대해 논평하라.

(3) 화폐수요이론의 역사적 변천과정을 소개하라.

(서울대학교 경제학부 1996학년도 대학원 입시문제 및 1995년 행정고시 기출문제 변형)

10 전경련의 모씨는 한국 경제가 당면한 불경기의 주된 원인이 고비용, 특히 높은 이자율 때문이며, 이자율이 높은 이유는 정부가 통화량을 너무 경직적으로 공급하기 때문이라고 주장한다. 그는 이러한 주장의 증거로서 "우리나라의 화폐유통속도는 미국의 그것에 비해 훨씬 더 빠르다"는 견해를 제시하며, "이것은 우리나라의 화폐공급량이 적정 수준에 비해 턱없이 부족함을 나타내는 것이다"라는 주장을 편다. 이러한 논거에 따라 그는 국가경쟁력을 회복하려면 우선 화폐공급을 대폭 늘려야 한다고 주장한다.

(1) 다음 자료를 활용하여 이 재계인사의 주장이 타당한지 설명하라. 단, ○○년도가 최근 10년간의 추세를 대표한다고 가정하자.

- ○○년 한국의 명목 국내총생산량 = 306조원
- 한국의 총통화량(M2) = 133조원
- 미국의 명목 국내총생산량 = 6조 380억 달러
- 미국의 총통화량(M2) = 3조 4천 940억 달러

(2) 이자율이 높기 때문에 화폐유통속도가 높다는 이론적 근거는 무엇이며, 그 주장의 타당성에 대해 논하라.

(3) 모씨의 주장대로 이자율이 높기 때문에 화폐의 유통속도가 높다고 하자. 그렇다면 그의 주장대로 통화량을 증가시키면 이자율도 낮아지고 유통속도도 감소할지 논하라. 단, 이 질문에 답하기 위해 필요한 가정과 개념들을 정확히 서술하라.

(4) 모씨의 주장에 동의하지 않는다면, 한국의 이자율이 높은 이유는 무엇인지 의견을 제시하라.

(5) 한국은행에서는 이자율을 낮추려면 자본자유화를 서둘러야 한다는 의견을 제시하고 있다. 한국은행의 의견에 대해 그 타당성과 문제점을 간략히 지적하라.

(서울대학교 경제학부 1997학년도 대학원 입시문제)

Macroeconomics

part four

거시경제의 단기적 측면과 경기변동모형

우리는 제2편(거시경제의 장기적 측면과 경제성장모형)에서 국가경제의 기본문제 중 장기적 경제성장의 주요 사실을 시작으로 이를 설명하는 솔로우 모형과 내생적 경제성장이론에 대해서 살펴보았다. 그리고 제3편(거시경제학의 미시적 기초)에서는 솔로우 모형을 포함한 거시경제모형의 단순화된 가정이 가져오는 오류를 극복하기 위해 소비함수, 투자함수와 같은 거시경제모형의 행위함수를 가계와 기업의 최적 소비 및 투자 선택의 결과로 도출했다.

이제 제4편에서는 국가경제의 두 번째 기본문제인 단기적 경기변동에 대해 알아보려고 한다. 먼저 11장에서 단기적 경기변동의 기본 개념과 주요 사실을 살펴보고 12~16장에서는 이를 설명하기 위해 개발된 경기변동모형을 알아본다. 구체적으로 12장은 단기적으로도 모든 가격이 신축적으로 조정된다는 가정 하에 도출된 9~10장의 일반균형모형을 이용하여 경기변동을 설명하는 모형을 살펴볼 것이다. 이 모형은 가격의 신축적 조정을 강조했던 고전학파의 견해를 계승 발전시켰다는 점에서 새고전학파의 경기변동이론이라 불린다.

이러한 새고전학파의 경기변동모형에서 통화량의 변화는 총생산과 고용 등 실물부문에 아무런 영향을 미치지 못한다는 점에서 화폐가 중립적이다. 그러나 단기적 경기변동의 주요 사실에 의하면, 통화량과 실질GDP는 단기적으로 양(+)의 상관관계를 갖는다. 13~16장에서는 화폐가 거시경제의 실물부문에 대하여 비중립적이라고 본 케인즈학파의 총수요·총공급 모형을 일반균형모형으로 발전시킨 새케인즈학파의 경기변동이론을 폐쇄경제모형과 개방경제모형을 통해 자세히 살펴본다. 이 모형은 단기적 경기변동의 안정화정책으로 사용되는 통화정책과 재정정책의 분석에도 사용될 것이다. 끝으로 17장에서는 통화정책의 신뢰와 유효성을 포함하여 통화정책의 몇 가지 주요 문제에 대해 살펴볼 것이다.

Preface

1. 경기변동의 지속성과 불규칙성

2. 주요 거시경제지표의 동조성과 변동성

3. 경기변동의 원인

11 단기적 경기변동의 주요 사실

경기변동 실질GDP, 소비, 투자, 고용, 물가수준 등 주요 거시경제변수들이 장기 추세선을 중심으로 동시에 또는 시차를 가지면서 상승과 하락을 반복하는 현상

경기변동의 4국면
- 호황
- 후퇴
- 불황
- 회복

상위전환점 호황국면에서 후퇴국면으로 전환되는 시점

경기변동(business cycle)이란 실질GDP, 소비, 투자, 고용, 물가수준 등 주요 거시경제변수들이 장기추세선을 중심으로 동시에 또는 일정한 시차를 가지면서 상승과 하락을 거듭하는 현상을 말한다. 〈그림 11-1〉은 전형적인 경기변동의 국면(phase)을 나타낸다. 실제로 A, B, C는 장기적 경제성장에 따라 우상향하는 실질GDP **장기추세선** 상의 점들에 해당되는데, 여기서는 장기추세선 제거 후의 경기변동 국면이 수평선을 중심으로 예시되어 있다. 이 그림에서 A와 C는 하나의 새로운 순환이 시작되는(또는 과거에 시작된 하나의 순환이 끝나는) 시점이다. 점 A에서 경기 상승의 원인이 되는 어떤 충격이 발생하면 **호황국면**이 시작된다. 이 때에는 총체적인 경제활동이 상승한다. 투자와 소비뿐만 아니라 고용과 소득이 증가하고, 대체로 물가와 임금도 상승한다. 은행대출이 증가하고 이자율도 오르며, 주식시장도 활기를 띤다.

이와 같은 호황국면이 한동안 지속되면 경기는 **상위전환점**(upper turning point)인 **정상**(peak)에 도달한 후 후퇴국면으로 접어든다. **후퇴국면**에서는 호황때에 확대되었던 모든 경제활동이 점차 활기를 잃기 시작한다. 소비, 투자, 고용, 소득 등이 모두 감소하기 시작하고 물가와 임금도 경우에 따라서는 하락한다.

후퇴국면은 불황국면으로 이어진다. **불황국면**에서는 소비, 투자 등이 더욱 침체되고, 고용과 소득도 크게 감소한다. 기업이윤은 큰 폭으로 감소하고(또는 손실이 발생하고) 기업의 도산이 속출한다. 또한 물가, 임금, 이자율 등이 대체로 하락하는 양상을 보이며, 주가도 크게 하락한다.

그림 **11-1**

경기순환의 4국면

경기 상승이 일어나면 호황국면이 나타나다가 후퇴국면으로 접어든다. 이 후퇴국면은 이후 불황국면을 거쳐 회복국면에 진입하게 된다.

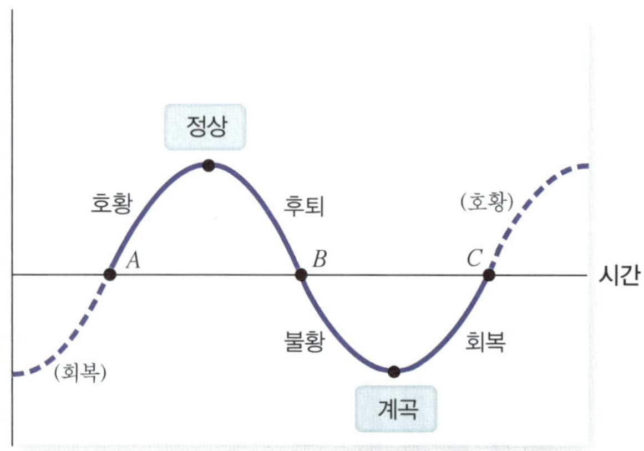

일정 기간이 지나면 불황국면은 경기의 **계곡**(trough)으로 표현되는 밑바닥에 도달한다. 그 계곡을 **하위전환점**(lower turning point)이라고도 한다. 하위전환점을 지나면 회복국면에 진입하게 된다. **회복국면**에서는 다시 생산활동이 활발해지기 시작하고, 고용이 증가한다. 고용의 증가는 소득을 증가시키고 소득의 증가는 다시 총수요 증가로 이어진다. 총수요의 증가로 인해 물가수준 또한 점차 상승한다. 경기는 그림의 *C*점에 도달하여 하나의 순환을 끝맺게 된다. 이렇게 점 *A*부터 점 *C*까지가 하나의 순환(one cycle)이다.

하위전환점 불황국면에서 회복국면으로 전환되는 시점

Macroeconomics

Box 11-1 우리나라의 기준순환일

우리나라의 기준순환일 및 국면지속기간

	기준순환일			지속기간(개월)		
	저점	정점	저점	확장기	수축기	순환기
제1순환기	1972. 3	1974. 2	1975. 6	23	16	39
제2순환기	1975. 6	1979. 2	1980. 9	44	19	63
제3순환기	1980. 9	1984. 2	1985. 9	41	19	60
제4순환기	1985. 9	1988. 1	1989. 7	28	18	46
제5순환기	1989. 7	1992. 1	1993. 1	30	12	42
제6순환기	1993. 1	1996. 3	1998. 8	38	29	67
제7순환기	1998. 8	2000. 8	2001. 7	24	11	35
제8순환기	2001. 7	2002.12	2005. 4	17	28	45
제9순환기	2005. 4	2008. 1	2009. 2	33	13	46
제10순환기	2009. 2	2011. 8	2013. 3	30	19	49
제11순환기	2013. 3	2017. 9[1)]	–	54	–	–
평균	–	–	–	33	18	49

주 : 1) 잠정.
출처 : (보도자료)제10차 경기종합지수 개편 및 최근의 기준순환일 설정

경기순환을 현실적으로 파악하고 분석하기 위해서는 경기의 정점과 저점이 정해져야 하는데, 이러한 경기의 정점 또는 저점이 발생한 구체적인 시점을 기준순환일(reference date)이라 한다. 우리나라에서는 통계청이 1981년 3월에 경기종합지수(composite index ; CI)를 편제한 이래 1970년대 이후의 기간을 대상으로 관련 전문가의 의견을 들어 기준순환일을 공식적으로 결정·발표해오고 있는데, 이에 따르면 우리나라 경기의 순환주기는 약 50개월이며, 이 중 확장기는 31개월, 수축기는 18개월로 확장기가 수축기에 비해 긴 것으로 나타났다.

경기종합지수는 매월 국가경제의 각 부문을 대표하고 경기대응성이 높은 각종 경제지표들을 선정한 후 이를 가공·종합하여 작성하고 있다. 동 지수의 전월에 대한 증감률이 양(+)인 경우에는 경기 상승을, 음(-)인 경우에는 경기하강을 나타내며, 그 증감률의 크기에 의해 경기변동의 진폭까지도 알 수 있으므로 동 지수를 통하여 경기변동의 방향, 국면, 전환점은 물론 변동속도까지도 동시에 분석할 수 있다.

1. 경기변동의 지속성과 불규칙성

〈그림 11-2〉의 (a)는 1970년부터 2021년 3분기까지 우리나라의 분기별 실질GDP와 장기추세선을 나타낸 것인 반면, (b)는 실질GDP가 장기추세선에서 벗어난 정도를 백분율로 나타낸 것으로 우리나라의 경기변동 추이를 보여주고 있다. 여기서 우리는 1970~2021년 3분기까지 5차례의 중요한 불황기, 즉 1974~1975년, 1979~1981년, 1997~1998년, 2008~2009년, 2020~2021년의 불황기를 확인할 수 있다. 이 중에서 1974~1975년과 1979~1981년, 2008~2009년, 2020~2021년의 불황기는 추세선으로부터 4%에 가깝거나 그 이상 음(-)의 편차를 가지고 있는 반면, 외환위기와 함께 겪은 1997~1998년의 불황기는 추세선으로부터 10%에 가까운 음의 편차를 나타내고 있다.

또한 〈그림 11-2〉는 일정 시점에서 실질GDP의 경기변동이 이전의 상태를

그림 11-2

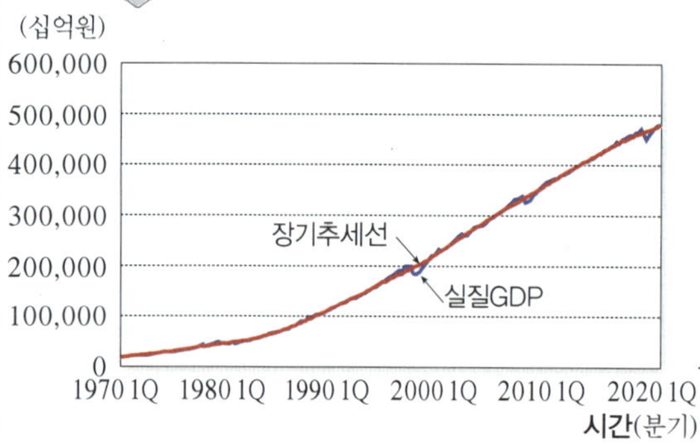

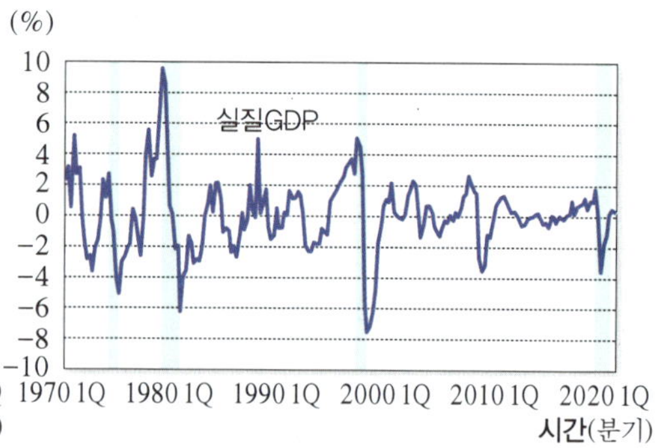

자료 : 한국은행 종합계정(http://ecos.bok.or.kr)

(a) 실질GDP와 장기추세선

(b) 실질GDP의 경기변동 추이

우리나라의 실질GDP 경기변동 추이

1970년부터 2021년 3분기까지 우리나라의 분기별 실질GDP를 보면 장기적으로는실질GDP가 지속적으로 성장하는 추세이며, 단기 · 중기적으로는 실질GDP가 장기추세선을 중심으로 상승과 하락이 반복되는 패턴을 보이고 있다. 1997~1998년, 2008~2009년의 경우 각각 외환위기와 글로벌 금융위기에 해당하며, 실질GDP가 장기추세선에서 큰 폭으로 하락했다는 것을 확인할 수 있다. 우리나라의 실질GDP에서 장기추세선으로부터 벗어난 정도를 백분율로 나타낸 실질GDP의 경기변동은 지속적인 반면에 진폭과 진동수가 불규칙하다는 특징을 갖는다. 또한 실질GDP의 경기변동 추이로부터 1970년대 이후 5차례 중요한 불황기, 즉 1974~1975년, 1979~1981년, 1997~ 1998년, 2008~2009년, 2020~2021년의 불황기를 확인할 수 있다.

계속 유지하고자 하는 특성이 있음을 보여준다. 즉, 일정 시점의 실질GDP가 추세선 위에 있을 때 다음 분기에도 추세선 위에 머물러 있고, 추세선 밑에 있으면 다음 분기에도 추세선 밑에 머물러 있는 경향을 보인다. 이러한 경기변동의 **지속성**(persistence)은 단기적인 경기예측에 도움이 된다. 현재 실질GDP가 추세선 위에 있다면, 앞으로 몇 개월 동안 실질GDP가 추세선 위에 있을 것이라고 예측할 수 있기 때문이다. 아울러 경기변동의 진폭과 진동수는 〈그림 11-2〉에서 볼 수 있듯이 **불규칙성**(irregularity)을 보인다.

경기변동의 특성
- 지속성
- 불규칙성

경기변동의 진폭은 추세선으로부터 최대편차를, 진동수는 일정 기간 동안 나타난 정점의 수를 의미함

2. 주요 거시경제지표의 동조성과 변동성

Macroeconomics ch. eleven

실질GDP가 단기적으로 불규칙하게 변동하는 동안 여러 거시경제변수들은 실질GDP와 강한 규칙성을 보이면서 함께 변동하는 **동조성**(comovement)을 보인다. 어떤 경제집계변수의 경기변동이 실질GDP의 경기변동과 양(+)의 상관관계를 갖고 있다면 그 변수는 **경기순응적**(procyclical)이다. 반대로 어떤 변수의 경기변동이 실질GDP의 경기변동과 음(-)의 상관관계를 갖는다면 그 경제변수는 **경기역행적**(countercyclical)이다. 그리고 경기순응적이지도 경기역행적이지도 않은 경우는 **경기비순행적**(acyclical)이라고 한다.

동조성에 따른 분류: 실질GDP 기준
- 경기순응적 (procyclical)
- 경기역행적 (countercyclical)
- 경기비순행적 (acyclical)

동조성과 함께 경기변동의 중요한 특성으로 실질GDP 변동성 대비 집계변수들의 상대적 변동성을 들 수 있다. 여기서 거시변수의 **변동성**(volatility)은 해당 거시변수가 장기추세선에서 벗어난 정도를 의미하며, 그 크기는 해당 변수의 추세선을 제거한 후 표준편차(standard deviation)로 측정할 수 있다.

변동성은 표준편차로 측정

한편 실질GDP 변동의 시점과 비교하여 거시경제변수들이 실질GDP보다 먼저 변동하면 **경기선행적**(leading), 나중에 변동하면 **경기후행적**(lagging), 그리고 동시에 변동하면 **경기동행적**(concurrent)이라 한다. 이러한 경기선행성 여부는 거시경제변수와 실질GDP의 경기전환점을 비교함으로써 판단할 수 있다.

시점에 따른 분류
- 경기선행적(leading)
- 경기후행적(lagging)
- 경기동행적 (concurrent)

이제 1970~2021년 3분기까지 실질GDP와 관련된 몇몇 주요 거시경제변수들, 즉 소비, 투자, 수출, 수입, 고용, 실질임금, 물가수준, 통화량, 정부지출, 그리고 실질이자율의 경우 1987년 1분기~2021년 3분기의 경기변동 추이를 살펴보고, 이들의 경기순응성과 실질GDP 대비 변동성을 살펴볼 것이다. 아울러 주요

거시변수들의 경기선행성도 알아본다. 여기서 거시경제변수들의 경기변동 추이는 실질GDP의 경기변동 추이와 같이 각각의 장기추세선에서 벗어난 정도를 백분율로 나타낸 것이다.

여기서 **소비**는 최종 서비스, 비내구재, 반내구재 및 내구재에 대한 분기별 민간소비지출을 의미한다.

2.1 소비와 투자

〈그림 11-3〉의 (a)는 소비와 실질GDP의 경기변동 추이를 보여주고 있다.

그림 11-3

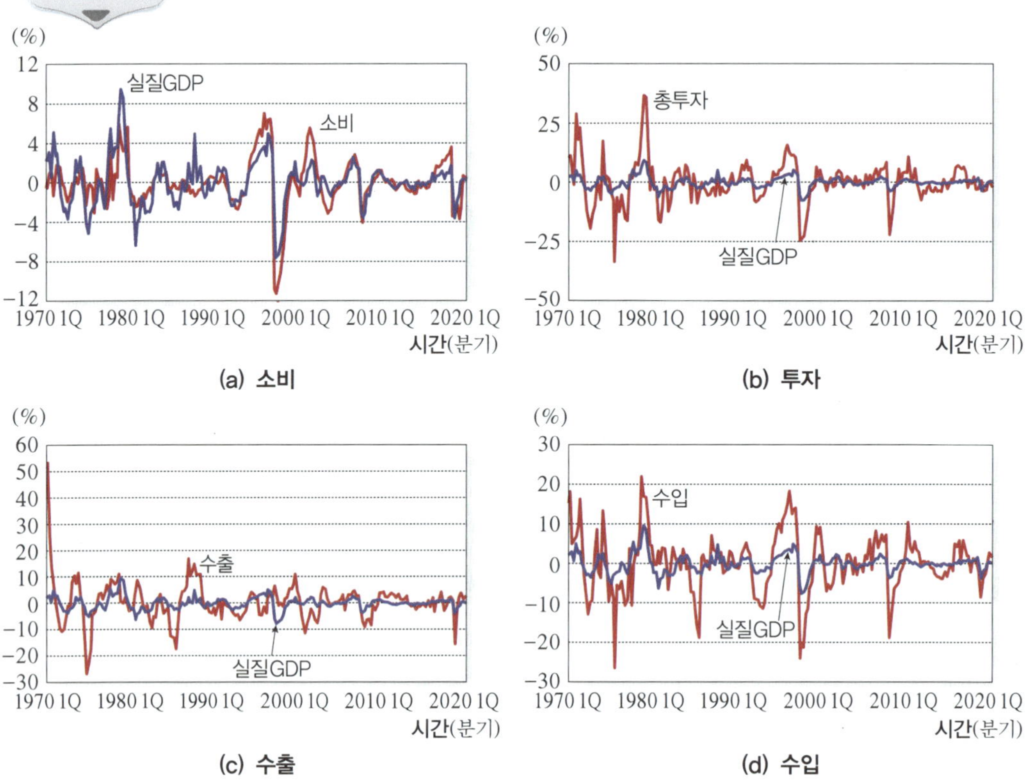

우리나라의 실질GDP와 소비 · 투자 · 수출 · 수입의 경기변동

경기순응적인 소비는 1997년 말 외환위기 이후 실질GDP보다 그 변동폭이 커지고 있다. 외환위기 이전 소비의 표준편차는 실질GDP 표준편차의 81%였으나, 외환위기 이후를 포함한 전 기간(1970~2021) 소비의 표준편차는 실질GDP 표준편차의 109%에 달한다. 경기순응적인 투자는 변동성이 실질GDP의 약 3.78배에 이르며, 이는 주택투자와 재고투자의 높은 변동성에 기인한다. 실질GDP와 수출 · 수입의 경기변동이 각각 양의 상관관계를 갖고 있다는 점에서 수출과 수입은 모두 경기순응적이다. 또한 수출 · 수입의 경기변동은 실질GDP보다 높은 변동성을 나타낸다. 한편 수출은 경기선행적이며 수입은 경기동행적이다.

이 두 시계열의 상관계수는 0.72로, 높은 양(+)의 상관관계를 가지고 있으므로 소비가 경기순응적임을 알 수 있다. 또한 소비의 경기전환점이 실질GDP의 경기전환점과 일치하는 성향을 보이므로 소비는 경기동행적이다.

한편 〈그림 11-3〉의 (a)에서 눈에 띄는 점은 1997년 말 외환위기 이전의 약 20여 년 동안 소비가 실질GDP보다 변동성이 작았던 반면, 외환위기를 전후로 소비의 변동성이 크게 확대되었다는 것이다. 특히 동 시기에는 소비변동성이 소득(즉, 실질GDP)의 변동성을 초과하는 이른바 **소비변동성 퍼즐**(consumption volatility puzzle) 현상이 나타나기도 했다('Box 11-2 소비변동성 퍼즐' 참조). 실제로 〈그림 11-3〉의 (a)에서 소비의 표준편차는 실질GDP 표준편차의 109%에 달하지만, 외환위기 이전 소비의 표준편차는 실질GDP 표준편차의 81%에 불과했다. 다만, 외환위기 이후 소비변동성이 점차 축소되었으며, 2008년 글로벌 금융위기를 포함하는 기간(예를 들어 2006년 1/4분기~2017년 3/4분기)에는 전반적인 경기변동성이 낮아진 환경에서 소비변동성도 큰 폭으로 축소되면서 소득변동성을 밑돌았다.

〈그림 11-3〉의 (b)는 총투자와 실질GDP의 경기변동 추이를 보여주고 있다. 투자도 소비와 마찬가지로 경기순응적인 거시경제변수로서 실질GDP와 0.82의 높은 상관계수를 갖고 경기동행적이다. 하지만 주택투자와 재고투자 같은 특정 투자항목은 경기선행성을 보이는 경향이 있다. 또한 〈그림 11-3〉의 (b)에서 보는 바와 같이 투자는 실질GDP에 비해 변동성이 훨씬 큰데, 실제로 투자의 표준편차는 실질GDP 표준편차의 약 3.78배에 달한다.

소비의 경기변동 추이
- 경기순응적
- 경기동행적
- 실질GDP 대비 변동성이 작음
- 소비변동성 퍼즐

소비변동성 퍼즐 소비변동성이 소득의 변동성을 초과하는 현상

소비변동성 퍼즐 현상의 발생 원인에 대해서는 18장(1. 소비이론)에서 살펴볼 것이다.

여기서 **총투자**는 설비투자, 건설투자, 무형고정자산투자 및 재고투자가 포함된 총자본형성을 의미한다.

투자의 경기변동 추이
- 경기순응적
- 경기동행적(특정 투자항목의 경기선행성)
- 실질GDP 대비 변동성이 큼

2.2 수출과 수입

〈그림 11-3〉의 (c), (d)에서 실질GDP가 증가하거나 감소할 때 수출과 수입도 각각 증가하거나 감소하는 경향을 보인다는 점에서 경기순응적이다. 실제로 실질GDP와 수출의 상관계수는 0.36이고, 실질GDP와 수입의 상관계수는 0.73이다. 또한 수출과 수입은 실질GDP보다 변동성이 크다는 것을 쉽게 확인할 수 있으며, 실제로 수출과 수입의 표준편차는 실질GDP의 표준편차보다 각각 3.13배, 3.18배 정도 큰 값을 갖는다. 아울러 수출은 실질GDP보다 먼저 변동하는 경향을 보인다는 점에서 경기선행적인 반면, 수입은 실질GDP와 거의 동시에 변동하므로 경기동행적이다.

여기서 **수출**은 국내에서 생산된 분기별 최종 재화와 서비스에 대한 해외부문의 수요를, **수입**은 해외에서 생산된 분기별 최종 재화와 서비스에 대한 국내수요를 의미한다.

수출·수입의 경기변동 추이
- 경기순응적
- 수출은 경기선행적, 수입은 경기동행적
- 실질GDP 대비 변동성이 큼

Box 11-2 소비변동성 퍼즐

소비변동성 퍼즐은 우리나라에만 국한된 현상은 아니다. 국가별로 소비 및 소득 변동성 추이를 살펴보면, 소비변동성 퍼즐은 개발도상국에서 주로 관측되는 현상으로 일반적으로 선진국에서는 나타나지 않는다.

주요국 소비의 상대적 변동성[1] 비교

(단위 : %, 비율)

	GDP 변동성	소비 상대 변동성	해당 기간		GDP 변동성	소비 상대 변동성	해당 기간
(개발도상국 평균)	2.95	1.42		(선진국 평균)	1.43	0.88	
아르헨티나	3.68	1.38	1993Q1～2002Q4	호주	1.39	0.69	1979Q1～2003Q2
브라질	1.98	2.01	1991Q1～2002Q1	오스트리아	0.89	0.87	1988Q1～2003Q2
이스라엘	1.95	1.60	1980Q1～2003Q1	벨기에	1.02	0.81	1980Q1～2003Q2
한국	2.51	1.23	1979Q4～2003Q2	캐나다	1.64	0.77	1981Q1～2003Q2
말레이지아	3.10	1.70	1991Q1～2003Q1	핀란드	2.18	0.94	1979Q4～2003Q2
멕시코	2.48	1.24	1980Q1～2003Q1	네덜란드	1.20	1.07	1979Q4～2003Q2
태국	4.35	1.09	1993Q1～2003Q1	뉴질랜드	1.56	0.90	1987Q2～2003Q2
터키	3.57	1.09	1987Q1～2003Q2	스웨덴	1.52	0.97	1980Q1～2003Q1

주 : 1) Q1, Q2, Q3, Q4는 각각 1분기, 2분기, 3분기, 4분기를 나타냄.

출처 : Aguiar, M. and Gopinath, G., "Emerging Market Business Cycles : The Cycle is the Trend," *Journal of Political Economy*, 2007.

여기서 **고용**은 총 취업자 수를 의미한다.

2.3 고용과 실질임금

고용의 경기변동 추이
- 경기순응적 : 2008년 글로벌 금융위기 이후 경기순응성 약화
- 경기동행적
- 실질GDP 대비 변동성이 작음

〈그림 11-4〉의 (a)에서 고용은 실질GDP와 대부분 같은 방향으로 변동하는 경기순응적인 변수임을 쉽게 확인할 수 있다. 실제로 두 시계열 자료의 상관계수는 0.51이다. 한 가지 눈에 띄는 점은 2008년 글로벌 금융위기 이후 실질GDP와 고용 간 경기순응성이 약화된 것이다. 한편 고용의 경기전환점도 실질GDP의 경기전환점과 대부분 일치하므로 고용이 경기동행변수임을 알 수 있다. 또한 고용이 실질GDP에 비해 변동성이 작음을 알 수 있는데, 고용의 표준편차는 실질GDP 표준편차의 약 60%에 해당된다.

〈그림 11-4〉의 (b)는 우리나라의 노동생산성(= 실질GDP/총고용)으로 측정된 실질임금의 경기변동 추이를 나타내고 있다. 실질임금은 실질GDP와 동일한 방향으로 변동하는 성향을 보인다는 점에서 경기순응적이며, 두 시계열 자

그림 11-4

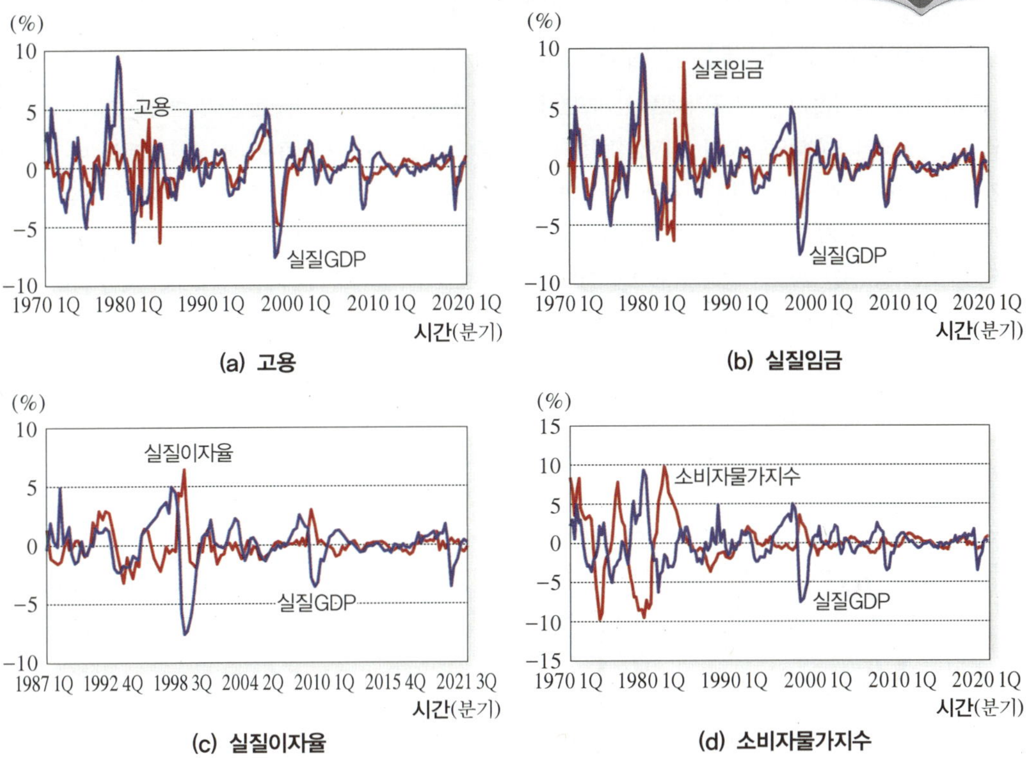

우리나라의 실질GDP와 고용 · 실질임금 · 실질이자율 · 소비자물가지수의 경기변동

경기순응적인 고용은 실질GDP에 비해 변동성이 작고 경기전환점이 실질GDP의 전환점에 동행하여 나타난다는 점에서 경기동행적이다. 실질임금은 실질GDP와 강한 양의 상관관계를 갖고 있다는 점에서 경기순응적이다. 또한 실질임금은 실질GDP보다 변동성이 작고 경기동행적이다. 실질이자율은 실질GDP와 낮은 음의 상관관계를 갖게 되어 경기역행적이다. 또한 실질이자율의 변동성은 실질GDP의 변동성보다 작으며, 경기선행적이다. 1970~2021년 3분기까지 소비자물가지수로 측정한 물가수준과 실질GDP의 경기변동은 음의 상관관계를 갖고 있다는 점에서 물가수준은 경기역행적이다. 또한 물가수준의 변동성은 실질GDP의 변동성보다 크다.

료의 상관계수는 0.79이다.[1] 그리고 실질임금도 고용과 같이 실질GDP에 비해 변동성이 작으며, 실질임금의 표준편차는 실질GDP 표준편차의 86%에 해당된다. 또한 실질임금의 경기전환점이 실질GDP의 경기전환점과 거의 일치하므로 경기동행적이다.

실질임금의 경기변동 추이
- 경기순응적
- 경기동행적
- 실질GDP 대비 변동성이 작음

1. 미국의 경우 실질임금은 약하게 경기순응적인 모습을 보인다. 그러나 실질임금이 선행변수인지 후행변수인지에 관해서는 특별한 증거가 없다(Solon, G., Barsky, R., and Parker, J., "Measuring the Cyclicality of Real Wages: How Important Is Composition Bias?" *Quarterly Journal of Economics*, 1994).

Box 11-3 글로벌 금융위기 이후 경기 · 고용 간 관계의 변화*

2008년 글로벌 금융위기 이후 한국 경제의 성장세가 크게 둔화되었는데도 취업자 수는 증가세를 이어가면서 경기와 고용 간 괴리가 확대되고 있다. 경제성장률은 금융위기 이전(2005~2007년 중) 연평균 4.7%에서 이후(2010~2012년 중) 4.0%로 하락한 반면, 취업자 수 증가폭은 동 기간 중 연간 29.2만 명에서 39.2만 명으로 확대되었다. 더욱이 금융위기 이후 실업률, 경제활동참가율 등 여타 고용지표도 빠른 회복세(〈그림〉)를 이어가면서 경기와 고용 간 괴리가 확대되고 있는 것이다. 왜 그럴까?

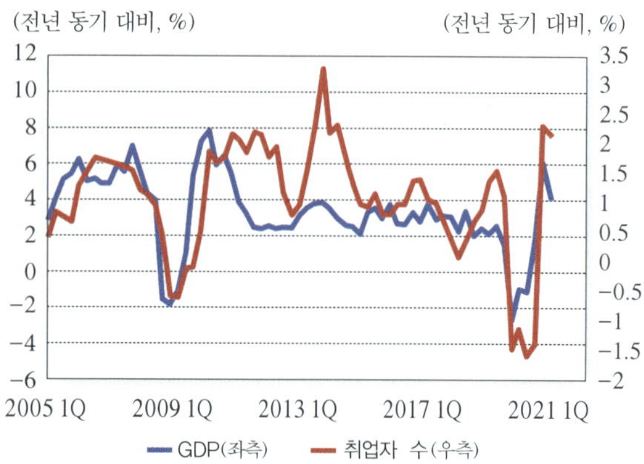

자료 : 한국은행 ECOS, 통계청 『경제활동인구조사』

〈그림〉

첫째, 위기 이후 이러한 관계 변화는 기대수명 연장 등으로 은퇴세대가 노동시장에 오래 머무는 데 주로 기인하는 것으로 평가된다. 둘째, 취약계층을 대상으로 한 정부의 일자리 정책 강화, 기업의 재무건전성 향상을 바탕으로 한 일자리 나누기(job sharing) 확산 등도 그 요인으로 주목된다. 특히 경기와 고용 간 괴리 현상은 금융위기 이후의 경기부진을 서비스업 및 공공부문의 일자리 창출을 통해 완충하는 과정에서 나타난 것으로 분석된다.

그러나 경기와 괴리된 고용증가세는 장기간 지속되기 어려운데다 오히려 고용의 질을 저하시켜 성장잠재력 약화는 물론 소득분배의 불평등도를 심화시킬 수 있다. 따라서 향후 노동정책은 일자리 미스매치(mismatch) 완화, 서비스업 생산성 향상 등을 통해 중 · 장기적 관점에서 노동시장의 불균형적 요소를 해소하는 데 초점을 맞출 필요가 있다.

* 박세준 · 박창현 · 오용연, 「경기-고용 간 관계 변화의 구조적 요인 진단과 정책적 시사점」, 『BOK 이슈노트』, 한국은행, 2013. 5. 30.

> 여기서 **실질이자율**은 명목금리인 3년 만기 회사채 금리에서 소비자물가지수(CPI) 인플레이션을 차감한 값을 의미한다.

> **실질이자율의 경기변동 추이**
> - 경기역행적
> - 경기선행적
> - 실질GDP 대비 변동성이 작음

2.4 실질이자율과 물가수준

〈그림 11-4〉의 (c)에서 실질이자율과 실질GDP의 상관계수는 −0.18로, 비교적 낮은 음의 상관관계를 갖고 있다는 점에서 실질이자율이 약하게나마 경기역행적임을 알 수 있다. 또한 실질이자율의 경기전환점이 실질GDP의 경기전환점보다 앞서는 성향을 보이므로 실질이자율은 경기선행적이라고 볼 수 있다. 또한 실질이자율의 표준편차는 실질GDP 표준편차의 67%로 그 변동성이 실질GDP보다 작다.

소비자물가지수(consumer price index ; CPI)로 측정한 물가수준과 실질GDP

의 경기변동을 그려보면 〈그림 11-4〉의 (d)와 같이 음의 상관관계가 있음을 알 수 있다. 실제로 물가수준과 실질GDP는 -0.42의 상관계수를 갖는다는 점에서 우리나라 물가수준은 경기역행적인 변수이다.[2] 이는 1970년대 두 차례(1974, 1979년) 오일쇼크로 인한 **스태그플레이션**(stagflation)과 1997년 말 외환위기 당시 환율 급상승으로 인한 원유수입가격 상승이 큰 영향을 미친 결과로 보인다. 또한 실질이자율과 달리 소비자물가지수는 경기동행적이며 표준편차는 실질GDP 표준편차의 132%로 비교적 높은 변동성을 보인다.

물가의 경기변동 추이
- 경기역행적
- 경기동행적
- 실질GDP보다 변동성이 큼

스태그플레이션 오일쇼크 등 공급 충격으로 인해 물가상승률과 실업률이 동시에 상승하는 현상

2.5 통화량과 정부지출

〈그림 11-5〉의 (a)에서 좁은 의미의 화폐공급 지표인 M1(= 현금 + 예금통

그림 11-5

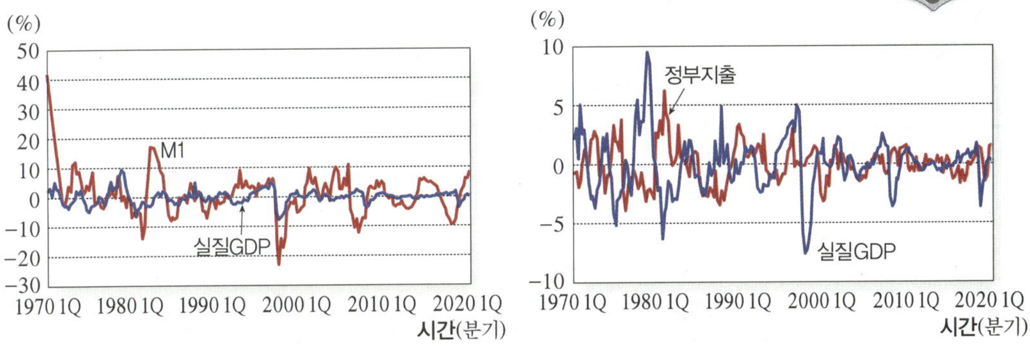

(a) 화폐공급 (b) 정부지출

우리나라의 실질GDP와 화폐공급 · 정부지출의 경기변동

화폐공급을 M1으로 정의할 때 1980년대까지의 화폐공급은 경기순응적으로 보이지만, 그 이후에는 화폐공급과 실질GDP 사이의 경기순응적 관계가 약해지고 있다. 화폐공급은 실질GDP의 약 3.16배에 달하는 변동성을 보이며, 변동시점이 실질GDP의 변동시점보다 앞선다는 점에서 경기선행적이다. 정부지출은 실질GDP와 낮은 음의 상관관계를 갖는다는 점에서 약하게 경기역행적이다. 그리고 정부지출의 변동성은 GDP의 변동성보다 작으며 경기동행적이다.

2. 물가수준과 실질GDP의 상관관계는 나라별, 기간별로 차이가 있다. 제2차 세계대전 이후에는 대부분의 나라에서 물가수준이 경기역행적인 것으로 나타난 반면, 제1차 세계대전과 제2차 세계대전 사이에는 물가수준이 경기순행적인 것으로 나타났다(Backus, D. and Kehoe, P., "International Evidence on the Historical Properties of Business Cycles," *American Economic Review*, 1992).

M1(= 현금 + 예금통화)의 경기변동 추이
- 경기순응적
- 경기선행적
- 실질GDP 대비 변동성이 큼

여기서 정부지출은 좁은 의미로서 분기별 최종 재화·서비스에 대한 지출을 의미한다.

정부지출의 경기변동 추이
- 경기역행적
- 경기동행적
- 실질GDP 대비 변동성이 작음

화)과 실질GDP는 0.31의 상관계수를 갖는다. 이러한 화폐공급의 경기순응성과 함께 또 다른 중요한 특징은 화폐공급이 경기선행적이라는 것이다. 이러한 사실은 1867～1960년 미국의 화폐공급과 실질GDP의 관계를 실증분석한 프리드먼(Milton Friedman)과 슈와츠(Anna Schwartz)의 연구에서도 강조되었다.[3] 한편 화폐공급의 표준편차는 실질GDP 표준편차의 약 3.16배로서 매우 높은 변동성을 보인다.

마지막으로 〈그림 11-5〉의 (b)는 정부지출과 실질GDP의 경기변동 추이를 보여주고 있다. 정부지출은 실질GDP와 −0.34의 상관계수를 갖는다는 점에서 약하게 경기역행적이다. 또한 정부지출의 변동성은 1990년대 이후 감소하면서 실질GDP의 68%로 추정되었다.

지금까지 살펴본 주요 거시경제지표의 동조성과 변동성은 [표 11-1]에 요약되어 있다.

표 11-1

우리나라 거시경제지표의 동조성과 변동성(1970 1Q～2021 3Q)

거시경제지표	동조성(GDP 상관계수)	선행/동행/후행	GDP 대비 변동성
소비	경기순응적(0.72)	동행적	작음(81%)*
투자	경기순응적(0.82)	동행적	큼(378%)
수출	경기순응적(0.36)	선행적	큼(313%)
수입	경기순응적(0.73)	동행적	큼(318%)
고용	경기순응적(0.51)	동행적	작음(60%)
실질임금	경기순응적(0.79)	동행적	작음(86%)
실질이자율**	경기역행적(−0.18)	선행적	작음(67%)
물가수준(CPI)	경기역행적(−0.42)	동행적	큼(132%)
화폐공급(M1)	경기순응적(0.31)	선행적	큼(316%)
정부지출	경기역행적(−0.34)	동행적	작음(68%)

* 외환위기 이전(1970 1Q～1997 4Q) ; 외환위기 이후(1998 1Q～2021 3Q)까지 포함하면 GDP보다 소비의 변동성이 더 큼(109%).

** 실질이자율의 분석기간은 1987 1Q～2021 3Q임.

Some stylized facts on the Euro area

3. Friedman, M. and Schwartz, A., *A Monetary History of the United States : 1867～1960*, Princeton University Press, 1963.

2.6 주요 금융지표

지금까지 살펴본 주요 거시경제지표 이외에 **장·단기금리**, **주가지수**, **은행의 예대율**(= 대출/예금), **신용스프레드**(회사채금리 - 국채금리)와 같은 주요 금융지표도 경기변동 과정에서 동조성을 나타낸다. 구체적으로 장기금리와 주가지수는 실질GDP와 일정 시차를 두고 앞서 가면서 같은 방향으로 움직이는 성향을 보인다는 점에서 경기순응적·경기선행적인 특성을 갖는다. 은행의 예대율은 실질GDP와 시차 없이 같은 방향으로 변동하는 성향을 보인다는 점에서 경기순응적·경기동행적인 반면, 신용스프레드는 실질GDP와 시차 없이 반대방향으로 움직이는 성향을 보인다는 점에서 경기역행적·경기동행적이다.

주요 금융지표의 경기변동 추이
- 장기금리와 주가지수 : 경기순응적, 경기선행적
- 은행의 예대율 : 경기순응적, 경기동행적
- 신용스프레드 : 경기역행적, 경기동행적

한편 1절(1.1 소득수준의 지속적 증가)에서 살펴보았듯이 장기적으로 소득 증가와 함께 금융심화가 나타나는데, 단기적으로는 경기가 좋아지면 금융자산 규모가 증가하면서 때때로 지나친 저금리나 자산가격 버블, 과도한 국채 발행 및 외국인 단기투자 등의 부작용이 발생할 수 있다. 예를 들어 〈그림 11-6〉을 보면

그림 11-6

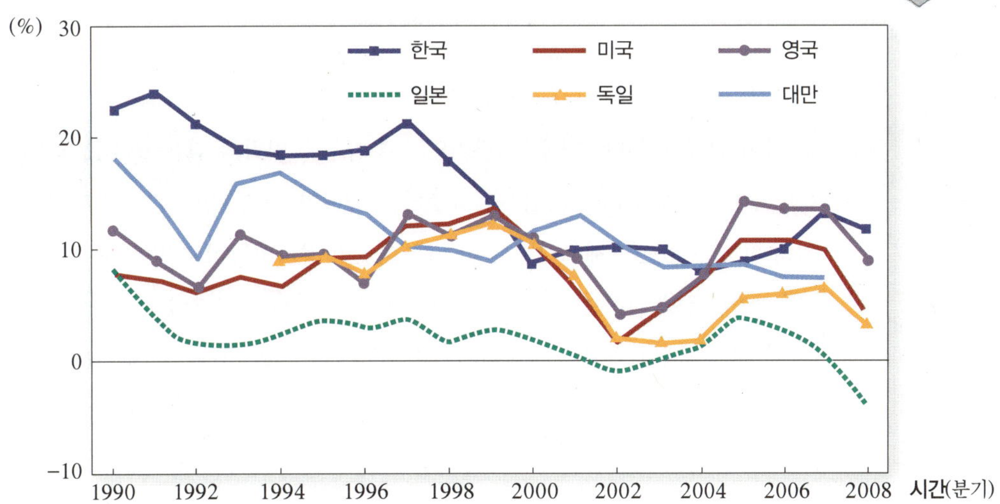

출처 : 김상조·김영식·박창균·최흥식·함준호, 『금융백서』, 제1장, 서울대학교출판문화원, 2013.

주요국의 금융자산 증가율

2007년 9월 서브프라임 사태가 발발하면서 선진국의 금융자산 증가율이 크게 둔화되었다. 한국도 비슷한 모습이 나타나기는 했지만, 상대적으로 하락속도는 제한적이었다.

2007년 9월 서브프라임 사태가 발발하면서 자산가격의 급락에 이은 경기침체와 함께 선진국의 금융자산 증가율이 크게 둔화되었다. 즉, **금융자산의 단기적 경기 순응성**이 나타난 것이다. 특히 소득에 비해 금융자산 증가속도가 가팔랐던 영국을 중심으로 선진국의 소득 대비 금융자산 증가율이 빠르게 하락하는 모습을 보였다. 한국도 비슷한 모습을 보였지만, 상대적으로 금융자산 증가율의 하락속도는 제한적이었다.

3. 경기변동의 원인

경기변동 경제 전체의 충격에 대해 경제주체들이 반응하는 과정에서 나타나는 현상

경기변동이론의 핵심
- 경기변동의 원인
- 경기변동의 파급경로

경기변동의 원인
- 총수요 충격 : 케인즈
- 화폐적 충격 : 프리드먼, 루카스
- 공급측 충격 : 슘페터
- 기타 : 국제적 전파, 정치적 변수 등

일반적으로 경제학자들은 경기변동을 경제 전체의 충격(aggregate 또는 economy-wide shock)에 대해 경제주체들이 반응하는 과정에서 나타나는 현상으로 이해한다. 따라서 경기변동을 분석하는 이론의 핵심은 크게 두 가지로 나눌 수 있다. 첫째는 무엇이 최초에 경기변동을 발생시키는가, 즉 경기변동을 촉발시키는 주된 원인이 무엇인가에 관한 것이다. 둘째는 경기변동의 파급경로, 즉 무엇이 호황 또는 불황을 상당 기간 동안 지속시키고, 또 호황에서 후퇴로, 불황에서 회복으로 반전시키느냐에 관한 것이다.

경기변동을 촉발시키는 외부 충격의 실체가 무엇인지에 관해서는 다음과 같은 몇 가지 견해가 있다. 첫째, 민간기업의 투자지출 변화와 같은 **총수요 측면의 충격**(aggregate demand shock)을 강조하는 견해가 있다. 민간기업의 장래에 대한 기대 변화 등으로 인해 투자지출이 변함으로써 경기변동이 촉발될 수 있다는 것이다. 경기변동의 원인으로 투자지출의 역할을 강조한 대표적인 경제학자는 케인즈이다. 케인즈에 따르면 시장경제에서 투자는 기업가의 미래수익에 대한 기대를 반영하는데, 기대는 기업가의 야성적 충동(animal spirits)에 크게 의존한다.

둘째, 경기변동의 원인으로 통화량 변화와 같은 **화폐적 충격**(monetary shock)을 강조하는 견해가 있다. 프리드먼(Milton Friedman)으로 대표되는 통화주의자들에 의하면, 시장경제는 본질적으로 안정적이지만, 통화당국의 자의적인 통화량 조정 때문에 경기변동이 나타난다는 것이다. 통화론자들은 과거의 시계열 자료 분석을 통해 추세를 제거한 통화량의 변화가 GDP의 변화에 선행한다고 판단하여, 경기순환의 원인을 화폐적 요인에서 찾아야 한다고 보았다. 이러한 견해는 루

카스(Robert E. Lucas, Jr.)의 **화폐경기변동이론**(monetary business cycle theory)으로 발전되었다.

셋째, 기술이나 생산성 변화와 같은 **공급측 요인**을 경기변동의 가장 중요한 원인으로 보는 견해가 있다. 일찍이 슘페터는 경기변동과 경제발전의 원인이 생산요소의 새로운 결합 또는 기술혁신(innovation)에 있다고 보았다. 또한 화폐경기변동이론에 대해 회의적인 일부 경제학자들의 **실물경기변동이론**(real business cycle theory)도 경기변동의 주요 원인으로 기술 변화와 같은 실물적 충격의 중요성을 강조했다.

마지막으로, 앞선 경기변동이론들과 달리 2000년대 들어서 최근의 경기변동이론은 특정 충격이 경기변동의 원인임을 강조하지 않는 경향을 보여왔다. 즉, 현실에서 크고 작은 다양한 종류의 총공급 및 총수요 충격이 끊임없이 발생하고 있으며, 우리가 관측하는 주요 거시경제변수들의 등락은 이 충격들에 대해 경제주체들이 반응함으로써 나타나는 현상이라는 것이다.

이와 관련하여, 일단의 경제학자들은 주요 거시지표의 단기적 변동 원인으로 어떤 충격이 상대적으로 더 중요한지를 연구했고, 해당 변수에 따라 그리고 기간에 따라 결론이 달라짐을 보였다. 예를 들어, 스멧츠(Frank Smets)와 바우터스(Rafael Wouters)는 미국의 시계열 자료를 이용하여 새케인즈학파의 경기변동모형을 추정함으로써 1990년대 초반과 2000년대 초반의 불황이 주로 총수요 충격에 의해 주도되었던 반면, 1970년대 중반 불경기는 주로 (석유 파동과 관련된) 비용인상 충격에 기인함을 보였다. 한편 통화정책 충격은 1980년대 초 볼커(Paul Volcker)가 의장으로 있던 연방준비제도이사회(FRB)가 강한 디스인플레이션(disinflation 또는 인플레이션 완화) 정책을 시행하기 위해 통화량을 급격하게 감소시켰을 때에만 지배적인 역할을 했음을 확인했다. 반면 총요소생산성 충격은 실질GDP 중장기적 변동의 주요 원인이었다.[4] 이 밖에 일부 학자들은 해외부문의 충격이나 선거와 같은 정치적 변수가 한 나라의 경기변동을 설명하는 데 중요한 요소라고 주장하였다.

4. Smets, Frank, and Rafael Wouters, "Shocks and Frictions in US Business Cycles: A Bayesian DSGE Approach," *American Economic Review*, 97 (3): 586–606, 2007.

요약

1. 경기변동의 지속성과 불규칙성

실질GDP의 장기추세선으로부터 벗어난 정도를 백분율로 나타낸 실질GDP의 경기변동은 지속적이며 진폭과 진동수가 불규칙한 특성을 갖는다.

2. 주요 거시경제지표의 동조성과 변동성

주요 거시경제지표 중 소비, 투자, 수출, 수입, 화폐공급, 고용, 실질임금 등은 실질GDP와 같은 방향으로 변화하는 성향을 보인다는 점에서 경기순응적인 반면, 실질이자율과 물가는 실질GDP와 반대로 변화하는 성향을 보인다는 점에서 경기역행적이다. 또한 소비, 고용, 실질임금 등은 실질GDP보다 낮은 변동성을 보여온 반면에 투자, 수출, 수입, 화폐공급 등은 실질GDP보다 높은 변동성을 보여왔다. 한편 주요 금융지표 중 장기금리와 주가지수, 은행의 예대율(= 대출/예금)은 경기순응적인 반면, 신용스프레드(회사채금리 − 국채금리)는 경기역행적이다. 한편 경기변동과 함께 금융자산은 경기순응성을 보인다.

3. 경기변동의 원인

경기변동을 분석하는 이론의 핵심은 크게 경기변동의 원인과 경기변동의 파급경로에 대한 것으로 나눌 수 있다. 경기변동을 촉발시키는 원인으로는 투자지출의 변화를 중심으로 한 총수요 충격, 통화량 변화와 같은 화폐적 충격, 기술 및 생산성 변화와 같은 총공급 충격, 그리고 해외부문의 충격 및 정치적인 요인 등이 제시되었다.

연습문제

01 총생산함수 $Y = zK^{0.36}L^{0.64}$와 데이터를 고려하여 다음의 물음에 답하라.

연도 \ 요소	Y	K	L	z
1997	8,272.9	17,009.8	130.45	
1998	8,654.5	17,574.0	132.21	
1999	9,084.1	18,197.4	134.15	

(1) 위의 표에서 각 연도의 총요소생산성 또는 솔로우잔차 z의 값을 구하라.

(2) 위의 표를 이용하여 연 GDP 성장률에 대한 성장회계를 계산하라. 각 연도의 경제성장은 어떤 요소에 의해 주도되었는가?

02 어떤 나라 경제에서 물적자본(K)과 노동(L)을 생산요소로 투입하여 생산된 총산출량(Y)이 연 5%로 성장하고 있다. 물적자본 단위당 임대율(rental rate)이 0.1이고, 자본계수($\frac{K}{Y}$)는 3이다. 물적자본과 인구는 각각 3%, 2%로 성장하고 있다. 단, 모든 사람들이 일을 한다고 가정한다.

(1) 총산출이 노동급여와 자본임대비용으로 모두 지급되는 경우 자본소득분배율과 노동소득분배율을 각각 계산하라.

(2) 총요소생산성의 성장률을 계산하라. 생산투입요소를 2배로 늘리는 경우 총산출량이 2.5배만큼 늘어난다면 총요소생산성의 성장률은 어떻게 변화하겠는가?

03 생산성이 얼마나 증가했는지를 판단하는 것은 매우 중요한 일이다. *A*국의 생산함수는 규모수익불변의 특성을 갖고, $Y_t = z_t \cdot F(K_t, L_t)$로 표시된다. 여기서 Y_t, z_t, K_t, L_t는 각각 총산출량, 총요소생산성, 자본투입, 노동투입을 의미한다. 이 나라의 경제지표가 다음과 같이 주어졌을 때 다음 질문에 답하라.

- **성장률** : 연 9%
- **자본증가율** : 연 10%
- **자본소득이 총소득에서 차지하는 비중** : 30%
- **노동증가율** : 연 6%
- **노동소득이 총소득에서 차지하는 비중** : 70%

(1) 이 자료가 지난 20년간의 연평균 자료라고 할 때, 이로부터 지난 20년간 *A*국의 연평균 생산성 증가율이 얼마였는지를 계산하라.

(2) 경제학자 *B*씨는 위의 계산을 한 후 "비록 *A*국의 경제성장률이 9%로 다른 나라보다 크게 높은 수치지만 생산성 증가만을 볼 때는 다른 나라의 경우와 크게 다르지 않다. 즉, *A*국의 경제성장은 영감(inspiration)에 의한 것이라기보다는 땀(perspiration)에 의한 것일 뿐이다"라고 평가하였다. 경제학자 *B*씨가 "영감에 의한 경제성장과 땀에 의한 경제성장"을 구분하는 이유는 무엇일까? 그리고 *B*씨의 계산이 옳다면, *A*국의 향후 경제성장 전망은 어둡다고 생각해야 하는가?

(3) *A*국의 노조는 "노동생산성 증가만큼 임금이 인상되어야 한다"라고 주장하면서 위로부터 계산된 수치를 임금인상 요구에 대한 근거로 제시하였다. 이에 대해 논평하라.

(4) 만약 앞의 자료가 지난 20년간의 연평균 자료가 아니라 지난 1년간 성장률, 자본증가율, 노동증가율 자료라고 하자. 그러면 문제 (1)에서 계산된 결과를 생산성 증가율로 해석할 수 있을지 논평하라.

(서울대학교 경제학부 2001학년도 대학원 입시문제)

04 다음은 암스트롱(Philip Armstrong)과 글린(Andrew Glyn) 및 해리슨(John Harrison)이 세계 자본주의 역사에 대해 1991년에 서술한 *Capitalism since 1945* 라는 책의 12장 〈Overheating〉에 수록된 한 문단이다. 이 글을 읽고 다음 질문에 답하라.

> 선진국들은 1968년과 1969년 사이에 동시적으로 완만한 경기후퇴를 경험했다. 하지만 언제 그랬냐는 듯 1972년과 1973년 초반에 세계 자본주의는 급속한 성장기를 되찾았다. 이 시기에 총생산은 7%, 공업생산은 10% 증가했다. 이러한 '미니붐(mini-boom)'은 경기성장 둔화에 대한 우려를 잠재우기에 충분했다. …… (중략) …… 그러나 미니붐은 한 시대의 종말을 보여주었다. 미니붐은 경기침체와 스태그플레이션, 그리고 대량실업이 시작되기 직전의 마지막 경기상승기였다.

(1) 경기호황기와 비교하여 경기불황기에 경제성장률, 실업률, 인플레이션율 등 여러 가지 거시경제지표들은 어떤 특징을 갖는지 설명하라.

(2) 이 글에 설명된 것처럼, 역사적으로 볼 때 경기호황 뒤에는 거의 예외없이 경기불황이 뒤따른다. 자본주의 경제의 순환적 변동이 발생하는 원인이 무엇인지 생각해 보라.

(3) 역사적으로 볼 때 자본주의는 경기호황과 경기불황을 주기적으로 경험하면서도 지속적으로 성장해 왔다. 경제성장은 어떤 요인에 의해 어떤 방식으로 진행되는지에 대해 생각해 보라.

1. 실물경기변동이론

2. 화폐경기변동이론

3. 결론

새고전학파의 경기변동모형

12

제3편(거시경제학의 미시적 기초)의 서두에서 지적했듯이 소비함수의 계수(예를 들어 한계소비성향)가 거시경제정책 등 경제여건에 따라 변하지 않고 일정하다고 가정한 초기 케인즈학파의 모형이나 신고전학파의 솔로우 모형은 루카스 비판(Lucas critique)을 벗어날 수 없었다. 이를 극복하기 위하여 새고전학파의 경기변동이론은 소비·투자함수를 임의적으로 가정하는 대신 가계·기업의 최적화와 시장균형의 결과로 경기변동을 설명한다. 이러한 점에서 이 이론은 균형경기변동이론(equilibrium business cycle theory)이라 불리게 되었다.

구체적으로 새고전학파의 균형경기변동이론은 9~10장에서 도출된 일반균형모형에서 실물부문 또는 화폐부문의 충격(shock)에 대한 경제주체들의 최적 반응과 시장균형의 결과로 단기적 경기변동의 주요 사실을 설명한다. 여기서는 경기변동의 원인을 생산성 변화와 같은 실물적 충격에서 찾는 실물경기변동이론과 화폐적 충격에서 찾는 화폐경기변동이론을 차례로 살펴본다. 이 두 이론은 가격의 신축적 조정을 강조했던 고전학파의 견해를 계승·발전시켰다는 점에서 새고전학파이론이라고 불린다.

1. 실물경기변동이론

1980년대에 접어들면서 롱(John Long), 플로서(Charles Plosser), 키들랜드(Finn Kydland), 프레스컷(Edward Prescott) 등 새고전학파 경제학자들은 기술충격(technology shock) 또는 생산성충격(productivity shock)과 같은 실물적 요인이 경기변동의 가장 중요한 원인이라고 보는 **실물경기변동이론**(real business cycle theory ; RBC)을 주장하였다.[1]

실물경기변동이론
- 기술충격 등 실물적 요인이 경기변동의 가장 중요한 원인이라고 보는 이론
- 총요소생산성 및 기술충격 강조

실물경기변동이론은 기본적으로 경기변동을 경제 전체의 충격(aggregate shock)에 대한 개별 경제주체들의 동태적 최적화 및 시장균형의 결과로 파악한다는 점에서 뒤에 살펴볼 화폐경기변동이론과 일맥상통한다. 그러나 이 이론은 경기변동을 유발하는 요인으로 총요소생산성(total factor productivity ; TFP)이나 기술의 변화와 같은 실물적 요인을 강조한다는 점에서 화폐경기변동이론과 구분

1. Long, J. and Plosser, C. I., "Real Business Cycles," *Journal of Political Economy*, 1983. ; Kydland, F. and Prescott, E., "Time to Build and Aggregate Fluctuations," *Econometrica*, 1982.

그림 12-1

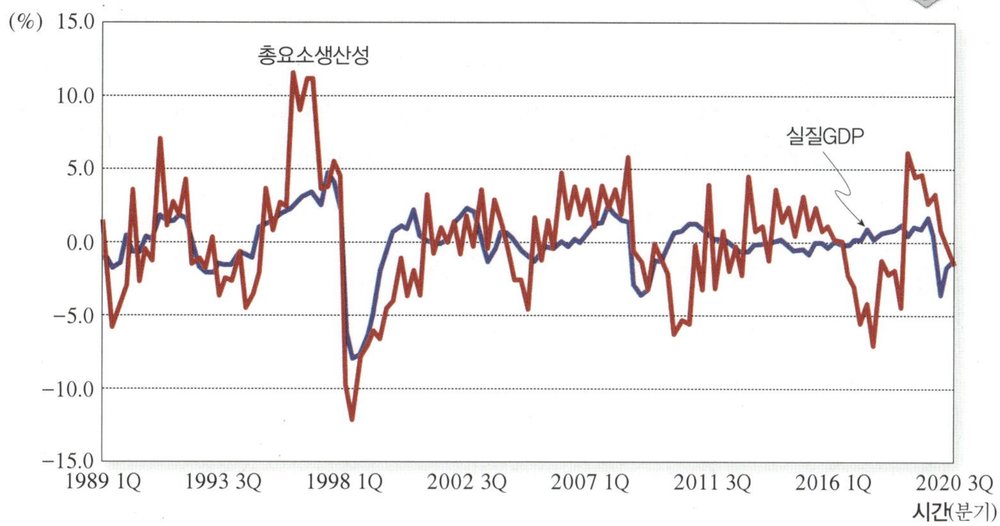

참고문헌 : 송승주, 「실물경기변동모형에 의한 경기침체요인 분석」, *working paper*, 한국은행 금융경제연구원, 2009. 11.

총요소생산성과 실질GDP의 경기변동

우리나라의 경우에도 솔로우 잔차로 추정한 총요소생산성의 변동성이 실질 국내총생산(실질GDP)의 변동성을 매우 잘 근사하고 있다는 것을 알 수 있다.

된다. 예를 들어 우리나라의 경우에도 〈그림 12-1〉과 같이 **솔로우 잔차**(Solow residuals)로 추정한 총요소생산성의 경기변동이 지속성을 보이고 실질GDP의 경기변동과 매우 유사하다는 것을 알 수 있다. 여기서 솔로우 잔차란 실질GDP에서 자본투입과 노동투입의 가치를 뺀 나머지 부분을 의미한다.[2]

솔로우 잔차 실질GDP에서 자본투입과 노동투입의 가치를 제외한 나머지 부분

실물경기변동모형은 우리가 9장(실물부문의 일반균형)과 10장(화폐와 물가수준)에서 도출·분석한 화폐중립적 일반균형모형을 확장한 모형이다. 구체적으로 이 확장된 모형에서는 경제주체들이 2기간보다 많은 기간에 걸쳐 경제활동을 하며, 총요소생산성은 확률적 과정(stochastic process)에 따라 지속해서 변한다. 하지만 학부 수준에서 이 모형을 분석하기가 쉽지 않으므로, 우리는 9~10장의 일반균형모형을 이용해 총요소생산성 충격에 대한 경제의 반응을 분석함으로써 실물경기변동이론의 핵심 결과를 살펴보려고 한다.

2. 이에 대해서는 3장(4. 경제성장의 요인과 성장회계)에서 성장회계(growth accounting)를 논의하면서 자세히 살펴보았다.

1.1 총요소생산성 충격과 경기변동

〈그림 12-1〉에 나타난 총요소생산성 변동의 지속성을 고려하여 총요소생산성의 증가가 현재와 미래에 지속적으로 나타난다고 하자. 구체적으로 현재(1기) 총요소생산성(z) 증가가 미래(2기) 총요소생산성(z')의 증가로 이어진다고 하자.

그림 12-2

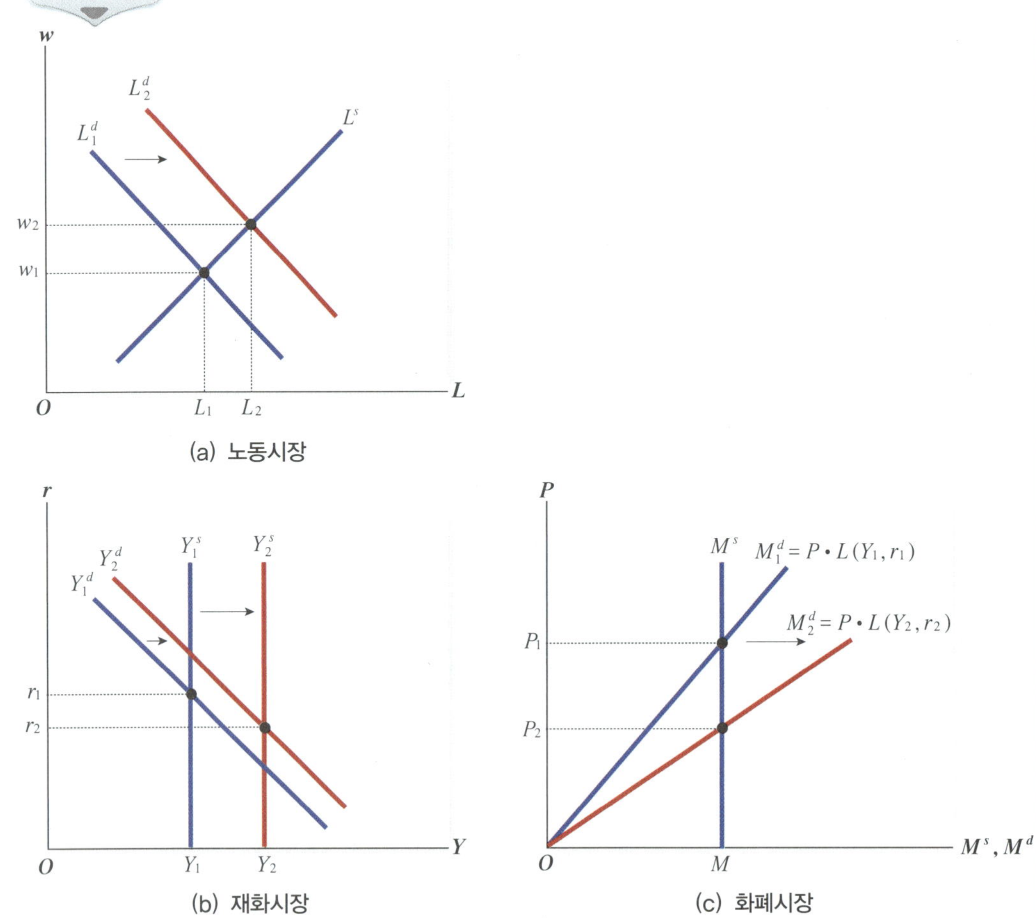

(a) 노동시장

(b) 재화시장

(c) 화폐시장

실물경기변동모형에서 총요소생산성의 지속적 증가의 효과

총요소생산성의 지속적 증가는 노동수요를 증가시키므로($L_1^d \rightarrow L_2^d$) 고용량과 산출량이 증가하고, 그 결과 실질총공급곡선이 우측이동한다($Y_1^s \rightarrow Y_2^s$). 또한 미래 총요소생산성의 증가는 현재소비와 현재투자를 증가시키므로 실질총수요곡선도 우측이동한다($Y_1^d \rightarrow Y_2^d$). 실질총공급곡선의 이동이 상대적으로 크다고 가정하면 실질이자율은 하락하고($r_1 \rightarrow r_2$), 소비와 투자는 증가한다. 소득의 증가와 이자율의 하락은 화폐수요를 증가($M_1^d \rightarrow M_2^d$)시키므로 주어진 화폐공급 수준에서 물가는 하락한다($P_1 \rightarrow P_2$).

단, z'이 z보다 작게 증가한다고 가정한다($\Delta z > \Delta z'$).

총요소생산성의 지속적 증가

- 실질총공급곡선(Y^s) 우측이동 : 노동의 한계생산 증가 → 고용량, 산출량 증가
- 실질총수요곡선(Y^d) 우측이동 : 미래 총요소생산성 증가 → 현재소비, 현재투자 증가

⇒ Y^s의 우측이동이 더 큰 경우 균형산출량 ↑, 균형실질이자율 ↓

- 화폐시장 : 화폐수요 증가 → 물가 하락

우선 현재 총요소생산성의 증가는 생산함수를 비례적으로 상방이동시키고 노동의 한계생산성을 증가시킨다. 따라서 〈그림 12-2〉의 (a)에서 노동의 한계생산에 해당하는 노동수요곡선이 L_1^d에서 L_2^d로 우측이동하고, 이에 따라 균형고용량과 총생산(국민소득) 역시 증가한다. 이러한 변화는 (b)에서 수직인 실질총공급곡선을 Y_1^s에서 Y_2^s로 우측이동시킨다. 또한 9장(4.2 미래 생산성 충격)에서 보았듯이 미래에 예상되는 총요소생산성의 증가는 현재투자(I)와 현재소비(C)를 증가시키므로 실질총수요곡선도 Y_1^d에서 Y_2^d로 우측이동한다. 이때 현재 총요소생산성 증가분이 미래 총요소생산성 증가분보다 크므로 실질총공급곡선의 이동이 실질총수요곡선의 이동보다 상대적으로 더 크다고 가정하면 실질이자율은 r_1에서 r_2로 하락하고, 실질총수요곡선 상에서 소비와 투자는 증가한다. 따라서 이 모형에서 현재소비와 현재투자는 두 가지 이유로 증가한다. 첫째, 미래 총요소생산성 증가는 평생소득의 증가를 통해 소비를 늘리고 미래자본의 한계생산성 증가를 통해 투자를 진작한다. 이 효과는 실질총수요곡선의 이동으로 나타난다. 둘째, 현재 총요소생산성 증가는 총공급을 증가시키고 이는 가격변수인 실질이자율 하락을 초래함으로써 소비와 투자를 진작한다. 이 두 번째 효과는 새로운 실질총수요곡선 상의 움직임으로 나타난다. 마지막으로 소득 증가($Y_1 \rightarrow Y_2$)와 이자율 하락($r_1 \rightarrow r_2$)은 〈그림 12-2〉의 (c)에서 화폐수요를 증가시키므로($M_1^d \rightarrow M_2^d$) 주어진 화폐공급 수준에서 물가수준은 P_1에서 P_2로 하락할 것이다.

요약하면 총요소생산성의 지속적인 증가에 대한 가계소비자와 기업의 최적 반응과 시장균형의 결과로 국민소득, 고용, 소비, 투자 등 실물변수가 증가한다. 이러한 경기변동은 지속적 기술충격에 대한 경제주체들의 최적화 행동의 결과이므로 정책당국의 개입은 오히려 후생을 감소시킬 것이다. 마찬가지로 총요소생산성 하락으로 인한 경기침체도 경제주체들의 최적화 행태가 낳은 결과이다. 이 모형경제에서는 모든 시장이 완전경쟁적이고 가계와 기업의 최적화 행동을 저해하는 어떠한 마찰요인(frictions), 이를테면 소비평탄화를 위한 가계의 자유로운 저축 및 차입을 방해하는 금융마찰(financial friction) 등이 없음을 기억하자. 결국 거시경제의 총요소생산성 또는 기술수준이 단기적으로 주어진 외생변수로 가정하면, 이 모형에서 매기 결정되는 균형은, 비록 그 균형이 경기침체를 의미하더라도, 경제주체의 후생을 극대화한다. 따라서 경기안정을 위한 정부개입이 오히려 후생을 감소시킬 수 있다는 것이다.

표 12-1

실물경기변동모형의 예측과 데이터

거시경제지표	데이터	모형
소비	경기순응적	경기순응적
투자	경기순응적	경기순응적
고용	경기순응적	경기순응적
실질임금	경기순응적	경기순응적
실질이자율	경기역행적	경기역행적
물가수준	경기역행적	경기역행적
화폐공급	경기순응적	경기비순행적

[표 12-1]은 국민소득에 대한 주요 거시경제변수의 동조성을 기준으로 모형의 예측과 실제 데이터를 비교하고 있다. 실물경기변동모형은 실제 데이터에서 경기순응적인 화폐공급을 제외한 나머지 주요 거시경제지표의 동조성을 잘 설명하고 있음을 알 수 있다.

이론과 실제 1 유가 상승, 교역조건 악화와 총요소생산성의 감소

에너지 가격의 상승에 직면하면 기업들은 생산과정에서 에너지를 덜 쓰게 되고, 이는 자본과 노동의 생산성을 감소시켜 총요소생산성의 감소를 야기할 수 있다. 1973~1974년의 제1차 원유파동에 따른 유가 상승은 전기 등 에너지 가격을 상승시켰고, 총요소생산성이 감소하면서 우리나라와 미국을 포함한 여러 나라들에서 생산, 투자, 고용, 소비의 급격한 감소를 가져왔다. 한편 이러한 1973~1974년의 경기침체는 [표 10-2]에 요약된 바와 같이 총요소생산성 하락의 충격에 대한 실물경기 변동의 예측과 일치한다.

한편 1979~1980년의 유가 상승에 따른 에너지 상대가격의 상승은 1973~1974년보다 컸는데도 생산, 투자, 고용, 소비의 감소는 1981~1982년이 되어서야 발생하였다. 그러나 많은 거시경제학자들은 이때의 경기침체가 에너지 상대가격의 증가 때문이 아니라 미국 연방준비제도이사회 의장으로 부임한 볼커(Paul Volcker)의 전격적인 긴축적 통화정책 때문이라고 주장했다.

또한 1985~1986년에는 1979~1980년의 에너지 상대가격 증가와 같은 비율로 에너지 상대가격이 하락했다. 그러나 에너지 가격의 하락에 따른 총요소생산성의 증가는 총요소생산성의 감소와는 비대칭적인 결과를 가져왔다. 실물경기변동에 의하면 에너지 상대가격 1% 증가에 의해 야기된 총산출량의 감소만큼 에너지 상대가격의 1% 감소에 대해서도 같은 비율로 총산출량의 증가를 나타내야 할 것이다. 그러나 1985~1986년에 생산, 투자, 고용, 소비의 증가는 1973~1975년의 감소보다 훨씬 작게 나타났다.

이러한 에너지 가격 충격에 대한 거시경제지표의 비대칭적 반응은 기업들이 높은 에너지 가격에 적응해 온 결과로 설명될 수 있다. 에너지 상대가격 상승에 대한 기업의 최초 반응은 에너지 사용을 줄이는 것이다. 이는 총요소생산성을 감소시켜서 생산, 고용, 투자, 소비를 감소시킨다. 그러나 높은 에너지 가격이 지속되면 기업은 에너지 사용을 줄일 수 있는 새로운 기술을 개발하게 되고, 일단 에너지 효율적인 새로운 기술이 사용된다면 에너지 가격의 일시적 상승은 에너지 사용의 급격한 하락 또는 총요소생산성의 급격한 하락을 가져오지 않을 것이다.

한편 1973년과 1970년대 후반, 1991년, 2000~2008년, 그리고 2012년에 있었던 큰 폭의 유가 상승은 미국의 교역조건을 악화시켰다. 여기서 교역조건은 수출재 가격을 수입재 가격으로 나눈 것으로 수출재 한 단위를 팔고 받아올 수 있는 수입재의 단위를 말한다. 이러한 교역조건 변화 후 미국의 주요 거시경제지표들은 총요소생산성 감소의 분석결과와 동일한 움직임을 보였다.

그렇다면 교역조건의 변화는 경기변동에 얼마나 중요할까? 멘도자(Enrique Mendoza)는 실물경기변동모형과 데이터를 이용하여 교역조건 충격이 실질GDP 변동의 50% 정도를 설명한다고 주장했다.* 이것은 경기변동을 연구할 때 외국으로부터의 충격을 고려하는 것이 매우 중요함을 의미한다. 특히 쿠웨이트와 같이 석유 수출에만 크게 의존하는 나라의 경우 유가 변동은 경제에 큰 영향을 미칠 것이다.

* Mendoza, E., "The Terms of Trade, the Real Exchange Rate, and Economic Fluctuations," *International Economic Review*, 1993.

1.2 실물경기변동이론의 의의와 한계

앞선 분석에서와 같이 실물경기변동이론은 경기변동의 지속성을 여러 기간에 걸쳐 나타나는 기술충격(즉, 총요소생산성 충격)의 일반균형 결과로 설명한다. 예를 들어 현재 생산성을 향상시키는 기술충격이 발생하면 기업들은 더 많은 노동자들을 고용하려고 할 것이며, 이 과정에서 실질임금이 상승하고 노동자들은 현재 여가를 줄이고 노동공급을 늘리는 기간 내 대체(intratemporal substitution)로 대응한다. 그 결과 경제 전체의 고용량과 총산출량이 증가한다. 반면에 생산성이 하락하는 시기에 실질임금이 하락하면 노동자들은 노동공급을 줄이고, 그 결과 경제 전체의 고용량과 총산출량도 감소한다. 이러한 우호적(positive) 또는 비우호적(negative) 기술충격이 여러 기간에 걸쳐 지속적으로 나타나면 고용과 총산출량도 지속적으로 증가 또는 감소할 것이다. 한편 생산성을 높여주는 기술충격이 지속될 것으로 예상되는 기간 동안 기계, 설비, 건물 등 자본재에 대한 기업의 투자지출도 지속적으로 증가할 것이다.[3]

3. 키들랜드와 프레스컷은 앞서 언급한 자신들의 1982년 논문(Time to Build and Aggregate

실물경기변동이론은 경기변동의 지속성과 동조성을 이론적으로 잘 설명함

실물경기변동이론은 경기변동의 지속성(persistence)을 이론적으로 잘 설명한다고 평가된다. 또한 노동시장, 재화시장, 대부자금시장, 화폐시장 등이 함께 균형을 이루는 일반균형 상태에서 거시경제변수들이 결정되기 때문에 경기변동의 동조성 역시 잘 설명한다. 실제로 키들랜드-프레스컷 이후 실물경기변동모형에서 계산한 거시경제변수들의 시계열 데이터를 미국 경제의 실제 시계열 데이터와 비교해 본 결과, 대체로 미국 경제의 실제 경기변동을 잘 설명하는 것으로 나타났다.[4]

실물경기변동이론의 한계

■ 지속적이고 변동성이 큰 기술충격의 존재 여부

그러나 단순한 실물경기변동모형을 이용하여 현실경제의 경기변동 현상을 설명하기 위해서는 지속적이고 변동성이 큰 기술충격이 필수적이었다. 기술충격의 정의에 대한 의문과 논란이 제기된 상황에서 기술충격의 변동성과 지속성에만 의존한 설명은 한계를 가질 수밖에 없었다. 예를 들어 모형 내에서 기술충격은 임의적으로 전기의 값보다 클 수도 있고 작을 수도 있으며, 심지어 음(−)의 값을 가질 수도 있다. 그러나 현실에서 기술퇴보라는 음(−)의 기술충격이 존재한다고 보기 어렵다. 또한 기술진보는 점진적으로 일어나기 때문에 단기적으로 대규모 기술충격을 경험하는 것도 어렵다는 비판을 받았다.[5]

키들랜드-프레스컷이 본격적으로 실물경기변동이론을 소개한 이후 이에 대한 후속 연구들은 기술충격의 변동성과 지속성에 전적으로 의존하는 접근방식을 지양하였다. 그 대신에 많은 거시경제학자들은 주어진 기술충격이 경제주체들의 행동을 통해 내생적으로 파급되어 지속될 수 있도록 하는 메커니즘(endogenous propagation mechanism)을 규명함으로써 실물경기변동이론의 현실 설명력을 높이는 데 주력하고 있다.[6]

Fluctuations)에서 기업들의 기계, 설비 등에 대한 투자는 그 투자가 완결될 때까지 적어도 몇 년이 소요된다는 건설기간(time to build)의 개념을 통해 경기변동의 지속성을 설명하였다.

4. 실물경기변동이론의 현실 설명력을 검증하기 위하여 우선 실제 데이터나 기존의 실증분석 결과에 근거하여 α(자본소득분배율), d(자본스톡 감가상각률)와 같은 파라미터(또는 모수)의 값을 설정한다. 그리고 모형의 균형조건식들을 이용한 시뮬레이션 결과 얻어지는 주요 거시변수의 변동성과 동조성이 실제 자료와 얼마나 유사한가를 평가한다. 이러한 일반균형모형의 수량적 분석을 수행하기 위해서는 컴퓨터를 이용한 연산이 필수적이다. 최근 고도로 발달된 컴퓨터 연산능력도 실물경기변동이론의 검증에 큰 도움이 되었다.

5. 이런 비판에 대해 실물경기변동론자들은 여기서 말하는 기술의 개념은 협소한 개념이 아니라 실물부문에 영향을 미칠 수 있는 기상조건, 규제입법, 원유가격 변동 등을 모두 포괄하는 개념이라고 주장한다. 결국 기술적 충격을 확률변수로 설정하는 것에는 전혀 문제가 없다는 것이다. 그러나 기술을 이처럼 포괄적으로 정의하는 것에 대해 모든 경제학자들이 동의하는 것은 아니다.

6. 이러한 실물경기변동모형의 대표적 예로 다음을 들 수 있다. Burnside, C., Eichenbaum, M.

또한 실물경기변동이론은 경기변동의 주된 요인으로서 화폐의 중요성을 무시하고, 화폐는 경기변동에 중립적이라고 주장한다. 그러나 이러한 실물경기변동이론은 프리드먼(Milton Friedman)과 슈와츠(Anna Schwartz) 등이 실증분석을 통해 밝힌 화폐의 비중립성을 설명하기 어렵다.

■ 화폐의 비중립성 설명 어려움

한편 새고전학파의 모든 경기변동모형에서 화폐가 중립적인 것은 아니다. 우리는 다음 절에서 가격이 신축적이면서도 화폐가 비중립적일 수 있음을 보이는 대표적 이론으로서 루카스의 화폐경기변동이론을 살펴볼 것이다.

2. 화폐경기변동이론

Macroeconomics ch. twelve

이제 9장(실물부문의 일반균형)과 10장(화폐와 물가수준)에서 도출 · 분석한 화폐중립적 일반균형모형에 통화량 변화에 대한 불완전정보의 가정이 추가된 루카스(Robert E. Lucas, Jr.)의 **화폐경기변동이론**(monetary business cycle theory ; MBC)을 살펴보자.

2.1 물가예상 착오와 경기변동

경기변동에서 통화량의 역할이 중요하다는 견해는 이미 프리드먼 등의 통화론자들에 의해 제기되었다. 특히 프리드먼(Milton Friedman)과 슈와츠(Anna Schwartz)는 미국의 실질 GNP와 통화량의 시계열 자료 분석을 통해 통화량의 변동이 실질GNP 변동에 선행하는 경향이 있음을 보였다. 이들에 따르면 통화량 증가는 주로 1년 정도의 시차를 가지면서 생산량 증가로 이어지고, 통화량 감소 역시 1년 정도 뒤에 생산량 감소로 연결되었다.

프리드먼(M. Friedman, 1912~2006) 미국의 경제학자. 통화주의의 거두로, 케인즈 경제학에 반하여 자유주의 경제학을 주장하였다. 소비분석, 통화의 역사 및 이론에서의 업적과 경기안정화 정책의 복잡성을 명쾌하게 제시한 공로로 1976년 노벨 경제학상을 수상하였다.

루카스는 통화량의 역할을 중시하는 프리드먼 등의 견해를 발전시켰다. 특

---

and Rebelo, S., "Labor Hoarding and the Business Cycle," *Journal of Political Economy*, 1993. ; Carlstrom, C. T. and Fuerst, T. S., "Agency Costs, Net Worth, and Business Fluctuations : A Computable General Equilibrium Analysis," *American Economic Review*, 1997. ; Den Haan, W. J., Ramey, G. and Watson, J., "Job Destruction and Propagation of Shocks," *American Economic Review*, 2000.

히 루카스는 정보가 불완전한 상황에서 합리적 기대를 갖는 경제주체들이 예상치 못한 통화정책의 결과로 나타난 물가수준의 변화에 대해 예상착오를 일으킬 수 있다고 보았다. 그 결과 경제주체들이 단기적으로 명목임금의 변화를 실질임금의 변화로 착각하여 노동공급을 조정함으로써 경기변동이 발생한다는 것이 화폐경기변동이론의 요점이다.

구체적으로 정보가 불완전할 때 통화량 변화가 실물부문에 미치는 영향을 설명해 보자. 먼저 노동공급자로서 가계부문의 소비자는 자신이 현재 받는 명목임금을 정확히 알고 있지만, 매기 모든 재화를 구입하지는 않기 때문에 시장 전체의 물가수준에 대해서는 불완전한 정보를 갖고 있다고 가정한다.

합리적 기대와 불완전 정보 상황에서 예상치 못한 통화량의 증가

- 물가 상승으로 인한 명목임금 상승 → 실질임금 상승으로 착각하여 노동공급 증가 → 실질총공급곡선 우측이동
- 총산출량 증가, 실질이자율 하락(⇒ 노동공급곡선 좌측이동)
- 화폐수요 증가 → 물가 하락

이제 경제주체들의 예상과 달리 중앙은행이 통화량을 M_1에서 M_2로 증가시켰다고 하자. 예상치 못한 통화량의 증가는 〈그림 12－3〉의 (c)에서 화폐공급곡선을 M_1^s에서 M_2^s로 우측이동시키기 때문에 물가는 P_1에서 P_2로 상승하고 이에 따라 명목임금($W = Pw$) 역시 상승한다. 그런데 단지 명목임금만의 상승은 노동공급을 늘리는 유인이 되지 않는다. 예를 들어 명목임금이 3% 상승했는데 그 명목임금 상승이 물가의 3% 상승으로 인해 발생했다면, 노동자 입장에서는 실질적으로 변한 것이 전혀 없기 때문이다. 그러나 물가수준의 상승을 예상하지 못한 소비자는 명목임금의 상승을 실질임금(w)의 상승으로 착각하여 노동공급을 늘림에 따라 (a)에서 노동공급곡선이 L_1^s에서 L_2^s로 우측이동한다.[7] 이에 따른 고용의 증가는 생산함수를 따라 산출량을 증가시키므로 (b)에서 실질총공급곡선도 Y_1^s에서 Y_2^s로 우측이동한다. 그 결과 총산출량 또는 국민소득은 Y_1에서 Y_2로 증가하고, 실질이자율은 r_1에서 r_2로 하락한다.

끝으로 화폐시장에서는 소득 증가와 이자율 하락에 따라 화폐수요가 증가한다. 이때 (c)에서와 같이 화폐공급이 증가한 상황에서 균형물가수준은 일반적으로 화폐수요의 소득탄력성과 이자율탄력성의 크기에 따라 결정될 것이다. 여기서는 화폐수요의 이자율탄력성이 낮다는 가정과 소득 증가가 일시적이라는 점에 주목하여 화폐수요의 증가를 미미하게 나타내고 있으며, 그 결과 균형물가수준은 상승하게 된다.

요약하면 통화정책에 대한 정보가 불완전한 상황에서 예상치 못한 통화량

---

7. 실제 실질임금의 증가가 아니라 소비자의 착각으로 인한 노동공급의 증가이므로 노동공급곡선 상의 움직임이 아니라 곡선 자체의 우측이동으로 나타난다.

그림 12-3

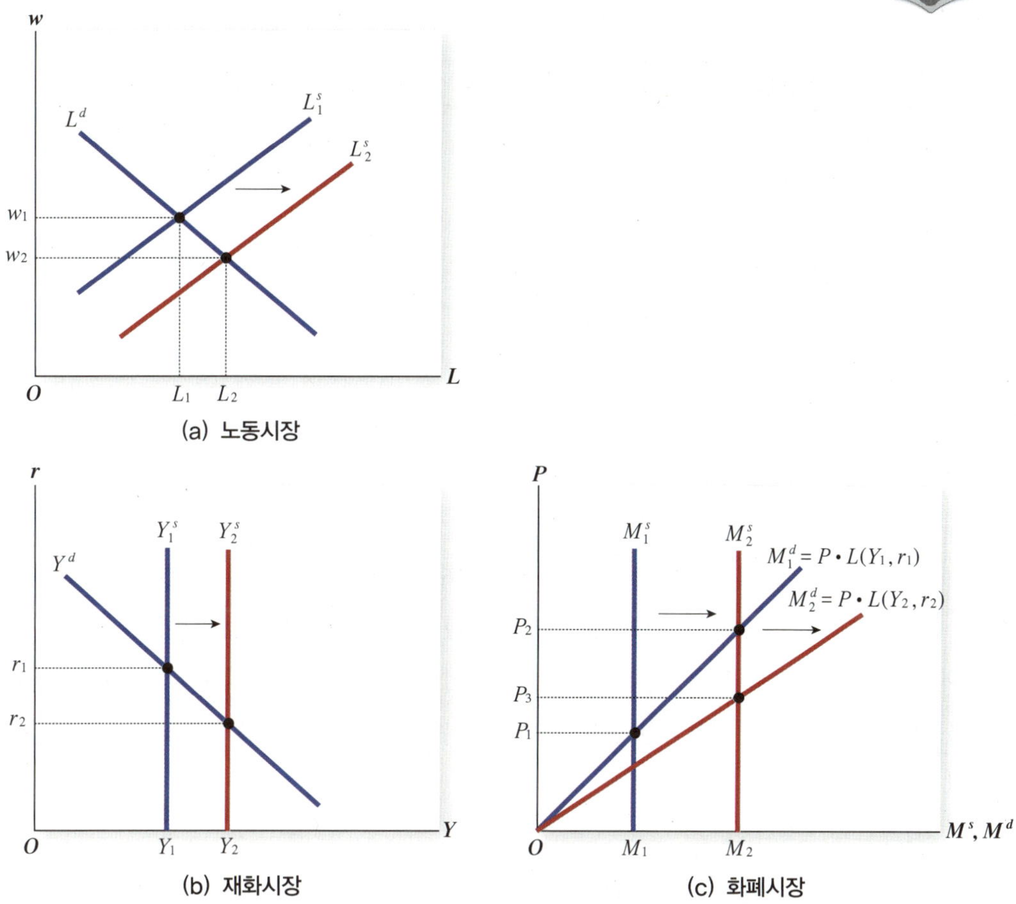

불완전정보와 예상치 못한 통화량 증가의 효과

예상치 못한 통화량의 증가는 화폐공급곡선을 M_1^s에서 M_2^s로 우측이동시키며, 물가수준과 명목임금을 상승시킨다. 그러나 물가 상승을 예상하지 못한 소비자가 명목임금의 상승을 실질임금의 상승으로 착각하여 노동공급을 늘림에 따라 노동공급곡선이 L_1^s에서 L_2^s로 우측이동한다. 이에 따른 고용의 증가는 산출량을 증가시키므로 실질총공급곡선도 Y_1^s에서 Y_2^s로 우측이동한다. 그 결과 국민소득은 Y_1에서 Y_2로 증가하고, 실질이자율은 r_1에서 r_2로 하락한다. 화폐공급의 증가 대비 화폐수요의 미미한 증가는 물가수준의 상승을 가져온다.

의 증가는 국민소득, 고용, 소비 및 투자의 증가와 함께 실질이자율의 하락을 가져온다. 즉, 통화량의 변화가 실질변수의 변화를 가져온다는 점에서 화폐가 비중립적이다.

표 12-2

화폐경기변동모형의 예측과 데이터

거시경제지표	데이터	모형
소비	경기순응적	경기순응적
투자	경기순응적	경기순응적
고용	경기순응적	경기순응적
실질임금	경기순응적	경기역행적
실질이자율	경기역행적	경기역행적
물가수준	경기역행적	경기순응적
화폐공급	경기순응적	경기순응적

모형 vs 데이터
경기역행적 실질임금은 물가수준 변화에 대한 불완전정보에 기인

[표 12-2]는 국민소득에 대한 주요 거시경제변수의 동조성을 기준으로 화폐경기변동모형의 예측과 실제 데이터를 비교하고 있다. 물가수준은 경기순응적이고 실질임금이 경기역행적인 모형의 예측은 실제 데이터와 맞지 않음을 알 수 있다. 경기역행적인 실질임금은 물가수준의 변화에 대한 불완전정보에 기인한 것으로 볼 수 있다.

2.2 정책시사점과 한계

루카스의 화폐경기변동이론에서 통화량 변동이 경기변동을 유발하기 위해서는 경제주체들의 물가수준에 대한 예상에 오류가 있어야 한다. 앞서 보았던 예시에서 중앙은행의 통화량 증가와 그 통화량 증가가 초래한 물가 상승을 경제주체가 정확히 알고 있었다면, 명목임금의 상승을 실질임금의 상승으로 착각하지 않았을 것이고 노동공급을 늘리지도 않았을 것이다.

루카스는 경제주체가 미래에 대해 **합리적 기대**(rational expectation)를 갖고 행동한다고 보았다. 여기서 '합리적'이라 함은 경제주체가 물가 혹은 다른 경제변수를 예측할 때 입수 가능한 모든 정보를 이용함을 뜻한다. 예를 들어 모형경제에서 경제주체가 어제 오후에 오늘 실현될 물가를 예측했다고 하자. 당시 새로운 정보가 없었다면 오늘의 물가는 어제의 물가와 같거나 비슷하다고 예측했을 것이다. 그런데 중앙은행이 통화량을 오늘 새벽에 늘릴 것이라는 새로운 정보를

어제 오후에 입수했다면 어땠을까? 모형경제에서 합리적 기대를 하는 경제주체는 가격이 신축적으로 즉각 조정된다는 것을 알고 있는 상황에서 새로 추가된 정보를 바탕으로 오늘 물가가 상승하리라고 예측했을 것이다. 반면 **적응적 기대**(adaptive expectation)를 하는 경제주체는 이 정보를 사용하지 않고 여전히 오늘의 물가는 어제의 물가와 같다고 예측했을 것이다.

그런데 합리적 기대 이론은 경제주체들이 경제변수의 미래 치를 **완전예견**(perfect foresight)함을 의미하지는 않는다. 합리적 기대를 하는 경제주체는 '입수 가능한' 모든 정보를 경제 예측 및 의사결정에 이용하지만, 이 경제주체가 항상 모든 정보를 입수할 수 있는 것은 아니기 때문이다. 앞선 루카스의 예시에서처럼 경제주체가 모르는 통화량 변동은 물가수준에 대한 예측오차를 발생시키고, 이는 경기변동을 유발할 수 있다.

루카스 화폐경기변동 이론의 의의
- 가격경직성 없이 경기변동 설명
- 케인즈의 화폐환상을 합리적 기대에서의 물가예상 착오로 발전시킴
- 적응적 기대에서의 자연실업률가설을 합리적 기대에서의 필립스곡선으로 발전시킴

이처럼 루카스의 화폐경기변동이론은 케인즈주의자들의 명목임금 또는 가격경직성에 대한 가정 없이도 정보가 불완전한 상황에서 합리적 기대를 하는 경제주체의 최적화 행위와 시장균형의 결과로 경기변동을 설명할 수 있다는 점에서 1970년대 중반 이후 한동안 크게 각광받았다. 또한 루카스의 화폐경기변동이론은 한편으로 케인즈의 화폐환상을 합리적 기대 하의 물가예상 착오로 발전시켰으며, 다른 한편으로는 프리드먼(Milton Friedman)과 펠프스(Edmund Phelps)에 의해 처음 제시되었던 적응적 기대 하의 자연실업률가설을 합리적 기대 하의 필립스곡선으로 발전시킨 것으로 볼 수 있다.[8]

정책시사점 예측 가능한 통화정책을 통해 물가예상 착오로 인한 후생비용을 감소시켜야 함

그렇다면 루카스 화폐경기변동이론의 정책시사점은 무엇인가? 이 모형에서의 일반균형은 실물경기변동모형의 일반균형과 달리 경제주체의 후생을 극대화하지 않는다. 왜냐하면 경제주체의 의사결정이 불완전한 정보 혹은 정보마찰(information friction) 하에서 이루어졌고, 이러한 의사결정은 완전한 정보, 즉 통화량과 물가가 변했다는 정보를 가지고 이루어진 의사결정에 비해 상대적으로 낮은 후생을 가져오기 때문이다. 그러나 경기변동이 경제에 큰 비용을 수반하므로 이를 막아야 한다고 생각하는 케인즈학파의 시각과 달리, 루카스는 경기변동의 후생비용(welfare cost)이 크지 않다고 보았다. 주된 이유 중 하나는 합리적 기대를 하는 경제주체, 즉 가능한 모든 정보를 이용하려고 하는 경제주체는 갑작스러운 통화량 변화를 일시적으로 몰랐더라도, 비교적 빨리 정보를 업데이트하기 때

8. 이에 대해서는 14장(필립스곡선과 기대)에서 자세히 알아볼 것이다.

문이다. 앞선 예로 잠시 돌아가서 어떤 노동자가 오늘 새벽에 발생한 통화팽창을 어제 오후에 전혀 예측 못 했고 오늘도 그 사실을 모르는 상태에서 노동공급을 늘렸지만, 이내 그 사실을 알아차린다는 것이다. 이때 통화량 변동의 실질효과는 사라지게 된다. 또한 루카스는 중앙은행이 예측 가능한 정책을 운용함으로써 물가예상 착오로 인한 후생비용을 줄일 수 있다고 주장했다. 프리드먼이 제안한 대로 중앙은행이 통화증가율을 경제성장률 수준과 동일하게 맞추는 **통화준칙**(monetary policy rule)을 따르는 것이 그 대표적 예가 될 수 있다.

루카스 화폐경기변동 이론의 한계
- 통계자료에 대한 접근성이 높은 상황에서는 대규모 경기변동 설명에 제한
- 경기변동의 지속성 설명 제한

그러나 통화량 변화와 같은 불규칙적인 충격으로 인해 경제주체들이 실질임금에 대해 착오를 일으킬 수 있다는 사실만으로 대규모의 경기변동을 충분히 설명할 수 있는가에 대해서는 여러 학자들이 회의적인 견해를 피력하고 있다. 특히 매달 소비자물가지수(CPI)나 생산자물가지수(producer price index ; PPI)와 같은 물가지수가 정부나 여러 기관에 의해 발표되고 통계자료를 쉽게 구할 수 있는 상황에서는, 경제주체들이 명목임금 변화와 실질임금 변화를 완벽하게 구분할 수는 없을지라도 그 판단의 오차는 매우 작을 것이다. 따라서 실제 관찰되는 대규모의 경기변동을 작은 물가예상의 오차로 설명하기는 어려울 것으로 보인다.

뿐만 아니라 화폐경기변동이론은 실제 경기변동의 지속성을 설명하기 어렵다. 경기변동의 지속성을 설명하려면 물가예상 착오를 유발하는 통화충격이 계속 발생해야 하는데, 과연 현실이 그러한지는 의문이다. 왜냐하면 합리적 기대를 하는 경제주체들이 물가를 잘못 예측하더라도 다음 기에 즉시 기대수준을 조정하기 때문이다. 따라서 화폐경기변동론자들은 지속적인 경기변동 현상을 설명하기 위하여 중앙은행의 통화량 변화가 경제주체들의 행동을 통해 내생적으로 파급되어 그 효과가 여러 기간 동안 지속될 수 있도록 하는 메커니즘(endogenous propagation mechanism)을 규명하는 데 주력하고 있다.[9]

9. 이러한 화폐경기변동모형의 대표적 예로는 다음을 들 수 있다. Grossman, S. and Weiss, L., "A Transactions-Based Model of the Monetary Transmission Mechanism," *American Economic Review*, 1983.

3. 결론

Macroeconomics ch. twelve

우리는 이 장에서 새고전학파의 대표적인 경기변동이론들을 살펴보았다. 주요 결과를 요약하면 다음과 같다.

실물경기변동모형에서는 경기변동을 유발하는 요인이 총요소생산성의 변화이고, 화폐는 중립적이다. 반면 루카스의 화폐경기변동모형은 통화량 변화가 경기변동을 유발할 수 있음을 보인다. 하지만 합리적 기대 하에서는 통화량 변동의 실질효과가 지속적이지 않다. 즉, 화폐가 비중립적이지만 그 정도가 13～16장에서 살펴볼 새케인즈학파의 경기변동모형에 비해 크지 않다고 할 수 있다. 따라서 두 모형은 화폐의 중립성 측면에서 이론적으로는 상반된 결과를 보이지만 실질적으로는 큰 차이가 아닌 것으로 볼 수 있다.

끝으로 두 모형의 주요 정책시사점은 다음과 같다. 첫째, 실물경기변동이론에 의하면 경기변동은 생산성 충격에 대한 경제주체의 최적 반응과 시장균형의 결과라는 점에서 경제안정화를 위한 정부개입은 정당화되기 어렵다. 둘째, 화폐경기변동이론에 의하면 경기변동은 통화정책에 대한 불완전 정보에 기인한 것이므로 정부와 중앙은행은 통화정책의 불확실성을 줄임으로써 후생을 증가시킬 수 있다.

요약

1. 실물경기변동이론

1.1 총요소생산성 충격과 경기변동 화폐가 중립적인 일반균형모형에서 총요소생산성의 변화를 가져온 지속적 기술충격에 대한 모형의 예측 중 경기순응적인 고용, 투자, 소비, 실질임금과 경기역행적인 실질이자율, 물가수준은 실제 데이터와 일치하는 반면, 경기순응적인 화폐공급은 모형이 설명하지 못하고 있다.

1.2 실물경기변동이론의 의의와 한계 실물경기변동이론은 경기변동의 지속성과 동조성을 이론적으로 잘 설명한다. 하지만 지속적이고 변동성이 큰 기술충격이 실제로 존재하는가에 대한 비판이 있으며, 화폐의 비중립성을 설명하지 못한다는 한계가 있다.

2. 화폐경기변동이론

2.1 물가예상 착오와 경기변동 물가수준의 변화에 대한 불완전정보와 합리적 기대를 가정한 일반균형모형에

서 예상치 못한 통화량의 변화에 대해 고용, 투자, 소비는 경기순응적이고 실질이자율은 경기역행적인 모형의 예측은 실제 데이터와 일치한다. 그러나 물가수준은 경기순응적이고 실질임금은 경기역행적인 결과 실제 데이터와 맞지 않는 것으로 나타났다. 이러한 화폐경기변동이론은 가격경직성 없이 경기변동을 설명하고 케인즈의 화폐환상을 합리적 기대에서의 물가예상 착오로 발전시켰다.

2.2 정책시사점과 한계 화폐경기변동이론은 예측 가능한 통화정책이 물가예상 착오로 인한 후생비용을 줄일 수 있다는 정책시사점을 준다. 또한 통계자료 접근성이 높은 현실에서 물가예상 착오에 기반하여 경기변동의 지속성을 설명하는 데에는 근본적인 한계가 있다.

3. 결론

실물경기변동이론과 화폐경기변동이론에서 경기변동을 유발하는 요인은 각각 총요소생산성의 변화와 통화량 변화이다. 화폐경기변동이론에 따르면 합리적 기대 하에서 통화량 변화의 실질효과가 지속적이지 않기 때문에 화폐의 중립성 측면에서 두 모형은 실질적으로 큰 차이를 보이지 않는다. 실물경기변동이론은 경제안정화를 위한 정부개입이 정당화되기 어렵다는 정책시사점을 주는 반면, 화폐경기변동이론은 통화정책의 불확실성 감소가 후생을 증가시킬 수 있다는 정책시사점을 준다.

연습문제

01 실물경기변동모형을 이용하여 미래에 새로운 기술혁신이 도래할 것이라는 발표가 현재 총산출량, 소비, 투자, 고용, 실질임금, 실질이자율, 명목이자율, 그리고 물가수준에 미치는 영향을 설명하라.

02 실물경기변동모형을 이용하여 지진과 해일(tsunami)에 따른 자본파괴가 거시경제의 국민소득, 소비, 투자, 고용, 실질임금, 실질이자율, 그리고 물가수준에 미치는 영향을 분석 · 설명하라.

03 총요소생산성의 일시적 증가가 거시경제의 국민소득, 소비, 투자, 고용, 실질임금, 실질이자율, 그리고 물가수준에 미치는 영향을 다음 이론을 이용하여 각각 분석 · 설명하라.

(1) 루카스의 화폐경기변동이론

(2) 실물경기변동이론

04 다음 명제의 참, 거짓을 밝히고 그 이유를 간략히 서술하라.

(1) 실물경기변동모형에서 총요소생산성의 지속적 감소는 실질임금의 하락과 물가수준의 하락을 가져온다.

(2) 화폐경기변동모형에서 예상치 못한 통화량 감소의 결과 실질임금의 하락과 실질이자율의 상승을 가져온다.

05 어떤 경제의 대표적 소비자의 효용함수와 대표적 기업의 생산함수는 다음과 같다.

- **효용함수** : $U = \ln\left(C - \frac{2}{3}BL^{1.5}\right)$
- **생산함수** : $Y = AL^{0.5}K^{0.5}$

여기서 C, L, K, A는 각각 소비, 노동, 자본, 생산성을 나타내며, B는 노동의 비효용성을 결정하는 모수이다. 소비자가 공급하는 노동 한 단위에 대한 실질임금은 w, 자본 한 단위에 대한 실질임대료는 r이다. 자본은 일정하며 모든 시장은 완전경쟁시장이다. 다음 물음에 답하라.

(1) 노동수요 및 노동공급함수를 도출하라.

(2) $B = 5$, $K = 1$일 때, A가 40에서 90으로 증가하면 균형실질임금, 균형노동, 균형산출은 어떻게 변화하는지 답하라.

(3) (2)의 결과를 이용하여 실물경기변동론이 경기변동의 정형화된 사실을 어떻게 설명할 수 있는지 논하라.

(2021년 행정고시 기출문제)

Macroeconomics ch. thirteen

13

새케인즈학파의 경기변동모형

우리가 12장(새고전학파의 경기변동모형)에서 살펴보았듯이 고전학파의 전통을 따르는 실물경기변동모형에서 통화량의 변화는 총생산과 고용 등 실물부문에 아무런 영향을 미치지 못한다. 또한 시장균형이 효율적으로 최선의 자원배분을 가져오므로 정부의 적극적인 경제안정화 정책이 정당화되기 어렵다. 그러나 단기적 경기변동의 주요 사실을 살펴본 11장(2.5 통화량과 정부지출)에 따르면 통화량은 실질GDP와 단기적으로 양(+)의 상관관계를 갖는다. 여기서는 화폐가 거시경제의 실물부문에 대하여 비중립적이라고 본 케인즈학파의 총수요 · 총공급 모형과 이를 일반균형모형으로 발전시킨 새케인즈학파의 경기변동모형을 살펴본다.

1. 화폐의 비중립성

우리가 지금까지 살펴보았던 모형은 대부분 화폐의 중립성(monetary neutrality) 및 고전적 이분성(classical dichotomy)의 특징을 보인다. 이 경우 경제의 실물부문과 명목부문이 이론적으로 분리되므로 실물경제의 균형은 화폐시장과 독립적으로 결정되고, 통화량의 변화는 단순히 물가수준에만 영향을 미친다. 이를 명확히 보여주는 가장 단순한 방정식이 10장(1. 화폐수량설 : 통화량과 물가)에서 소개되었던 화폐수량설의 교환방정식이다.

$$M\bar{V} = PY$$

여기서 유통속도(V)는 특정 값 $\bar{V}$에 고정되어 있고 통화량(M)은 외생변수이다. 위 식에 따르면 통화량(M)이 변할 때 명목GDP(PY)는 비례적으로 변해야 한다. 그런데 화폐가 중립적이라면 실질GDP(Y)는 M의 변화에 영향을 받지 않는다. 따라서 다른 조건이 고정되어 있다면 M의 증가(감소)는 P의 비례적 증가(감소)로 이어지고, 이는 곧 모든 명목 변수들의 비례적 증가(감소)를 가져온다.

위의 이론적 결과는 장기적으로 타당하지만, 단기에서는 경험적 사실과 일치하지 않는 경우가 많다. 〈그림 13-1〉은 현실경제에서 물가수준, 총생산, 명목이자율이 외생적인 통화정책의 변화(통화량 감소)에 어떻게 반응하는지를 보여준다. 〈그림 13-1〉의 (c)는 통화량이 감소했는데도 물가수준은 1년 남짓 동안 거의 변

그림 13-1

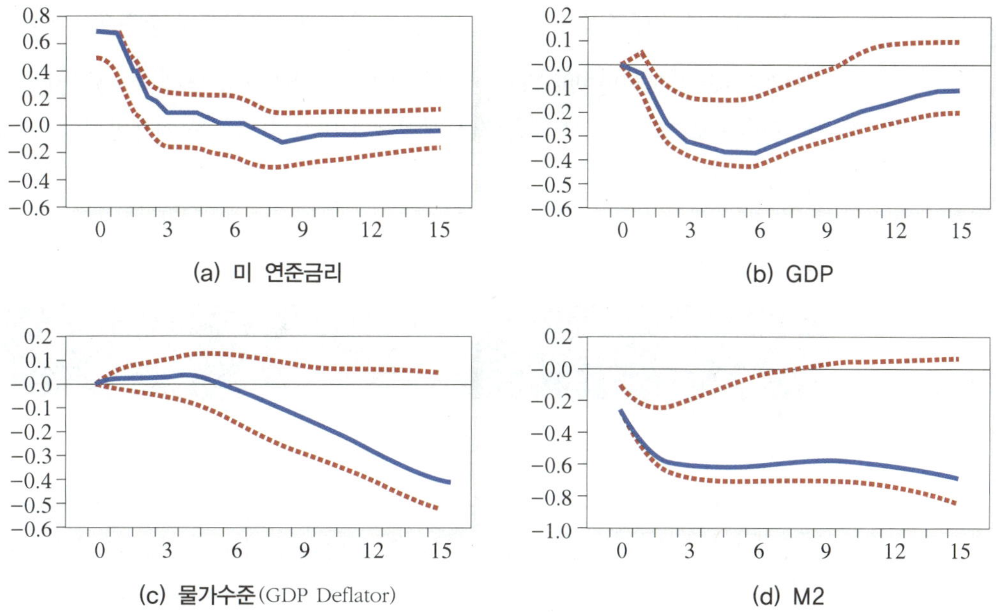

출처 : Christiano, Eichenbaum, and Evans (1999)

통화정책 충격에 대한 주요 거시경제지표의 반응

Christiano, Eichenbaum, and Evans(1999)는 미국의 시계열 자료를 실증분석 하였다. 이 분석에서 총생산, 물가수준, 통화량, 명목이자율은 각각 실질GDP, GDP 디플레이터, M2, 미 연준금리(Federal Funds Rate)로 측정한다. 세로축은 각 변수가 장기추세선 또는 균제상태에서 벗어난 정도를 백분율로 나타낸다. 가로축의 눈금은 통화정책의 최초 충격 후 경과된 시간을 나타낸다. 시간단위는 분기이다. 붉은색 점선은 95% 신뢰구간을 나타낸다.

화가 없음을 보여준다. 위의 교환방정식에 따르면 P가 반응하지 않을 때 Y가 M에 비례하여 변해야 한다. 〈그림 13-1〉의 (b)에서 실제로 Y는 M과 유사한 형태의 단기적 감소를 보여준다. 하지만 시간이 지나면서 P가 서서히 하락함에 따라 Y는 원래 수준, 즉 장기추세선 또는 균제상태로 돌아간다. 결국 화폐가 장기적으로는 중립적이지만 단기적으로는 실물경제에 상당히 크고 지속적인 영향을 미친다는 것을 보여준다.

〈그림 13-1〉의 경험적 사실은 12장에서 소개되었던 새고전학파의 경기변동이론으로는 설명하기 어렵다. 먼저 실물경기변동모형에서는 화폐가 완전히 중립적이다. 또한 화폐경기변동모형에서는 화폐가 완전히 중립적이지는 않지만, 이 모형에서 경제주체의 착오로 인해 발생하는 화폐의 '비중립성'은 관측된 사

실, 즉 크고 지속적인 통화정책의 실질 효과를 설명하기에는 충분하지 않다.

우리는 이 장에서 단기적으로 재화가격이 경직적인 모형을 살펴본다. 먼저 경제학원론에서 대표적 경기변동모형으로 배운 케인즈학파의 총수요 · 총공급 모형(aggregate demand-aggregate supply model ; *AD-AS* model)을 간략히 정리한다. 다음으로 제3편에서 배운 거시경제학의 미시적 기초를 이용하여 이 모형을 새케인즈학파의 일반균형모형으로 확장할 것이다.

2. 총수요 · 총공급 모형(*AD-AS* 모형)

총수요 · 총공급 모형은 총수요곡선과 총공급곡선으로 구성되어 있다. 총공급곡선은 기업이 공급하는 재화 · 서비스의 양과 물가수준 간의 관계를 보여준다. 기업이 공급하는 재화 · 서비스의 가격은 장기적으로 신축적이지만 단기적으로는 경직적이기 때문에 총공급곡선은 시계(time horizon)에 따라 다른 형태를 가진다.

2.1 거시경제의 단기균형과 장기균형

먼저 **장기총공급곡선**(long run aggregate supply ; *LRAS*)부터 살펴보자. 우리는 이미 4장의 솔로우 모형과 9장의 일반균형모형에서 장기적으로 재화가격이 신축적일 때 총공급이 어떻게 결정되는지 알아보았다. 핵심 결과는 기업들이 공급하는 총산출량은 생산요소의 투입량과 기술수준에 의해 결정되며, 물가수준의 영향을 받지 않는다는 것이다. 따라서 장기총공급곡선을 총생산 또는 실질 GDP(Y)와 물가수준(P)의 평면에 나타내면 〈그림 13-2〉의 (a)에서와 같이 수직선이 된다. 여기서 *LRAS*를 나타내는 수직선과 9장(2.2 노동시장의 균형과 총공급)의 실질총공급(Y^s)을 나타내는 수직선은 가로축 상에서 같은 위치에 있다.

반면에 단기적으로는 모든 재화 · 서비스의 가격이 일정 수준으로 고정된다고 가정한다. 그리고 기업들은 그 가격수준에서 고객들이 구매하는 수량만큼 생산 · 공급한다고 하자. 이 경우 **단기총공급곡선**(short run aggregate supply ; *SRAS*)은 〈그림 13-2〉의 (b)에서와 같이 수평선이 된다.

그림 13-2

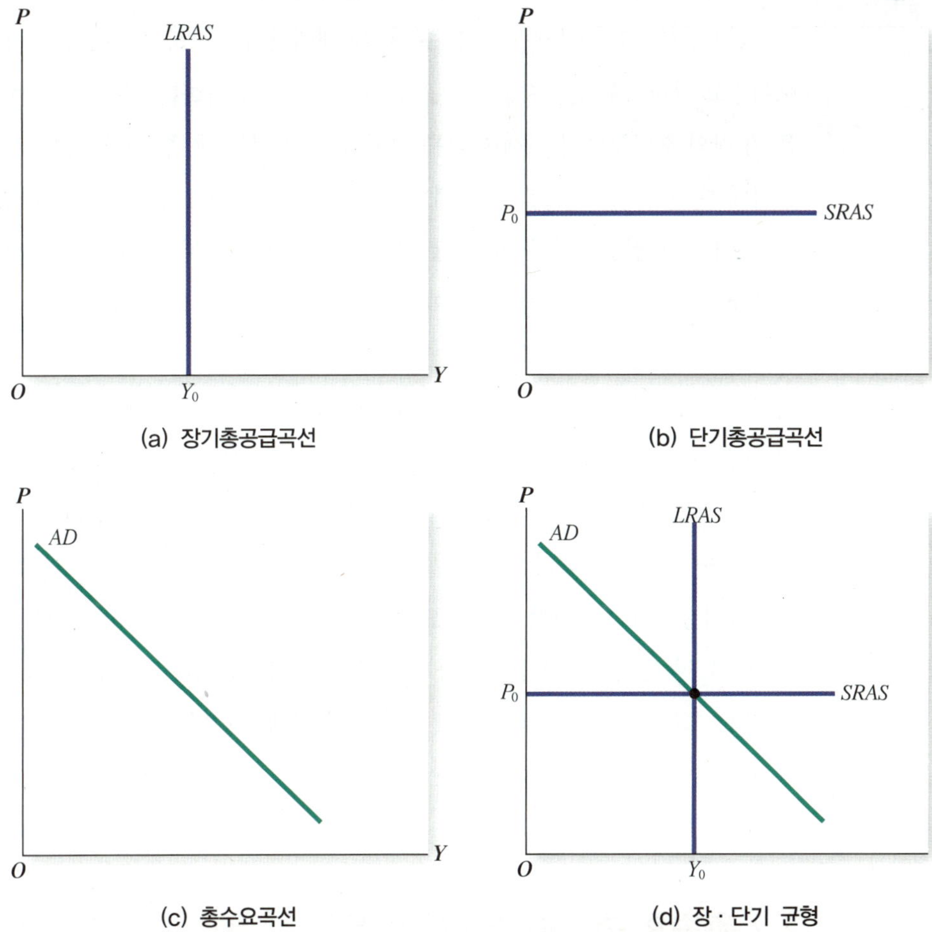

총수요 · 총공급 모형

장기총공급(long run aggregate supply ; *LRAS*)곡선은 총생산 또는 실질GDP(*Y*)와 물가수준(*P*)의 평면에서 수직선으로 나타난다. 반면, 단기총공급(short run aggregate supply ; *SRAS*)곡선은 수평선으로 나타난다. 총수요(aggregate demand)곡선은 총생산 또는 실질GDP(*Y*)와 물가수준(*P*)의 평면에서 우하향하는 형태를 보인다. 거시경제의 단기균형은 총수요곡선과 단기총공급곡선이 만나는 점, 장기균형은 총수요곡선과 장기총공급곡선이 만나는 점에서 이루어진다.

다음으로, **총수요곡선**(aggregate demand ; *AD*)은 어떻게 도출할 수 있을까? 총수요는 기업이 생산한 재화에 대한 총지출로서 가계소비(*C*)와 기업투자(*I*), 그리고 정부지출(*G*)의 합이 된다. 우리는 이미 9장의 일반균형모형에서 실질총수요곡선을 도출한 바 있다. 하지만 총수요 · 총공급 모형 또는 *AD*–*AS* 모형에서의 총수요곡선(*AD*)은 총수요와 물가수준 간의 관계를 보여준다는 점에서 총수요와 실질이자율의 관계를 보여주는 실질총수요곡선과는 다르다.

〈그림 13-2〉의 (c)는 물가수준(*P*)에 대해서 우하향하는 총수요곡선(*AD*)을 보여주고 있다. 즉, 물가수준이 낮을수록 총수요는 증가한다. 총수요곡선의 도출은 이 장의 후반부에서 자세히 다룰 것이다. 여기서는 왜 총수요곡선이 우하향하는지에 대해서 직관적으로 이해해보자. 우선 물가수준의 상승은 가계가 보유한 부(wealth)의 실질가치를 떨어뜨린다. 예컨대 어떤 가계소비자가 1,000만원의 현금을 갖고 있는 경우 물가수준이 높을수록 이 돈으로 살 수 있는 재화의 수량은 감소한다. 즉, 물가수준이 상승함에 따라 부의 실질가치가 감소하고, 이에 따라 소비는 줄어들게 된다. 또한 투자도 물가수준이 높을수록 감소한다. 물가수준이 상승하는 경우 화폐에 대한 수요가 늘어나는데, 이때 중앙은행이 화폐공급을 늘리지 않는다면 화폐에 대한 초과수요가 발생하여 이자율이 상승하고, 이에 따라 투자는 줄어들게 된다.

거시경제의 **단기균형**은 총수요곡선(*AD*)과 단기총공급곡선(*SRAS*)이 만나는 점, **장기균형**은 총수요곡선(*AD*)과 장기총공급곡선(*LRAS*)이 만나는 점에서 이루어진다. 〈그림 13-2〉의 (d)는 세 곡선이 한 점에서 만나는 경우, 즉 단기균형과 장기균형이 같은 경우를 보여준다. 하지만 일반적으로 세 곡선이 한 점에서 만날 필요는 없다.

2.2 총수요 충격과 장 · 단기 분석

제3편(거시경제학의 미시적 기초)에서 여러 차례 보았듯이 소비와 투자는 물가수준뿐만 아니라 여러 가지 다른 변수들의 영향을 받는다. 또한 재정정책의 변화에 따라 정부지출도 물가수준과 무관하게 변할 수 있다. 주어진 물가수준에서 총지출에 영향을 미치는 다른 요인이 변한다면 총수요곡선 자체가 이동할 것이다. 예컨대, 정부지출의 증가는 총수요곡선을 오른쪽으로 이동시킨다. 또한 중앙은행이 화폐공급을 늘리면 (주어진 물가수준에서) 소비자의 부가 증가하고, 이에 따라 소비가 늘어나므로 총수요곡선이 오른쪽으로 이동하게 된다.

정부지출의 증가 : 총수요곡선의 우측이동
화폐공급의 증가 : 총수요곡선의 우측이동

그렇다면 총수요곡선의 이동은 장기균형과 단기균형에 어떤 영향을 미치는가? 총수요곡선의 이동은 장기적으로 총생산에 어떤 영향도 미치지 못한다. 이는 장기총공급곡선이 수직선이기 때문이다. 이 결과는 거시경제의 총생산이 전적으

그림 13-3

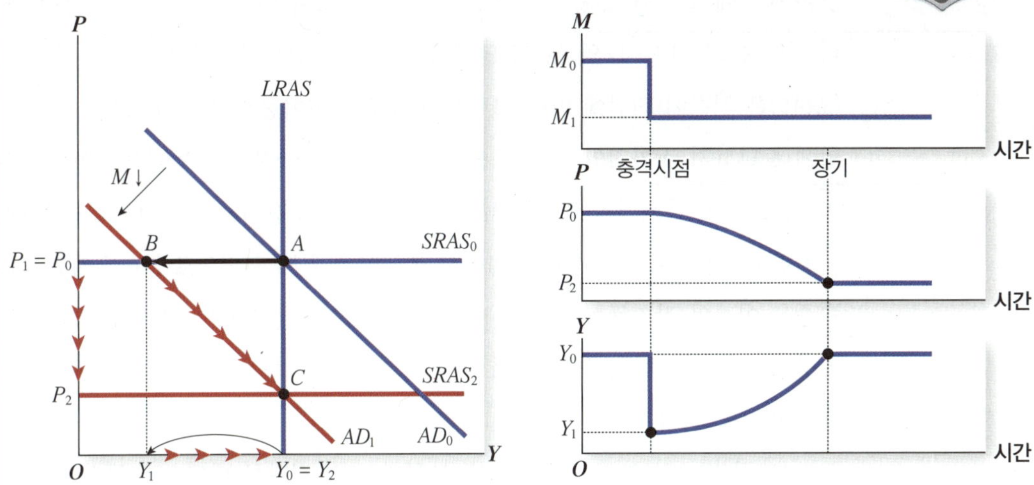

(a) 통화정책 충격의 단기 · 장기 효과 (b) 통화정책 충격에 대한 반응

통화정책 충격의 효과와 반응

수축적인 통화정책은 총수요의 감소를 가져와 총수요곡선을 좌측이동시킨다. 이로 인해 단기균형은 새로운 총수요곡선(AD_1)이 단기총공급곡선과 교차하는 점(B)에서 이루어진다. 즉, 수축적인 통화정책의 단기적 효과는 총생산 감소, 물가 불변으로 나타낼 수 있다. 그러나 낮은 수요에 대한 반응으로 물가는 점차 감소하고 이로 인해 단기총공급곡선이 하방이동한다. 새로운 장기균형은 이동한 총수요곡선(AD_1)과 장기총공급곡선이 교차하는 점(C)에서 이루어진다. 즉, 장기적으로 총생산은 원래 수준으로 돌아오고 물가는 초기 수준보다 감소한다.

로 총공급 측면에 의해 결정된다고 본 신고전학파 모형, 예컨대 9장의 일반균형모형이나 12장의 실물경기변동모형의 결과와 같다. 반면에 단기총공급곡선은 수직이 아니므로 총수요곡선의 이동은 총생산의 변화를 가져온다. 특히 이 모형에서처럼 단기총공급곡선이 완전히 수평일 경우에는 총생산이 전적으로 총수요에 의해 결정된다.

예를 들어 중앙은행이 화폐공급을 줄였다고 하자(M↓). 이와 같은 통화긴축(monetary tightening)은 총수요의 감소를 가져오게 되는데, 이에 따라 총수요곡선(AD)이 〈그림 13-3〉의 (a)에서처럼 왼쪽으로 이동해 AD_1이 된다. 단기균형은 이 새로운 총수요곡선이 단기총공급곡선($SRAS$)과 교차하는 점 B에서 이루어지므로, 단기적으로 총생산은 Y_0에서 Y_1으로 감소하는 한편, 물가수준은 P_0에서 변화가 없게 된다. 즉, 경기침체가 발생한 것이다. 한편 앞서 〈그림 13-1〉에서 본 것처럼 통화긴축에 따른 수요 감소에 대한 반응으로 물가는 시간이 지남에 따라 서서히 하락한다. 예를 들어 통화긴축 시행 한 달 후에는 물가가 P_0보다 약간 낮은 수준에 고정되고, 두 달 후에는 물가가 그보다 더 낮은 수준에 고정될 것이다. 즉, 〈그림 13-3〉의 (a)에 명시적으로 보이지는 않았지만, 단기총공급곡선(*SRAS*)은 시간이 지남에 따라 서서히 아래로 수평이동하게 된다. 그런데 장기균형에 도달하기 전까지의 균형은 총수요곡선(AD_1)이 *SRAS*와 만나는 점에서 이루어지므로 균형점은 총수요곡선(AD_1)을 따라 새로운 장기균형인 점 *C*까지 아래로 이동한다. 이 새로운 장기균형(*C*)에서 총생산은 원래 수준으로 돌아오지만, 물가수준은 이전의 장기균형(*A*)보다 낮다. 결과적으로 총수요의 변화는 단기적으로 총생산에 영향을 미치지만, 이 효과는 시간이 흐르면서 기업들이 가격을 조정함에 따라 사라진다.

〈그림 13-3〉의 (b)는 *AD*-*AS* 모형의 분석 결과를 바탕으로 통화량(*M*) 감소에 따른 실질GDP와 물가수준의 시간 경로를 보여준다. 이 결과를 〈그림 13-1〉에 있는 실제 데이터와 비교해보자. 이 모형이 매우 단순함에도 불구하고 데이터의 주요 특징을 잘 설명하고 있다는 것을 알 수 있다.

2.3 정책시사점

이 모형의 중요한 함의는 우리가 현실에서 관측하는 총산출량 또는 국내총생산(GDP)은 9장의 신고전학파 모형에서 결정된 균형산출량, 즉 *LRAS*를 나타내는 수직선에 의해 결정되는 산출량과는 일반적으로 다르다는 것이다. 신고전학파 모형의 균형산출량은 모든 재화의 가격이 항상 신축적이라는 가정 하에 도출된 결과이다. 하지만 *AD*-*AS* 모형에서처럼 현실에서 재화가격이 경제여건의 변화에 즉각적으로 반응하지 않는다면, 단기적으로 실제 균형산출량은 신고전학파 모형의 균형산출량과 다를 것이다.

자연산출량(잠재산출량, 완전고용산출량) 가격이 신축적일 때의 산출량, 즉 이론적으로 장기균형에서만 발생하는 GDP

가격이 신축적인 경우의 산출량, 즉 이론적으로 장기균형에서만 발생하는 GDP와 우리가 실제 관측하는 GDP를 구별하기 위해 전자를 **자연산출량**(natural level of output), **잠재산출량**(potential output) 또는 **완전고용산출량**(full-employment output)이라고 부른다.[1] 자연산출량은 경제의 생산요소투입량 및 기

1. 고전학파에 따르면 노동시장은 항상 균형 상태에 있으므로 일할 의사가 있는 사람들은 모두 고용되어 균형고용량은 완전고용 수준이 된다. 따라서 자연산출량을 완전고용산출량이라 하기도 한다. 물론 현실에서는 장기균형에서도 어느 정도의 실업은 발생하기 마련이다. 이때의 실업률을

술수준에 따라 결정된다. 따라서 솔로우 모형에서처럼 자연산출량은 기술진보에 따라 계속 증가한다. 하지만 여기서는 단기적인 경기변동에 초점을 맞추기 위해 장기적인 추세는 무시하기로 한다.

실제 산출량과 자연산출량의 차이를 **산출량 갭**(output gap) 또는 **GDP 갭**이라고 한다.

산출량 갭(GDP 갭, 아웃풋 갭) 실제 산출량과 자연산출량의 차이

$$\text{산출량 갭} \equiv Y - Y^n$$

위 식에서 Y^n은 자연산출량을 나타낸다. 이 책에서 배우는 모형과 관련해서 볼 때 솔로우 모형이나 새고전학파의 실물경기변동모형은 자연산출량(Y^n)의 결정에 대한 이론을 제공하는 반면, 새케인즈학파의 모형은 산출량이 자연산출량으로부터 어떻게 벗어나는지, 즉 산출량 갭($Y - Y^n$)에 대한 이론을 제공한다고 볼 수 있다.

그렇다면 *AD–AS* 모형의 정책시사점은 무엇일까? 우리는 12장의 실물경기변동모형에서 결정되는 균형산출량은 경제의 효율적인 자원배분을 저해하는 마찰요인(frictions)이 없는 세계에서 각 경제주체의 최적화 행위와 시장청산의 결과로 얻어지는 최선의 산출량임을 알았다. 반면에 *AD–AS* 모형에서는 **가격경직성**(price rigidity)이라는 마찰요인이 존재한다. 즉, 경제에는 재화가격이 경제의 상황에 따라 자연스럽게 조정되는 과정을 방해하는 요인이 있다는 것이다. 따라서 단기에서 자연산출량 또는 잠재산출량에서 벗어난 산출량은 **후생비용**(welfare cost)을 초래한다.

이러한 경제에서 정책당국의 목표는 통화 · 재정정책을 통해 총수요곡선을 이동시킴으로써 산출량을 자연산출량에 최대한 가깝게 하는 것, 결국 GDP 갭을 최소화하는 것이 된다. 다시 말해서 자연산출량이 경제안정화 정책의 기준점이 되는 것이다. 여기서 주의할 점은 경제안정화의 목적이 산출량을 일정하게 유지하는 것이 아니라는 것이다. 기준점이 되는 자연산출량이 총요소생산성의 변화 등 총공급 측면의 상황에 따라 변하기 때문이다. 따라서 각 나라의 정책당국 및 거시경제학자들은 자연산출량과 자연산출량 성장률(잠재성장률)의 추정치를 항상 예의주시하고 있다.

자연실업률이라고 한다. 이에 대해서는 14장(필립스곡선과 기대)에서 다시 논의하기로 한다.

3. *IS*–*LM* 모형

우리는 앞 절에서 단기총공급곡선이 수평인 경우, 단기적으로 실질GDP는 전적으로 총수요에 의해 결정됨을 보았다. 이 절에서는 총수요 측면을 좀 더 자세히 살펴보기 위해 미시적 기초에 기반한 *IS*–*LM* 모형을 소개한다.

IS–*LM* 모형은 이름이 암시하듯이 *IS*곡선과 *LM*곡선으로 구성되어 있다. 이제 이 두 곡선을 차례로 도출한 후 이들을 결합하여 단기적으로 거시경제균형이 어떻게 결정되고 이러한 단기 균형이 경제충격에 대해 어떻게 반응하는지를 살펴볼 것이다.

3.1 재화시장의 균형 : *IS*곡선

먼저 재화시장의 균형을 고려해 보자. 앞서 9장(3. 대부자금시장의 균형)에서도 살펴보았듯이 재화시장의 균형($Y = C + I + G$)은 곧 대부자금시장의 균형($I = S$)을 의미한다. 9장(2.1 총수요)에서와 동일한 방법으로 재화시장의 균형에서 국민소득이 총수요에 의해 결정된다는 가정 하에 *IS*곡선을 도출할 수 있다. 즉, *IS*곡선은 재화시장과 대부자금시장의 균형을 가져오는 이자율과 국민소득(r, Y)의 조합을 그래프로 나타낸 것이다. 일반적으로 이러한 조합은 무수히 많다는 것에 주목할 필요가 있다.

IS곡선 재화시장과 대부자금시장의 균형을 가져오는 이자율과 국민소득(r, Y)의 조합을 그래프로 나타낸 것

〈그림 13–4〉는 9장(2.1 총수요)의 〈그림 9–4〉에서 살펴본 *IS*곡선의 도출과정을 옮겨 놓은 것이다. 이처럼 우하향하는 *IS*곡선의 위치는 재화 · 서비스에 대한 총수요에 영향을 미치는 정부지출(G, G')이나 미래 생산성(z') 같은 외생변수에 의해 결정된다. 예를 들어 z'이나 G의 증가는 *IS*곡선의 우측이동을 가져오는 반면, G'의 증가는 C의 감소를 가져오므로 *IS*곡선을 좌측으로 이동시킨다.[2]

9장(2.3 실물부문의 균형)의 신고전학파 모형에서는 〈그림 13–4〉와 같이 우하향하는 *IS*곡선에 수직인 실질총공급곡선 Y^s를 더하여 *IS*곡선과 Y^s곡선이 만나는 점에서 재화시장의 균형을 가져오는 이자율과 국민소득이 결정되었다. 이때 수직인 Y^s곡선은 모든 가격들이 신축적으로 조정된다는 가정 하에 기업들이 선

2. 9장(2.1 총수요)에서 *IS*곡선의 이동을 자세히 설명했으므로 여기서는 생략한다.

그림 13-4

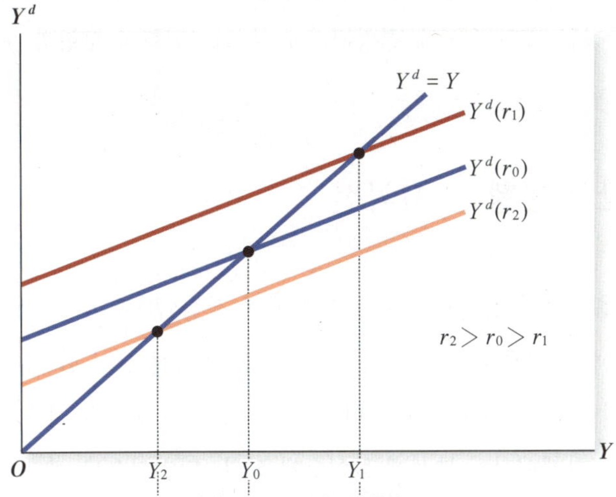

(a) 실질이자율과 총수요

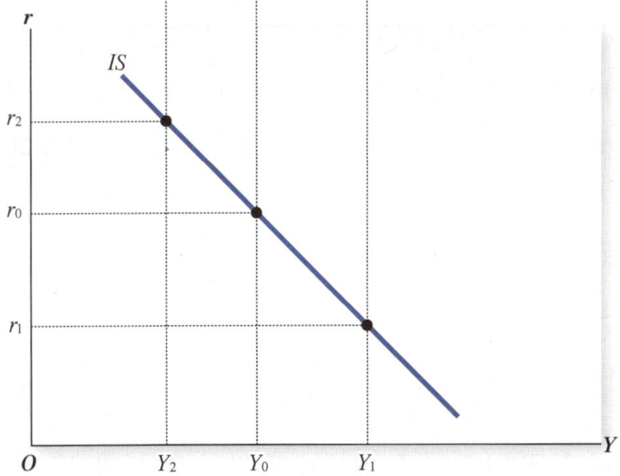

(b) *IS*곡선

➡ *IS*곡선의 도출

*IS*곡선은 재화시장과 대부자금시장의 균형을 가져오는 이자율과 국민소득(r, Y)의 조합을 그래프로 나타낸 것이다. 실질이자율이 r_0에서 r_1으로 감소하였다고 가정해 보자. 실질이자율의 감소는 소비와 투자를 증가시키고 이는 총수요의 증가로 이어진다. 이로 인해 Y^d의 수준이 증가하여 국민소득이 Y_0에서 Y_1으로 증가한다. 반면, 이자율이 r_2로 상승하는 경우 소비와 투자가 감소하고 이로 인한 총수요 감소로 인해 국민소득이 Y_2로 감소한다. 이러한 이자율과 국민소득 간 관계를 이자율과 국민소득 평면에 나타내보면 우하향하는 *IS*곡선이 도출됨을 알 수 있다.

택한 총생산임을 주목할 필요가 있다. 이러한 가정은 장기적으로 적절하지만, 단기적으로는 현실경제와 잘 부합하지 않는다.

따라서 단기적으로 총공급에 대한 다른 가정이 필요하다. 여기서는 분석의 단순화를 위해 앞 절의 *AD–AS* 모형에서처럼 단기적으로 모든 가격들이 일정 수준에 고정되어 있고, 기업들은 이 가격수준에서 고객들이 구매하는 수량만큼 생산·공급한다고 가정한다. 다시 말해서 기업들이 독자적으로 얼마만큼 생산할지를 선택하지 않고, 〈그림 13-2〉의 **수평적인 단기총공급곡선**(short-run aggregate supply ; *SRAS*)으로 나타낸 것처럼 실제 생산되는 재화 · 서비스 수량은 전적으로 총수요에 의해 결정된다고 가정하는 것이다. 이는 거시경제의 총생산이 전적으로 총공급 측면에 의해 결정된다고 본 신고전학파 모형과 좋은 대조를 이룬다.

3.2 화폐시장의 균형 : *LM*곡선

단기적으로 총생산이 전적으로 총수요에 의해 결정되므로 9장(2.2 노동시장의 균형과 총공급)에서 총공급을 나타내는 수직선은 *IS*곡선 상의 한 점을 선택하는 데 아무런 역할을 하지 못한다. 그렇다면 단기적으로 총생산은 어떻게 결정되는가? 바로 여기서 화폐시장이 분석에 들어오게 된다. 단기적으로 재화의 명목가격이 고정되어 있으므로 화폐는 더 이상 중립적이지 않으며 고전적 이분성도 성립하지 않는다. 이는 화폐시장에서 일어나는 일들이 일반적으로 거시경제의 실물부문에 영향을 미친다는 것을 의미한다. 따라서 화폐시장의 균형을 거시경제의 다른 세 시장(재화시장, 노동시장, 대부자금시장) 균형과 함께 동시에 고려할 필요가 있다.

먼저 화폐시장의 균형조건은 다음과 같다.

$$\frac{M}{P} = L(Y, r+\pi^e) = L(Y, R)$$

위 식에는 이자율(r)과 국민소득(Y) 두 개의 내생변수가 있다. 화폐공급 M은 외생변수이다. 물가수준 P는 10장(화폐와 물가수준)과 12장의 새고전학파 모형에서 통화량에 의해 결정되는 내생변수였으나, 이 모형에서는 단기적으로 (경제여건에 관계없이) 고정되어 있으므로 외생변수로 취급할 수 있다. 한편 기대인플레이션율 π^e는 미래통화량(M')에만 영향을 받는다고 가정한다. 즉, 미래 통화정책의 변화가 없는 한 기대인플레이션율도 단기적으로 고정되어 있다. 피셔방정식에 따라 실질이자율과 기대인플레이션율의 합($r+\pi^e$)은 명목이자율(R)을 의미한다.

*LM*곡선 화폐시장의 균형을 가져오는 이자율과 소득의 조합 (r, Y)를 그래프로 나타낸 것

*LM*곡선은 '화폐수요 또는 유동성 수요(liquidity demand) = 화폐공급(money supply)'의 영문 머리글자를 합쳐 놓은 것으로서 화폐시장의 균형을 가져오는 이자율과 소득의 조합 (r, Y)를 그래프로 나타낸 것이다. 위 식 (13.1)을 만족시키는 r과 Y가 양(+)의 관계를 가져야 한다는 것을 쉽게 확인할 수 있다. 직

그림 13-5

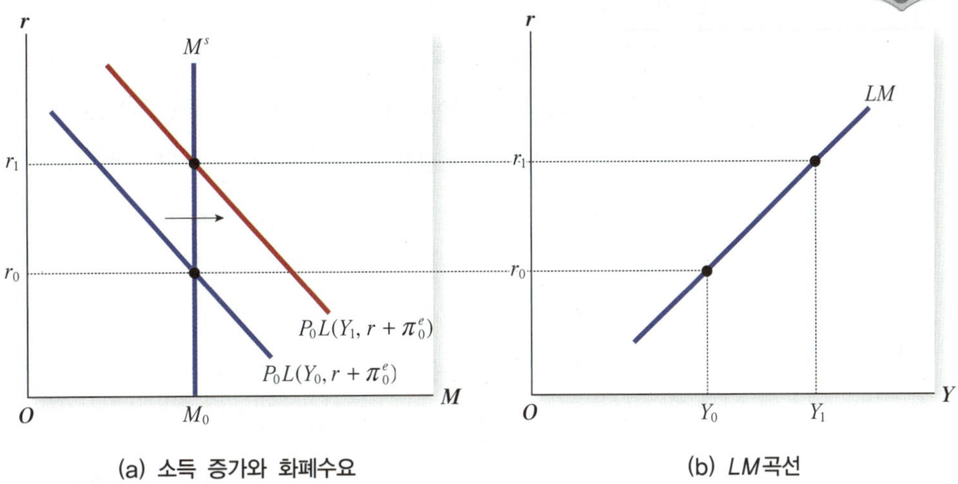

LM곡선의 도출

*LM*곡선은 화폐시장의 균형을 가져오는 이자율과 소득의 조합 (r, Y)를 그래프로 나타낸 것이다. 소득수준이 Y_0에서 Y_1으로 증가한다고 가정해보자. 이로 인해 화폐수요가 증가하여 화폐수요곡선이 우측이동한다. 이때 초기 이자율 r_0에서 화폐시장의 초과수요가 발생하고, 이를 해소하기 위해 균형이자율은 r_1으로 상승한다. 이러한 이자율과 국민소득 간 관계를 이자율과 국민소득 평면에 나타내보면 우상향하는 *LM*곡선이 도출됨을 알 수 있다.

관적으로 위 식에서 좌변의 실질화폐공급$(\frac{M}{P})$이 주어진 경우 소득(Y)이 증가하여 우변의 화폐수요가 증가하면 또 다른 내생변수인 실질이자율(r)이 상승하여 화폐수요가 다시 감소해야만 화폐시장이 균형을 이루게 된다. 따라서 화폐시장의 균형을 만족하는 실질이자율과 소득은 양(+)의 관계를 갖는다.

이제 화폐시장의 균형을 나타내는 그래프로부터 *LM*곡선을 도출해 보자. 10장(4. 화폐수요)의 〈그림 10-3〉에서 세로축의 물가수준(P)에 대한 증가함수로 나타낸 화폐수요 대신에 〈그림 10-4〉의 (b)에서처럼 실질이자율(r)의 감소함수로 나타낸 화폐수요를 이용하는 것이 편리하다.[3] 〈그림 13-5〉는 (r, Y) 평면에 *LM*곡선의 도출과정을 나타내고 있다. 화폐시장을 나타내는 (a)에서 화폐수요 $M^d = P \cdot L(Y, r+\pi^e)$는 주어진 소득$(Y)$, 기대인플레이션율$(\pi^e)$, 물가수준$(P)$에서 실질이자율에 대해 우하향하는 관계를 갖는다. 만약 Y가 증가하거나 P가 상

3. 정확히 말하면 〈그림 10-4〉의 (b)는 화폐수요를 명목이자율의 함수로 나타내고 있으나, 주어진 기대인플레이션율에서 화폐수요는 실질이자율의 함수이다.

승하거나 π^e가 하락하면, 화폐수요곡선은 오른쪽으로 이동할 것이다. 화폐공급곡선 M^s는 외생적으로 주어진 화폐공급량(M_0)에서 수직이 된다.

초기에 국민소득이 $Y = Y_0$라 하고 화폐수요는 $M_0^d = P_0 \cdot L(Y_0, r + \pi_0^e)$로 나타내자. 이때 화폐시장에서는 균형이자율이 r_0로 결정되고, 〈그림 13-5〉의 (b)에서 (r_0, Y_0) 조합은 화폐시장의 균형을 나타내는 LM곡선 위의 한 점이 된다. 이제 소득이 Y_1으로 증가한다고 하자. 그러면 화폐수요가 증가하므로 〈그림 13-5〉의 (a)에서 화폐수요곡선이 주어진 이자율 수준에서 $M_1^d = P_0 \cdot L(Y_1, r + \pi_0^e)$까지 오른쪽으로 이동한다. 이때 초기 이자율 r_0에서 화폐시장의 초과수요가 발생하고, 이를 해소하기 위해 균형이자율은 r_1으로 상승한다. 따라서 〈그림 13-5〉의 (b)에서 (r_1, Y_1)도 LM곡선 위의 한 점이 된다. 이와 같은 방식으로 화폐시장의 균형을 가져오는 이자율과 소득 (r, Y) 조합을 연결하면 우상향하는 LM곡선이 도출된다.

여기서 주목할 점은 LM곡선 상의 실질이자율과 소득 간 양(+)의 관계가 외생적으로 주어진 화폐공급(M), 물가수준(P), 그리고 기대인플레이션율(π^e)에 대해서 도출되었다는 것이다. 즉, (r, Y) 평면에서 우상향하는 LM곡선의 위치는 이러한 외생변수들의 값에 따라 달라진다. 구체적으로 외생변수들의 변화는 화폐수요곡선 또는 화폐공급곡선의 이동을 통해 LM곡선의 이동을 가져올 것이다.

먼저 주어진 물가수준(P_0)과 기대인플레이션율(π_0^e)에서 중앙은행이 화폐공급을 M_0에서 M_1으로 증가시켰다고 하자. 이는 〈그림 13-6〉의 (a)에서 화폐공급곡선을 M_0^s에서 M_1^s으로 우측이동시키는 반면, 주어진 소득수준(Y_0)에서 화폐수요는 $M_0^d = P_0 \cdot L(Y_0, r + \pi_0^e)$로 유지된다. 따라서 늘어난 화폐공급이 화폐수요로 흡수되어 화폐시장이 균형을 이루기 위해서는 이자율이 r_0에서 r_1으로 하락해야 한다. 주어진 소득수준 Y_0에서 화폐시장의 균형을 가져오기 위한 이자율 하락은 〈그림 13-6〉에서 LM곡선이 $LM(M_0)$에서 $LM(M_1)$으로 하방 또는 우측 이동함을 의미한다.

둘째, 단기적으로 물가가 이전 수준 P_0보다 더 높은 수준 P_1에 고정되어 있다고 하자. 주어진 소득수준 Y_0에서 가격이 오른 재화 · 서비스 구입을 위해 가계의 화폐수요가 증가하여 〈그림 13-7〉의 (a)에서 화폐수요곡선이 $M_0^d = P_0 \cdot L(Y_0, r + \pi_0^e)$에서 $M_1^d = P_1 \cdot L(Y_0, r + \pi_0^e)$로 우측이동한다. 이때 주어진 화폐공급($M_0$)을 초과하는 화폐수요가 감소하여 화폐시장이 다시 균형을 이루기 위해서는 이자율이 r_0에서 r_1으로 상승해야 한다. 이와 같이 주어진 소득수준 Y_0에서 화폐시장의

그림 13-6

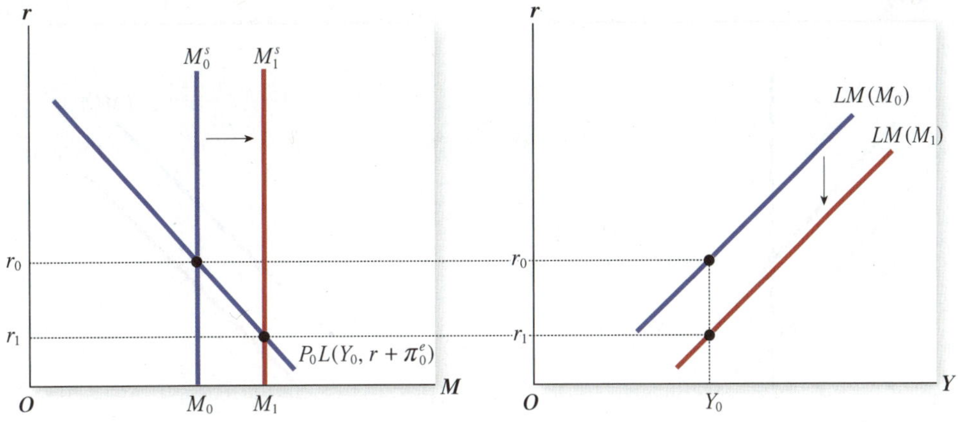

(a) 화폐공급의 증가　　(b) *LM*곡선의 우측(하방) 이동

화폐공급의 증가와 *LM*곡선

중앙은행이 화폐공급을 M_0에서 M_1으로 증가시키는 경우 화폐공급곡선이 M_0^s에서 M_1^s로 우측이동한다. 따라서 화폐시장이 균형을 이루기 위해서는 이자율이 r_0에서 r_1으로 하락해야 한다. 즉, 주어진 소득수준 Y_0에서 화폐시장의 균형을 가져오기 위한 이자율의 하락은 *LM*곡선의 하방이동을 야기한다.

그림 13-7

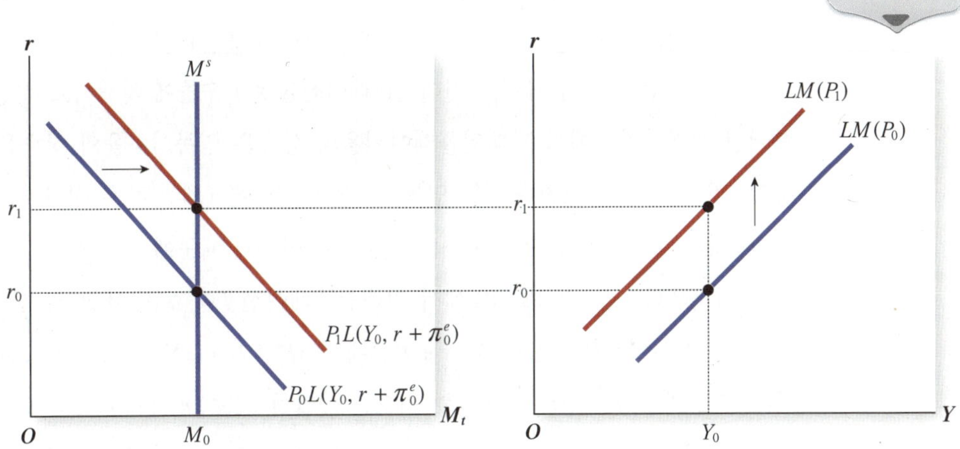

(a) 물가 상승과 화폐수요　　(b) *LM*곡선의 좌측(상방) 이동

물가수준 상승과 *LM*곡선

물가수준이 P_0에서 P_1으로 상승하는 경우 화폐수요곡선이 우측이동한다. 따라서 화폐시장이 균형을 이루기 위해서는 이자율이 r_0에서 r_1으로 상승해야 한다. 즉, 주어진 소득수준 Y_0에서 화폐시장의 균형을 가져오기 위한 이자율의 상승은 *LM*곡선의 상방이동을 야기한다.

그림 13-8

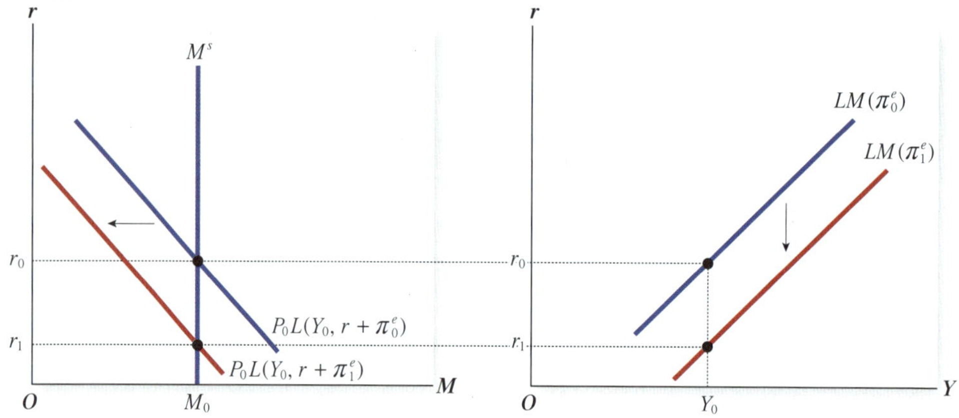

(a) 기대인플레이션율 상승과 화폐수요

(b) LM곡선의 우측(하방) 이동

➡ 기대인플레이션율 상승과 *LM*곡선

기대인플레이션율이 π_0^e에서 π_1^e으로 증가시키는 경우 화폐수요곡선이 좌측이동한다. 따라서 화폐시장이 균형을 이루기 위해서는 이자율이 r_0에서 r_1으로 하락해야 한다. 즉, 주어진 소득수준 Y_0에서 화폐시장의 균형을 가져오기 위한 이자율의 하락은 LM곡선의 하방이동을 야기한다.

균형을 가져오기 위한 이자율의 상승($r_0 \rightarrow r_1$)은 〈그림 13-7〉의 (b)에서 LM곡선이 $LM(P_0)$에서 $LM(P_1)$으로 상방 또는 좌측 이동함을 의미한다.

끝으로 LM곡선의 위치는 기대인플레이션율(π^e) 수준에 의해서도 결정된다. 주어진 실질이자율에서 기대인플레이션율의 상승은 명목이자율의 상승을 통해 화폐수요에 영향을 미친다. 즉, 명목이자율의 상승은 (채권 같은 이자지급 자산 대비) 화폐 보유에 따른 기회비용의 상승을 의미하기 때문에 결국 화폐수요의 감소를 가져온다. 〈그림 13-8〉에서 기대인플레이션율이 π_0^e에서 π_1^e로 상승하면 화폐수요곡선이 $M_0^d = P_0 \cdot L(Y_0, r+\pi_0^e)$에서 $M_1^d = P_0 \cdot L(Y_0, r+\pi_1^e)$로 좌측이동하고 그 결과 화폐시장의 균형을 가져오는 실질이자율이 r_0에서 r_1으로 하락한다. 주어진 소득수준 Y_0에서 화폐시장의 균형이자율 하락($r_0 \rightarrow r_1$)은 〈그림 13-8〉에서 LM곡선의 우측이동으로 나타난다.

3.3 단기균형

지금까지 살펴본 $IS-LM$ 모형은 재화시장의 균형(IS)과 화폐시장의 균형(LM)을 나타내는 다음 두 식으로 요약된다.

$$IS : Y = C(r, Y, Y', G, G') + I(r, z', K) + G$$
$$LM : M = P \cdot L(Y, r + \pi^e)$$

외생적으로 주어진 재정정책(G, G'), 통화정책(M), 기대인플레이션율(π^e), 미래 총요소생산성(z'), 그리고 물가수준(P)에서 IS곡선은 재화시장과 대부자금시장 균형식을 만족하는 실질이자율(r)과 국민소득(Y)의 조합을, LM곡선은 화폐시장의 균형식을 만족하는 r과 Y의 조합을 나타낸다. 〈그림 13-9〉는 앞서 도출한 바와 같이 (r, Y) 평면에서 우하향하는 IS곡선과 우상향하는 LM곡선을 함께 나타낸 것이다.

거시경제의 단기균형은 바로 〈그림 13-9〉에서 IS곡선과 LM곡선이 만나는 점 $(r, Y) = (r_0, Y_0)$에서 이루어지는데, 이는 재화시장 · 대부자금시장과 화폐시장의 균형조건을 동시에 충족시키는 국민소득과 실질이자율을 의미한다. IS곡선

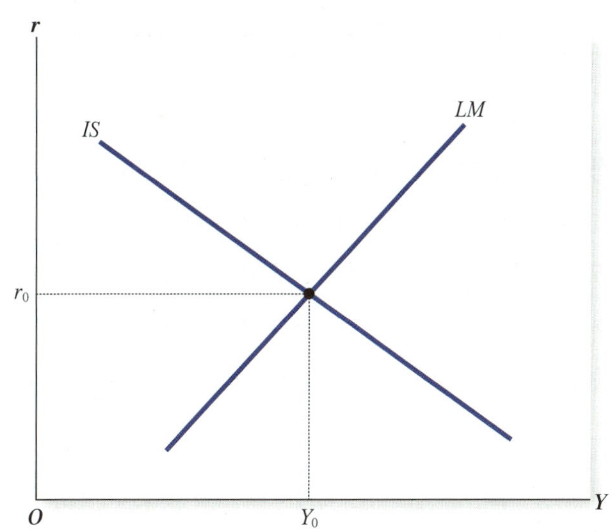

그림 13-9

$IS-LM$ 모형의 단기균형

거시경제의 단기균형은 IS곡선과 LM곡선이 만나는 점, 즉 $(r, Y) = (r_0, Y_0)$에서 이루어진다. 즉, 거시경제의 단기균형은 재화시장 · 대부자금시장과 화폐시장의 균형조건을 동시에 충족시키는 국민소득과 실질이자율을 의미한다.

상에만 있고 *LM*곡선 상에는 있지 않은 (r, Y)는, 재화시장과 대부자금시장은 균형상태지만 화폐시장은 균형상태에 있지 않으므로 거시경제 균형이라고 할 수 없다. 마찬가지로 *LM*곡선 상에 있지만 *IS*곡선 상에 없는 (r, Y)는, 화폐시장은 균형이지만 재화시장과 대부자금시장은 균형상태가 아니므로 거시경제 균형이라 할 수 없다. 두 곡선이 만나는 점에서만 세 시장 모두 동시에 균형을 이룰 것이다.[4]

앞서 살펴보았듯이 *IS*곡선과 *LM*곡선의 위치는 주어진 외생변수들에 의해 결정된다. 일반적으로 외생변수의 변화는 *IS*곡선 또는 *LM*곡선의 이동을 가져오고, 그 결과 단기균형총생산과 이자율, 소비, 투자에 영향을 미칠 것이다. 이제 *IS*–*LM* 모형을 이용하여 단기적인 경기상황에 따라 나타나는 이들 거시경제지표의 변화를 분석해 보자.

4. *IS*–*LM* 모형의 분석

Macroeconomics ch. thirteen

단기적으로 가격이 경직적인 새케인즈학파 모형에서 여러 외생변수의 변화에 대해서 내생변수가 어떻게 반응하는지를 분석해 보자. 먼저 9～10장의 신고전학파 모형과 가장 흥미있는 대조를 보이는 통화정책 · 재정정책의 효과를 분석해 보자.

4.1 통화정책

중앙은행의 화폐공급이 M_0에서 M_1으로 증가했다고 하자. 〈그림 13–10〉에서 화폐공급의 증가는 *LM*곡선의 우측이동을 가져온다. 그 결과 실질이자율이 하락하고 총생산(국민소득)은 증가한다. 총생산에 대한 수요 또는 지출 항목을 보면, 먼저 실질이자율 하락에 따라 투자가 증가할 것이다. 또한 실질이자율 하락과 국민소득 증가는 소비 증가를 가져올 것이다. 따라서 9～10장의 신고전학파 모형과 달리 이 모형에서 화폐공급의 변화는 실물부문에 대해서 비중립적(non-neutral)이다.

4. 여기서 생산 및 공급 측면은 중요하지 않지만, 총수요에 의해 결정된 산출량을 생산하기 위한 노동수요가 노동공급과 같기 때문에 노동시장도 균형상태에 있다.

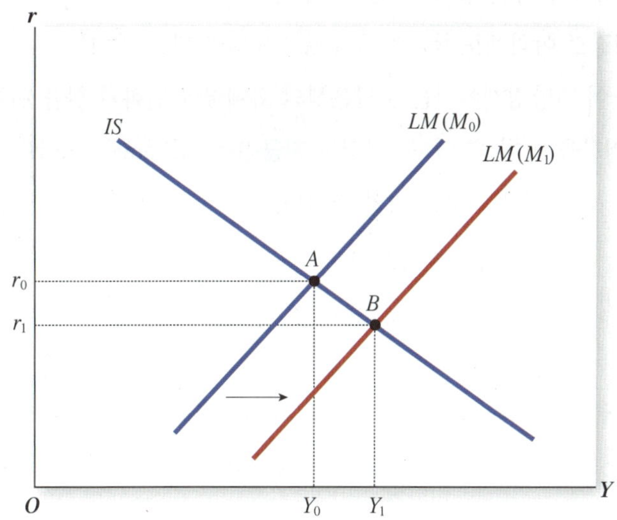

그림 13-10

현재 화폐공급의 증가
중앙은행이 화폐공급을 M_0에서 M_1으로 증가시키는 경우 *LM*곡선이 우측으로 이동한다. 그 결과 실질이자율이 하락하고 총생산(국민소득)은 증가한다.

새로운 단기균형에 이르는 과정을 좀 더 자세히 분석해 보자. 중앙은행이 화폐공급을 늘리면 화폐시장의 현재 이자율 수준에서 사람들이 보유하려는 화폐보다 더 많은 양의 화폐가 시중에 공급되므로 화폐보유의 기회비용인 이자율(r)이 화폐시장의 초과공급이 해소되어 새 균형에 다다를 때까지 하락할 것이다. 한편 이러한 실질이자율 하락은 재화시장에서 투자와 소비를 증가시키고 이는 총지출 · 총생산 · 국민소득(Y)의 증가를 가져온다.

통화정책이 거시경제에 영향을 미치는 과정을 **통화정책의 파급경로**(monetary transmission mechanism)라 한다. 위 *IS*–*LM* 모형의 분석에 따르면 통화정책이 거시경제에 미치는 영향은 전통적인 **금리경로**(interest rate channel)를 통해 나타난다. 즉, 화폐공급의 증가는 실질이자율의 하락을 가져오고, 이는 투자 및 소비 진작을 통해 재화 · 서비스에 대한 총수요의 확장을 가져온다는 것이다.

통화정책의 파급경로
통화정책이 거시경제에 영향을 미치는 과정

금리경로
화폐공급의 증가 → 실질이자율의 하락 → 투자 및 소비 증가 → 재화 및 서비스에 대한 총수요의 확장

$$M\uparrow \Rightarrow r\downarrow \Rightarrow \begin{matrix} C\uparrow \\ I\uparrow \end{matrix} \Rightarrow Y\uparrow$$

우리는 현실에서 통화정책의 기조에 대해 논할 때, 통화량보다는 주로 중앙은행의 **기준금리**에 초점을 두어 얘기한다. 이는 *IS*–*LM* 모형에서 볼 수 있듯이 통화당국이 결국 통화량 그 자체보다는 금리를 통해 국가경제에 직접적인 영향을

미치기 때문이다. 물론 기준금리를 조정하기 위해서는 결국 화폐공급을 조절해야 하므로 이 둘이 독립적인 정책수단은 아니다.

환율경로
화폐공급의 변화 → 환율 변화 → 순수출 변화 → 재화 및 서비스에 대한 총수요의 변화

전통적 금리경로 이외에도 통화정책이 총수요에 영향을 미치는 다른 경로들이 있다. 예를 들어 개방경제에서는 중앙은행의 화폐공급 변화가 환율 변화를 통해서 순수출에 영향을 미칠 수 있다. 이러한 **환율경로**(exchange rate channel)는 16장(개방경제의 거시경제학)에서 논의할 것이다.

4.2 재정정책

이제 정부지출의 증가를 고려해 보자. 〈그림 13-11〉에서 정부지출의 증가는 *IS*곡선을 오른쪽으로 이동시키고 그 결과 총생산(Y)이 증가하고 실질이자율(r)은 상승한다. 어떻게 이런 결과가 나오는지를 자세히 알아보기 위해 먼저 재화시장을 들여다보자. 현재 정부지출 G의 증가는 주어진 실질이자율 수준에서 총수요의 증가를 가져오고, 이는 *IS*곡선을 오른쪽으로 이동시킨다. 이때 *IS*곡선은 얼마만큼 이동할까? 우리는 9장(2.1 총수요)에서 정부지출(G)이 증가할 때 실질총수요곡선 또는 *IS*곡선이 정확히 G의 증가폭만큼 우측이동한다는 것을 확인했다.

그림 13-11

현재 정부지출의 증가
정부지출이 G_0에서 G_1으로 증가하는 경우 *IS*곡선이 우측으로 이동한다. 그 결과 실질이자율이 상승하고 총생산(국민소득)은 증가한다.

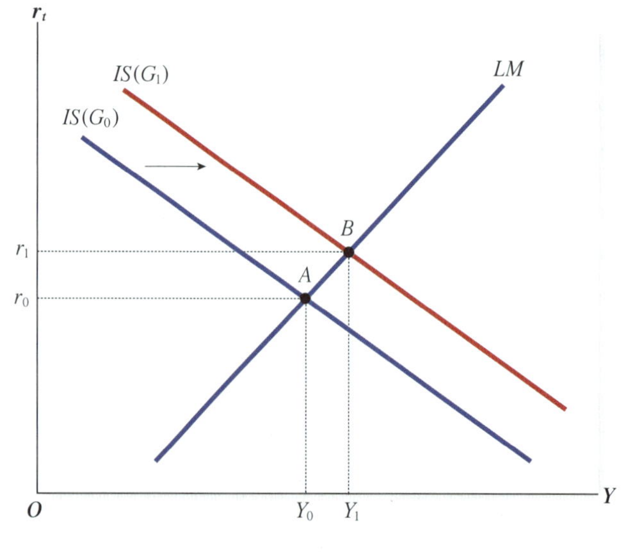

한편 화폐시장에서 국민소득의 증가는 주어진 실질이자율 수준에서 화폐수요의 증가를 가져온다. 이는 화폐공급이 불변이라는 가정 하에 화폐시장의 초과수요를 의미하므로 균형이자율이 상승하게 되며, 이는 〈그림 13-11〉에서 LM곡선 상의 움직임($A \rightarrow B$)으로 나타난다. 이러한 금리 상승은 재화시장에서 투자와 소비를 감소시키는 **구축효과**(crowding-out effect)를 가져온다.

이 모형에서는 9~10장의 신고전학파 모형과 대조적으로 현재 정부지출(G) 증가와 같은 총수요 확장(또는 긍정적 IS 충격)이 균형총생산의 증가를 가져온다. 그러나 신고전학파 모형과 마찬가지로 정부지출의 증가가 금리 상승을 통해 민간지출(소비, 투자)을 감소시키는 구축효과로 인해 정부지출의 총수요 확장 효과를 일부 상쇄한다. 그 결과 〈그림 13-11〉에서 볼 수 있듯이 IS곡선의 이동폭(G 증가) 대비 균형 Y의 증가폭이 더 작다.

이론과 실제 1 재정승수 추정치*

표 1 재정승수 추정치

국가	대상기간	지출승수		감세승수	
		최초	최대[1]	최초	최대[1]
미국	1960~2000	0.4	1.1(15)	0.3	0.8 (7)
	1960~1979	0.7	1.6(10)	0.4	1.1(13)
	1980~2000	0.1	0.5 (3)	0.2	0.2 (1)
독일	1960~2000	1.3	1.3 (1)	0.3	0.3 (1)

주 : 1) ( ) 안은 최초 충격 이후 최대치에 이르는 기간(분기 기준).
출처 : Perotti, R., "Fiscal Policy in Good Times and Bad," *Quarterly Journal of Economics*, 1999.

표 2 2009~2010년 G20 국가의 재정승수

	재정정책 규모[1](A)		경기부양 효과[2](B)		승수(B/A)	
	2009	2010	2009	2010	2009	2010
미국	1.9	2.9	1.3	1.4	0.7	0.5
유로지역	0.9	0.8	0.5	−0.2	0.6	−0.3
일본	1.4	0.4	0.7	−0.2	0.5	−0.5
아시아	1.5	1.3	1.3	−0.9	0.9	−0.7

주 : 1) GDP 대비 비중(%).
2) 재정정책 효과가 없을 경우와의 성장률 차이(%p).
자료 : IMF, *The Case for Global Fiscal Stimulus*, 2009. 3.

[표 1]에서 볼 수 있듯이 1950년대 중반 혹은 1960년대 이후 미국과 독일의 재정정책 승수에 대한 계량적 연구결과에 따르면 감세보다 재정지출의 크기가 대체로 크게 나타났다. 또한 재정지출의 효과는 단기간, 감세효과는 장기간에 걸쳐 나타난다는 점은 대부분 결과에서 일치했다. 이는 경기하락세가 빠르게 진행될 경우 감세보다 재정지출이 보다 효과적인 수단이 될 수 있다는 점을 시사한다.

한편 G20 국가를 중심으로 2009년 이후의 재정정책의 승수효과를 분석한 결과 [표 2]에서와 같이 시간이 지나면서 재정승수가 감소하는 것으로 나타났다. 특히 미국에서 2년 연속 재정정책 규모가 증가할 경우 승수가 2년 연속 플러스를 기록했으나 크기는 감소했다. 또한 2010년 재정정책 규모가 2009년에 비해 작은 대부분의 국가에서 2010년에는 재정정책 승수가 마이너스를 기록하였으며, 감소폭은 선진국보다 아시아 국가들에서 크게 나타났다.

또한 〈그림 1〉에서 볼 수 있듯이 유럽 과다채무국의 재정승수와 재정적자 감축목표를 토대로 2011~2014년 중 추진되는 재정건전화 계획이 GDP 성장률에 미치는 영향을 분석해 본 결과 스페인의 경우 3년 누적성장률이 6.4%p 하락하는 것으로 나타나 과다채무국(그리스 제외)

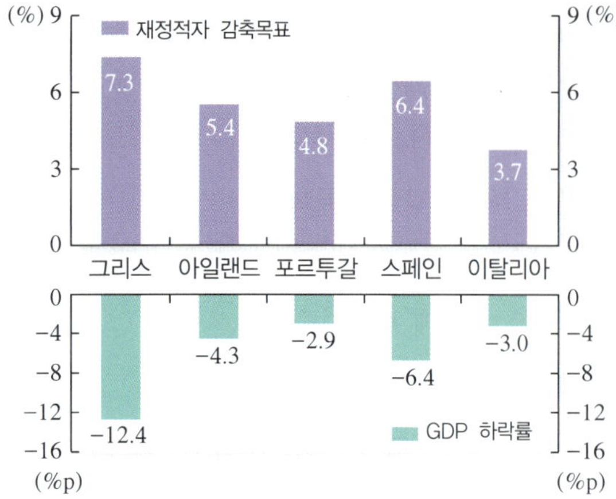

주 : 1) GDP 하락률 = 재정승수 × 재정적자 감축목표
2) 2011~2014년 3년간의 누적 GDP 하락률을 의미.

자료 : EU 집행위원회, 한국은행

〈그림 1〉 유럽 과다채무국의 재정긴축에 따른 GDP 하락률

중 성장률 하락폭이 가장 클 것으로 추정되었다. 국가채무비율이 높은 이탈리아도 성장률이 3.0%p(3년 누적) 하락하는 효과가 있는 것으로 나타났다.

* **참고문헌** : 성병묵 · 김예진, 「글로벌 금융위기에 대응한 주요국 재정정책 운용과 향후 과제」, 한국은행 조사국, 2009. 8.

4.3 기타 충격

현재 총요소생산성의 변화 균형총생산에 영향을 미치지 않음

화폐공급, 정부지출 이외에 단기적으로 *IS*곡선 또는 *LM*곡선의 이동을 가져오는 충격들을 고려해 보자. 먼저 현재 총요소생산성(z) 같은 거시경제의 공급 충격은 균형총생산에 영향을 미치지 않는다. *IS*–*LM* 모형에서는 총생산이 전적으로 총수요 측면에 의해 결정되기 때문이다. 다시 말해서 z의 변화는 *IS*곡선이나 *LM*곡선의 이동을 가져오지 않는다.

***IS*곡선의 이동 요인** 미래 총요소생산성의 변화, 가계의 자산 또는 부의 변화, 소비심리의 변화

*IS*곡선의 이동을 가져오는 충격은 재화 · 서비스에 대한 총수요의 외생적 변화이다. 예를 들어 모형의 외생변수 중 하나인 미래 총요소생산성(z')의 변화는 투자 증가 또는 감소를 통해 *IS*곡선의 이동을 가져올 수 있다. 이 밖에도 이 모형에서 명시적으로 고려되지는 않았지만 소비와 투자에 영향을 미치는 요인들로서 가계의 자산 또는 부(wealth), 소비심리(consumer confidence) 및 선호 등이 있다.

예를 들어 주택시장 붐으로 인한 주택가격 상승이 가계부문에 부의 증가를 가져온다고 하자. 이는 주어진 소득과 이자율 수준에서 가계소비의 증가를 가져올 수 있다. 즉, 〈그림 13–11〉에서와 유사하게 *IS*곡선을 우측으로 이동시키고

균형총생산의 증가를 가져올 수 있다. 반대로, 주택가격 급락으로 촉발된 2007～2008 글로벌 금융위기(global financial crisis)와 2008～2009 대침체(The Great Recession)는 *IS*곡선의 좌측이동으로 나타낼 수 있다.

화폐공급의 변화 이외에 *LM*곡선의 이동을 가져오는 충격은 화폐수요의 외생적 변화를 가져오는 요인에서도 찾을 수 있다. 예를 들어 이 모형의 외생변수 중 하나인 미래 화폐공급(M')의 변화에 기인하는 기대인플레이션율(π^e)의 조정이 *LM*곡선의 이동을 가져올 수 있다. 이 밖에도 이 모형에 명시적으로 고려되지는 않았지만 화폐수요에 영향을 미치는 요인들로서 재화·서비스 구입의 대체지급수단으로서 비트코인(bitcoin)과 같은 암호자산(cryptoasset) 보유를 들 수 있다.

LM곡선의 이동 요인
미래 화폐공급의 변화에 기인하는 기대인플레이션율의 조정, 대체지급수단의 보유 등

요약하면, 단기적으로 거시경제의 여러 충격들이 *IS*곡선 또는 *LM*곡선을 이동시킴으로써 경기변동을 가져올 수 있다. 그렇다고 해서 이러한 경기변동이 반드시 불가피한 것은 아니다. 케인즈학파와 그 뒤를 이은 새케인즈학파에 따르면 정책당국이 통화정책과 재정정책 수단을 이용하여 그 두 곡선을 적절히 다시 이동시킴으로써 외생적 충격의 영향을 상쇄시킬 수 있다는 것이다.

5. *IS-LM* 모형과 총수요곡선

Macroeconomics ch. thirteen

경제학원론에서 배운 **총수요곡선**(aggregate demand curve ; *AD*)은 물가수준(P)과 국민소득(Y) 간 음(-)의 관계를 나타낸다. 따라서 (Y, P) 평면에 그려진 총수요곡선 상의 한 점은 주어진 물가수준(P)에 대응하는 단기균형 총생산 또는 국민소득(Y)을 나타낸다. *IS-LM* 모형 역시 주어진 물가수준에 대해 균형총생산의 결정을 나타낸다는 점에서 *IS-LM* 모형과 총수요곡선이 밀접히 연관되어 있음을 추측할 수 있다.

실제로 *IS-LM* 모형에서 단기적으로 고정된 물가수준이 다를 때 균형총생산을 각각 결정하고 이들 물가수준과 균형총생산의 조합을 연결함으로써 총수요곡선을 도출할 수 있다. 〈그림 13-12〉의 (a)에서 초기 물가수준이 P_0인 경우 *LM*곡선을 $LM(P_0)$라 하면, *IS-LM* 곡선이 만나는 점에서 결정되는 균형총생산은 Y_0이다. 이제 단기적으로 고정된 물가수준이 P_1으로 하락했다고 하자. 이러한 물

그림 **13-12**

총수요곡선의 도출

물가수준이 P_0에서 P_1으로 하락하는 경우 *LM*곡선이 우측이동하고 그 결과 균형총생산은 Y_0에서 Y_1으로 증가한다. 반면, 물가수준이 P_2로 상승하는 경우 *LM*곡선은 좌측이동하고 그 결과 균형총생산은 Y_2로 감소한다. 이러한 균형총생산과 물가수준의 조합들을 연결하면 우하향하는 총수요곡선이 도출된다.

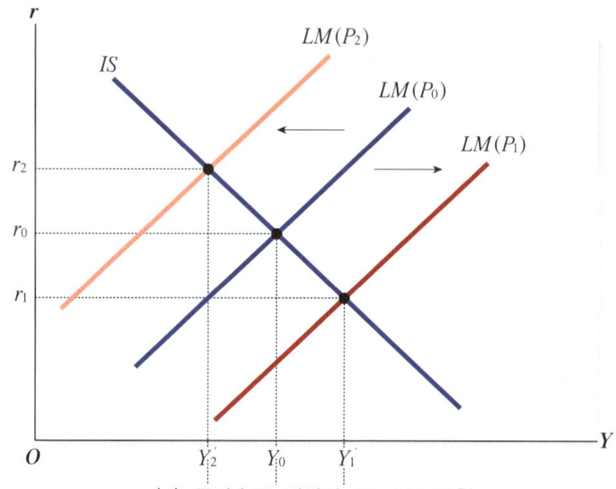

(a) 물가수준 변화와 *IS*-*LM* 균형

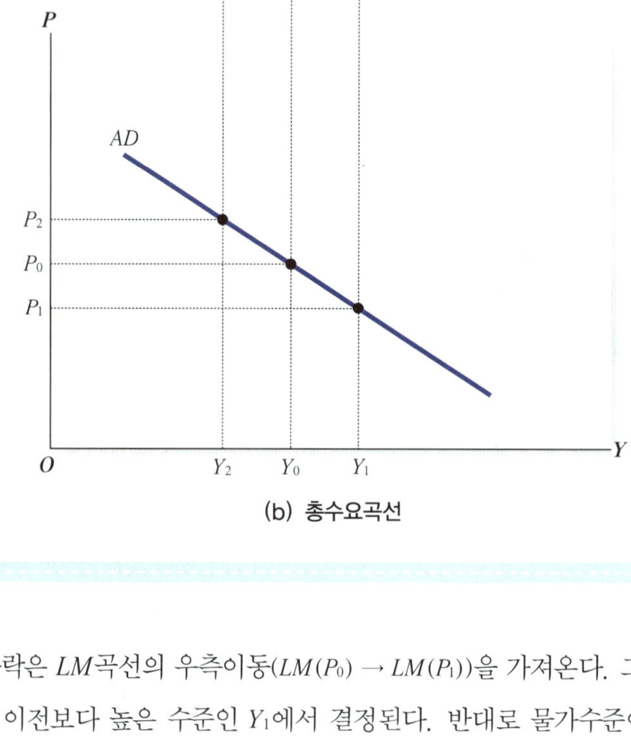

(b) 총수요곡선

가수준의 하락은 *LM*곡선의 우측이동($LM(P_0) \to LM(P_1)$)을 가져온다. 그 결과 균형총생산은 이전보다 높은 수준인 Y_1에서 결정된다. 반대로 물가수준이 P_0에서 P_2로 상승하면 *LM*곡선이 좌측이동($LM(P_0) \to LM(P_2)$)하고 그 결과 균형총생산은 이전보다 낮은 Y_2에서 결정된다. 〈그림 13-12〉의 (b)에서 이러한 *IS*-*LM* 모형의 균형총생산과 물가수준의 조합들 (Y_0, P_0), (Y_1, P_1), (Y_2, P_2)를 연결하면 우하향하는 총수요곡선 *AD*가 도출된다.

그렇다면 총수요곡선의 이동을 가져오는 요인은 무엇인가? 총수요곡선이

그림 13-13

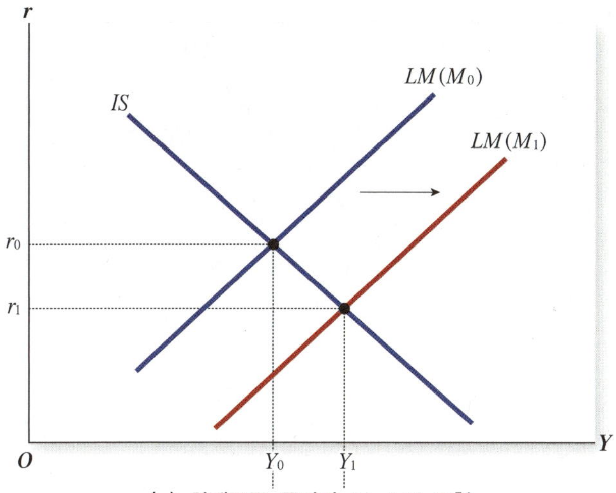

(a) 화폐공급 증가와 *IS*-*LM* 균형

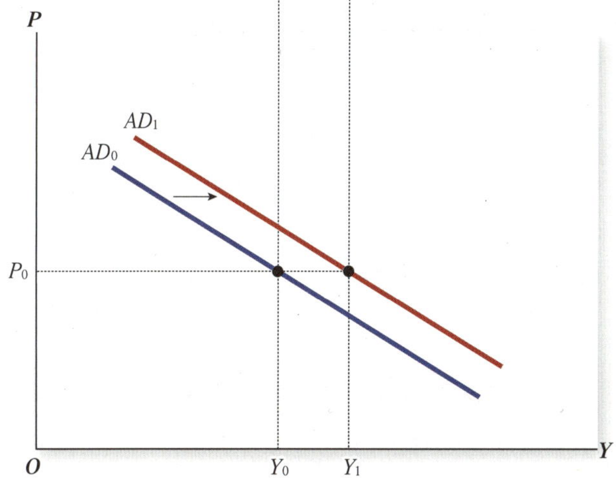

(b) 총수요곡선의 이동

총수요곡선의 이동 : 확장적 통화정책

화폐공급의 증가는 *LM*곡선을 오른쪽으로 이동시켜 주어진 물가수준(P_0)에서 균형총생산이 Y_0에서 Y_1으로 증가한다. 따라서 화폐공급의 증가는 총수요곡선을 우측이동시킨다.

IS-*LM* 모형의 결과들을 요약한 것이기 때문에 주어진 물가수준에 대해서 *IS*곡선이나 *LM*곡선을 이동시키는 요인들이 총수요곡선의 이동도 가져올 것이다. 주의할 점은 물가수준의 변화는 〈그림 13-12〉의 (a)에서와 같이 *LM*곡선을 이동시키지만 총수요곡선은 이동시키지 않고, 대신 (b)에서와 같이 총수요곡선 상의 움직임으로 나타난다는 것이다.

〈그림 13-13〉의 (a)에서 *IS*-*LM* 모형의 초기 균형점이 (Y_0, P_0)일 때 외생변수인 화폐공급(M)의 증가를 고려해 보자. 〈그림 13-10〉에서 이미 보았듯이

그림 13-14

총수요곡선의 이동 : 확장적 재정정책

정부지출의 증가는 IS곡선을 오른쪽으로 이동시켜 주어진 물가수준(P_0)에서 균형총생산이 Y_0에서 Y_1으로 증가한다. 따라서 정부지출의 증가는 총수요곡선을 우측이동시킨다.

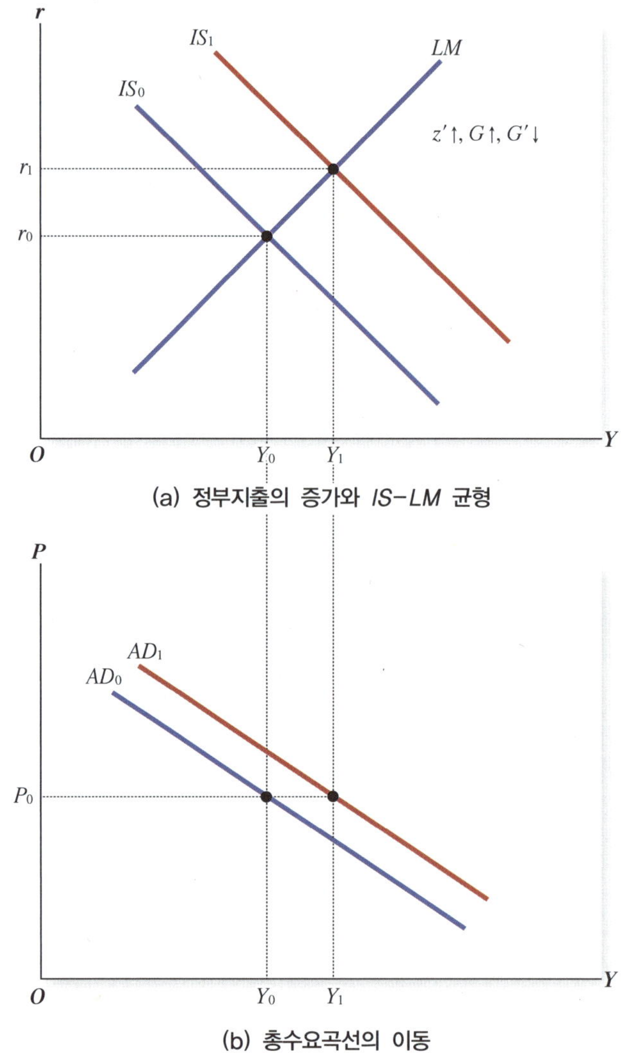

M의 증가는 LM곡선을 오른쪽으로 이동시킨다. 그 결과 주어진 물가수준(P_0)에 대해 IS곡선과 LM곡선이 만나는 점에서 결정되는 균형총생산이 Y_0에서 Y_1으로 증가한다. 이때 〈그림 13-13〉의 (b)에서 총수요곡선은 초기 균형점 (Y_0, P_0)의 오른쪽에 있는 (Y_1, P_0)를 지나야 한다. 다시 말해서 M의 증가는 총수요곡선을 오른쪽으로 이동시킨다($AD_0 \rightarrow AD_1$). 이 밖에도 기대인플레이션율(π^e) 상승은 LM곡선의 우측이동을 가져오므로 총수요곡선 또한 우측으로 이동시킨다.

다음으로 IS곡선을 이동시키는 외생변수들의 변화를 고려해 보자. 미래 총요소생산성(z'), 현재 및 미래 정부지출(G, G')이 여기에 포함된다. 이들 중 하나가 변화하여 〈그림 13-14〉의 (a)에서 *IS*곡선이 오른쪽으로 이동했다고 하자. 앞서 *IS-LM* 모형을 이용하여 살펴본 정부지출의 증가가 한 예이다. 그 결과 주어진 물가수준에 대해 *IS*곡선과 *LM*곡선이 만나는 점에서 결정되는 균형총생산이 증가하는데, 이는 곧 〈그림 13-14〉의 (b)에서 총수요곡선의 우측이동을 의미한다.

요약하면, *IS-LM* 모형에서 물가수준의 변화에 기인한 균형총생산 또는 국민소득의 변화는 총수요곡선 상의 움직임으로 나타나는 반면, 주어진 물가수준에서 균형총생산의 변화는 총수요곡선의 이동으로 나타난다.

6. *IS-LM-AD-AS* 모형과 장·단기 분석

Macroeconomics ch. thirteen

IS-LM 모형은 애초에 단기균형만을 설명하기 위해 고안되었지만, *AD-AS* 모형처럼 경제가 단기균형에서 장기균형으로 수렴해 가는 과정을 보여줄 수 있다. 이를 위해 자연산출량(Y^n)에서 수직선이 되는 장기총공급곡선(*LRAS*)을 *IS-LM* 그래프에 추가한다.

이 장에서 소개된 *IS-LM* 모형은 6~8장의 2기간 모형에서 도출된 소비함수, 투자함수 등에 기반을 두고 있다. 게다가 9장, 10장, 12장의 신고전학파 모형에서처럼 *IS-LM* 모형에서도 현재(1기)의 균형에 초점을 두고 있다. 다시 말하면 어떤 경제충격이 발생했을 때, 즉 외생변수의 값이 변할 때, 현재 시점의 내생변수들이 어떻게 반응하는지를 살펴보는 것이다. 따라서 엄밀히 말하면 *IS-LM* 모형을 사용하여 단기균형에서 장기균형으로의 이행을 분석하는 것은 적절하지 않다.

여기서는 엄밀성의 결여를 인정하면서 장·단기 분석을 직관적으로 접근해 보자. 우리는 현재(1기)가 많은 하위 기간으로 구성되어 있다고 생각할 수 있다. 예컨대 1기가 2년간 지속되고, 그 2년은 24개월로 나눈다. 그리고 '현재'가 시작되는 시점에 경제충격이 발생하고, 그 후 기업은 매월 가격을 점진적으로 조정해서 '현재'가 끝나는 시점에 총생산이 다시 자연산출량과 같아진다. 즉, 경제의 단기균형과 새로운 장기균형이 모두 1기 안에 이루어진다. 여기서 기업의 점진적

그림 13-15

주택가격 급락의 단기 및 장기 효과

주택가격 하락은 주어진 실질이자율에서 소비를 감소시켜 *IS*곡선을 좌측으로 이동시킨다. 단기균형은 점 *B*에서 이루어져 총생산은 단기적으로 자연산출량보다 작아지고, 경기침체가 발생한다. 물가수준은 단기적으로 P_0에 고정되므로 *AD*곡선도 좌측으로 이동한다. 장기적으로는 가격이 감소함에 따라 단기총공급곡선이 하방이동하여 장기균형은 점 *C*에서 달성된다.

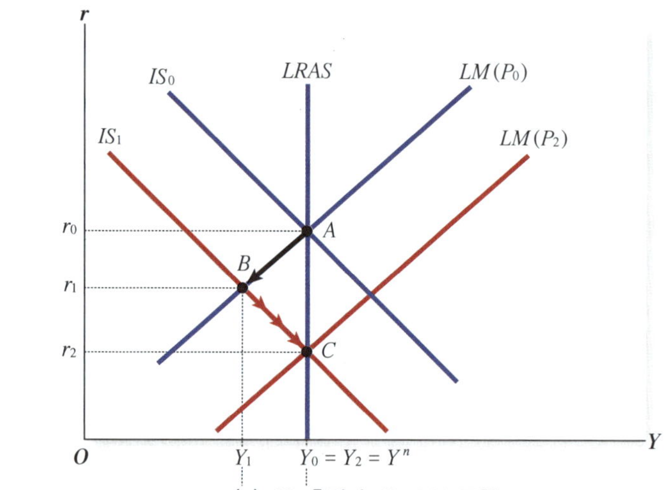

(a) *IS* 충격과 *IS*–*LM* 모형

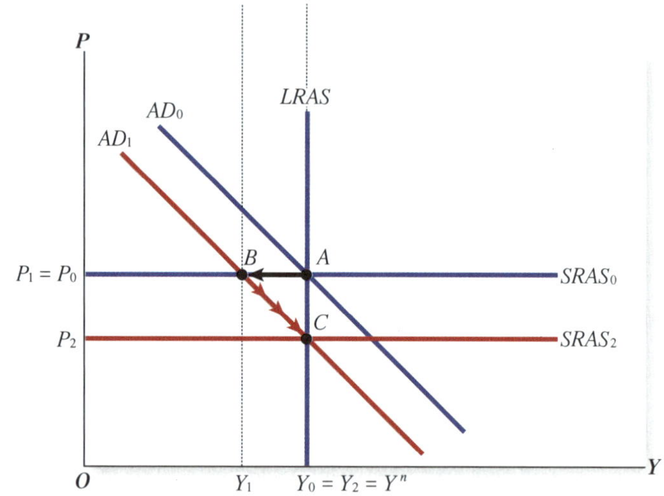

(b) *IS* 충격과 *AD*–*AS* 모형

인 가격조정은 외생적으로 일어난다. 이렇게 가정을 하면 모형을 바꾸지 않고도 장·단기 분석을 할 수 있다.

예를 들어 주택가격 급락의 단기 및 장기 효과를 분석해 보자. 〈그림 13–15〉의 (a)는 *LRAS*곡선이 추가된 *IS*–*LM* 그래프를 보여준다. 주택가격 하락은 주어진 실질이자율에서 소비의 감소를 가져오고, 이는 *IS*곡선을 좌측으로 이동시킨다. *IS*곡선과 *LM*곡선이 교차하는 점 *B*에서 단기균형이 이루어지므로 총생산은 단기적으로 자연산출량보다 작아지면서 경기침체가 발생한다.

〈그림 13-15〉의 (b)는 *AD-AS* 그래프에서 같은 상황을 보여준다. 물가수준은 단기적으로 $SRAS_0$에 의해 제시되는 P_0에 고정된다. *IS*곡선이 이동하면 *AD*곡선이 같은 방향으로 이동하므로 총생산은 감소한다. 이때 *IS-LM* 그래프와 *AD-AS* 그래프에서 총생산은 같은 양만큼 감소한다. 이 단기균형에서는 기업이 (외생적인 이유로) 가격을 완전히 내리지 못하므로, 가격을 신축적으로 조정할 수 있을 때 선택하는 최적 생산량, 즉 Y^n보다 작은 양을 생산 · 판매한다.

이제 경제가 어떻게 장기균형에 도달하는지를 알아보자. 2절(2.2 총수요 충격과 장 · 단기 분석)의 *AD-AS* 분석과 같이 시간이 지나면서 가격이 서서히 하락함에 따라 균형점이 총수요곡선(*AD*)을 따라 움직인다. 마침내 '현재'가 끝나는 시점에 물가수준이 P_2에 도달하면서 경제도 장기균형인 점 *C*에 도달한다. 이때 *AD-AS* 그래프의 점 *C*에서 총수요량이 자연산출량과 같아짐을 볼 수 있다. *IS-LM* 그래프에서도 같은 상황이 진행된다. 물가수준이 P_1에서 P_2로 점진적으로 하락함에 따라 *LM*곡선이 오른쪽으로 이동하게 된다. 이때 균형점은 *IS*곡선을 따라 이동하다가 결국 장기균형점 *C*에 도달한다.

〈그림 13-15〉에서와 같이 장기총공급곡선(*LRAS*)이 추가된 *IS-LM* 모형은 이 장에서 소개된 새케인즈학파의 모형과 신고전학파/새고전학파 모형(9장, 12장)을 동시에 포함한다고 볼 수 있다. 만약 가격이 장 · 단기 상관없이 신축적이라면 균형은 언제나 *IS*곡선과 *LRAS*가 만나는 점에서 이루어지며, *LM*곡선은 가격의 신축적인 조정에 의해 세 곡선이 한 점에서 만나도록 즉각 이동할 것이다.[5] 반대로 가격이 경직적이라면 *LRAS*의 위치에 상관없이 단기균형은 *IS*곡선과 *LM*곡선이 만나는 점에서 이루어질 것이다.

마지막으로 새케인즈학파 모형의 정책시사점을 알아보자. 이 모형에서는 불경기($Y < Y^n$)에 확장적 재정 · 통화정책을 통해 총수요곡선(*AD*)을 우측이동시켜 경기를 진작시키고, 반대로 경기가 과열되어있을 때($Y > Y^n$) 긴축적 재정 · 통화정책을 통해 *AD*를 좌측이동시킴으로써 경기를 냉각시키는 것이 이론적으로 정당화된다. 하지만 현실에서 경제안정화 정책이 얼마나 적극적이어야 하는가에 대해서는 이견이 있다. 이견이 생기는 근본 원인은, 위 분석에서 볼 수 있듯이, 거시경제가 **자동조절 메커니즘**(self-adjusting mechanism)을 가지고 있다는 것이다. 즉, 경제는 현재 산출량 수준에 관계없이 궁극적으로 가격조정을 통해 자연

---

5. 따라서 *LM*곡선은 9장의 모형에서처럼 생략하고, 화폐시장은 따로 분석할 수 있다.

산출량으로 복귀한다. 이 자동조절 속도가 얼마나 빠른지가 정책당국의 개입 여부를 결정하는 중요한 요인이 될 수 있다. 대공황(The Great Depression), 대침체(The Great Recession), COVID-19 팬데믹 같은 큰 사건에는 확장적 재정·통화정책을 사용하는 것에 대해 대부분 동의하지만, 작은 경기변동에도 적극적으로 개입하는 것이 적절한가에 대한 의문이 생길 수밖에 없다.

적극적인 안정화정책에 대해 크게 두 가지를 지적할 수 있다. 첫째, 거시경제정책의 효과는 대부분 시차를 두고 발생한다. 정책당국이 문제를 인식하고 정책을 수립·시행해 그 효과가 나타나기까지 걸리는 시간이 가변적이므로 안정화정책 자체가 오히려 경제의 불안을 더욱 심화시킬 수 있다. 예컨대 불경기 초입에 시행된 확장적 통화정책의 효과가 불경기가 거의 끝나가는 시점에 나타나기 시작한다면 불필요한 경기과열과 인플레이션을 발생시킬 것이다. 둘째, 거시경제정책의 변화가 잦으면 정책에 대한 불확실성이 증가한다. 이는 12장(2. 화폐경기변동이론)의 루카스 모형에서 보았듯이 경제주체의 착오를 일으켜 정책당국이 원치 않는 경기변동을 발생시킬 수 있다. 따라서 일부 경제학자들은 그때 그때의 상황에 맞추어 정책당국이 **재량**(discretion)에 따라 정책대응을 할지 그리고 어느 수준으로 정책을 시행할지를 판단하기보다는, **준칙**(rule)에 의해 정책대응을 결정하고 시행해야 한다고 주장한다.

7. 결론

Macroeconomics ch. thirteen

우리는 이 장에서 재화의 가격이 경직적인 모형을 살펴보았다. 먼저 경제학원론에서 대표적 경기변동모형으로 배운 총수요·총공급 모형(*AD–AS* 모형)을 간략히 정리했다. 다음으로, 미시적 기초에 기반하여 이 모형을 *IS–LM–AD–AS* 모형으로 확장했다. 이 *IS–LM–AD–AS* 모형은 가격이 경직적일 때 국가경제의 재화시장, 대부자금시장, 화폐시장, 노동시장의 균형이 동시에 이루어지는 일반균형모형이다. 마지막으로 이 모형을 이용하여 경제충격의 장단기 효과와 정책시사점을 살펴보았다.

요약

1. 화폐의 비중립성

화폐는 장기적으로 중립적이지만 단기적으로 실물경제에 영향을 미치고 있음을 경험적 사실로 알 수 있다. 따라서 화폐가 거시경제의 실물부문에 대해 비중립적이라고 본 케인즈학파의 총수요·총공급 모형과 이를 일반균형 모형으로 발전시킨 새케인즈학파의 거시경제모형을 살펴볼 필요가 있다.

2. 총수요·총공급 모형(*AD*–*AS* 모형)

2.1 거시경제의 단기균형과 장기균형　총수요·총공급 모형을 통해 살펴보는 거시경제의 단기균형은 단기총공급곡선과 총수요곡선이 만나는 점에서 장기균형은 장기총공급곡선과 총수요곡선이 만나는 점에서 달성된다. 단기에는 모든 재화·서비스의 가격이 고정되어 있다고 가정하기 때문에 단기총공급곡선은 수평선의 형태를 나타내며, 장기에는 모든 재화·서비스의 가격이 신축적이라고 가정하기 때문에 장기총공급곡선은 수직선의 형태를 나타낸다. 총수요곡선의 경우 물가수준과 총수요 간 역의 관계에 있기 때문에 우하향하는 형태를 나타낸다.

2.2 총수요 충격과 장·단기 분석　총수요 충격의 하나인 통화긴축을 총수요·총공급 모형을 통해 분석해보면 먼저 화폐공급의 감소로 총수요가 감소하여 총수요곡선이 좌측으로 이동한다. 단기균형은 이동한 총수요곡선과 단기총공급곡선이 만나는 점에서 달성되며 단기적으로 총생산은 감소하는 한편 물가수준은 단기적으로 일정하다. 그러나 시간이 지남에 따라 물가가 감소하고 이로 인해 단기총공급곡선이 하방이동한다. 결국 장기적으로는 통화긴축으로 인해 이동한 총수요곡선과 장기총공급곡선이 만나는 점에서 균형이 달성되며, 이때 총생산은 원래 수준으로 돌아오지만 물가수준은 감소한다.

2.3 정책시사점　총수요· 총공급 모형에서는 가격경직성에 따라 경제의 상황이 자연스럽게 조정되는 과정을 방해하는 요인이 존재하며 단기적으로 자연산출량을 벗어난 산출량은 후생비용을 초래할 수 있다는 것이다. 즉, 자연산출량을 경제안정화 정책의 기준점으로 삼고 정책당국은 거시경제정책을 시행해야 한다는 시사점을 갖게 된다.

3. *IS*–*LM* 모형

3.1 재화시장의 균형 : *IS*곡선　*IS*곡선은 재화시장과 대부자금시장의 균형을 가져오는 이자율과 국민소득의 조합을 나타내며 이자율–소득 평면에서 우하향한다. *IS* 곡선은 정부지출이나 미래 생산성과 같은 외생변수의 변화에 따라 이동한다.

3.2 화폐시장의 균형 : *LM*곡선　*LM*곡선은 화폐시장의 균형을 가져오는 이자율과 소득의 조합을 의미하며 이자율–소득 평면에서 우상향한다. *LM*곡선은 화폐공급, 물가수준, 기대인플레이션율의 변화에 따라 이동한다.

3.3 단기균형　거시경제의 단기균형은 *IS*곡선과 *LM*곡선이 만나는 점에서 이루어진다. 즉, 거시경제의 단기균형은 재화시장과 대부자금시장, 그리고 화폐시장의 균형조건을 동시에 충족시키는 국민소득과 실질이자율을 의미한다.

4. *IS*–*LM* 모형의 분석

4.1 통화정책　중앙은행이 화폐공급을 증가시키면 *LM*곡선이 우측이동하여 실질이자율이 하락하고 총생산이 증가한다. 지출 항목을 살펴보면 실질이자율 하락은 투자를 증가시키고, 실질이자율 하락과 국민소득 증가는 소비의 증가를 가져온다. 즉, 화폐공급의 변화는 실물부문에 대해 비중립적이다.

4.2 재정정책　정부지출이 증가하면 *IS*곡선이 우측이동하여 총생산과 실질이자율이 상승한다. 균형이자율 상승에 따라 재화시장에서 투자와 소비가 감소하는데 이를 구축효과라 하고 이로 인해 정부지출의 총수요 확장 효과가 일부 상쇄된다.

4.3 기타 충격　현재 총요소생산성 충격은 균형총생산에 영향을 미치지 않지만, 미래 총요소생산성 충격은

현재투자를 변화시켜 균형총생산에 영향을 미칠 수 있다. 모형에서 명시적으로 고려되지 않았지만 가계의 자산 또는 부 그리고 소비심리 등에 의해서도 IS곡선이 이동하여 균형총생산에 영향을 미칠 수 있다. LM곡선에 이동을 미치는 요인에는 미래 화폐공급의 변화에 기인하는 기대인플레이션율의 조정, 대체지급수단의 보유 등이 있다.

5. IS–LM 모형과 총수요곡선

총수요곡선은 물가수준과 국민소득 간 음의 관계를 나타내는 곡선으로 IS–LM 모형과 밀접하게 연관되어 있다. 물가수준이 상승하면 LM곡선이 좌측이동함에 따라 균형산출량이 감소한다. 이러한 물가수준과 균형산출량 간 관계를 물가수준과 국민소득 평면에 나타내면 우하향하는 형태를 갖는다. 확장적 통화정책과 재정정책은 총수요곡선을 우측이동시킨다.

6. IS–LM–AD–AS 모형과 장·단기 분석

주택가격 급락의 단기 및 장기 효과를 IS–LM–AD–AS 모형을 이용하여 분석하면 다음과 같다. 주택가격 하락은 주어진 실질이자율에서 소비를 감소시켜 IS곡선을 좌측으로 이동시킨다. 단기균형은 이동한 IS곡선과 기존의 LM곡선이 교차하는 점에서 이루어져 총생산은 단기적으로 자연산출량보다 작아지고, 경기침체가 발생한다. 물가수준은 단기적으로 고정되므로 AD곡선도 좌측으로 이동한다. 하지만 장기적으로는 가격이 감소함에 따라 LM곡선과 단기총공급곡선이 하방이동하여 장기균형은 초기 충격으로 인해 이동한 IS곡선과 물가 하락으로 인해 이동한 LM곡선이 만나는 점, 장기총공급곡선과 이동한 AD곡선이 만나는 점에서 달성된다.

7. 결론

IS–LM 모형은 가격이 경직적일 때 재화시장, 대부자금시장, 화폐시장, 노동시장의 동시균형이 달성되는 일반균형모형이다.

연습문제

01 단기적으로 가격이 고정되어 있을 때 소비함수와 투자함수가 다음과 같이 주어졌고, 정부지출은 0이라고 하자. 다음 질문에 답하라.

> • **소비함수** : $C = 500 + 0.7Y$
> • **투자함수** : $I = 1{,}200$

(1) 균형국민소득을 구하라.

(2) 다른 요인은 불변이고 소비함수에서 Y의 계수가 0.7에서 0.5로 감소했다고 하자. 균형국민소득을 구하고 (1)과의 차이를 설명하라.

(3) 왜 통화량이 균형국민소득에 아무런 영향을 미치지 않는지 설명하라.

02 IS–LM 모형에서 재화시장과 화폐시장이 불균형상태로부터 균형으로 회복되는 과정을 설명하라.

03 소비함수가 다음과 같이 주어졌다고 하자. 이 장에서 소개된 새케인즈학파의 IS–LM 모형에서 가정한 소비

함수와 어떻게 다른지 설명하라. 특히 어떤 경우에 소비함수가 아래와 같이 단순화된 형태를 띠는지 직관적으로 설명하라.

> **소비함수** : $C = 700 - 0.5r + 0.7(Y - T)$

04 소비함수가 위와 같이 주어졌을 때 리카도 대등정리가 성립하는가? 직관적으로 설명하라.

05 단기적으로 물가수준이 1에 고정되어 있다. 정부는 아무 역할을 하지 않고(즉, $G = T = 0$), 중앙은행은 통화량(M)을 자유롭게 바꾼다고 하자. 소비함수, 투자함수, 그리고 실질화폐수요함수는 다음과 같다.

> • **소비함수** : $C(Y-T, H) = -1 + 0{:}5(Y-T) + 0.5H$
> • **투자함수** : $I(r) = 3 - 0.5r$
> • **실질화폐수요함수** : $L(r, Y) = 2 + Y - r$

소비는 이제 가처분소득뿐만 아니라 집값(H)의 함수라는 점에 주목하라.

(1) 집값이 어떤 경로를 통해 가계의 소비지출에 영향을 미칠 수 있는지 직관적으로 설명하라.

(2) 위의 소비함수, 투자함수가 우리가 이 장에서 가정했던 소비함수 및 투자함수와 어떻게 다른지 설명하라.

(3) IS곡선을 나타내는 식을 도출하라. (가능하면 Y는 좌변에, 다른 변수들과 파라미터들은 우변에 위치시키자). 그 식을 바탕으로 집값 상승이 IS곡선을 어떻게 이동시키는지 설명하라.

(4) LM곡선을 나타내는 식을 도출하라. (가능하면 Y를 좌변에 다른 변수들과 파라미터들을 우변에 위치시키자). . 그 식을 바탕으로 통화공급의 증가가 LM곡선을 어떻게 이동시키는지 설명하라.

(5) $M = 1$이라 가정하고 (1)과 (2)에서 도출한 IS곡선과 LM곡선을 수평 및 수직 절편을 정확히 표시한 (Y, r) 평면에 그리자. 이 IS–LM 모형을 이용해 집값의 하락이 경제에 미치는 영향을 분석하라.

(6) $M = 1$과 $H = 0$이라고 가정하고 단기균형에서 산출량과 실질이자율을 구하라.

06 정부가 미래에 지출(G')을 늘리겠다고 발표했다. 다만 현시점에서 조세(T)의 변화는 없다. 새케인즈학파 모형을 이용하여 현재 시점의 국민소득, 소비, 투자, 실질이자율, 고용, 물가수준에 미치는 영향을 분석하고 설명하라. 만약 이 장에서의 가정과 달리, 금융시장의 마찰이 너무 커서 가계가 차입과 저축을 못 한다면 결과가 어떻게 달라지는가?

07 새케인즈학파 모형을 이용하여 미래 총요소생산성(z')의 증가가 현재 시점의 국민소득, 소비, 투자, 실질이자율, 고용, 물가수준에 미치는 영향을 분석하고 설명하라. 만약 이 장에서의 가정과 달리, 금융시장의 마찰이 너무 커서 가계가 차입과 저축을 못 한다면 결과가 어떻게 달라지는가?

08 비트코인(bitcoin)의 출현이 화폐수요의 증가를 가져올지 감소를 가져올지 불분명하다고 하자. 각각의 경우에 비트코인의 출현이 국민소득, 소비, 투자, 실질이자율, 고용, 물가수준에 미치는 영향을 설명하라.

09 화폐수요함수가 다음과 같이 소득의 함수가 아니라 가처분소득의 함수로 주어졌다. (여기서 $T = G$로 가정한다.)

$$M = PL(r, Y - G)$$

새케인즈학파 모형을 이용하여 현재 정부지출(G)의 증가가 국민소득, 소비, 투자, 실질이자율, 고용, 물가수준에 미치는 영향을 분석하고 설명하라.

10 새케인즈학파의 IS–LM–AD–AS 그래프를 이용하여 총요소생산성(z) 증가가 경제에 미치는 단기 효과와 장기 효과를 설명하라.

11 정부가 감세한다고 하자(T 감소). 새케인즈학파 모형을 이용해서 국민소득, 소비, 투자, 실질이자율, 고용, 물

가수준에 미치는 영향을 분석하고 설명하라. 이 장의 모형에서 가정한 대로 가계가 저축과 차입을 자유롭게 할 수 있는 경우와 저축과 차입을 못 하는 경우를 구분해서 분석하라.

12 화폐공급이 이자율의 증가함수인 경우 LM곡선의 변화와 확장적 재정정책 및 통화정책의 효과를 분석 · 설명하라.

13 정부가 균형재정($\overline{G} = T$)을 유지하면서 정부지출을 증가시킬 때 균형재정승수를 도출하라.

14 다음 표에 주어진 $IS-LM$ 모형의 수식을 이용하여 물음에 답하라.

소비	$C = 50 + 0.8(Y - T)$
순조세	$T = -30 + 0.2Y$
투자	$I = 200 - 50r$
정부지출	$G = 200$
화폐공급	$M^s = 800$
물가수준	$P = 1$
수출	$X = 250$
수입	$Q = 60 + 0.14Y$
거래적 화폐수요	$l_t(Y) = 0.6Y$
투자적 화폐수요	$l_s(r) = 220 - 20r$

(1) IS, LM곡선의 식을 도출하라. 주어진 물가수준에서 화폐시장과 재화시장의 동시균형을 가져오는 이자율과 국민소득수준을 구하라.

(2) 위에서 본원통화 = 200, 통화승수 = 4라고 하자. 한계소득세율이 0.2에서 0.25로 증가하고 통화승수가 2로 감소하는 경우 균형이자율과 소득수준을 구하라.

(3) 정부지출이 200에서 300으로 증가하는 경우 균형이자율과 소득수준을 구하라. $IS-LM$ 승수의 값을 구하고, 케인즈의 소득 · 지출 모형의 승수보다 더 작은 이유를 설명하라. 이 경우 구축효과에 의해 투자는 얼마만큼 감소하는가?

(4) 순조세 $T = -30 + 0.2Y$에서 30은 음(−)의 조세 또는 정부의 이전지출을 의미한다. 이제 (3)에서 늘어난 정부지출만큼 이전지출을 감소시키는 경우 균형소득과 정부예산의 변화를 구하라.

15 A국의 거시경제모형이 아래와 같이 주어진 경우 다음 질문에 답하라.

$C = 200 + 0.75(Y - T)$ $I = 200 - 25r$

$G = T = 100$ $\left(\frac{M}{P}\right)^d = Y - 100r$

$M = 1{,}000$

(단, $C, T, Y, I, r, G, P, \left(\frac{M}{P}\right)^d$, M은 각각 소비, 조세, 소득, 투자, 이자율, 정부지출, 물가수준, 실질화폐수요, 그리고 명목화폐공급을 나타낸다)

(1) $P = 2$일 때 균형소득과 균형이자율은?

(2) $P = 2$이고 정부지출(G)이 100에서 150으로 증가했을 때 승수효과와 구축효과의 결과로 나타나는 소득의 변화분은 각각 얼마인가?

(3) (2)의 상황에서 구축효과의 크기가 커지기 위해서는 현재의 화폐수요로부터 어떠한 변화가 선행되어야 하는가? 이를 화폐시장 균형 방정식을 이용하여 설명하라.

(2013년 행정고시 기출문제)

16 총수요를 구성하는 소비, 투자, 정부지출에 대해 아래의 상황을 고려하여 질문에 답하라.

(1) 총수요가 $E = C(Y - T) + I(r) + G$이고 조세가 정액세($T = \overline{T}$)일 때, G와 T가 동일한 양만큼 증가한다면 IS곡선은 어떻게 변화할지 설명하라. 케인즈의 소득 · 지출 모형과 $IS-LM$ 모형에서 각각 균형재정승수를 도출하라. 국민소득은 정부지출 증가분만큼 증가하는가? 그 이유를 설명하라.

(2) 조세가 $T(Y) = tY$ $(0 < t < 1)$와 같이 소득의 함수인 경우, IS곡선의 기울기는 어떻게 변화하는가?

(3) 소비가 소득뿐만 아니라 실질 부($\frac{A}{P}$)에 의해서도 영향을 받는다고 하자. 이때 물가수준 하락은 실질 부의 증가를 의미한다. 이러한 점을 고려하여 IS곡선이 어떻게 변화할지 설명하고, (Y, r) 평면

이 아닌 (P, r) 평면에서 IS 곡선을 도출하라.

17 다음 질문에 답하라.

(1) 총수요가 소비와 투자로만 구성된 단순한 케인즈 모형을 상정하자. 여기서 독립적인 투자 증가의 승수를 구하고, 소득의 증가폭을 (Y, E) 평면에 나타내라.

(2) 총수요의 구성요소 중 투자가 이자율의 감소함수라면, 문제 (1)에서 구한 승수는 어떻게 달라지는가? 두 가지 승수의 크기를 (Y, r) 평면을 이용하여 비교하라.

(3) 총수요가 물가의 감소함수라는 사실을 고려하면 문제 (2)에서 구한 승수는 어떻게 변화하는가? 이를 (Y, r) 평면과 (Y, P) 평면을 이용하여 비교하라.

(4) 장기적으로 상황변화가 물가에 모두 반영된다면, 문제 (3)에서 구한 승수는 어떻게 변화하는가? 이를 (Y, P) 평면을 이용하여 설명하고, 아울러 (Y, r) 평면과 (Y, E) 평면에서는 어떤 변화가 나타나는지 보여라.

(5) 공급 측면에 애로(bottle neck)가 존재하여 총공급 증가가 불가능할 때의 승수를 구하라.

18 일반적으로 소득이 증가하면 소비지출이 늘어나며, 이것은 생산을 자극한다. 이때 기업은 기존의 생산설비를 확장시켜야 하는데, 이것은 투자를 통해 이루어진다. 이와 같은 소득, 즉 생산의 증가와 투자 사이의 관계를 가속도원리(accelerator principle)라고 한다. 이러한 가속도원리를 응용하여 투자가 다음과 같이 이자율의 감소함수이면서 동시에 소득의 증가함수라고 하자.

$$I = \bar{I} - br + vY \qquad (b > 0, v > 0)$$

(1) 케인즈의 소득 · 지출 모형에서 투자승수를 구하라.

(2) IS 곡선을 도출하고, $v = 0$인 경우와 비교하여 설명하라.

(3) $IS-LM$ 균형소득을 도출하고, $v = 0$인 경우와 비교하여 설명하라.

19 가상경제의 정부가 경기부양을 위해 1인당 백만원의 상품권을 국민들에게 무료로 제공하고 6개월 이내에 사용하지 않으면 휴지조각이 될 것이라고 선언하였다.

(1) 정부가 선언한 대로 상품권을 무료로 제공했을 때 나타나는 경제적 효과를 $IS-LM$ 모형을 이용하여 분석하라.

(2) 상품권을 제공하는 대신에 국채를 발행하여 1인당 백만원씩 정액세를 삭감해 주었을 때 나타나는 효과를 $IS-LM$ 모형을 이용하여 분석하고, 그 효과를 (1)의 상품권 제공의 경우와 비교하라.

(3) 위의 (2)의 국채 발행을 통한 정액세 삭감이 경기를 부양시키는 효과가 있기 위하여 필요한 전제조건을 3가지만 예시하고 각각에 대하여 설명하라.

(2001년 행정고시 기출문제 일부 변형)

20 경기침체기에 있는 A국은 경기활성화를 위해 소득세 및 법인세 인하 정책을 단행하였다.

(1) 소득세 및 법인세 인하 정책이 소비, 투자 및 국민소득을 증가시키는 효과가 있다는 주장을 이론적으로 설명하라.

(2) 이에 반해 소득세 및 법인세 인하 정책은 효과가 없다는 주장에 대해 이론적으로 설명하라.

(2012년 행정고시 기출문제)

Macroeconomics ch. fourteen

1. 우상향하는 단기총공급곡선

2. 우상향하는 단기총공급곡선의 도출

3. 총수요 충격과 총공급 충격의 단기 · 장기 효과

4. 필립스곡선

5. 적응적 기대와 자연실업률가설

6. 합리적 기대와 필립스곡선

7. 결론

필립스곡선과 기대

14

우리는 13장(새케인즈학파의 경기변동모형)에서 총공급곡선이 단기와 장기에서 각각 다른 모양을 갖는다는 것을 보았다. 장기에는 가격변수들이 신축적으로 조정되어 총생산이 물가수준에 관계없이 완전고용 수준에서 이루어지므로 총공급곡선은 자연산출량 수준에서 수직선이 된다. 이 경우 총수요 충격에 따른 총수요곡선의 이동은 물가수준에만 영향을 미칠 뿐 총생산은 자연산출량 수준에 머무른다. 반면에 가격변수들이 경직적인 단기에서는 총공급곡선이 수직이 아니므로 총수요 충격이 총생산의 변동을 가져온다.

우리가 지금까지 사용한 단기총공급곡선(*SRAS*)은 단순화된 형태였다. 즉, 모든 가격들이 단기에 고정되어 있고, 그 결과 단기총공급곡선은 수평선이라고 가정했다. 이는 모형의 단순화를 통해 이론의 주요 시사점을 명확하게 이해하는 데 도움이 되었지만, 현실경제의 관점에서는 극단적인 경우로 보아야 할 것이다.

이 장에서는 지금까지 살펴본 새케인즈학파의 거시경제모형을 실제 거시경제의 단기총공급을 반영하는 모형으로 확장하기 위해 일부 가격변수들은 경직적인 반면 다른 가격변수들은 신축적으로 조정되는 경우를 살펴본다. 이러한 좀 더 현실적인 단기총공급곡선을 이용하여 앞서 가정한 수평적인 단기총공급곡선의 주요 결과들 대부분이 그대로 유지된다는 것을 확인할 수 있을 뿐 아니라 몇 가지 새로운 통찰력을 얻게 될 것이다.

1. 우상향하는 단기총공급곡선

Macroeconomics ch. fourteen

지금까지 우리는 가격경직성에 대한 양 극단을 고려했다. 9장과 12장의 새고전학파 모형에서처럼 모든 가격변수들이 신축적일 때 단기총공급곡선(*SRAS*)과 장기총공급곡선(*LRAS*) 사이의 구분은 없어진다. 즉, 단기총공급곡선은 수직이 된다. 이와 반대로 13장의 새케인즈학파 모형에서처럼 모든 가격변수들이 경직적일 때 단기총공급곡선은 수평이 된다. 현실 세계는 아마도 이들 양 극단 사이에 있을 것으로 보인다. 즉, 단기에 모든 가격변수들이 경제여건의 변화 또는 충격에 반응하여 조정되지는 않겠지만, 어떤 가격들은 바로 조정될 것이다. 동네 주유소의 자주 변하는 휘발유 가격이 좋은 예이다. 따라서 실제로 단기총공급곡선은 수직선도 아니고 수평선도 아닐 것이다. 〈그림 14-1〉은 *IS*-*LM*-*AD*-*AS*

그림 14-1

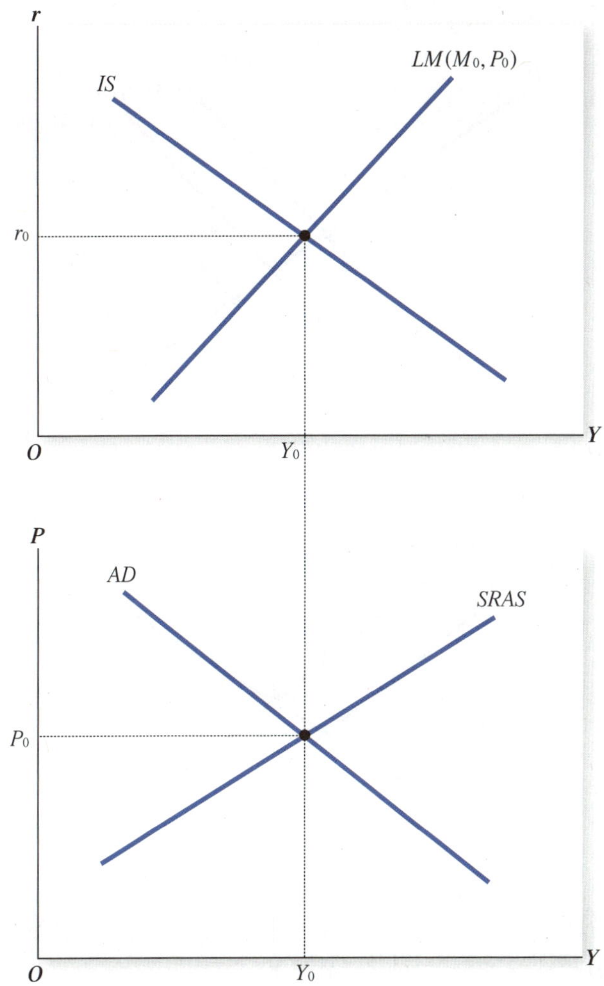

우상향하는 단기총공급곡선과 새케인즈학파 모형

모든 가격변수들이 신축적일 때 단기총공급곡선(*SRAS*)과 장기총공급곡선(*LRAS*)은 모두 수직이 되는 반면 모든 가격변수들이 경직적일 때 단기총공급곡선은 수평이 된다. 현실 세계는 이들 양 극단 사이에 있을 것이기 때문에 실제로 단기총공급곡선은 수직선도 아니고 수평선도 아닐 것이며 이를 반영한 *IS*-*LM*-*AD*-*AS* 모형은 〈그림 14-1〉과 같이 나타낼 수 있다.

모형에 우상향하는 단기총공급곡선을 더한 것이다.

먼저 우상향하는 단기총공급곡선을 고려해도 13장(새케인즈학파의 경기변동 모형)의 분석에서 얻은 결과와 시사점은 변하지 않는다. 예를 들어 확장적 통화정책, 즉 화폐공급 증가의 효과를 분석해 보자. 주어진 물가수준 P_0에서 화폐공급 M의 증가는 실질화폐잔고 $\frac{M}{P}$의 증가를 가져오므로 〈그림 14-2〉에서 *LM*곡선을 우측으로 이동시키고 그 결과 총수요곡선(*AD*)도 우측으로 이동한다. 이때 단기총공급곡선(*SRAS*)이 완전히 수평 또는 수직이 아니기 때문에 단기적으로 물가수준만 상승하는 것이 아니라 총생산도 증가한다. 여기서 주목할 점은 물가수준

그림 **14-2**

화폐공급 증가의 효과

화폐공급의 증가($M_0 \rightarrow M_1$)는 실질화폐잔고의 증가를 가져오므로 *LM*곡선을 우측으로 이동시킨다. 이로 인해 총수요곡선도 우측으로 이동한다. 우상향하는 단기총공급곡선(*SRAS*)를 가정하면 총수요곡선의 이동으로 인해 물가수준뿐만 아니라 총생산도 증가한다. 물가수준 증가($P_0 \rightarrow P_1$)는 실질화폐잔고를 감소시켜 *LM*곡선을 좌측으로 이동시킨다.

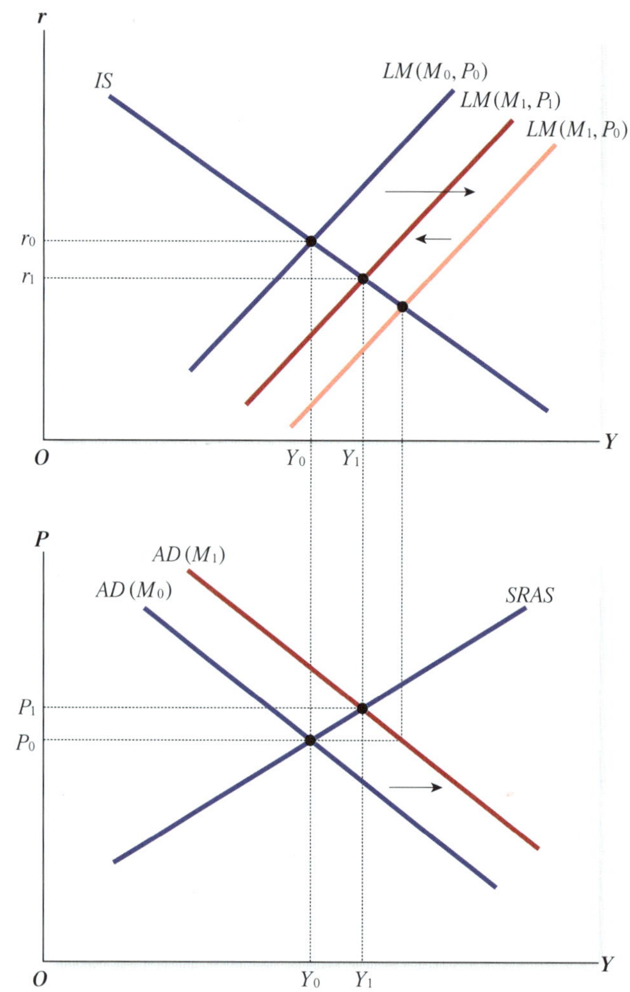

상승이 실질화폐잔고 $\frac{M}{P}$을 감소시킴에 따라 *LM*곡선이 좌측으로 이동한다는 것이다($LM(M_1, P_0) \rightarrow LM(M_1, P_1)$).

일반적으로 총수요 충격은 단기총공급곡선이 완전히 수직이 아닌 정도에 따라 단기적으로 총생산에 영향을 미칠 것이다. 이러한 의미에서 모형 분석 결과는 적어도 정성적으로 이전의 수평적 단기총공급곡선을 가정한 경우와 동일하다고 볼 수 있다. 그러나 이전과 달리 단기에서 물가수준의 변화는 실질화폐잔고의 변화를 통해 *LM*곡선의 추가 이동을 가져온다는 점에 유의할 필요가 있다.

2. 우상향하는 단기총공급곡선의 도출

Macroeconomics ch. fourteen

우리는 지금까지 단기총공급곡선의 함수 형태를 지정하지 않고, 단순히 단기총공급곡선이 우상향한다고 가정했다. 이제 경제주체들이 갖는 예상 또는 기대의 역할을 강조하는 단기총공급곡선의 구체적인 형태를 도출하고 이를 **기대가 부가된 단기총공급곡선**(expectation-augmented *SRAS*)이라 부르기로 하자. 우리는 이 단기총공급곡선으로부터 앞서 단순화된 수평의 단기총공급곡선에서는 볼 수 없었던 추가적인 통찰력을 얻게 될 것이다.

우리는 두 가지 다른 모형에서 기대가 부가된 단기총공급곡선을 도출한다. 먼저 새케인즈학파의 **가격경직성 모형**을 알아보고, 다음으로 12장(2. 화폐경기변동이론)에서 이미 배웠던 루카스의 **불완전정보 모형**을 다시 살펴본다. 서로 다른 단기적 마찰요인(frictions)에 근거한 단기총공급곡선이지만 그 형태는 동일하다는 것을 곧 알게 될 것이다.

2.1 가격경직성 모형

기대가 부가된 단기총공급곡선을 도출하기 위해 먼저 개별 기업의 가격 결정을 살펴본 후 이들 개별 기업의 결정을 집계해 경제 전체의 물가수준을 구해보자. 우리는 이 모형에서 완전경쟁적인 재화시장을 가정하지 않는다. 미시경제학원론에서 배웠듯이 완전경쟁 기업들은 **가격설정자**(price-setter)가 아니라 **가격수용자**(price-taker)로 시장에 참여하기 때문이다. 여기서는 기업들이 차별화된 상품을 생산함으로써 어느 정도 **시장지배력**(market power)을 가지고 가격설정자로서 시장에 참가한다고 가정한다.

일반적으로 기업의 가격 결정은 무엇보다도 생산비용의 영향을 받는다. 기업들은 생산비용이 높을 때 소비자에게 높은 가격을 청구하고, 반대로 생산비용이 낮을 때는 소비자에게 낮은 가격을 청구한다. 명목생산비용은 몇 가지 거시경제변수들에 따라 달라진다. 첫째, 경제 전체의 물가수준(P)이 높을 때 명목임금($W = wP$) 또한 높으므로 생산비용이 상승한다. 둘째, 경제 전체의 생산량(Y)이 늘어날 때 기업들의 노동수요 증가는 임금 상승을 통해 생산비용 상승을 가져온다. 셋째, 생산성(z)이 증가할 때 생산비용이 감소한다. 높아진 생산성은 기업이 이전보다 더 나은 생산기술을 이용하여 좀 더 효율적인 생산이 가능해짐을 의미한다. 그 결과 기업이 주어진 수량의 재화를 생산하기 위해 이전보다 더 적은 생산요소를 필요로 하고, 이는 생산비용의 감소로 이어진다.

따라서 개별 기업의 가격설정 방식을 다음과 같은 가격함수(pricing function)로 나타낼 수 있다.

$$p = f(\underset{+}{P}, \underset{+}{Y}, \underset{-}{z})$$

여기서 p는 개별 기업이 소비자에게 청구하는 명목재화가격이다. 한 가지 주목할 점은 생산성(z)과 자연산출량(Y^n) 사이에 일대일 관계가 있다는 것이다. 즉, 신고전학파 모형이 예측하는 바와 같이 생산성 z의 증가는 직접 자연산출량 Y^n의 증가를 가져온다는 것이다. 따라서 위의 기업 가격함수를 다음과 같이 적을 수 있다.

$$p = f(\underset{+}{P}, \underset{+}{Y}, \underset{-}{Y^n})$$

이제 모형의 구체적 분석이 가능하도록 몇 가지 단순화를 위한 가정을 한다. 먼저 위의 가격함수 $f(\cdot)$를 다음과 같은 선형함수로 가정한다.

$$f(p, Y, Y^n) = \beta P + \gamma Y - \delta Y^n \qquad (\beta, \gamma, \delta > 0)$$

여기서 β, γ, δ는 양의 상수이다. 그리고 모형을 더 단순화하기 위해 위 식에서 물가수준(P)의 계수 $\beta = 1$로 가정하고, 총생산(Y)의 계수 γ는 자연산출량의 계수 δ와 동일하다고 가정한다($\gamma = \delta$).

단순화를 위한 가정에 따라 기업의 가격함수는 다음 형태를 갖는다.

$$p = P + \gamma (Y - Y^n) \tag{14.1}$$

이 식에 의하면 기업이 설정하고자 하는 가격(p)은 전체 물가수준 P와 총산출갭($Y - Y^n$)에 따라 달라진다. 여기서 γ는 기업이 원하는 가격이 총산출갭에 얼마만큼 반응하는지를 나타낸다.

이제 경제 내에 가격설정 방식에 따라 두 부류의 기업이 존재한다고 가정하

자. 한 부류는 식 (14.1)의 가격함수에 따라 가격을 신축적으로 조정하는 기업군들이다. 다른 한 부류는 다음과 같이 가격을 경직적으로 유지한다. 그들은 예상되는 경제여건을 고려하여 상품의 가격을 미리 공표한다. 예컨대 오늘 판매할 상품의 가격을 한 달 전에 (한 달 전 정보를 바탕으로) 미리 설정해 놓는 것이다. 이를 수식으로 표현하면 다음과 같다.

가격설정 방식에 따른 기업군 분류
- 가격을 신축적으로 조정하는 기업군
- 가격을 경직적으로 유지하는 기업군

$$p = P^e + \gamma(Y^e - Y^{n,e})$$

여기서 위 첨자 e는 앞의 여러 장에서와 같이 해당 변수의 기대치(expected value)를 나타낸다. 아울러 이 기업들은 미래 총생산이 자연산출량 수준이 될 것으로 예상한다고($Y^e = Y^{n,e}$) 가정한다. 그러면 가격을 경직적으로 유지하는 기업군의 가격 설정 방식은 다음과 같다.

$$p = P^e \tag{14.2}$$

따라서 이들 기업은 경제 내에서 다수의 다른 기업들이 설정할 가격, 즉 경제 전반의 물가수준에 대한 예상에 기초하여 자신들이 생산하는 상품의 가격을 설정한다. 여기서 가격을 경직적으로 유지하는 기업의 **합리적 기대**(rational expectations)를 가정하는데, 이는 기업이 주어진 정보를 최대한 활용하여 물가수준(P)을 예상한다는 것을 의미한다.

합리적 기대 주어진 정보를 최대한 활용하여 예상

11장(단기적 경기변동의 주요 사실)에서 논의했듯이 경기변동이란 거시경제변수들이 단기적으로 발생한 충격에 반응함에 따라 장기균형 주변에서 나타나는 변동으로 간주된다. 그래서 우리는 보통 단기적 충격이 발생하기 전에 경제가 장기균형 혹은 균제상태(steady state)에 있는 경우를 고려한다. 균제상태는 모든 내생변수들이 일정한 값을 갖는 상태로서 변수들의 기대치와 실제 값이 같다($P = P^e$, $Y = Y^e, Y^n = Y^{n,e}$). 그 결과 균제상태에서는 가격을 신축적으로 조정하는 기업들과 경직적으로 유지하는 기업들이 모두 동일한 가격을 설정한다. 그러나 경제에 예상하지 못한 충격이 발생할 때는 변수의 실제 값이 기대치와 다르므로 이 두 부류의 기업군은 일반적으로 서로 다른 가격을 설정한다.

예를 들어 어떤 기업경영자가 오늘 아침에 일어나보니 중앙은행이 예상 밖으로 화폐공급을 증가시킨 것을 알게 되었다고 하자. 어제까지만 해도 이 기업경영

자는 오늘 화폐공급량이 1,000조원 수준에서 유지될 것으로 생각했는데, 실제로 오늘 화폐공급량은 2,000조원으로 100% 늘어난 것이다. 예상보다 많은 화폐공급($M > M^e$)으로 인해 실제 물가수준(P)과 총생산(Y) 또한 어제 예상한 수준보다 높아질 것이다($P > P^e$, $Y > Y^e$).

가격을 신축적으로 조정하는 기업은 새 정보를 활용하여 새로이 가격을 설정하지만 가격을 경직적으로 유지하는 기업은 새 정보가 입수되어도 가격을 유지함

이러한 새 정보에 대해서 가격을 신축적으로 조정하는 기업과 경직적으로 유지하는 기업은 서로 다르게 반응한다. 가격조정 기업은 새 정보를 활용하여 식 (14.1)의 가격설정 방식에 따라 실제로 실현된 물가수준과 총생산에 기초하여 가격을 설정한다. 이와 대조적으로 가격을 경직적으로 유지하는 기업은 새 정보가 입수되어도 가격을 조정하지 않는다. 예를 들어 한 달 전에 (한 달 전의 정보를 바탕으로) 미리 설정해 놓은 가격을 그대로 두는 것이다.

경제 전체의 물가수준 P는 가격조정 기업들이 설정한 가격과 가격유지 기업들이 설정한 가격을 집계하여 얻을 수 있다. 전체 시장에서 가격을 경직적으로 유지하는 기업들이 차지하는 비율을 s, 가격을 신축적으로 조정하는 기업들이 차지하는 비율을 $(1-s)$라 하자. 예를 들어 $s = 0.5$라면 전체 기업들 중 절반이 가격을 신축적으로 조정하고 나머지 절반은 가격을 경직적으로 유지한다는 것을 의미한다. 경제 전체의 물가수준은 식 (14.1)에 따라 신축적으로 결정되는 가격과 식 (14.2)와 같이 경직적으로 유지되는 가격의 가중평균으로 나타낼 수 있다.

경제 전체의 물가수준은 신축적으로 결정되는 가격과 경직적으로 유지되는 가격의 가중평균으로 나타낼 수 있음

$$P = \underbrace{(1-s)[P + \gamma(Y - Y^n)]}_{\text{가격조정 기업}} + \underbrace{sP^e}_{\text{가격유지 기업}} \tag{14.3}$$

위 식을 총생산 Y에 대해 정렬하면 다음과 같이 적을 수 있다.

$$Y = Y^n + \alpha(P - P^e) \tag{14.4}$$

여기서 $\alpha = \frac{s}{1-s}\frac{1}{\gamma} > 0$이며, 총생산 Y와 물가수준 P가 양(+)의 관계를 갖는다는 점에 주목할 필요가 있다. 이 책에서는 위 식을 **새케인즈학파의 총공급곡선**(New Keynesian aggregate supply curve)이라 부르기로 한다.

이러한 총생산과 물가수준 간 양(+)의 관계는 〈그림 14-3〉에서 우상향하는 단기총공급곡선($SRAS$)으로 나타난다. 식 (14.4)에 의하면 실제 물가수준이 예상 물가수준보다 높은 경우($P > P^e$) 총생산이 자연산출량 수준을 초과하고($Y > Y^n$),

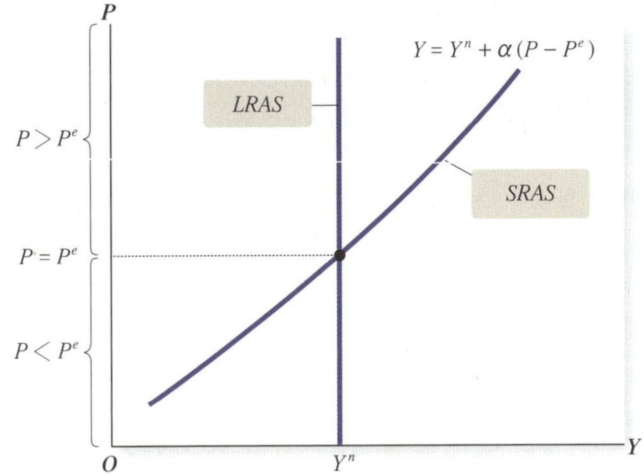

그림 14-3

새케인즈학파의 총공급곡선

실제 물가수준이 예상물가수준보다 높은 경우($P > P^e$) 총생산이 자연산출량 수준을 초과($Y > Y^n$)하고, 반대로 실제 물가수준이 예상물가수준보다 낮으면($P < P^e$) 총생산이 자연산출량 수준에 못 미친다($Y < Y^n$). 만약 실제 물가수준이 예상물가수준과 같다면($P = P^e$), 총생산도 자연산출량 수준과 동일하다($Y = Y^n$). 이를 반영한 단기총공급곡선은 우상향하며, 경제 내 가격을 경직적으로 유지하는 기업이 없는 장기에는 $s = 0$이 됨을 의미하므로 장기총공급곡선은 수직선의 형태가 된다.

반대로 실제 물가수준이 예상물가수준보다 낮으면($P < P^e$) 총생산이 자연산출량 수준에 못 미친다($Y < Y^n$). 만약 실제 물가수준이 예상물가수준과 같다면($P = P^e$), 총생산도 자연산출량 수준과 동일하다($Y = Y^n$). 한편 단기총공급곡선(*SRAS*)의 위치는 예상물가수준 P^e에 따라 결정되는데, P^e의 상승(하락)은 *SRAS*를 위(아래)로 수평이동 시킨다. 예상물가수준이 높을(낮을) 때 가격유지 기업들이 가격을 미리 (한 달 전에) 높게(낮게) 설정하고, 이는 다른 조건이 일정할 때 높은 물가수준으로 이어지기 때문이다.

13장(새케인즈학파의 경기변동모형)에서 살펴본 장기총공급곡선(*LRAS*)과 단기총공급곡선(*SRAS*)은 식 (14.4)의 특수한 경우에 해당한다. 먼저 경제 내에 가격을 경직적으로 유지하는 기업이 없다고 하자. 이는 $s = 0$을 의미하고 식 (14.4)에서 $\alpha = \frac{s}{1-s}\frac{1}{\gamma} = 0$이므로 $Y = Y^n$이 된다. 따라서 *SRAS*는 $Y = Y^n$에서 수직선이 되고 *LRAS*와 일치한다. 모든 기업들이 가격을 신축적으로 조정한다는 가정 하에서 이는 자연스러운 결과이며, 새고전학파 모형이 새케인즈학파 모형의 특수한 경우임을 의미한다. 반대 경우로 모든 기업들이 가격을 경직적으로 유지한다면($s = 1$), 식 (14.3)에서 $P = P^e$가 되므로 물가수준이 총생산 Y에 관계없이 결정되고 *SRAS*는 $P = P^e$에서 수평선이 된다. 요약하면 새케인즈학파의 총공급곡선 (14.4)는 총공급곡선의 양 극단($s = 0$, $s = 1$)뿐만 아니라 모든 중간 경우들($0 < s < 1$)을 포함한다. 따라서 앞서 살펴본 두 모형들을 일반화한 것으로 볼 수 있다.

이론과 실제 1 재화가격은 얼마나 경직적인가?*

가격변화는 경제의 교통신호등과 같은 역할을 한다. 사람들은 가격변화를 관찰함으로써 재화를 더 구매할 것인지, 아니면 소비를 줄이고 저축을 할 것인지 결정한다. 만약 가격변화를 알려주는 신호등이 원활하게 바뀐다면, 자원은 효율적으로 분배될 것이다. 반대로 가격이 경직적이라면, 그 경제의 자원배분도 경직적으로 이루어질 수밖에 없다. 이러한 가격변화의 중요성에 비해 관련 연구는 그리 많이 이루어지지 못했다. 그러나 최근 유용한 데이터들이 알려지면서 경제학자들 사이에 가격변화에 대한 실증분석 연구가 활발히 진행되고 있다.

기존의 연구를 통해 재화의 가격이 1년에 평균 한 번꼴로 변화한다는 결과가 알려졌지만, 매우 제한된 상품들을 대상으로 이루어진 연구라는 문제점이 지적되어 왔다. 이를 보완하여 2004년 빌즈(Mark Bils)와 클리나우(Peter Klenow)는 1995년부터 1997년까지 350가지 상품 및 서비스 가격의 변화빈도를 조사하였다. 그 결과 이들은 재화의 가격이 적어도 4~5개월에 한 번씩 변화해 왔다는 결론을 도출하였다.**

한편 나카무라(Emy Nakamura)와 스타인슨(Jon Steinsson)은 미국에서 세일과 특별행사가격(special promotions)이 가격변화 빈도의 중요한 결정요인임을 밝혀냈다.*** 이들의 분석에 의하면 세일과 특별 가격의 영향을 제외할 경우, 1998년부터 2005년 동안 가격은 평균적으로 8~11개월에 한 번씩 조정되었다. 하지만 세일이 가격의 지속기간을 절반 정도 줄여주기 때문에, 세일과 특별 가격을 고려할 경우 이들의 연구결과는 빌즈와 클리나우가 얻은 결과와 유사하게 된다. 더욱이 물가상승률이 높을 때 가격변화가 더 빈번하다는 점을 감안하면, 인플레이션이 상대적으로 낮았던 기간을 분석한 나카무라와 스타인슨의 연구에서 가격변화가 상대적으로 덜 발생한 이유를 이해할 수 있다.

* *The Economist*, "Sticky Situations," 2006. 11. 9.

** Bils, M., and Klenow, P., "Some Evidence on the Importance of Sticky Prices," *Journal of Political Economy*, 2004.

*** Nakamura, E., and Steinsson, J., "Five Facts about Prices : A Reevaluation of Menu Cost Models," *Quarterly Journal of Economics*, 2008.

2.2 불완전정보 모형

루카스(R. Lucas Jr., 1938~) 미국 시카고대 교수. 기존 케인즈 경제학의 맹점을 비판한 이른바 '루카스 비판'은 현대 거시경제학, 특히 경기변동이론의 발전에 결정적인 초석을 제공한 것으로 평가받는다. 1995년 합리적 기대이론 연구의 업적으로 노벨 경제학상을 수상함

이제 루카스(Robert E. Lucas, Jr.)의 불완전정보 모형을 살펴보자. 우리는 12장(2. 화폐경기변동이론)에서 경제주체가 물가수준에 대해 불완전한 정보를 가질 때 명목임금의 상승을 실질임금의 상승으로 착각하여 노동공급을 늘리고, 이는 총생산의 증가로 이어짐을 보았다. 이 모형에서도 경제주체는 물가수준에 대해 불완전한 정보를 가진다고 가정한다. 다만 여기에서는 이러한 불완전한 정보가

노동자의 행태가 아니라 기업의 행태에 미치는 영향을 알아본다.[1]

루카스는 기업의 생산결정에서 중요한 것은 다른 기업 상품가격과 자기 상품가격의 차이인 상대가격 또는 실질가격이라 보았다. 만약 시장에서 자신의 가격만 높게 형성된다면, 이것은 다른 기업의 상품에 비해 자신의 상품에 대한 수요가 더 많다는 것을 의미한다. 따라서 이 경우에는 노동투입을 증가시켜 생산을 늘리면 더 큰 이윤을 낼 수 있다.

다음 식은 이러한 상황에 있는 개별 기업의 공급곡선이다.

$$Y_i = Y_i^n + \gamma(P_i - P) \qquad (\gamma > 0) \tag{14.5}$$

여기서 Y_i는 개별 기업 i의 산출량, Y_i^n는 이 기업의 정상적 산출수준, P_i는 이 기업의 상품가격, P는 경제 전체의 일반물가수준을 나타낸다. 그리고 γ는 기업 i의 산출량이 상대가격 변화에 반응하는 정도를 나타내는 계수로 단순화를 위해 모든 기업에 대해 동일하다고 가정한다. 개별 기업의 공급곡선식 (14.5)에 따르면 기업 i의 상품가격(P_i)이 많은 다른 기업들의 상품가격이 반영된 일반물가수준(P)보다 상대적으로 높게 형성되는 경우 이 기업은 정상 수준보다 산출량을 증가시켜 이윤극대화를 실현한다. 따라서 개별 기업의 입장에서 일반물가수준의 변동과 자사 제품의 상대가격 변동을 구별하는 것은 매우 중요하다. 개별 기업 제품의 가격상승이 일반물가수준의 전반적인 상승에 따라 오른 것이라면 생산을 늘릴 유인이 없기 때문이다. 개별 기업은 기술혁신과 소비자의 기호 변화 등으로 인해 자사 제품의 가격만 상승했을 때 생산을 늘릴 유인이 있는 것이다.

개별 기업의 공급곡선
기업의 상품가격이 상대적으로 일반물가보다 높게 형성되면 이윤극대화를 위해 산출량을 증가시킴

그러나 개별 기업은 상대가격 변동과 일반물가수준 변동을 정확히 구별하기 힘들다. 다시 말해 자사 제품 가격이 상승했을 때, 이것이 상대가격 변화인지 아니면 일반물가수준 변화인지를 구분하기 힘들다. 이러한 불완전정보의 상황에서 각 기업들은 주어진 정보를 최대한 활용하여 일반물가수준을 합리적으로 예상(rational expectations)하고, 이에 따라 산출량을 결정하려 할 것이다. 이처럼 기업의 물가에 대한 예상을 반영한 공급곡선은 다음 식으로 표현된다.

---

1. 두 모형의 결론은 같다. 즉, 단기적으로 화폐는 비중립적이고 실제 총산출량은 자연산출량과 다르다. 12장(2. 화폐경기변동이론)에서는 불완전정보가 노동공급에 영향을 미쳤다면, 여기서는 불완전정보가 노동수요에 영향을 미쳤다는 점이 다르지만, 결과적으로 경제주체의 착각 때문에 노동투입이 변한다는 점은 동일하다.

그림 14-4

루카스 총공급곡선

수직인 총공급곡선 AS_1은 $P=P^e$일 때, 즉 경제주체의 일반물가수준 예상이 정확한 경우 도출된다. 반면 우상향하는 총공급곡선 AS_2는 경제주체들이 합리적 기대를 하더라도 정보가 불완전한 경우에 도출될 수 있다. 예를 들어 예상치 못한 물가수준의 변화로 P가 P^e보다 커진다면 Y도 잠재적 총산출량(Y^n)보다 큰 값을 갖게 되어 우상향하는 총공급곡선이 도출될 수 있다.

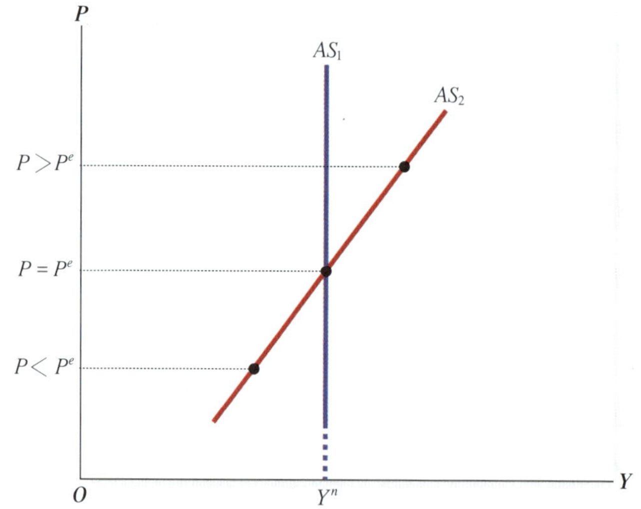

$$Y_i = Y_i^n + \gamma(P_i - P_i^e) \qquad (\gamma > 0) \qquad (14.6)$$

여기서 P_i^e는 개별 기업 i의 일반물가수준에 대한 합리적 기대를 의미한다.

개별 기업이 예상치 못한 물가수준의 변화를 상대가격의 변화로 착각하여 산출량을 변화시킬 수 있음

공급곡선식 (14.6)에서 주목할 것은 개별 기업이 예상치 못한 물가수준의 변화를 상대가격의 변화로 착각하여 산출량을 변화시킬 수 있다는 점이다. 즉, 예상치 못하게 일반물가수준이 상승하면, 개별 기업은 자사 제품 가격의 상승이 일반물가수준의 상승에 동반한 것으로 생각하지 않고, 자사 제품에 대한 선호가 늘어난 것으로 착각하여 산출량을 늘릴 수 있는 것이다. 이러한 착각(misperception)은 합리적 기대를 하더라도 물가 상승을 사전에 예상하지 못한 경우에 발생할 수 있다. 이제 개별 기업의 공급곡선식 (14.6)을 모두 합하면 경제 전체의 총공급곡선을 다음과 같이 나타낼 수 있다.

루카스 공급곡선 기업들이 예상치 못한 물가수준의 상승을 상대가격의 상승으로 착각하여 산출량을 증가시킴
⇒ 우상향하는 총공급곡선

$$Y = Y^n + \gamma(P - P^e) \qquad (\gamma > 0) \qquad (14.7)$$

이것이 바로 **루카스 총공급곡선**(Lucas aggregate supply curve)이다. 여기서 Y는 각 기업의 실제 산출량의 합, 즉 경제 전체의 총공급이고, Y^n는 각 기업의 정상산출수준의 합으로서 경제의 잠재적 총산출량으로 해석할 수 있다. 그리고 P

와 P^e는 각각 실제 물가수준과 기업의 예상물가수준이다.

루카스 공급곡선을 나타내는 〈그림 14-4〉에서 수직인 총공급곡선 AS_1은 경제주체의 일반물가수준 예상이 정확한 상황($P = P^e$)을 나타낸다. 루카스 공급곡선식 (14.7)에서 P와 P^e가 일치한다면 Y와 Y^n도 일치하므로, 결국 Y^n에서 수직선 형태의 총공급곡선이 도출된다. 반면 우상향하는 총공급곡선 AS_2는 예상치 못한 일반물가수준의 변화로 산출량이 변화할 수 있음을 나타낸다. 예를 들어 식 (14.7)에서 예상치 못한 물가 상승으로 P가 P^e보다 커진다면($P > P^e$), Y도 Y^n보다 큰 값을 갖게 되므로, 결국 〈그림 14-4〉에서 우상향하는 총공급곡선이 도출된다.

2.3 두 총공급곡선의 비교

종합하면 새케인즈학파의 가격경직성 모형에서 도출된 총공급곡선식 (14.4)와 루카스 총공급곡선식 (14.7)은 같은 형태를 보이고 있을 뿐만 아니라 두 총공급곡선 모두 물가수준 변화에 대한 합리적 기대를 가정하고 있다. 그러나 일반물가수준의 변화가 총산출량의 변동으로 연결되는 메커니즘에는 큰 차이가 있다.

앞에서 본 것처럼 루카스 총공급곡선은 합리적 기대를 가정한 상황에서 불완전정보에 기인한 물가예상 착오(price misperception)가 우상향하는 총공급곡선의 도출 근거였다. 하지만 현실에서 물가수준은 누구나 알 수 있는 공공정보(public information)라는 점에서 물가예상 착오는 상대적으로 빨리 사라지게 될 것이다. 따라서 이 모형에서 우상향하는 총공급곡선은 충격 후 매우 짧은 기간에만 존재한다.

루카스 총공급곡선에서는 불완전정보에 기인한 물가예상착오가 우상향하는 총공급곡선의 도출근거이고, 새케인즈학파의 총공급곡선은 가격을 경직적으로 유지하는 기업들의 존재가 우상향의 근거이다.

한편 모든 기업의 가격이 신축적으로 조정되는 루카스 모형과는 달리, 새케인즈학파의 총공급곡선은 합리적으로 예상된 물가수준에서 가격을 경직적으로 유지하는 기업들의 존재가 우상향의 근거가 된다. 이 기업들이 오랫동안 가격을 유지한다면, 우상향하는 총공급곡선 또한 상대적으로 오랜 기간 그 역할을 하게 된다. 이 장에서는 새케인즈학파의 가격경직성 모형에서 도출된 총공급곡선을 이용하여 총수요 충격과 총공급 충격이 거시경제에 미치는 영향을 분석하려고 한다.

Box 14-1 경제학과 기대이론

20세기 초까지 고전학파 이론에서는 경제주체들이 경제변수의 미래치를 완전히 예견(perfect foresight)할 수 있다고 가정했다. 예를 들어 t기의 물가수준에 대한 예측치 P_t^e는 실제 t기의 물가수준 P_t와 일치한다는 것이다.

$$P_t^e = P_t$$

한편 적어도 단기적으로는 비현실적인 완전예견의 가정을 보완하여 제기된 것이 적응적 기대(adaptive expectations) 또는 과거지향적 기대(backward-looking expectations) 가설이다. 이 가설에 의하면 미래물가수준의 예측치 P_{t+1}^e는 현재물가수준의 예측치 P_t^e와 실제 물가수준 P_t의 차이를 반영하여 결정된다.

$$\begin{aligned} P_{t+1}^e &= P_t^e + \alpha(P_t - P_t^e) \\ &= \alpha P_t + \alpha(1-\alpha)P_{t-1} + \alpha(1-\alpha)^2 P_{t-2} + \cdots \end{aligned}$$

여기서 가중치 α는 0과 1 사이의 값이므로 먼 과거의 값일수록 기대 형성에 적은 영향을 미친다. 한편 극단적인 경우 $\alpha=1$이라면, 바로 전기의 값만 기대에 반영되는 정태적 기대(static expectations)가 된다.

이때 과거의 경험에만 의존해 미래를 예측하는 문제점을 지적하며 등장한 것이 바로 합리적 기대(rational expectations) 또는 미래지향적 기대(forward-looking expectations) 가설이다. 이에 따르면 경제주체들은 현재 이용 가능한 모든 정보를 활용하여 미래의 물가수준을 예측한다.

$$P_{t+1}^e = E[P_{t+1} | \Omega_t]$$

여기서 Ω_t은 t기에 이용 가능한 모든 정보의 집합이며, $E[P_{t+1} | \Omega_t]$는 미래물가수준 P_{t+1}에 대한 조건부기대치(conditional expectation)이다.

물론 합리적 기대가 완전예견을 의미하는 것은 아니다. 주어진 정보를 최대한 이용해도 정보가 불완전하면 예측오차는 발생할 수 있기 때문이다. 그러나 합리적 기대를 따르면 체계적인 예측오차는 막을 수 있다. 이 합리적 기대 가설은 1970년대 이후 경제학 방법론에 큰 영향을 끼쳤다.

3. 총수요 충격과 총공급 충격의 단기·장기 효과

Macroeconomics ch. fourteen

이제 합리적 기대가 부가된 우상향하는 단기총공급곡선을 이용하여 총수요 충격과 총공급 충격의 단기 효과와 장기 효과를 분석해 보자.

3.1 총수요 충격

먼저 예상하지 못한 총수요 증가에 대해 경제가 어떻게 반응하는지 알아보자. 총수요 증가는 통화팽창($M\uparrow$), 재정확장($G\uparrow$), 미래 총요소생산성 증가($z'\uparrow$), 또는 주택가격 상승과 같은 외생변수들의 변화에 기인한다. 이 중 어떤 경우를 고려하더라도 분석의 결과는 정성적으로 같다.

예를 들어 중앙은행이 오늘 화폐공급을 10% 증가했다고 하자. 경제의 모든 가격이 신축적이라고 가정하는 신고전학파/새고전학파 모형에 의하면 통화량의 10% 증가는 물가수준의 10% 상승을 가져온다. 반면 앞 절에서 소개된 새케인즈학파의 가격경직성 모형에서는 이 통화팽창이 이미 경제주체들에 의해 예상되었던 정책 변화인지 아닌지에 따라 그 실질 효과가 달라진다.

이 정책이 이미 한 달 전에 발표되어 모든 경제주체가 알고 있었다면, 가격경직성 모형에서 가격유지 기업들, 예컨대 한 달 전에 (한 달 전의 정보를 바탕으로) 미리 가격을 설정해 놓은 기업들과 가격을 신축적으로 조정하는 기업들 사이에 아무런 차이가 없게 된다.[2] 한 달 전 정보에 '통화량 10% 증가'가 이미 포함되어 있기 때문이다. 따라서 모든 가격이 신축적인 신고전학파 모형에서처럼, 통화량의 10% 증가는 물가수준의 10% 상승으로 이어진다. 또한 한 달 전 정보를 이용하여 예측됐던 물가수준(P^e)은 오늘 실현된 물가수준(P)과 같게 되고, 식 (14.4)에 따라 총생산은 자연산출량과 같아지게 된다.

반면에 예상 못 했던 통화량 증가는 총생산의 증가를 가져온다. 한 달 전에는 경제주체들이 오늘 발생할 통화팽창을 몰랐으므로 당시 정보에 기반한 예상물가수준 P^e는 한 달 전 물가수준과 동일하다. 한편 가격조정 기업들은 오늘 새로운 정보에 기반하여 가격을 올리고, 이는 물가수준(P)의 상승을 가져온다. 물론 이 부류의 기업은 전체 기업의 일부에 불과하므로 물가 상승은 10%보다 낮을 것이다. 결국 $P > P^e$가 되고, 식 (14.4)에 따라 $Y > Y^n$이 된다.

이 결과를 그래프로 설명해 보자. 〈그림 14-5〉에서 경제는 초기에 점 A와 같이 장기균형에 있다고 하자. 점 A에서 총생산 Y_1은 완전고용산출량 수준 Y^n과 동일하고 실제 물가수준 P_1은 예상물가수준 P_1^e와 동일하다. 총수요 충격이 발생하기 직전에 사람들은 곧 일어날 충격을 예상하지 못하고 향후 물가수준이 계속해서 현재 물가수준과 같을 것이라고 예상한다($P_1^e = P_1$).

이제 총수요가 갑작스럽게 증가했다고 하자. 이는 〈그림 14-5〉에서 총수요곡선(AD)을 우측으로 이동시키고($AD_1 \rightarrow AD_2$), 그 결과 균형이 점 A에서 점 B로 이동하면서 실제 물가수준이 P_1에서 P_2로 상승한다. 이때 가격이 경직적인 기업들은 사전에 이러한 물가 상승을 예상하지 못했고, 일반적으로 충격과 동시에 새

2. 물론 다른 조건이 일정한 경우, 즉 한 달 전과 오늘 사이에 추가적인 경제충격이 없는 경우를 가정한다.

그림 14-5

총수요 충격의 단기·장기 효과

총수요가 예상치 못하게 증가하는 경우 총수요 곡선이 우측으로 이동($AD_1 \rightarrow AD_2$)하고, 그 결과 균형이 점 A에서 점 B로 이동한다. 이로 인해 실제 물가수준은 P_1에서 P_2로 상승한다. 예상물가수준은 여전히 충격 이전 수준에 머물고($P_1 = P_1^e = P_2^e$) 즉각 조정되지는 않는다. 따라서 단기총공급곡선($SRAS$)은 이동하지 않고 그 결과 총생산이 Y_1에서 Y_2로 증가하면서 자연산출량 수준을 초과하게 된다. 시간이 지나면서 모든 경제주체가 정보를 갱신하여 물가수준과 예상물가수준 모두 증가한다. 예상물가수준이 조정됨에 따라 $SRAS$는 위로 수평이동하게 되고($SRAS_1 \rightarrow SRAS_2$), 경제는 새로운 장기균형, 점 C로 이동한다. 한편 예상된 총수요 증가가 있는 경우, $SRAS$는 즉각 위로 수평이동하고 균형은 $LRAS$를 따라 점 A에서 점 C로 바로 이동하게 된다.

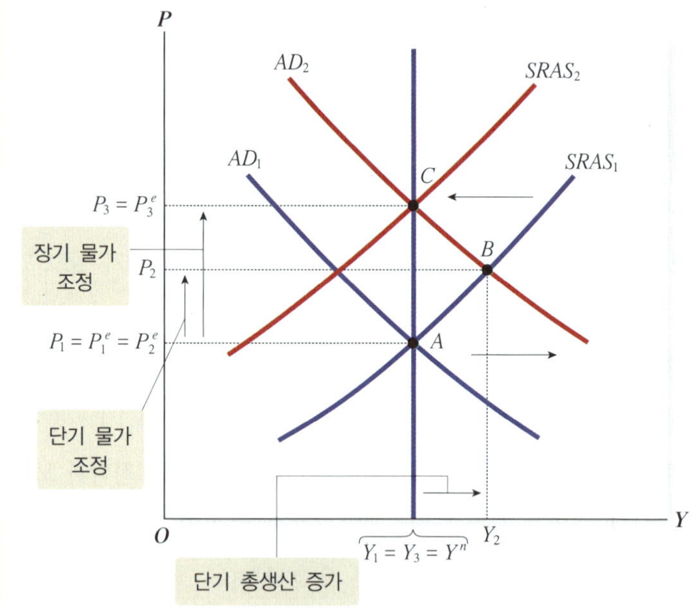

정보를 바로 업데이트하는 것은 아니기 때문에 총수요 충격이 발생한 시점에 예상물가수준은 여전히 충격 이전 수준에 머물고($P_1^e = P_2^e = P_1$) 즉각 조정되지는 않는다. 따라서 단기총공급곡선($SRAS$)은 이동하지 않고 그 결과 총생산이 Y_1에서 Y_2로 증가하면서 자연산출량 수준을 초과하게 된다.

시간이 지나면서 가격이 경직적인 기업들을 포함해서 모든 경제주체가 정보를 업데이트한다. 예를 들어 중앙은행이 통화량을 10% 증가시킨 사실을 새로 반영해서 모든 기업이 가격을 올리게 된다. 결국 장기적으로 물가수준과 예상물가수준 모두 10% 증가한다. 이때 예상물가수준이 조정됨에 따라 $SRAS$는 위로 수평이동하게 되고($SRAS_1 \rightarrow SRAS_2$), 경제는 새로운 장기균형을 나타내는 점 C로 이동한다.

한편 앞서 언급한 대로 오늘 있었던 통화량 증가가 한 달 전에 발표되어 경제주체들이 이미 알고 있었다면, $P = P^e$이므로 *SRAS*는 즉각 위로 수평이동한다. 이때 균형은 장기총공급곡선(*LRAS*)을 따라 점 *A*에서 점 *C*로 바로 이동하게 된다.

위의 분석에서 알 수 있듯이 기대가 부가된 단기총공급곡선 모형의 주요 분석 결과는 13장(2. 총수요 · 총공급 모형)의 단순한 *AD–AS* 모형이나 13장(6. *IS–LM–AD–AS* 모형과 장 · 단기 분석)의 단순한 *IS–LM–AD–AS* 모형에서 얻은 결과와 기본적으로 같다. 즉, 총수요 충격이 단기에는 총생산에 영향을 미칠 수 있으나 장기적으로는 영향을 미치지 않는다. 특히 화폐가 단기적으로는 비중립적이지만 장기적으로는 중립적이다. 〈그림 14–4〉에서 화폐의 단기적 비중립성은 점 *A*에서 점 *B*로의 이동으로 나타나고 장기적 중립성은 점 *A*에서 점 *C*로의 이동으로 나타난다.

그러나 기대가 부가된 단기총공급곡선 모형은 단기균형에서 장기균형으로의 이행 메커니즘(transition mechanism)을 좀 더 명시적으로 보여준다. 이 모형에 따르면 물가수준의 장기적 조정은 궁극적으로 물가수준에 대한 예상의 조정을 통해 이루어진다. 이는 단기(short term)의 실제 지속기간이 결정적으로 물가예상의 조정 속도, 즉 경제주체가 얼마나 자주 본인 의사결정에 필요한 정보를 업데이트하느냐에 달려 있다는 것을 의미한다. 구체적으로 가격경직성 모형에서는 가격유지 기업들이 얼마나 자주 정보를 업데이트하면서 상품가격을 조정하느냐에 달려 있다. 극단적인 예로서 예상된 총수요 충격이 발생한 경우 단기의 지속기간은 0이 된다. 물가수준에 대한 정확한 예측이 이미 충격 이전에 상품가격에 반영되었기 때문이다. 맨큐(N. Gregory Mankiw)와 라이스(Ricardo Reis)는 경제주체들이 오래된 정보를 이용하여 의사결정을 내리고 정보 업데이트를 여러 기간 동안 하지 않는 **정보경직성 모형**(sticky information model)이 거시경제의 여러 경험적 사실을 잘 설명한다는 것을 보였다.

3.2 총공급 충격

먼저 새케인즈학파의 가격경직성 모형에서 도출한 단기총공급곡선의 식 (14.4)를 물가수준 *P*에 대해 다음과 같이 나타내보자.

$$P = P^e + \frac{1}{\alpha}(Y - Y^n) + v \tag{14.8}$$

그림 14-6

총공급 충격의 장단기 효과

부정적 총공급 충격이 발생하는 경우 단기총공급곡선이 좌측으로 이동하여 물가가 상승하며 총생산은 감소한다. 즉, 단기적으로 스태그플레이션이 발생하는 것이다. 이때 확장적 통화정책 또는 재정정책을 통해 총수요곡선을 우측이동시키면 균형은 점 *A*에서 점 *C*로 이동하여 경기침체는 빨리 끝낼 수 있지만 더 큰 인플레이션이 유발된다. 반면 아무것도 하지 않는다면 비용인상충격은 언젠가 사라지기 때문에 단기총공급곡선이 원래 자리로 돌아가고 물가가 장기적으로 안정되지만 경기침체 기간이 상대적으로 길어진다

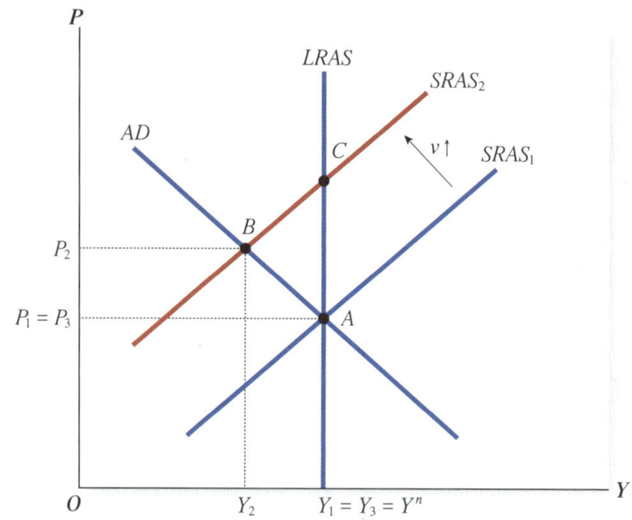

위 식에는 식 (14.4)에 없었던 새로운 외생변수 v를 추가했다. 이 새 변수 v를 이해하기 위해 가격경직성 모형에서 소개됐던 기업의 가격함수 $p = f(P, Y, z)$와 이 가격함수에 몇 가지 단순화 가정을 추가하여 도출된 $p = P + \gamma(Y - Y^n)$을 다시 살펴보자. 우리는 2절(2.1 가격경직성 모형)에서 기업의 명목가격 결정은 명목생산비용의 영향을 받고, 명목생산비용은 경제의 전반적인 물가수준(P), 생산량(Y), 기술수준(z)의 함수라고 가정했다. 하지만 명목생산비용은 일반적으로 다른 요인의 영향도 받는다. 예를 들면 원유를 포함한 국제 원자재 가격이 급등하면 기업의 생산비용이 증가하고 이는 재화의 명목가격, 즉 물가 상승으로 이어질 것이다. 또한 노동생산성을 초과한 과도한 임금상승, 정부의 규제, 기후 변화 등도 생산비용 증가를 가져올 수 있다. 이러한 '그 밖의 다른 요인들'을 위 식 (14.8)에서 v로 나타낸 것이다. 이때 단기총공급곡선은 P^e가 상승할 때뿐만 아니라 v가 증가할 때도 위로 수평이동한다. 이때 외생변수 v를 공급충격(supply shock) 또는 **비용인상충격**(cost-push shock)이라고 부르기도 한다.

〈그림 14-6〉은 총수요 충격 대신에 비용인상충격이 경제를 강타하는 경우에도 물가수준이 상승하는 것을 보여준다. 하지만 이는 총생산 증가가 아니라 감

소를 가져온다. 즉, 단기적으로 인플레이션과 경기침체가 동시에 발생하는 **스태그플레이션**(stagflation)이 오는 것이다.

이때 정책당국은 두 가지 옵션 사이에서 어려운 선택을 해야 한다. 첫째, 확장적인 통화정책 또는 재정정책을 통해 〈그림 14-5〉에서처럼 총수요곡선을 우측이동 시키는 것이다. 이 경우 균형은 점 *A*에서 점 *C*로 즉각 이동할 것이다. 이는 경기침체를 빨리 끝낼 수 있다는 장점이 있지만, 단기적으로 더 높은 인플레이션을 유발하고 장기적으로 물가는 높은 수준에서 유지될 것이다. 두 번째 옵션은 아무것도 하지 않는 것이다. 이 경우 비용인상충격이 언젠가는 사라질 것이고 단기적으로는 총수요가 자연산출량보다 작으므로 물가수준이 하락압력을 받을 것이다. 결국 시간이 지나면 단기총공급곡선은 원래 위치로 돌아갈 것이다($SRAS_2 \rightarrow SRAS_1$). 이는 물가수준이 장기적으로 낮은 수준에서 안정된다는 장점이 있지만, 경기침체 기간이 상대적으로 길어질 수 있다는 단점도 존재한다.

이 절의 분석은 물가 상승 또는 인플레이션이 총수요 충격뿐 아니라 총공급 충격에 의해서도 발생할 수 있음을 보여준다. 또한 인플레이션과 경기침체가 어떤 충격에서 오느냐에 따라 정책처방이 달라져야 한다는 것을 분명히 보여준다. 하지만 현실에서의 정책결정은 모형이 시사하는 것보다 훨씬 어렵다. 최근 코로나19 대유행에 대응하여 각국 정부와 중앙은행이 확장적인 재정정책과 통화정책을 시행하면서 총수요 증가에 기인한 물가 상승이 일어나고 있지만, 이와 동시에 글로벌 공급망에 차질이 생기면서 비용인상충격에 기인한 물가 상승에 대한 우려 또한 커지고 있다. 1970년대의 오일 파동(Oil Shock)과 그에 따른 대인플레이션(Great Inflation), 그리고 2008~2009년의 경기대침체(Great Recession)에 이어 또 한 번 정책당국과 거시경제학자에게 어려운 숙제가 던져진 셈이다.

4. 필립스곡선

Macroeconomics ch. fourteen

앞서 3절(3.1 총수요 충격)의 분석은 단기적으로 정책당국이 통화정책이나 재정정책을 통해서 〈그림 14-5〉의 총수요곡선(*AD*)을 이동시킴으로써 단기총공급곡선 $SRAS_1$ 상의 점들, 즉 총생산과 물가수준의 조합을 선택할 수 있음을 시사한다. 예를 들어 중앙은행이 아무런 예고 없이 화폐공급을 늘려 경기를 진작시킴으로써 경제를 〈그림 14-5〉의 점 A에서 점 B로 이동시킬 수 있다. 여기서 주목할 점은 통화팽창 또는 통화긴축의 규모에 따라 $SRAS_1$ 상에서 점 B의 위치가 결정되므로, 정책당국은 단기총공급곡선 상의 모든 점을 선택할 수 있다는 것이다.

그렇다면 총생산을 되도록 많이 증가시키는 것이 좋지 않을까? 일반적으로 두 가지 이유에서 그렇지 않다. 먼저 13장(2.3 정책시사점)을 시작으로 몇 차례 언급했듯이 이론적으로 경제안정화정책의 기준점은 자연산출량이어야 한다. 게다가 현실에서 정책당국이 어떤 이유에서 자연산출량에 대한 고려 없이 단순히 GDP 증가를 목적으로 한다고 가정해도 확장적 통화정책 또는 재정정책을 통한 경기진작은 거시경제의 또 다른 해악인 물가 상승과 그에 따른 인플레이션을 가져오는 것이 보통이다. 따라서 단기적으로 정책당국은 실물부문 경기와 인플레이션 간의 **상충관계**(tradeoff)에 직면하게 된다.[3]

정책당국, 특히 중앙은행은 물가수준 자체보다 인플레이션에 더 관심이 많다는 점을 고려하여 단기총공급곡선을 종종 인플레이션율에 대해 나타낸다. 실제로 우리나라의 한국은행을 포함한 전 세계 여러 나라들의 중앙은행이 명시적인 **인플레이션 타겟팅**(inflation targeting), 즉 물가안정목표제를 채택하고 있다.

단기총공급곡선을 인플레이션율에 대해 나타내기 위해 먼저 단기총공급곡선식 (14.8)의 양변에서 이전 기(예를 들어 한 달 전)의 물가수준 P_-을 빼주면 다음과 같다.

$$P - P_- = P^e - P_- + \frac{1}{\alpha}(Y - Y^n) + v$$

좌변의 $P - P_-$은 현재 물가수준과 이전 기 물가수준 간의 차이로서 π로 나타내고 이를 인플레이션율이라고 부른다.[4] 우변의 $P^e - P_-$은 예상물가수준과 이전 기 물

---

3. 이론적으로 적절한 통화정책을 통해 총생산을 자연산출량과 같게 유지하면 인플레이션율은 대체로 안정된다. 반면에 경기부양정책으로 총생산이 자연산출량을 초과하면 경기가 과열되어 인플레이션이 발생한다. 즉, 자연산출량은 그 자체로 거시경제의 최적 총산출량인 동시에 인플레이션 안정화에도 기여한다. 이에 대해서는 5.1(자연실업률가설과 정책시사점)에서 추가로 논의할 것이다.

4. 좀 더 정확하게 말하면 인플레이션율은 퍼센트로 나타낸 두 기간 간 물가수준의 변화율(또는 물가수준의 로그 차분값)이다 :

$$\pi = \frac{P - P_-}{P_-} \cong \ln P - \ln P_-$$

로그 차분값과 수준 간 차이는 같은 방향으로 움직인다. 따라서 이 책에서는 단순화를 위해 물가수준 간 차이, 즉 $P - P_-$도 인플레이션율이라고 부른다.

가수준 간의 차이로서 기대인플레이션 π^e를 나타낸다.

따라서 기대가 부가된 단기총공급곡선 식 (14.8)이 다음과 같이 변형된다.

$$\pi = \pi^e + \frac{1}{\alpha}(Y - Y^n) + v \qquad (14.9)$$

이 식에 따르면 인플레이션율(π)은 기대인플레이션(π^e), 총생산갭($Y - Y^n$), 그리고 비용인상충격(v)에 따라 결정된다. 앞 절의 〈그림 14-5〉와 〈그림 14-6〉에서 보았듯이 총수요 충격에 따른 총생산갭 증가와 총공급 충격에 따른 생산비용 증가는 인플레이션율의 상승을 가져온다. 이를 각각 **수요견인 인플레이션**(demand-pull inflation)과 **비용인상 인플레이션**(cost-push inflation)이라고 한다. 또한 사람들이 높은 인플레이션을 예상할 때 실제 인플레이션도 높아진다. 이는 가격경직성 모형에서 가격을 경직적으로 유지하는 기업들이 높은 물가를 예상할 때 자신들이 판매하는 상품의 가격을 높게 책정하기 때문이다.

수요견인 인플레이션 총수요 상승에 따른 총생산갭 증가가 유발하는 인플레이션율의 상승

비용인상 인플레이션 총공급 충격에 따른 생산비용 증가가 유발하는 인플레이션율의 상승

위 식 (14.9)는 종종 **기대가 부가된 필립스곡선**(expectation-augmented Phillips curve)이라고 불린다. 필립스곡선은 실질적으로 기대가 부가된 단기총공급곡선($SRAS$)을 물가수준 대신에 인플레이션으로 나타낸 것이다. 또한 기대가 부가된 $SRAS$에서처럼 필립스곡선을 (Y, π) 평면에서 우상향하는 선으로 나타낼 수도 있다. 정책당국은 통화정책이나 재정정책을 통해 총수요곡선을 이동시킴으로써 필립스곡선 상의 점, 즉 총생산과 인플레이션율의 조합을 선택할 수 있다. 이때 총수요곡선을 필립스곡선과 같은 그래프에 나타내기 위해, 우리가 이제까지 보아왔던 총수요와 물가수준 간 음(-)의 관계 대신 총수요와 물가상승률(인플레이션율) 간 음(-)의 관계를 보이는 총수요곡선을 도출할 수 있으나, 여기서는 생략한다.

끝으로 기대인플레이션을 나타내는 π^e에 대해 정리하고 다음 절로 넘어가자. 앞서 필립스곡선식 (14.9)를 도출할 때 π는 현재 물가수준에서 이전 기 물가수준을 뺀 것이었다. 그렇다면 필립스곡선에 나타난 π^e는 이전 기, 예컨대 한 달 전 정보를 바탕으로 형성된 현재인플레이션율의 기대치를 나타낸다는 것을 알 수 있다(즉, $\pi^e = E_{t-1}(\pi_t)$). 반면에 10장(화폐와 물가수준)에서부터 등장하는 피셔방정식 혹은 화폐수요함수에 있는 π^e는 현시점에서 형성된 미래인플레이션율의 기대치이다(즉, $\pi^e = E_t(\pi_{t+1})$). 같은 기호가 두 가지 다른 의미를 가지고 있다는 점이 독자들에게 혼란을 줄 수 있겠으나, 필립스곡선의 π^e를 제외한 나머지는 후자를

의미한다고 정리하면 도움이 될 것이다. 한편 필립스곡선의 π^e가 후자를 의미한다고 가정해도 이 장의 주요 결론은 변하지 않는다.

4.1 필립스곡선과 실업

오쿤의 법칙 총생산과 실업 간 역의 관계

식 (14.9)의 필립스곡선에서 총생산 대신에 실업을 이용하여 필립스곡선식을 나타낼 수도 있다. 경험적으로 볼 때 총생산과 실업은 서로 역의 관계를 보이는 것으로 알려져 왔다. 생산 증가는 보통 더 많은 노동자의 투입이 필요하고, 그 결과 고용이 증가하면서 실업은 감소하기 때문이다. 이러한 총생산과 실업 간 역의 관계를 **오쿤의 법칙**(Okun' s law)이라 하며 다음과 같이 적을 수 있다.

$$\frac{1}{\alpha}(Y - Y^n) = -\kappa(u - u^n) \tag{14.10}$$

자연실업률 경제의 총생산이 자연산출량 수준에서 이루어 질 때의 실업률

여기서 κ는 양(+)의 상수이다. 그리고 u^n은 **자연실업률**(natural rate of unemployment)이라고 하는데, 이는 경제의 총생산이 자연산출량 수준($Y = Y^n$)에서 이루어질 때 실업률로 정의된다. 실제 실업률 u는 u^n과 같을 수도 있고 같지 않을 수도 있다. 경기침체기에 경제의 총생산은 자연산출량에 미치지 못할 것이고($Y < Y^n$) 실제 실업률은 자연실업률보다 높을 것이다($u > u^n$). 반대로 경기확장기에 경제의 총생산은 자연산출량보다 클 것이고($Y > Y^n$) 실제 실업률은 자연실업률보다 낮은 수준으로 떨어질 것이다($u < u^n$).

이제 총생산과 실업 간 역의 관계, 즉 오쿤의 법칙을 나타내는 식 (14.10)을 이용하여 식 (14.9)의 필립스곡선을 다음과 같이 인플레이션과 실업률 간 역의 관계로 나타낼 수 있다.

$$\pi = \pi^e - \kappa(u - u^n) + v \tag{14.11}$$

총생산과 인플레이션 간 양(+)의 관계를 나타낸 필립스곡선과 마찬가지로 여기서도 경제주체들의 인플레이션 기대(π^e)가 변하거나 비용상승충격(v)이 발생하면 우하향하는 필립스곡선 자체가 이동한다.

독자들은 필립스곡선에 등장한 실업이 좀 낯설게 보일지도 모른다. 이론적으로 우리가 지금까지 고려한 단순한 노동시장 모형에서는 실업이 등장하지 않는

다. 이는 노동수요와 노동공급이 서로 균형을 이루도록 임금이 신축적으로 조정되어 노동시장 균형에서 실업이 나타나지 않기 때문이다($u = u^n = 0$).

그러나 현실 세계에서는 일자리를 찾고 있는 노동자들 중에 경기침체로 기업의 노동수요가 줄어들면서 결국 일자리를 찾지 못해 실업 상태에 놓이게 되는 사람들이 있다. 게다가 장기적으로 모든 가격과 임금이 수요 · 공급 상황에 따라 신축적으로 조정될 때에도 노동시장에 존재하는 각종 마찰요인(frictions)으로 인해 실업이 발생하는 것이 현실이다. 그 결과 단순한 노동시장 모형에서와 달리 실제로는 자연실업률 u^n이 양(+)이 된다. 또한 단기적 경기변동 과정에서 총생산 Y가 자연산출량 Y^n을 중심으로 변동하듯이 실업률 u도 자연실업률 u^n을 중심으로 변동한다.[5] 단순한 노동시장 모형으로 설명하기 어려운 실업에 대해서는 19장(노동시장이론)에서 좀 더 자세히 알아볼 것이다.

4.2 단기 필립스곡선과 장기 필립스곡선

이제 앞 절에서 도출한 필립스곡선식 (14.11)을 그림으로 나타내보자. 〈그림 14-7〉에서 먼저 기대인플레이션율이 π_0^e으로 주어진 경우를 보자. 필립스곡선식 (14.11)에 의하면, 기대인플레이션율이 실제 인플레이션율과 같으면($\pi = \pi_0^e$) 실제 실업률이 자연실업률과 같아진다($u = u^n$). 그러나 단기적으로 사람들이 인플레이션율을 완전히 예상하지 못하여 실제 인플레이션율이 기대인플레이션율보다 높은 경우($\pi > \pi_0^e$), 식 (14.11)에서 $\kappa > 0$에 의해 실제 실업률이 자연실업률보다 낮아진다($u < u^n$). 반대로 실제 인플레이션율이 기대인플레이션율보다 낮은 경우에는($\pi < \pi_0^e$) 실제 실업률이 자연실업률보다 높아진다($u > u^n$). 〈그림 14-7〉에서 이 역(-)의 관계는 (u^n, π_0^e)점을 지나 우하향하는 곡선 PC_0로 표시된다.

그런데 어떤 요인에 의해 기대인플레이션율이 π_0^e에서 π_1^e으로 상승하면, 단기 필립스곡선은 PC_0에서 (u^n, π_1^e)점을 지나는 곡선 PC_1으로 평행이동한다. 이처럼 기대인플레이션율의 크기가 달라지면 우하향하는 필립스곡선은 상하 평행이동한다.

한편 모든 경제주체의 정보가 업데이트되어 있고, 이에 따라 미래인플레이션

5. 경기변동으로 인해 발생하는 실업 $u - u^n$을 경기적 실업(cyclical unemployment)이라고 하며, 이는 장기에도 발생하는 구조적 실업(structural unemployment) 및 마찰적 실업(frictional unemployment)과 구별된다.

그림 14-7

단기 필립스곡선과 장기 필립스곡선

기대인플레이션율이 π_0^e일 때 필립스곡선은 (u_n, π_0^e)점을 지나는 우하향하는 곡선 PC_0로 표시된다. 이때 기대인플레이션율이 π_1^e으로 상승하면 필립스곡선은 (u_n, π_1^e)점을 지나는 곡선 PC_1으로 평행이동한다. 한편 사람들이 인플레이션을 완전히 예상할 수 있는 장기에서 실제 실업률은 자연실업률과 일치하게 되어 필립스곡선은 자연실업률 수준 u^n에서 수직선인 PC_L이 된다.

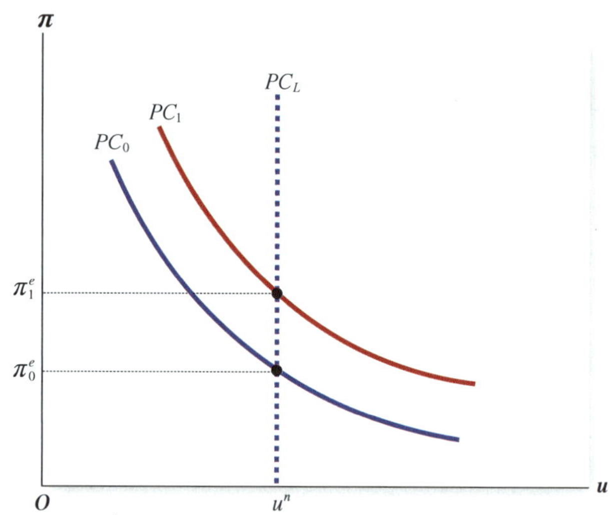

율을 정확히 예상할 수 있는 장기에서는 $\pi = \pi^e$이므로 이를 필립스곡선식 (14.11)에 대입하면 실제 실업률은 자연실업률과 같아진다($u = u^n$). 따라서 장기 필립스곡선은 〈그림 14-7〉에서와 같이 자연실업률 수준에서 수직의 형태를 띠는 PC_L로 나타낼 수 있다.

4.3 거시경제정책과 기대인플레이션의 역할

대부분의 국가에서 거시경제정책의 주요 목표는 낮은 인플레이션(물가안정)과 낮은 실업 또는 높은 총생산(고용안정 또는 성장)이다. 앞서 필립스곡선을 통해서 언급했듯이 이러한 정책목표들이 단기적으로 서로 상충관계를 가질 수 있다는 점을 고려하여, 정책당국자는 본인에게 주어진 필립스곡선, 이를테면 〈그림 14-7〉의 단기 필립스곡선 PC_0 상의 인플레이션과 실업(또는 총생산) 중에서 정책목표에 부합하는 조합을 선택할 수 있다. 예를 들어 정책당국은 실업을 낮추고 인플레이션을 높이기 위해 총수요를 확장하는 선택을 하거나, 반대로 실업은 늘어나도 인플레이션을 낮추기 위해 총수요를 억제하는 선택을 할 수도 있다. 이는 마치 레스토랑의 메뉴판에서 요리를 선택하는 것과 유사하다고 볼 수 있다.

그렇다면 실제로 정책당국의 선택이 이처럼 쉽게 이루어질 수 있을까? 그렇지 않다. 그 이유는 필립스곡선의 위치가 고정되어 있지 않기 때문이다. 만약 필립스곡선의 위치가 이동하지 않고 매우 안정적이라면 거시경제정책이 실제로 매우 간단히 시행될 수 있을 것이다. 그러나 기대인플레이션이 필립스곡선의 위치에 영향을 미치기 때문에 일반적으로 필립스곡선이 안정적이라고 보기 어렵다. 예를 들어 〈그림 14-7〉에서처럼 기대인플레이션이 상승하면 단기 필립스곡선이 위쪽으로 평행이동한다. 이때 PC_0 상의 점들 중 하나를 선택하려던 정책당국은 그 필립스곡선이 더 이상 존재하지 않음을 발견할 것이다. 이와 유사하게 비용상승충격도 단기 필립스곡선을 위쪽으로 이동시킨다. 이는 경제의 주어진 실업률 수준에서 이전보다 더 높은 인플레이션을 감당해야 한다는 것을 의미한다는 점에서 실업과 인플레이션 간 상충관계가 정책당국에게 더 불리하게 작용한다는 것을 의미한다.

실제로 1970년대에는 인플레이션율과 실업률이 동시에 상승하는 **스태그플레이션**(stagflation) 현상이 나타났다. 스태그플레이션은 인플레이션율과 실업률이 서로 양(+)의 상관관계를 보임으로써, 원래 필립스곡선이 제시한 인플레이션율과 실업률 간 역의 관계가 항상 안정적인 것이 아님을 보여주었다.

스태그플레이션 인플레이션율과 실업률이 동시에 상승하는 현상

따라서 성공적인 거시경제정책을 위해서는 단기 필립스곡선의 위치가 바뀌는 메커니즘을 이해하는 것이 필요하다. 구체적으로 정책당국이 직접 통제할 수 없는 비용인상충격과 같은 요인들은 어쩔 수 없다고 하더라도, 사람들의 기대인플레이션에 영향을 주는 요인들을 파악하는 것이 중요하다. 특히 통화정책 · 재정정책과 같은 거시경제정책이 사람들의 기대인플레이션에 어떻게 영향을 미치는지 이해할 필요가 있다. 이를 장기와 단기로 나누어서 논의해 보자.

앞서도 논의했듯이 현재의 거시경제정책과 무관하게 장기적으로 모든 경제주체가 본인의 의사결정에 필요한 정보를 업데이트하면 기대인플레이션과 실제 인플레이션은 항상 같게 된다. 즉, $\pi^e = \pi$이고 필립스곡선은 〈그림 14-7〉에서처럼 수직이 된다. 인플레이션과 실업 간 상충관계가 성립하지 않으므로, 확장적 통화정책 또는 재정정책이 영구적으로 인플레이션을 기대인플레이션보다 높은 수준에 그리고 실업을 자연실업률보다 낮은 수준에 유지할 수 없다.

이처럼 장기적으로 실업률이 인플레이션율과 관계없이 자연실업률 수준에서 결정된다는 이론은 프리드먼(Milton Friedman)과 펠프스(Edmund Phelps)에 의해 처음 제시되었다. 이 이론을 프리드먼-펠프스의 **자연실업률가설**(natural rate hypothesis)이라고 한다. 필립스곡선이 처음 발표된 1958년 이후 1960년대와 1970년대에 걸쳐 많은 경제학자들은 인플레이션율과 실업률 간에 단기뿐 아니라

자연실업률가설 장기적으로 실업률이 인플레이션율과 관계없이 자연실업률 수준에서 결정된다는 이론

펠프스(E. S. Phelps, 1933~) 미국 컬럼비아대 교수. 자연실업률가설을 비롯하여 거시경제정책의 장·단기 효과에 대한 이해를 넓힌 공로로 2006년 노벨 경제학상을 수상하였다.

장기적으로도 상충관계가 있는 것으로 인식하였다. 이에 반해 프리드먼과 펠프스는 확장적 거시경제정책으로 인플레이션이 발생하는 경우 일시적으로 실업률이 하락할 수는 있으나, 시간이 지나면 노동자들이 인플레이션을 인지하고 임금 상승을 요구하기 때문에 장기적으로 실업률은 자연실업률 수준으로 수렴한다고 주장하였다.

단기에서는 어떨까? 단기적으로는 기대인플레이션이 얼마나 빨리 조정되는가에 따라 결과가 달라질 것이며, 이는 결정적으로 사람들이 어떻게 기대인플레이션을 형성하는가에 달려 있다. 이제 미래 인플레이션에 대해 적응적 기대를 가정한 자연실업률가설이 어떤 정책적 의미를 갖는지 살펴본 뒤, 이를 합리적 기대로 확장한 필립스곡선을 알아보자.

5. 적응적 기대와 자연실업률가설

적응적 기대 과거에 관찰한 정보를 기초로 기대

프리드먼과 펠프스는 1970년대 스태그플레이션을 우하향하는 필립스곡선 자체의 상방이동과 관련된 것으로 보았으며, **적응적 기대**(adaptive expectations)에 의해 형성된 기대인플레이션율의 상승이 반영된 결과로 보았다. 여기서 적응적 기대란 사람들이 단순히 과거에 관찰한 인플레이션에 기초하여 미래인플레이션을 예상하는 것을 의미한다. 예를 들어 사람들이 앞으로 가격이 작년과 동일한 상승률로 오를 것이라고 예상하는 경우가 이에 해당한다. 이때 통화정책이나 재정정책의 변화는 기대인플레이션에 아무런 영향을 미치지 않을 것이며, 나아가 인플레이션 기대의 조정도 매우 느리게 일어날 것이다.

5.1 자연실업률가설과 정책시사점

적응적 기대의 함의를 좀 더 구체적으로 보기 위해서 필립스곡선식 (14.11)에 기간을 나타내는 첨자 t를 추가하여 다음과 같이 표현해 보자.[6]

---

6. 이 장의 나머지에서는 2기간 모형(two-period model)을 여러기간 모형(multi-period model)으로 확장해서 논의를 진행한다.

$$\pi_t = \pi_{t-1} - \kappa(u_t - u_t^n) \qquad (14.12)$$

경제주체가 적응적 기대를 하는 경우 위 식의 우변에서 기대인플레이션은 π_{t-1}과 같다. 구체적으로 가격이 경직적인 기업이 $t-1$기에 (예컨대 한 달 전에) 오늘 실현될 인플레이션율(π_t)을 예측하는데, 이때 $t-1$기의 이용 가능한 모든 정보가 아니라 단순하게 당시 관측한 인플레이션율(π_{t-1})만을 이용한다고 할 수 있다. 위 식에서 아래의 논의에 불필요한 비용인상충격은 없다고 가정했다($v = 0$).

이제 t기에 중앙은행이 화폐공급을 늘렸다고 하자. 이 정책 변화는 기대인플레이션에 아무런 영향을 주지 못한다. 기대인플레이션은 이미 $t-1$기의 인플레이션율에 의해 결정되었기 때문이다. 이때 t기의 화폐공급 증가로 인해 물가상승이 발생하므로, t기의 인플레이션율은 기대인플레이션율보다 높아지게 된다.[7] 즉, $\pi_t > \pi_t^e = \pi_{t-1}$이 되는 것이다. 따라서 위의 필립스곡선식 (14.12)에 인해 t기의 실업률이 자연실업률 아래로 내려가게 된다. 한편 적응적 기대를 형성하는 경제주체는 시간이 지남에 따라 기대인플레이션을 점진적으로 조정한다.[8] 만약 t기의 통화팽창 이후 $t+1$기부터 추가적인 정책 변화가 없다면 실제 인플레이션율과 기대인플레이션 간의 갭이 서서히 줄어들고, 경제는 궁극적으로 장기균형($\pi^e = \pi$, $u = u^n$)에 수렴한다. 이 장기균형으로의 수렴이 자연실업률가설의 핵심이다. 여기서 주의할 점은 t기에 발생한 통화팽창을 중앙은행이 $t-1$기에 미리 발표했는지에 상관없이 결과는 같다는 것이다. 왜냐하면 발표된 정보를 $t-1$기 포함해서 어떤 기간에도 사용하지 않기 때문이다. 이런 점에서 적응적 기대는 우리가 이제까지 가정해왔던 합리적 기대와 매우 다르다고 할 수 있다.[9]

이제 위의 결과를 그림을 통해 이해해보고, 자연실업률가설이 어떤 정책시사점을 갖는지 자세히 알아보자. 특히 시간이 지나면서 기대인플레이션이 적응적으로 조정됨에 따라 균형이 어떻게 변하는지 살펴보려고 한다. 그런데 단기적으로 균형은 단기총공급곡선을 대신하는 필립스곡선과 총수요곡선(AD)이 만나

---

7. 이때 물가가 상승하는 이유는 가격을 신축적으로 조정하는 기업이 일부 존재하기 때문이다.
8. 식 (14.12)에서 볼 수 있듯이, $\pi_{t+1}^e = \pi_t$, $\pi_{t+2}^e = \pi_{t+1}$, $\pi_{t+3}^e = \pi_{t+2}$, ⋯ 와 같은 방식으로 기대가 조정된다.
9. 물론 통화팽창은 일반적으로 물가 상승을 가져오므로 주석 7에서처럼 t기의 통화팽창은 적응적 기대인플레이션에 점진적으로 영향을 미친다. 즉, 의도하지 않더라도 경제주체는 't기에 통화량이 증가했다'라는 정보 일부를 t기부터 간접적으로 이용한다고 볼 수 있다. 다만 경제주체가 이 정보를 기대형성에 직접적으로 사용하지 않는다는 점에서 합리적 기대이론과 다르다는 것이다.

그림 14-8

자연실업률가설의 정책시사점

현재 인플레이션율이 0%이고, 자연실업률이 5%인 점 A에서 정부가 확장적 거시경제정책으로 실업률을 3%로 낮추려고 한다. 이때 단기에는 점 B에서 4%의 인플레이션율 상승을 감수하면서 3%의 실업률을 유지할 수 있다. 그러나 장기적으로 사람들이 인플레이션율을 완전히 예상함에 따라 경제는 자연실업률 수준(점 C)으로 돌아오게 되어 수직의 장기 필립스곡선이 도출된다.

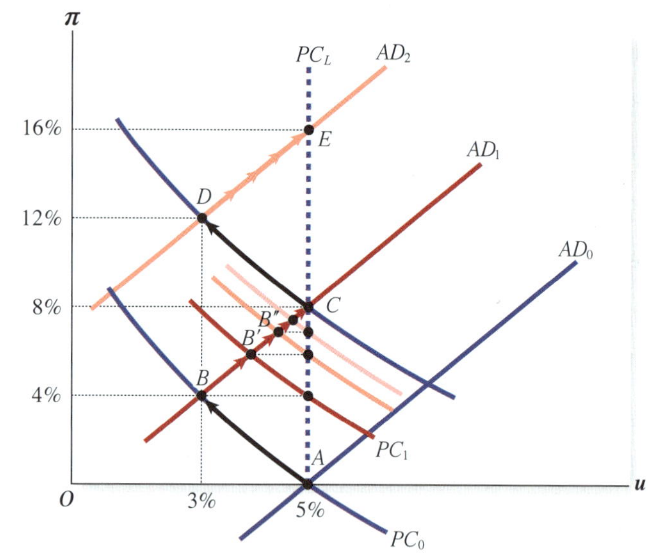

는 점에서 이루어진다는 것을 기억하자. 이제까지 보았던 AD는 총수요(Y)와 물가수준(P) 사이의 음(−)의 관계를 나타냈다. 여기서는 분석의 단순화를 위해 총수요와 물가수준의 상승률(즉, 인플레이션율) 사이에도 음(−)의 관계가 있다고 가정하자.[10] 한편 Y와 실업률(u)는 오쿤의 법칙에 따라 음의 관계를 가지므로 우리는 인플레이션과 실업률 간 양(+)의 관계와 음(−)의 관계를 각각 나타내는 총수요곡선(AD)과 필립스곡선을 동시에 실업률−인플레이션율 평면에 그릴 수 있다. 이때 이 두 곡선이 만나는 점에서 단기균형이 결정된다.

〈그림 14−8〉에서 인플레이션율이 0이고 실업률이 자연실업률 수준(예를 들어 5%)에 있는 장기균형점 A의 상황을 상정해 보자. 이 상태에서 중앙은행이 실업률을 자연실업률 수준인 5%보다 낮은 3%로 줄이고, 그 대신 4%의 인플레이션율 상승을 감수하기로 결정했다고 하자. 이에 따라 중앙은행이 실업률을 3%로 줄이기 위하여 확장적 통화정책을 시행하면 물가가 상승할 것이다. 이때 적응적 기대를 형성하는 경제주체들의 기대인플레이션은 통화팽창 이전 수준에 머물고 즉각 조정되지 않는다. 그 결과 〈그림 14−5〉에서와 같이 단기총공급곡선의 이동

10. 우리가 보았던 새케인즈학파 모형을 조금 수정하면 이 음의 관계를 도출할 수 있으나, 여기서는 이 관계를 주어진 것으로 가정한다.

없이 총수요 증가에 따라 총생산이 자연산출량 수준을 초과하게 된다. 이는 〈그림 14-8〉에서 실업률로 나타낸 총수요곡선이 좌측으로 이동하여 AD_1이 되고, 단기균형은 필립스곡선 PC_0를 따라 점 B에서 이루어진다는 것을 의미한다.

이제 점 B에서 인플레이션율이 4%이므로 적응적 기대를 하는 경제주체는 다음 기의 인플레이션율을 4%로 예상한다. 이러한 기대인플레이션율의 상향조정은 필립스곡선을 PC_0에서 PC_1으로 상방이동시킨다. 이때 새 필립스곡선 PC_1이 $(u^n, \pi^e) = (5\%, 4\%)$를 지나간다는 것을 그림에서 확인할 수 있다. 한편 다음 기의 단기균형은 AD_1과 PC_1이 만나는 점 B'에서 이루어진다. 점 B'에서 인플레이션율이 4%를 초과하므로 경제주체들은 기대인플레이션을 또 상향조정하고, 이에 따라 필립스곡선은 다시 한 번 상방이동한다. 이런 과정을 여러 번 거치면서 기대인플레이션율과 실제 인플레이션율 사이의 갭은 차츰 줄어들면서 경제가 장기균형점 C로 수렴하게 되고 이 갭은 0이 된다. 예를 들어 점 C에서의 장기균형 인플레이션율을 (임의로) 8%라고 하자. 이때 실제 실업률 또한 자연실업률과 같아진다.

즉, 필립스곡선식 (14.12)에서도 알 수 있듯이 장기적으로 π와 π^e가 같아지면 u와 u^n이 일치하므로 〈그림 14-8〉의 점 C에서 노동시장은 완전고용 균형을 이루게 되고, 총생산은 자연산출량(또는 완전고용산출량)과 같아진다. 또한 장기균형에서 실업률이 자연실업률 수준일 때는 기대인플레이션율이 실제 인플레이션율과 같아져서 인플레이션이 가속화되지 않고 안정적으로 유지될 수 있는데, 이 결과는 식 (14.12)에서도 쉽게 볼 수 있다. 이 식에 따르면 만약 어떤 시점 t부터 $u = u^n$이면, 인플레이션율은 일정하게 된다 : $\pi_{t-1} = \pi_t = \pi_{t+1} = \pi_{t+2} = \cdots$.

그러나 중앙은행이 실업률을 계속 3%에서 유지하기 위해 지속적인 통화팽창을 시행하면 인플레이션율이 추가로 상승하여 경제는 점 D로 이동한다. 그런데 점 D에서 인플레이션율(12%)이 기대인플레이션율, 즉 이전 기의 인플레이션율(8%)보다 높으므로, 경제주체들은 기대인플레이션율을 또 상향조정하고 필립스곡선의 상방이동을 포함한 단기균형 조정이 다시 반복되면서 경제가 궁극적으로 새로운 장기균형점 E로 수렴한다. 따라서 중앙은행이 실업률을 계속 3%에서 유지하려 하고 또한 경제주체들이 사후적으로 기대인플레이션율(π^e)을 실제 인플레이션율(π)에 맞추어 상향조정하면, 필립스곡선은 계속 상방이동하고 인플레이션은 더욱 가속화될 것이다. 즉, 중앙은행이 계속 자연실업률 수준보다 낮은 실업률을 유지하기 위해 확장적 통화정책을 지속적으로 시행한다면 $\pi\uparrow \rightarrow \pi^e\uparrow \rightarrow$

$\pi\uparrow \rightarrow \pi^e\uparrow \rightarrow \cdots$의 과정을 밟으면서 인플레이션율이 지속적으로 상승하게 된다. 이때 실업률은 단기적으로 낮아지지만, 결국 자연실업률로 돌아가는 과정을 반복하게 된다.

케인즈학파는 이처럼 실업률이 자연실업률보다 낮아지는 경우 인플레이션이 가속화될 수 있고 자연실업률보다 높아지는 경우에는 인플레이션율이 지속적으로 하락할 수 있다는 점에 주목했다. 반면에 실업률이 자연실업률 수준일 때는 인플레이션율이 상승하거나 하락하지 않고 안정적으로 유지될 수 있다는 점에서, 자연실업률을 공급측면에 교란요인이 없을 때($v = 0$) 장기적으로 인플레이션 압력을 유발하지 않는 수준의 실업률, 즉 NAIRU(non-accelerating inflation rate of unemployment)로 해석하였다.

NAIRU 공급측면에 교란요인이 없을 때 장기적으로 인플레이션 압력을 유발하지 않는 수준의 실업률

자연실업률가설의 정책시사점을 종합하면 중앙은행이 확장적 통화정책으로 실업률을 낮추려고 할 때, 적응적 기대를 갖는 경제주체들이 인플레이션을 완전히 예상하지 못하는 단기에서는 자연실업률보다 낮은 수준의 실업률이 유지될 수도 있다. 그러나 적응적 기대 하에서도 시간이 지나면서 기대인플레이션은 실제 인플레이션을 점진적으로 따라잡고, 이 둘 사이의 격차가 0이 되는 장기에서 경제는 종전의 자연실업률 수준으로 되돌아오게 된다. 결국 장기적으로는 총생산이나 실업률 등 실질변수에 아무런 영향을 미치지 못하고 인플레이션율에만 영향을 미칠 뿐이다. 즉, 화폐가 장기적으로는 초중립적(superneutrality of money)이라는 것이다. 이것이 바로 프리드먼으로 대표되는 통화론자(monetarist)가 주장해 온 자연실업률가설의 핵심이다.

물론 이론적으로는 중앙은행이 통화팽창을 지속적으로 수행할 수 있다면, 실업률을 자연실업률보다 낮은 수준에서 영원히 유지할 수 있을 것이다. 하지만 이는 인플레이션율의 지속적인 상승을 가져온다는 점에서 바람직하지 않으며 현실 세계에서는 가능하지도 않다. 더욱이 다음 절에서 살펴볼 합리적 기대 하에서는 경제주체들이 예상할 수 없는 지속적인 통화팽창은 이론적으로도 가능하지 않다.

5.2 자연실업률가설의 유용성과 한계

1970년대와 1980년대 초반에 걸쳐 발생한 고물가 · 고실업 현상, 즉 스태그플레이션은 실업률과 인플레이션율 간에 장기적으로 안정적인 상충관계가 존재

하지 않는다는 것을 명확히 보여주는 계기가 되었다. 특히 이 시기에 경제주체들이 기대인플레이션을 조정해 감에 따라 필립스곡선이 이동하는 현상을 통해 통화론자들은 필립스곡선의 불안정성을 보였다. 즉, 실업률과 인플레이션율 간의 상충관계가 단기적으로는 존재할 수 있으나, 경제주체들의 기대인플레이션 조정에 따라 단기 필립스곡선이 이동하면서 두 변수 간의 안정적인 상충관계는 사라지게 된다는 것이었다. 실제로 1970년대 발생한 스태그플레이션을 계기로 하여 우하향하는 단기 필립스곡선은 불안정하며 장기적으로 필립스곡선이 자연실업률 수준에서 수직선이 된다는 통화론자의 주장이 설득력을 얻게 되었다.

또한 실업률 하락을 위한 확장적 통화정책이 장기적으로 무력함을 강조하기 위해 출현했던 자연실업률 개념은 1970년대 후반 케인즈학파에 의해 NAIRU로 해석되면서 현재까지 통화정책의 기준지표로 폭넓게 이용되고 있다. 즉, 자연실업률 개념은 '실제 실업률이 자연실업률을 하회하는 경우에는 긴축적 통화정책을 실시하고, 그 반대의 경우에는 확장적 통화정책을 수행한다'와 같은 단순한 통화정책 방식이 널리 보급된 배경이 되었다. 특히 물가안정이 주요 정책목표인 중앙은행의 입장에서 볼 때, 실업률 갭(실제 실업률 − 자연실업률)은 노동시장을 통한 인플레이션율 상승압력을 평가할 수 있는 지표로서 유용할 뿐만 아니라, 통화정책 기조가 노동시장 수급불균형 해소에 부합하는지를 평가하는 데에도 유용성이 크다.

그러나 정확한 자연실업률의 추정이 어렵다는 기술적인 문제뿐 아니라 통화정책의 효과가 2～3년의 시차를 두고 나타남에 따라 발생되는 불확실성 등의 이유 때문에 적지 않은 경제학자들은 자연실업률과 실제 실업률 간의 격차에 대한 통화정책의 즉각적인 대응에 부정적인 견해를 갖고 있다.

끝으로 자연실업률가설은 기대인플레이션의 중요성을 강조하여 필립스곡선에 대한 이해의 폭을 넓히는 데 큰 공헌을 했다. 하지만 인플레이션의 기대 형성 방식에 대해서는 적응적 기대를 가정하는 한계가 있었다.

이론과 실제 2 우리나라의 자연실업률과 필립스곡선

OECD 추정에 따르면 우리나라의 자연실업률 또는 NAIRU는 1980년대 초반 4%를 웃돌다가 하락하기 시작해 1991년에 약 2.8%까지 내려갔다. 이후 다시 상승하기 시작한 자연실업률은 1997년 말 외환위기를 거쳐 1998년에 4.2%까지 올라갔다. 2000년대에 들어서는 다시 완만한 하락세를 보여 2006년 이후 약 3.4% 수준이 유지되어 왔다. 〈그림 1〉은 1980년 이후 최근까지 우리나라의 자연실업률과 실업률 갭의 추이를 나타내고 있다.

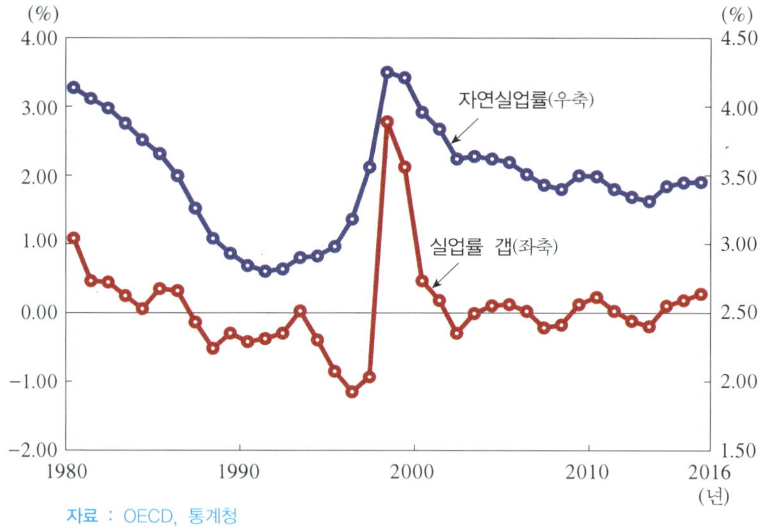

자료 : OECD, 통계청

〈그림 1〉 우리나라의 자연실업률과 실업률 갭

한편 우리나라의 필립스곡선 또한 〈그림 2〉와 같이 항상 우하향하는 형태가 유지되었던 것은 아니다. 이는 석유파동과 같은 경제의 외부적 충격이 발생하였기 때문이다. 그러나 외환위기 이후 완만한 필립스곡선의 형태가 유지되고 있음을 확인할 수 있다. 미국의 경우에도 1997년 이후 필립스곡선의 기울기가 완만하게 변했는데, 이에 대해 대부분의 경제학자들은 세계화가 원인이라고 생각한다. 오늘날에는 세계화의 결과 노동자들의 임금협상력이 약해지면서 실업률이 감소하더라도 과거와 같이 임금이 인상되지 않기 때문에 임금상승에 기인하는 인플레이션율이 감소하여 필립스곡선의 기울기가 줄어들게 되었다는 것이다.

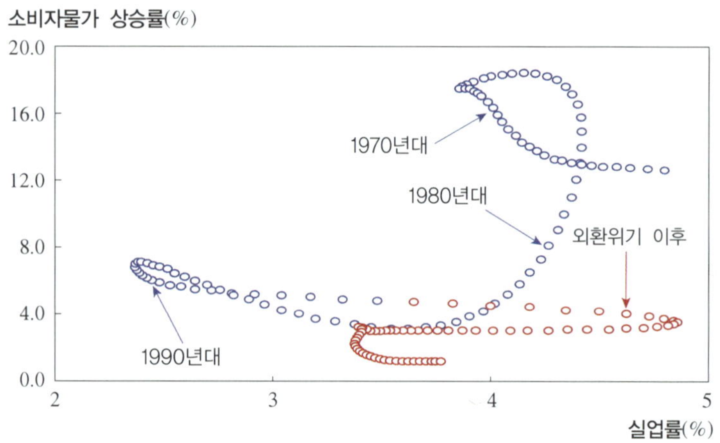

출처 : 이종건, 「경제충격과 신경제적 구조변화」, 『경제분석』, 한국은행, 2002. 원 논문과 같은 방법으로 2017년까지 시계열 연장

〈그림 2〉 우리나라 필립스곡선의 구조적 변동 추이(장기추세 변동치 기준)

6. 합리적 기대와 필립스곡선

인플레이션과 실업 사이에 단기적인 상충관계만이 존재한다는 자연실업률가설은 1970년대 들어 루카스(Robert E. Lucas, Jr.) 등에 의해 제기된 합리적 기대가설에 의해 더욱 새로운 형태로 발전하였다. 앞 절에서 본 자연실업률가설에서는 경제주체들이 현재 및 과거의 경험에만 의존하여 미래의 인플레이션율을 예상하는 적응적 기대를 가정하였다. 그러나 경제주체들은 예를 들어 내년에 중앙은행이 통화량을 두 배로 늘린다고 공표하여 급속한 인플레이션이 예상되는데도 지금까지 인플레이션율이 계속 0%였다는 이유만으로 내년의 인플레이션율도 0%라고 예상하지는 않을 것이다.

합리적 기대론자들은 적응적 기대의 이러한 문제점을 지적했다. **합리적 기대**(rational expectations)에 의하면 경제주체들은 현재 및 미래 경제변수들의 움직임을 포함하여 이용 가능한 모든 정보를 활용함으로써 효율적으로 미래인플레이션율을 예상한다. 특히 합리적 경제주체들은 통화정책이나 재정정책이 인플레이션에 영향을 미친다는 것을 알고 있기 때문에 기대인플레이션은 시행 중인 통화정책과 재정정책에 따라 달라진다. 또한 경제주체들이 내년에 수입원자재 가격이 급격히 오를 것이라는 정보를 입수하면, 내년 물가수준도 상승할 것이라고 예상할 것이다. 이처럼 합리적으로 기대가 형성되면 과거의 인플레이션율이 계속 0%였다고 해서 내년의 인플레이션율도 0%라고 예상하지는 않는다.

물론 12장(2. 화폐경기변동이론)에서 언급했듯이 합리적 기대가 사람들이 미래인플레이션율을 항상 정확히 예상하는 것, 즉 기대인플레이션율과 실제 인플레이션율이 정확히 일치하는 **완전예견**(perfect foresight)을 의미하는 것은 아니다. 주어진 정보를 최대한 효율적으로 이용하더라도 주어진 정보가 불완전하면 예측오차가 발생하기 마련이다. 다만 합리적으로 기대를 형성하면 체계적인 예측오차가 발생하는 것을 막을 수 있다. **체계적인 예측오차**(systematic forecast error)란 주어진 정보를 충분히 이용하지 않음으로써 미래인플레이션율을 실제 인플레이션율보다 계속 높게 예상하거나 혹은 계속 낮게 예상하는 것을 말한다. 앞서 보았던 적응적 기대 모형에서는 이런 현상이 발생한다. 통화량이 증가해서 인플레이션이 발생하는 경우, 사람들이 매기 기대를 조정하는데도 불구하고 (장기 균형에 도달하기 전) 여러 기간 동안 인플레이션율 예측치가 실제 인플레이션율보다

완전예견 기대인플레이션율 = 실제 인플레이션율

체계적인 예측오차 주어진 정보를 충분히 이용하지 않음으로써 발생하는 오차

지속적으로 낮음을 볼 수 있었다. 그러나 주어진 정보를 충분히 활용하면 이러한 체계적인 예측오차는 발생하지 않는다. 즉, 합리적 기대 상황에서도 예측오차는 발생하지만, 이러한 예측오차는 평균적으로 0이 된다.

이제 합리적 기대가 필립스곡선의 정책시사점에 대한 논의에서 어떤 의미를 갖는지 살펴보자. 우선 기대가 부가된 필립스곡선식을 다시 생각해 보자.

$$\pi = \pi^e - \kappa(u - u^n) \ (\kappa > 0) \tag{14.13}$$

합리적 기대론자들에 따르면 식 (14.13)에서 기대인플레이션율 π^e는 합리적 기대에 의한 미래인플레이션율의 기댓값을 의미한다. 좀 더 구체적으로 앞서 보았던 가격경직성 모형에서 가격이 경직적인 기업들이 한 달 전에 오늘 실현될 인플레이션율을 예측한 값이다. 따라서 경제주체들이 π를 한치의 오차 없이 정확하게 예측하는 것은 아니지만, 주어진 정보를 효율적으로 사용하기 때문에 인플레이션율에 대한 예측오차($\pi - \pi^e$)는 평균적으로 0이 된다. 이를 위의 필립스곡선식 (14.13)에 대입하면, 실업률(u) 또한 평균적으로 자연실업률(u^n)과 같아지게 된다.

식 (14.13)에 의하면 경제주체들이 인플레이션에 대한 합리적 기대를 가져도 단기적으로는 불완전정보로 인해 인플레이션율과 실업률 사이에 상충관계가 존재할 수 있다. 예를 들어 〈그림 14-9〉에서 경제가 점 A에 있다고 하자. 이때 중앙은행이 갑작스럽게 확장적 통화정책을 시행한 결과 경제주체들이 예상하지 못한 4%의 인플레이션율 상승이 있었다고 하자. 이때 합리적 기대를 형성하는 경제주체들도 예상하지 못한 통화팽창이기 때문에 적응적 기대와 마찬가지로 기대인플레이션은 통화팽창 이전 수준에 머물고 경제는 〈그림 14-9〉에서 필립스곡선 PC_0를 따라 점 B에 도달한다. 물론 인플레이션율이 결국 8%가 될 거라는 사실이 기대에 반영되는 즉시 필립스곡선은 PC_0에서 PC_1으로 상방이동하고 경제는 결국 〈그림 14-9〉의 점 C에 도달하여 자연실업률 수준에서 균형을 이루게 된다.

요약하면 경제주체들이 합리적 기대를 갖더라도 예상하지 못한 통화팽창이 단기적으로는 인플레이션율 상승과 실업률 감소를 가져올 수 있으나, 장기적으로는 인플레이션율과 실업률 간 상충관계가 사라지면서 인플레이션율만 상승하게 된다. 이는 경제주체가 적응적으로 기대를 형성할 때의 결과와 유사하지만, 합리적 기대를 하는 경제주체의 기대 조정 속도가 더 빠르다. 다시 말해서 경제주체들이

그림 14-9

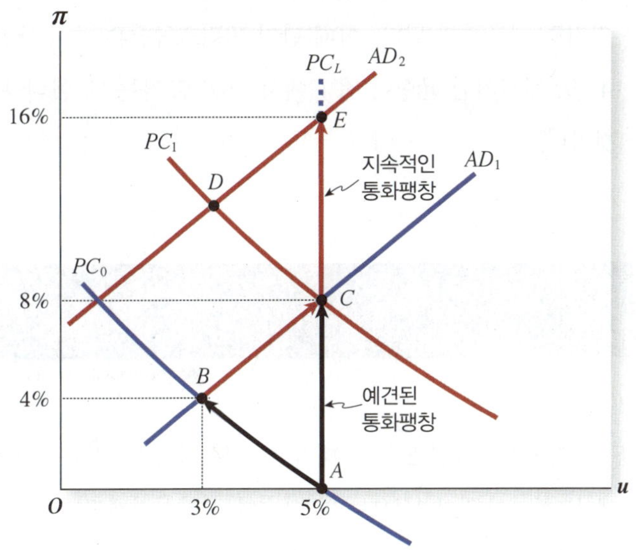

➡ 합리적 기대와 필립스곡선
점 A에서 중앙은행의 갑작스런 통화팽창은 단기적으로 점 B에서 4%의 인플레이션율 상승과 함께 실업률을 3%로 낮출 수 있다. 그러나 인플레이션율 상승이 기대에 반영되는 즉시 필립스곡선은 상방이동하고 경제는 자연실업률 수준(점 C)에서 장기균형을 이룬다. 예상된 통화팽창의 경우는 필립스곡선이 즉시 상방이동함에 따라 실업률 감소 없이 인플레이션율만 상승시킨다.

통화정책에 대한 정보를 업데이트하는 순간 기대인플레이션율과 실제 인플레이션율 간 갭이 바로 사라지므로 점 B에서 점 C로의 이동이 더 빨리 일어나게 된다.

한편 중앙은행의 확장적 통화정책이 미리 예견된 것이어서 인플레이션이 충분히 예상된 것이었다면, 이러한 정책은 실업률에 전혀 영향을 미칠 수 없다. 왜냐하면 예견된 통화량 증가에 따라 가격이 경직적인 기업을 포함하여 거시경제의 모든 기업이 이미 가격을 올렸기 때문이다. 즉, 앞선 〈그림 14-5〉에서 단기총공급곡선이 $SRAS_1$에서 $SRAS_2$로 즉시 이동하고, 경제가 점 A에서 점 C로 이동하는 상황이 발생한다. 이는 〈그림 14-9〉에서 단기 필립스곡선이 즉시 PC_0에서 PC_1으로 상방이동함에 따라 경제는 점 A에서 점 B를 거치지 않고 바로 점 C에 도달하여 단기적으로도 실업률이 감소하지 않고 인플레이션율만 상승함을 의미한다.

또한 앞 절에서도 언급했듯이 합리적 기대 하에서는 경제주체들이 예상할 수 없는 지속적 통화팽창은 불가능하다. 적응적 기대 하에서는 〈그림 14-8〉에서처럼 중앙은행이 지속적인 통화팽창을 통해서 균형점을 $A \rightarrow B \rightarrow C \rightarrow D \rightarrow E \rightarrow \cdots$로 옮길 수 있다. 즉, 이론적으로는 초인플레이션(hyperinflation)만 감내한다면 실업률을 자연실업률보다 낮은 수준에서 오랫동안 유지할 수 있다는 것이다. 이는 기대인플레이션이 기계적으로 이전 기의 인플레이션에 고정되므로, 중앙은행이 지속적으로 경제주체를 놀라게 할 수 있기 때문이다. 반면 합리적으로 기대를 형성하는 경제주체는 (처음에는 예상을 못하더라도) 어느 시점에서는 중앙은행의 이러한 행태를 완전히 예측하게 된다. 이때 단기 필립스곡선은 즉시 상방이동한다. 즉, 〈그림 14-9〉에서처럼 균형이 점 C에서 점 D로 가는 게 아니라 바로 점 E에 도달하는 것이다.

7. 결론

Macroeconomics ch. fourteen

기대가 부가된 단기총공급곡선 또는 기대가 부가된 필립스곡선을 이용한 정책분석은 13장(새케인즈학파의 경기변동모형)의 단순화된 거시경제모형보다 좀 더 일반적인 결과를 보여준다. 즉, 경제주체가 예상하지 못한 정책 변화만이 총생산 및 고용에 영향을 미칠 수 있다는 것이다. 또한 사람들이 비교적 신속하게 그들의 정보를 업데이트할 경우 예상하지 못한 정부정책의 효과도 그리 오래 가지 않는다는 것이다.

이러한 이유로 실제 정책결정은 레스토랑의 주어진 메뉴판에서 단순히 음식을 고르는 것과는 다르다. 메뉴판에서는 A코스요리와 B코스요리 중 B를 선택할 수 있지만, 합리적 기대가 부가된 필립스곡선에서는 B조합을 고르는 순간 필립스곡선의 위치가 바뀌어 C조합을 고르게 되는 결과가 발생할 수 있기 때문이다. 즉, 주문하는 순간 메뉴판 자체가 바뀌는 것이다. 일반적으로 경제주체의 기대는 경제정책에 내생적으로 반응하고, 이는 곧 그 경제정책의 효과에 영향을 끼친다. 따라서 어떤 정책이 의도했던 바를 이루기 위해서는 경제주체들의 기대형성 방식을 이해하는 것이 필수적이다.

이론과 실제 3 필립스곡선과 포스트코로나 인플레이션*

새케인즈학파는 기대가 반영된 필립스곡선에 기반하여 인플레이션이 경기상황을 나타내는 GDP갭 혹은 실업률갭($u_t - u_t^n$)과 기대인플레이션(π_{t+1}^e)에 의해 결정된다고 본다.

$$\pi_t = \pi_{t+1}^e - \kappa(u_t - u_t^n) + \eta_t$$

여기서 $\kappa > 0$는 필립스곡선의 기울기, η_t는 비용견인충격(cost push shock)을 나타낸다. 이 필립스곡선식에서는 본문에 소개된 필립스곡선식에서와 달리 현재인플레이션

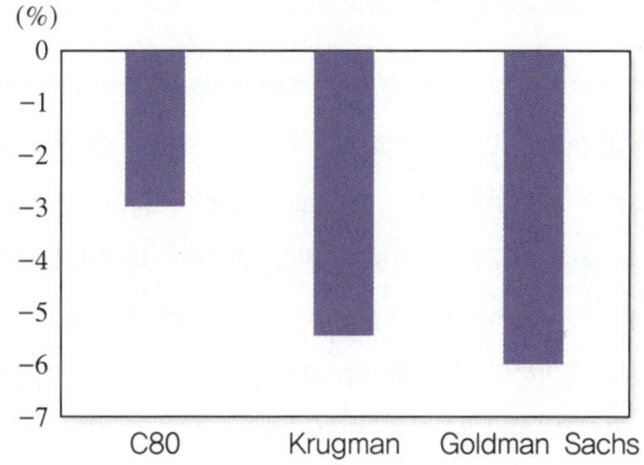

〈그림 1〉 미국 2020년 4/4분기 GDP갭 전망 차이

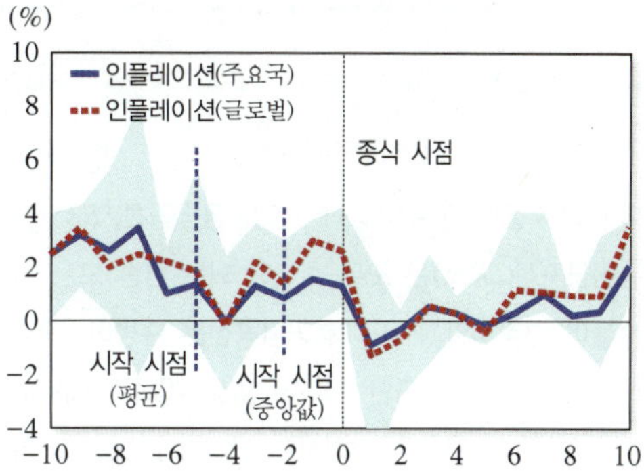

주 : 1) 실선 및 점선은 중앙값을 음영은 사분위수 범위를 의미.
자료 : Schmelzing(2020)

〈그림 2〉 감염병 위기 전후 인플레이션 추이

율이 미래인플레이션의 기대치에 영향을 받는다.

서머스(Laurence Summers)는 2009년 글로벌 금융위기 당시에는 재정지출 규모가 GDP갭의 절반정도 수준이었으나 금번 코로나 구호법안(American Rescue Plan Act)의 지출규모는 GDP갭의 3배를 초과하는 규모라고 평가하고 있다. 특히 경기부양책이 공공투자 등 성장잠재력 확충 효과가 큰 부분에 대한 지출보다 단기적 개인소득보전 비중이 큰 만큼 팬데믹 이후 인플레이션 유발 위험이 높다고 지적하였다. 블랑샤(Olivier Blanchard)는 재정지출 승수의 불확실성(0.4∼2.0)을 고려하더라도 경기부양책의 규모는 GDP갭 대비 과도한 수준이라고 주장하는 한편, 재정정책에 따른 인플레이션은 수요압력 이외에 기대인플레이션 상승을 통해서도 발생할 가능성을 제기하였다.

위와 같은 우려에 대해 필립스곡선 평탄화, 미국 경제 내 유휴생산능력 존재 등을 근거로 인플레이션은 일시적이며 지속적인 상승압력은 크지 않을 것이라는 반론이 제기되고 있다. 특히 크루그먼(Paul Krugman)은 대규모 경기부양책이 기대인플레이션을 자극하더라도 필립스곡선의 기울기가 평탄화되어 실질적인 인플레이션 압력으로 작용하기에는 한계가 있다고 평가한다. 아울러 미국의 GDP갭이 CBO 추정치(약 −3%)보다 실제로는 더 크다고 평가(약 −5.5%)하면서 구호법안의 규모가 기대인플레이션을 자극하여 인플레이션 확대로 이어질 정도는 아니라고 주장한다. 또한 크루그먼은 기대인플레이션이 조정되기까지 오래 걸릴 뿐 아니라 물가상승률이 빠르게 오르더라도 미 연준이 이를 쉽게 통제할 수 있으므로 기대인플레이션 이탈 가능성은 크지 않다고 지적한다.

끝으로 과거 사례를 보면 감염병 위기 시 인플레이션 압력은 대규모 전쟁 이후에 비해 상대적으로 제한적인 것으로 분석되었다. 이는 물적자본이 파괴된 전후 복구과정에서 대규모 수요가 발생하는 반면, 감염병 위기시에는 물적자본 파괴를 수반하지 않기 때문이다.

* 박경훈 · 지정구 · 김찬우 · 권인하 · 이종웅 · 김철주 · 장준호, "최근 인플레이션 논쟁의 이론적 배경과 우리경제 내 현실화 가능성 점검," BOK 이슈노트, 2021. 7.

요약

1. 우상향하는 단기총공급곡선

모든 가격변수들이 신축적일 때 단기총공급곡선($SRAS$)과 장기총공급곡선($LRAS$)은 모두 수직이 되는 반면 모든 가격변수들이 경직적일 때 단기총공급곡선은 수평이 된다. 현실 세계는 이들 양 극단 사이에 있을 것이기 때문에 실제로 단기총공급곡선은 수직선도 아니고 수평선도 아닐 것이며 우상향하는 형태로 나타낼 수 있다.

2. 우상향하는 단기총공급곡선의 도출

2.1 가격경직성 모형 가격경직성 모형에서는 가격설정 방식에 따라 가격을 신축적으로 조정하는 기업과 가격을 경직적으로 유지하는 기업으로 나누어 볼 수 있으며, 경제 전체의 물가수준은 신축적으로 결정되는 가격과 경직적으로 유지되는 가격의 가중평균으로 나타낼 수 있다. 이로 인해 실제 물가수준이 예상물가수준보다 높은 경우 총생산이 자연산출량 수준을 초과하고, 반대로 실제 물가수준이 예상물가수준보다 낮으면 총생산이 자연산출량 수준에 못 미친다. 이를 반영한 단기총공급곡선은 우상향하는 형태를 갖는다.

2.2 불완전정보 모형 불완전정보 모형에서는 기업의 상품가격이 상대적으로 일반물가보다 높게 형성되면 산출량을 증가시킨다고 본다. 이때, 개별 기업이 예상치 못한 물가수준의 변화를 상대가격 변화로 착각하여 산출량을 변화시킬 수 있으며 이로 인해 우상향하는 총공급곡선이 도출된다.

2.3 두 총공급곡선의 비교 루카스 총공급곡선에서는 불완전정보에 기인한 물가예상 착오가 우상향하는 총공급곡선을 가져오는 반면, 새케인즈학파의 총공급곡선에서는 가격을 경직적으로 유지하는 기업들의 존재가 우상향의 근거가 된다.

3. 총수요 충격과 총공급 충격의 단기 · 장기 효과

3.1 총수요 충격 총수요가 예상치 못하게 증가하는 경우 총수요곡선이 우측으로 이동하고, 그 결과 실제 물가수준이 상승한다. 예상물가수준은 여전히 충격 이전 수준에 머물고 즉각 조정되지는 않는다. 따라서 단기총공급곡선은 이동하지 않고 그 결과 총생산이 증가하면서 자연산출량 수준을 초과하게 된다. 시간이 지나면서 모든 경제주체가 정보를 갱신하여 물가수준과 예상물가수준 모두 증가한다. 예상물가수준이 조정됨에 따라 단기총공급곡선은 상방이동하게 되고 경제는 새로운 장기균형을 달성하여 산출량은 자연산출량 수준으로 돌아온다. 한편 예상된 총수요 증가가 있는 경우, 단기총공급곡선은 즉각 상방이동하고 균형은 장기총공급곡선을 따라 바로 장기균형에 도달한다.

3.2 총공급 충격 부정적 총공급 충격이 발생하는 경우 단기총공급곡선이 좌측으로 이동하여 물가가 상승하며 총생산은 감소하여 스태그플레이션이 발생한다. 이때 확장적 통화정책 또는 재정정책을 통해 총수요곡선을 우측이동시키면 경기침체는 빨리 끝낼 수 있지만 더 큰 인플레이션이 유발된다. 반면 아무것도 하지 않는다면 비용인상충격은 언젠가 사라지기 때문에 단기총공급곡선이 원래 자리로 돌아가고 물가가 장기적으로 안정되지만 경기침체 기간이 상대적으로 길어진다.

4. 필립스곡선

4.1 필립스곡선과 실업 총생산과 실업 간 역의 관계를 설명하는 오쿤의 법칙을 이용하면 인플레이션과 실업 간 역의 관계를 나타내는 필립스곡선을 도출할 수 있다. 이때 경제의 총생산이 자연산출량 수준에서 이루어질 때 실업률을 자연실업률이라고 한다.

4.2 단기 필립스곡선과 장기 필립스곡선 실업과 인플레이션 간 역의 관계를 나타내는 필립스곡선은 우하향하는 곡선으로 나타난다. 기대인플레이션이 상승하면 필립스곡선은 상방이동한다. 한편 장기에는 사람들이 인플레이션을 완전히 예상할 수 있기 때문에 장기 필립스곡선은 자연실업률 수준에서 수직선의 형태를 갖는다.

4.3 거시경제정책과 기대인플레이션의 역할 자연실업률가설에 따르면 장기적으로 실업률은 인플레이션율과 관계없이 자연실업률 수준에서 결정된다. 즉, 확장적 거

시경제정책으로 인플레이션이 발생하여 일시적으로 실업률이 하락하더라도 장기적으로 실업률은 자연실업률 수준으로 수렴한다. 단기적으로는 기대인플레이션이 얼마나 빨리 조정되는가에 따라 결과가 달라진다.

5. 적응적 기대와 자연실업률가설

5.1 자연실업률가설과 정책시사점 확장적 거시경제정책으로 실업률을 낮추려고 한다면 단기적으로는 인플레이션율 상승을 감수하면서 낮은 실업률을 유지할 수 있다. 그러나 장기적으로 경제주체들이 인플레이션율을 완전히 예상함에 따라 경제는 자연실업률 수준으로 돌아온다. 낮은 실업률을 유지하기 위해 지속적으로 확장적 거시경제정책을 시행한다면 인플레이션만 지속적으로 상승하게 된다. 결국 장기적으로 실질변수에 아무런 영향을 미치지 못하고 인플레이션율에만 영향을 미치게 되는데 이를 화폐가 장기적으로는 초중립적이라고 한다.

5.2 자연실업률가설의 유용성과 한계 자연실업률 개념은 NAIRU로 해석되면서 현재까지 통화정책의 기준지표로 폭넓게 이용되고 있고 있으며 자연실업률가설은 기대인플레이션의 중요성을 강조하였다는 점에서 의의가 있다. 그러나 정확한 자연실업률의 추정이 어렵고 기대형성 방식으로 적응적 기대를 가정한다는 한계가 있다.

6. 합리적 기대와 필립스곡선

경제주체들이 합리적 기대를 하는 경우 예상하지 못한 통화팽창은 단기적으로 인플레이션율 상승과 실업률 감소를 가져올 수 있지만 장기적으로는 인플레이션율만 상승한다. 이는 자연실업률가설의 결론과 유사하지만, 합리적 기대 하에서는 기대 조정 속도가 더 빠르다는 차이가 있다. 한편 예상된 통화팽창은 단기적으로도 실업률을 감소시킬 수 없으며 인플레이션율만 상승시킨다.

7. 결론

기대가 부가된 필립스곡선을 이용한 정책 분석에서는 경제주체가 예상하지 못한 정책 변화만이 총생산과 고용에 영향을 미칠 수 있음을 보여준다. 더불어 기대 조정 속도가 빠른 경우 단기적으로도 그 효과가 오래 가지 않는다. 따라서 어떤 정책의 효과는 경제주체들이 어떻게 기대를 형성하는가에 달려 있다.

연습문제

01 기대가 부가된 단기총공급곡선 모형을 이용하여 다음이 각각 국민소득, 소비, 투자, 고용, 이자율, 실질임금, 물가수준에 미치는 영향을 분석 · 설명하라.

(1) 자산가격 하락

(2) 재정위기

(3) 경기부양책(실업수당 증가와 세금 인하)

(2002년 입법고시 기출문제 일부 변형)

(4) 양적완화정책과 소비세 인상의 동시 시행

(5) 가계, 기업, 정부 및 금융부문의 과다부채

02 한국 경제가 경기후퇴, 인플레이션, 대외수지 악화 등으로 어려움을 겪고 있다고 하자. 그 원인으로서 국제유가 상승, 선진국 불황, 과도한 가계부채, 북핵 위기 등 다양한 요인이 제시되고 있으며, 일부에서는 경기회복을 위한 금리인하의 필요성을 제기하고 있다고 하자.

(1) 기대가 부가된 단기총공급곡선 모형을 이용하여 한국 경제의 모습을 보이되, 앞에서 나열한 각각의 요인이 두 곡선에 어떻게 영향을 미치는지 설

명하라.

(2) 경기회복을 위한 금리인하정책의 효과와 그에 수반된 부작용을 총수요 · 총공급곡선으로 설명하라.

(3) 경기변동을 공급의 측면에서 인식하고자 하는 입장에서 바람직한 거시경제정책은 무엇인가? 그 이유를 설명하라.

(2003년 외무고시 기출문제 일부 변형)

03 *IS–LM* 모형과 기대가 부가된 단기총공급곡선 모형을 이용하여 다음 질문에 답하라.

(1) 최근에 발생한 원유 등 원자재 가격의 상승이 경제성장에 영향을 줄 수 있다는 판단으로 통화공급을 증대시켜 이자율 하락을 유도하는 정책을 실시하고자 한다. 이때 정책의 효과를 *IS–LM* 모형을 이용하여 설명하라.

(2) 통화공급을 증대시켰을 때 이자율 하락보다는 소득 증가의 정도가 상대적으로 크게 나타나는 경제상황은 어떤 경우인지 *IS–LM* 모형을 이용하여 설명하라.

(3) *IS–LM* 모형의 한계점은 물가 상승을 고려하지 않는다는 점이다. 만약 *AD–AS* 모형으로 확장하여 분석하는 경우 정책효과가 소득 증가보다는 물가 상승으로만 나타날 수도 있고 그렇지 않을 수도 있다. 각각의 경우를 그래프를 이용하여 설명하라.

(4) 현시점의 경제가 잠재생산량에 가까운 상태라면 이자율 하락에 의한 경기부양정책이 적절한가를 *AD–AS* 모형을 이용하여 설명하라.

(2008년 행정고시 기출문제)

04 다음 물음에 답하라.

(1) 거시경제를 분석하는 모형 설정에서 고전학파와 케인즈학파의 기본 가정의 차이를 설명하라.

(2) 확대재정정책이 소득, 물가, 이자율, 고용에 미치는 효과를 *IS–LM* 모형과 기대가 부가된 단기총공급곡선 모형으로 분석하고 양자의 차이를 비교 · 설명하라.

(3) 만약 정부가 소득세 누진율을 상승시키기로 했다면 어떠한 경제적 효과를 예상할 수 있겠는가? 케인즈학파와 공급 중시 경제학파 간의 견해차이를 비교 · 설명하라.

(2006년 행정고시 기출문제 일부 변형)

05 경기변동의 진폭을 줄이고 경제를 안정시키는 처방을 논할 때, 총공급곡선의 기울기에 관하여 학파 간에 견해가 다르다. 폐쇄경제에서 우하향하는 총수요곡선을 가정하고, 1) 총공급곡선이 수직일 때, 2) 총공급곡선이 우상향일 때로 구분하여 다음에 답하라.

(1) 총공급곡선의 기울기에 관한 학파 간의 이론적 배경, 고찰기간, 요소시장상황 및 물가에 대한 기대형성이론 등에 대하여 비교 · 설명하라.

(2) 확장재정정책을 펼 때, 그 효과를 비교 · 설명하라.

(3) 확장금융정책을 펼 때, 그 효과를 비교 · 설명하라.

(2012년 행정고시 기출문제)

06 어떤 경제의 총생산함수가 다음과 같을 때, 아래 질문에 답하라.

$$Y = 20\sqrt{L}$$

(1) 노동수요함수를 도출하라.

(2) 명목임금이 20으로 고정되어 있을 때, 기업이 생산하는 재화의 산출량과 물가수준 사이에는 어떤 관계가 있는지 설명하라.

이제 이 경제의 *IS*곡선과 *LM*곡선이 다음과 같이 주어졌다고 하자.

- ***IS*곡선** : $Y = 120 - 1500r$
- ***LM*곡선** : $\frac{\overline{M}}{P} = 0.5Y - 500r$

(3) 화폐공급($\overline{M}$)이 300일 때 총수요곡선을 도출하라.

(4) 총수요 · 총공급 균형에서 물가, 산출량, 실질임금, 실질이자율이 각각 얼마인지 계산하라.

(5) 화폐공급($\overline{M}$)이 135로 감소했다고 하자. 새로운 총수요 · 총공급 균형의 결정을 그림으로 나타내라.

07 루카스 등 새고전학파의 이론을 이용하여 다음 물음에 답하라.

(1) 단기총공급곡선이 우상향하는 이유를 설명하라.

(2) 통화정책의 효과를 분석하라.

(2004년 행정고시 기출문제 일부 변형)

08 아래와 같이 주어진 총수요 · 총공급곡선을 이용하여 다음 질문에 답하라.

- **총수요곡선** : $Y_t = X_t + M_t - \alpha P_t + u_t$
- **총공급곡선** : $Y_t = Y^* + \gamma (P_t - P_t^e) + v_t$

여기서 X_t는 통화량 이외에 총수요에 영향을 미치는 요인, Y^*는 자연산출량, 그리고 u_t와 v_t는 평균이 0이고 일정한 분산을 갖는 상호 독립적인 오차항 또는 교란요인을 의미한다.

(1) 위 모형으로 소득 및 물가의 결정과정을 설명하려는 노력의 이론적 배경은 무엇인지 설명하라. 위 모형과 달리 케인즈학파가 우상향하는 총공급곡선을 도출하는 근거는 무엇이었는가?

(2) 총공급곡선에서 γ값이 어떤 역할을 하는지, 그리고 그 크기가 무엇에 의해 결정되는지 설명하라.

(3) 합리적 기대를 가정하고 균형소득 및 물가를 계산하라.

(4) 총수요 · 총공급의 균형식을 활용하여 통화정책 및 재정정책의 유효성에 대해 설명하라.

09 어떤 경제가 다음과 같은 모형으로 주어져 있다고 하자.

- **소비** : $C = 300 + 0.5(Y - T) - 300r$
- **투자** : $I = 100 - 100r$
- **정부지출** : $G = 100$
- **조세** : $T = 100$
- **실질화폐수요** : $\dfrac{M^d}{P} = 0.5Y - 200r$
- **화폐공급** : $M^s = 6{,}300$
- **총공급함수** : $Y = Y^* + 0.5(P - P^e)$
- **자연산출수준** : $Y^* = 700$

(1) 총수요함수를 도출하라.

(2) 총수요 · 총공급 균형에서 산출량(Y), 실질이자율(r), 물가(P), 소비(C), 투자(I)를 계산하라.

(3) 화폐공급량이 예상치 않게 6,500으로 증가했다고 하자. 주어진 예상물가수준에서 산출량, 물가, 실질이자율, 소비, 투자의 변화를 계산하라.

(4) 시간이 경과하여 모든 사람들이 화폐공급량이 증가했다는 사실을 알게 되었다고 하자. 균형상태가 어떻게 변화할지 설명하라.

(서울대학교 경제학부 1997학년도 대학원 입시문제)

10 어떤 경제모형(이하 기본 모형)이 다음과 같이 주어졌을 때, 다음 물음에 답하라.

- **소비함수** : $C = 200 + 0.75(Y - T)$
- **투자함수** : $I = 200 - 25r$
- **실질화폐수요함수** : $\dfrac{M^d}{P} = Y - 100(r + \pi^e)$

[Y는 국민소득, r은 실질이자율(%), G(정부지출) = 100, T(조세) = 100, M^s(통화량) = 1,000, π^e(기대물가상승률) = 0]

(1) 위의 기본 모형에서 총수요곡선을 수식으로 표현하라.

(2) 기본 모형에 총공급부문을 아래와 같이 추가할 경우, 균형물가수준과 균형국민소득을 구하라.

- **총생산함수** : $Y = 935 + 2N - 0.05N^2$
- **노동공급함수** : $N^s = 9 + w$

(N은 노동투입량, w는 실질임금)

(3) 기본 모형에 루카스 공급곡선을 아래와 같이 추가한다(단, 위의 (2)에서 추가했던 부문은 제외). P^e(기대물가수준) = 3일 때, 단기균형에서 물가수준과 국민소득을 구하라.

- **루카스 공급곡선** : $Y = Y^* + 75(P - P^e)$

[Y^*(자연산출량) = 900]

(4) 위 (3)의 장기균형에서 물가수준, 기대물가수준 및 국민소득을 구하라.

(2011년 행정고시 기출문제)

11 어느 중앙계획형 사회주의 경제가 시장경제로의 체제 전환을 하고 있다고 가정하자. 다음 물음에 답하라.

(1) "사회주의 경제는 가격통제 및 생산할당($P = \overline{P}, Y = \overline{Y}$) 등을 특징으로 하며, 그 결과 초과고용과 만성적인 공급부족(shortage economy)을 겪고 있다. 이러한 공급부족을 통화 발행으로 충당하여 통화과잉(monetary overhang) 현상이 나타나기도 한다." 이와 같은 사회주의 경제의 특성을 $IS-LM$, 노동시장균형 및 기대가 부가된 단기총공급곡선 모형을 이용하여 설명하라.

(2) 시장경제로의 전환과정에서 가격자유화 정책을 추진할 경우 나타날 수 있는 체제전환경제(transition economy)의 초기 경제현상을 $IS-LM$, 노동시장균형 및 기대가 부가된 단기총공급곡선 모형을 이용하여 설명하라.

(3) 통화과잉(monetary overhang) 문제를 해소하기 위하여 기존 화폐 100단위를 새 화폐 1단위로 교환하고 화폐교환액의 한도를 설정하는 몰수형 화폐개혁을 실시하였다고 가정하자. 이와 같은 화폐개혁이 이자율, 물가, 소득 등에 미치는 효과를 설명하라.

(4) 일반적으로 체제전환 과정에서 발생할 수 있는 신용경색(credit crunch) 현상을 설명하고, 그에 대한 대응방안을 설명하라.

(2010년 행정고시 기출문제 일부 변형)

12 거시경제정책의 과제는 실업과 인플레이션 관리라고 말할 수 있다. 그렇지만 알려진 바에 의하면 실업과 인플레이션의 상충관계로 인해 경제정책의 어려움이 가중되고 있다. 실업과 인플레이션의 상충관계, 그리고 총수요(AD)·총공급(AS)곡선을 이용하여 다음 물음에 답하라.

(1) "인플레이션은 언제, 어디서나 화폐적 현상"이라는 프리드먼의 주장을 고전학파 경제학의 이분성(classical dichotomy)과 화폐의 중립성 개념을 그림에 적절히 반영하여 설명하라.

(2) 원유가의 상승으로 인한 스태그플레이션이 발생할 경우 정책담당자들은 보통 재정정책이나 통화정책을 이용하여 총공급 충격을 상쇄시키려는 노력을 한다. 이와 같은 총공급곡선의 이동에 대응한 총수요관리정책이 물가와 산출량에 미치는 효과를 설명하라.

(3) 합리적 기대 모형은 물가 상승에 대한 경제안정화 정책일지라도 금융당국이 정책을 시행하는 것이 바람직하지 않다고 주장한다. 합리적 기대론의 이러한 주장을 뒷받침하는 근거를 제시해 보라.

(2010년 행정고시 기출문제 일부 변형)

13 1930년대 세계 대공황과 1990년대 일본의 불황기에 발생한 디플레이션에 대해 다음 물음에 답하라.

(1) 1930년대 미국과 1990년대 후반 일본에서 명목이자율은 제로 수준까지 떨어져 사실상 유동성 함정에 빠져 있었다. 유동성 함정 상황에서 통화정책의 유효성이 상실된다는 견해와 달리 일부 경제학자들은 유동성 함정에 빠지기 전에 신속하고 선제공격적인 대규모의 통화팽창을 통해 금리인하의 여력을 확보함으로써 유동성 함정에 빠지지 않도록 할 것을 제안했다. 기대인플레이션이 고려된 $IS-LM$ 모형을 이용하여 이러한 정책대응의 효과를 설명하라.

(2) 유동성 함정에서 통화정책의 유효성이 제약되는 것과 대조적으로 재정정책이 그 대안이 될 수 있으나 건전한 재정의 확보 없이는 경기부양을 위한 재정정책의 유효성에도 한계가 있다는 주장이 있다. 그 이유를 설명하라.

14 부채를 과다하게 축적한 경제주체의 부채 축소가 급격하게 추진되면 경제 전체가 부채디플레이션의 악순환에 빠질 수 있다. 기대가 부가된 단기총공급곡선 모형을 이용하여 부채디플레이션의 진행과정을 예시하라. 이러한 상황에서 재정정책과 통화정책 등 거시경제정책의 유효성에 대해 논하라.

15 다음은 블라인더(Alan Blinder) 교수의 *Hard Heads, Soft Hearts*(1987)라는 책의 제2장 〈Striking a Balance between Unemployment and Inflation〉에 수록된 한 문단이다. 이 글을 읽고 질문에 답하라.

> 어떤 경제현상을 평가하는 가장 대표적인 척도는 효율성(efficiency)과 공평성(equity)이다. 실업과 인플레이션이라는 경제현상도 이 두 가지 기준에 따라 평가할 수 있다. …… (중략) …… 하지만 실업과 인플레이션을 동시에 억제하기란 쉽지 않다. 따라서 세계 각국의 정책당국은 이 둘 간에 적절한 타협점을 찾기 위하여 효율성과 공평성이라는 경제적 측면과 더불어 정치적 측면에서도 많은 논란을 벌이고 있다. 그러나 한 가지 안타까운 점은, 우리가 인플레이션의 해악에 대해서는 지나치게 과장하여 설명하는 반면, 실업의 해악에 대해서는 너무 과소평가하고 있다는 점이다.

(1) 실업이 '효율성'과 '공평성'의 측면에서 어떤 해악을 가져오는지 예를 들어 설명하라.

(2) 인플레이션이 '효율성'과 '공평성'의 측면에서 어떤 해악을 가져오는지 예를 들어 설명하라.

(3) 매년 10%씩 상승하는 인플레이션과 0%와 20% 사이에서 불규칙하게 상승하는 인플레이션이 있다고 하자. 이 두 가지 인플레이션이 경제에 미치는 영향을 비교해서 설명하라.

(4) 블라인더 교수가 마지막 밑줄 친 부분처럼 말한 이유가 무엇인지 생각해 보라.

16 어떤 경제에서 과거 10년간 화폐공급량은 매년 20%씩 증가하였으며, 실질 GNP는 7%씩 성장해 왔다고 하자. 다음 질문에 답하라.

(1) 과거 10년간 이 경제의 인플레이션율은 얼마이었겠는가? 이 질문에 답하기 위해서 필요한 가정들을 설명하라.

(2) 과거 10년간 이 경제의 총수요곡선과 총공급곡선이 매년 어떻게 이동했을지 그림으로 나타내고 그 이유를 설명하라.

그런데 올해 통화당국은 민간이 예상하지 못하게 갑자기 화폐공급량 증가율을 20%에서 10%로 줄였다고 하자. 다음 질문에 계속 답하라.

(3) 경제주체들의 적응적 기대에서 위 정책의 변화가 가져올 장·단기 효과를 설명하라. 특히 정책변화 전·후의 실업률과 인플레이션율의 시간경로를 그려보라.

(4) 경제주체들의 합리적 기대에서 (3)번 문제의 답이 어떻게 변화하는지 비교하여 설명하라. 특히 정책변화 전·후의 실업률과 인플레이션율의 시간경로를 예시하라.

(서울대학교 경제학부 1995학년도 대학원 입시문제)

17 어떤 경제가 다음 식으로 표현될 수 있다고 가정하고, 다음 질문에 답하라.

- **총수요곡선** : $Y_t = 300 + 10(m_t - \pi_t)$
- **총공급곡선** : $Y_t = Y^* + (\pi_t - \pi_t^e)$
- **오쿤의 법칙** : $Y_t - Y^* = -2.5(u_t - u_n)$
- **자연산출수준** : $Y^* = 500$
- **자연실업률** : $u_n = 0.04$

(1) 이 경제의 총수요곡선은 정부지출(G), 조세(T) 등에 영향을 받지 않는 것으로 가정되어 있다. 이 경제의 IS–LM곡선의 모양을 추론하고, 그러한 IS–LM곡선이 도출되기 위한 충분조건의 예를 제시하라.

(2) 위 문제에서 제시한 우상향하는 총공급곡선을 설명할 수 있는 이론의 예를 하나만 설명하라.

(3) m_t가 장기간 30으로 유지되어 왔고, 앞으로도 계속 30으로 유지될 것으로 예상되고 있다. 이때 π_t, π_t^e, Y_t, u_t는 각각 얼마인지 계산하라.

(4) 예상치 못하게 m_t가 30.055로 증가했다고 하자. π_t, Y_t, u_t가 단기적으로 어떻게 변화할지 계산하라. 또한 그렇게 계산한 논리적 근거를 제시하라.

(5) 문제에서 주어진 식들을 바탕으로 필립스곡선을 도출하고, 그것이 갖는 의미를 설명하라.

(서울대학교 경제학부 1996학년도 대학원 입시문제 일부 변형)

18 우리나라의 1997년 말 외환·금융위기에 대응하여 IMF는 구제금융과 함께 우리나라에 통화긴축과 재정긴축을 권고하였다. 자연실업률가설의 필립스곡선을 이용하여 이러한 긴축적 거시경제정책이 실업과 인플레이션에 미치는 단기적·장기적 영향을 각각 분석·설명하라. (단, 초기에 총산출량이 완전고용 수준의 장기균형 상태에 있다고 가정한다.)

19 미국의 공식 실업률(U3)이 2009년 9.3%에서 2014년(1~9월)에는 6.3%로 3%p 하락하였으며, 같은 기간 광의실업률도 16.3%에서 12.3%로 4.0%p 하락하였다. 이에 2014년 9월 미 연방공개시장위원회(FOMC)의 점도표(dot plot)에 제시된 2015년 기준금리 전망치는 1.375%로 나타났다.

(1) 당시 미 연준은 금리인상 시기 결정을 놓고 필립스곡선 상의 자연실업률 수준을 주목했다고 한다. 그 이유를 NAIRU 관점에서 설명하라.

(2) 일부 경제학자들은 필립스곡선에만 전적으로 의존하여 통화정책의 방향을 결정하는 것은 문제가 있다고 하는데, 그 근거를 설명하라.

20 2008년 글로벌 금융위기와 세계 경기침체에 대응하여 여러 국가들이 유동성 공급을 대폭 늘림으로써 기준금리를 제로에 가까운 수준까지 인하하는 확장적 통화정책을 시행했다. 자연실업률가설의 필립스곡선을 이용하여 이러한 통화팽창이 실업과 인플레이션에 미치는 단기적·장기적 영향을 각각 분석·설명하라. (단, 초기에 총산출량이 완전고용 수준의 장기균형 상태에 있다고 가정한다.)

21 일본은행은 2013년 1월 금융정책결정회의에서 일본경제의 고질적인 병폐인 디플레이션과 엔고를 해소하기 위해 2% 물가상승률 목표 설정과 이의 조기 달성을 위한 무제한 양적완화정책을 발표하였다. 일본은행의 금융정책결정회의에서 일부 심의위원들과 경제전문가들은 2% 물가상승률 목표 달성을 어렵다고 보았다. 자연실업률가설의 필립스곡선을 이용하여 이러한 주장의 근거를 설명하라.

22 다음과 같이 인플레이션율이 진행되어 왔다 하자.

연도	1999	2000	2001	2002	2003	2004	2005
인플레이션율	0%	0%	0%	2%	4%	6%	8%

t해에서 $t+1$해의 인플레이션에 관한 예상이 다음과 같은 적응적 기대에 의하여 이루어진다고 하자.

$$\pi^e_{t+1} = 0.7\pi_t + 0.3\pi_{t-1}$$

이럴 경우 각 해의 전년도에서 예상한 예상인플레이션율을 2002, 2003, 2004, 2005, 2006년에 대하여 구하고, 실제 인플레이션율과 체계적 오류가 있음을 설명하라. 그리고 합리적 기대에 의하면 2006년의 예상인플레이션율이 얼마일 것인지 설명하라.

(2006년 입법고시 기출문제 일부 변형)

23 유로존의 그리스, 스페인, 포르투갈, 이탈리아 등 과다채무국 정부가 만성적인 국가채무 문제를 해결하기 위해 정부지출을 줄이고 조세를 늘이는 재정긴축정책을 시행한다고 하자. (단, 초기에 총산출량이 완전고용 수준의 산출량(또는 잠재적 산출량)에서 장기균형 상태에 있다.)

(1) 자연실업률가설의 필립스곡선을 이용하여 이러한 재정긴축이 실업과 인플레이션에 미치는 단기적·장기적 영향을 각각 분석·설명하라.

(2) (1)의 분석에서 미래인플레이션에 대한 기대 형성방식, 즉 적응적 기대와 합리적 기대의 차이에 따른 재정긴축의 영향을 설명하라.

24 프리드먼과 펠프스의 기대인플레이션이 도입된 필립스곡선을 이용하여 다음 질문에 답하라.

$$\pi = \pi^e + h(u - u^n)$$

(1) 경제주체의 기대인플레이션 수준이나 경제 내의 자연실업률 수준이 상승하면 필립스곡선이 어떻게 변화할지 각각 그림으로 나타내라.

(2) 경제주체들이 합리적 기대를 한다고 가정하자. (1)

번 답을 토대로 정책당국이 확장적 통화정책을 시행하면 어떤 결과가 나타날지를 설명하라.

(3) 인플레이션 억제정책을 수행하는 방식으로 점진주의 전략과 급랭주의 전략이 있다. 이 두 가지 방식을 필립스곡선을 이용하여 설명하라.

25 정부부채에 관한 견해로 전통적 견해와 리카디언(Ricardian) 견해가 있다.

(1) 폐쇄경제에서 조세삭감에 따른 정부부채의 증가가 단기에 국민소득, 이자율, 투자에 미치는 영향에 대한 전통적 견해를 설명하라.

(2) 폐쇄경제에서 조세삭감에 따른 정부부채의 증가가 장기에 국민소득, 경제성장에 미치는 영향에 대한 전통적 견해를 설명하라.

(3) 소규모 개방경제에서 조세삭감에 따른 정부부채의 증가가 무역수지와 해외부채에 미치는 영향에 대한 전통적 견해를 설명하라.

(4) 1기와 2기를 사는 소비자의 예산제약식과 정부의 예산제약식을 이용하여 조세삭감에 따른 정부부채의 증가가 국민소득, 이자율, 투자, 경제성장, 무역수지, 해외부채에 미치는 영향에 관한 리카디언 견해를 설명하라. (단, 정부도 1기와 2기에만 존재하며, 화폐는 없다. Y_1과 Y_2는 각각 1기와 2기의 소득, C_1과 C_2는 각각 1기와 2기의 소비, T_1과 T_2는 각각 1기와 2기의 조세, G_1과 G_2는 각각 1기와 2기의 정부지출, r은 1기와 2기 사이의 실질이자율이다.)

(2008년 행정고시 기출문제)

26 최근 유로지역을 포함한 여러 나라에 재정위기를 불러온 국가채무 문제를 해결하기 위해 정부지출을 줄이고 조세를 늘이는 재정긴축이 시행된다고 하자. 자연실업률가설의 필립스곡선을 이용하여 재정긴축이 실업률과 인플레이션에 미치는 단기적 · 장기적 영향을 각각 분석 · 설명하라. 미래 인플레이션 혹은 디플레이션에 대한 기대형성 방식, 즉 적응적 기대와 합리적 기대의 차이에 따라 분석결과는 어떻게 달라지는가? (단, 초기에 완전고용 수준의 산출량에서 장기균형 상태에 있다고 가정한다.)

27 사람들은 물가가 현재와 동일하게 계속 상승할 것이라는 적응적 기대를 한다고 가정한다(즉, $E_t(\pi_{t+1}) = \pi_t$). 우리나라 경제의 재화 및 용역의 수요방정식과 총공급곡선은 다음과 같다.

> • **재화 및 용역의 수요방정식** : $\hat{Y}_t = -2(r_t - \bar{r}) + \varepsilon_t$
> • **총공급곡선** : $\pi_t = E_{t-1}(\pi_t) + \hat{Y}_t$

$\hat{Y}_t$은 t시점의 GDP갭(%), r_t는 t시점의 실질금리(%), $\bar{r}$는 장기실질이자율(%), ε_t는 t시점의 총수요 충격을 가리킨다. 그리고 π_t는 t시점의 인플레이션율(%)을 나타낼 때 다음 물음에 답하라.

(1) 중앙은행 인플레이션 목표치가 π^*이고, 중앙은행 이자율 준칙은 $r_t - \bar{r} = \pi_t - \pi^*$와 같은 테일러 준칙(Taylor Rule)을 따른다고 가정하자. 이때 총수요곡선을 구하라.

(2) 중앙은행 이자율 준칙이 $r_t - \bar{r} = \pi_t - \pi^*$와 같고 중앙은행 인플레이션 목표치($\pi^*$)가 3%이며, 총수요 충격이 없는 경우($\varepsilon_t = 0$)에 t시점에 형성되는 인플레이션율(π_t)과 GDP갭($\hat{Y}_t$)을 구하라.

(3) 중국 경제 위축으로 인해 우리나라 총수요 부문에 부정적인 충격(음(−)의 충격)이 발생하였다. 이때 인플레이션율과 GDP갭은 어떠한 영향을 받는지 설명하라.

(2018년 외교관후보자 선발시험 기출문제)

28 어떤 경제의 거시경제 상황은 다음과 같다.

> • **총수요곡선** : $Y_t = 300 + 10(m_t - \pi_t)$
> • **총공급곡선** : $Y_t = Y^* + (\pi_t - \pi_t^e)$
> • **오쿤의 법칙** : $Y_t - Y^* = -2.5(u_t - u_n)$

π_t, π_t^e, Y_t, u_t, m_t는 각각 인플레이션율, 기대인플레이션율, 총생산, 실업률, 통화증가율을 나타낸다. 단, 자연율 수준에서 총생산(Y^*)과 실업률(u_n)은 각각 500과 4%이고 인플레이션율, 통화증가율 및 실업률의 단위는 %이다. 다음 물음에 답하라.

(1) 통화증가율이 장기간 30%로 유지되어 왔고, 앞으로도 계속 30%로 유지될 경우 π_t, π_t^e, Y_t, u_t를 각각 구하라.

(2) 예상치 못하게 통화증가율이 35.5%로 증가했다고 하자. 이때 π_t, Y_t, u_t가 단기적으로 어떻게 변화할지 계산하고, Y_t의 변화를 통화정책의 전달 경로 중 이자율 경로를 이용하여 설명하라.

(3) 주어진 식으로부터 필립스곡선을 도출하고, 이에 내재된 인플레이션과 실업의 관계를 장·단기로 나누어 설명하라.

(2020년 행정고시 기출문제)

29 각 질문에 제시된 조건이 독립적이라고 할 때 다음 물음에 답하라.

> • 유동성선호 모형에 따르면 화폐공급의 증가는 이자율을 낮추는 것으로 보이지만, 밀턴 프리드먼(Milton Friedman)은 이러한 유동성 효과는 전체적인 효과의 일부분에 불과하다고 보았다. 화폐공급의 증가는 다른 모든 조건이 일정하도록 놔두지 않으며, 이자율을 상승시키는 여타의 경제적 효과를 수반할 수 있다는 것이다. 화폐공급의 증가는 시간의 흐름에 따라 물가, 소득 및 기대인플레이션 효과를 수반하여 오히려 이자율을 상승시킬 가능성이 있다.
> • 마샬(A. Marshall)과 피구(A. Pigou)로 대표되는 케임브리지 학파는 화폐수량이론을 통해 화폐의 유통속도가 일정하다고 가정하며, 명목 GDP는 통화량에 비례한다고 보았다.

(1) 화폐공급의 증가로 인해 발생하는 유동성, 물가, 소득 및 기대인플레이션의 효과를 단기와 장기로 구분하여 균형 이자율에 미치는 영향을 설명하라.

(2) A국의 물가, 소득 및 기대인플레이션 효과가 일정 시점 이후 유동성 효과를 압도한다고 할 때, 정책 당국이 궁극적으로 이자율 하락을 목표로 한다면 화폐공급 증가율을 어떻게 조절하는지와 이 과정에서 시간의 흐름에 따른 이자율의 변화를 그림을 이용하여 설명하라. (단, 초기의 이자율과 시간이 각각 세로축과 가로축에 임의의 i^*와 T^*에 있다고 가정하자)

(3) 이 경제의 지난해 경제지표가 다음과 같았다.

> • **화폐공급 증가율** : 7% • **실업률** : 4%
> • **실질 경제성장률** : 4%
> • **화폐 유통속도** : 일정
> (g : 실질 경제성장률, $\bar{g}$: 잠재 경제성장률, u : 실업률, $\bar{u}$: 자연실업률)

정책 당국이 올해 인플레이션율을 1%로 낮추기 위한 정책을 시행할 경우 이에 따른 경제성장의 희생률은 1.5가 될 것으로 예상된다. 이 경제의 올해 실업률과 실질 경제성장률을 예측하라. (단, 오쿤의 법칙에 따라 실질 경제성장률과 실업률 간의 관계가 $(g-\bar{g}) = -2(u-\bar{u})$으로 나타난다고 가정하자)

(2021년 외교관후보자 선발시험 기출문제)

Macroeconomics ch. fifteen

15

제로금리 하한과 유동성 함정

제로금리 하한 명목금리는 음(−)일 수 없음

명목이자율은 0% 아래로 떨어질 수 없다. 즉, 명목금리에는 **제로금리 하한**(zero lower bound ; ZLB)이 존재한다. 그렇다면 왜 명목금리는 음(−)일 수 없을까? 만약 명목이자율이 음수라면 아무도 돈을 저축하거나 다른 사람에게 빌려주지 않을 것이다. 반대로 모든 사람들은 마이너스 금리로 차입하고 현금을 보유하여 막대한 이익을 내려고 할 것이다.

예를 들어 올해 연이율 −10%로 100만원을 빌리면 내년에 90만원만 갚고 10만원의 이익을 얻을 수 있다. 그래서 사람들은 가능한 한 많이 빌리려고 할 것이다. 이 계획은 매우 쉬워 보이지만, 문제는 아무도 −10%로 돈을 빌려주려 않는다는 것이다. 결국 명목금리가 음(−)이면 모든 사람이 돈을 빌리려고 하는데 빌려주는 사람은 없으므로, 마이너스 금리는 현실 세계에서 실현되기 어렵다.

2008년 글로벌 금융위기 직후나 2020년 COVID-19 전염병 충격 이후와 같이 이자율이 거의 제로 수준으로 떨어진 상황에서 제로금리 하한(ZLB)의 존재는 중앙은행에게 큰 도전이 되었다. 경기침체에 대응하여 중앙은행이 더 이상 명목금리를 낮출 수 없기 때문이다. 이는 13장(4.1 통화정책)과 14장(3.1 총수요 충격)에서 논의한 통화정책의 전통적 파급경로, 즉 중앙은행의 기준금리 인하가 단기적으로 실질이자율의 하락을 통해 소비와 투자를 진작시켜 실질GDP의 증가를 가져오는 전통적 채널이 더 이상 작동하지 않음을 의미한다. 이러한 환경에서 화폐공급을 늘리면 사람들이 보유한 유동자산의 비중이 커지지만 금리가 더 이상 떨어질 수 없기 때문에 추가 유동성이 전통적인 금리경로를 통해 실물경제에 미치는 확장 효과가 없다. 즉, 제로금리 수준에서 경제가 **유동성 함정**(liquidity trap)에 빠질 수 있다. 여기서는 13장(새케인즈학파의 경기변동모형)에서 살펴본 새케인즈학파 모형의 확장을 통해 이러한 상황을 분석한다.

유동성 함정 중앙은행이 확장적 화폐정책을 시행하더라도 이것이 실물경제로 활동으로 이어지지 않는 상황

1. 제로금리 하한과 화폐시장

Macroeconomics ch. fifteen

우리는 10장(화폐와 물가수준)과 13장(3.2 화폐시장의 균형 : *LM*곡선)에서 화폐시장의 균형을 논의할 때 제로금리 하한(ZLB)을 고려하지 않았다. 그런 의미에서 지금까지 살펴본 화폐시장의 수요 · 공급 그래프는 일반적으로 화폐시장에 대한 불완전한 모형이라고 할 수 있다.

그림 15-1

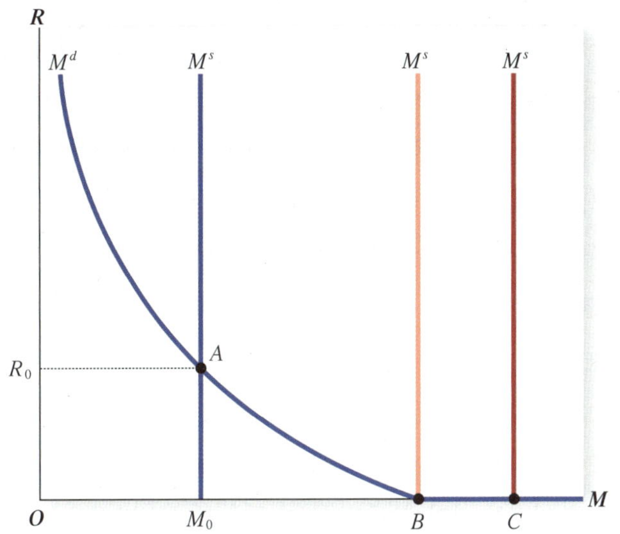

화폐시장
제로금리 하한에서는 화폐 보유의 기회비용이 0이기 때문에 화폐수요의 이자율 탄력성은 무한대이다. 이는 화폐수요곡선이 제로금리 수준에서 수평선의 형태로 나타남을 의미한다.

여기서는 제로금리 하한을 고려한 화폐시장의 균형을 살펴보자. 이를 위해서 먼저 10장(4.3 화폐수요곡선)에서 보았던 〈그림 10-4〉의 (b)로 잠시 돌아가 보자. 이 그래프는 명목화폐량(M)과 명목이자율(R)의 평면에서 화폐수요를 명목이자율의 감소함수로 나타내고 있는데, 여기서 명목이자율은 0보다 큰 값을 갖는다($R > 0$). 그렇다면 화폐수요곡선이 계속 우하향하다가 제로금리 하한(ZLB), 즉 $R = 0$을 나타내는 수평선을 만나면 어떻게 될까?

명목이자율은 채권과 같이 이자가 지급되는 수익자산 대신 화폐를 보유하는 데 따르는 기회비용을 나타낸다.[1] 따라서 ZLB 또는 $R = 0$에서 화폐 보유의 기회비용은 0인 반면, 화폐가 제공하는 유동성(liquidity) 편익은 양(+)이 된다. 즉, 화폐가 채권 대비 공짜가 되는 것이다. 그 결과 ZLB에서는 유동성이 낮고 이자를 받는 자산에 비해 화폐(즉, 유동성)에 대해 무한한 수요가 있다. 다시 말해서 제로금리 수준에서 **화폐수요**의 **이자율 탄력성**이 무한대가 되는 것이다. 이러한 ZLB에서의 화폐수요는 〈그림 15-1〉에서와 같이 화폐수요곡선을 제로금리 수준에서 평평하게 만든다.

그런데 우리는 왜 지금까지 화폐수요곡선의 평평한 부분을 무시했을까? 현

1. 10장(4. 화폐수요)에서 배웠던 MIU(money in the utility function) 모형을 떠올려보자.

실에서 명목이자율이 0인 경우가 드물기 때문이다. 즉, 대부분은 〈그림 15-1〉의 점 *A*에서와 같이 화폐공급이 화폐수요곡선의 우하향하는 부분과 교차하고 그 결과 균형 명목이자율은 양수가 된다. 결국 그래프를 단순화하기 위해 경험적으로 덜 중요한 부분을 생략했던 것이다.

하지만 중앙은행이 화폐공급을 계속 늘리다 보면 결국 점 B에서 균형 명목이자율이 0이 되고, ZLB 제약이 거시경제의 주요 변수를 결정하는 데 중요한 역할을 하게 된다. 즉, 화폐시장의 균형이 화폐수요곡선의 우하향하는 부분에서 이루어지는지, 아니면 평평한 부분에서 이루어지는지에 따라 거시경제가 경제 여건의 변화에 반응하는 양상이 매우 다르다는 것이다.

제로금리 하한에서는 통화정책의 전통적인 경로가 작동하지 않는다.

〈그림 15-1〉은 화폐시장의 균형이 점 *B*에서 점 *C*로 이동할 때 화폐공급의 증가가 명목이자율에 영향을 미치지 않는다는 것을 보여준다. 이는 미래 기대인플레이션율이 대체로 일정한 단기에서 실질이자율에도 아무런 영향을 미치지 못하고 결국 통화정책이 실물경제에 영향을 미치는 전통적인 **금리경로**(interest rate channel)가 더 이상 작동하지 않는다는 것을 의미한다. 다시 말해서 중앙은행이 화폐공급을 늘리면 경제주체는 그 늘어난 화폐를 그냥 보유하려고 하므로 추가 유동성은 실질이자율과 실물경제에 아무런 영향을 미치지 않는다는 것이다. 바로 경제가 '**유동성 함정**'에 빠진 상황이다.

경제가 유동성 함정에 빠지는 비정상적인 상황이 역사적으로 자주 발생했던 것은 아니다. 하지만 이 현상은 최근 여러 경제위기를 겪으면서 거시경제학의 가장 큰 화두가 되었다. 먼저 1990년대 이후 일본의 "잃어버린 20년" 동안 극심한 디플레이션과 함께 명목이자율이 제로 수준으로 떨어지면서 유동성 함정이 나타났다. 또한 2008년 글로벌 금융위기와 대침체(Great Recession)에 대응하여 미국, 영국, 일본 등 주요 선진국의 중앙은행들은 대규모 재정진작과 함께 신속하게 확장적 통화정책을 통해 기준금리를 낮추었다. 특히 미 연준은 2008년 하반기에 연방준비자금 금리('연준금리')를 0%에 가깝게 설정했고, 이를 2015년까지 유지했다. 그러다가 2016년부터 명목이자율이 서서히 정상화되는가 싶더니, 2020년 코로나19 충격에 대응한 통화팽창의 결과 연준금리가 제로 수준으로 떨어졌다. 우리가 더 이상 이 문제를 부차적인 문제로 돌릴 수 없는 이유이다.

2. 제로금리 하한과 *LM*곡선

Macroeconomics ch. fifteen

13장(3.2 *LM*곡선)에서와 같이 〈그림 15-1〉에 표시된 화폐시장의 균형은 *LM*곡선으로 요약될 수 있다. 그런데 *LM*곡선은 주로 국민소득(총생산)-실질이자율 평면에 나타내므로, 피셔방정식(Fisher equation)을 이용하여 ZLB 제약을 다음과 같이 실질이자율에 대해 다시 쓸 수 있다.

$$R = r + \pi^e \geqq 0 \iff r \geqq -\pi^e$$

즉, ZLB 제약은 명목이자율뿐 아니라 실질이자율에도 하한을 부과하는 것으로 생각할 수 있다. 이때 실질이자율 하한은 미래 기대인플레이션율로 주어진다. 현실에서 기대인플레이션율은 대체로 양수이므로 실질이자율의 하한은 음수인 경우가 많다. 이제 명목이자율이 양수인 경우($R > 0$)와 제로금리 하한(ZLB)에 있는 경우($R = 0$)를 차례로 고려하여 *LM*곡선을 도출해 보자.

첫째, ZLB가 관련이 없을 때($R > 0$ 또는 $r > -\pi^e$), *LM*곡선은 이전과 같이 우상향한다. 즉, 이자율이 하락하면 화폐시장의 균형을 위해서 총생산 또는 국민소득도 감소해야 한다. 정상적인 상황에서 *LM*곡선의 도출은 13장(3.2 *LM*곡선)을 참조하기 바란다.

그러나 이자율이 계속 하락하여 *LM*곡선을 따라 북동쪽에서 남서쪽으로 이동하면 결국 ZLB에 다다르게 되어 명목이자율은 0이 되고($R = 0$) 실질이자율은 $r = -\pi^e$가 된다. 그러면 *LM*곡선은 더 이상 〈그림 15-2〉의 (a)에 그려진 기존의 *LM*곡선처럼 우상향하지 않는다. 대신에 *LM*곡선이 ZLB와 만나면 〈그림 15-2〉의 (b)에서처럼 평평해진다.

그렇다면 *LM*곡선이 ZLB에서 왜 평평해지는 것일까? 〈그림 15-3〉은 ZLB에서 *LM*곡선의 도출을 보여주고 있다. 13장(3.2 *LM*곡선)에 있는 〈그림 13-5〉의 (a)에서와 같이 〈그림 15-3〉의 (a)는 소득 증가에 따른 화폐수요의 증가를 나타낸다. 〈그림 13-5〉와 차이점은 화폐공급곡선이 이제 화폐수요곡선의 우하향하는 부분이 아니라 평평한 부분과 교차한다는 것이다. 〈그림 15-3〉에서 소득수준이 Y_0에서 Y_1으로 증가하면 화폐수요곡선이 오른쪽으로 평행이동한다. 그러나 이러한 이동은 균형실질이자율에 영향을 미치지 않는다. 〈그림 15-3〉에

그림 15-2

➡ LM곡선과 제로금리 하한

기존의 *LM*곡선이 우상향하는 형태를 보이는 반면, 제로금리 하한이 주어진 경우 *LM*곡선은 수평선의 형태를 보이는 부분이 존재한다.

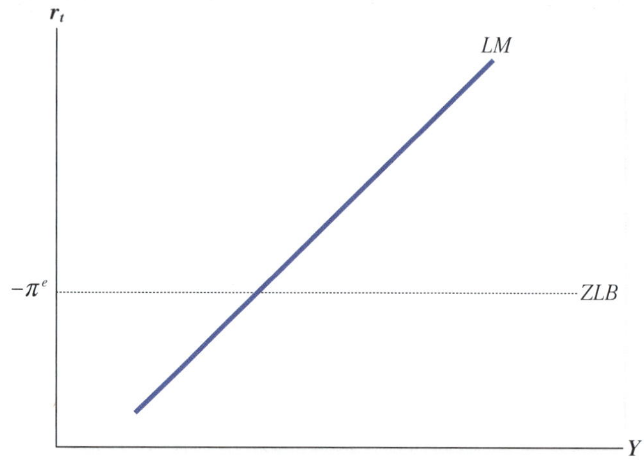

(a) 기존의 *LM*곡선

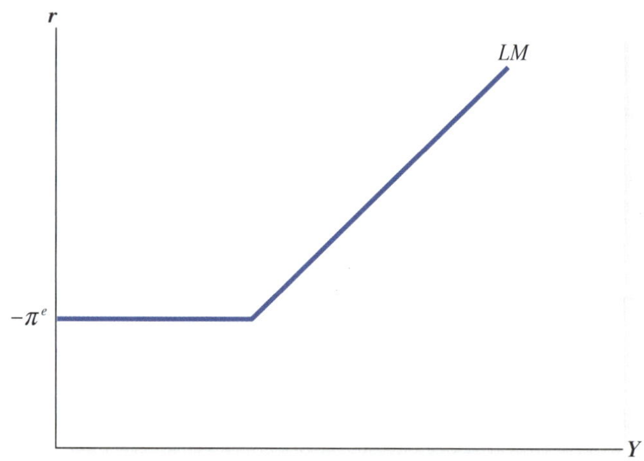

(b) 제로금리 하한과 *LM*곡선

서 볼 수 있듯이, Y가 충분히 커서 경제가 ZLB의 영향에서 벗어나는 경우가 아니면 실질이자율 r은 Y의 수준에 관계없이 여전히 $-\pi^e$와 같다. 이와 같이 ZLB에서 화폐시장의 균형을 가져오는 (Y, r)의 모든 조합을 연결하면 *LM*곡선의 평평한 부분이 도출된다.

그런데 이 그래프에서 가로축과 세로축이 만나는 '원점'이 반드시 (0, 0)일 필요는 없다는 점에 주의하자. 실질이자율의 하한이 미래 기대인플레이션율이므로, 이 기대치가 양수일 경우 하한은 음수가 된다. 즉, *LM*곡선의 평평한 부분은

그림 15-3

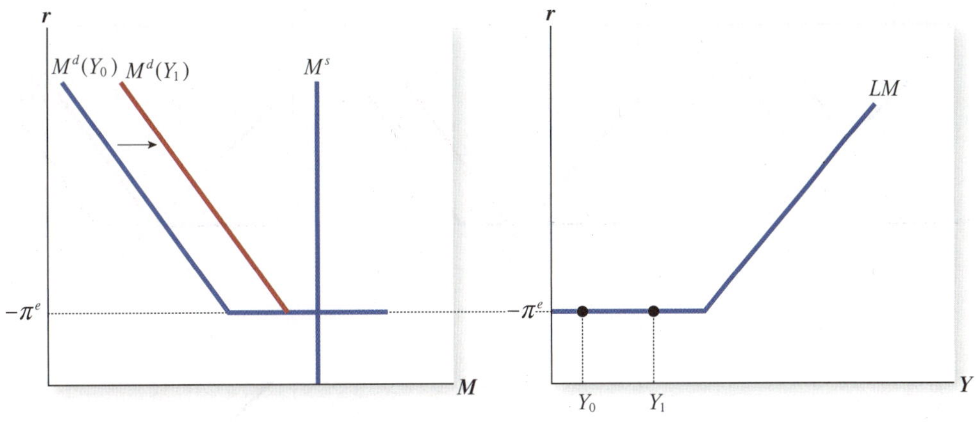

(a) ZLB에서 소득 증가와 화폐시장 균형　　(b) *LM*곡선

제로금리 하한과 *LM*곡선의 도출

제로금리 하한에서는 실질이자율 r이 소득수준 Y와 무관하게 $-\pi^e$ 수준으로 일정하기 때문에 화폐시장의 균형을 가져오는 소득과 이자율의 조합을 의미하는 *LM*곡선이 수평선의 형태를 보인다.

실질이자율이 음수인 부분에 위치한다. 이때 〈그림 15-3〉에서 '원점'은 (0, 0)이 아니라 (0, '어떤 음수')가 된다. 물론 원점을 (0, 0)에 고정하고 *LM*곡선의 평평한 부분을 가로축 아래에 위치시켜도 무방하다.

3. 제로금리 하한과 총수요곡선

Macroeconomics ch. fifteen

이제 13장(새케인즈학파의 경기변동모형)의 *IS*–*LM*–*AD*–*AS* 모형을 완성하기 위해 ZLB 제약이 있는 경우 *IS*–*LM* 그래프로부터 총수요곡선(*AD*)을 유도해 보자. 〈그림 15-4〉는 경제가 ZLB의 영향을 받는지 여부에 따라 세 가지 경우를 보여주고 있다.

첫째, 〈그림 15-4〉의 (a)는 우리가 13~14장에서 고려한 기본 사례로서 *IS*곡선이 ZLB 제약의 영향을 받지 않을 정도로 충분히 오른쪽에 있다. 사실 이 경우에는 *LM*곡선의 평평한 부분을 굳이 그릴 필요가 없다. 13장(5. *IS*–*LM* 모형

그림 15-4

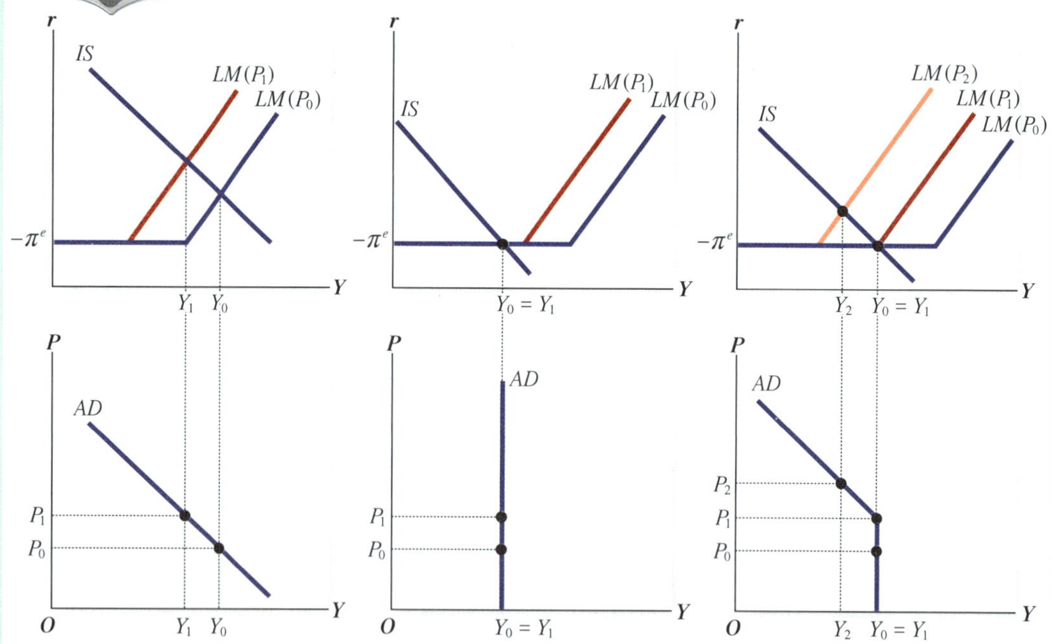

(a) ZLB의 영향을 받지 않는 경우 (b) ZLB의 영향을 받는 경우 (c) (a)와 (b)를 모두 포함한 경우

총수요곡선의 도출

경제가 ZLB 제약의 영향을 받지 않는 경우 총수요곡선(*AD*)은 이전과 같이 우하향하는 형태를 보인다. 반면 경제가 ZLB 제약의 영향을 받는 경우 물가변화로 인한 *LM*곡선의 이동은 균형실질이자율과 산출량에 영향을 미치지 않기 때문에 총수요곡선(*AD*)이 수직선의 형태를 보인다.

과 총수요곡선)에서와 같은 방식으로 총수요곡선(*AD*)을 도출하자. 먼저 *LM*곡선의 위치는 물가수준(*P*)에 따라 달라진다. 더 높은 수준의 *P*에서 *LM*곡선은 원래 *LM*곡선의 왼쪽에 위치한다. 따라서 물가가 단기적으로 더 높은 수준에서 고정되면 실질이자율이 상승하고 총생산 또는 국민소득(*Y*)은 감소한다. 즉, 단기적으로 *P*가 높을수록 *Y*가 낮아진다. 따라서 총수요곡선(*AD*)은 이전과 마찬가지로 우하향한다.

둘째, 〈그림 15-4〉의 (b)는 경제가 ZLB 제약의 영향을 받는 경우이다. 여기서 *IS*곡선은 *LM*곡선의 평평한 부분과 교차하는 위치에 있다. 이때 물가수준이 상승하면 *LM*곡선이 왼쪽(위쪽)으로 이동하지만 *LM*곡선의 평평한 부분은 영향을 받지 않는다. 물가 상승에 따른 *LM*곡선의 왼쪽(위쪽) 이동폭이 *IS*곡선이 *LM*곡선의 우상향하는 부분과 교차할 만큼 크지 않은 한 균형실질이자율과 산출량은 아무런 영향을 받지 않는다. 다시 말해서 물가수준이 단기적으로 다른 수준에서 고정되더라도 ZLB에서는 총생산 또는 국민소득이 동일하다. 따라서 총수요곡선(*AD*)은 수직이 된다.

셋째, 〈그림 15-4〉의 (c)는 ZLB 제약이 있는 경우와 없는 경우를 동시에 보여준다. 물가수준이 충분히 높으면 *LM*곡선의 우상향하는 부분이 실질이자율의 하한보다 높은 수준에서 *IS*곡선과 교차할 만큼 *LM*곡선이 충분히 왼쪽에 위치할 수 있다. 이 영역에서 총수요곡선(*AD*)은 (a)에서와 같이 우하향한다. 반대로 물가수준이 충분히 낮을 때 *LM*곡선은 *IS*곡선이 실질이자율의 하한과 교차할 만큼 충분히 오른쪽에 치우쳐 있다. 이 영역에서 총수요곡선(*AD*)은 (b)에서와 같이 수직이다.

요약하면, 제로금리 하한(ZLB)은 우하향하는 총수요곡선이 일정한 물가수준 아래에서는 수직이 되게끔 한다. 즉, 이 확장된 *IS*-*LM* 모형에서 **굴절**(kink)**된 총수요곡선**이 도출된다. 우리는 13~14장에서 ZLB 제약이 없는 상황에서 총수요곡선이 우하향하는 경우만을 고려하고 수직 부분을 생략했다. 여기서는 반대로 경제가 ZLB 제약을 받는 경우, 즉 명목이자율이 0에 고정된 상황에 초점을 맞추기 위해서 총수요곡선이 수직인 부분만 고려하여 거시경제정책을 분석한다.

4. 제로금리 하한과 통화정책

Macroeconomics ch. fifteen

우리는 〈그림 15-1〉에서 제로금리 하한(ZLB)이 있는 경우 화폐공급의 변화가 이자율 변화로 이어지지 않고, 그 결과 전통적인 통화정책의 파급경로가 작동하지 않음을 보았다. 이제 3절에서 도출한 *IS*-*LM*-*AD*-*AS* 그래프를 이용하여 전통적 통화정책의 무력성을 다른 각도에서 살펴보자. 〈그림 15-5〉에서 화폐공급의 변화는 *LM*곡선의 평행이동을 가져온다. 그러나 균형실질이자율과 총생산에는 영향을 미치지 않는다. 결과적으로 ZLB 제약의 영향을 받지 않는 정상적인 상황과 달리 화폐공급의 변화는 총수요곡선(*AD*)의 이동을 가져오지 않는다.

이와 같이 제로금리 하한(ZLB) 제약이 있을 때 화폐공급이 총수요곡선(*AD*)의 위치에 영향을 미치지 않는다는 결과는 중요한 의미를 갖는다. 특히 ZLB에서 중앙은행이 통화정책을 통해 거시경제의 실질이자율과 산출량에 대해 어떤 통제

그림 15-5

ZLB 제약이 관련이 있는 경우 화폐공급의 변화

제로금리 하한(ZLB)이 있는 경우 화폐공급이 증가하더라도 이자율은 변화하지 않기 때문에 전통적인 통화정책의 파급 메커니즘이 작동하지 않는다. 따라서 총수요곡선 역시 이동하지 않는다.

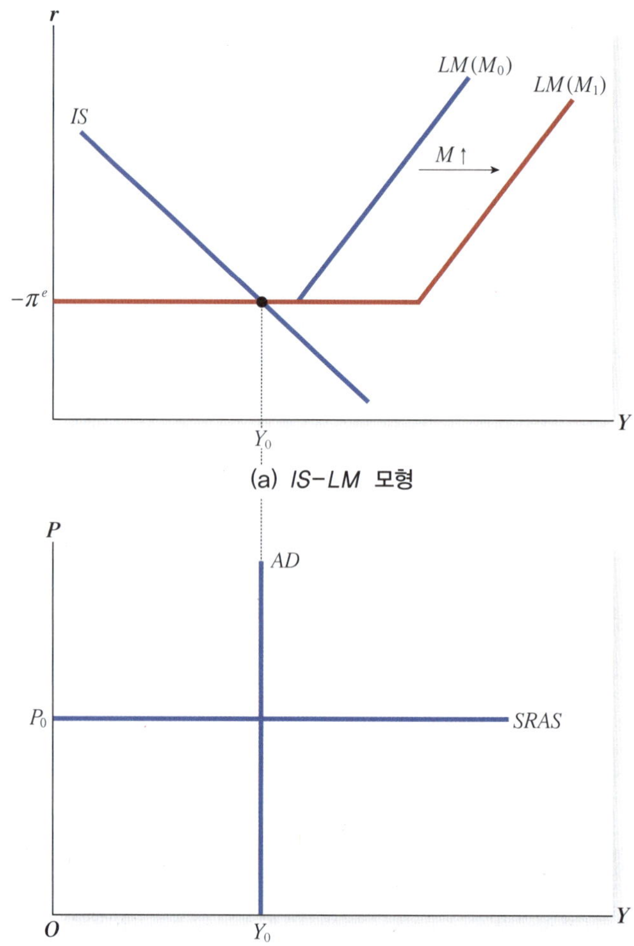

(a) *IS–LM* 모형

(b) *AD–AS* 모형

도 할 수 없다는 점에서 기존 통화정책이 더 이상 유효한 효과를 거두기 어렵다는 것을 의미한다.

5. 제로금리 하한의 위험

제로금리 하한(ZLB)에서 나타나는 유동성 함정에는 어떤 위험이 도사리고 있는가? 첫째, 바로 앞 절에서 논의한 바와 같이 명목이자율이 0에 갇히면 전통적인 통화정책이 더 이상 효과를 나타내지 않는다. 그 결과 정책당국은 경기침체에 대응할 중요한 정책수단을 잃게 된다.

둘째, 총수요를 감소시키는 *IS* 충격은 ZLB 제약이 없을 때보다 ZLB 제약이 있을 때 더 큰 경기침체를 초래한다. 이를 〈그림 15-6〉에서 살펴보자. 여기서는 우상향하는 단기총공급곡선(*SRAS*) 대신 수평인 *SRAS*를 가정한다. 이는 물가수준의 단기 조정으로 인한 *LM*곡선의 추가 이동 없이 간단하게 정책시사점을 파악할 수 있기 때문이다.

먼저 〈그림 15-6〉의 (a)는 제로금리 하한(ZLB) 제약의 영향을 받지 않는 정상적인 상황을 나타내고 있다. 여기서 부정적 총수요 충격은 거시경제의 균형을 점 *A*에서 점 *B*로 이동시켜 총생산(국민소득) 감소와 실질이자율 하락을 가져온다. 이때 국민소득의 감소폭은 부정적 총수요 충격에 따른 *IS*곡선의 좌측 이동폭보다 작다. 이는 실질이자율 하락이 투자와 소비를 증가시킴으로써 부정적 *IS* 충격의 경기수축 효과를 부분적으로 상쇄하기 때문이다. 결과적으로 총수요곡선(*AD*)은 *IS*곡선보다 작게 왼쪽으로 이동한다.

이제 비교를 위해 〈그림 15-6〉의 (b)를 살펴보자. 제로금리 하한(ZLB) 제약이 있을 때 *IS*곡선의 좌측 이동은 경제의 균형을 점 *A*에서 점 *C*로 이동시킨다. 이때 제로금리 하한에서 실질이자율은 $r=-\pi^e$로 고정되어 있다. 이는 총수요 감소에 따른 경기위축 시 실질이자율 하락이 가져오는 상쇄효과가 발생하지 않는다는 것을 의미한다. 결과적으로 총생산(국민소득)이 *IS*곡선의 좌측 이동폭만큼 감소하는데, 이는 곧 〈그림 15-6〉의 (b)에서와 같이 총수요곡선(*AD*)과 *IS*곡선의 좌측 이동폭이 동일하다는 것을 의미한다. 따라서 동일한 부정적 총수요 충격에 대하여 총생산이 유동성 함정에서 더 크게 감소한다.

셋째, ZLB가 제약이 되는 경우 장기적으로 (정부의 안정화정책이 없더라도) 총생산을 자연산출량 수준으로 되돌릴 수 있는 경제 자체의 조정 메커니즘(self-adjusting mechanism)이 작동하지 않는다. 비교를 위해 ZLB 제약을 받지 않는

그림 15-6

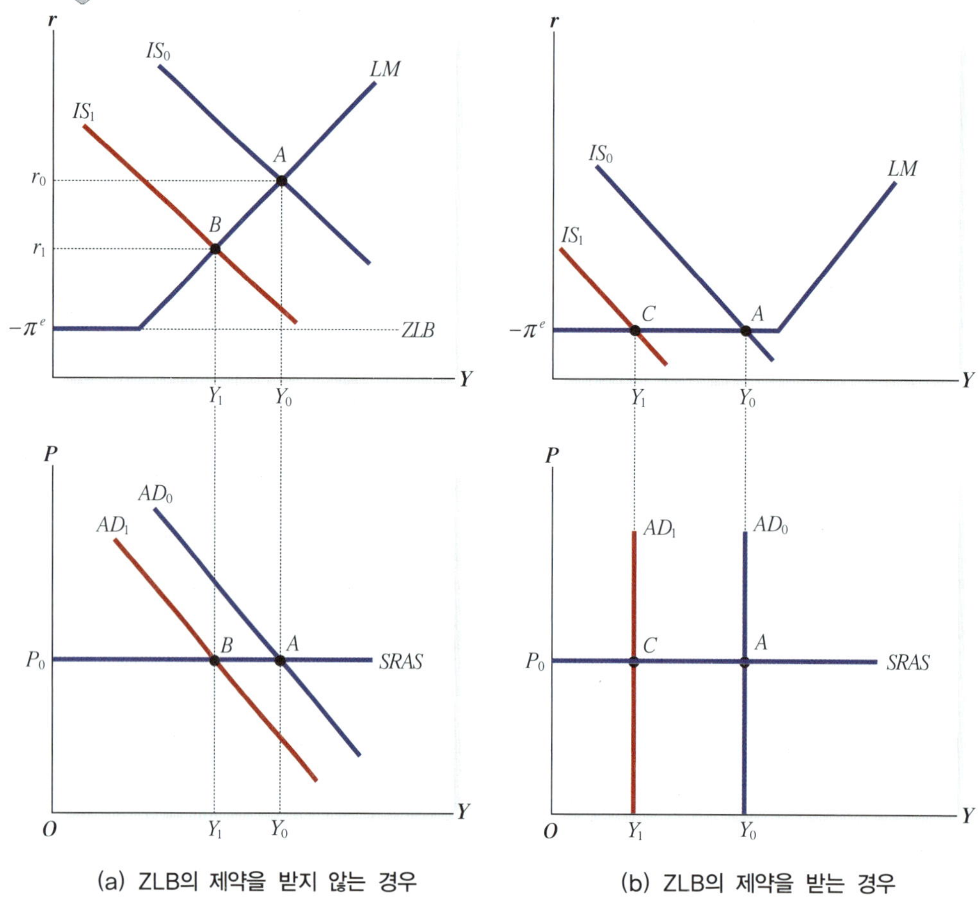

➠ 제로금리 하한(ZLB) 제약과 총수요 충격

ZLB의 제약을 받지 않는 경우 부정적 총수요 충격은 실질이자율 하락을 가져와 투자와 소비를 증가시킴으로써 총수요 감소에 따른 부정적 충격의 경기수축 효과를 부분적으로 상쇄하기 때문에 총수요곡선(*AD*)은 *IS*곡선보다 작게 왼쪽으로 이동한다. 반면, ZLB의 제약을 받는 경우 실질이자율이 변화하지 않음에 따라 상쇄효과가 발생하지 않아 총수요곡선(*AD*)의 이동폭은 *IS*곡선과 동일하다.

정상적인 상황을 먼저 검토해 보자. 〈그림 15-7〉의 (a)에서 부정적 총수요 충격은 총수요곡선(*AD*)을 왼쪽으로 이동시켜 균형이 점 *A*에서 점 *B*로 이동하고 단기적으로 경기침체를 야기한다.[2] 그러나 총수요가 자연산출량 수준보다 낮기 때문에 재화 · 서비스 가격이 결국 하락하여 단기총공급곡선(*SRAS*)을 아래로 이동시

2. 여기서 *IS*–*LM* 그래프는 생략한다.

그림 15-7

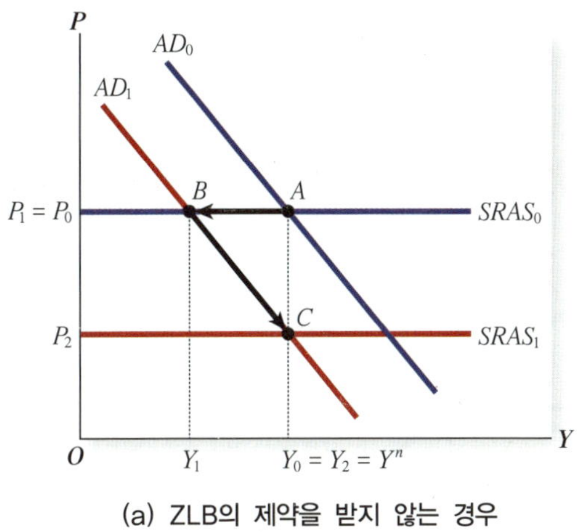

제로금리 하한(ZLB) 제약과 장기균형 조정

ZLB의 제약을 받지 않는 경우 부정적 총수요 충격은 총수요곡선이 우하향하는 형태를 보이기 때문에 장기적으로 경제의 균형은 총수요곡선을 따라 이동하여 총생산이 자연산출량 수준으로 돌아간다. 그러나 ZLB의 제약을 받는 경우 총수요곡선이 수직선의 형태를 보이기 때문에 단기총공급곡선의 하방이동은 지속적인 물가수준의 하락을 야기한다.

킨다. 그 결과 경제의 균형은 *AD*를 따라 이동하여 장기적으로 총생산은 자연산출량 수준인 점 *C*로 돌아간다.

이제 〈그림 15-7〉의 (b)에서 ZLB가 제약이 되어 총수요곡선(*AD*)이 수직인 경우를 살펴보자. 여기서 초기 *AD*는 장기총공급곡선(*LRAS*)과 같다고 가정한다(즉, $Y_0 = Y^n$). 부정적 총수요 충격은 수직인 *AD*를 왼쪽으로 이동시켜 균형이 점 *A*에서 점 *B*로 이동하고 단기적으로 총생산이 자연산출량 수준보다 낮아진다. 장기적으로 재화 · 서비스 가격이 결국 하락하여 단기총공급곡선(*SRAS*)이 아래로 이동한다. 그러나 *AD*가 수직이기 때문에 *SRAS*의 하방 이동은 물가수준 하락만을 초래할 뿐 총생산에는 변화가 없다. 또한 총수요가 여전히 자연산출량 수준보다 낮기 때문에 재화 · 서비스 가격에 대한 추가적인 하락 압력이 있을 것이며, 이는 잠재적으로 물가수준의 지속적인 하락을 초래할 수 있다.

이 결과는 제로금리 하한에서 유동성 함정을 피해야 하는 네 번째이자 마지막 이유로 이어진다. 지금까지 우리는 기대인플레이션 π^e를 주어진 것으로 간주했다. 그러나 총수요곡선(*AD*)이 수직이고 물가수준이 장기간 지속적으로 하락하

그림 15-8

제로금리 하한(ZLB)과 디플레이션 나선

물가수준이 지속적으로 하락하면 경제주체들은 물가수준 하락을 기대하게 되고 이는 기대인플레이션의 하락으로 이어진다. 기대인플레이션의 하락은 실질이자율의 하한을 높여 *LM*곡선의 평평한 부분을 상방이동시킨다. 그 결과 총수요곡선이 좌측이동하여 더 낮은 생산량을 유발한다.

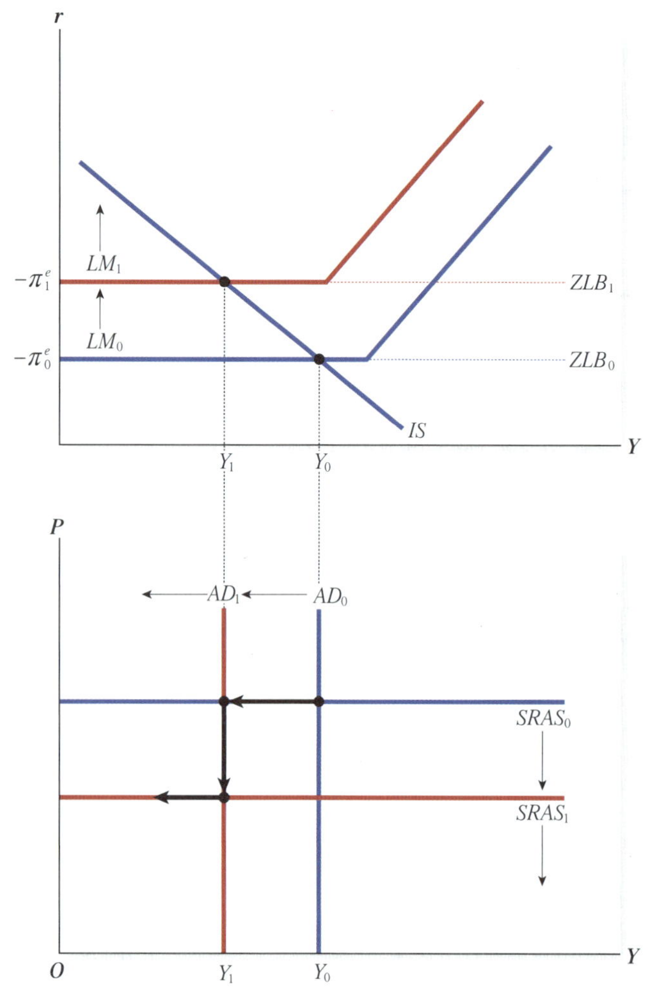

면 총수요 감소 충격이 미래 인플레이션에 대한 사람들의 기대에 영향을 미칠 가능성이 높아진다. 이제 경제주체가 향후 추가적인 물가수준 하락을 기대하기 시작했다고 가정하자. 예를 들어 기대인플레이션율 π^e이 π_0^e에서 π_1^e로 하락하면 〈그림 15-8〉에서 실질이자율의 하한을 높인다($-\pi_0^e \rightarrow -\pi_1^e$). 이로 인해 *LM*곡선의 평평한 부분이 위로 이동하고 그 결과 실질이자율이 높아지면 총수요가 감소하므로 총수요곡선(*AD*)이 왼쪽으로 이동한다.

여기서 문제는 경기침체와 디플레이션이 더 악화되어 경제가 **디플레이션 나선**(deflationary spiral)이라고 불리는 상황에 빠질 수 있다는 것이다. 총수요가 자연산출량 수준보다 훨씬 낮아지면서 디플레이션 압력이 더 커지고, 이는 디플레이션 기대를 더욱 부추겨 *LM*곡선과 *AD*의 추가 이동을 초래할 수 있다. 이는 결국 더 높은 실질이자율과 더 낮은 총생산으로 이어질 것이다.

6. 제로금리 하한과 거시경제정책

우리는 앞 절에서 제로금리 하한(ZLB) 제약이 경제에 매우 큰 후생비용(welfare cost)을 가져올 수 있다는 것을 확인하였다. 그렇다면 유동성 함정에서 벗어나거나 처음부터 피할 수 있는 방법은 무엇인가? 이제 몇 가지 정책 옵션에 대해 알아보자.

6.1 재정정책

〈그림 15-9〉에서 볼 수 있듯이 총수요 감소로 인한 부정적 *IS* 충격으로 인해 경제가 유동성 함정에 빠질 수 있다. 이때 정부는 확장적 재정정책을 사용하

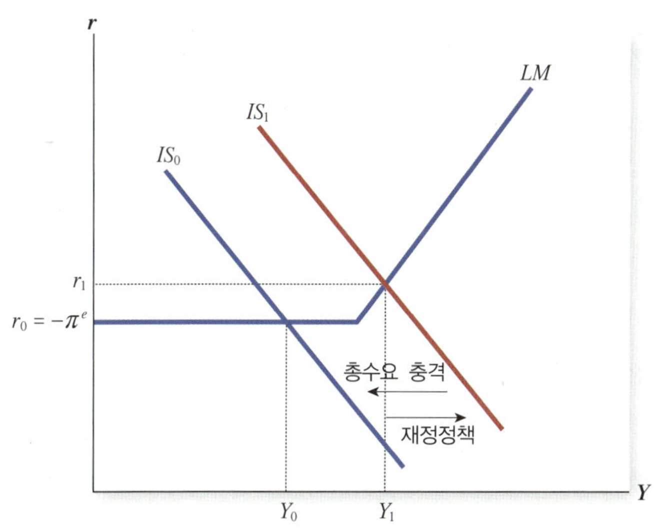

그림 15-9

➡ ZLB 탈출을 위한 재정 확장

총수요 감소로 인해 경제가 유동성 함정에 빠지는 경우 확장적 재정정책을 통해 이러한 상황에서 벗어날 수 있다.

그림 15-10

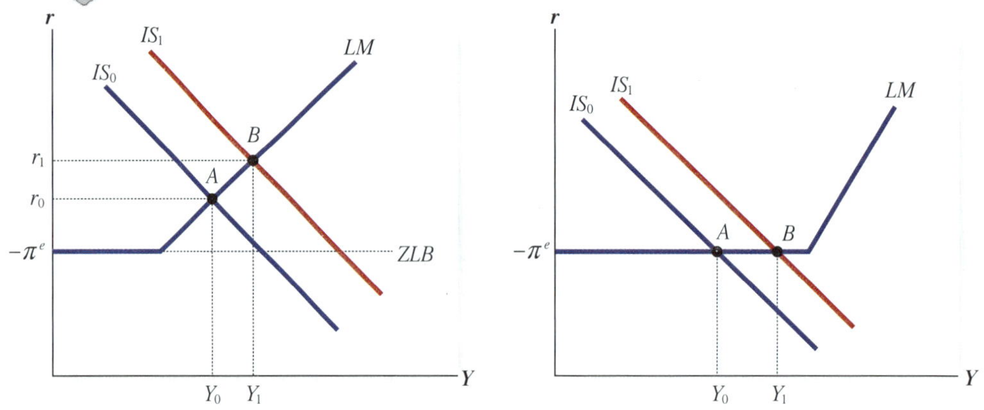

(a) ZLB의 제약을 받지 않는 경우 (b) ZLB의 제약을 받는 경우

➠ 제로금리 하한(ZLB) 제약과 재정정책

ZLB의 제약을 받지 않는 경우 정부지출의 증가는 구축효과를 유발하는 반면, ZLB의 제약을 받는 경우 실질이자율이 ZLB에 고정되어 구축효과를 발생시키지 않는다. 그 결과 경제가 유동성 함정에 빠져 있는 상황에서 재정정책은 강력한 안정화정책의 도구가 될 수 있다.

여 *IS*곡선을 오른쪽으로 이동시킴으로써 이 과정을 역전시킬 수 있다. 재정 확장이 충분히 크면 〈그림 15-9〉에서와 같이 *IS*곡선이 ZLB 제약의 영향을 받지 않을 정도로 충분히 오른쪽으로 이동할 수 있다($IS_0 \rightarrow IS_1$).

한편 재정 확장이 충분히 크지 않고 경제가 ZLB를 벗어하지 못한다 하더라도 재정정책은 ZLB 제약이 없을 때보다 ZLB가 제약이 될 때 더 효과적이다. ZLB에서는 재정 확대에 따른 구축효과(crowding-out effect)가 발생하지 않기 때문이다. 〈그림 15-10〉의 (a)는 ZLB 제약이 없는 정상적인 상황에서 재정 확장($G\uparrow$)의 효과를 보여주고 있다. 정부지출이 증가하면 *IS*곡선이 오른쪽으로 이동하여 총생산과 국민소득이 증가한다. 그러나 동시에 실질이자율도 상승하여 소비와 투자를 밀어내는 구축효과가 나타난다.

그러나 실질이자율이 ZLB에 고정되면 구축효과가 일어나지 않는다. 〈그림 15-10〉의 (b)에서 *G*가 증가하면 *IS*곡선이 오른쪽으로 이동하여 균형이 *LM*곡선의 평평한 부분의 점 *A*에서 점 *B*로 이동하므로 총생산은 그림 (a)보다 더 많이 증가한다.

요약하면, 제로금리 하한(ZLB)의 제약을 받지 않는 정상적인 상황에서 재정정책은 구축효과로 인해 바람직하지 않은 안정화정책이 될 수 있지만, 경제가 유동성 함정에 빠져 있는 상황에서 재정 확장은 강력한 안정화정책의 도구가 될 수 있다. 이는 기존 통화정책이 작동하지 않기 때문이기도 하지만, 정부지출이 소비 및 투자와 같은 민간 지출의 감소를 가져오지 않기 때문이다.

이론과 실제 1 2008년 글로벌 금융위기와 대규모 재정진작의 승수효과*

2008년 글로벌 금융위기는 전시(戰時)를 제외할 때 역사상 가장 커다란 재정팽창을 가져왔다. 세계 각국은 정부지출을 늘리고 세금을 낮춤으로써 경기침체에 맞섰다. 예를 들어 G20 회원국들은 2009년 GDP의 2%, 2010년 GDP의 1.6%에 달하는 재정진작책을 제시했다. 이러한 재정진작이 경기를 살리는 데 얼마나 효과가 있을 것인지는 재정승수(fiscal multiplier)의 크기에 달려 있다.

주어진 경제여건에서 재정승수는 일반적으로 사람들이 높은 수준의 정부차입을 통한 재정팽창에 어떻게 대응하는지에 따라 영향을 받는다. 만약 정부의 행동이 경제주체들에게 믿음을 주고 투자에 대한 '야성적 충동'을 고취시키는 방향으로 간다면 민간투자는 증가할 것이다. 그러나 정부차입 때문에 이자율이 상승하게 되면 구축효과에 의해 민간투자는 위축될 수밖에 없다. 뿐만 아니라 정부차입의 증가를 보면서 소비자들이 미래 세금의 상승을 예상한다면 그들은 상대적으로 소비를 줄이므로 재정승수는 작아지게 된다.

오바마 행정부의 경제전문가들은 이번 정부지출의 증가와 세금감면에 대한 승수를 각각 1.6, 1.0으로 예상하고 있다. 반면, 코간(John Cogan)과 퀵(Tobias Cwik), 테일러(John Taylor) 등의 연구에 의하면 정부차입에 대해 예상보다 이자율과 세금이 빨리 상승할 경우 재정승수가 훨씬 낮게 나타나서 오바마 행정부 예상치의 1/6 정도 될 것으로 추계했다.

그러나 많은 선진국들의 이자율이 매우 낮은 수준이기 때문에 대규모 재정진작이 GDP에 미치는 효과는 비교적 클 것으로 예상된다. 또한 금융위기가 많은 소비자들에게 차입제약을 가져왔기 때문에 세금감면은 이러한 차입제약을 완화시키는 효과가 있을 것으로 보인다. 하지만 이미 많은 빚을 지고 있는 소비자들이 세금감면을 소비 대신 빚을 갚는 데 사용한다면 재정승수는 예상보다 낮아질 수 있기 때문에 실제로 재정승수의 크기는 가늠하기 어렵다.

* *The Economist*, "Much ado about multipliers," 2009. 9. 24.

6.2 비전통적 통화정책

우리는 경제가 제로금리 하한(ZLB)에서 유동성 함정에 빠지는 경우 확장적 통화정책의 전통적인 금리경로가 작동하지 않는다는 것을 알았다. 그렇다면 중앙은행은 ZLB에서 무엇을 할 수 있을까? 이것은 미국 경제가 실제로 유동성 함정에 빠져 있었던 2008~2009년의 대침체(Great Recession) 동안 정책당국자들과

그림 15-11

비전통적 통화정책과 기대인플레이션 상승

비전통적 통화정책은 기대인플레이션율을 상승시켜 LM 곡선의 평평한 부분은 하방이동시킨다. 그 결과 경제는 유동성 함정에서 벗어날 수 있게 된다.

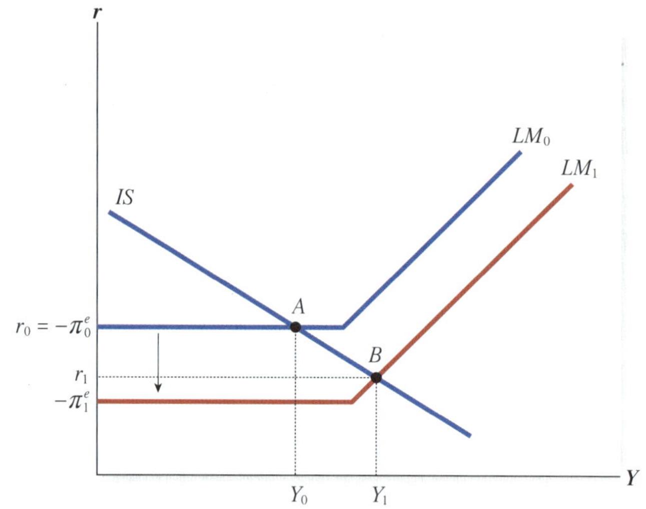

경제학자들이 던진 질문이었다.

비전통적 통화정책을 통해 기대인플레이션율을 상승시킬 수 있다.

앞서 4절(제로금리 하한과 통화정책)에서 살펴본 것처럼 기존 통화정책을 통해 LM곡선을 평행하게 이동하는 것은 효과적이지 않다. 그러나 중앙은행은 비전통적인 방법을 사용함으로써 LM곡선의 평평한 부분을 아래로 이동시킬 수 있다. 실질이자율 r의 하한은 기대인플레이션율의 음수($-\pi^e$)이다. 중앙은행이 기대인플레이션을 상승시키는 방향으로 통화정책을 수행할 수 있다면, 이는 실질이자율의 하한을 완화함으로써 실질이자율 하락과 총생산 확대를 가져올 수 있으며 나아가 제로금리 하한(ZLB)이 더 이상 제약이 되지 않는 상황이 올 수도 있다.

〈그림 15-11〉에서는 초기에 ZLB의 제약을 받는 경우 기대인플레이션 상승의 효과를 보여주고 있다. 여기서 기대인플레이션의 상승은 그림에서와 같이 LM곡선의 평평한 부분을 충분히 아래로 이동시켜 IS곡선이 LM곡선의 우상향하는 부분과 교차하게 된다. 즉, 균형이 점 A에서 점 B로 이동한다. 그 결과 경제는 유동성 함정에서 벗어나고 ZLB는 더 이상 제약이 되지 않는다. 또한 초기 균형에 비해 실질이자율은 하락하고 총생산(국민소득)은 증가한다.

그렇다면 중앙은행은 어떻게 사람들의 기대인플레이션을 높일 수 있을까? 중앙은행이 해야 할 일은 가계·기업 등 일반 경제주체들에게 향후 매우 확장적인 통화정책을 시행할 것이라고 미리 알리는 것이다. 예를 들어 중앙은행은 향후

ZLB가 더 이상 제약이 되지 않는 상황에서도 화폐공급을 높게 유지하고 장기이자율을 낮게 유지할 것이라고 발표할 수 있다. 일반 경제주체들이 중앙은행이 계획대로 할 것이라고 믿는다면 중앙은행의 발표는 실제로 사람들의 기대인플레이션을 높일 것이다. 이것이 **사전적 정책방향 제시**(forward guidance)의 핵심이다. 이는 2007～2008년 글로벌 금융위기로 촉발된 대침체(Great Recession) 때 미 연준이 채택한 비전통적인 통화정책 조치 중 하나이다. 여기서 핵심은 **중앙은행의 신뢰성**이다. 중앙은행이 일반 경제주체들의 신뢰를 갖고 있지 않다면 사전적 정책방향 제시는 사람들의 인플레이션 기대에 영향을 미치지 못할 것이다.

비전통적 통화정책의 두 축
- 사전적 정책방향 제시
- 양적완화

한편 대침체 때 주요 선진국 중앙은행들은 사전적 정책방향 제시(forward guidance)와 더불어 비전통적 통화정책의 다른 한 축인 **양적완화**(quantitative easing)를 시행했다. 양적완화란 중앙은행의 정책금리(또는 기준금리)가 제로 수준에 도달한 상황에서 중앙은행이 국채 및 민간부문의 특정 자산을 직접 매입하여 시중에 본원통화를 공급하는 정책을 말한다. 이러한 양적완화의 기본 목적은 금리인하를 통한 경기부양이 여의치 않은 상황에서 직접적인 유동성 공급을 통해 경제활동을 진작시키고 디플레이션을 억제하는 것이다. 이는 이론적으로 다음과 같은 경로를 통해 작동한다.

양적완화의 경로
- 중장기 시장금리의 하락을 유도
- 장기 기대인플레이션의 상승

첫째, (단기)정책금리와 달리 아직 0%에 도달하지 않은 각종 중장기 시장금리의 하락을 유도하는 효과가 있다. 둘째, 양적완화를 통한 대규모 유동성 증가로 경제주체들의 장기 기대인플레이션이 상승한다. 이는 〈그림 15-11〉에서처럼 *LM*곡선의 평평한 부분을 아래로 이동시키는 효과를 가져오고, 균형은 *IS*곡선을 따라 이동하면서 경기가 진작된다. 마지막으로 양적완화는 〈그림 15-9〉에서처럼 *IS*곡선을 우측으로 이동시킨다. 즉, 재정정책과 비슷한 효과를 가져오는 것이다. 양적완화를 통한 본원통화 증가는 은행의 대출 증가 등 신용창출을 통해 소비와 투자를 촉진할 수 있다. 즉, 중앙은행이 통화량을 늘리면 *LM*곡선이 우측으로 이동하면서 실질이자율이 하락하고, 이에 따라 균형이 *IS*곡선 상으로 이동하는 전통적인 방식과 달리, 양적완화는 소비 및 투자와 같은 민간지출에 직접 영향을 미침으로써 *IS*곡선 자체를 이동시킬 수 있다.

7. 목표 인플레이션율

전 세계의 많은 중앙은행이 장기 **목표 인플레이션율**을 발표한다. 발표된 목표 인플레이션율은 보통 양수(예 : 미국과 한국의 경우 2%)이다. 그런데 중앙은행의 주요 목표가 안정적인 물가수준을 유지하는 것이라면 단순히 물가상승률 제로를 목표로 하지 않는 이유는 무엇인가? 인플레이션이 사회에 후생비용을 초래한다는 것은 잘 알려진 사실이다. 따라서 중앙은행이 제로 인플레이션율을 목표로 하는 것은 당연한 것처럼 보인다.

그러나 실제로 중앙은행이 적절한 양(+)의 인플레이션율을 목표로 하는 데에는 제로금리 하한(ZLB)과 관련된 이유가 있다. 중앙은행이 여러 기간에 걸쳐 평균 2%의 인플레이션을 유지한다면 사람들의 기대인플레이션도 약 2%가 될 것이다. 이는 기대인플레이션율이 0인 경우에 비해 실질이자율의 하한을 낮추고 따라서 *LM*곡선의 평평한 부분을 아래로 밀어낼 것이다.

〈그림 15-12〉는 사람들이 양(+)의 기대인플레이션율과 제로 기대인플레이션율을 가진 경우의 *IS*-*LM* 그래프를 보여주고 있다. 부정적 총수요 충격에 따

그림 15-12

기대인플레이션과 제로금리 하한

제로 기대인플레이션율을 가진 경우 경제가 유동성 함정에 빠질 수 있지만, 양의 인플레이션율 목표는 경제가 유동성 함정에 빠질 가능성을 줄여준다.

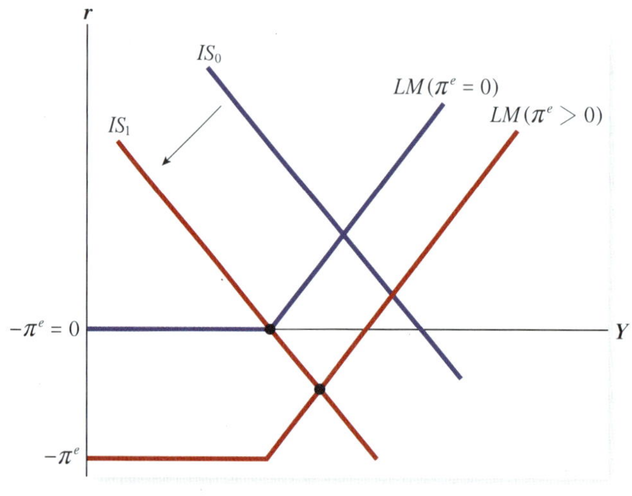

른 *IS*곡선의 좌측 이동으로 인해 기대인플레이션율이 0일 때 경제가 유동성 함정에 빠질 수 있는 데 반해, 기대인플레이션율이 양수일 때는 그렇지 않다. 따라서 양(+)의 목표 인플레이션율은 경제의 명목이자율이 제로금리 하한(ZLB)까지 떨어져 유동성 함정에 빠질 가능성을 줄여준다.

8. 결론

Macroeconomics ch. fifteen

우리는 명목이자율이 0%에 고정된 상황에서 거시경제의 작동방식을 살펴보았다. 먼저 기존의 *IS*–*LM*–*AD*–*AS* 모형을 ZLB 제약이 포함된 모형으로 확장한 후, 다음과 같은 정책시사점을 도출했다.

경제가 유동성 함정에 빠지면 전통적인 통화정책은 효과적이지 않다. 이때 중앙은행은 양적완화(quantitative easing), 사전적 정책방향 제시(forward guidance) 등 비전통적 통화정책 수단을 통해 경기를 진작할 수 있다. 한편 확장적인 재정정책은 정상적인 상황보다 유동성 함정에서 더 효과적이다. 왜냐하면 ZLB에서 재정팽창은 구축효과를 발생시키지 않기 때문이다. 마지막으로 중앙은행이 목표 물가상승률을 0%보다 높게 설정하는 것은 경제가 유동성 함정에 빠질 위험을 줄여줌으로써 경제안정화에 기여할 수 있다.

이론과 실제 2 대침체와 양적완화, 그리고 통화정책의 정상화

2008년 글로벌 금융위기에 따른 대침체의 충격을 완화시키기 위하여 선진국들을 중심으로 세계 각국은 대규모 재정진작과 확장적 통화정책 및 양적완화정책을 수행하였다. 특히 미 연준은 2007년 9월부터 2008년 12월까지 1년 조금 넘는 기간 동안 10회에 걸쳐 금리를 4.75%에서 0~0.25%로 인하했다. 그러나 금융시장의 신용경색이 좀처럼 완화되지 않자 자산매입을 통한 유동성 공급조치, 즉 양적완화를 2008년 12월부터 2014년 10월까지 세 차례에 걸쳐 시행하였다. 이는 규모면에서 1930년 대공황 이후 처음으로 시행된 것이었다.

미 연준은 2008년 11월부터 2010년 3월에 걸쳐 실시한 1차 양적완화정책(QE1)을 통해 총 1.7조 달러에 달하는 자산(장기국채, 주택담보부채권(mortgage-backed securities ; MBS) 등)을 매입하였다. 이후 2010년 11월에서 2011년 6월에 걸친 2차 양적완화(QE2)를 통해 6천억 달러 규모의 장기국채를 매입했으며, 2012년 9월부터 2014년 10월까지 실시된 3차 양적완화(QE3)를 통해 매월 최대 850억 달러에 달하는 자산을 추가로 매입했다. 이와 같은 3차례의

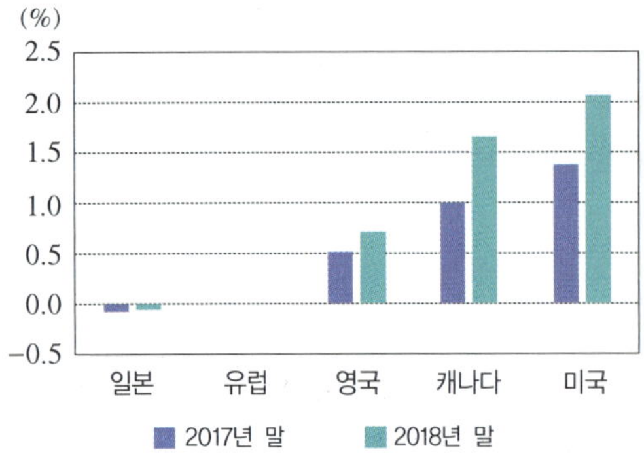

자료 : Bloomberg

〈그림 1〉 주요국 중앙은행의 정책금리

주 : 2018년은 현재 예정된 계획 및 최근 추세 반영

자료 : Bloomberg

〈그림 2〉 주요국 중앙은행의 자산증가율

출처 : 이상원 · 황유선, "글로벌 통화정책 정상화 흐름 속 엔화 전망", 국제금융센터, 2018. 1.

양적완화정책으로 인해 미 연준의 자산규모는 금융위기 이전인 2008년 3월의 0.9조 달러에서 2017년 1월에는 4.5조 달러로 5배가량 증가했다.

이 밖에 정책금리가 이미 제로 수준에 근접한 영란은행과 일본은행, 유럽중앙은행도 경기회복을 지원하기 위해 여러 양적완화정책을 시행했다. 그중 일본은 양적완화를 비롯한 통화정책과 더불어 강력한 재정정책을 병행한 소위 아베노믹스(Abenomics)를 추진하여 저성장 · 저물가 기조 탈출을 모색하였다.

이후 실업률이 하락하고 물가가 상승하는 등 미국경제가 완연한 회복세를 보임에 따라 양적완화를 비롯한 위기 시의 조치들을 평상시로 되돌리는 미 연준의 통화정책 정상화가 진행되었다. 우선 미 연준은 2015년 12월과 2016년 12월에 금리를 한 차례씩 인상하였으며, 2017년에는 세 차례에 걸쳐 금리를 추가로 인상하였다. 또한 양적완화로 인해 크게 증가한 자산규모를 줄이기 위한 자산축소 프로그램을 2017년 10월부터 실시하였다.

요약

1. 제로금리 하한과 화폐시장

제로금리 하한이란 명목금리는 음(−)일 수 없다는 것을 의미한다. 명목금리가 제로수준일 때에는 화폐수요의 이자율 탄력성이 무한대가 되어 경제가 유동성 함정에 빠지게 된다.

2. 제로금리 하한과 *LM*곡선

제로금리 하한에서는 실질이자율이 소득수준과 무관하게 일정하기 때문에 화폐시장의 균형을 가져오는 소득과 이자율의 조합을 의미하는 LM곡선이 수평선의 형태를 보인다.

3. 제로금리 하한과 총수요곡선

제로금리 하한에서는 물가변화로 인한 LM곡선의 이동이 균형실질이자율과 산출량에 영향을 미치지 않기 때문에 총수요곡선이 수직선의 형태를 보인다.

4. 제로금리 하한과 통화정책

제로금리 하한에서는 화폐공급이 증가하더라도 이자율은 변화하지 않기 때문에 전통적인 통화정책의 파급 메커니즘이 작동하지 않는다. 따라서 총수요곡선 역시 이동하지 않고 기존 통화정책이 더 이상 유효한 효과를 거두기 어렵다.

5. 제로금리 하한의 위험

제로금리 하한에서는 전통적인 통화정책이 더 이상 효과를 나타내지 않고, 총수요를 감소시키는 IS 충격은 더 큰 경기침체를 초래한다. 또한 장기적으로 총생산을 자연산출량 수준으로 되돌릴 수 있는 경제 자체의 수정 메커니즘이 작동하지 않으며, 디플레이션 나선이라고 불리는 상황에 빠질 수 있다.

6. 제로금리 하한과 거시경제정책

6.1 재정정책 제로금리 하한 제약이 없는 경우 확장적 재정정책은 구축효과를 유발하는 반면, 제로금리 하한 제약이 있는 경우에는 실질이자율이 제로금리 하한 수준에 고정되어 구축효과를 발생시키지 않는다. 그 결과 경제가 유동성 함정에 빠져 있는 상황에서 재정정책은 강력한 안정화정책의 도구가 될 수 있다.

6.2 비전통적 통화정책 제로금리 하한에서 전통적 통화정책은 효과를 발생시키지 못하지만, 비전통적 통화정책은 기대인플레이션율을 상승시켜 경제를 유동성 함정에서 벗어나게 할 수 있다.

7. 목표 인플레이션

제로 기대인플레이션율을 가진 경우 경제가 유동성 함정에 빠질 수 있지만, 양의 인플레이션율 목표는 경제가 유동성 함정에 빠질 가능성을 줄여준다. 실제로 각국 중앙은행이 발표하는 목표 인플레이션율은 일반적으로 양수이다.

8. 결론

유동성 함정 하에서 전통적인 통화정책은 효과적이지 않기 때문에 비전통적 통화정책을 사용해야 한다. 한편 재정정책은 유동성 함정 하 구축효과를 유발하지 않아 정상적인 상황보다 더 효과적이다. 그리고 양의 물가상승률 목표는 경제가 유동성 함정에 빠질 위험을 줄여준다.

연습문제

01 대침체 기간 동안 연방준비제도이사회는 양적완화(QE)를 시행했다. *IS–LM* 모형을 사용하여 QE의 효과를 설명하라.

02 어떤 국가가 유동성 함정에 빠졌다고 하자. 이때 미래 생산성(z')의 하락이 국민소득, 소비, 투자, 고용에 미치는 영향을 설명하라.

03 어떤 국가에서 화폐수요함수가 $R > 0$일 때 $M^d = P(Y - 100R)$이고, $R = 0$일 때 〈그림 15-1〉에서처럼 수평선이라고 하자. 이 국가는 최근 심각한 금융위기를 겪었고, 그 결과 기대인플레이션이 0으로 유지되고 있다.

(1) 통화공급(M)과 물가수준(P)은 각각 10과 1로 고정되어 있다. $Y = 5$, $Y = 10$, $Y = 15$일 때 화폐수요함수를 나타내라(〈그림 15-1〉에서처럼 R은 수직축, M은 수평축에 있다). 특히 각각의 경우에서 꺾인 부분이 어딘지 표시하라. 또한 이 결과를 이용하여 *LM*곡선을 그려보자.

(2) *IS*곡선이 $Y = 5 - 100r + G$로 주어졌다고 하자. *IS–LM* 그래프를 사용하여 정부지출 G가 0에서 5로 증가하는 확장적 재정정책의 효과를 분석하고, 정부지출의 승수를 구하라.

(3) 이제, 정부가 지출을 추가로 더 늘리는 것을 고려한다고 하자. 만약 G가 5에서 10으로 증가하면, 이러한 추가적인 재정팽창이 앞선 재정팽창만큼 효과적일까? 그래프로 분석하고 직관적으로 설명하라.

04 케인즈의 투자적 화폐수요에 의하면 명목이자율이 0인 경우 화폐수요가 이자율에 대해 완전탄력적이 된다.

(1) 0의 명목이자율은 *LM*곡선의 기울기에 어떠한 영향을 미치는가?

(2) 0의 명목이자율에서 통화당국의 확장적 통화정책이 *IS–LM* 균형에 미치는 효과를 설명하라.

(3) 일본은행은 2013년 1월 금융정책결정회의에서 일본 경제의 고질적인 병폐인 디플레이션과 엔고를 해소하기 위해 2% 물가상승률 목표 설정과 이의 조기달성을 위한 무제한 양적완화정책을 발표하였다. 이러한 정책의 이론적 근거를 분석·설명하라.

05 2008년 금융위기와 경기침체에 대응하여 미 연준은 정책금리를 제로 수준으로 낮추는 확장적 통화정책을 시행하였다. 케인즈는 이러한 제로금리에서는 추가적인 확장적 통화정책의 효과를 기대하기 어렵다고 주장하였다. (단, 폐쇄경제를 가정한다.)

(1) 이러한 상황에서 총수요곡선을 도출하라.

(2) 이때 정부지출이 1조원 증가하는 경우 균형국민소득은 얼마만큼 증가하겠는가? 또한 (1)에서 도출한 총수요곡선은 얼마만큼 이동하겠는가?

06 서브프라임 모기지 사태 이후에 세계는 총수요 충격으로 인한 경기침체에 직면하고 있다. 많은 국가들은 현재의 경기침체를 극복하기 위해 유동성 확대정책을 사용하고 있다. 이 정책이 중요하게 사용되는 이유를 1930년대의 대공황 때와 비교하여 서술하라. 그리고 *AD–AS* 모형을 사용하여 이 정책의 타당성에 대하여 설명하라.

(2009년 행정고시 기출문제)

07 2008년 금융위기와 경기침체에 대응하여 미 연준은 정책금리가 제로 수준에 가까워진 상황에서 금리를 추가로 인하하여 경기를 회복시키기 어려워짐에 따라 저금리 정책을 유지하면서 동시에 국채 및 민간부문의 특정 자산 매입을 통해 시중에 유동성을 공급하는 양적완화정책을 2009년과 2010년 두 차례에 걸쳐 시행하였다. 그리고 2011년 9월에는 만기 3년 미만의 단기국채를 매도하고 만기 6~30년의 장기국채를 매입하는 "오퍼레이션 트위스트(operation twist)" 정책을 시행하였다.

(1) 제로 수준의 정책금리에서 전통적 금리경로를 통한 통화정책의 효과를 기대하기 어렵다는 주장의 이론적 근거를 설명하라.

(2) 총수요 · 총공급 모형을 이용하여 미 연준이 양적완화정책을 통해 기대하는 경기부양 효과를 분석 · 설명하라. 이러한 양적완화정책이 가져올 수 있는 문제점은 무엇인가?

(3) 미 연준이 오퍼레이션 트위스트 정책을 통해 기대하는 경기부양 효과를 설명하라. 이러한 오퍼레이션 트위스트 정책의 시행에 따라 수익률곡선(yield curve)은 우상향하겠는가, 우하향하겠는가? 그 이유를 설명하라.

08 유로지역의 재정위기 이후 대부분의 G20 국가들은 재정건전성 강화를 위해 긴축재정정책을 채택하고 있고, 그중 규모가 큰 몇몇 국가들은 긴축재정의 부작용을 시정하고자 양적완화정책을 동시에 펼치고 있다. 이처럼 양적완화와 긴축재정정책을 시행하는 국가들의 자국통화는 약세를 시현하고 있다. 일본도 최근 지나간 15년의 디플레이션에서 빠져나오기 위해 양적완화정책을 채택하여 '엔저' 현상을 유도, 경쟁국가들과 통화전쟁에 빠져들 수도 있게 되었다. 이와 관련하여 다음 물음에 답하라.

(1) 양적완화 및 긴축재정정책 병행의 이론적 배경과 정책의 성공가능 조건에 대해 논하라.

(2) 세계 경제에서 차지하는 비중이 큰 국가들이 양적완화와 긴축재정정책을 동시에 펼 경우 세계적으로 '절약의 역설(paradox of global thrift)'이 발생하는 이유를 설명하라.

(3) '엔저' 현상으로 인한 '실업수출'이나 '인근궁핍화 정책'의 가능성에 대해 설명하라.

(2013년 외무고시 기출문제)

개방경제의 거시경제학

16

우리는 지금까지 단순화를 위해 폐쇄경제의 거시경제모형을 분석했다. 그러나 대부분의 국가경제는 실제로 개방되어 있다. 국경을 넘어 상품시장에서 재화 · 서비스가 거래될 뿐만 아니라 국제금융시장에서는 국가 간 자금(또는 금융자본) 이동이 활발하게 이루어지고 있다. 더욱이 재화 · 서비스의 국제적 흐름은 금융자본의 국제적 흐름과 밀접하게 연관되어 있다.

1장(3. 국민소득통계)의 [표 1 – 1]에서 보았듯이 2020년 우리나라 수출은 약 7천조원이고 수입은 약 6천 3백조원으로서 각각 GDP의 36%, 33% 정도를 차지했다. 반면 미국은 한국과 달리 1980년대 이후 꾸준히 무역적자를 기록해 수입이 수출보다 많았다. 이는 미국이 전체적으로 생산한 것(Y)보다 지출($C + I + G$)이 더 많았다는 것을 의미한다. 즉, 소득을 초과하여 소비하는 개인과 마찬가지로 국가 전체가 벌어들인 것 이상으로 쓰고 있었다. 이 적자를 메우기 위해서 미국은 다른 나라들로부터 차입을 해야 했다. 이것은 국가 간 재화 · 서비스의 흐름과 국가 간 자금 흐름 사이에 밀접한 관계가 있음을 시사한다.

이 장에서는 먼저 이 연관성을 설명하고 이를 13장(새케인즈학파의 경기변동모형)의 폐쇄경제 거시경제모형에 추가하여 개방경제모형으로 확장한다. 그리고 이 모형에서 순수출과 순자본유출(즉, 국가 간 자금 흐름) 및 환율이 다른 거시경제변수들과 함께 단기적으로 결정되는 방식을 알아본다. 여기서 한 가지 주목할 점은 개방경제의 운용이 환율제도, 특히 환율의 자유로운 변동이 허용되는지 아니면 환율이 중앙은행에 의해 고정되는지 여부에 달려 있다는 것이다. 이와 관련하여 변동환율제도, 고정환율제도 중 어떤 환율제도가 바람직한가에 대해서도 살펴볼 것이다.

1. 상품과 자본의 국제이동

Macroeconomics ch. sixteen

개방경제에서 순수출을 포함한 지출국민소득은 다음과 같이 정의된다.

$$Y = C + I + G + NX \qquad (16.1)$$

순수출 = 수출 – 수입

여기서 $NX \equiv X - Q$는 수출(X)에서 수입(Q)을 뺀 것으로서 **순수출**(net exports)을

나타낸다. 이때 수입이 차감되는 이유는 다른 지출 항목(소비, 투자, 정부지출)이 어디에서 상품이 생산되었는지를 구별하지 않기 때문이다. 예를 들어 소비(C)는 국내에서 생산된 상품(예 : 한우)뿐만 아니라 해외에서 생산된 상품(예 : 호주 수입 쇠고기)도 포함한다. 반면에 국내에서 생산된 상품 중 일부는 해외로 수출되어 다른 나라의 거주자들이 소비한다. 따라서 국내총생산에 대한 지출 항목에 수출이 추가된다.

이제 순수출의 다른 해석을 보기 위해 지출국민소득 항등식 (16.1)을 다음과 같이 다시 적어보자.

$$NX = \underbrace{Y}_{\text{국내총생산}} - \underbrace{(C + I + G)}_{\text{국내총지출}} \tag{16.2}$$

순수출은 국내총생산과 국내총지출의 차이이다.

이 식은 순수출이 국내총생산과 국내총지출의 차이라는 것을 보여준다. 이는 개방경제에서 국내총지출이 국내총생산과 같을 필요가 없다는 것을 의미한다. 일반적으로 한 국가의 총생산이 국내 지출을 초과하면 그 차액을 수출하는 반면, 한 국가의 총생산이 국내 지출에 미치지 못하면 그 차액을 수입한다.

개방경제에서 내국인의 총지출이 국가가 생산하는 것보다 작거나 클 수 있다는 사실은 그 국가가 국제금융시장에서 돈을 빌려주거나 빌려와야 한다는 것을 의미한다. 이는 한 개인이 7단위의 물건을 생산했지만 10단위의 물건을 소비하려면 다른 사람에게서 3단위의 생산물을 빌려야 하는 것과 같은 이치이다. 따라서 개방경제에서 자금의 국제적 흐름과 상품의 국제적 흐름은 동전의 양면과 같다. 식 (16.2)의 지출 항목들을 다음과 같이 묶으면 이 관계를 명확하게 볼 수 있다.

$$NX = \underbrace{(Y - C - G)}_{S} - I$$

또는

$$\underbrace{NX}_{\text{경상수지(무역수지)}} = \underbrace{S - I}_{\text{순자본유출}} \tag{16.3}$$

이 식의 좌변에 있는 순수출은 보통 **무역수지**(trade balance) 또는 **경상수지**

(current account balance)라고 한다. 수출이 수입과 같을 때($NX = 0$) 우리는 경상수지가 균형(balanced trade)을 이루고 있다고 말한다. 반면에 수출이 수입을 초과하면($NX > 0$) 경상수지 흑자(current account surplus), 수출이 수입보다 작으면($NX < 0$) 경상수지 적자(current account deficit)가 발생한다.

식 (16.3)의 우변은 국내 투자 대비 초과 저축이며 동시에 국내 경제주체들이 다른 나라에 빌려주는 금액을 나타낸다. 이 순대출금액은 우리나라에서 해외로 유출된 자금을 반영한다는 의미에서 **순자본유출**(net capital outflow)이라고 한다. 9장(3. 대부자금시장의 균형)에서 언급했듯이 폐쇄경제에서 저축(S)은 대부자금의 국내 공급을, 투자(I)는 대부자금에 대한 국내 수요를 의미한다. 국가 간 자금이동이 없는 폐쇄경제에서 국내 거주자는 국내에서만 저축 또는 차입을 하기 때문에 대부자금시장의 균형은 국내 자금공급과 국내 자금수요가 같은 수준($S = I$)에서 결정된다. 그러나 개방경제에서는 내국인이 해외로 대출할 수 있고 마찬가지로 외국 거주자들이 내국인에게 대출할 수 있다. 한 국가의 순자본유출이 양수이면 저축이 투자를 초과하고($S > I$) 그 초과분을 해외로 대출한다. 반면에 순자본유출이 음수이면 투자가 저축을 초과하고($S < I$) 부족한 금액을 해외에서 차입하여 조달한다. 따라서 순자본유출은 실물자본 축적에 필요한 자금을 조달하기 위한 국가 간 자금흐름으로 볼 수 있다.

순자본유출 우리나라에서 해외로 유출된 자금

식 (16.3)의 지출국민소득 항등식에 따르면 순수출은 항상 순자본유출과 같다. 한 국가의 수출이 수입보다 크면($NX > 0$), 총생산이 지출을 초과한다. 이 경우 해당 국가는 국제금융시장에서 순대출자인 반면($S > I$), 한 국가의 수입이 수출보다 크면($NX < 0$) 총생산이 지출보다 적으므로 국제금융시장에서 순차입자가 된다($S < I$). 이처럼 식 (16.3)이 국가 간 상품 · 자산 거래와 둘 간의 관계를 나타낸다는 점에서 **국제수지방정식**(balance of payments equation)이라고 부른다.

국제수지방정식 국가 간 상품과 자산 거래 그리고 양자 간 관계를 나타내는 방정식

이제 개방경제의 순수출과 순자본유출을 포함하는 거시경제모형을 소개한다. 모형의 단순화를 위해 세계 경제는 자국(home country), 즉 우리가 관심을 갖는 국가(예를 들어 한국)와 다른 나라들을 대표하는 외국(foreign country)으로 구성되어 있다고 가정한다.

Box 16-1 우리나라의 국제수지표

표 1 **우리나라의 국제수지표**(2019년 10월)

(단위 : 억 달러)

항목	대변(수입)	차변(지급)	차액	계
경상계정				78.27
상품수지	491.20	410.92	80.28	
서비스수지	86.94	104.13	-17.19	
본원소득수지	33.14	14.87	18.27	
이전소득수지	9.05	12.15	-3.09	
자본수지			-0.15	-0.15
금융계정				-102.42
직접투자	12.00	22.39	-10.39	
증권투자	6.63	34.88	-28.25	
파생금융상품(순자산)			3.30	
기타투자	-20.60	41.59	-62.19	
준비자산			-4.89	
오차 및 누락				24.30

자료 : 한국은행

세국제수지표 상의 모든 국제거래는 [표 1]과 같이 경상계정(current account 또는 경상수지)과 자본금융계정(capital and financial account 또는 자본수지)으로 분류된다. 국제수지표의 대변(credit)에는 복식부기(複式簿記)의 원리에 의해 외국으로부터 수입(收入)을 가져오는 거래를, 차변(debit)에는 외국에 대한 지급(支給)이 발생하는 거래를 기재하고, 동시에 이들 거래에 수반하여 일어나는 반대급부의 이동은 각각의 반대편에 기록한다.

경상계정은 상품수지, 서비스수지, 본원소득수지, 이전소득수지로 구성된다. 상품수지에는 재화의 수출입이 기록되는데, 우리나라에서 외국으로의 재화수출이 증가하면 상품수지는 양(+)이 되고 반대로 재화의 수입이 증가하면 상품수지는 음(−)이 된다. 서비스수지에는 서비스의 수출입이 기록되는데, 여기에 포함되는 서비스는 운송, 여행, 통신, 건설, 보험, 금융, 사업서비스, 정부서비스 및 지적재산권 사용료 등이다. 예를 들어 우리나라의 선박이 국제적인 화물운송 서비스를 제공하고 외국으로부터 운임을 수령하면, 이는 운임수입의 증가에 해당되어 서비스수지를 양(+)으로 만들게 된다. 한편 본원소득수지는 투자수익수지와 외국으로부터의 임금소득수취(혹은 지불)와 같은 거래를 포함한다. 경상계정의 마지막 항목인 이전소득수지는 국제적으로 이루어진 일방적인 부의 이전을 표기한다. 예를 들어 국내 거주자가 외국에 있는 유학생에게 생활비를 송금하면 이전소득수지는 음(−)이 된다.

자본금융계정은 자본계정과 금융계정으로 세분된다. 자본계정은 해외이주비 같은 자본이전을 포함한다. 그리고 금융계정은 투자된 자본의 성격에 따라 직접투자(direct investment), 증권투자, 파생금융상품, 기타투자 및 준비자산으로 구분된다. 예를 들어 외국인이 국내에 현지법인을 설립하고 공장을 건설하여 영업활동을 한다면 이에 수반된 거래는 직접투자 항목에 기입되고, 외국계 증권투자펀드가 국내 주식시장에서 주식을 매입하게 되면 증권투자로, 파생금융상품을 구매하면 파생금융상품으로 분류된다. 그 외 대출 및 차입처럼 앞의 세 가지 거래에 포함되지 않는 금융거래는 모두 기타투자로 분류된다. 끝으로 준비자산(reserve assets)에는 통화당국이 보유한 대외준비자산(international reserve assets)을 기록하는데, 일반적으로 외환보유액과 같은 개념이다.

그런데 복식부기의 원리에 의하면 국제수지표의 차변과 대변의 총계가 일치해야 하므로, 오차 및 누락은 경상계정과 자본금융계정의 차이와 크기가 같고 방향은 반대가 된다. 예를 들어 [표 1]에서 2019년 10월 현재 상품수지는 80.28억 달러의 흑자를, 서비스수지는 17.19억 달러의 적자를 보이고 있다. 여기에 본원소득수지와 이전소득수지까지 합한 경상수지는 78.27억 달러의 흑자를 보이는 반면, 자본 · 금융계정은 102.42억 달러의 적자를 보이고 있다. 따라서 오차 및 누락은 24.3억 달러이다.

2. 순수출과 환율

폐쇄경제모형에서와 같이 개방경제에서 국민소득계정의 항등식 (16.1)은 사전적인 관점에서 재화시장의 균형조건(총생산 = 총지출)으로 해석될 수 있다. 소비(C)와 투자(I) 결정은 13장(새케인즈학파의 경기변동모형)의 폐쇄경제모형과 동일한 소비함수와 투자함수에 따라 이루어지고 정부지출(G)도 이전과 같이 외생적으로 주어진다고 가정한다. 이제 개방경제에 새로 추가된 지출 항목인 순수출(NX)의 결정요인에 대해 자세히 살펴보자.

실질환율 외국 생산품에 대한 국내 생산품의 상대가격

순수출은 외국 거주자가 구매하기를 원하는 국내 생산품의 양(수출)에서 국내 거주자가 구매하기를 원하는 외국 생산품의 양(수입)을 차감한 것으로 결정된다. 이 차이는 여러 요인에 따라 달라진다. 가장 중요한 요인은 외국 생산품에 대한 국내 생산품의 상대가격을 나타내는 **실질환율**(real exchange rate)로서 국내 생산품과 외국 생산품의 교환비율, 즉 $\frac{\text{국내 생산품}}{\text{외국 생산품}}$을 나타낸다. 즉, 외국 생산품 1단위를 포기하여 살 수 있는 국내 생산품의 양을 나타낸다. 예를 들어 한국과 미국의 실질환율이 1이면 미국 생산품 1단위로 한국 생산품 1개를 구매할 수 있고 2이면 미국 생산품 1단위로 한국 생산품 2개를 구매할 수 있다. 이는 실질환율이 높으면 국내 생산품은 상대적으로 싸고 외국 생산품은 상대적으로 비싸다는 것을 의미한다. 따라서 실질환율의 상승은 국내 거주자와 외국 거주자 모두에게 외국 생산품에 비해 국내 생산품의 가격경쟁력을 높여 수출을 증가시키고 수입을 감소시키는 경향이 있다. 즉, 실질환율의 상승은 순수출의 증가로 이어진다. 〈그림 16-1〉은 우리나라의 실질환율과 순수출을 나타내는데, 이 두 변수는 같은 방향으로 움직이는 경향이 있다는 것을 볼 수 있다.

또한 수출은 자국에서 생산된 재화 · 서비스에 대한 외국 소비자들의 수요가

그림 16-1

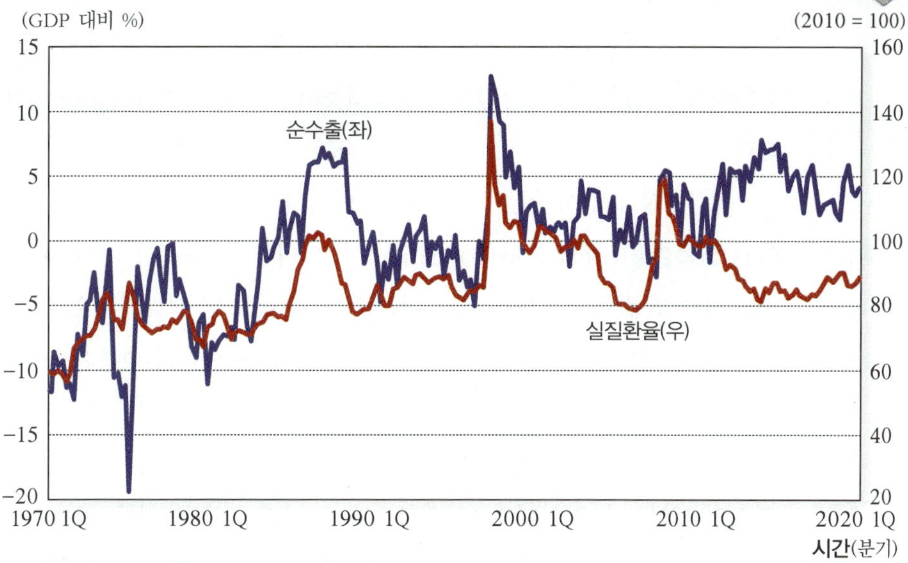

자료 : 한국은행 경제통계시스템(http://ecos.bok.or.kr) ; 국제결제은행(BIS)

우리나라의 순수출과 실질환율

순수출은 실질환율과 양의 관계를 가지고 있다. 우리나라의 순수출과 실질환율도 증감의 방향에 있어 유사한 패턴을 가지고 있다.

포함되고 수입은 외국에서 생산된 재화·서비스에 대한 자국 소비자들의 수요가 포함되므로, 순수출은 국내외 소비자의 소득에 영향을 받는다. 구체적으로 수출은 외국의 국민소득(Y^f)이 증가할수록, 수입은 자국의 국민소득(Y)이 증가할수록 각각 증가한다.

요약하면, 개방경제모형에서 순수출은 실질환율과 외국 소득수준의 증가함수, 국내 소득수준의 감소함수로 나타낼 수 있다. 여기서는 분석의 단순화를 위해 순수출의 결정요인 중 가장 중요한 실질환율을 고려하여 다음과 같이 나타내기로 한다.

$$NX = NX(\underset{+}{\varepsilon})$$

위 순수출함수에서 ε는 실질환율을 나타내고 바로 그 아래 "+" 기호는 순수출이 실질환율의 증가함수임을 나타낸다. 일반적으로 실질환율은 두 가지 방법으로 표시할 수 있다. 예를 들어 미국 생산품 1단위로 한국 생산품 2단위를 구매할 수 있다면 한국 생산품 1단위로 미국 생산품 0.5단위를 구매할 수 있다. 따라서 실질환율은 미국 생산품 1개당 한국 생산품 2개 또는 한국 생산품 1개당 미국 생산품 0.5개라고 말할 수 있다. 앞에서 언급했듯이 여기서는 실질환율을 전자로 표현한다.

명목환율 두 국가 통화 간 상대가격

일상생활에서 사람들이 두 나라 사이의 환율을 말할 때는 보통 실질환율이 아닌 **명목환율**(nominal exchange rate)을 의미한다. 우리가 미디어와 신문에서 듣고 보는 환율도 명목환율이다. 이는 두 국가 통화 간 상대가격으로서 보통 e로 표기한다. 예를 들어 우리나라 원화와 미국 달러화 사이의 명목환율이 미화 1달러당 1,200원이라면 외환시장에서 1,200원을 1달러로 환전할 수 있다.

실질환율과 마찬가지로 명목환율도 두 가지 방식으로 표시할 수 있다. 1달러로 1,200원을 살 수 있다면 1원으로 0.0008달러를 살 수 있다. 우리는 환율이 1달러당 1,200원 또는 1원당 0.0008달러라고 말할 수 있다. 여기서는 전자의 방식으로 명목환율을 표시한다. 이 경우 환율 상승($e\uparrow$)은 자국 통화의 가치 하락(depreciation)에 해당하고, 환율 하락($e\downarrow$)은 자국 통화의 가치 상승(appreciation)을 의미한다. 자국 통화가치가 상승하면 자국 통화로 더 많은 외화를 매입할 수 있다.

그러면 실질환율과 명목환율은 어떤 관계가 있는가? 이 관계를 이해하기 위해 먼저 예를 들어 보자. 한국 생산품은 14,400,000원이고 미국 생산품은 24,000달러라고 하자. 이 두 상품의 가격을 비교하려면 두 상품의 가격을 동일한 통화로 변환해야 한다. 명목환율이 1달러당 1,200원(1,200원/달러)이라고 가정하면, 미국 상품의 원화 가격은 28,800,000원(= 24,000달러 × 1,200원/달러)이다. 따라서 미국 상품은 한국 상품보다 2배 비싸므로 미국 상품 1단위를 포기하면 한국 상품 2개와 교환할 수 있다. 이 계산은 다음과 같이 요약할 수 있다.

$$\text{실질환율} = \frac{(1{,}200\text{원/달러}) \times (24{,}000\text{달러/미국 상품})}{14{,}400{,}000\text{원/한국 상품}}$$

$$= \frac{28{,}800{,}000\text{원/미국 상품}}{14{,}400{,}000\text{원/한국 상품}} = \frac{\text{한국 상품 2개}}{\text{미국 상품}}$$

일반적으로 실질환율(ε)과 명목환율(e) 사이의 관계를 다음과 같이 나타낼 수 있다.

그림 16-2

자료 : 국제결제은행(BIS)

원화의 명목환율과 실질환율

우리나라의 실질환율과 명목환율은 변화 방향이 유사하여 물가수준의 비율($\frac{P}{P^f}$)이 안정적임을 알 수 있다.

$$\varepsilon = \frac{\text{명목환율} \times \text{외국 상품의 가격}}{\text{국내 상품의 가격}} = e \times \left(\frac{P^f}{P}\right)$$

여기서 P^f는 외국 생산품의 명목가격(즉, 외국 물가수준)을 나타낸다. 따라서 실질환율은 명목환율과 국내 및 외국의 물가수준을 이용하여 계산할 수 있다.

실질환율은 명목환율과 국내 및 외국의 물가수준을 이용하여 계산할 수 있음.

물가수준의 비율($\frac{P}{P^f}$)이 안정적일 때 실질환율은 명목환율에 대체로 비례한다. 이 경우 실질환율과 명목환율은 〈그림 16-2〉에서와 같이 함께 움직이는 경향이 있다. 이것은 특히 두 경제의 물가수준이 고정되어 있는 단기에 해당된다. 이 경우 국내 통화가치가 상승하여 명목환율이 하락하면($e\downarrow$) 실질환율도 하락한다($\varepsilon\downarrow$). 따라서 국내 통화가치의 상승은 외국 상품을 국내 상품에 비해 상대적으로 저렴하게 하여 수출은 감소하고 수입은 증가하게 한다. 여기서 우리의 분석은 단기에 초점을 맞추기 때문에 명목환율과 실질환율을 구별하지 않을 것이다.

이론과 실제 1 실질환율 조정메커니즘과 유로 재정위기의 근본 원인*

유로 단일통화지역은 먼델(Robert Mundell)의 최적통화지역(optimal currency area)이론에 기초하고 있다.** 먼델 교수에 따르면 단일통화지역이 성공적으로 운영되기 위해서는 각국의 경상수지 불균형에 대해 실질환율을 통한 조정메커니즘이 제대로 작동되어야 한다. 즉, 경상수지 흑자국의 물가가 오르면서 실질환율은 낮아지는 반면, 적자국의 물가는 내리면서 실질환율은 올라가서 역내 흑자국과 적자국의 경상수지 불균형이 조정되는 것이다.

그리스와 이탈리아의 재정위기는 유로 출범 이후 실질환율의 조정기능이 제대로 작동하지 않으면서 지속되어 온 경상수지 적자와 밀접한 관련이 있다. 실제로 경상수지 흑자국인 독일의 실질환율이 상승하고 적자국인 그리스와 이탈리아의 실질환율은 하락하는 정반대의 조정이 나타났다. 그렇다면 왜 실질환율의 조정메커니즘이 제대로 작동하지 않았을까? 첫째, 개별 국가의 차원에서 경상수지 적자국(즉, 그리스와 이탈리아)의 높은 소비성향과 노동비용 상승은 이들 국가의 물가를 상승시켜 경상수지를 악화시키는 원인이 되었다. 둘째, 유로체제의 구조적인 문제점으로서 유럽중앙은행(European Central Bank ; ECB)의 통화정책이 개별 국가가 아니라 역내 국가들의 평균치를 대상으로 시행될 수밖에 없다는 점에 기인한다.

이런 상황에서 그리스와 이탈리아는 지속되는 경상수지 적자로 인한 실업문제에 대해 정부지출 확대로 대응해 왔으며, 이는 재정적자로 이어지고 궁극적으로 경상수지 적자를 악화시키면서 재정위기를 초래했다. 반면에 1997년 말 외환위기 당시 우리나라가 예상보다 빨리 경기침체를 탈피할 수 있었던 결정적 요인은 환율이 달러당 800원대에서 1,200원대로 50%나 상승한 데 있었다. 유로존에 묶여 환율조정이 자유롭지 못한 그리스나 이탈리아처럼 우리나라도 환율은 고정한 채 구조조정과 임금 삭감 및 디플레이션을 통한 실질환율 절하를 강요받았다면 조속한 위기극복은 거의 불가능했을 것이다.

결국 유로체제가 직면한 위기는 재정통합 없이 이루어진 통화통합(currency union)이 갖는 근본적인 한계에서 비롯된다. 역내 국가 간 경상수지 불균형을 조정하는 메커니즘의 부재, 회원국 간 비대칭적 정책효과를 야기하는 유럽중앙은행의 통화정책, 통화정책과 재정정책 간 정책조합의 불가능, 그리고 최종대부자 기능의 부재로 인한 위기관리 능력의 한계 등은 모두 재정통합이 없는 데에서 기인한다.

* 김자봉, 「유로위기의 근본 원인과 전망」, 『주간 금융브리프』, 한국금융연구원, 2012. 1. 7. ; 정운찬, 「유럽, 정치통합 없인 재정위기 해소 안돼」, 조선일보, 2012. 5. 31.

** Mundell, R., "A Theory of Optimum Currency Area," *American Economic Review*, 1961.

3. 순자본유출과 이자율

우리는 앞에서 두 국가 사이의 상품 거래, 즉 순수출(NX)에 영향을 미치는 가장 중요한 요인이 두 국가 간 상품의 상대가격인 실질환율(ε)이라는 것을 배웠다. 여기서는 국가 간 자산 거래에 따른 자금의 흐름에 주목해 보자. 당연히 자금의 가격으로 여겨지는 이자율이 순자본유출(net capital outflow)을 결정하는 중요한 역할을 한다.

이를 이해하기 위해 순자본유출은 국내 저축자들이 해외로 대출한 금액에서 해외 저축자들이 국내로 대출한 금액을 뺀 것임을 염두에 둘 필요가 있다. 어떤 기간의 순자본유출을 CF라 하면 식 (16.3)에 따라 다음과 같이 정의한다.

$$CF \equiv S - I$$

국내에서 생산된 재화 한 단위를 이번 기에 저축하려고 하는데 그것을 국내 은행 저축계좌에 예금하거나 외국 채권을 구매하는 방식 중 하나를 선택한다고 하자. 먼저 이번 기와 다음 기 사이의 국내 실질이자율을 r이라고 한다면, 전자의 경우 다음 기에 $(1+r)$단위의 국내 재화를 얻는다. 반면에 후자의 경우는 국내 저축자가 외국 채권 매입을 위해 먼저 국내 재화 1단위를 외국 재화 $\frac{1}{\varepsilon}$단위와 교환한다고 하자. 그러면 다음 기에 $\frac{(1+r^f)}{\varepsilon}$단위의 외국 재화를 얻게 된다. 여기서 r^f는 국제 실질이자율을 나타낸다.

그러나 국내 예금과 외국 자산 각각에 대한 실질이자율 비교를 위해서는 동일한 측정 단위를 사용해야 한다. 예를 들어 국내 재화 단위로 국내 예금과 외국 채권의 실질이자율을 비교한다면 외국 재화 단위로 나타낸 외국 채권의 실질이자율 $\frac{(1+r^f)}{\varepsilon}$에 다음 기의 실질환율($\varepsilon'$)을 곱하여 국내 재화 단위의 실질이자율로 변환해야 한다. 그런데 일반적으로 저축 결정을 내리는 이번 기에 다음 기 실질환율(ε')을 알 수 없기 때문에 대신 예상실질환율 ε'^e를 곱한다. 결국 외국 채권 구입으로 인한 기대수익은 $(1+r^f)\frac{\varepsilon'^e}{\varepsilon}$단위의 국내 재화가 된다.

따라서 국내 재화 1단위를 국내 예금과 외국 채권 중 어디에 넣어둘 것인지를 결정할 때 다음 두 가지 예상수익을 비교하게 된다.

$$(1+r) \ vs. \ (1+r^f)\frac{\varepsilon'^e}{\varepsilon}$$

만약 이 둘이 같으면 국내 재화 1단위를 국내 예금과 외국 채권 중 어느 쪽에 넣어도 상관없을 것이다.[1] 이제 단순화를 위해 환율이 안정적이고 사람들이 다음

1. 이것은 일반적으로 완전한 자본이동 하에서 다음 조건이 성립하는 것을 의미한다.

기 환율이 이번 기 환율과 동일할 것으로 예상한다고 가정하자($\varepsilon'^{e} = \varepsilon$). 이 경우에는 국내 실질금리 r과 국제 실질금리 r^f만 비교하면 된다. 만약 r이 r^f에 비해 상대적으로 높으면 외국 채권이 덜 매력적이고, 반대로 r이 r^f에 비해 상대적으로 낮으면 외국 채권에 넣는 것이 더 유리하다.

외국에 거주하는 저축자도 비슷한 선택에 직면한다. 그들은 자신들의 모국(예를 들어 미국)에 있는 은행에 저축하는 것과 한국에 있는 누군가에게 빌려주는 것 중 하나를 선택할 수 있다. 미국 금리 r^f에 비해 한국 이자율 r이 높을수록 미국인들은 한국 채권을 구입할 의향이 더 커진다.

순자본유출은 국내 실질이자율과 국제 실질이자율 간 차이와 음의 관계를 가진다.

따라서 순자본유출 CF는 다른 조건이 일정하게 주어진 상황에서 국내 실질이자율 r과 국제 실질이자율 r^f 간 차이와 음(−)의 관계를 갖는다. 즉, 국가 간 실질금리 차이($r - r^f$)가 상승함에 따라 국내 저축이 해외로 덜 유출되고 외국에서 더 많은 자금이 유입된다. 이러한 관계를 다음과 같이 나타낼 수 있다.

$$CF = CF(\underset{-}{r - r^f})$$

여기서 마이너스(−) 기호는 순자본유출이 ($r - r^f$)의 감소함수임을 의미한다. 이전과 마찬가지로 국내 실질이자율 r은 모형에서 내생적으로 결정된다. 이와 대조적으로 국제 실질이자율 r^f는 주어진 외생변수로 가정한다. 미국을 제외한 대부분의 국가는 개별적으로 볼 때 세계 경제의 작은 부분에 불과하다. 이는 한 국가가 국제 금리에 미치는 영향이 미미하다는 것을 의미한다. 이 장에서 우리는 자국 혹은 국내 경제가 **소규모 개방경제**(small open economy)라 가정하고 r^f 및 다른 해외 변수들은 모두 주어진 외생변수로 간주한다.

소규모 개방경제를 가정한다는 것은 해외 변수들을 주어진 외생변수로 간주함을 의미한다.

〈그림 16-3〉은 자국의 순자본유출함수를 국내 실질이자율 r에 대해 우하향하는 곡선으로 보여주고 있다. 여기서 순자본유출 CF는 자국이 국제금융시장에서 순대출자(net lender)인지 순차입자(net borrower)인지에 따라 양수($CF > 0$) 또는 음수($CF < 0$)일 수 있다. 또한 〈그림 16-3〉에서 자국의 순자본유출함수는 주어진 국제 실질이자율 r^f 수준에서 그려진 것이기 때문에 세계 경제 여건의 변화에 따라 r^f가 변화하면 자국의 순자본유출곡선 자체가 이동한다.

$$(1 + r) = (1 + r^f)\frac{\varepsilon'^{e}}{\varepsilon}$$

이 조건은 이자율평가(interest rate parity)로 알려져 있다.

그림 16-3

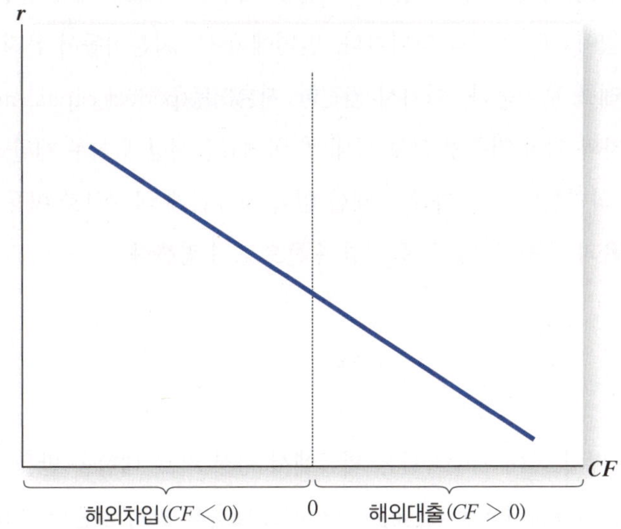

순자본유출

순자본유출함수는 국내 실질이자율과 국제 실질이자율의 차이의 감소함수이므로 이자율과 순자본유출 평면에서 우하향하는 형태를 보인다.

그림 16-4

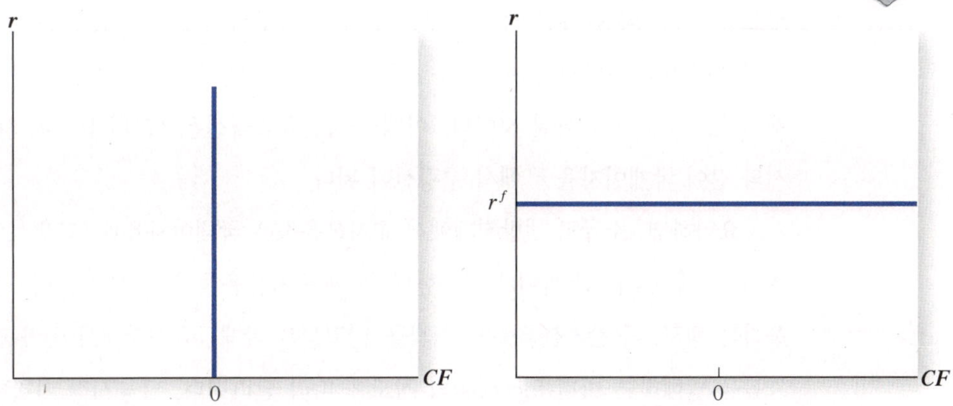

(a) 폐쇄경제 (b) 개방경제 : 완전자본이동

자본이동과 순자본유출 : 두 가지 특수한 경우

폐쇄경제에서는 국내 실질이자율 수준과 관계없이 순자본유출이 0의 값을 갖기 때문에 순자본유출곡선은 $CF=0$인 수준에서 수직선의 형태로 나타난다. 반면, 자본이동이 완전산 소규모 개방경제에서는 자본이동에 제한이 없기 때문에 국내 실질이자율과 국제 실질이자율이 동일한 수준으로 수렴하여 순자본유출곡선이 $r=r^f$ 수준에서 수평선의 형태를 나타낸다.

〈그림 16-4〉는 두 가지 특수한 경우를 보여준다. 먼저 (a)는 국제금융시장에서 대출 또는 차입이 없는 폐쇄경제 사례를 보여주는 것으로 국내 실질이자율 (r) 수준에 관계없이 $CF = 0$임을 의미한다. 반면에 (b)는 자본이동이 완전한 소규모 개방경제 사례를 보여준다. 여기서 **완전한 자본이동**(perfect capital mobility)이란 국내 거주자와 외국 거주자 모두 국내 및 국제금융시장에 아무 제한 없이 참여할 수 있음을 의미한다. 즉, 자금이 제한 없이 자유롭게 국내외로 이동하기 때문에 국내 이자율과 국제이자율은 동일한 수준으로 수렴한다.

완전한 자본이동 국내외 거주자가 국내 및 국제금융시장에 아무런 제한 없이 참여할 수 있음을 의미

$$r = r^f$$

왜 그럴까? 먼저 국내 거주자들은 외국에서 항상 r^f로 대출을 받을 수 있기 때문에 국내 금융시장에서 r^f보다 높은 이자율로 대출을 받지 않는다. 따라서 국내 이자율 r은 r^f보다 높을 수 없다. 어떤 이유로 r이 r^f보다 높으면 r이 r^f와 같아질 때까지 많은 양의 자금이 국내로 유입된다. 또한 국내 거주자들은 외국에서 대출을 통해 항상 r^f를 벌 수 있기 때문에 국내 금융시장에서 r^f 미만의 이자율로 대출을 하지 않을 것이다. 따라서 r은 r^f보다 낮을 수 없다. 만약 r이 r^f보다 낮으면 r이 r^f와 같아질 때까지 많은 양의 자금이 국내에서 외국로 유출된다. 따라서 자본이동이 완전히 자유로운 소규모 개방경제에서 국내 이자율은 주어진 국제이자율 수준과 같아질 것이다. 이때 순자본유출곡선은 〈그림 16-4〉의 (b)에서와 같이 국제이자율 r^f에서 수평선이 된다.

요약하면, 소규모 개방경제에서 순자본유출은 국내이자율과 (외생적으로 주어진) 국제이자율 간 차이에 반응한다. 이때 순자본유출이 국가 간 금리차이에 반응하는 정도, 즉 **순자본유출의 이자율 탄력성**은 국제금융시장에서 국가 간 자본흐름을 방해하는 마찰(frictions)의 정도에 따라 달라진다. 금융시장 마찰이 매우 커서 자본이동이 완전히 제한되는 경우 〈그림 16-4〉의 (a)와 같이 순자본유출의 이자율 탄력성이 0이 된다. 반면 마찰이 전혀 없어서 자본이동이 완전한 경우 두 이자율 간 갭이 조금이라도 생기면 급격한 자본유출입이 발생하므로, 〈그림 16-4〉의 (b)와 같이 $r = r^f$에서 순자본유출의 이자율 탄력성이 무한대가 된다. 우리가 개방경제모형 분석에 사용할 〈그림 16-3〉은 양극단의 중간 형태로서 좀 더 현실에 가까운 순자본유출의 이자율 탄력성을 나타내는 것으로 볼 수 있다.

4. 개방경제모형

Macroeconomics ch. sixteen

이제 단기적으로 개방경제를 분석하기 위해 지금까지 논의한 순수출과 순자본유출을 13장(새케인즈학파의 경기변동모형)의 폐쇄경제모형에 통합하여 개방경제모형으로 확장해 보자. 개방경제모형의 총공급 측면은 폐쇄경제모형과 동일하므로 여기에서 다시 설명하지 않기로 한다. 화폐시장에서는 화폐수요함수가 경제 개방에 따른 국가 간 상품 · 자산 거래에 영향을 받지 않는다고 가정하고 폐쇄경제와 동일한 *LM*곡선을 고려한다. 반면에 개방경제의 재화시장 및 대부자금시장에는 변화가 있기 때문에 여기서는 개방경제의 *IS*곡선 도출에 초점을 맞춘다.

4.1 개방경제의 *IS*곡선

앞서 언급했듯이 지출국민소득 항등식 (16.1)을 사전적으로는 재화시장의 균형조건으로 해석될 수 있다. 먼저 식 (16.1)의 우변에 있는 재화시장의 총수요 $Y^d \equiv C + I + G + NX$를 살펴보자. 이는 국내에서 생산된 재화에 대한 총지출로서 가계, 기업, 정부, 그리고 외국 거주자가 원하는 지출의 합이다. 여기에 각 지출의 결정요인을 나타내는 가계부문의 소비함수, 기업부문의 투자함수, 그리고 순수출함수를 대입하면 다음과 같다.

개방경제의 재화시장의 총수요는 소비, 투자, 정부지출에 순수출을 추가적으로 더해 준다.

$$Y^d \equiv C(r, Y, Y', G, G') + I(r, z', K) + G + NX(\varepsilon) \tag{16.4}$$

13장에서처럼 단기에서 재화 가격이 고정되어 있고 총생산 혹은 국민소득(Y)은 총지출(총수요 ; Y^d)에 의해 자동으로 결정된다. 따라서 위 식에 $Y^d = Y$를 대입하면 다음과 같다.

$$Y^d \equiv C(r, Y^d, Y', G, G') + I(r, z', K) + G + NX(\varepsilon) \tag{16.5}$$

식 (16.5)에는 r, Y^d, Y', ε 네 개의 내생변수가 있다. 폐쇄경제모형에서는 식 (16.5)의 마지막 항 $NX(\varepsilon)$가 없었기 때문에 실질환율(ε)이 내생변수가 아니었다. 따라서 우리는 주어진 미래 국민소득(Y')과 외생변수에 대해 재화시장 청산조건으로부터 r과 Y^d 사이의 관계를 도출할 수 있었다. 그러나 개방경제에서는 미래 국민소득(Y')이 주어져 있다고 해도 여전히 세 가지 내생변수 r, Y^d와 ε가 있다. 따라서 여기서 폐쇄경제모형과 동일한 방식을 따르는 것은 그리 간단하지 않다.

그러면 새로 추가된 내생변수인 실질환율(ε)을 어떻게 모형에 포함시킬 것인가? 한 가지 방법은 국제수지방정식 (16.3)을 사용하여 다음과 같이 $NX(\varepsilon)$를 $CF(r-r^f)$로 바꾸는 것이다.

$$Y^d \equiv C(r, Y^d, Y', G, G') + I(r, z', K) + G + CF(r - r^f) \tag{16.6}$$

이제 Y'을 주어진 것으로 놓을 때 식 (16.6)에는 두 개의 내생변수 r, Y^d가 있으며, 이전과 동일한 방식으로 개방경제의 IS곡선을 도출할 수 있다.

개방경제의 IS곡선은 폐쇄경제의 IS곡선과 같이 우하향하지만 기울기가 더 완만하다.

식 (16.6)에서 총수요에 의해 결정된 국민소득($Y = Y^d$)과 실질이자율(r)은 음의 상관관계가 있는 것을 쉽게 확인할 수 있다. 이 점에서 개방경제의 IS곡선이 폐쇄경제의 IS곡선과 동일할 것으로 추측되지만, 자세히 들여다 보면 개방경제의 IS곡선이 더 평평하다는 것을 알 수 있다. 먼저 폐쇄경제에서와 같이 r의 상승은 C와 I를 감소시켜 Y^d를 직접 감소시킨다. 이제 Y^d가 더 작기 때문에 소비는 더욱 감소하고, 이는 다시 Y^d의 추가 감소로 이어진다. 개방경제에서는 r의 상승이 추가로 순자본유출(CF)과 순수출(NX)을 감소시켜 Y^d의 추가 감소를 가져온다. 요약하면, 순수출을 통해 작동하는 추가 채널로 인해 총수요에 의해 결정된 국민소득이 실질이자율의 변화에 더 민감하게 반응하여 IS곡선이 더 평평해진다.

이를 보다 명확하게 보기 위해 간단한 예를 들어보자. 먼저 9장(2.1 총수요)에서와 같이 소비와 투자가 각각 다음과 같은 선형함수라고 가정한다.

$$C = a(Y - G) - br + c \quad (a, b, c > 0)$$
$$I = -dr + e \quad (d, e > 0)$$

여기서 a, b, c, d, e는 양(+)의 상수이다. 단순화를 위해 나머지 변수 Y', G, G', z', K를 주어진 것으로 간주하고 위 함수에 나타내지 않았다. 정부가 균형예산($T = G$)을 유지한다고 가정할 때 위 식은 각각 소비가 세후 처분가능소득 $Y - G$

와 같은 방향, 실질이자율 r과 반대방향으로 변화하며, 투자는 r과 반대방향으로 변화한다는 것을 나타낸다. 특히 a는 한계소비성향(marginal propensity to consume ; MPC)을 나타내는 상수로서 $0 < a < 1$이다. 개방경제모형에서 새로 고려되는 **순자본유출함수**는 다음과 같이 주어진다고 가정한다.

$$CF = -h(r - r^f)$$

여기서 h는 양(+)의 상수이다.

이제 위 소비함수, 투자함수, 순자본유출함수를 각각 식 (16.6)에 대입하면 다음과 같다.

$$Y^d \equiv [a(Y - G) - br + c] + [-dr + e] + G - h(r - r^f)$$

우변에 있는 소비함수(C)의 Y에 Y^d를 대입한 뒤 이 식을 Y^d에 대해 나타내면 다음과 같다.

$$Y^d = -\left(\frac{b+d+h}{1-a}\right)r + G + \frac{h}{1-a}r^f + \frac{c+e}{1-a} \qquad (16.7)$$

식 (16.7)은 개방경제의 IS곡선을 나타내는 식으로 Y^d와 r이 역의 관계에 있다는 것을 보여주고 있으며, 한계소비성향(MPC)을 나타내는 a가 클수록 이러한 역의 관계가 더 강해짐을 알 수 있다. 특수한 경우로서 $h = 0$일 때 9장(2.1 총수요)에서 도출한 폐쇄경제의 IS곡선식 (9.12)와 같아진다. 또한 폐쇄경제와 비교하여 국내 실질이자율(r)의 변화는 국민소득에 더 큰 음(−)의 영향을 미친다. 반면에 국제 실질이자율(r^f)은 국민소득에 정(+)의 영향을 미치는데, 이는 주어진 국내 실질이자율에서 IS곡선의 이동으로 나타난다.

이제 IS곡선을 그래프로 도출해 보자. 먼저 재화시장의 청산조건 $Y^d = Y$를 부과하지 않은 식 (16.4)로 돌아가 보자. 이 식은 총지출 Y^d가 국민소득 Y의 함수임을 보여준다. 〈그림 16-5〉의 (a)에 주어진 실질이자율 $r = r_0$에 대해 총지출 Y^d가 국민소득 Y의 함수임을 나타내는 직선으로 그려져 있다. 소득이 높을수록 소비가 증가하여 총수요가 증가하기 때문에 이 선은 우상향한다. 이때 한계소비성향(MPC)이 1보다 작기 때문에 이 선의 기울기도 1보다 작다.

그림 16-5

IS곡선의 도출 : 개방경제 vs. 폐쇄경제

실질이자율 r이 상승($r_0 \rightarrow r_1$)하는 경우 폐쇄경제와 마찬가지로 개방경제에서도 소비와 투자가 감소하며 여기에 더하여 순자본유출 감소(순수출 감소)가 발생한다. 이로 인해 개방경제의 IS곡선은 폐쇄경제의 IS곡선과 같이 우하향하는 형태를 보이지만 기울기가 더 완만하다.

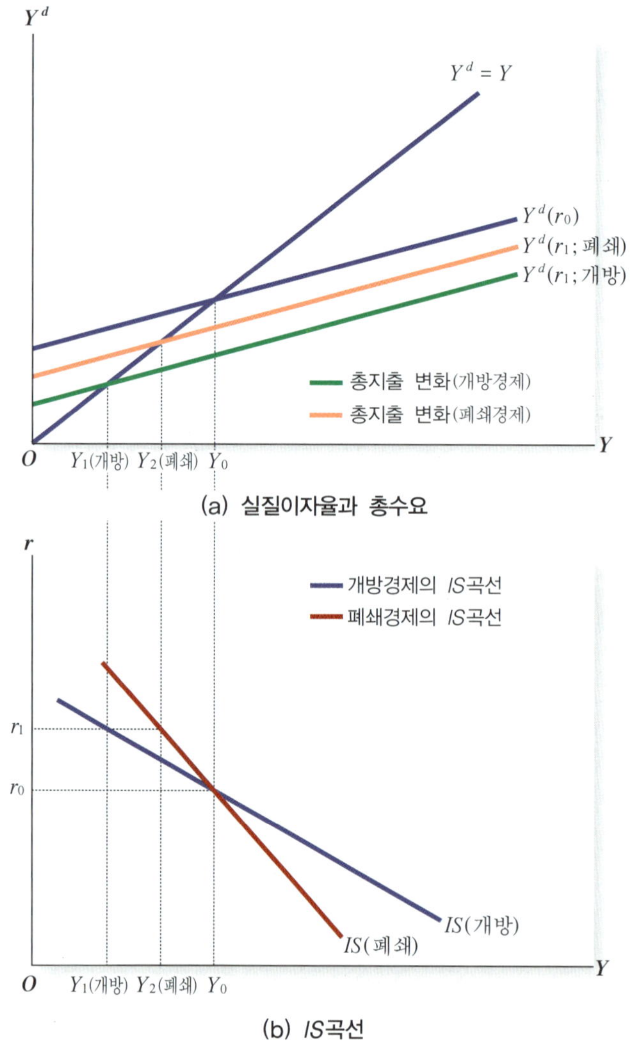

한편 단기에서 가격이 경직적일 때 국민소득 또는 총생산은 총지출에 의해 자동으로 결정된다($Y^d = Y$). 이러한 재화시장의 균형조건을 나타내는 모든 점을 45도 선으로 나타내면 총지출직선이 45도 선과 교차하는 점에서 균형국민소득을 찾을 수 있다. 여기서 45도 선은 원점에서 시작하고 총지출직선은 양(+)의 수직 절편을 갖는다고 가정하므로 45도 선은 총지출직선 아래에서 시작한다. 또한 45도 선의 기울기가 1이고 총지출직선의 기울기는 1보다 작기 때문에($MPC < 1$이므로) 이 직선은 45도 선과 정확히 한 번 교차한다. 여기서 주목할 점은 총지출직

선이 주어진 국내 실질이자율(r)에 대해 그려졌기 때문에 r이 변화하는 경우 총지출직선이 이동하고 그 결과 균형국민소득이 변하게 된다는 것이다.

이제 〈그림 16-5〉의 (a)에서 실질이자율이 r_0에서 r_1으로 상승한다고 하자($r_1 > r_0$). 이로 인해 총지출직선이 $Y^d(r_0)$에서 $Y^d(r_1$; 개방)으로 하방이동하는데, 이는 다음 세 가지 변화에서 온다. 먼저 처음 두 가지는 폐쇄경제모형과 마찬가지로 r의 상승에 따른 소비와 투자의 감소에 기인한다. 세 번째 변화는 r 상승에 따른 순자본유출 감소, 따라서 국제수지방정식 (16.3)에 의해 순수출의 감소에서 온다. 〈그림 16-5〉의 (a)에서 r 상승 후 총지출직선 $Y^d(r_1$; 개방)이 45도 선($Y^d = Y$)과 만나는 점에서 새로운 균형국민소득을 찾은 후 이를 아래쪽 그래프의 (Y, r) 평면에 나타내면 IS(개방)와 같이 우하향하는 IS곡선이 도출된다.

비교를 위해 〈그림 16-5〉에서 폐쇄경제의 IS곡선이 어떤 모습일지 생각해 보자. 폐쇄경제에서 국내 실질이자율이 r_0에서 r_1으로 상승하면 총지출직선이 아래로 이동하지만 개방경제보다는 적게 이동한다. 이는 폐쇄경제에서는 실질이자율 하락에 따른 순수출 감소가 나타나지 않기 때문이다. 이는 〈그림 16-5〉의 (a)에서 $Y^d(r_1$; 폐쇄)로 나타나 있다. 이제 국민소득과 총지출이 같은 균형국민소득 Y는 주어진 r의 상승에 대해 개방경제에서보다 폐쇄경제에서 덜 감소한다는 것을 알 수 있다. 따라서 〈그림 16-5〉의 (b)에서 재화시장의 균형을 가져오는 (Y, r)점을 연결하면 폐쇄경제보다 개방경제에서 IS곡선이 더 평평하다는 결론을 내릴 수 있다. 이것은 IS곡선 식 (16.7)을 통해 도출한 결론과 동일하다.

폐쇄경제모형에서와 유사하게 개방경제모형에서도 지출(C, I, G, NX)에 영향을 미치는 외생변수의 변화는 IS곡선의 이동을 가져온다. 이러한 외생변수에는 폐쇄경제모형에서와 동일한 외생변수(z', G, G')가 포함된다. 또한 국제 실질이자율 r^f가 포함되는데, r^f의 증가는 국내 경제주체들이 외국 자산에 더 많이 투자하도록 장려하여 순자본유출 CF를 증가시키고 국제수지방정식에 따라 순자본유출과 균형을 이루어야 하는 순수출 NF 또한 증가한다. 이는 〈그림 16-5〉의 (b)에서 IS곡선의 우측이동을 가져온다.

4.2 개방경제의 *IS*-*LM* 모형

우리는 지금까지 개방경제의 분석에 필요한 IS곡선의 확장을 알아보았다. 개방경제의 LM곡선은 어떠한가? 화폐수요의 기본적인 결정요인이 경제 개방에

그림 16-6

개방경제의 IS-LM 모형

개방경제의 단기균형은 폐쇄경제의 단기균형과 마찬가지로 IS곡선과 LM곡선이 교차하는 점에서 달성된다. 즉, 재화시장, 대부자금시장, 화폐시장의 균형조건을 동시에 만족하는 국내 실질이자율과 총생산이 결정된다.

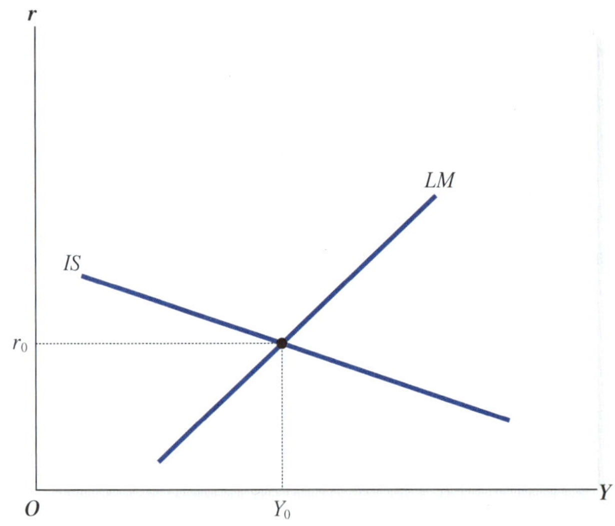

개방경제의 LM곡선은 폐쇄경제의 LM곡선과 동일하다.

따른 국가 간 상품 · 자산 거래에 영향을 받지 않는다고 볼 때 여기서는 폐쇄경제와 동일한 LM곡선을 고려한다. 따라서 개방경제에서 IS곡선식과 LM곡선식은 각각 다음의 재화시장 균형식과 화폐시장 균형식에서 도출된다.

$$IS: Y \equiv C(r, Y, Y', G, G') + I(r, z', K) + G + CF(r - r^f)$$
$$LM: M = P \cdot L(Y, r + \pi^e)$$

이 모형에서 재정정책에 의해 결정되는 G, G', 통화정책에 의해 결정되는 M, 기대인플레이션 π^e, 미래 생산성 z', 국제 실질이자율 r^f, 그리고 단기적으로 고정된 물가수준 P는 외생적으로 주어진 변수이다. 이러한 외생변수가 일정한 값으로 주어질 때 IS곡선은 재화시장 균형식과 대부자금시장 균형식을 충족하는 r과 Y의 조합을, LM곡선은 화폐시장 균형식을 충족하는 r과 Y의 조합을 나타낸다. 이 두 곡선은 〈그림 16-6〉에 함께 그려져 있다. 〈그림 16-6〉은 13장(3.3 단기균형)에서 폐쇄경제의 IS-LM 모형을 나타낸 〈그림 13-9〉와 비교해 볼 때 개방경제의 IS곡선이 더 평평하다는 점을 제외하고는 기본적으로 동일하다.

이제 개방경제의 단기균형은 〈그림 16-6〉에서 IS곡선과 LM곡선이 교차하는 점이다. 이 점은 재화시장, 대부자금시장, 화폐시장의 균형조건을 동시에 만

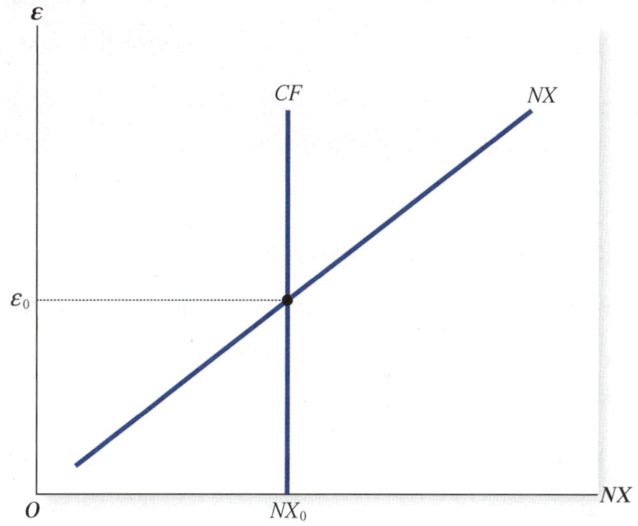

그림 16-7

환율과 순수출의 결정
국내 실질이자율이 결정되면 국제수지방정식에 따라 실질환율이 결정된다.

족시키는 국내 실질이자율(*r*)과 총생산(*Y*)을 결정한다. 이때 일반적으로 *IS*곡선 및 *LM*곡선의 위치는 주어진 외생변수에 따라 다르다. 외생변수의 변화는 *IS*곡선이나 *LM*곡선을 이동시켜 균형총생산 또는 국민소득과 실질이자율에 영향을 미친다.

개방경제모형에서 한 가지 기억할 점은 국내 실질이자율(*r*)과 국민소득(*Y*)에 더하여 실질환율(ε)이라는 내생변수가 있다는 것이다. 실질환율(ε)은 원래 *IS*곡선에 $NX(\varepsilon)$로 들어가 있었지만, ε이 *IS*–*LM* 그래프에 표시되지 않도록 순자본유출함수 $CF(r-r^f)$로 대체했다. 우리의 의도는 폐쇄경제모형에서와 같이 *IS*–*LM* 그래프에 두 개의 내생변수 *Y*와 *r*만 나타나도록 하는 것이었다.

그러면 개방경제모형에서 실질환율(ε)은 어떻게 결정되는가? 이를 위해 국제수지방정식을 사용할 수 있다.

$$NX(\varepsilon) = CF(r - r^f)$$

앞서 설명했듯이 〈그림 16-6〉의 *IS*곡선과 *LM*곡선에 의해 국내 실질이자율 *r*이 결정되면 외생적으로 주어진 국제 실질이자율 r^f에 대해 위 식을 충족하는 순자본유출 *CF*의 균형값을 얻을 수 있다. 그런 다음 실질환율 ε는 〈그림 16-7〉에서와 같이 순수출 $NX(\varepsilon)$가 순자본유출 CF와 균형을 이루도록 조정된다.

〈그림 16-7〉은 **외환시장의 균형**을 보여준다. 왜냐하면 국제수지방정식은 곧 외환시장의 균형조건이기 때문이다. 위 식을 다르게 표현하면 다음과 같다.

$$\text{수출} + \text{자본유입} = \text{수입} + \text{자본유출}$$

위 식의 좌변은 외환시장에서 자국 통화(예컨대 원화)에 대한 수요이다. 또는 외국 통화(예컨대 달러)의 공급이라 볼 수도 있다. 외국 거주자가 한국 생산품 또는 한국 채권을 사려면 달러를 원화로 교환해야 하기 때문이다. 반면 위 식의 우변은 원화의 공급 또는 달러에 대한 수요이다. 한국 거주자가 외국 생산품 또는 외국 채권을 사려면 원화를 달러로 교환해야 하기 때문이다. **변동환율제도**에서는 외환시장의 수요와 공급을 일치시키는 수준에서 두 화폐의 교환비율이 결정된다. 결국 개방경제에서 **일반균형**은 폐쇄경제에서 우리가 이미 고려했던 노동시장, 재화시장, 대부자금시장, 화폐시장과 더불어 외환시장도 균형 상태에 있음을 의미한다.

〈그림 16-7〉에서 순자본유출의 증가는 CF선의 우측이동을 가져오므로 환율 상승(즉, 자국 통화의 실질 및 명목 가치 하락)을 가져온다. 직관적으로 국제이자율(r^f)이 국내 이자율(r)보다 높을 때 사람들은 외국 자산을 더 많이 보유하기를 원하므로 순자본유출 CF가 증가한다. 그러나 외국 자산을 보유하기 위해 사람들은 먼저 자국 통화를 외국 통화로 교환한다. 이러한 외화수요의 증가는 자국 통화에 대한 외화의 상대가격, 즉 명목환율(e)의 상승을 가져온다. 그 결과 물가가 경직적인 단기에서 실질환율(ε)도 상승하여 순수출(NX)이 증가한다. 이것이 〈그림 16-7〉에서 순수출(NX)이 궁극적으로 순자본유출(CF)과 균형을 이루는 메커니즘이다.

마지막으로 순수출과 순자본유출 간 균형을 나타내는 국제수지방정식을 〈그림 16-7〉과 같이 환율-순수출(ε, NX) 평면에 나타내는 대신에, 〈그림 16-6〉의 IS-LM 그래프에 국제수지균형을 가져오는 국민소득 · 이자율 (Y, r)의 조합인 ***BP*** (balance of payment)**곡선**을 직접 추가하여 분석할 수도 있다. 다만, '순수출 = 순자본유출' 조건을 〈그림 16-7〉에서와 같이 (ε, NX) 평면에 나타낸 그래프가 환율의 결정을 명시적으로 보여준다는 장점이 있다.

이론과 실제 2 경상수지 적자는 나쁜 것인가?

경상수지가 적자인 나라는 다른 나라로부터 돈을 빌려와 그 적자를 메꾸어야 한다. 그 결과 대외 부채가 늘어나기 때문에 경상수지 적자는 바람직하지 않은 것처럼 보인다. 그러나 개별 소비자의 경우처럼 나라 경제도 기간 간 고른 소비(intertemporal consumption smoothing)를 위해서 자금을 대여하거나 차입해야 한다. 즉, 한 국가의 총소득이 낮을 때 경상수지 적자를 유지하는 것과 총소득이 높을 때 경상수지 흑자를 유지하는 것은 그 나라 국민의 고른 소비를 가능케 한다.

과연 이론의 예측대로 각 나라들은 실제로 기간 간 고른 소비를 추구하고 있을까? 미국의 경우 1970년 이후 실질GDP와 순수출이 음의 상관관계를 나타내고 있다. 이것은 기간 간 고른 소비를 주장하는 이론과는 반대되는 사실로, 미국이 국내소득이 낮을 때 수출을 더 많이 하고 해외에 보다 많은 자금을 대여하며, 반대로 국내소득이 높을 때 해외로부터 자금을 차입해 왔음을 의미한다.

그렇다면 왜 국가가 기간 간 고른 소비를 위해 해외에 자금을 대여하거나 차입한다는 이론을 뒷받침하는 증거를 찾을 수 없는가? 그 이유는 미국과 다른 국가들의 경기변동 시점과 주기가 대체로 유사하다는 점에서 찾을 수 있다. 예를 들어 1970년 이전과 같이 다른 나라의 생산이 높은 수준일 때 미국의 생산수준 역시 높다면 모든 국가들은 동시에 자금을 대여하거나 차입하고자 할 것이고, 따라서 이자율은 GDP와 순수출을 무관하게 만들었을 것이다. 그러나 1970년 이후에는 미국과 다른 국가들의 경기변동이 대체로 일치하지만, 다른 국가들의 변동성이 미국보다 훨씬 컸다. 따라서 미국의 소득이 낮은 경우에도 다른 국가들에 자금을 대여해 온 것으로 볼 수 있다.

5. 개방경제모형의 충격 분석

Macroeconomics ch. sixteen

이제 개방경제모형을 이용하여 거시경제정책과 경제여건의 변화가 내생변수에 미치는 영향을 분석해 보자.

5.1 통화정책

먼저 통화팽창($M\uparrow$)의 효과를 알아보자. 기본적으로 *LM*곡선을 이동시키는 다른 모든 경제적 충격은 동일한 거시경제적 효과를 가지는 것으로 볼 수 있다. 〈그림 16-8〉의 (a)에서 화폐공급의 증가는 폐쇄경제에서와 같이 *LM*곡선을 오른쪽으로 이동시키고, 그 결과 실질이자율을 낮추고 국민소득(총생산)을 증가시

그림 16-8

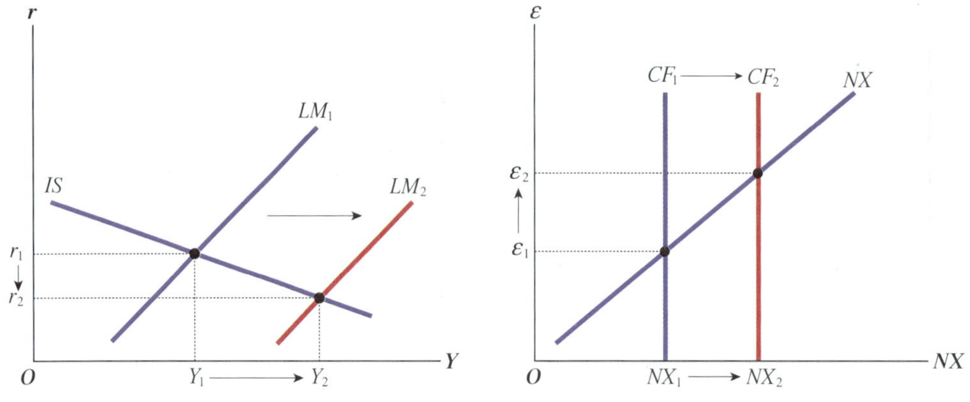

(a) *IS*–*LM* 모형 (b) 환율과 순수출

통화팽창

화폐공급의 증가는 *LM*곡선을 우측으로 이동시켜 실질이자율을 감소시키고 국민소득을 증가시킨다. 개방경제에서는 금리경로에 더해 환율경로가 존재하여 폐쇄경제에 비해 총생산이 더 많이 증가한다.

킨다.

환율과 순수출에 미치는 영향은 어떠한가? 개방경제에서는 국내 실질이자율이 낮을수록 순자본유출이 증가하므로 통화팽창에 따른 국내 실질이자율의 하락($r_1 \rightarrow r_2$)은 순자본유출을 증가시키고 이는 〈그림 16-8〉의 (b)에서와 같이 환율 상승(즉, 자국 화폐가치의 하락)으로 이어진다. 환율이 높다는 것은 외국 생산품에 비해 국내 생산품이 더 저렴하다는 것을 의미하므로 순수출이 증가한다($NX_1 \rightarrow NX_2$).

개방경제모형의 *IS*곡선이 폐쇄경제모형보다 평평하기 때문에 폐쇄경제에서보다 개방경제에서 총생산이 더 많이 증가한다. 개방경제에서 통화정책 파급경로(transmission mechanism)는 폐쇄경제의 금리경로뿐만 아니라 환율경로(exchange rate channel)를 통해 작동하기 때문이다. 즉, 통화팽창은 먼저 폐쇄경제에서처럼 이자율을 낮추고 투자와 소비를 자극한다(금리경로). 또한 통화팽창에 따라 국내 통화의 가치가 떨어져 순수출이 촉진된다(환율경로). 이러한 금리경로와 환율경로가 모두 총생산(국민소득)을 늘리는 방향으로 작동한 결과 통화정책은 폐쇄경제에 비해 개방경제에서 상대적으로 더 강력한 효과를 가져온다.

5.2 재정정책

이제 재정확장($G\uparrow$)의 영향을 살펴보자. 정부지출 G의 증가는 〈그림 16-9〉의 (a)에서 *IS*곡선을 오른쪽으로 이동시킨다. 이는 총생산(국민소득) 증가와 이자율 상승을 가져오는데, 이 두 가지 효과는 폐쇄경제에서와 유사하다. 가장 큰 차이점은 개방경제의 *IS*곡선이 더 평평하기 때문에 개방경제에서 총생산이 덜 증가한다는 것이다.[2]

환율과 순수출에 미치는 영향은 어떠한가? 개방경제에서 높은 이자율은 순자본유출을 감소시키고, 이는 〈그림 16-9〉의 (b)에서와 같이 환율 하락, 즉 자국 통화가치의 상승을 초래한다. 낮은 환율은 국제상품시장에서 국내 생산품이

그림 16-9

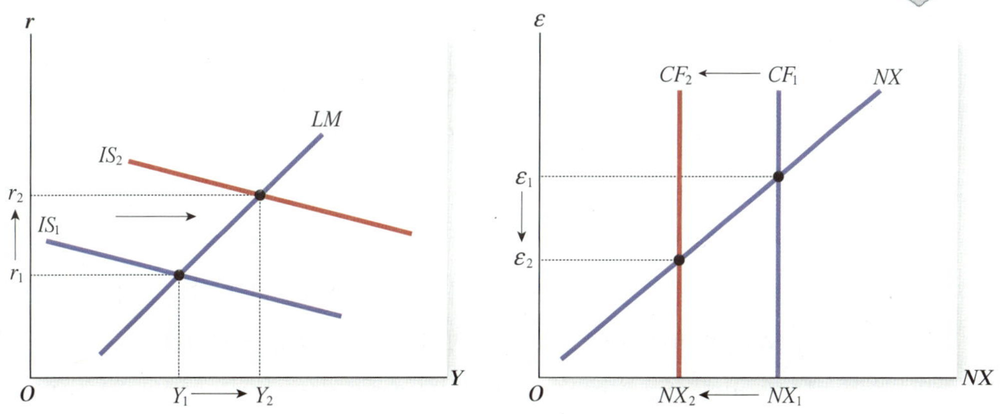

(a) *IS*-*LM* 모형　　(b) 환율과 순수출

➠ 재정확장

정부지출의 증가는 *IS*곡선을 우측으로 이동시켜 실질이자율과 총생산을 증가시킨다. 폐쇄경제에서 나타나는 구축효과에 더해 순수출을 감소시키는 효과가 존재하기 때문에 개방경제의 재정정책 효과는 상대적으로 작다.

2. *IS*곡선이 더 가파르면 *IS*곡선의 동일한 평행이동이 산출량을 더 크게 증가시킨다는 것을 쉽게 보일 수 있다. 여기서 핵심은 개방경제모형 혹은 폐쇄경제모형과 관계없이 주어진 국내 실질이자율에서 정부지출 증가에 따른 *IS*곡선의 수평 이동폭이 동일하다는 것이다. 주어진 실질이자율에서 순자본유출(및 순수출)은 정부지출 변화에 대해 아무런 변화도 보이지 않기 때문이다. 따라서 개방경제의 *IS*곡선식에 순자본유출 항이 있다는 것은 *IS*곡선의 수평 이동폭에 아무런 차이를 가져오지 않는다.

외국 생산품에 비해 더 비싸다는 것을 의미하므로 순수출은 감소한다.

폐쇄경제와 유사하게 재정확장은 〈그림 16-9〉의 (a)에서와 같이 실질이자율을 올리고, 이것이 가계부문의 소비와 기업부문의 투자를 구축(crowding out)함에 따라 정부지출승수를 감소시킨다. 이 밖에 개방경제에서는 정부지출 증가에서 오는 또 다른 유형의 구축효과가 있다. 즉, 재정확장은 〈그림 16-9〉의 (b)에서와 같이 자국 통화가치의 상승($e\downarrow$)으로 이어져 순수출을 몰아냄에 따라 정부지출승수를 더욱 감소시킨다. 따라서 재정정책은 개방경제에서 덜 효과적이라고 할 수 있다. 개방경제에서 이러한 정부지출승수의 추가 감소는 폐쇄경제에서보다 더 평평한 *IS*곡선으로 나타난다.

5.3 국제이자율 충격

소규모 개방경제는 세계의 경제여건 변화에 영향을 받을 수 있다. 여기서는 국제이자율 r^f의 변화를 고려해 보자. 예를 들어 대규모 개방경제인 미국의 중앙은행(연방준비은행)이 기준금리를 인상하여 국제이자율도 따라서 오른다고 가정하자. 이것이 단기적으로 국내 경제에 어떤 영향을 미칠 것인가?

주어진 국내 이자율 r에 대해 r^f의 증가는 순자본유출 CF의 증가를 가져온다. 이는 〈그림 16-10〉의 (b)에서 자국 통화가치의 하락($e\uparrow, \varepsilon\uparrow$)으로 이어져 순수출 NX와 순자본유출 CF를 증가시킨다. 이와 같이 NX와 CF가 증가하면 〈그림 16-10〉의 (a)에서와 같이 *IS*곡선이 오른쪽으로 이동한다.

그러나 지금까지는 국내 금리가 내생적으로 변하는 것을 고려하지 않았다. *IS*곡선의 오른쪽 이동으로 인해 국내 이자율 r이 상승하기 때문에 일반적으로 r이 r^f보다 더 많이 또는 더 적게 상승할 수 있다. 실제로 국내 이자율 r은 국제이자율 r^f보다 더 적게 상승한다. 그렇지 않으면 순수출과 순자본유출이 증가하지 않고 따라서 *IS*곡선이 애초에 오른쪽으로 이동하지 않았을 것이다.

끝으로 이 분석은 통화정책의 국가 간 파급효과를 보여준다. 미국과 같은 대규모 개방경제의 금리 변화는 세계 다른 지역의 거시경제에 영향을 미칠 수 있다. 이것이 바로 각 나라의 정책당국이 세계 주요국 중앙은행의 금리 결정을 면밀히 모니터링하는 이유이다.

앞서 살펴본 재정확대($G\uparrow$) 효과와 비교해 볼 때 두 경우 모두 *IS*곡선이 오른쪽으로 이동하므로 총생산(국민소득)과 국내 이자율, 소비, 투자에 미치는 영향

그림 16-10

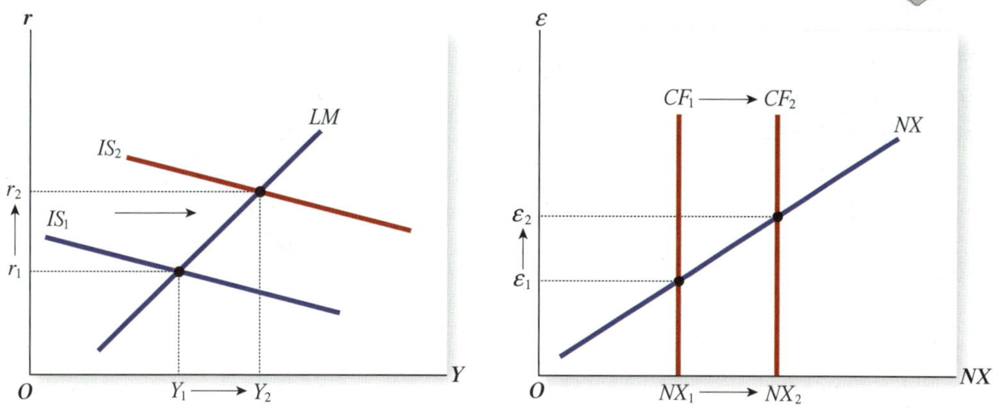

(a) *IS*-*LM* 모형 (b) 환율과 순수출

➡ *IS*-*LM* 모형 : 국제이자율 상승

국제이자율 r^f가 증가하는 경우 순자본유출 *CF*의 증가를 가져와 *IS*곡선을 우측으로 이동시킨다. 이로 인해 실질 이자율과 총생산이 증가한다.

이 비슷하다. 그러나 환율과 순수출에는 반대의 영향을 미친다. 즉, 재정확대는 순수출을 감소시키는 반면, 국제이자율 상승은 순수출을 증가시킨다.

6. 완전한 자본이동 : 먼델-플레밍 모형

Macroeconomics ch. sixteen

이제 국가 간 자본이동에 아무런 장벽이나 거래비용이 없는 특수한 경우, 즉 **완전한 자본이동**(perfect capital mobility)을 생각해 보자. 이러한 개방경제모형을 **먼델-플레밍**(Mundell-Fleming) **모형**이라고 한다. 대부분 산업화된 국가에서 외국인의 국내 자산 보유에 대한 장벽이 낮기 때문에 많은 투자자들이 작은 수익률 차이에도 국내외 자산구성에 큰 변화를 주는 경향이 있다. 그 결과 완전한 자본이동의 가정은 모든 나라에서 현실적이지 않을 수 있지만 점점 더 많은 국가에 적용되고 있다.

먼델-플레밍 모형은 완전한 자본이동을 가정한 개방경제모형이다.

3절(순자본유출과 이자율)에서 설명한 바와 같이 완전한 자본이동은 국내외 자산 간 수익률에 차이가 있을 경우 투자자가 모든 자금을 더 높은 수익률을 주는

그림 16-11

먼델-플레밍 모형

완전한 자본이동이 가정된 경우 *IS*곡선은 $r = r^f$ 수준에서 수평선의 형태를 나타낸다.

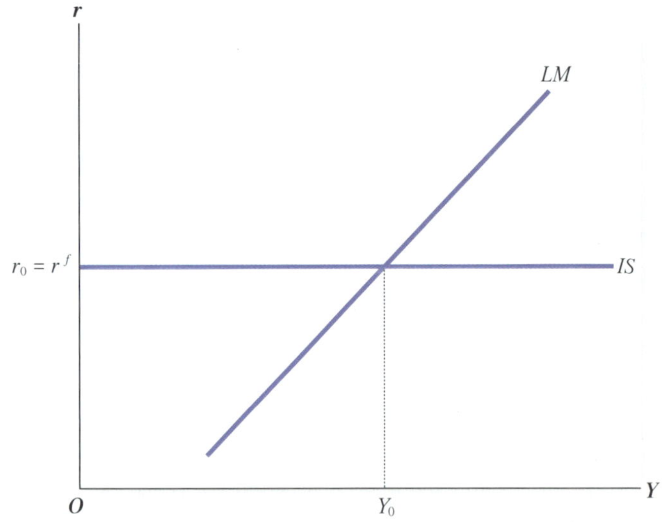

자산에 투자하는 것을 의미한다. 국내 자산과 외국 자산 모두 누군가가 보유해야 하므로 국내 자산과 해외 자산의 수익률은 동일해야 한다.

$$r = r^f$$

결과적으로 소규모 개방경제의 순자본유출함수는 〈그림 16-4〉의 (b)에서 설명했던 것처럼 주어진 국제이자율 수준 r^f에서 평평하며, 이는 국내 이자율 r과 국제이자율 r^f 간의 작은 차이가 국가 간에 매우 많은 양의 자금 흐름을 유발하고, 그 결과 두 수익률이 동일한 수준으로 수렴하게 된다. 이는 또한 소규모 개방경제의 *IS*곡선을 주어진 국제이자율 수준(r^f)에서 완전 수평으로 만든다. 〈그림 16-11〉은 이러한 먼델-플레밍 모형의 균형을 보여주고 있다. 우리는 〈그림 16-6〉에서 개방경제의 *IS*곡선이 폐쇄경제의 *IS*곡선보다 더 평평하다는 것을 확인했다. 자본이동이 완전히 자유로운 소규모 개방경제에서는 *IS*곡선의 이러한 특성이 극단적으로 나타난 것이라고 볼 수 있다.

6.1 통화정책

먼저 통화팽창($M\uparrow$)을 살펴보자. 먼델–플레밍 모형에서 *LM*곡선의 이동은 이전보다 총생산(국민소득)에 더 큰 영향을 미친다. 한 가지 주목할 점은 국내 이자율이 주어진 국제이자율 수준에서 변하지 않는 완전한 자본이동 하에서 전통적인 금리경로를 통한 경기확장 효과 없이도 통화정책의 효과가 나타나고 있다는 것이다.

그렇다면 여기서 작동하는 통화정책의 파급경로는 무엇인가? 강력한 **환율경로**(exchange rate channel)가 바로 그것이다. 폐쇄경제(13장 4.1 통화정책)나 자본이동에 어느 정도 마찰요인이 존재하는 소규모 개방경제(5.1 통화정책)에서와 같이 통화팽창($M\uparrow$)은 자국 화폐시장에서 결정되는 국내 이자율 r의 하락을 가져온다. 완전한 자본이동과 주어진 국제이자율 r^f에서 r의 하락은 많은 국내 자금의 해외 유출을 가져올 것이다. 이러한 순자본유출의 큰 증가는 재화시장 · 화폐시장이 다시 $r = r^f$에서 동시 균형에 이를 때까지 계속될 것이며, 그 결과 비교적 큰 폭으로 자국 통화가치가 하락($e\uparrow$, $\varepsilon\uparrow$)하고 순수출도 크게 증가한다.

완전한 자본이동 하 통화정책은 금리경로가 존재하지 않지만 환율경로를 통해 총생산에 더 큰 영향을 미친다.

6.2 재정정책

다음으로 재정확장($G\uparrow$)을 고려해 보자. 이것은 일반적으로 *IS*곡선을 오른쪽으로 수평 이동하도록 한다. 그러나 먼델–플레밍 모형에서는 *IS*곡선이 이미 수평이기 때문에 *IS*곡선에 수평 이동이 없고 결과적으로 균형총생산에 영향을 미치지 않는다.

완전한 자본이동 하에서 *IS*곡선은 수평선의 형태를 나타내기 때문에 재정정책은 균형총생산에 아무런 영향을 미치지 못한다.

그러나 총지출의 개별 항목에는 영향이 있다. 재화시장 균형조건 $Y = C + I + G + NX$에서 G는 증가하는데 Y는 변하지 않으면 총지출의 다른 항목 C, I, NX의 조정이 있어야 한다. 먼저 r은 변하지 않으므로 투자 I는 영향을 받지 않는다. 한편 G의 증가는 조세 증가를 통해 가계소득의 현재가치를 감소시키므로 소비 C가 감소한다. 단 한계소비성향(MPC)이 1보다 작으므로 G의 증가보다 C는 작게 감소한다. 따라서 순수출 NX도 하락해야 한다. 앞에서 언급하였듯이 재정확장은 실질이자율 r에 상승 압력을 가하고, 이것은 r이 r^f와 같아질 때까지 순자본유출의 매우 큰 감소를 가져올 것이다. 이것은 자국 통화가치의 상승($e\downarrow$, $\varepsilon\downarrow$)과 함께 순수출을 구축하고 총생산(국민소득)은 변하지 않는다.

7. 고정환율제도

변동환율제도에서는 환율이 경제상황에 따라 자유롭게 변동한다.

지금까지 우리는 **변동환율제도**(floating exchange rate system)에서 개방경제를 분석했다. 즉, 중앙은행이 변화하는 경제상황에 따라 환율이 자유롭게 움직이도록 허용한다고 가정했다. 지난 40년 동안 대부분의 선진국에서는 환율이 적어도 특정 범위 내에서 변동하도록 허용해 왔다. 그러나 항상 그런 것은 아니었다. 1970년대 초까지 국제통화제도는 **브레튼우즈**(Bretton Woods) 시스템이라는 체제 아래 있었다. 이 체제 하에서 미국은 1온스의 금 가격을 35달러로 고정시켜 놓았고 대부분의 다른 국가에서는 미국 달러에 고정환율을 유지했다. 비록 브레튼우즈 체제가 1970년대 초반에 무너졌지만, 오늘날에도 일부 개발도상국과 시장경제로의 과도기에 있는 나라들은 환율을 미국 달러 등 주요국 통화에 고정하고 있다.

여기서는 이러한 **고정환율제도**(fixed exchange rate system) 하에서 거시경제정책의 효과를 분석한다. 고정환율제도에서 중앙은행은 고정환율을 발표하고, 이 수준에서 환율을 유지하기 위해 외환시장에서 자국 통화를 사고파는 **시장개입**(market intervention)을 한다. 따라서 고정환율제도에서 국내 화폐공급은 중앙은행의 외환시장 개입에 따라 자동 조정된다.

고정환율제도에서는 명목환율이 고정된다.

고정환율제도는 명목환율(nominal exchange rate)을 고정한다. 실질환율의 고정 여부는 고려하는 시계(time horizon)에 따라 다를 수 있다. 장기적으로 물가수준이 신축적이라면 명목환율이 고정되어도 실질환율은 변할 수 있다. 그러나 물가수준이 비교적 경직적인 단기에서는 고정 명목환율은 고정 실질환율을 의미하기도 한다.

7.1 통화정책

통화정책에서 고정환율의 가장 중요한 의미는 중앙은행이 독립적으로 통화량(M)을 설정할 수 없다는 점이다. 고정환율제도에서 통화정책의 단일 목표는 환율을 공표한 수준으로 유지하는 것이며, 따라서 중앙은행은 M이 이 목표를 달성할 수 있도록 조정한다.

고정환율제도 하 화폐공급이 증가하는 경우 명목환율이 상승압력을 받는데, 중앙은행이 환율수준의 유지를 위해 개입함에 따라 통화정책의 효과가 사라진다.

중앙은행이 총생산(국민소득)을 늘리기 위해 화폐공급을 증가시킨다고 하자. 이 정책은 먼저 LM곡선을 오른쪽으로 이동시키므로 〈그림 16-8〉의 (a)에서와 같이 실질이자율을 낮추고 동시에 〈그림 16-8〉의 (b)와 같이 자국 통화의 가치 하락($e\uparrow$, $\varepsilon\uparrow$)을 가져온다. 그러나 중앙은행은 환율을 고정 수준에 유지하기로 약속했기 때문에 외환시장에서 자국 통화를 다시 사들이고 그 결과 국내 화폐공급이 줄어들면서 *LM*곡선이 다시 원래 위치로 돌아간다. 따라서 통화정책은 아무 효과가 없다. 즉, 중앙은행은 환율을 고정하는 데 동의함으로써 화폐공급에 대한 통제를 포기한 것이다.

이와 같이 통화정책이 국민소득 증대효과를 갖지 못하는 이유는 자본이동이 자유로운 고정환율제도에서 소규모 개방경제는 국내통화량을 독자적으로 조정할 수 없기 때문이다. 결국 국내통화량을 변화시키려는 중앙은행의 시도는 자본이동과 환율 변화를 막기 위한 중앙은행의 외환시장 개입에 의해 상쇄되어 결국 아무런 효과를 거두지 못한다. 일반적으로 자본의 자유로운 이동, 고정환율제, 통화정책의 독립성 중 2가지만 취할 수 있을 뿐, 3가지를 한꺼번에 취하기 어렵다는 이론을 **삼위일체 불가능성**(impossible trinity) **가설**이라 한다.

삼위일체 불가능성 가설 자본의 자유로운 이동, 고정환율제, 통화정책의 독립성 3가지를 한꺼번에 취하기 어렵다는 이론

7.2 재정정책

정부가 지출을 증가시킨다고 하자($G\uparrow$). 이 정책은 *IS*곡선을 오른쪽으로 이

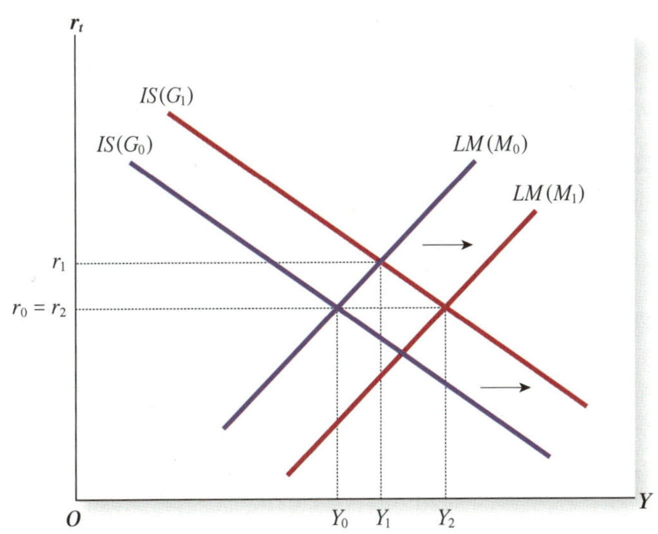

그림 16-12

고정환율제도에서의 재정확장

고정환율제도 하 정부지출의 증가는 명목환율의 하락 압력을 발생시킨다. 이에 대한 중앙은행의 개입으로 인해 화폐공급이 증가하고 이로 인해 산출량은 더 많이 증가한다.

동시킨다. 이때 중앙은행이 아무 조치도 취하지 않으면 확장적 재정정책의 효과는 〈그림 16-9〉에 표시된 것과 동일하다. 그러나 고정환율을 유지하기 위해서는 중앙은행이 화폐공급을 증가시켜야 하는데 이는 〈그림 16-12〉와 같다. 결과적으로 산출량은 더 많이 증가한다. 반면에 국내 실질이자율, 순자본유출 및 환율은 고정된 상태로 유지된다.

이론과 실제 3 중국이 직면한 Trilemma*

중국은 1980년대부터 해외직접투자, 포트폴리오 투자, 역외 지역에서의 위안화 주식 및 채권 발행 등을 순차적으로 허용하는 등 자본자유화를 점진적으로 추진하여 왔다. 또한 2005년 미 달러화 페그제를 포기하고 관리변동환율제도로 전환한 후 점진적으로 위안화 환율변동폭을 확대하여 왔으나 위안화의 변동성은 변동환율제를 따르는 주요 통화에 비해 낮은 수준을 보여왔다. 유로화·엔화 등은 글로벌 금융위기 이후 10%대의 변동성을 보인 반면, 위안화는 2% 미만의 낮은 변동성을 나타냈다.

이와 같이 중국은 자본자유화를 추진하는 과정에서 환율변동성을 낮게 유지함으로 인해 국내 경제상황에 맞는 통화정책의 자율적 운용이 곤란한 삼위일체 불가능성(Impossible Trinity 또는 Trilemma)에 직면한 것으로 분석된다. 경제규모가 큰 중국의 경우 효율적인 거시경제 운용을 위해서는 통화정책의 자율성을 확보하는 것이 특히 중요하므로 환율변동의 유연성을 제고해 나갈 필요가 있다.

* "중국이 직면한 Trilemma와 정책적 시사점", 해외경제 포커스, 한국은행, 2015. 2. 21.

7.3 변동환율제도인가 고정환율제도인가?

우리는 거시경제정책과 경제여건의 변화가 개방경제에 미치는 영향이 환율제도에 달려 있음을 알았다. 그렇다면 어떤 환율제도를 채택하는 것이 바람직한가?

변동환율제도의 장점
통화정책을 독립적으로 사용할 수 있음

변동환율제도의 주요 장점은 한 국가가 경기침체기에 경제 활성화를 위해 통화정책을 사용할 수 있다는 것이다. 부정적 총수요 충격이 *IS*곡선을 왼쪽으로 이동시켜 총생산(국민소득)이 감소하고 경제가 침체에 빠졌다고 하자. 변동환율제도에서 중앙은행이 화폐공급을 늘리면 *LM*곡선이 오른쪽으로 이동하여 총생산이 증가함에 따라 경기침체가 종료된다. 그러나 고정환율제도에서 중앙은행은 환율 상승 압력을 제거하기 위해 화폐공급을 줄여야 하므로 *LM*곡선을 왼쪽으로 이동시킨다. 그 결과 실질이자율이 원래 수준으로 돌아오고 순자본유출과 환율도 고정된다. 그러나 산출량이 더 줄어들기 때문에 경기침체를 더욱 악화시킬 것이다.

고정환율제도의 장점
환율변동에 따른 불확실성 감소

반면에 고정환율제도의 주요 장점은 환율변동에 따른 불확실성을 줄일 수 있다는 것이다. 환율의 자유로운 변동이 허용되는 경우 해당 국가의 환율이 상당히 큰 폭으로 오르거나 내릴 수 있다. 이것은 특히 상대적으로 규모가 작은 경제에 해당된다. 안정적인 물가수준이 바람직한 것과 마찬가지로 안정적인 환율이 바람직하다는 것이다. 환율의 높은 변동성은 불확실성을 증가시킬 수 있으며 수입 및 수출 기업을 상당한 위험에 노출시킬 수 있기 때문이다.

또한 일부 국가는 과거에 낮고 안정적인 인플레이션을 유지하는 데 어려움을 겪었기 때문에 미국 달러와 같은 안정적인 외화에 자국 통화가치를 고정하고 있다. 고정환율은 해당 국가의 통화당국 또는 중앙은행을 규율하고 화폐공급의 과도한 증가를 방지하기 위한 시도로 볼 수 있다. 즉, 자국 통화가치를 미국 달러에 고정함으로써 실질적으로 중앙은행의 수장에 그린스펀(Alan Greenspan)이나 옐런(Janet Yellen)과 같은 미국 연방준비제도이사회 의장 영입의 효과를 거두고자 하는 것이다.

그러나 현실 경제에서 환율이 완전히 고정되거나 완전히 변동하는 경우는 거의 없다. 많은 국가에서 환율은 대부분 변동이 허용되지만 동시에 환율 안정은 중앙은행의 여러 목표 중 하나이기 때문에 종종 환율을 안정시키기 위해 중앙은행이 개입하고 있다.

8. 결론

우리는 이 장에서 13장의 새케인즈학파 모형을 개방경제모형으로 확장하여 순수출(국가 간 재화 흐름), 순자본유출(국가 간 자금 흐름) 및 환율(국가 간 생산품의 상대가격)이 다른 거시경제변수들과 함께 단기적으로 결정되는 방식을 알아보았다.

일반적으로 변동환율제도를 채택한 소규모 개방경제에서는 확장적 통화정책이 두 가지 경로(금리경로와 환율경로)를 통해 경기를 진작시키는 반면, 확장적 재정정책은 동일한 두 가지 경로를 통해 소비, 투자, 순수출 등 민간지출을 구축한다는 것을 알게 되었다. 하지만 이러한 정책효과는 국가 간 자본이동의 마찰요인 및 환율제도에 따라 달라질 수 있음에 주의해야 한다.

요약

1. 상품과 자본의 국제이동

상품의 국제이동과 자본의 국제이동은 동전의 양면과 같으며 순수출(무역수지, 경상수지)과 순자본유출이 같다는 국제수지방정식을 통해 양자 간 관계를 나타낼 수 있다.

2. 순수출과 환율

순수출의 결정요인 중 가장 중요한 변수는 실질환율이다. 실질환율이란 국내 생산품과 외국 생산품의 교환비율을 의미한다. 순수출은 실질환율의 증가함수로 나타낼 수 있으며 실제로 양자의 변화방향은 유사하게 나타난다. 명목환율은 두 국가 통화 간 상대가격으로 물가수준의 비율이 안정적이라면 실질환율과 명목환율은 비례한다.

3. 순자본유출과 이자율

순자본유출은 국내 실질이자율과 국제 실질이자율의 차이와 음의 관계에 있다. 폐쇄경제에서는 이자율의 수준과 관계없이 순자본유출의 값이 0이고, 완전한 자본이동이 가정된 개방경제에서는 국내 이자율과 국제 이자율이 동일한 수준으로 수렴한다.

4. 개방경제모형

4.1 개방경제의 *IS*곡선 개방경제의 총수요는 소비, 투자, 정부지출에 순수출이 더해진다. 국제수지방정식을 이용하여 순수출 대신 순자본유출을 대입하면 개방경제의 *IS*곡선은 폐쇄경제의 *IS*곡선과 마찬가지로 우하향함을 알 수 있다. 다만, 순수출을 통한 추가 채널로 인해 기울기는 더 완만하다.

4.2 개방경제의 *IS-LM* 모형 개방경제의 *LM*곡선은 폐쇄경제의 *LM*곡선과 같으며, 개방경제의 단기균형은 *IS*곡선과 *LM*곡선이 만나는 점에서 달성된다. 한편, 국제수지방정식은 외환시장의 균형조건을 의미하기 때문에 개방경제의 일반균형은 폐쇄경제에서 고려했던 시장들과 더불어 외환시장도 균형 상태에 있음을 의미한다.

5. 개방경제모형의 충격 분석

5.1 통화정책 개방경제에서의 확장적 통화정책은 *LM*곡선을 우측으로 이동시켜 실질이자율을 감소시키고 국민소득을 증가시킨다. 개방경제에서는 금리경로에 더해 환율경로가 존재하여 폐쇄경제에 비해 총생산이 더 많이 증가한다.

5.2 재정정책 개방경제에서의 확장적 재정정책은 *IS*곡선을 우측으로 이동시켜 실질이자율과 총생산을 증가시킨다. 폐쇄경제에서 나타나는 구축효과에 더해 순수출을 감소시키는 효과가 존재하기 때문에 개방경제의 재정정책 효과는 상대적으로 작다.

5.3 국제이자율 충격 국제이자율이 증가하는 경우 순자본유출이 증가하여 *IS*곡선을 우측으로 이동시킨다. 이로 인해 실질이자율과 총생산이 증가한다.

6. 완전한 자본이동 : 먼델-플레밍 모형

6.1 통화정책 완전한 자본이동 하 확장적 통화정책은 총생산을 증가시킨다. 주목할 만한 점은 완전한 자본이동 하 금리경로가 존재하지 않지만 환율경로를 통해 총생산에 더 큰 영향을 미친다는 것이다.

6.2 재정정책 완전한 자본이동 하에서 *IS*곡선은 수평선의 형태를 나타내기 때문에 재정정책은 균형총생산에

아무런 영향을 미치지 못한다. 그러나 총지출의 개별 항목은 변하는데, 소비와 순수출이 감소하고 정부지출은 재정정책에 따라 증가하며 투자는 불변한다.

7. 고정환율제도

7.1 통화정책

고정환율제도 하 화폐공급이 증가하는 경우 명목환율은 상승압력을 받는다. 중앙은행은 목표로 하는 명목환율수준의 유지를 위해 개입하고 이로 인해 화폐공급이 감소하여 통화정책의 효과가 사라진다.

7.2 재정정책 고정환율제도 하 정부지출의 증가는 명목환율의 하락압력을 발생시킨다. 이에 대한 중앙은행의 개입으로 인해 화폐공급이 증가하고 이로 인해 산출량은 더 많이 증가한다.

7.3 변동환율제도인가 고정환율제도인가? 변동환율제도는 통화정책을 독립적으로 사용할 수 있다는 장점이 있는 반면 고정환율제도는 환율 변동으로 인한 불확실성이 감소한다는 장점이 있다. 현실 경제에서 대부분 국가들은 환율의 변동을 허용하지만 동시에 환율안정을 위한 중앙은행의 개입이 존재한다.

8. 결론

변동환율제도를 채택한 경우 통화정책은 효과를 발생시키지만 재정정책은 효과가 없다. 반면 고정환율제도를 채택한 경우 재정정책은 효과가 존재하지만 통화정책은 효과가 존재하지 않는다.

연습문제

01 자본이동이 불완전한 경우 변동환율제도에서 총수요곡선(AD곡선)을 도출하고, 폐쇄경제의 총수요곡선과 어떻게 다른지 설명하라.

02 자본이동이 불완전한 경우 변동환율제도에서 정부지출의 증가와 통화팽창의 효과를 각각 분석하라. 재정정책과 통화정책 중 어느 정책이 더 효과적인가? 그 이유를 설명하라. 고정환율제도에서 이 두 정책의 효과를 각각 분석하고, 변동환율제도에서의 결과와 비교하여 설명하라.

03 자본이동이 완전히 자유로운 경우 변동환율제도에서 정부지출의 증가와 통화팽창의 효과를 각각 분석하라. 재정정책과 통화정책 중 어느 정책이 더 효과적인가? 그 이유를 설명하라. 고정환율제도에서 이 두 정책의 효과를 각각 분석하고, 변동환율제도에서의 결과와 비교하여 설명하라. 2번의 결과와 비교하라.

04 자본이동이 불완전하고 변동환율제도를 채택한 소규모 개방경제에서 정부가 경기를 활성화시키기 위해 조세부담을 낮추는 정책을 시행한다고 하자(즉, 모형에서 T 감소). 이 정책이 국민소득, 소비, 투자, 순수출, 실질이자율, 환율에 미치는 영향을 설명하라. 가계의 저축 및 차입이 자유로운 경우와 불가능한 경우를 각각 분석하라.

05 자본이동이 불완전하고 변동환율제도를 채택한 소규모 개방경제에서 미래 총요소생산성 향상(z' 증가)이 국민소득, 소비, 투자, 순수출, 실질이자율, 환율에 미치는 영향을 설명하라. 가계의 저축 및 차입이 자유로운 경우와 불가능한 경우를 각각 분석하라.

06 이 장의 모형에서 순수출은 오로지 실질환율의 증가함수라고 단순하게 가정했다. 여기서는 순수출이 실질환율뿐만 아니라 미국 실질GDP(Y^f)의 증가함수라고 하자. 즉, 미국의 총소득이 증가하면 미국 거주자의 한국 상품에 대한 수요가 증가한다. 한국은 자본의 이동이 불완전한 개방경제이고 변동환율제도를 채택한다.

(1) 다른 조건이 동일할 때 Y^f의 증가가 한국의 국민소득, 순수출, 실질이자율, 환율에 미치는 영향을 설명하라.

(2) (1)번에서는 Y^f가 어떤 이유로 증가했는지 고려하지 않았다. 여기서는 미국 정부지출의 증가(즉, G^f 증가)가 Y^f의 증가를 가져왔다고 하자. 이때 Y^f의 증가가 한국의 국민소득, 순수출, 실질이자율, 환율에 미치는 영향을 설명하라.

07 과거와 비교해 최근 금융 자본이 국가 간 더 자유롭게 이동하고 있다. 세계 금융시장의 이러한 변화는 통화정책에 어떤 영향을 미치는지 논하라.

08 변동환율제도를 채택한 소규모 개방경제에서 중앙은행이 미래에 통화량(M')을 대규모로 늘린다고 발표했고, 이에 경제주체의 미래인플레이션에 대한 기대치가 상승했다. 국민소득, 순수출, 실질이자율, 환율에 미치는 영향을 설명하라.

09 먼델-플레밍 모형에서 인위적으로 수입을 제한하는 정책, 예컨대 수입할당(import quota)을 도입하는 것은 경상수지를 개선하거나 경기를 진작하는 데 전혀 도움이 되지 않는다. 그 이유를 설명하라.

10 달러에 대한 일본 엔화의 가치가 최근 2년 동안 약 30% 하락함에 따라 일본의 수출과 일본 경제의 회생에 대한 낙관론이 대두되고 있다.

(1) 엔화가치의 하락이 일본의 수출을 증대시킨다는 낙관론의 근거를 설명하라.

(2) 엔화가치가 하락해도 일본의 수출금액이 뚜렷하게 증가하지 않고 있다면 이를 어떻게 설명할 수 있는가?

(3) 위와 같은 엔화가치의 하락이 일본의 대외자본 이동에는 어떤 영향을 미칠 수 있는가?

(2002년 외무고시 기출문제 일부 변형)

11 자본이동이 자유롭고 변동환율제도를 따르는 소규모 개방경제에서 다음이 각각 국민소득, 소비, 투자, 순수출, 환율에 미치는 영향을 분석·설명하라.

(1) 재정긴축과 통화팽창

(2) 달러 약세와 국제이자율 상승

(3) 설비투자 감소와 중앙은행의 공개시장매각

(4) 법정지급준비율 하락과 중국의 위안화 평가절상

12 자본이동이 자유롭고 고정환율제도를 따르는 소규모 개방경제를 가정하자.

(1) 중앙은행이 중화정책을 사용하는 경우 정부지출의 증가와 통화팽창의 효과를 각각 분석하고 어느 정책이 더 효과적인지 그 이유를 설명하라.

(2) 국제물가수준의 상승이 국민소득, 소비, 투자, 순수출에 미치는 영향을 설명하라.

(3) 화폐를 대신하는 대체지급수단의 개발과 세계 경기침체의 동시 발생이 국민소득, 소비, 투자, 순수출에 미치는 영향을 설명하라.

(4) 총수요곡선을 도출하라.

13 변동환율제도에서 금융시장 개방이 국내 통화정책과 재정정책의 효율성에 미치는 영향을 논하라.

(1994년 외무고시 기출문제 일부 변형)

14 2000년대 초반부터 2007~2008 글로벌 금융위기 직전까지 세계 경제의 핫이슈로 떠오른 '국제 경제 불균형', 즉 미국의 막대한 경상수지 적자와 중국 등 동아시아 국가들의 경상수지 흑자가 뚜렷이 대비되는 대외불균형 현상에 대해 루비니(Nouriel Roubini)는 미국 경제의 과소비로 저축이 부족하고 정부의 재정적자가 누적되면서 경상수지 적자가 증가한 것으로 보고 있다. 자본이동이 자유롭고 변동환율제도를 따르는 동아시아

국가의 입장에서 소규모 개방경제의 모형을 이용하여 루비니 교수의 주장을 설명하라.

15 국제신용평가기관에서 한국의 국가신용등급을 상향조정(위험 프리미엄의 변화)하였다고 하자. 단, 한국은 자본이동이 자유롭고 변동환율제도를 채택한 소규모 개방경제라고 가정한다.

(1) 먼델-플레밍 모형을 이용하여 신용등급 상향조치가 IS, LM곡선에 미치는 영향을 설명하라. 국가신용등급의 상향조정은 환율과 국민소득에 어떤 영향을 미치는가?

(2) 장기적으로 화폐수요와 공급 및 물가수준 변화 등의 요인이 국민소득에 미치는 영향을 (1)의 경우와 비교하여 설명하라.

(2002년 행정고시 기출문제 일부 변형)

16 최근 미국 달러화에 대한 원화가치의 상승에 따라 기업들은 수출채산성의 악화와 그에 따른 수출 감소를, 정부는 수출 감소에 의한 경제성장의 둔화와 실업 증가를 우려하고 있다.

(1) 미국의 과도한 경상수지 적자로 장기적인 달러화 약세가 불가피하다는 견해에 대하여 논하라.

(2) 개방경제에서의 균형국민소득결정이론을 이용하여 미국 달러화에 대한 원화가치 상승이 우리나라의 경상수지와 국민소득에 미치는 부정적 효과에 대하여 설명하라.

(3) 미국 달러화에 대한 원화가치 상승이 단기적으로는 경상수지와 국민소득에 긍정적인 효과를 가져올 수 있다는 주장에 대하여 논하라.

(2005년 외무고시 기출문제 일부 변형)

Macroeconomics ch. seventeen

1. 통화정책의 신뢰와 유효성

2. 통화정책의 운용체계

3. 통화정책의 파급경로

4. 통화정책과 소득·부의 불평등

17

통화정책의 여러 문제

우리는 지금까지 거시경제모형을 이용하여 통화정책과 재정정책 등 거시경제정책을 분석하고 그 효과를 논의할 때 중앙은행 및 정부가 시행하는 거시경제정책에 대한 민간 경제주체들의 신뢰를 가정하였다. 이 장에서는 통화정책의 신뢰와 유효성을 포함하여 통화정책의 운영체제와 파급경로, 통화정책과 소득·부의 불평등 간 관계에 대해 알아본다.

1. 통화정책의 신뢰와 유효성

경제주체들이 합리적 기대를 가질 때의 필립스곡선에 따르면 예상된 긴축적 통화정책(또는 통화긴축정책)은 즉각적인 기대인플레이션 하락을 통해 실업률 증가나 산출량 감소 없이 인플레이션 억제를 가능하게 한다. 그러나 실업률 증가를 수반하지 않은 인플레이션 억제정책이 쉽게 달성될 수 있는 것은 아니다. 이는 일반적으로 정책당국이 기대인플레이션을 통제할 수 있는가의 문제, 즉 **정책의 신뢰성**(credibility)과 밀접하게 관련된다.

실업률 증가를 수반하지 않은 인플레이션 억제정책의 달성 여부는 정책의 신뢰성과 관련됨

- 민간이 중앙은행을 신뢰하는 경우 : 인플레이션을 낮추겠다는 발표만으로 기대인플레이션 하락을 통해 인플레이션을 낮출 수 있음
- 민간이 중앙은행을 신뢰하지 않는 경우 : 실제 통화긴축정책을 실시하여 인플레이션이 하락해도 실업률은 상승함

〈그림 17-1〉에서 현재 인플레이션율은 π_0이고, 필립스곡선은 점 A를 지나는 $PC(\pi_0^e)$라고 하자. 이때 중앙은행이 통화긴축정책을 통해 인플레이션율을 π_1으로 줄이겠다고 발표하고 민간 경제주체들이 중앙은행의 정책발표를 전적으로 믿는다면, 중앙은행은 이러한 발표만으로도 인플레이션율을 낮출 수 있다. 〈그림 17-1〉을 보면 기대인플레이션율이 π_0^e에서 π_1^e로 낮아지는 경우 필립스곡선이 $PC(\pi_0^e)$에서 $PC(\pi_1^e)$로 하방이동하여 중앙은행은 점 D에서 실업률의 증가 없이 인플레이션을 낮출 수 있다.

그러나 민간이 중앙은행 발표를 완전히 믿지 않는다면 어떻게 될까? 중앙은행이 인플레이션율을 π_1수준으로 억제하기 위해서 통화긴축정책을 시행할 것을 발표하고, 실제로 이를 강력히 실시하여 인플레이션율이 실제로 하락하고 있다고 하자. 그러나 민간이 중앙은행의 통화긴축정책을 믿지 않으면 〈그림 17-1〉의 π_0^e와 같이 기대인플레이션율은 계속 높은 수준에 머무르게 되고, 따라서 필립스곡선도 $PC(\pi_0^e)$에 계속 머물러 있게 된다. 이 상황에서 중앙은행이 통화긴축정책을 실시하여 실제 인플레이션율이 π_1으로 하락하면, 경제는 점 C로 이동하여 실업률이 오히려 u_1으로 증가한다. 이것은 남미와 같이 높은 인플레이션을 겪었던 많

은 나라에서 인플레이션 억제정책이 신뢰를 얻기 전에 일반적으로 나타나는 현상이었다.

1.1 최적정책의 동태적 비일관성

프레스컷(E. C. Prescott, 1940~) 미국 애리조나주립대 교수. 실물경기변동이론, 경제정책의 동태적 비일관성 이론 및 기타 동태적 거시경제학에 이바지한 공로로 키들랜드와 함께 2004년 노벨 경제학상을 수상하였다.

키들랜드(F. E. Kydland, 1943~) 노르웨이 출신의 미국 UC-산타바바라대 교수. 실물경기변동이론과 경제정책의 동태적 비일관성 이론을 정립한 공로로 2004년 노벨 경제학상을 수상하였다.

왜 민간이 중앙은행의 정책을 믿지 못하는 것일까? 2004년 노벨 경제학상을 수상한 프레스컷(Edward Prescott)과 키들랜드(Finn Kydland)의 연구로부터 시작된 경제정책의 실증적 접근에 의하면 정책의 신뢰 문제는 최적정책의 **동태적 비일관성** 때문이다.[1]

현재시점에서 수립된 최선의 미래정책이 미래가 도래했을 때에도 최선의 정책이라면 이 정책은 **동태적 일관성**이 있다. 반면 현재시점에서 수립된 최선의 미래정책이 미래가 도래했을 때 더 이상 최선의 정책이 아니라면 이 정책은 동태적 일관성이 없는 것이다. 민간 경제주체들이 정책의 비일관성을 합리적으로 예상하는 상황에서 정책을 신뢰하지 않으면 중앙은행이 최적정책을 변경해도 원하는 효과를 얻지 못하고 오히려 사회후생만 감소하게 된다.

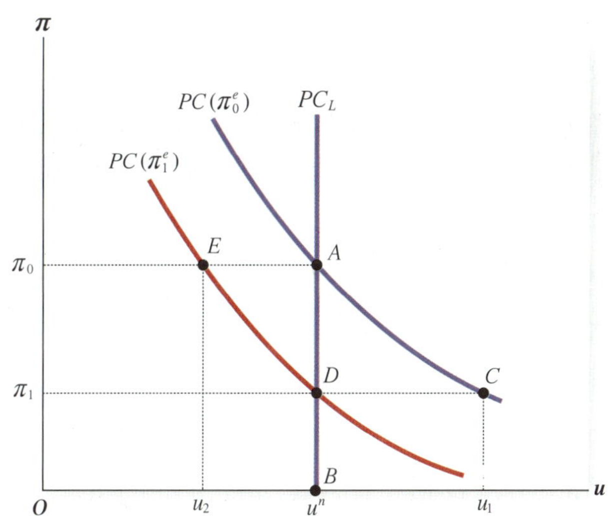

그림 17-1

합리적 기대와 인플레이션 억제정책

경제가 점 A에 놓여 있을 때 중앙은행이 인플레이션율을 π_1 수준으로 억제하겠다는 사전공약을 민간이 신뢰하여 기대인플레이션율이 π_1^e으로 하락하면, 필립스곡선은 $PC(\pi_1^e)$으로 하방이동한다. 이때 정부는 (u_2, π_0)인 점 E로 이동하려는 유인을 가질 수 있다. 그러나 이를 합리적으로 예상하는 민간은 기대인플레이션을 π_1^e으로 낮추지 않으므로, 점 E가 실현되기 어렵다.

1. Kydland, F. and Prescott, E. C., "Rules Rather Than Discretion : The Inconsistency of Optimal Plans," *Journal of Political Economy*, 1977.

정책의 비일관성에 대한 합리적 예상
⇒ 중앙은행의 최적정책 변경
⇒ 사회후생 감소

앞서 살펴본 인플레이션 억제정책의 동태적 비일관성 문제를 예로 들어 보자. 〈그림 17-1〉에서 현재 이 경제가 점 A에 있다고 하자. 이때 물가안정과 고용안정을 정책목표로 하는 중앙은행이 인플레이션율을 최적수준인 π_1으로 억제하겠다는 사전공약을 했다고 하자. 민간이 이를 믿어 기대인플레이션율을 π_0^e에서 π_1^e으로 낮추면, 필립스곡선은 $PC(\pi_1^e)$으로 하방이동한다. 이때 중앙은행은 통화량을 조정함으로써 약속대로 점 A에서 점 D로 이동할 수 있다. 점 D는 점 A와 실업률은 같고 인플레이션율은 낮으므로 상대적으로 더 바람직하다.

하지만 물가안정뿐만 아니라 실업률 감소도 동시에 추구하는 정책당국은 새 필립스곡선 $PC(\pi_1^e)$ 상에서 인플레이션율을 π_1보다 약간 높게 유지하는 대신 실업률을 자연실업률 아래로 낮추고 싶어 한다고 가정해 볼 수 있다. 예를 들어, 중앙은행은 애초의 인플레이션율인 π_0수준에서 확장적 통화정책을 통해 실업률이 u_2로 낮아지는 점 E로 이동할 수 있음을 인식하게 된다. 즉, 점 A에 있을 때는 확장적 통화정책을 통해 점 E로 이동할 수 없었지만, 인플레이션 억제정책의 시행공약으로 민간의 기대가 바뀌어 필립스곡선이 $PC(\pi_1^e)$로 하방이동하면, 중앙은행은 점 E로 이동하려는 유인을 가질 수 있다. 이처럼 중앙은행이 처음에 입안한 최적정책이 시간이 지나면서 더 이상 최적정책이 아니게 되어, 중앙은행이 그 정책을 바꾸려는 유인(incentive)을 갖게 되는 것을 **최적정책의 동태적 비일관성**(dynamic inconsistency of optimal policy)이라고 한다.[2]

최적정책의 동태적 비일관성 처음에 입안한 최적정책이 시간이 지나면서 더 이상 최적정책이 아니게 되어, 그 정책을 바꾸려는 유인이 존재하는 것

그렇다면 중앙은행이 최적정책을 변경하는 것이 궁극적으로 바람직할까? 〈그림 17-1〉에서 점 E는 애초의 점 A와 인플레이션율은 같고 실업률은 더 낮으므로 상대적으로 더 바람직하다. 그러나 문제는 민간 경제주체들의 합리적 기대를 가정할 때 점 E가 실제로 실현되기 어렵다는 데 있다. 인플레이션 억제정책이라는 사전공약을 해도 중앙은행의 확장적 통화정책 유인을 합리적으로 예상하는 민간 경제주체들은 인플레이션 억제정책을 믿지 않을 것이다. 즉, 중앙은행의 유인을 아는 합리적인 경제주체들은 필립스곡선이 이동하는 순간 중앙은행이 점 D 대신 점 E를 선택하리라는 걸 예상한다는 것이다. 따라서 민간 경제주체들은 기대인플레이션율을 π_1^e로 낮추지 않게 되어, 경제는 결국 점 A에서 균형을 이룰 것이다. 이때 실업률은 u^n 수준이고 인플레이션율은 π_0이다. 반면에 필립스곡선이

2. 점 E가 점 A와 비교해 상대적으로 더 바람직한 건 자명하다. 그런데 이 모형에서 중앙은행이 왜 점 E를 점 D보다 더 선호하는지는 자명하지 않다. 여기서는 일단 중앙은행의 이 '선호'를 주어진 것으로 가정한다.

$PC(\pi_1^e)$으로 하방이동하더라도, 당초에 공표했던 최적정책을 변경하지 않고 사전 공약대로 인플레이션 억제정책을 실행하게 되면, 균형은 점 D에서 이루어질 것이다. 이때 실업률은 점 A와 같이 u^n수준이지만, 인플레이션율은 π_1이기 때문에 점 D는 점 A보다 우월하다고 볼 수 있다. 결국 중앙은행의 재량적인 정책변경 시도는 그 의도가 합리적인 경제주체에 의해 파악되어 기대형성에 이미 반영되므로 실제로 의도한 대로 실현할 수 없을뿐더러 일관된 정책보다 열등한 결과를 가져온다.

중앙은행의 재량적 최적정책 변경은 일관된 정책에 비해 열등한 결과를 초래

이제 합리적 기대 하의 필립스곡선식과 물가안정 · 고용안정이 반영된 사회후생함수를 이용하여 최적정책의 동태적 비일관성에 따른 사회후생 손실을 도출해 보자. 우선 14장에서 살펴본 합리적 기대 하의 필립스곡선식에 오쿤의 법칙을 적용하여 도출되는 **총공급곡선**을 상정하자.

$$Y = Y^n + \gamma(\pi - \pi^e) \quad (\gamma > 0) \tag{17.1}$$

이 식은 인플레이션율(π)이 기대인플레이션율(π^e)보다 높을 때 총산출량(Y)이 완전고용 산출수준(Y^n)을 초과할 수 있음을 보여준다.

한편 물가안정과 고용안정 또는 성장을 정책목표로 하는 중앙은행은 가급적 인플레이션율을 낮게 유지하면서 높은 생산수준을 달성하고자 한다. 따라서 중앙은행이 극대화하려는 **사회후생함수**는 다음과 같이 설정될 수 있다.

$$\mathcal{W} = (Y - Y^n) - \frac{1}{2}a\pi^2 \quad (a > 0) \tag{17.2}$$

식 (17.2)에서 총산출량(Y)이 완전고용 산출수준(Y^n)보다 커지면 실업률이 하락하기 때문에 사회후생이 증가하게 된다. 반면에 인플레이션율(π)이 높아지면 인플레이션의 해악에 따른 비용이 커지기 때문에 사회후생이 감소하게 된다. 여기서 a는 사회후생함수에서 인플레이션의 해악에 대한 가중치를 나타낸다.[3]

사회후생함수
- 총산출량의 증가함수
- 인플레이션율의 감소함수

동태적 총공급곡선식 (17.1)을 식 (17.2)에 대입하면 사회후생함수를 다음과

3. 앞의 여러 장에서 언급했듯이, 이제까지 우리가 고려했던 여러 모형에서 자연산출량이 곧 최적 산출량이므로 식 (17.2)는 엄밀한 의미에서 사회후생함수는 아니다. 다만 현실에서 정책당국은 여러 가지 이유로 총생산을 자연산출량 이상으로 늘리고 실업률을 자연실업률 이하로 낮추려는 유인이 있다. 이 장에서는 식 (17.2)를 주어진 사회후생함수로 가정하고 논의를 진행한다.

같이 인플레이션율에 관한 식으로 나타낼 수 있다.

$$W = \gamma(\pi - \pi^e) - \frac{1}{2}a\pi^2 \tag{17.3}$$

우선 중앙은행은 물가상승률 π를 항상 0으로 유지해 민간의 인플레이션 예상 π^e를 0으로 묶어두는 것이 바람직하다. 그러면 식 (17.3)에서 $\pi = \pi^e = 0$이므로, 중앙은행의 목적함수인 사회후생함수의 값은 0이 된다.

그러나 물가안정 기조(즉, 0% 인플레이션율)가 자리를 잡아 모든 사람들이 물가 상승을 우려하지 않으면 중앙은행의 최적정책은 바뀌게 된다. 즉, 민간의 기대인플레이션율이 0으로 고정되어 있을 때($\pi^e = 0$) 중앙은행의 목적함수를 극대화하는 인플레이션율은 0이 아니라 $\frac{\gamma}{a}$이다.[4] 따라서 중앙은행이 인플레이션율을 $\pi = \frac{\gamma}{a}$로 변경하면 사회후생함수의 값은 $\frac{\gamma^2}{2a}$으로 종전의 사회후생수준 0보다 큰 값을 얻게 된다. 이것은 민간의 기대인플레이션율이 주어져 있을 때 중앙은행의 최적정책이 변하는 것을 보여주는 좋은 예이다.

정책적 시사점

■ 민간이 중앙은행의 최적정책 변경을 합리적으로 예상하면 민간의 기대인플레이션율이 당초보다 높아지면서 사회후생이 오히려 감소함

그러나 민간이 중앙은행의 변경된 최적정책($\pi = \frac{\gamma}{a}$)을 합리적으로 예상한다면, 민간의 기대인플레이션율도 $\pi^e = 0$이 아닌 $\pi^e = \frac{\gamma}{a}$가 될 것이다. 이렇게 민간의 기대인플레이션율이 바뀐 상황에서 중앙은행이 변화된 최적정책($\pi = \frac{\gamma}{a}$)을 집행하면 사회후생함수의 값은 $-\frac{\gamma^2}{2a} < 0$이 되어 사회후생이 오히려 감소한다.

앞의 예에서 알 수 있듯이 중앙은행이 일관된 정책을 시행할 경우 민간의 인플레이션 예상을 통제할 수 있는 효과가 발생한다. 하지만 재량적으로 정책을 변경하는 경우에는 민간의 기대인플레이션율이 합리적 기대를 통해 변하기 때문에 중앙은행의 입장에서 민간의 인플레이션 예상을 통제할 수 없게 된다. 따라서 중앙은행의 재량적인 정책변경의 결과 발생하는 사회후생 감소는 이러한 민간의 기대인플레이션에 대한 통제를 잃은 결과로 볼 수 있다.

---

4. 사회후생함수 (17.3)이 π의 2차함수이므로 최대값이 $\pi = \frac{\gamma}{a}$에서 결정된다는 것을 쉽게 확인할 수 있다. 또는 사회후생함수를 π에 대해 미분한 뒤 0으로 놓으면 $\gamma - a\pi = 0$이 되므로 $\pi = \frac{\gamma}{a}$에서 사회효용이 극대화된다.

1.2 정책의 신뢰와 준칙

지금까지 알아본 통화정책의 동태적 비일관성 문제에서 중앙은행이 당초에 공표했던 최적정책을 변경하고, 민간 경제주체들 역시 최적정책의 변경을 합리적으로 예상할 수 있는 것은 중앙은행이 물가안정 · 고용안정의 두 가지 정책목표를 추구하는 상황에서 최적정책에 대한 **사전적 구속장치**(pre-commitment)가 없기 때문이다. 즉, 사전적 구속장치가 없을 경우 인플레이션 억제를 위해 통화긴축을 공약한 중앙은행은 화폐공급을 확대할 유인을 갖게 되며, 합리적 기대를 하는 민간 경제주체들은 중앙은행의 이 같은 유인을 감안하여 당초 목표수준보다 높은 인플레이션율을 예상한다. 따라서 화폐공급의 확대는 중앙은행의 의도와는 달리 **인플레이션 편의**(inflation bias)만을 야기하게 된다.

통화정책의 동태적 비일관성 문제는 물가 및 고용 안정의 두 가지 정책목표를 추구하는 상황에서 최적정책에 대한 사전적 구속장치가 없기 때문임

정리하면, 합리적인 경제주체를 대상으로 하는 통화정책이 일관성을 유지하지 못하고 중앙은행의 **재량**(discretion)에 의해 수시로 변경될 경우 정책은 실효를 거두지 못한다. 따라서 정책 결정에서 가능한 한 재량을 배제하고 **준칙**(rule)에 따라 정책을 일관되게 유지해야만 경제주체들의 신뢰를 얻어 최선의 결과를 얻을 수 있다. 예를 들어 프리드먼의 제안에 따라 통화증가율을 경제성장률 수준과 동일하게 맞추는 이른바 '**k% 준칙**'을 정하고 중앙은행이 이를 준수한다고 하자. 이러한 상황에서는 민간이 예상하지 못한 정책을 원천적으로 억제할 수 있으므로 정책의 신뢰성이 제고되어 인플레이션 억제정책의 효과도 높아질 수 있다.

- 준칙에 따라 정책을 일관되게 유지해야만 민간의 신뢰를 얻어 최선의 결과를 얻을 수 있음

이 밖에 정책의 신뢰성을 제고하기 위해 중앙은행이 정책 수행 시 미래지향적으로 정책의 평판효과(reputation effect)를 고려하도록 유도하는 방식과 입법 및 계약에 따라 준칙을 준수하도록 하는 방식 등이 제시되었다.

정책의 신뢰성 제고 방안
- 정책의 평판효과를 고려하도록 유도
- 입법 및 계약에 따라 준칙을 준수

1.2.1 신뢰성 보강장치 : 평판

통화정책의 동태적 비일관성에 대한 초기의 논의에 대해 중앙은행과 민간 경제주체 간의 관계를 장기적 또는 지속적 관계로 파악하지 못하여, 결과적으로 정책의 신뢰문제를 과장했다는 비판이 제기되었다. 중앙은행과 민간 경제주체 간의 동태적 게임에서 중앙은행이 인플레이션 억제정책을 공표한 뒤 확장정책으로 선회하면 단기적으로 고용증대를 가져올 수는 있다. 하지만 이를 예상한 민간

정책신뢰와 평판

■ 중앙은행이 민간과의 지속적 관계를 고려하는 경우 예상치 못한 단기적 확장정책으로 얻는 이익(산출량 증가)이 향후 기대인플레이션 상향조정에 따른 비용보다 작다면 중앙은행은 단기적 확장정책을 실시할 유인을 상실하게 됨

부문이 기대인플레이션율을 상향조정하여 미래의 인플레이션율이 상승하게 된다. 이렇게 발생한 미래의 고인플레이션 비용이 단기적인 고용확대의 이익보다 크다면, 중앙은행은 애초의 인플레이션 억제정책을 수정할 유인이 작아지고 정책의 신뢰문제도 줄어들게 된다.

따라서 민간 경제주체와의 지속적 관계를 고려하는 중앙은행은 예상치 못한 단기적 확장정책이 민간으로부터 기대인플레이션율의 상향조정이라는 처벌을 받게 된다는 사실을 인식하게 된다. 이러한 민간의 처벌은 궁극적인 정책목표(즉, 물가안정)와 상충되기 때문에 중앙은행은 단기적 확장정책을 실시할 유인을 상실하게 되고, 인플레이션 억제정책의 **평판**(reputation)을 고려하게 된다.[5]

일종의 구속장치(commitment device)로서 평판의 역할을 예시하기 위하여 앞에서 가정한 중앙은행의 사회후생함수 (17.3)을 2기간으로 확장하여 다시 분석해 보자.

$$\mathcal{W} = \mathcal{W}_1 + \beta \mathcal{W}_2 \quad (0 < \beta \leq 1) \tag{17.4}$$

여기서 $\mathcal{W}_t = \gamma(\pi_t - \pi_t^e) - \frac{1}{2} a\pi_t^2 (t = 1, 2)$이고, β는 시간할인요소(time discount factor)를 의미한다. 즉, 사회후생함수 (17.4)는 2기의 후생수준($\mathcal{W}_2$)을 시간할인하여 1기의 후생수준($\mathcal{W}_1$)에 더한 것이다.

이제 중앙은행이 사회후생함수를 극대화하기 위한 방식으로 다음의 두 가지를 생각할 수 있다. 첫 번째 방식은 1기에는 인플레이션율을 0으로 설정하여 민간 경제주체의 기대인플레이션율이 0이 되도록 유도하고($\pi_1 = \pi_1^e = 0$), 2기에 인플레이션율을 $\pi_2 = \frac{\gamma}{a}$로 끌어올려 실업률을 낮추는 방법이다. 두 번째 방식은 1기부터 재량적으로 인플레이션율을 $\pi_1 = \frac{\gamma}{a}$로 설정하고, 2기에 다시 필요한 만큼 인플레이션율을 조정하여 실업률을 낮추는 방법이다. 첫 번째 방식과 두 번째 방식의 후생수준은 각각 $\mathcal{W} = \frac{\beta\gamma^2}{2a}$과 $\mathcal{W} = \frac{(1-\beta)\gamma^2}{2a}$이 된다. 따라서 β의 크기에 따라 두 가지 방식의 우열이 결정된다. 만약 중앙은행이 미래지향적이어서 β가 1에 가까워진다면 첫 번째 방식이 더 높은 후생수준을 가져올 것이다.[6]

5. Barro, R. J. and Gordon, D. B., "Rules, Discretion and Reputation in a Model of Monetary Policy," *Journal of Monetary Economics*, 1983.

6. 고려하는 기간을 2기간 이상으로 늘린 일반적인 모형에서는 시간할인요소의 크기와 민간의 기대반응 정도 등 고려해야 할 사항들이 많기 때문에 일률적으로 단정하기 어렵다. 그러나 일반적으

중앙은행은 한 번의 고용확대라는 이익과 향후 지속될 높은 인플레이션이라는 비용을 비교하여 후자가 전자보다 클 때는 사전적 최적정책인 0% 인플레이션율을 약속대로 실현할 것이다. 이처럼 **평판적 접근방식**(reputational approach)은 일종의 내생적인 구속장치로서 중앙은행의 정책행위가 일회적으로 경제에 영향을 줄 뿐만 아니라 미래의 기대 형성에도 지속적으로 영향을 미칠 수 있다는 것을 명확히 보였다는 점에서 그 의의가 크다.

■ 평판적 접근은 정책행위가 미래의 기대 형성에도 영향을 미칠 수 있다는 것을 보임

1.2.2 신뢰성 보강장치 : 입법과 계약

일부 학자들은 신뢰성 보강장치로서 **입법에 의한 접근방식**(legislative approach)과 **계약에 의한 접근방식**(contractual approach)을 제시하였다. 먼저 입법적 접근방식은 독립된 중앙은행을 법에 의해 설립하고 정책목표를 물가안정으로 단일화하여 명시함으로써 준칙을 준수하도록 하는 것이다. 반면에 계약적 접근방식은 정부가 주인(principal)이 되고 중앙은행이 대리인(agent)이 되어 대리인의 보수체계를 물가안정과 연계시킴으로써 중앙은행이 준칙을 준수하도록 하는 방식을 제안한다.[7]

정책신뢰 보강장치

■ 입법
■ 계약

그러나 신뢰성 보강장치가 도입되었다고 해서 신뢰성이 저절로 확보되는 것은 아니다. 이보다 더 중요한 것은 중앙은행이 실제로 정책을 일관성 있게 수행하고 목표를 충실히 준수한다는 실적(track record)을 보여주는 것이다.[8]

■ 실적 : 실제로 정책을 일관성 있게 수행하고 목표를 충실히 준수하는 것을 보여주어야 함

미국 연방준비제도의 부의장을 역임한 블라인더(Alan Blinder)는 84개국의 중앙은행 총재와 53명의 경제학자들을 대상으로 통화정책의 신뢰성 확보를 위해서는 무엇이 가장 중요하다고 생각하는지에 대해 설문조사를 실시하였다.[9] 그 결과 중앙은행이 '약속한 대로 행동해 온 역사(a history of doing what it says it will do)'를 확립하는 것이 신뢰성을 얻는 가장 효과적인 방법으로 조사되었다. 이는 중앙은행의 정직성(honesty)이 신뢰 확보에 가장 중요하다는 사실을 의미한다. 그 다음으로는 중앙은행의 독립성 보장, 인플레이션과의 투쟁 역사, 정책운

로 최적정책의 동태적 비일관성 이론은 장기에서 일관성 있는 정책이 일관성 없는 정책보다 더 우월할 수 있다는 결과를 보여주고 있다.

7. Walsh, C. E., "Optimal Contracts for Central Bankers," *American Economic Review*, 1995.

8. 한국은행, 『우리나라의 통화정책』, 2001.

9. Blinder, A. S., "Central Bank Credibility : Why Do We Care? How Do We Build It?" *American Economic Review*, 2000.

용의 투명성이 중요한 요인으로 지적되었다. 그 밖에 대규모 재정적자가 있을 경우 이를 화폐 발행으로 보전(monetization)할 우려가 크기 때문에 재정규율(fiscal discipline) 또한 통화정책의 신뢰성 확보에 중요한 요인으로 나타났다. 반면에 중앙은행으로 하여금 일정한 준칙을 따르도록 하는 것이라든지, 높은 인플레이션이 야기되었을 때 총재에게 개인적인 불이익이 돌아가도록 계약을 맺는 방안은 신뢰성 확보에 별다른 도움을 주지 못하는 것으로 조사되었다.

이론과 실제 1 2000년대 미 연준의 재량적 통화정책이 금융위기의 한 원인?*

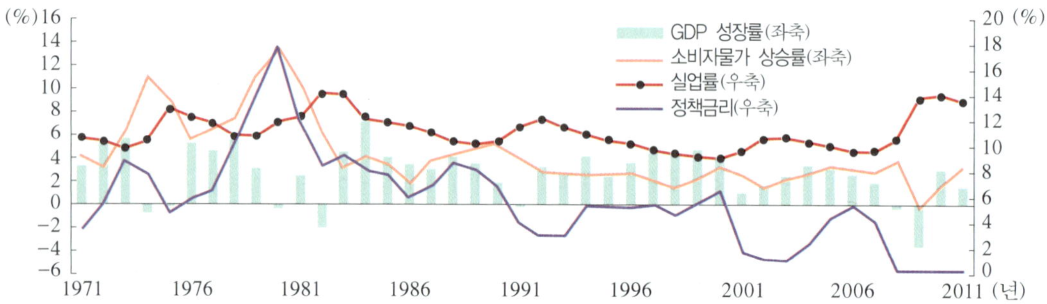

자료 : Bloomberg

〈그림 1〉 미국의 정책금리 · GDP 성장률 · 실업률 · 소비자물가 상승률 추이

역사적으로 볼 때 미 연준이 재량적으로 통화정책을 구사할 때보다 준칙에 의거하여 정책을 집행한 기간에 경제성장률이 비교적 양호하고 실업률과 인플레이션도 안정적이었다. 예를 들어 1970년대 초반 미 연준은 미국의 경제성장률이 급등하는 모습을 보이자 정책금리를 급격하게 인상하였다. 금리인상과 1차 석유파동이 맞물리면서 경제성장률이 급격하게 하락했을 뿐만 아니라 소비자물가 상승률은 10%를 넘었고 실업률도 8%를 넘나드는 등 미국 경제가 큰 어려움을 겪게 되었다. 반면에 1980년대와 1990년대에는 연준이 준칙에 의거한 통화정책을 수행하려고 노력하였으며, 연준의 통화정책에 대한 경제주체들의 예측이 가능해짐에 따라 경제주체들의 의사결정도 효율적으로 이루어지게 되었다. 그 결과 1970년대보다 실업률이 낮아지고 GDP도 견조한 증가세를 보였으며 물가도 안정되었다.

이와 같은 역사적 경험에 비추어 볼 때, 2000년대 들어 연준의 재량적 통화정책이 금융위기의 한 원인으로 작용했다는 분석이 제시되었다. 또한 2015년 말까지 지속되어 온 저금리 기조가 또 다른 위험요인이 될 수 있다는 주장이 제기되었다. 미 연준은 2000년대 초반 경제둔화에 대응하여 저금리 기조를 유지하였다. 그러나 저금리 기조를 지나치게 오랫동안 유지하는 바람에 유동성이 급증하여 부동산시장 과열 등 과잉유동성 공급의 리스크가 크게 확대되었다. 이를 해소하기 위해 연준이 급격한 정책금리 인상을 단행하여 자산가격 거품이 붕괴되고 미국 경제는 경기연착륙에 성공하지 못했다는 것이다.

금융위기 조짐이 나타난 2007년 9월부터 금융위기 직후인 2008년 12월까지 연준은 10회에 걸쳐 금리를 4.75%에서 0~0.25%로 인하한 데 이어 2008년 11월부터 2014년 10월까지 세 차례에 걸쳐 총 3조 3천억 달러 규모의 양적완화(quantitative easing ; QE)를 시행하였다. 준칙에 의한 통화정책을 지지하는 전문가들은 이와 같은 재량적 통화정책이 또다시 유동성의 과잉공급에 따른 자산가격 거품 형성과 시장참여자의 투기적인 거래행태를 증가시키는 요인으로 작용할 수도 있다는 분석을 제시했다.

* 「재량이냐 준칙이냐 : 미 연준의 고민」, 『주간 금융브리프』, 한국금융연구원, 2012. 4. 14.

2. 통화정책의 운용체계

Macroeconomics ch. seventeen

1절에서 살펴본 최적정책의 동태적 비일관성 이론은 실제로 여러 나라에서 통화정책의 운영방식과 중앙은행 관련 제도의 변화에 많은 영향을 주었다. 예를 들어 이 이론의 영향으로 물가안정목표제(inflation targeting)를 채택하는 나라가 많이 늘어났으며, 전 세계적으로 중앙은행 독립의 필요성에 대한 인식이 크게 제고되었다. 이제 물가안정목표제를 포함하여 통화정책의 운영체제에 대해 좀 더 자세히 살펴보자.[10]

통화정책 운영체제의 구성요소

- 최종목표 : 물가안정, 고용안정, 금융안정 등
- 명목기준지표 : 통화량, 환율, 물가상승률 등
- 운용목표 : 단기시장금리, 지급준비금 등
- 정책수단 : 공개시장운영, 여수신제도, 지급준비제도 등

통화정책이란 독점적 발권력을 지닌 중앙은행이 통화량이나 금리에 영향을 미쳐 물가안정, 고용안정, 금융안정 등을 달성함으로써 경제가 지속 가능한 성장을 이룰 수 있도록 하는 정책을 말한다. 우선 〈그림 17－2〉에 요약되어 있듯이 중앙은행은 통화정책의 최종목표와 밀접한 관계가 있는 통화량, 환율, 물가상승률 등의 지표 중 하나를 선택하여 그 지표의 목표수준을 결정한 다음, 이를 달성할 수 있도록 통화정책을 수행한다. 이렇게 선택된 지표를 **명목기준지표**(nominal anchor)라고 하며, 이 중 통화량, 환율 등은 최종목표를 달성하기 위한 중간목표(intermediate target)로 활용된다. 그러나 명목기준지표는 중앙은행이 직접 제어할 수 있는 지표가 아니기 때문에 중앙은행이 직접 조정하여 원하는 수준을 유지할 수 있는 지표가 필요하다. 이를 **운용목표**(operating target 또는 instrument)라고 하며 일반적으로 기준금리나 단기시장금리, 지급준비금이 사용된다. 중앙은행은 이러한 운용목표의 적정 수준을 설정하고 공개시장운영, 중앙은행 여수신제도, 지급준비제도 등의 정책수단(policy tool)을 활용하여 동 수준을 유지함으로써 궁

10. 참고문헌 : 한국은행, 『우리나라의 통화정책』, 2012 ; 김중수, 「글로벌 금융위기 이후의 통화정책」, 『한국경제포럼』, 2013. 2.

그림 17-2

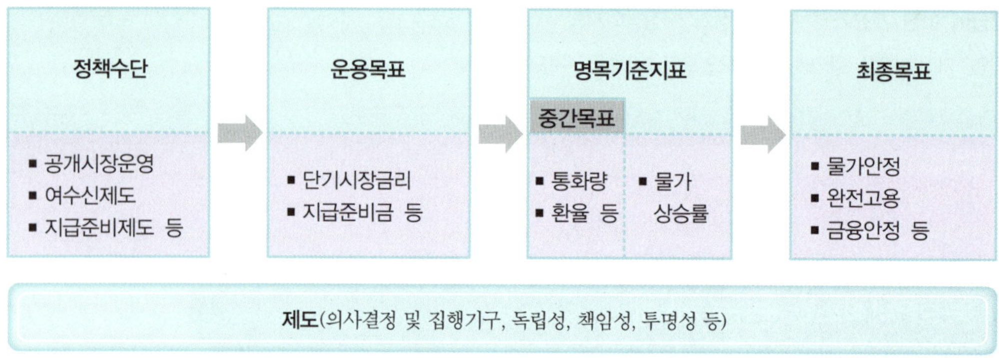

통화정책 체계

중앙은행은 통화정책의 최종목표와 밀접한 관계가 있는 명목기준지표의 수준을 결정한 후 직접 조정이 가능한 운용목표의 적정 수준을 설정한다. 그리고 이를 달성하기 위해 정책수단을 활용하여 궁극적으로 최종목표 달성을 위해 노력한다.

■ 제도 : 의사결정 및 집행기구, 독립성, 책임성, 투명성 등

극적으로 최종목표를 달성하기 위해 노력한다. 한편 통화정책의 결정과 집행에는 이를 뒷받침할 수 있는 제도가 필요한데 의사결정 및 집행기구, 외부압력으로부터의 독립성 확보 장치, 정책수행 결과에 대한 책임성 제고방안, 그리고 통화정책의 신뢰성과 유효성 확보를 위한 투명성 증대 장치 등이 이에 포함된다. 이와 같은 〈그림 17-2〉의 최종목표, 명목기준지표, 운용목표, 정책수단, 의사결정 관련 제도 등을 모두 포괄하여 **통화정책 체계**(monetary policy framework)라고 한다.

통화정책 명목기준지표의 적합성은 각국의 경제구조와 금융시장 발달 정도 등에 따라 다름

특히 통화정책 수행에서 어떤 명목기준지표가 적합한지는 각국의 경제구조와 금융시장 발달 정도 등에 따라 달라진다. 따라서 각국의 통화정책을 설명할 때에는 이를 기준으로 구분하는 것이 일반적이다. 특히 물가상승률을 명목기준지표로 활용하는 경우를 물가안정목표제(inflation targeting)라고 한다. 그리고 특정 명목기준지표 대신에 중앙은행이 직접 조정할 수 있는 운용목표를 통해 실제 경제상황에 대응하는 방식을 정해 놓은 테일러 준칙(Taylor rule)이 있다.

물가안정목표제(인플레이션 타게팅) 중앙은행이 일정 기간 동안 달성해야 할 물가상승률 목표치를 미리 제시하고 이에 맞추어 통화정책을 운영하는 방식

2.1 물가안정목표제

물가안정목표제(inflation targeting)는 중앙은행이 일정 기간 동안 달성해야 할 물가상승률 목표치를 사전에 명목기준지표로 제시하고 통화량, 금리, 환율 등

다양한 정보변수를 활용하여 장래의 인플레이션을 예측한 뒤 실제 물가상승률이 목표치를 달성할 수 있도록 통화정책을 운영하는 방식이다. 물가안정목표제는 1990년 뉴질랜드에서 최초로 도입된 이후 캐나다, 영국, 스웨덴 등 선진국과 한국, 멕시코 등 신흥시장국, 그리고 체코, 폴란드 등 체제전환국으로 확산되어 2013년 1월 현재 27개국에서 운영되고 있다.

물가안정목표제의 장점
- 명목기준지표의 명료성
- 민간의 기대인플레이션 형성에 용이
- 중앙은행의 목표 달성 여부 확인 가능
- 인플레이션기대 편의(bias)를 극복

물가안정목표제는 중앙은행이 통화량 등 중간목표 대신 최종적인 물가목표를 투명하게 제시함에 따라 명목기준지표가 명료하고, 민간의 기대인플레이션 형성이 용이하며, 동시에 중앙은행의 목표 달성 여부를 직접 쉽게 확인할 수 있다는 장점이 있다. 특히 중기적 시계에서의 인플레이션 기대를 물가안정 목표수준에 부합하도록 안정화시킴으로써 재량적 통화정책이 초래할 수 있는 인플레이션 기대의 편의(bias)를 극복할 수 있다는 장점이 있다. 이를 위해서는 중앙은행이 인플레이션을 기대수준에 부합하도록 관리할 것이라는 민간의 신뢰가 필수적이다. 중앙은행이 신뢰를 확보하기 위해서는 성공적인 목표 달성이라는 성과(track record)도 중요하지만, 동시에 중앙은행이 사전에 제시한 물가목표가 경제주체들의 의사결정에 중요한 준거로 사용될 수 있도록 유도하는 것이 필요하다. 경제주체들이 중앙은행이 제시하는 목표에 부합하는 의사결정과 기대를 형성하고 사후적으로 기대가 실현될 경우 통화정책의 동태적 일관성이 유지되고 인플레이션 기대의 편의를 방지하는 것이 가능해지기 때문이다.

물가안정목표제를 채택한 국가가 다른 통화정책 운영체제로 전환한 사례가 아직 없다는 점에서 물가안정목표제의 지속가능성은 매우 높은 것으로 평가받고 있다. 그러나 물가안정목표제의 성과와 관련하여 세계적으로 적절한 성장세가 유지되면서 물가도 안정되었던 대안정기(Great Moderation)의 우호적 경제여건이 물가안정목표제의 성공을 가져왔다는 평가도 있다.

Box 17-1 물가안정목표제 운용 현황*

한국은행은 2015년 12월 16일 「2016년 이후 중기 물가안정목표」를 발표했다. 이번 물가안정목표는 2016년부터 2018년까지 적용하고, 다음 물가안정목표는 2018년 말 이전에 경제여건을 점검하여 다시 설정한다.

이번 물가안정목표 수준은 전년 동기 대비 소비자물가상승률 기준 2.0%로 설정했다. 한국은행에 따르면 물가안정목표를 이와 같이 설정한 이유는 다음과 같다. 우선 기조적 인플레이션(under-lying inflation)이 금융위기 이후 경제구조 변화로 인해 2012년을 전후로 2% 내외 수준으로 낮아진 것으로 평가된다. 이는 인구구조 변화, 잠재성장률 둔화, 글로벌화 진전 등으로 수요·공급 측면 모두에서 인플레이션 압력이 약화된 데 따른 결과이다. 또한 우리 경제의 후생을 극대화하는 적정 인플레이션(optimal inflation) 수준도 2% 내외로 추정되었다. 아울러 향후 소비자물가가 당분간 비교적 낮은 오름세를 지속할 것으로 전망된 점도 새로운 물가안정목표 수준 결정에 고려되었다.

〈그림 1〉 물가안정목표 및 대상물가지표 상승률

한편 물가안정목표의 제시방식이 기존의 목표범위(target range, 2013~2015년 중 2.5~3.5%) 형태에서 단일목표치(point target) 형태로 변경되었다. 목표범위 방식의 경우 범위 내에서 정책 운영의 재량은 넓으나 추구하는 물가목표가 명확하게 전달되지 않아 기대인플레이션 안착에는 적절치 않은 단점이 있다. 따라서 이번에는 새로운 물가목표를 단일 수치로 제시함으로써 물가안정을 위한 정책의지를 명확히 전달하고 기대인플레이션의 안정을 도모하였다.

이와 더불어 물가가 물가목표를 일정폭 초과하여 벗어나는 경우 추가적인 설명 책임을 이행하도록 하여 통화정책의 책임성을 제고했다. 구체적으로 소비자물가 상승률이 6개월 연속 물가목표를 ±0.5%p 초과 이탈하는 경우, 총재 기자간담회 등을 통해 이탈 원인, 물가전망 경로, 정책방향 등을 설명하기로 했다. 또한 이탈 상황이 지속되는 경우에는 3개월마다 후속 추가 설명 책임을 이행하기로 했다.

* 한국은행, 통화신용정책보고서, 2016. 4. "2016년 이후 중기 물가안정목표 설정", 한국은행 보도자료.

2.2 물가수준목표제

물가수준목표제
- 물가상승률 대신 물가수준의 향후 목표경로를 사전에 제시하고 이를 달성하는 방식
- 과거 충격이 현재·미래의 통화정책에 영향을 미치는 역사의존성이 나타남
- 장기적인 물가수준 예측이 가능함

물가수준목표제(price level targeting)는 중앙은행이 물가상승률 대신 물가수준의 향후 목표경로를 사전에 명목기준지표로 제시하고 이를 달성하는 방식으로, 물가수준이 목표경로를 이탈할 경우 중앙은행은 별도의 조정과정을 통해 물가수준을 목표경로로 복귀시켜야 한다. 이에 따라 과거의 충격이 현재 및 미래의 통화정책에 영향을 미치는 **역사의존성**(history dependence)이 나타나게 된다. 반면 물가안정목표제의 경우 미래의 평균적인 물가상승률을 목표수준으로 유지하는 것에 초점을 맞추기 때문에 과거의 충격이 현재 및 미래의 통화정책에 영향을 미치지 않는다.

〈그림 17-3〉은 시간의 경과에 따른 목표 및 실제 물가경로를 나타내고 있다. 만약 목표물가경로의 기울기가 2%라면 물가수준목표제나 물가안정목표제

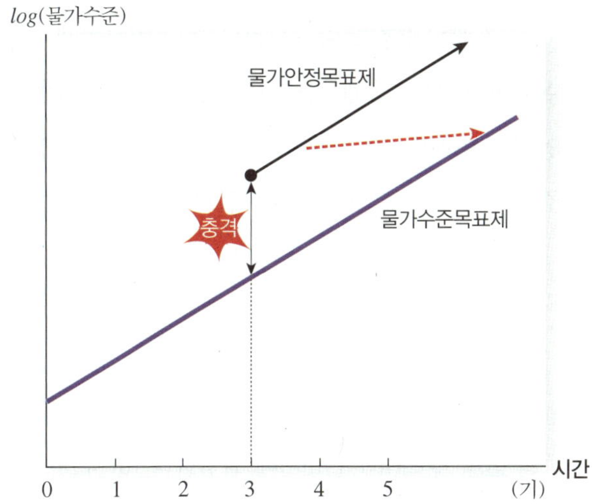

그림 17-3

물가안정목표제와 물가수준목표제의 비교

제3기에 일시적 충격으로 물가가 목표보다 크게 상승한 경우, 물가수준목표제에서는 중앙은행이 물가경로를 목표경로로 복귀시키기 위해 이후 긴축적 통화정책을 실시한다. 그러나 물가안정목표제에서는 절대적인 물가수준과 관계없이 미래 인플레이션율을 일정하게 유지하는 것만을 목표로 하기 때문에 충격 이후에도 물가경로의 기울기에는 변함이 없다.

모두 결과적으로 인플레이션율 2% 유지를 목표로 한다는 점에서는 동일하다. 그러나 물가수준에 영향을 미치는 충격이 발생하는 경우 두 운용방식은 큰 차이를 보이게 된다. 〈그림 17-3〉에서와 같이 제3기에 일시적 충격으로 물가수준이 목표보다 크게 상승한 경우, 물가수준목표제에서는 중앙은행이 물가경로를 목표경로로 복귀시키기 위해 이후 긴축적 통화정책을 실시한다. 그 결과 인플레이션율, 즉 물가경로의 기울기가 충격 이후 일정 기간 동안 목표수준인 2%를 하회하게 된다. 그러나 물가안정목표제에서는 절대적인 물가수준과 관계없이 미래 인플레이션율을 일정하게 유지하는 것만을 목표로 하기 때문에 충격 이후에도 물가경로의 기울기에는 변함이 없다.

물가수준목표제는 물가안정목표제와 달리 장기적인 물가수준의 예측이 가능하다는 장점이 있다. 또한 물가수준목표제는 중앙은행의 구속장치(commitment)와 같은 기능을 함으로써 경제주체의 미래 인플레이션 기대에 영향을 미치고 이를 통해 인플레이션 및 총산출량의 변동성을 줄일 수 있다. 장기간에 걸친 경기침체와 지속적인 확장적 화폐통화정책으로 인해 명목이자율이 0에 근접하는 상황에서는 물가수준목표제의 도입이 경제주체들의 미래 인플레이션 기대에 영향을 미침으로써 명목이자율이 0에 수렴하는 것을 방지할 수도 있다.

물가수준목표제에서 지속적인 비용 상승 충격은 인플레이션과 총산출량의 변동성을 증가시킴

그러나 지속적인 비용 상승 충격이 발생하는 경우 물가수준목표제는 오히려

인플레이션과 총산출량의 변동성을 늘릴 수도 있다. 지속적인 비용 상승 충격에 대응하여 물가수준을 낮추기 위한 통화긴축의 결과 지나치게 총수요를 위축시킬 수 있기 때문이다. 또한 목표 물가수준을 달성하기 위한 조정과정에서 인플레이션 변동성이 물가안정목표제에 비해 높게 나타날 수 있기 때문에 단기적으로는 인플레이션 기대의 불안정을 초래할 수도 있다. 최근 들어 캐나다 중앙은행이 동 제도의 도입가능성을 검토하기도 하였으나 실제 도입으로 이어지지는 못하였다.

2.3 테일러 준칙

테일러 준칙

■ 경제의 실제 상황 또는 예상되는 상황이나 목표 상황에 반응하는 방식을 준칙으로 설정

현재 대부분의 중앙은행은 통화정책의 운용목표로서 정책금리를 조정

프리드먼의 'k% 준칙'은 경제여건과 상관없이 매년 통화량 증가율을 k%로 일정하게 유지하는 일종의 **고정 준칙**(fixed rule)에 해당한다. 하지만 준칙에는 **경제여건에 반응하는 준칙**(feedback rule)이 있다. 즉, 경제의 실제 상황 또는 예상되는 상황이나 목표에 반응하는 방식을 준칙으로 정해 놓은 셈이다. 그 대표적인 예가 바로 테일러(John Taylor)가 제시한 **테일러 준칙**(Taylor rule)이다.

현재 대부분의 중앙은행은 자국의 경제상황을 고려한 후 운용목표로서 정책금리(또는 기준금리)를 조정하여 통화정책을 수행한다. 이때 중앙은행이 운용목표로 정하는 정책금리 수준을 설명하거나 예측하는 데 도움이 되는 것이 바로 테일러 준칙이다. 이 준칙에 따르면 **목표 정책금리** 수준은 다음과 같이 계산된다.

$$\text{목표 명목정책금리} = \text{균형 명목정책금리} + \alpha \cdot \text{산출 갭} + \beta \cdot \text{인플레이션 갭}$$

여기서 각 변수값은 백분율(%)로 표시되며, **균형 명목정책금리**는 실제 인플레이션율과 균형 실질정책금리의 합으로 정의된다. 그리고 α와 β는 양(+)의 상수로서 각각 목표 정책금리가 산출 갭과 인플레이션 갭에 반응하는 정도를 나타낸다. 이때 산출 갭과 인플레이션 갭은 각각 다음과 같이 정의된다.

$$\text{산출 갭} = \frac{\text{실제 실질 GDP} - \text{잠재 실질 GDP}}{\text{잠재 실질 GDP}} \times 100$$

$$\text{인플레이션 갭} = \text{실제 인플레이션율} - \text{목표 인플레이션율}$$

테일러 준칙에 의하면 중앙은행은 실제 인플레이션율과 목표 인플레이션율과의

차이가 크면 클수록, 그리고 실제 GDP와 잠재 GDP의 차이가 크면 클수록 명목 정책금리 타겟을 상향조정한다.

■ 산출 갭과 인플레이션 갭이 클수록 목표 정책금리를 상향조정함

테일러는 그의 준칙이 미국 연준(FRB)의 실제 금리결정을 비교적 잘 설명한다고 주장하였다. 즉, 미국 경제에 대해 2%의 균형 실질정책금리, 2%의 목표 인플레이션율, 그리고 $\alpha = \beta = 0.5$를 테일러 준칙에 대입하여 계산된 목표 정책금리가 실제 미국의 통화정책을 비교적 잘 설명한다는 것이다. 이때 $\alpha = \beta = 0.5$는 인플레이션율 1% 증가에 대해 정책금리가 1.5%, 산출 갭 1% 증가에 대해 정책금리가 0.5% 상승한다는 것을 의미한다. 인플레이션에 대해 정책금리가 더 크게 반응하는 이유는 우변의 균형 명목정책금리도 인플레이션에 반응하기 때문이다. 물론 다른 나라에서도 균형 실질정책금리, 목표 인플레이션율, 그리고 α와 β의 값을 적절히 가정하여 목표 명목정책금리를 계산할 수 있을 것이다.

2.4 글로벌 금융위기 이후의 통화정책 운영체제

물가안정목표제에 대한 비판
■ 금융시장에 대한 과소평가
■ 인플레이션 기대심리 형성에 한계

2008 글로벌 금융위기를 계기로 주요국의 통화정책 운영체제였던 물가안정목표제에 대한 비판적 견해가 주목을 받게 되었다. 우선 물가안정목표제에서 이룩한 물가안정이 오히려 금융안정을 해치고 있다는 주장이 제기되었다. 즉, 물가안정을 최우선으로 하는 중앙은행의 정책기조가 금융시장의 중요성에 대한 과소평가나 금융시장의 불균형에 대한 부적절한 대응을 초래하여 글로벌 금융위기가 발생할 수 있는 환경을 조성하는 데 일조하였다는 것이다. 또한 글로벌 금융위기 발생 이후 대침체(Great Recssion) 상황에서 부족한 유효수요를 창출하기 위해서는 정책당국이 미래 인플레이션 발생에 대한 기대를 민간에 심어주어 현재 더 많은 지출을 하도록 유도해야 하는데, 물가안정목표제는 이러한 기대심리를 형성하는 데 근본적인 한계가 있다는 비판도 제기되었다.

그렇다면 일반적으로 성장둔화나 경기침체 문제는 신축적 물가안정목표제에서도 해결 가능할까? 또한 위기 이후 중앙은행의 금융안정에 대한 책무가 신설 혹은 강화되었다. 이러한 책무를 통화정책 운영체제에 어떻게 반영할 것인가?

첫 번째 성장둔화 문제와 관련하여 살펴보면, 실제로 선진국 중앙은행들은 기존의 통화정책 운영체제를 탄력적으로 운영하거나 최종목표를 확대하는 방식을 통하여 위기에 대응하였다. 미 연준은 전통적으로 물가안정과 완전고용의 **이중책무**(dual mandate) 상황에서도 통화정책이 고용에 미치는 영향이 제한적이라는

이유로 주로 물가안정에 치중하였었다. 그러나 2008년 12월 연방공개시장위원회(FOMC) 정책지침서에서 처음으로 물가안정과 함께 완전고용을 통화정책의 목표로 명시하였다. 이러한 미 연준의 입장 변화가 있었는데도 글로벌 금융위기 이후 경제성장이 잠재성장률을 지속적으로 크게 하회함에 따라 물가안정목표제의 대안을 모색해야 한다는 의견이 제시되었다. 크루그먼(Paul Krugman) 과 우드포드(Michael Woodford) 등은 중앙은행이 물가안정목표제를 유지하는 한 경제주체들의 기대로 인해 확장적 통화정책이 총수요 확대에 미치는 영향이 제한되고 있음을 지적하면서 **명목 GDP 목표제**(nominal GDP targeting)를 대안으로 제시하였다.

성장둔화의 해결방안
명목 GDP 목표제
(〈Box 17-2〉)

금융안정 책무
- 금융부문의 취약성 지표에 대한 명시적 고려
- 거시건전성정책

두 번째 문제인 금융안정 책무와 관련하여 통화정책을 결정할 때 금융부문의 취약성에 대한 지표들을 명시적으로 고려하거나 거시건전성 관점에서 이들의 영향을 고려해야 한다는 의견이 제시되었다. 에이드리언(Tobias Adrian)과 신현송(Hyun Song Shin)은 중앙은행의 정책금리가 금융기관의 위험선호와 레버리지 규모에 큰 영향을 미치므로 중앙은행이 정책금리를 결정할 때 물가안정과 금융안정을 동시에 고려해야 한다고 주장한 반면, 블랑샤(Olivier Blanchard), 라인하트(Carmen Reinhart), 로고프(Kenneth Rogoff) 교수는 정책금리 외에 거시건전성 정책수단을 별도로 마련하여야 한다고 주장하였다. 이에 대한 좀 더 자세한 내용은 20장(5. 금융안정과 거시건전성정책)에서 논의할 것이다.

Box 17-2 명목 GDP 목표제(Nominal GDP Targeting)

출처 : mxtrade.com

명목 GDP 목표제는 명목 GDP의 수준을 목표로 설정하고 이를 달성하는 방식으로, 이는 과거 목표치로부터의 이탈이 미래 정책수행에 영향을 미치게 된다는 점에서 물가수준목표제와는 유사하나 명목 GDP 수준 경로를 달성하는 과정에서 물가뿐만 아니라 성장도 고려한다는 점에서 차이가 있다. 아울러 물가와 성장을 동시에 고려한다는 점에서 신축적 물가안정목표제와 유사한 면이 있으나, 이 경우에도 물가상승률과 경제성장률을 동일한 비중으로 고려한다는 점에서 차이가 있다.

물가안정목표제에 비해 명목 GDP 목표제의 가장 큰 장점은 공급충격에 정책적으로 유연하게 대응할 수 있다는 점이다. 즉, 유가 상승 등 공급충격이 발생하는 경우 물가안정목표제에서는 물가 상승에 대응하기 위한 긴축적 통화정책이 요구되나 명목 GDP 목표제에서는 물가 상승이 반대방향의 실질GDP 변화로 상쇄되므로 통화정책의 유연성이 향상된다. 또한 명목 GDP 목표는 일반 국민들이 명목임금과 같이 명목 양적 지표에 익숙하다는 점에서 상대적으로 이해하기 쉽다는 점도 장점이라 할 수 있다. 그러나 동시에 많은 단점도 지니고 있어서 물가안정목표제에 비해 현실적용 가능성도 아직은 회의적인 것으로 평가받고 있다. 명목 GDP 목표제는 물가안정목표제에 비해 목표의 명료성이 크게 떨어지며 명목 GDP 통계의 편제주기가 길고 사후적으로도 계속 수정되어 불확실성이 높다. 또한 잠재 GDP 수준에 대한 정보가 없어 적정 명목 GDP 목표수준을 설정하기 어려우며, 인플레이션에 대한 기대심리가 매우 불안정해질 위험이 있다.

3. 통화정책의 파급경로

Macroeconomics ch. seventeen

우리는 지금까지 〈그림 17-2〉의 통화정책 체계에서 주어진 최종목표(물가안정, 완전고용 등)를 달성하기 위한 명목기준지표(nominal anchor)나 운용목표(operating target)에 따라 인플레이션 타게팅, 테일러 준칙 등 통화정책의 운용체제에 대해 살펴보았다. 이제 통화정책의 최종목표 달성 여부에 중요한 역할을 하는 통화정책의 실물경제 파급경로를 알아보자. 통화정책이 실물경제에 파급되는 경로에는 전통적인 금리경로(interest rate channel), 최근 중요성이 높아지고 있는 자산가격 경로(asset price channel) 및 환율경로(exchange rate channel), 그리고 금리경로와 대비되는 신용경로(credit channel), 기대경로(expectation channel) 등이 있다.

통화정책의 파급경로
- 금리경로
- 환율경로
- 자산가격 경로
- 신용경로
- 기대경로

3.1 금리경로와 환율경로

중앙은행이 공개시장운영 등으로 화폐공급을 확대하여 기준금리를 낮추면 단기시장금리(예를 들어 CD금리)와 이에 연동된 은행대출금리가 하락하여 기업투자와 가계소비가 늘어나고, 이는 총산출량의 증대로 이어진다. 우리나라는 1990년대에 금리자유화를 실시하여 금리경로가 작동할 수 있는 기본 조건을 갖추었다. 또한 금융시장이 질적 · 양적으로 크게 발전하면서 금리를 매개로 개별 시장 간의 상호 연계성이 높아지고 있을 뿐만 아니라 시장의 기대와 반응이 금리에 반영되는 메커니즘도 점차 형성되고 있는 것으로 보인다. 이에 더하여 한국은행이 1998~2008년 2월까지는 콜금리를, 이후에는 환매조건부채권 금리를 정책금리

금리경로

화폐공급 확대
⇓
기준금리 인하
⇓
은행대출금리 하락
⇓
투자와 소비 증가
⇓
총산출량 증대

로 활용함에 따라 경제주체들의 금리민감도도 높아졌다.

금리경로의 장애요인
정보의 비대칭성 ⇒ 신용할당

그러나 금리경로의 장애요인도 있다. 특히 은행대출의 경우 정보의 비대칭성(information asymmetry) 하에서 은행은 차입자의 신용도를 정확하게 파악할 수 없고, 또 그것을 알아내는 데 비용이 수반된다. 그 결과 은행대출이 균형금리에서 결정되는 적정 수준의 대출보다 과소한 수준에서 이루어지는 **신용할당**(credit rationing) 현상이 발생할 수 있다.

환율경로
국내금리 하락
⇓
원화표시 예금 수익률 하락
⇓
달러화 표시 예금 매입
⇓
원화가치 하락(환율상승)

환율경로는 국내금리 변화가 환율을 변화시키는 것이다. 확장적 통화정책으로 국내금리가 하락하면 원화로 표시된 정기예금의 수익률이 떨어지게 된다. 그러면 16장에서 배웠듯이 사람들은 상대적으로 수익률이 높아진 달러화 표시 외화예금을 매입하기 위해 원화를 팔고 달러를 사려고 한다. 이는 원화의 초과공급과 달러화의 초과수요를 가져와 원화의 가치를 떨어뜨리게 된다.

환율상승의 파급경로
- 수출 증가, 수입 감소로 경상수지 개선
- 수입품 가격 상승 → 국내물가 상승
- 해외부채가 많은 기업은 상환부담 증가로 수익성 악화

이러한 원화 환율의 상승은 첫째, 수출을 늘리고 수입을 줄여 경상수지의 개선을 가져온다. 둘째, 환율상승은 수입품 가격을 높여 곧바로 국내물가를 상승시킨다. 셋째, 환율변동은 기업이나 금융기관들의 외화 자산과 부채 가치를 변화시켜 재무구조에 중대한 영향을 미친다. 환율이 급등하면 해외부채가 많은 기업은 상환부담이 커져 수익성이 악화된다. 우리나라에서도 1997년 외환위기 직후 환율이 거의 두 배 가까이 오르면서 해외채무를 많이 갖고 있던 기업들이 도산위기에 처하기도 하였다.

Box 17-3 신용할당(credit rationing)

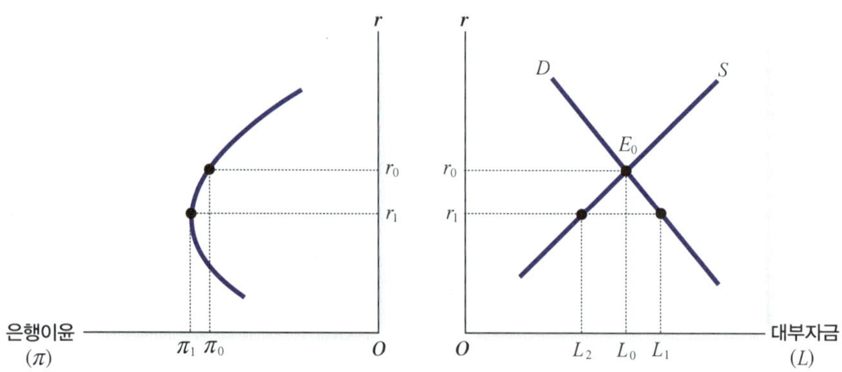

본문에서 언급한 신용할당의 개념을 위의 그림을 통해 설명해 보자. 일반적으로 대부자금(L)의 가격인 이자율은 자금의 수요곡선(D)과 공급곡선(S)이 만나는 점 E_0에서 결정되는 것으로 알려져 있다. 균형점 E_0에서 균형

대출량과 균형이자율은 각각 L_0와 r_0이다.

만약 은행이 r_0의 이자율을 적용한다면, 차입자들 중에는 r_0의 이자비용을 충분히 감당할 수 있는 건전한 투자안을 가진 사람들도 있지만, 이자비용을 감당하기 어려운 위험한 투자안을 가진 사람들도 다수 포함되어 있을 가능성이 크다. 이 경우 은행은 누가 누구인지 분별하기 어렵거나, 비록 분별할 수 있더라도 이에 따른 비용이 너무 많이 들 수 있다.

이러한 상황에서 은행은 이자율 수준을 r_1으로 낮추는 대신 기존의 신용거래 내역이나 담보물의 가치 등을 종합적으로 고려해 L_2만큼만 대출하기로 결정하고, 시장에는 $(L_1 - L_2)$만큼 초과수요가 존재한다. 그러나 은행은 이러한 초과수요를 가격변수인 이자율 조정을 통해 해소하지 않는다. 이자율을 r_0로 책정하는 것보다 r_1으로 책정하고 L_2만큼만 대출하는 것이 은행의 이윤극대화에 부합하기 때문이다. 위의 그림에서 이자율이 r_1일 때 은행 이윤(π)이 극대화되고 있음을 볼 수 있다. 결국 은행은 L_1의 대부자금 수요 가운데 비가격대출심사를 통해 L_2만큼의 대부자금만을 공급하게 된다. 이러한 자금공급방식을 신용할당이라 한다. 신용할당은 대부자금시장에서의 금리경직성을 설명하는 이론으로 각광받고 있으며, 많은 경제이론에 응용되어 폭넓게 받아들여지고 있다.

3.2 자산가격 경로

자산가격 경로

- 통화정책으로 주식, 부동산 등 자산가격 변화를 통해 실물경제에 영향
- 부 효과 : 주식, 부동산의 가격 상승 시 그만큼 부가 늘어나 소비 증가
- 토빈의 q : 금리인하로 주가 상승 시 q 상승 → 투자 증가로 이윤을 늘릴 수 있음

중앙은행의 확장적 통화정책은 통화량 증가와 금리 하락을 통해 주식, 부동산 등 자산의 가격을 상승시킴으로써 가계소비와 기업투자의 증가를 가져올 수 있다.[11] 먼저 가계가 보유하고 있는 주식이나 부동산의 가격이 오르면 **부 효과**(wealth effect)에 의해 가계소비가 증가할 가능성이 커진다. 또한 가계가 소유한 부동산 가격이 상승하면 담보가치도 높아져 은행으로부터 대출을 받기 쉬워지고, 이를 소비재원으로 활용할 수도 있다.

18장(2.1 토빈의 q 이론)에서 자세히 살펴보겠지만, 주식가격이 투자에 미치는 영향은 **토빈의 q 이론**으로 설명할 수 있다. 토빈의 q란 주식시장에서 평가된 기업의 시장가치를 기업의 실물자본 대체비용으로 나눈 비율을 말한다. 금리인하로 주가가 상승하면 기업의 시장가치가 커져 기계나 공장과 같은 실물자본을 대체하는 데 소요되는 비용을 상회함으로써 q가 상승한다. 이는 투자비용 대비 기업의 시장가치 상승을 의미하므로 기업들은 투자를 늘릴 것이다.

---

11. 통화정책이 어떠한 경로를 거쳐 주가에 영향을 미치는지에 대해서는 통화론자(monetarist)와 케인지안(Keynesian)의 견해가 서로 다르다. 통화론자들은, 중앙은행이 화폐공급을 늘리면 경제주체들이 적정 수준 이상의 유동성을 보유하게 되고, 이를 줄이는 과정에서 주식에 대한 수요가 증가하여 주가가 상승한다고 한다. 이에 반해 케인지안은 확장적 통화정책에 의해 금리가 하락하고 채권수익률이 떨어지면(채권가격 상승) 상대적으로 주식에 대한 수요가 늘어나 주가가 상승한다고 주장한다.

확장적 통화정책의 주가 상승 효과에 대한 문제점
- 다른 경제여건에 대한 고려
- 선진국의 주가 변화에 대한 고려
- 투자 결정 · 실행의 시차에 대한 고려

그러나 과연 확장적 통화정책이 곧바로 주가 상승으로 이어질지에 관해서는 몇 가지 의문이 존재한다. 첫째, 주가는 전반적인 경기상황이나 기업의 수익성, 건전성을 종합적으로 반영하는 지표인데, 다른 조건이 열악한 상황에서 금리가 낮아졌다고 주식에 대한 수요가 회복되겠느냐는 점이다. 둘째, 우리나라와 같이 해외 여건의 영향을 많이 받는 소규모 개방경제에서는 주가가 국내 통화정책의 변화뿐만 아니라 미국 등 선진국의 주가 변화에도 민감하게 반응한다는 점이다. 마지막으로 확장적 통화정책이 주가 상승을 가져온다고 해도 주가는 단기적 등락이 매우 심한 반면 투자는 결정에서 실행에 이르기까지 상당한 시간이 소요되므로, 실제 기업이 얼마만큼이나 주가변동을 고려하면서 투자행위를 할 것인지도 의문이다.

3.3 신용경로와 기대경로

신용경로
- 은행대출에 영향을 미쳐 기업투자와 가계소비에 파급되는 경로
- 화폐공급 축소 → 은행예금의 감소 → 대출 또는 유가증권 보유 감소 → 기업의 대출상환 → 기업의 자금 부족으로 기업투자와 가계소비 위축

앞서 살펴본 금리경로, 자산가격 경로 및 환율경로는 통화정책의 효과가 직접 혹은 간접적으로 금리를 통해 실물경제에 파급되는 과정이다. 이에 비해 **신용경로**는 통화정책의 양적인 측면, 즉 은행대출에 영향을 미쳐 기업투자와 가계소비에 파급되는 과정을 말한다.

중앙은행이 화폐공급을 축소하면 이는 은행예금의 감소로 이어진다. 은행은 예금 감소에 대처하여 대출을 줄이든지 유가증권 보유를 줄여야만 한다. 그런데 이러한 경우 은행은 보통 신용위험이 낮고 유동성이 높은 국공채를 보유하려 하기 때문에 대출을 줄이려 할 것이다. 이때 은행에서 자금을 차입한 기업들은 대출을 상환해야 하는데, 만약 이들 기업이 자기 신용으로 자본시장에서 어음이나 주식 등을 발행해 상환해야 할 대출금만큼 자금을 확보할 수 있다면 실물경제는 아무런 영향을 받지 않을 것이다. 그러나 자기 신용이 취약한 중소기업이나 가계소비자들은 은행이 대출을 줄이면 바로 자금 부족을 겪게 된다. 그 결과 기업투자와 가계소비가 위축된다.

이러한 통화정책의 신용경로는 금융자유화에 따른 은행의 자금조달 방식 다양화로 인해 그 중요성이 줄어드는 추세이다. 중앙은행의 긴축정책으로 예금이 감소하더라도 은행들은 양도성예금증서(CD) 등을 발행하여 자금을 조달할 수 있고, 금융국제화에 따라 국제금융시장에서 자금을 조달할 수 있어 국내 금융시장 사정이 긴축적이라 하더라도 특별히 대출을 축소시킬 이유가 없기 때문이다.

이 밖에도 20장(2. 가계 · 기업부문의 자산 · 부채와 거시경제)의 **금융가속기 이론**에서 살펴보겠지만, 통화정책은 가계와 기업의 대차대조표를 개선 또는 악화시킴으로써 소비와 투자에 영향을 미친다. 예를 들어 중앙은행이 통화정책을 긴축적으로 운용하여 금리 상승과 함께 경기침체가 찾아오면 기업의 대차대조표가 악화되면서 은행의 기업대출이 감소함에 따라 투자가 위축되고 기업 도산이 발생할 가능성이 있다. 또한 통화정책의 대차대조표 경로는 기업의 경우와 유사한 파급경로를 거쳐 가계의 주택 구입 및 내구재 소비지출에도 영향을 미친다. 특히 최근 증가세를 보여온 우리나라의 가계부채를 고려해 볼 때, 금리 상승 압력은 과다차입 가계의 이자지급 부담을 늘려 대차대조표를 악화시키므로 은행의 가계대출이 감소하면서 가계소비를 위축시킬 가능성이 있다.

■ 금융가속기 이론 : 가계, 기업의 대차대조표를 변동시켜 소비와 투자에 영향을 미침

끝으로 **기대경로**는 통화정책 기조의 변화가 가계 및 기업의 향후 경기전망이나 인플레이션 기대에 영향을 미침으로써 가계소비와 기업투자에 변화를 가져오는 것이다. 예를 들어 중앙은행의 확장적 통화정책으로 금리가 하락하면 앞으로 경기가 호전되고 인플레이션율이 상승할 것이라는 기대가 높아지면서 가계소비와 기업투자가 증가할 수 있다.

기대경로 통화정책 기조의 변화가 가계 및 기업의 향후 경기전망이나 기대에 영향

[표 17-1]은 지금까지 언급한 통화정책의 다섯 가지 파급경로를 요약한 것이다.

표 17-1

통화정책의 파급경로

	파급경로		금융 · 외환시장	실물경제	
통화정책 (기준금리)	금리경로		단기금리 → 장기금리, 은행여수신금리	소비, 투자	총수요 생산 물가 경상수지
	자산가격경로	q 이론	주가 → 토빈 q	투자	
		부 효과	주가, 부동산 가격 → 개인의 부	소비	
	환율경로		금리 → 환율	수출, 수입	
	신용경로		은행예금, 대출, 대차대조표 → 리스크 프리미엄	소비, 투자	
	기대경로		경기전망, 인플레이션 기대	소비, 투자	

Box 17-4 양적완화정책의 자산가격 경로*

자료 : Bloomberg

〈그림 1〉 주요 양적완화 조치와 자산가격 추이

양적완화의 기본 목적은 금리정책을 통한 경기부양이 여의치 않을 때 직접적인 유동성 공급을 통해 경제활동을 진작시키고 디플레이션을 억제하는 것이다. 이는 두 개의 파급경로로 작동하는데, 하나는 '본원통화 투입 → 은행대출 증가 → 소비 · 투자 촉진'의 신용창출 경로이고, 다른 하나는 '자산 매입 → 자산가격 상승(부의 효과) 및 자금조달비용 감소'의 자산시장을 통한 경로이다.

그런데 신용창출 경로는 2012년 초까지는 그 효과가 제한적이었던 것으로 보인다. 중앙은행이 대규모로 유동성을 공급했는데도 대출이 거의 늘지 않았기 때문이다. 이는 2008년 금융위기 이후 은행들이 건전성 강화 요구로 신용위험이 큰 대출은 기피해 왔고, 가계와 기업도 주택시장 침체와 경제 불확실성 등으로 대출수요가 둔화되었기 때문으로 보인다. 한편 중앙은행의 대차대조표를 살펴보면, 양적완화로 공급된 자금의 상당 부분은 지급준비금이나(미국) 단기 예금으로 예치되면서(유로존) 다시 중앙은행으로 환류된 것으로 추정된다.

반면에 〈그림 1〉에서 볼 수 있듯이 양적완화 조치가 자산시장에 미친 영향은 즉각적이고 뚜렷했다. 이는 당시 금융시스템의 가장 취약한 부분에 대규모의 유동성을 투입하여 실제 상황을 개선시켰기 때문이다. 예를 들어 미 연준의 제1차 양적완화(QE1)는 2,000억 달러의 3대 모기지공사 발행 채권과 1.25조 달러 규모의 주택담보부채권(MBS)을 매입하면서 2009년 당시 최대 현안이었던 주택금융시장의 경색을 완화하는 데 일조했다. 또한 유럽중앙은행(ECB)의 장기자금공급조작(longer term refinancing operations ; LTRO)도 2011년 말 국제금융시장의 주요 리스크 중 하나로 거론되었던 은행권 자금경색을 완화시켰으며, 이로 인해 유럽 재정위기가 금융위기로 전이될 수 있는 위험을 낮췄다.

그런데 양적완화 자금의 상당 부분은 다시 중앙은행으로 예치되었기 때문에 직접적으로 금융시장에 유입된 규모는 일반적으로 생각하는 것보다 작을 가능성이 높다. 그래도 양적완화 조치는 주요 매입대상인 국채뿐만 아니라 매입대상이 아닌 전 세계의 주식, 원자재, 신흥국 통화 등 여타 자산시장까지 동반 부양시켰다. 이는 양적완화 효과가 해당 매입자산의 수급개선에만 그치지 않고, 중앙은행이 금융시스템 안정과 자산시장 회복을 위해 "최종대부자(lender of last resort)" 역할을 할 것이라는 기대심리의 형성으로 확산되었기 때문이다.

* 최성락, 「양적완화의 시대, Easy Money의 결말은?」, 국제금융센터, 2012. 3.

4. 통화정책과 소득 · 부의 불평등[12]

중앙은행의 통화정책은 물가안정, 완전고용 및 금융안정 등 국가경제 전반에 영향을 미치는 대표적 거시경제정책으로서 소득분배에 특별한 영향을 미치지 않는 것으로 이해되어 왔다. 그러나 글로벌 금융위기 이후 미 연준의 정책대응이 월스트리트로 대표되는 금융부문에 편향되었다는 비판이 이어지는 가운데, 미국에서 시작된 월가점령시위(Occupy Wall Street) 등을 계기로 소득분배 악화에 대한 중앙은행의 책임론이 제기되기도 하였다.

각 경제주체들마다 자산 보유형태가 서로 다른 경우 통화정책에 따른 금리 조정이 경제주체별로 보유자산 및 부채 가격에 차별적으로 영향을 미침으로써 분배 및 후생의 변화를 가져올 수 있다. 이러한 경로는 금리 조정이 소비 및 투자 등 거시변수에 영향을 미치는 전통적 경로와 구분되어 **통화정책의 재분배경로**(redistributional channel)라고 부른다.

통화정책의 재분배경로 금리 조정이 경제주체에 따라 차별적인 영향을 미쳐 분배 및 후생의 변화를 가져올 수 있음

구체적으로 확장적 통화정책이 소득불평등을 개선시킨다는 주장과 악화시킨다는 주장이 양립하고 있다. 먼저 소득불평등을 개선시킨다는 주장은 금리인하 및 인플레이션 정책이 일반적으로 부유한 저축자에게 손해가 되는 반면, 채무자에게는 유리하게 작용하여 소득불평등이 개선된다는 논리에 근거한다. 또한 확장적 통화정책은 실업 및 경기 상황을 개선시켜 저소득층 · 비숙련자 · 노년층 등 취약계층에 특히 도움이 된다는 점에서 소득불평등을 개선시킨다는 주장도 있다. 이에 반해 확장적 통화정책이 소득불평등을 악화시킨다는 주장은 이로 인해 임금보다 이윤 · 이자소득이 더 크게 증가하는 경우 노동근로자에 비해 사업자 · 금융업자의 부(wealth)가 더 크게 증가할 수 있다는 점, 저소득층의 경우 일반적으로 현금보유성향이 높기 때문에 인플레이션의 피해를 고소득층에 비해 더 받게 된다는 점 등에 근거한다.

소득불평등 개선
- 금리인하 및 인플레이션 정책은 부유한 저축자에게 손해
- 실업 및 경기상황을 개선

소득불평등 악화
- 이윤 · 이자소득이 크게 증가하는 경우 사업자 · 금융업자의 부가 더 크게 증가
- 현금보유성향이 높은 저소득층이 인플레이션의 피해를 더 받음

실증분석 결과를 보면 미국의 경우 통화정책이 소득분배에 매우 큰 영향을 미쳤으며, 특히 긴축적 통화정책이 소득불평등을 악화시킨 것으로 나타났다. 예를 들어 1980년대 초 볼커(Paul Volcker) 미 연준 의장의 강력한 인플레이션 억제정책 이후 인플레이션 목표수준의 영구적 하락은 소비 및 지출의 불평등을 악

12. 김중수, 「글로벌 금융위기 이후의 통화정책」, 『한국경제포럼』, 한국경제학회, 2013. 2.

화시킨 것으로 분석되고 있다. 이는 중앙은행이 통화정책을 수행할 때 계층별 · 부문별 소득분포에 미치는 영향에 좀 더 유의할 필요가 있다는 점을 시사한다.

한편 글로벌 금융위기를 계기로 금융의 사회적 역할이 강조되면서 전 세계적으로 금융포용(financial inclusion)에 대한 논의도 활발히 진행되고 있다. 이에 대해서는 20장(5. 금융안정과 거시건전성정책)에서 간략히 살펴볼 것이다.

Box 17-5 "경제적 불평등은 연준의 오래된 관심사"*

2014년 10월 미 연준의 양적완화정책이 종료되면서 양적완화정책을 비판하는 전문가들은 양적완화정책 시행으로 부채와 자산이 많은 이들만 혜택을 보고 이자수익으로 생활자금을 조달하는 연금생활자 등은 손해를 봤다고 주장한다. 이런 비판이 나오는 데에는 크게 두 가지 이유가 있다.

토마 피케티(파리대 교수)와 재닛 옐런(미 연준 의장)

첫째, 양적완화를 통해 시중에 풀린 자금은 실물경제로 흘러가지 않고 자산가격만 상승시켰다. 영국의 파이낸셜타임스는 2013년 9월과 10월 유럽 증시와 미국 증시가 사상 최고치를 기록했다고 보도했다. 2008년 글로벌 금융위기 이후 6년 만에 금융자산 가격이 위기 이전 수준을 회복한 것이다. 일부 전문가들은 "자본을 통해 얻는 수익이 실물경제의 성장속도를 훨씬 앞섰다"는 토마 피케티(Thomas Piketty)의 주장을 근거로 양적완화정책과 소득불평등 심화 현상을 설명하기도 했다. 즉, 양적완화정책이 자산시장의 거품을 일으켜 자본수익을 극대화하는 동안 노동자 임금은 거의 오르지 않았다는 것이다. 2013년 11월 뉴욕타임스는 "월가의 도덕적 해이로 발생한 금융위기를 극복하는 과정에서 월가가 큰 수혜를 받는 아이러니한 상황이 벌어졌다"고 전했다.

둘째, 금융컨설팅사 맥킨지는 양적완화정책은 사실상 부채가 많은 사람에게만 좋았던 정책이라고 분석했다. 미 연준이 자금을 풀어 채권을 사들인 덕분에 금리가 유례없이 하락했고, 그 결과 부채(5조 3,740달러)가 자산(4,550억 달러)보다 10배 이상 많은 미국 정부가 2007년 이후 6년간 9,000억 달러의 이자를 절감했다고 발표했다. 같은 기간 미국 법인들도 3,100억 달러의 이자를 절감할 수 있었다고 맥킨지는 덧붙였다. 반면 부채는 최대한 줄이고 채권에서 나오는 이자수익으로 생활했던 고령의 연금생활자들은 손해를 봤다. 파이낸셜타임스는 "양적완화정책은 연금생활자의 세금 부담은 늘리지만 부자나 은행 · 채무자에게는 엄청난 세제혜택을 준 정책과 마찬가지"라고 보도했다.

이 와중에 미국의 소득불평등 문제를 나타내는 지표는 역대 최고치를 찍었다. 워싱턴포스트는 2014년 9월 "미국의 현재 납세 후 지니계수가 0.434로 인구통계국이 가계소득조사를 시작한 1967년 이후 가장 높다"고 전했다. 재닛 옐런(Janet Yellen) 미 연준 의장마저 2014년 10월 17일 보스턴연방준비은행의 컨퍼런스에서 "미국의 소득과 부의 불평등이 100년 만에 최고 수준에 근접했다"며, "특히 2008년 위기 이후 소득불평등이 심화됐다"고 말했다. 이는 소득 상위 10%에 해당하는 가계의 평균 세전소득은 10% 늘어났지만 하위 40%의 소득은 오히려 감소했다는 미 연준의 금융보고서와 일치하는 발언이다.

옐런 미 연준 의장은 또한 2015년 4월 2일 워싱턴에서 열린 '경제적 이동성'에 대한 컨퍼런스에서도 "사람들이 소득의 사다리를 오르내릴 수 있도록 하는 데 더 많은 일을 해야 한다"고 밝혔다. 옐런은 "경제적 이동성은 경제를 더욱 강화한다"고 밝히고 "경제적 불평등은 연준의 오래된 관심사"라고 말했다.

* 연지연, [막내리는 QE]⑤ "양적완화가 소득불평등 심화시켰다", 조선일보, 2014. 10. 28. ; 최정희, 옐런 연준 의장 "소득불평등 개선에 더 많은 일 해야", 이데일리, 2015. 4. 3.

요약

1. 통화정책의 신뢰와 유효성

1.1 최적정책의 동태적 비일관성 정부가 초기에 입안한 인플레이션 억제정책이 시간이 지나면서 더 이상 최적정책이 아니게 되어 정부가 정책을 바꾸려는 유인을 갖게 되는데, 이를 최적정책의 동태적 비일관성이라 한다. 민간 경제주체들이 최적정책의 동태적 비일관성을 합리적으로 예상하는 상황에서 정책당국이 최적정책을 변경해도 원하는 효과를 얻지 못하고 오히려 사회후생을 감소시킨다. 실업과 인플레이션 간 단기적 상충관계가 있을 경우 중앙은행은 인플레이션 억제정책을 공표한 뒤 기대인플레이션이 하향 안정되면 미래의 어느 시점에서 예상치 못한 확장적 통화정책을 통해 고용증대를 도모할 유인을 갖게 된다. 그러나 이러한 정책당국의 정책 유인을 사전에 합리적으로 예상하는 민간은 기대인플레이션을 낮추지 않을 것이며, 이는 결국 사회후생의 감소를 가져온다.

1.2 정책의 신뢰와 준칙 준칙에 따라 정책을 일관되게 유지해야만 민간의 신뢰를 얻어 최선의 결과를 얻을 수 있다. 신뢰성 보강장치로 평판, 입법, 그리고 계약을 들 수 있다. 평판은 내생적 구속장치로서 중앙은행의 정책행위가 일회적으로 경제에 영향을 줄 뿐만 아니라 미래의 기대 형성에도 지속적으로 영향을 미칠 수 있다는 점을 의미한다. 입법적 접근방식은 독립된 중앙은행을 법에 의해 설립하고 정책목표를 물가안정으로 단일화하여 명시함으로써 준칙을 준수하도록 하는 것이다. 계약적 접근방식은 정부가 주인이 되고, 중앙은행이 대리인이 되어 대리인의 보수체계를 물가안정과 연계시킴으로써 중앙은행이 준칙을 준수하도록 하는 것이다. 그러나 신뢰성 보강장치보다 더 중요한 것은 중앙은행이 실제로 정책을 일관성 있게 수행하고 목표를 충실히 준수한다는 실적을 보여주는 것이다.

2. 통화정책의 운영체계

통화정책의 운영체제는 통화정책이 결정되고 집행되는 제도적 장치로서 명목기준지표의 선택에 따라 통화정책의 운영체제가 구분된다.

2.1 물가안정목표제 중앙은행이 일정 기간 동안 달성해야 할 물가상승률 목표치를 사전에 명목기준지표로 제시하고 통화량, 금리, 환율 등 다양한 정보변수를 활용하여 장래의 인플레이션을 예측한 뒤 실제 물가상승률이 목표치를 달성할 수 있도록 통화정책을 운영하는 방식이다. 중기적 시계에서의 인플레이션 기대를 물가안정 목표수준에 부합하도록 안정화시킴으로써 재량적 통화정책이 초래할 수 있는 인플레이션 기대의 편의(bias)를 극복할 수 있다는 장점이 있다.

2.2 물가수준목표제 중앙은행이 물가상승률 대신 물가수준의 향후 목표경로를 사전에 명목기준지표로 제시하고 이를 달성하는 방식으로, 물가수준이 목표경로를 이

탈할 경우 중앙은행은 별도의 조정과정을 통해 물가수준을 목표경로로 복귀시켜야 한다. 이에 따라 과거의 충격이 현재 및 미래의 통화정책에 영향을 미치는 역사의존성(history dependence)이 나타나게 된다. 물가수준목표제는 장기적인 물가수준의 예측이 가능하다는 장점이 있지만 지속적인 비용 상승 충격이 있는 경우 인플레이션과 총산출량의 변동성이 증가하는 문제가 있다.

2.3 테일러 준칙 통화정책이 경제의 실제 상황 또는 예상되는 상황에 반응하는 방식을 준칙으로 정해 놓은 운영체제이다. 이 준칙에 의하면 실제 인플레이션율과 목표 인플레이션율과의 차이가 크면 클수록, 그리고 실제 GDP와 잠재 GDP의 차이가 크면 클수록 목표 명목정책금리가 상승한다.

2.4 글로벌 금융위기 이후의 통화정책 운영체제 위기 이전의 통화정책 운영체제에서 물가안정목표제는 금융안정과 상충하며 인플레이션 기대 형성을 통한 유효수요를 창출하는 데 한계를 보였다. 이에 대한 대안으로 물가안정과 함께 금융안정 달성을 위해 거시건전성 관점이 반영되고 총수요 확대를 위해 성장 및 고용에 대한 명시적인 책무가 포함되는 신축적인 물가안정목표제가 제안되고 있다. 크루그먼과 우드포드 등은 중앙은행이 물가안정목표제를 유지하는 한 경제주체들의 기대로 인해 확장적 통화정책이 총수요 확대에 미치는 영향이 제한되고 있음을 지적하면서 명목 GDP 목표제를 대안으로 제시하였다.

3. 통화정책의 파급경로

통화정책이 실물경제에 파급되는 경로에는 전통적인 금리경로, 환율경로, 자산가격 경로, 신용경로, 그리고 기대경로가 있다. 여기서 금리경로, 환율경로, 자산가격 경로는 통화정책의 효과가 금융시장의 가격변수에 영향을 미침으로써 실물경제에 파급되는 과정이다.

3.1 금리경로와 환율경로 금리경로의 경우 중앙은행이 공개시장운영 등으로 화폐공급을 확대하여 단기금리를 낮추면 장기금리와 은행금리도 함께 하락하여 투자와 소비가 늘어나고, 이는 총산출량의 증대로 이어진다. 환율경로에서는 확장적 통화정책에 따른 국내금리 하락이 환율상승을 통해 순수출을 증가시킨다.

3.2 자산가격 경로 자산가격 경로는 확장적 통화정책에 따른 주가와 부동산 가격의 상승이 토빈의 q와 부의 효과를 통해 각각 투자와 소비를 증가시키는 방향으로 작동한다.

3.3 신용경로와 기대경로 신용경로는 화폐금융의 양적인 측면, 즉 은행대출에 영향을 미치는 과정이다. 이는 확장적 통화정책에 따른 화폐공급 증가의 결과, 예금 및 대출의 증가와 가계·기업의 대차대조표 개선을 통해 소비와 투자의 증가를 가져온다. 기대경로는 통화정책 기조의 변화가 향후 경기전망이나 기대에 영향을 미쳐 소비와 투자의 변화를 가져오는 과정이다. 중앙은행의 확장적 통화정책으로 금리가 하락하면 앞으로 경기가 호전되고 인플레이션이 상승할 것이라는 기대가 높아지면서 소비와 투자가 증가할 수 있다.

4. 통화정책과 소득·부의 불평등

경제주체들의 자산 보유가 서로 다른 경우 통화정책에 따른 금리 조정이 경제주체별로 보유 자산 및 부채 가격에 차별적으로 영향을 미침으로써 분배 및 후생의 변화를 가져올 수 있다. 확장적 통화정책이 소득불평등을 개선시킨다는 주장과 악화시킨다는 주장이 양립하고 있다. 실제로 미국의 경우 통화정책이 소득분배에 매우 큰 영향을 미쳤으며, 특히 긴축적 통화정책이 소득불평등을 악화시킨 것으로 나타났다. 이는 중앙은행이 통화정책 수행 시 계층별·부문별 소득분포에 미치는 영향에 보다 유의할 필요가 있다는 점을 시사한다.

연습문제

01 "통화정책 결정에서는 가능한 한 재량(discretion)을 배제하고 정책과정을 준칙화(rule)하는 것이 바람직하다"라는 주장이 있다. 합리적 기대를 가정하고 필립스곡선과 최적정책의 동태적 비일관성 이론을 이용하여 이 주장의 이론적 근거를 설명하라.

02 루카스 공급곡선 $Y_t = \bar{Y} + \alpha(P_t - EP_t)$와 오쿤의 법칙 $\frac{1}{\alpha}(Y_t - \bar{Y}) = -\beta(u_t - u_n)$을 이용하여 다음 물음에 답하라. (단, Y_t : t기의 실제 산출량, $\bar{Y}$: 잠재산출량, P_t : t기의 실제 물가수준, EP_t : t기의 기대물가수준, u_t : t기의 실업률, u_n : 자연실업률, $\alpha > 0$, $\beta > 0$)

(1) 공급충격 v를 추가하여 필립스곡선을 도출하고, 인플레이션의 세 가지 원인을 설명하라. (단, 인플레이션율 $\pi_t = P_t - P_{t-1}$)

(2) (1)에서 도출한 필립스곡선에서 공급충격을 제거한 후 중앙은행의 손실함수 $L(u_t, \pi_t) = u_t + \gamma\pi_t^2$를 이용하여 준칙 및 재량에 의한 금융정책에서의 손실함수를 각각 도출하라.

(3) (2)의 결과에 근거하여 어느 정책이 상대적으로 우위에 있는지 판단하고 그 이유를 설명하라.

(2014년 행정고시 기출문제)

03 실업과 인플레이션의 역의 상관관계로 알려진 필립스곡선에 기대인플레이션이 도입되면서 다음과 같은 형태로 발전하였다.

$$\pi = \pi^e - \lambda(u - u_n)$$

(단, π는 인플레이션율, π^e는 기대인플레이션율, u는 실업률, u_n은 자연실업률, 그리고 λ는 반응 정도를 나타내는 상수이다.)

(1) 단기 필립스곡선을 국제적으로 비교해 보면, 평균물가상승률이 높은 나라일수록 그 기울기가 가파르게 나타난다. 루카스의 불완전정보모형을 이용하여 그 이유를 설명하라.

(2) 통화당국이 다음과 같은 목적함수를 극소화하는 정책을 시행한다고 가정하자.

$$\min L(u, \pi) = u + \gamma\pi^2$$

민간 경제주체들이 인플레이션에 대한 기대를 먼저 결정하고 통화당국이 정책(π)을 시행하며, 그에 따른 결과로 위의 기대부가 필립스곡선에 따라 실업률이 결정될 때 최적재량정책을 구하라. 이때 '동태적 비일관성의 문제'가 어떻게 발생할 수 있는지 설명하고, 정부의 재량적 정책은 준칙을 취하는 정책보다 나쁜 결과를 가져올 수 있음을 보여라.

(2006년 행정고시 기출문제 일부 변형)

04 우리나라의 부동산 가격 급등이 정부의 일관성 없는 부동산 정책에 기인하였다는 견해가 있다. 최적정책의 동태적 비일관성 이론에 근거하여 구체적 사례와 함께 설명하라.

05 우리나라의 정책금리로 간주되는 콜금리의 상승이 부동산 가격과 내수(소비 및 투자)에 미치는 영향에 대해 설명하라.

06 K국 경제의 IS곡선, AS(총공급)곡선, 중앙은행의 금리준칙은 각각 다음과 같다.

- **IS 곡선** : $\hat{Y}_t = -\frac{1}{2}(r_t - \bar{r})$
- **AS곡선** : $\pi_t = 3\% + \hat{Y}_t$
- **금리준칙** : $r_t - \bar{r} = \frac{1}{2}(\pi_t - \pi^*)$

(단, $\hat{Y}_t$는 t시점의 GDP 갭(%), r_t는 t시점의 실질금리(%), $\bar{r}$는 장기실질금리(%), π_t는 t시점의 인플레이션율(%), π^*는 중앙은행의 목표 인플레이션율(%)을 나타냄)

중앙은행은 t시점 초에 원자재 가격 상승에 따른 국내 경기 둔화에 대한 우려로 목표 인플레이션율(π^*)을 현행 3%에서 4%로 1%p 상향조정하였다. 중앙은행이 이 정책을 시행하기 이전의 인플레이션율은 목표

인플레이션율과 같았고 GDP 갭은 0%였다. 이와 관련하여 다음 물음에 답하라.

(1) 목표 인플레이션율(π^*)이 3% 수준일 때, 금리준칙과 IS곡선을 결합하여 총수요곡선을 도출하고 도출한 총수요곡선을 해석하라.

(2) 목표 인플레이션율(π^*)이 3%에서 4%로 조정된 직후 t시점에서 형성되는 인플레이션율(π^*)과 GDP 갭($\hat{Y}_t$)을 계산하고, 목표율 상향이 확장적 통화정책인 이유를 설명하라.

(3) 목표 인플레이션율 상향 정책의 효과를 그림으로 나타내고, 이 정책의 한계를 설명하라.

(4) 실업률(u_t)은 오쿤의 법칙 $u_t = 3\% - \frac{1}{2}\hat{Y}_t$를 따른다고 할 때, 목표 인플레이션율($\pi^*$)이 3%에서 4%로 조정된 후 t시점에서 예상되는 실업률을 계산하라.

(2013년 외무고시 기출문제)

07 풀(William Poole)은 실물부문과 화폐부문의 불안정성 정도에 따라 중간목표로서 통화량과 이자율 중 무엇을 선택해야 할지 결정해야 한다고 주장했다. 즉, 실물부문의 불안정성에 따라 IS곡선의 위치가 불확실하다면, 이자율보다는 통화량을 중간목표로 삼는 것이 산출량 및 소득의 변동성을 줄일 수 있다는 점에서 더 바람직한 반면, 화폐부문의 불안정성에 따라 LM곡선의 위치가 불확실하다면, 통화량보다는 이자율을 중간목표로 삼는 것이 더 바람직하다고 보았다. 이러한 주장을 13장(새케인즈학파의 경기변동모형)에서 배운 폐쇄경제의 $IS-LM$ 모형을 이용하여 분석·설명하라.

08 통화당국의 목표는 총산출량을 안정적으로 유지하는 것이지만, 단기적으로 총산출량은 관찰할 수 없다고 하자. 만약 투자수요에 충격이 있다면 통화당국은 단기적으로 이자율을 타게팅하는 것이 바람직한가, 아니면 통화량을 타게팅하는 것이 바람직한가?

09 통화정책의 중간목표 또는 운용목표로 통화량과 이자율이 언급되어 왔다.

(1) 중간목표 선정의 필요성과 두 변수의 장·단점을 논하라.

(2) 한국의 경우 둘 중 어느 변수가 중간목표로 더욱 적절한가에 관해 논하라.

(2001년 외무고시 기출문제 일부 변형)

10 어떤 경제의 필립스곡선과 사회후생함수가 다음과 같다.

> • **필립스곡선** : $u = \bar{u} - (\pi - \pi^e)$
> • **사회후생함수** : $W = -0.5(u - u^*)^2 - 0.5(\pi - \pi^*)^2$
> (단, u는 실제 실업률, $\bar{u}$는 자연실업률, π는 실제 인플레이션율, π^e는 기대인플레이션율, u^*와 π^*는 각각 사회적으로 최적인 수준의 실업률과 인플레이션율이다)

이 경제에는 불확실성이 존재하지 않으며, 사회적으로 최적인 실업률은 자연실업률보다 낮다고 가정한다. 통화정책에 대한 사전적 구속장치(pre-commitment)가 없는 중앙은행이 필립스곡선을 제약조건으로 인식하고 사회후생함수를 극대화하는 인플레이션율을 선택한다고 할 때, 다음 물음에 답하라.

(1) 이 경제에서 중앙은행이 확장적 통화정책을 추구할 유인이 존재함을 보여라.

(2) 이 경제의 균형 인플레이션율과 균형 실업률을 구하고, 통화정책의 효과를 설명하라.

(2018년 행정고시 기출문제)

Macroeconomics

part five

거시경제이론의 발전

우리는 제3편에서 가계와 기업의 동태적 최적화 행위로부터 소비함수, 투자함수, 노동수요함수, 노동공급함수 등을 도출하였다. 그리고 재화시장과 노동시장의 수요와 공급이 일치하는 균형을 정의한 뒤 주어진 경제 여건의 변화에 따른 시장균형의 변화를 분석하였다. 그러나 이 모형은 분석의 단순화를 위해 경제 여건의 불확실성과 실제로 시장에서 관측되는 여러 가지 마찰적 요인들(market frictions)을 고려하지 않았다. 예를 들어 현실에서는 가계나 기업의 저축과 차입을 가로막는 여러 장애요인이 존재한다. 노동시장에서는 구직자와 기업 간 미스매치(mismatch)로 자발적 · 구조적 실업이 발생한다.

18장(소비이론과 투자이론)에서는 먼저 미래소득의 불확실성 하에서 소비함수와 신용시장이 불완전한 상황에서 소비선택을 각각 살펴본다. 그리고 신고전학파 투자함수의 대표적 설명변수인 이자율뿐만 아니라 기업의 포괄적인 정보를 고려한 토빈의 q 이론과 불확실성 하에서 투자이론, 그리고 주택투자의 결정요인을 알아본다. 19장(노동시장이론)에서는 일자리를 구하려는 실업자와 일할 사람을 찾는 기업 간의 탐색(search)과 매칭(matching)에 의해 고용과 실업이 결정되는 노동탐색모형을 소개한다.

한편 우리가 제2~4편에서 국가경제의 기본 문제인 장기적 경제성장과 단기적 경기변동을 설명하기 위해 살펴본 이론과 모형에서는 소비 · 투자 등 실물부문의 경제활동에 수반되는 경제부문 간 자금순환이 아무런 문제 없이 항상 원활하게 이루어질 뿐 아니라, 개별 부문의 자금 조달 및 운용을 위한 자산 · 부채의 선택이 거시경제에 아무런 영향을 미치지 않았다. 즉, 우리는 지금까지 대부분 실물경제에 대한 "금융의 중립성"을 가정한 이론과 모형을 살펴보았다.

그러나 1930년대 대공황 이후 2008년 글로벌 금융위기까지 주요 금융위기를 포함하여 지난 200년 동안 평균 10년 주기로 발생해 온 금융위기와 경기침체의 사례를 통해 알 수 있듯이 일반적으로 금융은 실물경제에 대해 중립적이지 않다. 20장(금융과 경기변동)에서는 이러한 금융과 경기변동 간의 관계를 명시적으로 분석하는 거시재무론(macroeconomic finance)에 대해 알아본다.

Preface

1. 소비이론

2. 투자이론

소비이론과 투자이론

18

이 장에서는 6장(소비와 저축)과 8장(노동수요와 투자)에서 각각 살펴본 소비함수와 투자함수의 이론적 발전과 그 시사점에 대해 차례로 살펴본다.

1. 소비이론

먼저 6장(소비와 저축)에서와 달리 미래소득이 불확실한 상황에서 가계의 동태적 효용극대화로부터 도출되는 소비함수의 특성을 살펴본다. 그리고 자금 대부자와 차입자 간 정보비대칭성과 불완전 계약이행으로 인한 신용시장의 불완전성이 가계의 소비선택에 어떤 영향을 미치는지 알아본다.

1.1 불확실성과 소비

합리적 기대 불확실한 상황에서 개별 경제주체가 이용 가능한 모든 정보를 사용해 미래에 대한 예측을 하는 것

1970년대 후반 이후 합리적 기대이론의 발전은, 미래가 불확실한 상황에서 소비가 어떤 행태를 보일 것인가에 관한 연구를 촉발시켰다. 홀(Robert Hall)은 합리적 기대이론을 본격적으로 소비행태 분석에 도입하여 랜덤워크 가설(random walk hypothesis)을 제시하였다. 이 가설에 따르면 정보가 불확실한 상황에서 소비자가 합리적 기대를 갖고 시점 간 소비선택을 하는 경우, 현재소비 이외의 다른 어떤 변수도 미래소비를 예측하는 데 도움이 되지 않는다. 또한 스키너(Jonathan Skinner)와 젤디스(Stephen Zeldes) 등은 소비가 단순히 랜덤워크를 따르기보다는, 미래의 예기치 못한 소득 변화에 대비하여 현재 소비 · 저축이 추가로 조정된다는 예비적 저축 가설(precautionary saving hypothesis)을 제시하였다. 이 두 가설의 내용과 직관적 의미를 차례로 살펴보자.

1.1.1 랜덤워크 가설

2기간 소비선택모형에서 미래소득(Y')이 불확실한 경우 소비자의 현재소비(C)와 미래소비(C')의 선택과 관련된 평생기대효용함수를 다음과 같이 가정한다.

$$EU(C,C') = u(C) + \beta Eu(C') \quad (0<\beta<1) \qquad (18.1)$$

여기서 기간별 효용함수 u는 C, C'의 증가함수이고 한계효용체감의 특성을 갖는다. 또한 β는 시간할인요소(time discount factor)를 의미하고, E은 현재(1기)의 정보를 이용한 합리적 기대치를 나타낸다.[1] 1기에 소비자는 자신의 미래소득과 부에 영향을 미칠 수 있는 여러 가지 경제변수에 대해 합리적으로 예측하여 소비계획을 세울 것이다. 효용함수 (18.1)에서 현재소비 C는 1기에 정해진 소비수준이므로 1기 정보를 이용한 C의 합리적 기대치는 바로 C가 된다. 즉, $E(C) = C$이고, $Eu(C) = u(C)$이 된다.

가정 1기에 소비자는 자신의 미래소득과 부에 영향을 미칠 수 있는 경제변수에 대해 합리적으로 예측하여 소비계획을 세움

한편 6장(1. 효용함수와 예산제약)의 2기간 모형에서 도출한 것처럼 조세가 없는 경우($T = T' = 0$) 소비자의 평생예산제약식은 다음과 같다.

$$C + \frac{C'}{1+r} = Y + \frac{Y'}{1+r} \tag{18.2}$$

여기서 초기 자산소득(a_0)은 분석의 단순화를 위해 0으로 가정하였다. 그러면 과연 현재소비 C와 다음 기 소비의 합리적 기대치 $E(C')$은 어떤 관계가 있을까? 불확실성이 없는 경우와 유사하게 기간 간 소비선택의 최적조건은 다음과 같다.[2]

$$MRS_{C,C'} = \frac{MU(C)}{\beta EMU(C')} = 1 + r \tag{18.3}$$

여기서 $MRS_{C,C'}$는 현재소비와 미래소비 간 한계대체율로, 식 (18.1)의 기간별 효용함수를 이용하여 현재소비와 미래소비의 한계효용, 즉 $MU(C)$과 $MU(C')$의 비율로 나타내면 $\frac{MU(C)}{\beta EMU(C')}$이 된다. 이때 미래소비는 동일한 수준의 현재소비보다 덜 선호되고 현재시점에서 불확실하기 때문에 할인된 기대한계효용, 즉 $\beta EMU(C')$로 나타낸다. 위의 최적조건식 (18.3)을 현재소비의 한계효용과 미래소비의 한계효용 기대치 사이의 관계식으로 나타내면 다음과 같다.

현재소비와 미래소비 간 한계대체율 현재소비의 한계효용과 미래소비의 할인된 기대한계비용의 비율로 나타냄

$$\beta EMU(C') = \left(\frac{1}{1+r}\right)MU(C) \tag{18.4}$$

1. 동일한 수준의 현재소비 및 미래소비에 대해 소비자들은 일반적으로 현재소비를 선호할 것이다. 다기간 효용함수에 이러한 시간선호율(rate of time preference)을 나타내기 위해 미래소비의 효용에 일정한 시간할인요소(time discount factor)를 곱한 형태로 표기한다. 불확실성이 없는 경우의 기간 간 소비선택을 살펴본 6장(1. 효용함수와 예산제약)에서는 분석의 단순화를 위하여 시간선호가 없는, 즉 $\beta = 1$인 다기간 효용함수를 가정하였다.
2. 식 (18.3)의 최적조건은 평생예산제약 속에서 기대효용극대화 문제를 C과 C'에 대해 각각 미분한 식으로부터 도출될 수 있다.

위의 식 (18.4)를 오일러 방정식(Euler Equation)이라 부른다. 이 식에 효용함수의 구체적 형태를 포함하여 몇 가지 추가적인 가정을 더하면 다음과 같이 단순화된다.[3]

2기 소비수준의 합리적 예측치는 1기 소비수준에 의해 결정됨

$$E(C') = C \tag{18.5}$$

이는 2기 소비수준의 합리적 예측치가 1기의 소비수준에 의해 결정됨을 보여준다. **랜덤워크 가설**에 의하면 합리적 기대에 따라 이미 1기의 소비수준에 앞으로의 경제상황이나 미래소득에 대해 현재 입수 가능한 정보가 모두 반영되어 있기 때문에, 2기의 소비수준을 예측하기 위해서는 1기의 소비수준만 알면 된다는 것이다.

랜덤워크 가설

- 합리적 기대에 의해 이미 1기의 소비수준에 현재 입수 가능한 모든 정보 반영
  ⇒ 2기 소비의 합리적 예측치 = 1기의 소비수준

식 (18.5)는 또한 다음과 같이 나타낼 수 있다.

$$C' = C + \varepsilon' \tag{18.6}$$

여기서 ε'은 1기에는 예측되지 못했지만 2기에 새로이 발생한 충격, 예를 들어 예기치 못한 소득이나 부의 변동 등이 2기 소비에 미친 효과를 나타내는 변수이다. 따라서 ε'은 1기 정보를 이용하여 예측이 불가능하므로 $E(\varepsilon') = 0$의 특성을 갖는다. 또한 식 (18.6)에서 ε'은 1기에서 2기의 소비계획을 세울 때 고려되지 못했던 것이므로, 2기의 실제 소비는 1기 소비와 비교할 때 1기에 예기치 못한 충격, 즉 ε'만큼 변동한다.

이제 식 (18.6)을 평생예산제약식 (18.2)에 대입하면 다음과 같다.

$$C + \frac{C' + \varepsilon'}{1+r} = Y + \frac{Y'}{1+r} \tag{18.7}$$

양변에 1기 정보에 기초한 합리적 기대 E을 적용하고, $E(\varepsilon') = 0$을 대입한 뒤 현재소비에 관한 식으로 나타내면 다음과 같다.

$$\left(\frac{2+r}{1+r}\right)C = Y + \frac{EY'}{1+r} \equiv EPV \Leftrightarrow C = \left(\frac{1+r}{2+r}\right)EPV \tag{18.8}$$

- 랜덤워크 가설은 불확실성과 합리적 기대의 상황에서 도출된 항상소득 가설

이렇게 랜덤워크 가설에 의하면 불확실성에 직면한 미래전망적 소비자는 기간 간

3. 효용함수를 $u(C) = a_0 + a_1 C - \frac{a_2}{2} C^2$ $(a_0, a_1, a_2 > 0)$로 가정하고, $\beta(1+r) = 1$을 식 (18.4)에 대입하면 $E(C') = C$이 도출된다.

고른 소비를 위해 현재가치로 나타낸 평생 기대 부(EPV)의 일정 부분을 매기에 소비한다. 이런 점에서 랜덤워크 가설을 불확실성과 합리적 기대의 상황에서 도출된 프리드먼의 항상소득 가설로 해석할 수 있다.

또한 소비가 식 (18.6)과 같이 랜덤워크를 따르는 경우 현재소비와 미래소비의 차이는 평균적으로 0이 됨을 알 수 있다($E(C'-C)=E(\varepsilon')=0$). 이것은 미래소득이 불확실한 상황에서 기간 간 고른 소비를 선호하는 소비자의 합리적 선택이 가져온 결과이다.

■ 미래소득이 불확실한 상황에서 기간 간 고른 소비를 선호
⇒ 현재소비와 미래소비의 차이는 평균적으로 0이 됨

그러나 실증분석에 의하면 실제 소비는 랜덤워크 가설의 예측보다 훨씬 큰 변동성을 보이고 있다. 예를 들어 소비자는 일시적 소득의 변화에 대하여 항상소득 가설 또는 랜덤워크 가설의 예측보다 훨씬 더 민감하게 소비를 조정해 왔다는 것이다. 그 이유로서 다음의 두 가지를 생각해 볼 수 있다.

실제 소비의 변동성 > 랜덤워크 가설의 예측
■ 이자율의 내생성
■ 신용시장의 불완전성

첫째, 실질이자율이 일정하다는 랜덤워크 가설의 가정과는 달리 경제 전체적으로 이자율은 소비와 함께 내생적으로 결정되는 변수이다. 우리는 12장(1. 실물경기변동이론)에서 실질이자율이 내생적으로 결정되는 실물경기변동모형의 소비행태가 실제 데이터를 잘 설명한다는 것을 확인했다. 둘째, 신용시장의 불완전성을 들 수 있다. 본 절(1.2.1 유동성제약과 리카도 대등정리)에서 자세히 살펴보겠지만 실제로는 차입이자율이 저축이자율보다 높은 것이 보통이고, 시점 간 고른 소비에 필요한 차입규모가 제한되거나 차입이 불가능한 유동성제약(liquidity constraint)에서 시점 간 소비선택이 이루어지는 것이 일반적이다.

1.1.2 예비적 저축 가설[4]

예비적 저축 가설
■ 항상소득-랜덤워크 가설에 소득의 불확실성 도입

소득의 불확실성과 소비와의 관계는 **예비적 저축 가설**(precautionary saving hypothesis)로 설명할 수 있다. 이 가설은 기존의 항상소득-랜덤워크 가설에 소득의 불확실성을 도입하여 분석한다는 점에서 프리드먼의 항상소득 가설과 홀의 랜덤워크 가설을 일반화한 형태라고 할 수 있다. 예비적 저축 가설에 의하면 소비자는 항상소득을 기초로 전 생애에 걸쳐 고른 소비를 유지하려 할 뿐만 아니라, 예기치 못한 소득 감소를 초래할 수 있는 미래의 불확실성 정도에 따라서도

■ 예기치 못한 소득 감소를 초래할 수 있는 미래의 불확실성 정도에 따라 소비·저축을 합리적으로 조정함 : 미래소득의 불확실성 증대 ⇒ 현재소비 감소, 미래소비 증가

4. 참고문헌 : Deaton, A., *Understanding Consumption*, Chapter 6, Clarendon Press, 1992 ; 장민·황인도, 「소득 및 자산가격 불확실성이 소비에 미치는 영향」, 『조사통계월보』, 한국은행, 2004. 9.

그림 18-1

소득의 불확실성과 예비적 저축

불확실성이 없는 경우 소비자가 현재(1기)와 미래(2기) 모두 C만큼의 소비를 한다면 각각 $MU(C)$만큼의 한계효용을 얻을 수 있다. 이때 미래소비가 50% 확률로 $\underline{C}'$이거나 $\overline{C}'$라면, 미래소비의 기대한계효용은 $MU(\tilde{C})$로 현재소비의 한계효용 $MU(C)$보다 크다. 따라서 고른 소비를 선호하는 소비자의 최적선택은 현재소비를 줄이고 미래소비는 늘려서 한계효용을 같게 만드는 것이다.

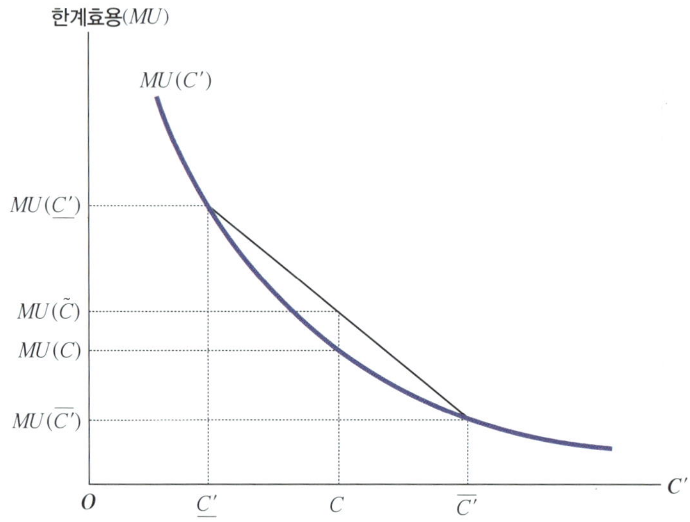

소비 · 저축을 합리적으로 조정하게 된다.

예를 들어 미래소득에 대한 불안감이 커지면서 소비자는 예기치 않게 소득이 감소하더라도 일정 수준의 소비를 유지할 수 있도록 현재저축을 늘린다. 즉, 미래소득의 불확실성이 증대될 경우 소비자는 현재소비를 미래시점으로 연기하므로 현재소비는 감소하고 미래소비는 증가한다.

이러한 기간 간 대체효과는 합리적인 소비자의 시점 간 최적 소비선택 과정으로도 설명된다. 위험기피적인 소비자의 효용함수로부터 〈그림 18-1〉과 같이 원점에 대해 볼록한 한계효용함수를 가정해 보자. 불확실성이 없는 상황에서 소비자가 현재(1기)와 미래(2기) 모두 C만큼의 소비를 한다면 현재와 미래 모두 $MU(C)$만큼의 한계효용을 얻을 수 있다. 그런데 미래소득이 불확실하여 2기 소비가 50% 확률로 각각 $\underline{C}'$ 또는 $\overline{C}'$가 될 수 있다고 하자. 이때 미래소비의 기대한계효용은 $MU(\tilde{C}) = \frac{1}{2}MU(\underline{C}') + \frac{1}{2}MU(\overline{C}')$로 현재소비의 한계효용 $MU(C)$보다 크다는 것을 알 수 있다. 따라서 기간 간 고른 소비를 선호하는 소비자는 현재소비를 줄여서 현재의 한계효용을 높이고 미래소비는 늘려서 한계효용을 낮추는 것이 최적선택일 것이다.

기간 간 고른 소비를 선호하는 소비자는 현재소비를 줄이는 것이 최적선택

이러한 소득의 불확실성과 현재 및 미래 소비의 관계는 다음과 같이 랜덤워크 가설(식 (18.6))에 소득의 불확실성 정도가 추가된 형태로 나타낼 수 있다.

$$C' = C + \varepsilon' + \frac{\theta}{2} E\varepsilon'^2 \tag{18.9}$$

여기서 $E\varepsilon'^2$는 현재(1기)시점에서 예기치 못한 소득변동 ε'의 분산으로서 미래소득의 불확실성 정도를 나타내며, $\theta > 0$는 소비자의 절대적 위험기피도를 나타낸다.[5] 식 (18.9)에 의하면 소비는 단순히 랜덤워크($C' = C + \varepsilon'$)하기보다는 불확실성의 정도에 따라 조정된다. 예를 들면 불확실성($E\varepsilon'^2$)이 증가하는 경우 현재소비(C)는 감소하고 미래소비(C')는 증가하여 불확실성과 소비증가율 사이에 양(+)의 관계가 성립한다.

■ 불확실성과 소비증가율 사이에 양(+)의 관계 성립

예비적 저축의 예로 1997년 말 외환위기 직후 우리나라의 소비와 저축을 들 수 있다. 즉, 11장(2. 주요 거시경제지표의 동조성과 변동성)의 〈그림 11-4〉 (a)와 같이 1998년에 우리나라의 소비가 소득보다 크게 감소한 것은 구조조정 과정에서 고용구조가 불안정해지면서 가계소비자들이 불확실한 미래에 대비해 소비를 줄이고 예비적 저축을 늘렸기 때문으로 볼 수 있다. 또한 1999년 상반기에는 구조조정의 불확실성이 어느 정도 불식되어 가계소비자의 미래에 대한 불확실성도 상당 부분 해소됨에 따라 지나치게 감소했던 소비가 반등했던 것으로 볼 수 있다.[6]

1.2 불완전 신용시장과 소비

지금까지 살펴본 미래전망적 소비이론에서 소비를 결정하는 주요 요인은 소득을 획득하는 시점보다는 매기 소득의 현재가치 합으로 결정되는 평생 부이다. 즉, 현재가치가 같다면 1기에 100만원을 벌고 2기에 100만원을 버는 상황이든, 1기에 50만원을 벌고 2기에 150만원을 버는 상황이든 소비결정에는 아무런 차이가 없다. 이것은 자금을 미래로부터 차입해 오거나 미래로 이전시키는 데 아무런 어려움이 없다는 **완전신용시장**(perfect credit market)의 가정 때문이다.

완전신용시장 자금의 저축 · 차입에 아무런 제약을 받지 않는 시장

그러나 현실에서는 이러한 저축과 차입을 가로막는 여러 장애요인이 존재한다. 개별 소비자에 따라 미래소득으로부터 자금을 빌려오는 것이 불가능한 **차입**

5. 식 (18.9)와 같은 소비행태식은 소비자의 효용함수가 $u(C) = -e^{-\theta C}/\theta$와 같은 지수효용함수(exponential utility function)이고, 소득(Y)이 다음과 같은 확률과정을 따르는 경우 도출된다: $Y_{t+1} = Y_t + \varepsilon_{t+1}$(단, ε_{t+1}은 평균이 0이고 조건부 분산이 $E_t\varepsilon_{t+1}^2$인 정규분포를 따른다.)

6. 이우헌, 「외환위기와 한국의 가계소비 : 예비적 저축을 중심으로」, 『국제경제연구』, 2001.

그림 18-2

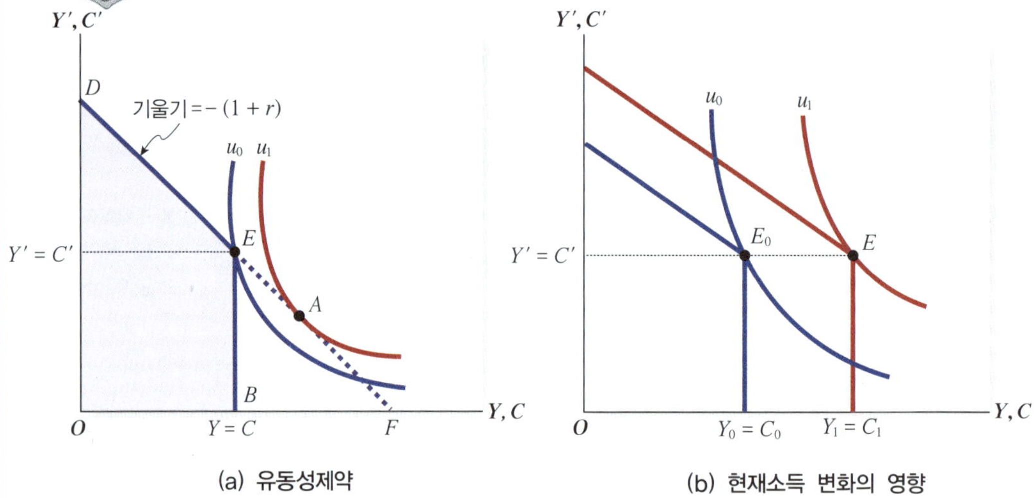

유동성제약과 최적소비

유동성제약이 존재하면 차입자의 효용극대화점은 A가 아니라 초기 부존점 E가 된다. 이때 현재소득 Y이 증가하면 현재소비가 현재소득에 민감하게 반응하여 효용극대화점은 E_0에서 E으로 이동한다.

제약(borrowing constraint) 또는 **유동성제약**(liquidity constraint)이 대표적 예이다. 이러한 유동성제약은 신용시장에서 자금 대부자와 차입자 간 정보비대칭성(information asymmetry)과 불완전 계약이행(limited commitment)에 기인할 수 있다. 또한 고령화가 급속히 진행 중인 현실에서 세대 간 신용시장이 원활히 작동하지 않을 수 있다. 이러한 불완전한 신용시장에서의 최적 소비선택과 정책시사점에 대해 알아보자.

1.2.1 유동성제약과 리카도 대등정리

유동성제약(차입제약) 이번 기의 소비지출은 이번 기의 소득수준 내에서만 이루어져야 함

먼저 6장(소비와 저축)의 2기간 모형에서 현재(1기)소비는 미래(2기)소득으로부터의 차입 없이 현재 소득수준 내에서만 이루어져야 한다는 **유동성제약**에 직면해 있다고 하자. 이때 소비자가 처한 예산제약선은 〈그림 18-2〉의 (a)와 같이 나타낼 수 있다. 소비자의 초기 부존점 E에서 수직인 예산제약선은 차입이자율이 무한대임을 의미한다. 이전에는 삼각형 EBF 영역도 선택이 가능한 부분이었다. 하지만 무한대의 차입이자율 수준에서 실질적으로 미래로부터의 차입이

불가능한 유동성제약이 존재하면, *EBF* 영역은 소비가능집합에서 제외되며 사각형 *ODEB*의 청색 음영부분만 선택가능영역으로 남는다. 이에 따라 주어진 무차별곡선에서 최적소비점은 *A*로부터 초기 부존점 *E*로 변한다.

이제 〈그림 18-2〉의 (b)에서 미래소득은 Y'로 불변이고 현재소득만 Y에서 Y_1으로 증가할 때 미래소비는 늘어나지 않고 현재소비만 C에서 C_1으로 현재소득 증가폭만큼 증가한다. 이는 유동성제약이 없는 경우 시점 간 소비수준을 일정하게 유지하려는 소비행태(intertemporal consumption smoothing)에 따라 현재소득의 증가 중 일부만 현재소비의 증가로 이어진다는 것과 좋은 대조를 이룬다. 실제로 시점 간 소비선택모형이 시사하는 바와 달리 현재소비가 현재소득에 민감하게 반응하는 것(excess sensitivity of consumption)으로 관측되고 있다.

실제 현재소비는 현재소득에 민감하게 반응 ⇒ 시점 간 소비수준을 일정하게 유지하려는 소비행태와 대조

이론과 실제 1 유동성제약과 소비 변동성 증가

11장(2.1 소비와 투자)에서 살펴보았듯이, 우리나라는 1997년 외환위기 이후 GDP 변동성 대비 가계소비 변동성이 크게 증가하였으며 경기동행적인 특징이 뚜렷하게 나타나고 있다. 즉, 1998년에 소비가 급격히 감소한 이후 1999년부터 2002년까지 경기회복과 함께 소비가 빠르게 증가하였으나, 2003년 이후에는 장기적인 경기침체와 함께 그 증가세가 둔화되거나 감소하고 있다.

이러한 우리나라의 가계소비 변동성 증대가 차입제약을 받는 저소득계층의 증가에 기인한다는 견해가 제시되었다.* 외환위기 이후 우리나라의 소득분배 구조는 악화되어 왔으며, 그 결과 외환위기 이전에는 최하위 20% 소득계층의 저축률이 비록 낮은 수준이나마 양의 값을 보였던 데 반해, 외환위기 이후에는 음의 저축률을 보이고 있다. 이는 저소득계층을 중심으로 차입을 통한 소비가 증가하였음을 의미한다. 물론 차입은 일시적으로 현재의 예산제약을 완화하는 역할을 하지만, 장기적으로는 저소득층에게 부채상환의 문제를 초래하여 오히려 가계의 차입 또는 유동성을 제약하게 된다. 그 결과 현재소득을 현재소비에만 사용할 수밖에 없는 단순소비 가계가 증가하면서 경제가 호황일 때 소비가 급격히 증가하고 반대로 불황일 경우 소비가 크게 줄어들게 된다. 즉, 소득 대비 소비의 변동성이 커지는 것이다.

* 정규일, 「소득분배 구조와 통화정책 효과」, 『금융경제연구』, 한국은행, 2007. 2. ; 최영준, 「외환위기 이후 가계소비 행태 변화의 원인 분석」, 『경제분석』, 한국은행, 2007. 1.

한편 6장(4. 재정정책과 리카도 대등정리)에서 언급했듯이 차입이 자유롭지 않고 차입이자율이 저축이자율보다 높을 때는 리카도 대등정리가 성립하지 않는다. 이

제 그 이유를 설명하기 위해 보다 일반적인 유동성제약에서 정부지출의 재원조달 방식이 소비에 미치는 영향을 분석한다. 즉, 무한대에 가까운 차입이자율 대신 차입이자율(r_b)이 저축이자율(r_s)보다 높은 불완전 신용시장(imperfect credit market)을 가정한다. 이때 정부가 필요한 정부지출 재원을 국채 발행으로 조달하고, 대신 정액세를 감면하는 경우 소비선택의 변화 여부를 살펴보자.

불완전 신용시장
저축이자율 < 차입이자율

우선 저축자와 차입자의 1기 예산제약식은 완전한 신용시장에서의 식 (9.2)와 동일하고, 2기 예산제약식은 각각 다음과 같다.

$$C' = Y' - T' + (1 + r_s)S \qquad (S > 0) \tag{18.10}$$

$$C' = Y' - T' + (1 + r_b)S \qquad (S < 0) \tag{18.11}$$

유동성제약 하 저축자는 저축이자율을 기초로 예산제약이 결정되고, 차입자는 차입이자율을 기초로 예산제약이 결정됨

위의 식 (18.10)과 식 (18.11)을 각각 저축($S>0$)과 차입($S<0$)에 대해서 정리한 뒤, 초기 자산소득(a_0)이 없다고 가정할 때 1기 예산제약식($C + S = Y - T$)에 대입하면 다음과 같은 저축자와 차입자의 평생예산제약식이 각각 도출된다.

$$C + \frac{C'}{1 + r_s} = (Y - T) + \frac{(Y' - T')}{1 + r_s} \equiv PV_s \tag{18.12}$$

$$C + \frac{C'}{1 + r_b} = (Y - T) + \frac{(Y' - T')}{1 + r_b} \equiv PV_b \tag{18.13}$$

6장(소비와 저축)에서 배운 완전한 신용시장에서의 기간 간 소비선택모형과 유사하게 〈그림 18-3〉의 (a)에는 주어진 초기 부존점 $E(Y - T, Y' - T')$를 기준으로 차입자가 직면하는 높은 이자율이 더 가파른 예산선으로 표시되어 있다. 주어진 무차별곡선에서 최적소비는 〈그림 18-3〉의 (b)에서와 같이 초기 부존점 E_1에서 결정된다고 하자. 주어진 1기와 2기 소득수준에서 소비자로 하여금 저축을 유도하기에는 저축이자율이 너무 낮으며, 차입을 유도하기에는 차입이자율이 너무 높기 때문에 소비자는 초기 부존점 E_1을 선택하게 된다.

최적소비가 주어진 초기 부존점에서 이루어지는 경우 저축(차입)을 유도하기에는 저축(차입)이자율이 너무 낮음(높음)

이제 정부가 주어진 정부지출에 대하여 1기에 ΔT만큼 정액세를 줄이고, 대신 이자율이 r_s인 채권 발행으로 필요한 재원을 조달하는 경우의 소비 변화를 살펴보자. 우선 정부는 현재가치로 나타낸 아래의 예산제약식을 충족하기 위해 2기 정액세를 $\Delta T(1 + r_s)$만큼 증가시킬 것이다.

$$G + \frac{G'}{1 + r_s} = T + \frac{T'}{1 + r_s} \tag{18.14}$$

그림 18-3

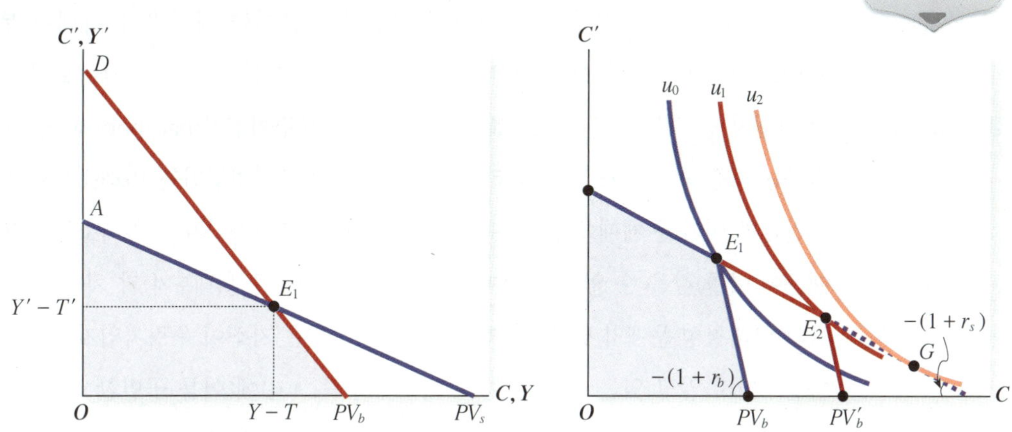

(a) **예산제약선**(차입이자율 > 저축이자율) (b) **유동성제약과 조세감면의 효과**

➠ 유동성제약과 리카도 대등정리

초기 부존점 E을 기준으로 차입자가 직면하는 높은 이자율(r_b)은 (a)에서 더 가파른 예산선 EPV_b로 표시되고, 저축자가 직면하는 낮은 이자율(r_s)은 완만한 예산선 AE으로 표시된다. 이때 (b)에서 최적소비는 초기 부존점 E에서 결정된다고 하자. 이때 정부가 주어진 정부지출에 대하여 1기에 ΔT만큼 정액세를 줄이고, 대신 이자율이 r_s인 채권 발행으로 재원을 조달하는 경우, 소비자의 초기 부존점은 E_2로 이동하여 최적소비는 E_2에서 결정된다. 즉, 1기 소비가 정액세 감소분($-\Delta T$)만큼 증가하고, 따라서 리카도 대등정리가 성립하지 않는다.

〈그림 18-3〉의 (b)에서 소비자의 초기 부존점은 E_1에서 E_2로 이동하며, 주어진 무차별곡선에서 최적소비는 E_2에서 결정된다. 주어진 정부지출에 대한 재원조달방식이 변함에 따라 1기 소비가 정액세 감소분($-\Delta T$)만큼 증가하고, 따라서 리카도 대등정리가 성립하지 않는다. 다시 말해, 정부가 주어진 정부지출에 대해 1기 정액세를 ΔT만큼 줄이고 2기에 $\Delta T(1+r_s)$만큼 늘리는 것은 소비자로 하여금 실질적으로 ΔT를 시장의 차입이자율보다 낮은 r_s로 차입 가능케 함으로써 1기 소비를 증가시킨 것이다.

유동성제약에서 조세삭감은 실질적으로 차입제약을 풀어줌으로써 소비 증가를 가져옴
⇒ 리카도 대등정리가 성립하지 않음

1.2.2 신용시장의 정보비대칭성과 가계부도위험

유동성제약을 가져오는 대표적 원인으로 신용대출시장에서 자금 대부자와 차입자 간의 **정보비대칭성**(information asymmetry)을 들 수 있다. 이에 대해 알아보기 위해 가계소비자와 은행으로 구성된 2기간 모형을 생각해 보자. 은행은 소비자로부터 예금을 받거나 소비자에게 대출을 해주는 역할을 하고, 이때 저축이

자율은 r_s라고 가정한다.

여기서 은행이 대출과 관련하여 직면하는 문제는 차입자가 미래에 부도(default)에 직면할 가능성이 있다는 것이다. 이 문제를 간단하게 알아보기 위해 총 차입자 중 '우량차입자(good borrower)'와 '불량차입자(bad borrower)'가 차지하는 비중을 각각 α, $(1-\alpha)$라고 하자. 여기서 우량차입자는 미래소득으로 대출원금과 이자를 제때에 갚을 수 있는 소비자를, 불량차입자는 미래소득이 없기 때문에 이를 갚을 수 없는 소비자를 의미한다. 이때 은행(대부자)과 차입자 간 정보의 비대칭성 문제가 발생하는데, 이는 차입자들은 자신이 우량차입자인지 불량차입자인지 알고 있는 반면 은행은 대출시점(즉, 1기)에 이를 구별할 수 없기 때문이다. 그러나 은행은 소비자들이 미래(2기)소득을 받은 뒤 사후적으로 우량차입자와 불량차입자를 알아낼 수 있다.

신용시장의 정보비대칭
- 우량차입자와 불량차입자 존재
- 사전적으로 구별 불가

분석의 편의를 위해 모든 우량차입자들이 동일하고 각각 L만큼 대출을 원한다고 하자. 은행은 우량차입자와 불량차입자를 구별할 수 없기 때문에 모든 차입자에게 동일한 차입이자율 r_b를 부과한다고 하자. 이때 불량차입자들은 자신이 부도를 낼 것이 드러나면 대출을 받을 수 없기 때문에 우량차입자를 따라서 같은 금액(L)을 차입하려 할 것이다. 한편 은행은 대출의 부실위험을 최소화하기 위해 다수의 차입자들에게 대출할 것이고, 그 결과 이 은행으로부터 차입한 소비자들 중 2기에 대출원금과 이자를 상환할 차입자의 비중은 우량차입자의 비중(α)과 같게 된다. 은행은 주어진 예금 L에 대해 저축자들에게 $L(1+r_s)$를 지급해야 하는 반면, 은행대출금 L에 대해서는 불량차입자들이 대출원금과 이자를 갚지 않을 것이기 때문에 은행은 $\alpha L(1+r_b)$만큼만 회수하게 될 것이다. 따라서 은행이 저축자들의 예금을 받아 대출한 자금 L에 대한 기대이윤은 다음과 같다.

$$\Pi = \alpha L(1+r_b) - L(1+r_s) = L[\alpha(1+r_b) - (1+r_s)] \qquad (18.15)$$

완전경쟁적 신용대출시장의 균형에서 은행은 0의 기대이윤을 얻는데, 이때 차입이자율과 저축이자율의 차이(디폴트 프리미엄)는 불량차입자 수가 늘어날수록 증가함

이러한 신용대출이 완전경쟁시장에서 이루어진다면 시장균형에서 개별 은행은 0의 기대이윤을 얻게 될 것이다. 음(−)의 기대이윤은 은행이 문을 닫아야 함을 의미하고, 양(+)의 기대이윤은 은행이 대출을 더 늘림으로써 기대이윤을 증가시킬 수 있음을 의미하기 때문이다. 따라서 균형에서 대출 또는 차입이자율(r_b)과 예금 또는 저축이자율(r_s) 간의 관계는 다음과 같이 결정된다.

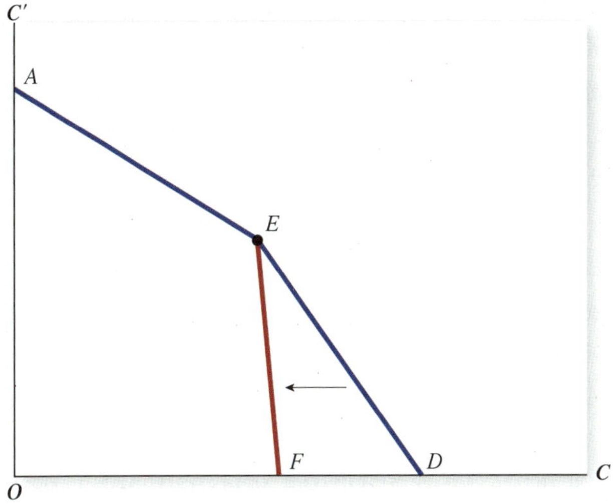

그림 18-4

신용시장의 정보비대칭성과 부도율의 증가

신용대출시장의 정보비대칭성은 예산제약선을 *AED*로 꺾이게 하고, 불량차입자 수의 증가에 따른 부도율의 증가는 차입이자율과 저축이자율의 차이인 디폴트 프리미엄을 상승시켜 예산제약선을 *AED*에서 *AEF*로 이동시킨다. 그 결과 우량차입자들도 높은 차입이자율에 직면하게 된다.

$$r_b = \frac{1 + r_s}{\alpha} - 1 \quad (18.16)$$

만약 신용대출시장에 우량차입자만 있다면($\alpha = 1$), 위 식 (18.16)에서 $r_b = r_s$가 되므로 신용시장은 6장(소비와 저축)에서 배운 피셔의 시점 간 소비선택모형과 같아진다. 하지만 신용시장에 불량차입자가 존재하는 한($\alpha < 1$) 주어진 저축이자율(r_s) 수준에서 불량차입자가 늘어나고, 따라서 부도율이 증가할수록(α가 작을수록) 차입이자율(r_b)은 상승하게 된다. 그리고 차입이자율과 저축이자율의 차이($r_b - r_s$)로 정의되는 이자율 스프레드, 즉 **디폴트 프리미엄**(default premium)도 상승하게 된다. 이에 따라 〈그림 18-4〉에서 소비자의 예산제약선은 *AED*에서 *AEF*로 이동한다.

* 현실경제에서 디폴트 프리미엄은 자금 차입자인 기업의 파산위험을 고려하여 자금 대부자에게 추가적으로 보상해야 하는 금액을 의미한다.

따라서 정보비대칭이 존재하는 신용대출시장에서 불량차입자 수가 늘어나 부도율이 증가하면 우량차입자들도 높은 차입이자율에 직면하게 되고, 그 결과 소비와 차입이 감소하게 된다. 실제로 2008년 글로벌 금융위기와 세계 경기침체는 당시 신용대출시장에서의 비대칭적 정보가 차입이자율과 유동성에 영향을 미치면서 심화되었다.

불량차입자가 늘어날수록 우량차입자도 높은 차입이자율에 직면하여 소비와 차입이 감소함

이론과 실제 2 2008년 금융위기와 디폴트 프리미엄

정보의 비대칭성이 존재하는 신용대출시장의 분석에 의하면, 신용시장에서 불량차입자 및 부도율의 증가는 우량차입자의 차입이자율까지도 상승시킨다. 〈그림 1〉은 신용등급 BAA 기업채권과 AAA 기업채권 간의 이자율 차이를 보여주고 있다. 여기서 AAA는 신용등급이 가장 높은 채권으로서 부도위험이 전혀 없는 채권을 뜻하는 반면, BAA는 부도위험이 있는 채권을 의미한다.

〈그림 1〉에서 주목할 점은 대공황 기간인 1930년대 초에 두 채권의 이자율 스프레드가 거의 6%에 이르렀다는 것이다. 제2차 세계대전 이후 이자율 스프레드가 높았던 기간들은 대체로 경기침체기였다. 특히 1974~1975, 1981~1982, 1990~1991, 2001, 2008~2009년에 이자율 스프레드가 높았음을 알 수 있다. 또한 보통 이자율 스프레드는 침체기간이 끝나갈 무렵, 즉 부도율이 가장 높을 때에 증가했다.

2008~2009년 금융위기와 대침체기에 특징적인 것은 이자율 스프레드가 1930년대 대공황 이후 가장 높았다는 사실이다. 이러한 높은 이자율 스프레드는 2008년 금융위기 당시 신용시장의 정보비대칭성 증가에 따른 불확실성을 반영한 것이었다. 신용시장에서 정보비대칭성이 증가한 것은 자금대여자가 차입자의 유형에 대한 정보가 더욱 불완전해졌기 때문이었고, 따라서 높은 차입이자율에 직면한 우량차입자들도 자연스럽게 차입을 줄일 수밖에 없었다.

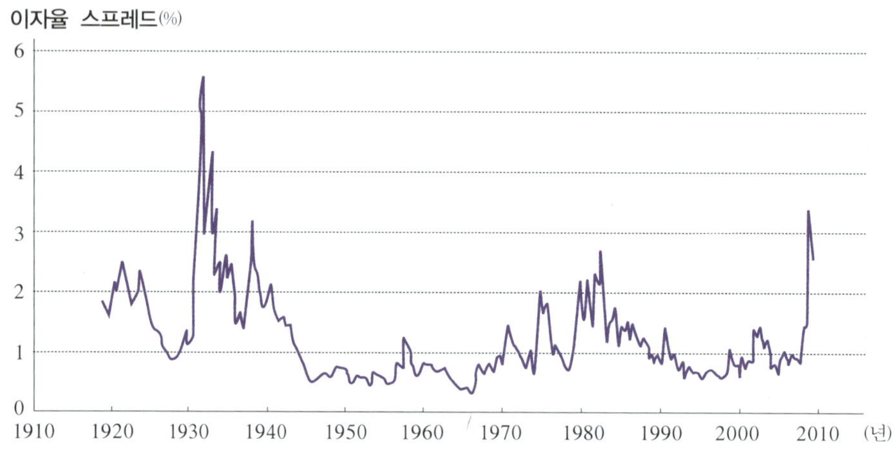

〈그림 1〉 미국 기업의 디폴트 프리미엄(이자율 스프레드)

불완전 계약이행 미래시점에 차입자는 대출계약을 약속대로 이행하지 않을 유인 존재
⇒ 대출시점에 대부자는 차입자에게 담보물 요구

1.2.3 신용시장의 불완전 계약이행과 담보차입제약

정보의 비대칭성과 함께 신용시장의 불완전성을 유발하는 또 하나의 요인은 **불완전 계약이행**(limited commitment)이다. 보통 차입자는 대출계약을 통해 미래에 대부자에게 자금을 돌려주겠다는 약속을 함으로써 자금을 빌릴 수 있다. 그러

나 계약을 약속대로 이행해야 할 미래시점이 되었을 때 차입자는 이 약속을 지키지 않는 것이 자신에게 유리함을 알고 약속을 이행하지 않을 유인을 갖게 된다. 대부자도 사전에 이러한 사실을 잘 알고 있기 때문에 차입자가 계약을 약속대로 이행할 유인을 제공하는데, 그 대표적 유인책이 대출시점에 차입자에게 **담보물**(collateral)을 요구하는 것이다.

예를 들어 자동차 대출의 경우에는 자동차가 담보가 되고, **주택담보대출**(mortgage loan)에서는 주택이 담보가 된다. 거시경제에서 이러한 담보물이 중요한 역할을 하는데, 특히 주택담보, 즉 모기지는 주택 구매비용을 조달할 뿐만 아니라 소비재원을 마련하는 데에도 사용된다. 따라서 주택가격의 하락은 차입규모뿐만 아니라 소비 감소를 가져올 수 있다.

이제 6장(소비와 저축)의 2기간 모형에서 초기에 소비자가 주택(H)을 보유하는데, 이 주택의 미래가격을 p라고 하자. 주택이 유동성이 낮은 자산임에 주목하여 소비자가 현재 보유한 주택을 동 기간에 바로 팔 수 없다고 가정하면, 소비자의 평생예산제약식은 다음과 같다.

평생예산제약식 매기 소비의 현재가치 합 = 매기 소득의 현재가치 합 + 미래 주택가치의 현재가치

$$C + \frac{C'}{1+r} = Y - T + \frac{Y' - T' + pH}{1+r} \tag{18.17}$$

위 식과 6장(4. 재정정책과 리카도 대등정리)에서 도출했던 평생예산제약식 (6.5)의 차이점은 소비자의 평생 부에 주택을 미래에 팔 때 그 현재가치($\frac{pH}{1+r}$)가 포함된다는 것이다.

한편 신용시장에서의 계약이행이 불완전하면 차입자가 미래에 상환해야 하는 차입원금과 이자는 담보의 미래가치를 초과할 수 없다. 즉, 소비자는 식 (18.17)의 평생예산제약뿐만 아니라 다음의 담보차입제약에 직면한다.

$$-S(1+r) \le pH \tag{18.18}$$

여기서 S는 현재의 저축을 의미하므로 $-S$는 현재의 차입금액을 의미한다. 위 식에 1기 예산제약식으로부터 $S = Y - T - C$을 대입하면 담보차입제약식은 아래와 같이 바꾸어 쓸 수 있다.

담보차입제약식 현재 소비는 현재 가처분소득과 주택의 미래가치를 담보로 차입한 금액의 합보다 클 수 없음

$$C \le Y - T + \frac{pH}{1+r} \tag{18.19}$$

그림 18-5

담보차입제약과 최적 소비선택

소비자들은 담보로 사용할 수 있는 자산을 갖고 있어야 차입을 할 수 있으므로 예산제약선은 꺾이게 된다. 처음 예산제약선은 ABD이고 담보자산인 주택의 가격 하락은 예산제약선을 FGH로 이동시킨다. 이러한 변화로 인해 미래소비는 그대로이지만, 현재소비는 담보가치의 하락 크기만큼 감소하게 된다.

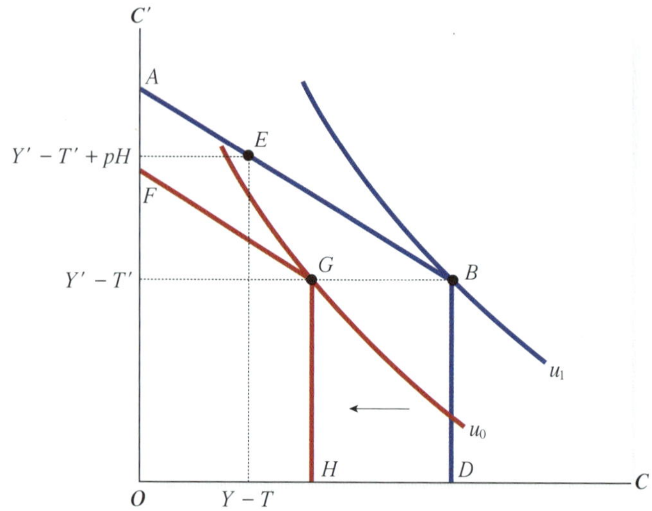

식 (18.19)에 의하면 현재소비는 현재 가처분소득과 주택의 미래가치를 담보로 차입한 금액의 합보다 클 수 없다.

평생예산제약식 + 담보차입제약식 ⇒ '꺾인 모양'의 예산제약선

주택담보의 미래가치 pH가 유한하다면 평생예산제약식 (18.17)과 담보차입제약식 (18.18) 또는 (18.19)에서 소비자의 예산제약선은 〈그림 18-5〉에서와 같이 꺾인 모양을 가질 것이다. 이때 소비자의 초기 부존점이 E이고 소비자가 B에서 소비를 선택했다면, 그는 현재 차입할 수 있는 최대 금액을 빌려서 소비하고 미래에는 주어진 가처분소득($Y'-T'$)만큼 소비하게 될 것이다.

이제 주택가격이 하락한다고 하자. 먼저 소비자의 주택담보가치가 하락하여 그가 빌릴 수 있는 대출금이 감소하므로 〈그림 18-5〉에서 예산제약선은 ABD에서 FGH로 이동할 것이다. 이때 이자율 r이 불변이기 때문에 AB의 기울기와 FG의 기울기는 동일하다. 또한 G는 B의 수평이동점인데, 이는 미래 가처분소득도 변하지 않았기 때문이다.

주택가격 하락
⇓
담보가치 하락
⇓
현재소비는 담보가치 하락 크기만큼 감소

〈그림 18-5〉에서 소비자는 G를 선택하게 되는데, 담보제약식 (18.19)에 따라 주택가격 하락에 따른 담보가치의 하락은 그대로 현재소비 감소를 가져온다. 〈그림 18-5〉에서도 B와 G의 미래 소비수준은 동일하지만, 현재소비는 담보가치의 하락 크기만큼 감소하였다.

실제로 미국 경제가 2001년 9·11 사태와 함께 경기침체에 빠졌을 때 소비

감소가 크지 않았던 이유 중 하나는 저금리 기조에서 대표적 담보자산인 주택의 가치가 지속적으로 상승했기 때문이다. 당시 소비자들은 계속해서 가치가 증가하는 주택을 담보로 대출을 받아 소비를 할 수 있었다. 하지만 2006년 주택가격이 하락하기 시작하면서 소비도 동시에 감소하였다. 특히 2008년 금융위기 당시 자산가격의 급락은 담보자산가치의 급락을 가져와 경제 전체의 총소비 또한 급격히 감소했다.

1.2.4 세대 간 신용시장 부재와 사회보장연금제도

우리는 6장(이론과 실제 1 : 생애주기 가설)에서 소비자는 전 생애에 걸쳐 고른 수준의 소비를 유지하기 위해 중년기에는 양(+)의 저축을 하고 노년기에는 축적해 두었던 부를 사용하는 음(–)의 저축을 한다는 것을 배웠다. 그러나 어느 시점에 공존하는 중년층과 노년층이 각각 대부자와 차입자로서 신용시장을 형성하기는 쉽지 않을 것이다. 왜냐하면 현재 중년층은 미래에 더 이상 생존해 있지 않을 현재 노년층과 기꺼이 신용거래를 하려고 들지 않을 것이기 때문이다. 이처럼 일반적으로 세대 간 신용시장은 존재하기 어렵다.

사회보장연금제도(social security program)는 정부가 조세권을 사용해 세대 간 신용시장의 부재를 보완함으로써 개인들이 은퇴 후에도 고른 소비를 가능케 하는 제도이다. 사회보장연금제도에는 **부과방식**(pay-as-you-go)과 **완전적립방식**(fully-funded) 두 가지 형태가 있다. 부과방식은 중년층과 노년층 간 이전지출을 수반하는 반면, 완전적립방식은 정부가 제시한 강제 저축방식에 따라 개인들이 중년기에 자산을 구입하고 노년기에 그 수익을 받는 제도이다. 이제 9장(1.1 소비함수)의 2기간 소비선택모형을 응용해 부과방식과 완전적립방식이 중년층과 노년층의 소비에 미치는 영향을 알아보자.

사회보장연금제도
- 정부가 조세권을 사용해 세대 간 신용시장의 부재를 보완하여 은퇴 후에도 고른 소비를 가능케 하는 제도
- 부과방식 : 중년층과 노년층 간 이전지출
- 완전적립방식 : 정부가 제시한 강제 저축

부과방식 분석의 편의를 위해 소비자가 사는 2기간을 중년기와 노년기로 구분하고 매기 중년층과 노년층이 공존하는 **세대중첩모형**(overlapping generations model)을 가정하자. 현재 생존하는 노년층 인구를 N, 중년층 인구를 N'이라 하고, 인구증가율을 다음과 같이 n이라고 하자.

$$N' = (1+n)N \tag{18.20}$$

그림 18-6

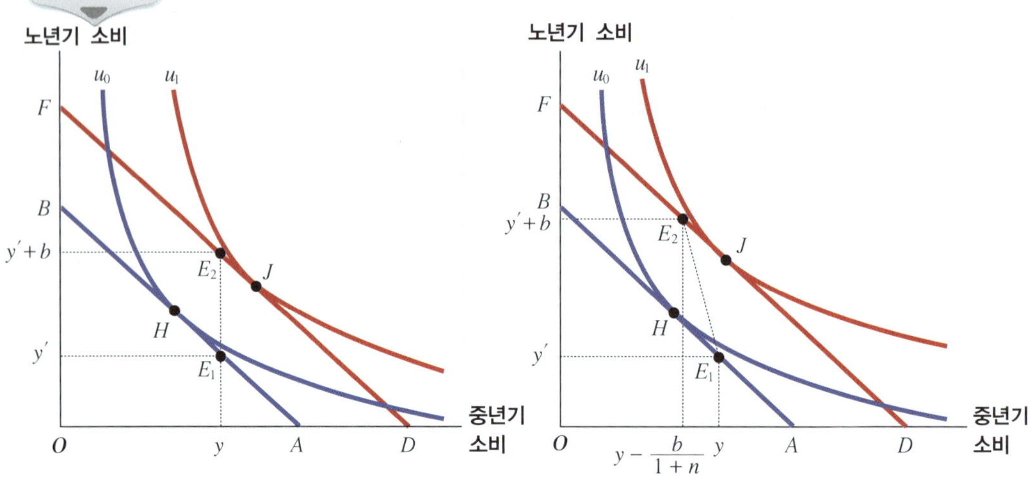

(a) 노년층 소비자 (b) 중년층 소비자

➠ 부과방식의 사회보장연금제도

부과방식이 도입되면 노년층 소비자는 중년기에 추가 조세부담 없이 노년기에 사회보장연금 혜택만 받게 되므로 효용수준이 증가한다. 한편 인구증가율(n)이 시장이자율(r)보다 크면 부과방식 도입과 함께 중년층 소비자의 평생 부가 증가하여 효용 또한 증가한다.

소비자의 중년기와 노년기에 주어진 부존소득을 각각 (y, y')이라 하고, 분석의 단순화를 위해 정부지출은 모든 기간에 0이라고 가정한다.

부과방식 매기 노년층에 대한 연금지급 재원을 조달하기 위해 중년층 소비자에게 세금이 부과됨

이제 T기에 부과방식(pay-as-you-go)의 사회보장연금제도가 도입되어 매기 노년층 소비자에게 연금 b가 지급된다. 노년층에 대한 연금지급의 재원을 조달하기 위해 중년층 소비자에게 매기 세금 t가 부과된다. 이때 총사회보장연금 지급액이 총조세와 같기 때문에 정부의 예산제약식은 다음과 같다.

$$Nb = N't \iff t = \frac{b}{1+n} \tag{18.21}$$

노년층 소비자 중년기에 추가 조세부담 없이 사회보장연금 혜택만 받음 ⇒ 효용수준 증가

〈그림 18-6〉의 (a)에서 T기에 사회보장연금제도가 도입되기 전 노년층 소비자의 평생예산제약선은 AB로서 기울기는 $-(1+r)$이고 부존소득 $E_1 = (y, y')$을 지난다. 이제 T기 사회보장연금제도의 도입과 함께 노년층 소비자는 부존소득이 평생예산제약선 DF 상의 $E_2 = (y, y'+b)$가 되고 최적 소비선택은 H에서 J로 이동한다. 따라서 중년기에 추가 조세부담 없이 노년기에 사회보장연금 혜택만 받

는 T기 노년층 소비자의 효용수준은 증가하게 된다.

한편 T기에 사회보장연금제도가 도입되기 전 중년층 소비자의 평생예산제약선은 〈그림 18-6〉의 (a)와 동일한 AB로서 기울기는 $-(1+r)$이고 부존소득 $E_1 = (y, y')$을 지난다. 그러나 T기 사회보장연금제도의 도입과 함께 중년층 소비자의 중년기 소득은 식 (18.21)로부터 $y - t = y - \frac{b}{1+n}$, 노년기 소득은 $y' + b$가 된다. 평생 부는 다음과 같이 주어진다.

$$PV = y - \frac{b}{1+n} + \frac{y'+b}{1+r} = y + \frac{y'}{1+r} + \frac{b(n-r)}{(1+r)(1+n)} \qquad (18.22)$$

식 (18.22)에서 사회보장연금제도의 도입에 따른 평생 부의 변화는 세 번째 항에 나타나 있다. 우선 $n > r$이면 중년층 소비자의 평생 부가 증가하여 사회보장연금제도 도입 이전보다 중년층 소비자의 효용은 증가할 것이다. 〈그림 18-6〉의 (b)에서 먼저 중년층 소비자의 부존소득이 $E_1 = (y, y')$에서 평생예산제약선 DF 상의 $E_2 = (y - \frac{b}{1+n}, y'+b)$로 이동한다. 즉, 선분 E_1E_2의 기울기가 $-(1+n)$일 때 $n > r$인 경우 T기 중년층 소비자의 평생예산제약선은 우측이동하고 최적 소비선택은 H에서 J로 이동하며, 그 결과 T기 사회보장연금제도의 도입과 함께 중년층 소비자의 효용수준이 증가한다. 그러나 만약 $n < r$인 경우에는 반대로 T기 중년층 소비자의 평생예산제약선이 좌측이동하면서 중년층 소비자의 효용수준이 감소할 것이다.

중년층 소비자 인구증가율이 시장이자율보다 크다면 중년기 조세부담에 비해 노년기 연금혜택이 늘어남 ⇒ 효용수준 증가

직관적으로 부과방식이 현재 생존하고 있는 소비자들뿐만 아니라 미래 세대 소비자들의 후생을 증진시키기 위해서는 이 사회보장연금의 수익률이 높아야 하는데, 인구증가율(n)이 증가함에 따라 이 수익률도 증가한다. 왜냐하면 인구증가율이 높을수록 노년층 연금지급에 필요한 중년층 소비자 1인당 조세부담이 줄어들고, 그 결과 중년기 조세부담 대비 노년기 연금혜택, 즉 사회보장연금 수익률이 늘어나기 때문이다. 따라서 인구증가율(n)이 시장이자율(r)보다 크다면 부과방식의 사회보장연금제도가 모든 소비자들의 후생을 증가시킬 것이다.

완전적립방식

- 정부가 사회보장세를 거두어 투자한 뒤 얻은 수익을 연금으로 지급함

또는

- 소비자가 직접 자신의 노후 연금저축을 투자·운용함

완전적립방식 완전적립방식(fully-funded)은 정부가 소비자들로부터 **사회보장세**(social security tax)를 거두어 금융시장에 투자한 뒤 얻은 수익을 다시 소비자들의 노후 연금으로 지급하거나 아니면 소비자들로 하여금 자신의 노후 연금저축을 직접 투자·운용하게 하는 제도이다. 여기서는 금융시장의 실질수익률이

그림 18-7

완전적립식 사회보장 연금제도

완전적립방식에 따라 중년기에 $(y - c_1)$만큼의 강제적 저축을 하여 점 F에서 소비한다면 이 소비자의 효용수준은 완전적립방식 도입 이전의 최적 소비 · 저축인 점 D에서의 효용수준보다 더 낮아질 수 있다.

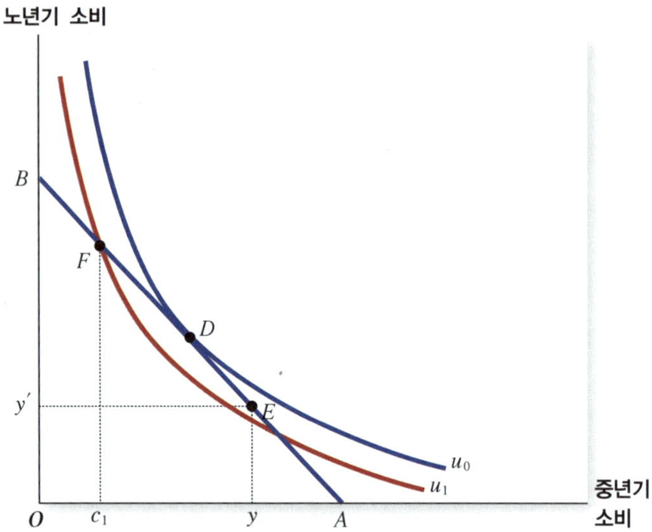

정부나 소비자들 모두에게 r로 동일하기 때문에 위 두 방법 간 차이는 없다고 가정한다. 그리고 분석의 단순화를 위해 정부지출뿐만 아니라 조세도 없다고 가정한다.

〈그림 18-7〉에서 T기 완전적립방식 도입 전 소비자의 최적선택이 D라고 하자. 이 소비자는 중년기의 소비가 부존소득 y보다 적다는 점에서 저축자이다. 이제 정부가 시행하는 사회보장연금제도에 따라 이 소비자가 중년기에 $(y - c_1)$만큼의 강제적 저축을 하여 점 F에서 소비한다고 하자. 이 소비자의 효용수준은 사회보장연금제도 도입 이전의 최적 소비선택인 점 D에서의 효용수준보다 더 낮아짐을 쉽게 알 수 있다. 따라서 〈그림 18-7〉에서와 같이 정부 주도의 완전적립식 사회보장연금제도가 적어도 일부 중년층 소비자들의 최적선택을 제약한다면 사회보장제도는 일반적으로 소비자들의 후생수준을 악화시킬 것이다.

■ 일부 중년층 소비자들의 최적선택을 제약할 수 있음

2. 투자이론

Macroeconomics ch. eighteen

이 절에서는 8장(노동수요와 투자)에서 도출한 전통적 신고전학파 투자함수의 대표적 설명변수인 이자율을 포함해 기업투자의 장래 수익성에 대한 주식시장 참가자들의 예측 및 기대 등 기업의 포괄적인 정보를 고려한 토빈의 q 이론을 살펴본다. 또한 불확실성이 투자에 미치는 영향을 설명하는 투자옵션모형과 프로덕션 스무딩 이론 및 재고소진 기피 모형을 간략히 소개한다. 그리고 6장(소비와 저축)의 분석과 유사하게 소비자의 주택투자수요를 도출하고 주택 사용자비용과 주택 임대가격 간의 관계를 알아본다.

2.1 토빈의 q 이론

토빈(James Tobin)**의 q 이론**은 기업의 실물자본투자가 실질이자율뿐만 아니라 해당 기업에 관한 포괄적 정보를 고려하여 이루어진다는 이론이다. 토빈은 q를 기업의 실물자본에 대한 다음 두 가지 가치 개념의 비율로 정의하였다.

> **토빈**(J. Tobin, 1918~2002) 미국의 경제학자. 자산선택 이론의 창시자로, 금융시장이 소비결정 및 고용과 생산, 물가에 미치는 영향을 분석한 공로를 인정받아 1981년 노벨 경제학상을 수상하였다.

$$q = \frac{\text{주식시장에서 평가된 기업의 시장가치}}{\text{기업의 기존 실물자본 대체비용}} \qquad (18.23)$$

주식시장에서 평가된 기업의 시장가치는 기업의 장래 수익성에 대한 투자자들의 평가가 반영된 주식가격에 발행주식 수를 곱한 값을 의미한다. 반면 **실물자본 대체비용**(replacement cost)은 기업이 기존 실물자본 대체를 위해 이를 시장에서 구입하는 데 드는 비용, 즉 총실물자본의 구입가격을 의미한다.

> **토빈 q** 기업의 시장가치와 기존 실물자본 대체비용의 비율

2.1.1 효율적 자본재시장과 주식시장

8장(2.2 투자)의 2기간 모형에서 자본재시장 및 주식시장이 완전경쟁적이고 효율적이라면 기업의 시장가치는 영업수입(sales revenue)과 자본이득(capital gains) 합의 현재가치로 결정된다. 이때 초기 자본스톡 K_1에 더해진 투자 I로 인한 미래의 영업수입은 $Y' - w'L' = z'F(K', L') - w'L' = z'F((1-d)K + I, L') - w'L'$

이다. 그리고 2기 말 감가상각 후 남게 될 자본량의 청산가치 $(1-d)K'$를 자본이득으로 해석하면, 2기간 모형에서 이 두 항목(즉, 영업수입과 자본이득)의 현재가치 합이 곧 기업의 시장가치가 된다. 따라서 주어진 초기 자본(K) 수준에서 투자 I에 따른 기업의 시장가치와 실물자본 대체비용의 비율은 다음과 같이 나타낼 수 있다.[7]

$$q = \frac{[z'F((1-d)K+I, L') - w'L' + (1-d)K']/(1+r)}{K'} \tag{18.24}$$

$q=1$ 완전경쟁적이고 효율적인 시장에서는 즉각적인 차익거래의 결과 기업의 시장가치가 실물자본 대체비용과 일치함

또한 자본재시장 및 주식시장이 완전경쟁적이고 효율적이라면 기업의 시장가치는 실물자본 대체비용과 일치하므로 토빈 q는 1에서 균형을 이루게 된다.[8] 왜냐하면 기업의 시장가치가 실물자본 대체비용보다 크거나 작을 때, 즉 $q \gtrless 1$일 때 즉각적인 주식과 실물자본 간 차익거래(arbitrage)의 결과 $q=1$로 수렴하기 때문이다.

예를 들어 어떤 기업의 토빈 q가 1보다 작은 경우($q<1$) 차익거래이익을 노리는 다수의 투자자들이 자금을 차입하여 이 기업의 주식을 매입한 뒤 기업 소유의 실물자본을 매각함으로써 차익거래이익을 얻으려고 할 것이다. 그러나 이러한 차익거래가 즉각적이고 대규모로 발생함에 따라 주식가격은 상승하고 자본재 가격은 하락하며, 그 결과 토빈 $q=1$로 수렴할 것이다. 반대로 토빈 q가 1보다 큰 경우($q>1$)에는 투자자들이 실물자본을 구입하여 회사를 차린 뒤 이 기업 주식의 매각을 통해 차익거래이익을 얻으려고 할 것이다. 이 과정에서 자본재 구입, 즉 투자가 증가함에 따라 자본재 가격이 상승하고 주식가격은 하락하며, 그 결과 토빈 $q=1$로 돌아갈 것이다.

한계 q 추가자본의 기업가치 기여분과 추가 자본비용의 비율

한편 하야시(Fumio Hayashi) 등은 앞에서 정의한 토빈의 q를 평균 q라고 정의하고, 이를 **한계 q**와 구별함으로써 토빈의 q 이론을 보다 정교하게 발전시켰다. 기업의 생산결정 등에 중요한 개념이 평균비용이 아닌 한계비용이듯이, q 이론에서도 실물자본투자에 실질적으로 유용한 개념은 평균 q가 아니라 한계 q라는 것이다. 한계 q는 다음과 같이 정의할 수 있다.

7. 기업의 시장가치를 결정하는 2기 산출과 자본이득에는 1기의 투자(I)뿐만 아니라 감가상각 후 남은 1기 자본량 $(1-d)K$도 기여한 것이다. 따라서 기업의 시장가치를 창출하는 실물자본도 이 두 항목의 합인 K'가 된다.

8. 토빈의 q가 1이 되는 충분조건들은 다음을 참고하라. Hayashi, F., "Tobin's Marginal q and Average q : A Neoclassical Interpretation," *Econometrica*, 1982.

$$\text{한계 } q = \frac{\text{자본 1단위 증가에 기인한 기업가치의 변화분}}{\text{자본재 1단위의 가격}} \tag{18.25}$$

하야시는 실질적으로 기업이 의사결정을 할 때 추가적인 자본 한 단위의 비용과 추가적인 자본이 기업의 가치를 증가시키는 정도를 비교한다고 주장했다. 식 (18.24)의 토빈 q를 자본 한 단위 증가에 대한 기업의 시장가치 증가와 실물자본 대체비용 증가의 비율로 나타내면 다음과 같다.

$$\text{한계 } q = \frac{[MP_{K'} + (1-d)]/(1+r)}{1} \tag{18.26}$$

식 (18.24)의 평균 q와 유사하게 한계 q가 1보다 큰 경우 실물자본 구입 · 주식 매각의 차익거래가 한계 $q = 1$이 될 때까지 나타나며, 이 과정에서 투자가 증가한다. 8장(2.2 투자)의 2기간 모형에서 도출한 투자의 최적조건 $MP_{K'} - d = r$로부터 최적 투자선택은 한계 $q = 1$을 의미한다. 따라서 평균 q보다는 한계 q가 투자를 설명하는 데 보다 합당한 개념이라 할 수 있다.[9]

한계 $q = 1$
⇕
2기간 모형의
최적 투자조건

2.1.2 자본조정비용

이제 기업의 주어진 초기 자본이 K이라고 할 때 새로운 기계 · 설비 등을 I만큼 구입해 설치하거나 이미 설치된 기계 · 설비를 I만큼 매각하는 데 $\kappa(I)$의 **자본조정비용**(capital adjustment cost)이 든다고 하자. 이는 일종의 자본재 거래에 수반되는 비용(transaction cost)으로서 비효율적 자본재시장의 한 측면을 나타낸다. 분석의 단순화를 위하여 자본의 감가상각이 없다고 가정하면($d = 0$), 자본량 축적과정 $K' = (1-d)K + I$로부터 $K' - K = I$가 된다. 이때 자본조정비용 $\kappa(I)$는 〈그림 18-8〉과 같이 자본재 매입($I > 0$)이나 매각($I < 0$)에 따른 자본량의 증감이 클수록 증가하는 특성을 갖는다. 즉, 기계 · 설비를 새로 구입하여 설치하는 양(+)의 투자가 증가할수록, 또는 이미 설치된 기계 · 설비를 매각하는 음(−)의 투

자본조정비용
- 자본재 거래에 수반되는 비용
- 자본재 매입 · 매각에 따른 자본량 변화의 증가함수

9. 그러나 한계 q의 문제점은 실제로 주식시장에서 한계 q의 정의와 부합하는 자료를 구할 수 없다는 데 있다. 일정 시점에서 자본재는 다양한 종류를 포함하고 있으며, 동종의 자본재 역시 구 자본재(old capital)와 신 자본재(new capital)가 섞여 있는 것이 보통이다. 이처럼 자본재가 이질적인 상황에서 어떤 자본재를 기준으로 한계 q를 측정할 것인가가 문제된다. 반면 평균 q는 여러 자본재를 평균하여 측정하므로 이러한 문제가 생기지 않는다.

그림 18-8

자본조정비용 함수
자본재 거래에 수반되는 비용으로서 비효율적 자본재 시장의 한 측면을 나타낸 자본조정비용 $\kappa(I)$는 투자에 따른 자본량의 증감이 클수록 증가하는 특성을 갖는다.

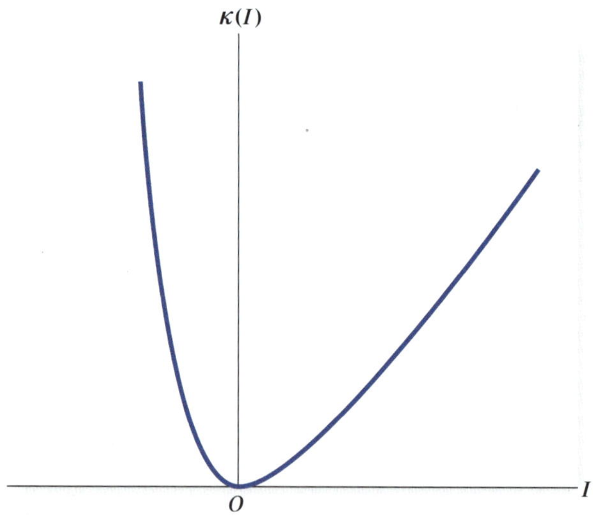

자가 증가할수록 자본조정비용도 증가한다.

이러한 투자 I에 따른 자본조정비용 $\kappa(I)$를 고려할 때 기업의 1기 이윤은 다음과 같다.

$$\Pi = Y - wL - I - \kappa(I) = Y - wL - [K' - K + \kappa(K' - K)] \qquad (18.27)$$

이때 식 (18.24)의 토빈 q는 다음과 같이 나타낼 수 있다.

$$q(\kappa) = \frac{[z'F((1-d)K + I, L') - w'L' + (1-d)K']/(1+r)}{K' + \kappa(I)} \qquad (18.28)$$

토빈 q 감소 자본재 구입비용 대비 수익성 감소 ⇒ 투자 감소

위 식에 의하면 자본조정비용이 존재하는 경우 토빈의 $q(\kappa)$는 투자 I에 수반되는 자본조정비용 $\kappa(I)$에 영향을 받는다. 예를 들어 주어진 투자에 대한 자본조정비용이 증가하는 경우 $q(\kappa)$는 감소한다. 이는 자본재 구입비용 대비 수익성의 감소를 의미하므로 투자가 감소할 것이다.

한편 자본 한 단위 증가에 대한 조정비용 상승이 고려된 토빈의 한계 q는 다음과 같다.

$$\text{한계 } q(\kappa) = \frac{[MP_{K'} + (1-d)]/(1+r)}{1+\kappa'(I)} \qquad (18.29)$$

토빈의 한계 $q(\kappa)$도 자본 한 단위 증가에 드는 한계자본조정비용 $\kappa'(I)$의 크기에 영향을 받는다. 예를 들어 주어진 한계자본조정비용이 증가하는 경우 한계 $q(\kappa)$는 감소하고, 이는 자본재 구입의 한계비용 대비 한계수익성의 감소를 의미하므로 투자가 감소할 것이다.

지금까지의 논의를 종합하면 첫째, 자본조정비용에 관계없이 토빈 q값(평균 또는 한계)이 증가할수록 기업의 투자유인이 커진다. 따라서 **토빈 q 이론의 투자함수**는 다음과 같이 나타낼 수 있다.

토빈 q 이론

- 투자는 토빈 q의 증가함수

$$I = I(q) \quad (I' > 0) \qquad (18.30)$$

여기서 $I' > 0$은 투자가 토빈 q의 증가함수임을 의미한다. 둘째, 토빈 q를 나타내는 식 (18.24) 또는 식 (18.28)에 의하면 투자를 결정하는 토빈 q값에는 종래 투자함수의 대표적 설명변수인 실질이자율뿐만 아니라 기업의 주식가격을 통해 기업투자의 장래 수익성에 대한 주식시장 참가자들의 예측 및 기대 등 포괄적인 정보가 반영되어 있다.[10] 이러한 토빈의 q 이론은 1970년대의 극심한 인플레이션 상황에서 투자결정요인으로서 이자율의 역할이 줄어들자 더욱 주목을 받게 되었다.

- 기업투자의 장래 수익성에 대한 주식시장 참가자들의 예측 및 기대 등 포괄적 정보 반영

그러나 q 이론은 여러 가지 문제점을 지니고 있다. 우선 주식시장에서 주식가격이 기업의 가치를 얼마나 정확하게 반영하는가에 대한 의문이 제기된다. 극단적인 예로 주식시장에 거품(bubble)이 존재할 때, 과대평가된 주가에 따라 기업의 실물투자가 이루어지지는 않을 것이다. 게다가 주가는 일반적으로 단기적 등락이 매우 심한데, 장기적인 경제전망에 기초한 실물투자가 단기적인 주가변동에 따라 실제로 이루어질 것인지는 알 수 없다. 또한 주가가 실물자본의 수익성을 충실히 반영하더라도 투자는 그 성격상 결정이 이루어진 후 실행까지 상당한

토빈 q 이론의 한계

- 주식가격의 정확한 기업가치 반영 여부
- 장기적 전망에 기초한 투자결정에 단기적 주가변동 반영 여부
- 투자 실행 시차와 투자자의 주가변동 민감성 여부

10. 토빈 q 이론의 기본 아이디어는 케인즈에서 찾아볼 수 있다. 케인즈는 『일반이론』 12장에서 사람들의 투자예상수익에 대한 단기 및 장기적 기대와 이것이 투자에 미치는 영향에 관해 설명하고 있다. 케인즈는 소유와 경영이 분리되고 금융시장이 발달함에 따라 출현한 증권거래소에 투자계획의 예상수익에 대한 사람들의 기대가 결집되어 있다고 보았으며, 증권거래소에 상장된 기업의 주가 변화가 현재 투자수준에 영향을 미친다고 보았다. 특히 투자결정은 상장된 기업의 가치와 그러한 기업들과 유사한 기업의 주식 구입비용을 서로 비교하여 이루어진다고 보았다.

시차가 존재하므로 투자자가 주가변동에 어느 정도 민감하게 반응할지 불확실하다. 실증분석에서도 일정 시점의 투자에 대해 동 기간의 q값보다 그 이전의 q값들이 큰 설명력을 갖는 것으로 나타났다.

이론과 실제 3 우리나라 기업의 토빈 q*

표 1 우리나라의 토빈 q(2000~2005년)

	전체 기업	비그룹기업	그룹기업	대규모기업	소규모기업
토빈 q 평균	0.853	0.821	0.929	1.013	0.834

[표 1]은 2000~2005년 동안 우리나라 증권선물거래소에 상장된 비금융기업(어업 및 광업 제외)의 토빈 q값을 나열하고 있다. 여기서 토빈 q는 주식의 시가총액과 부채총액의 합으로 측정된 기업가치를 자산총액으로 나눈 값으로서, 그룹기업의 토빈 q가 비그룹기업에 비해 상대적으로 높게 나타났다. 또한 자산규모 2조원 이상의 대규모기업이 1보다 큰 q값을 보였다. 따라서 토빈 q이론에 의하면 비그룹기업보다는 그룹기업이, 소규모기업보다는 대규모기업이 실물자본에 대해 강한 투자유인을 가져왔다고 볼 수 있다. 그러나 실제로 시설투자 증가율과 투하자산(= 시설투자 + 순운전자금) 증가율은 그룹기업과 대규모기업이 비그룹기업과 소규모기업보다 더 작게 나타났다.

* 이원흠, 「비대칭 규제 하에서 기업의 신규 투자와 토빈 q 간의 관계에 관한 실증연구」, 『규제연구』, 2006. 12.

2.2 불확실성과 투자

지금까지 기업의 실물자본투자와 소비자의 주택투자에 대한 논의는 투자의 미래 수익 또는 손실이 확실하게 계산될 수 있다는 가정을 전제로 이루어졌다. 그러나 현실적으로 투자는 미래의 불확실한 수익에 대한 주관적 기대에 의존할 수 밖에 없다. 케인즈도 투자가 기업가의 냉정한 계산에 의하여 이루어지기보다는 불확실한 미래에 대한 기업가의 기대에 따라 결정되기 때문에 투자는 결국 이러한 주관적 기대에 영향을 미치는 기업가의 야성적 충동(animal spirits)에 의하여 이루어진다는 결론에 도달하였다.[11]

11. 이러한 관점에서 민스키(Hyman Minsky)는 케인즈의 『일반이론』을 자본시장이 고도로 발달한 현대 자본주의 경제에서 투자의 불안정성에 기인하는 경기변동을 다룬 책으로 해석한다.

최근에는 미래의 불확실성이 투자에 큰 영향을 준다는 케인즈의 아이디어를 보다 엄밀히 분석해 보려는 시도들이 있어 왔다. 이들 연구는 주로 불확실성이 투자에 어떤 영향을 미치는가에 집중되고 있다. 과연 경제에 불확실성이 커질 때 투자가 증가할 것인가, 아니면 감소할 것인가? 상식적으로 미래의 이윤전망이 불투명하면 투자가 위축될 것이라고 짐작할 수 있다. 이 절에서는 불확실성이 투자에 미치는 영향을 설비투자와 재고투자로 나누어 살펴볼 것이다. 전자를 설명하는 것이 투자옵션모형이고, 후자를 설명하는 것이 프로덕션 스무딩(production smoothing) 이론과 재고소진 기피(stockout avoidance) 모형이다.

불확실성과 투자이론
- 설비투자 : 투자옵션모형
- 재고투자 : 프로덕션 스무딩 이론과 재고소진 기피 모형

2.2.1 투자옵션모형

우리는 "미래에 대한 전망이 불투명하여 기업가의 투자심리가 위축된다"라는 글을 신문에서 많이 읽을 수 있다. 이처럼 불확실성 증대가 투자를 줄인다는 것이 딕싯(Avinash Dixit)의 **투자옵션모형**의 요지이다.

예를 들어 투자자금을 가지고 과연 공장을 지을 것인가 말 것인가를 고민하고 있는 기업을 생각해 보자. 만약 자신이 생산하고자 하는 재화에 대한 수요가 매우 크고, 또 이러한 추세가 상당 기간 지속되리라는 확신이 있다면 이 기업은 별 망설임 없이 투자를 결심할 것이다. 그러나 경기상황이나 제품의 수요에 대한 전망이 매우 불투명하다면 이 기업은 섣불리 공장을 지으려 하지 않을 것이다. 왜냐하면 일단 공장을 지은 후 경기가 악화되거나 제품에 대한 수요가 그리 크지 않으면 큰 손해를 볼 수 있기 때문이다. 공장을 한 번 지은 후에는 투자 이전의 상황으로 복귀하기 어려우며, 설령 타기업에 팔 수 있더라도 자신이 투입한 비용에 비해 훨씬 낮은 가격으로 처분할 수밖에 없다. 특정한 분야에 특화된 사업의 투자일수록 더욱 그렇다. 이러한 의미에서 실물부문의 투자는 **비가역성**(irreversibility)을 갖는다고 할 수 있다.

따라서 불확실성이 큰 상황에서는 섣불리 공장을 짓는 것보다 투자자금을 계속 보유하는 것이 기업의 선택 폭을 넓힐 수 있는 좋은 전략이 된다. 투자자금을 보유하고 있다가 경기상황이 좋은 것으로 판명된다면 투자를 하고, 만약 그렇지 않다면 투자자금을 보유하면서 보다 좋은 투자시점이 오기를 기다리는 선택권(option)을 갖는 것이 유리하기 때문이다.

투자의 비가역성을 고려하면 불확실성이 큰 경우 섣불리 투자를 결정하기보다는 보다 좋은 투자시점이 오기를 기다리는 옵션을 갖는 것이 유리함

그렇다고 해서 무작정 기다리기만 하는 것이 최적일 수는 없다. 특정한 분야

그림 18-9

자동차 가격의 시간경로

투자옵션모형은 기업이 어느 수준에서 가격이 형성되어야 시장에 진입할 것인가를 연구하는 이론이다. 이 그림에서 어떤 회사가 정상이윤을 얻을 수 있는 자동차 가격을 P_0라고 하자. 그러나 투자의 비가역성이 존재하기 때문에 투자를 결정하는 진입가격은 P_0보다 높은 P^*에서 결정된다. 한편 진입가격은 경제의 불확실성이 커지면 P^*보다 높은 수준으로 상승하게 된다.

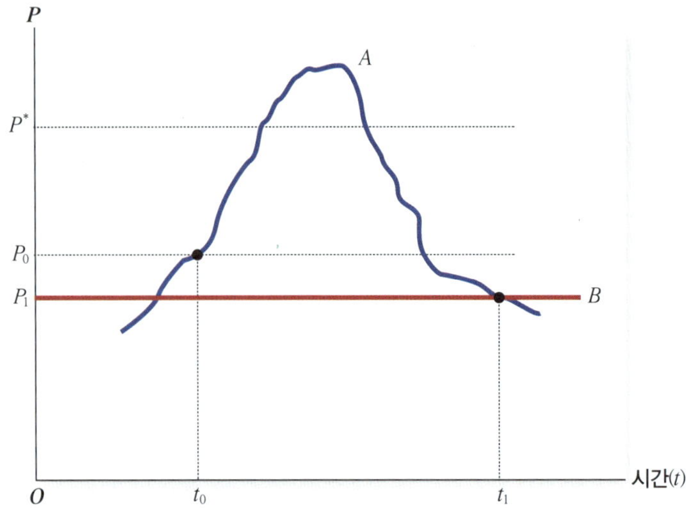

에 전문화된 기업이나 독과점 기업이 아니고 다수의 기업이 같은 정도의 불확실성에 직면해 있는 상황이라면, 투자시점을 너무 늦출 때에는 이미 다른 기업들이 투자기회를 선점할 것이기 때문이다. 그러므로 기업은 경쟁사의 진입으로 인해 생기는 손실과 자신에게 유리한 경기상황이 올 것이라는 정보를 얻을 때까지 기다린 후에 투자함으로써 얻을 수 있는 수익을 동시에 고려해야 한다.

투자옵션모형은 이러한 불확실성 속에서 기업의 투자결정에 대한 분석이다. 투자의 불확실성은 가격변동, 투입비용, 환율, 조세정책, 정부의 규제 등 다양한 요인에 의해 발생하는데, 여기서는 가격변동을 고려한 모형을 살펴보기로 하자.

자동차 가격 변동의 불확실성 속에서 시장진입 시점을 모색하는 기업은 투자의 비가역성을 고려하여 정상이윤 가격이 형성된 시점 이후에도 가격 추이를 좀 더 관찰한 후 최종 결정을 내림

〈그림 18-9〉는 시간에 따른 자동차 가격의 변화를 나타낸다. 자동차시장에 진입을 고려하고 있는 회사는 가격이 P_0만 된다면 정상이윤을 올릴 수 있다고 하자. 완전경쟁시장에 진입과 퇴출을 할 때는 아무런 비용이 들지 않는다는 것을 가정하므로 P_0를 기준으로 기업의 진입과 퇴출이 빈번히 일어난다고 볼 수 있다. 그러나 투자는 앞에서 살펴본 것처럼 비가역성이 존재한다. 따라서 비가역성을 염두에 둔다면 기업은 어느 시점에서 가격이 P_0 이상으로 형성되었다고 할지라도 이후 가격의 추이를 좀 더 관찰한 후 최종 결정을 내리려 할 것이다. 만일 t_0 이후에도 P_0 이상의 가격이 계속 유지될 가능성이 높다는 결론에 도달한다면, 기업은 고정비용이나 초기 비용을 지불하고서라도 투자를 행한다. 사실 투자옵

션모형은 기업이 과연 어느 수준의 가격이 형성되어야 시장에 진입할 것인가를 연구하는 이론이다. 〈그림 18-9〉에서 가격이 계속 상승해 P^*에 도달하여 기업이 투자를 결심했을 때 P^*를 진입가격(entry price)이라 한다.

진입가격

■ 기업이 투자를 결심하는 가격

이제 가격이 계속 하락해 P^* 이하로 떨어지고, 마침내 P_1과 같이 정상이윤조차 누릴 수 없는 상황에 이르렀다고 하자. 이 기업은 자동차공장을 폐쇄하고 퇴출하는 것이 유리하겠는가? 이 기업이 일단 퇴출하고 이후에 다시 진입하려면 막대한 고정비용을 또 부담해야 하기 때문에 가격이 언젠가 다시 오를 수도 있는 상황이라면 이 기업의 자동차공장은 계속 잔존할 것이다.

그러나 〈그림 18-9〉에서 자동차 가격이 A와 같은 경로를 따르지 않고 초기부터 P_1으로 계속 유지되는 B경로를 따른다면 어떻게 될까? 이때 기업은 자동차공장 건립을 추진하지 않는다. 비록 t_1 시점에서 두 경로 A와 B의 자동차 가격이 동일하더라도 과거에 어떤 움직임을 보였는가에 따라 기업의 의사결정은 완전히 다른 모습을 보일 수 있다. 이와 같이 딕싯의 투자옵션모형은 투자결정에 가격변수의 수준뿐만 아니라 그것의 시간경로가 중요하다는 것을 시사한다는 점에서 투자결정 시 나타나는 **기억효과**(hysteresis)도 설명할 수 있다.

■ 가격의 수준뿐만 아니라 시간경로의 중요성을 시사함 ⇒ 투자결정 시 기억효과 설명

한편 진입가격은 불확실성의 크기에 많은 영향을 받는다. 예를 들어 경제에 불확실성이 가중되어 현재의 진입가격 수준 P^*에서 가격의 변동폭이 예전에 비해 더 커졌다고 하자. 이때 기업은 가격이 떨어질 때의 큰 손실을 생각해 3~4개월 정도 시장상황을 더 관망하면서 시장진입을 계속 미루게 된다. 이것은 불확실성이 커져 진입가격이 P^*보다 더 높은 수준으로 변하였다는 것을 의미한다. 따라서 딕싯 모형에 따르면 불확실성의 증대는 기업의 관망심리를 자극해 투자를 위축시킨다. 이것은 경제정책의 불확실성이 존재하는 상황에서도 동일하게 적용된다. 정부의 정책방향이 불투명하면 기업의 관망심리를 부추겨 투자가 위축될 것이다.

■ 가격변동폭 증가 시 가격 하락 시 손실을 고려해 시장진입을 계속 미룸 ⇒ 진입가격 상승

불확실성의 증대는 기업의 관망심리를 자극해 투자를 위축시킴

이론과 실제 4 불확실성과 투자*

국제유가의 변화폭이 \$50~\$60에서 \$20~\$100로 확대되면 어떻게 될까? 일반적으로 불확실성의 증가는 사람들의 행동에 많은 영향을 끼친다. 블룸(Nicholas Bloom)에 의하면, 미국 주식가격의 변화를 통해 볼 때 불확실성을 증가시키는 사건들이 〈그림 1〉과 같이 최근 상당히 잦았다. 2001년에 일어난 9·11 테러와 엔론 사태, 2008~2009년 금융위기가 최근에 일어난 대표적인 사건이다.

블룸은 수익이 불확실한 상황에서의 기업 투자 및 고용 결정 모형을 만들었다. 특히 기업 수익 변화의 표준편

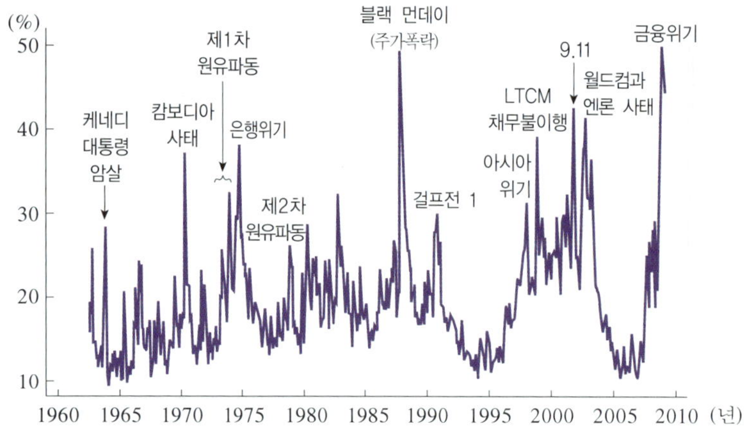

출처 : Bloom, N., "The Impact of Uncertainty Shocks," *Econometrica*, 2009.

〈그림 1〉 **충격과 주식가격의 변동성**(미국 : 1962~2009)

차가 몇 달 동안 갑자기 두 배 증가한 상황을 가정하고, 기업들의 행동이 어떻게 변화하는지 살펴보았다.

미래가 더욱 불확실해지면 기업이 상황을 관망할 때 얻을 수 있는 가치(value of waiting)가 증가하게 된다. 즉, 설불리 투자규모를 증가시키거나 고용규모를 변화시키지 않게 되며, 그 결과 생산성은 하락한다. 고용 및 해고가 연기되면서 노동자들이 더 이상 생산성이 낮은 기업에서 생산성이 높은 기업으로 이직하지 않기 때문이다. 그러다가 불확실성이 감소하면 투자, 고용, 그리고 생산성이 예전 수준으로 돌아간다.

이 결과는 9·11 테러 이후의 미국 경제와 잘 부합된다. 사건이 발생한 이후 석 달 동안 미국의 순고용 증가율(net employment growth)은 크게 감소했고, 연말에는 예상보다 일자리가 100만 개 정도 감소했다. 투자 역시 침체되었으며, 가계와 기업은 지출계획을 늦추면서 앞으로의 상황을 주목하고 있었다. 그러나 2002년 초 미국 경제가 어느 정도 안정국면에 들어서면서 고용과 투자가 다시 회복되었다.

* *The Economist*, "Momentous Modelling," 2007. 2. 1.

2.2.2 재고투자모형

재고투자(inventory investment)는 일정 기간 동안 기업이 생산하였으나 동 기간에 판매되지 않은 재화를 의미한다.

딕싯 모형이 제시하는 결과와는 달리 불확실성의 증가가 재고투자를 증가시킬 수도 있음을 살펴보자. 딕싯 모형은 주로 설비투자나 고정자본투자를 고려하고 있다는 점에서 재고투자모형과 대조를 이룬다. 사실 재고투자가 투자항목에서 차지하는 비중은 그리 크지 않다. 그럼에도 재고투자는 변동성(volatility)이 매우 크기 때문에 경기변동과 관련하여 중요한 의미를 갖는다.

프로덕션 스무딩 이론

- 한계비용이 체증한다면 균등한 생산량 유지가 유리

기업이 재고를 보유하는 유인에 대한 가장 대표적인 설명은 이른바 **프로덕션 스무딩**(production smoothing) 이론이다. 〈그림 18-10〉의 (a)에서 수요량이 경기변동의 주기에 따라 변한다고 하자. 이때 기업의 입장에서는 어떻게 생산하는 것이 최적일까? 만약 한계비용이 체증한다면 한꺼번에 100개를 생산하는 것보다 50개씩 나누어 두 번에 생산하는 것이 유리할 것이다. 왜냐하면 어느 수준에 도

그림 18-10

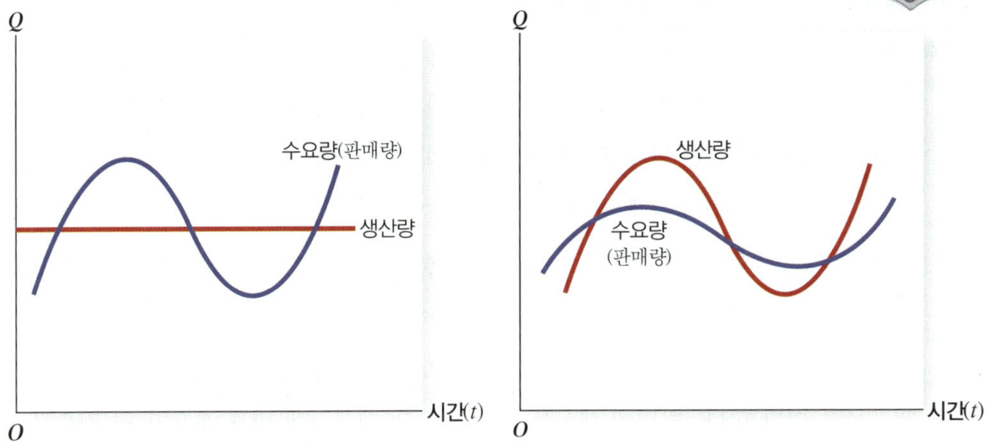

(a) 프로덕션 스무딩 모형 (b) 재고소진 기피 모형

재고투자모형

재고투자에 대한 프로덕션 스무딩 모형에 의하면 경기팽창 시에는 재고가 감소하고 경기후퇴 시에는 재고가 증가한다. 이는 생산량 변동이 판매량 변동보다 더 크고 판매량과 생산량 사이에 양의 상관관계가 있다는 사실과는 다르다. 반면에 재고소진 기피 모형은 수요 변화의 불확실성이 기업의 생산, 즉 재고투자를 늘리도록 유도한다는 점에서 경험적 사실과도 일치한다.

달하면 생산이 늘어날수록 단위당 생산비용이 체증하기 때문이다. 따라서 기업은 생산량을 어느 시기에 집중시키는 것보다는 전 기간에 걸쳐 균등하게 유지할 것이다. 이와 같이 기업이 경기변동 과정에서 생산량을 일정하게 유지한다면 경기팽창기에는 생산량이 수요량을 따라가지 못하므로 재고를 이용해 수요량을 충족시키는 반면, 경기후퇴 시에는 재고를 축적하게 된다. 따라서 프로덕션 스무딩 이론은 실제 재고량의 변동을 잘 설명하는 것으로 간주되어 왔다.

그러나 프로덕션 스무딩 이론의 예측이 경험적 사실과 차이가 있음이 지적되었다. 프로덕션 스무딩 이론에 의하면 〈그림 18-10〉의 (a)에 묘사된 바와 같이 경기변동에 따른 판매량의 변동이 생산량의 변동보다 커야 하고, 판매량 변동과 재고량 변동은 음(-)의 상관관계를 가져야 할 것이다. 그러나 실제 자료를 분석해 보면, 〈그림 18-10〉의 (b)와 같이 생산량(재고투자량)의 변동이 판매량의 변동에 비해 더 크게 나타났으며, 또한 판매량과 생산량 사이에는 양(+)의 상관관계가 있는 것으로 관측되었다. 이러한 경험적 사실은 판매량이 증가할 때 충분한 재고 확보를 위한 생산량이 증가하며, 그 증가폭은 판매량의 증가폭보다 크다는

■ 판매량 변동이 생산량 변동보다 크고, 판매량 변동과 재고량 변동 간 음(-)의 상관관계
⇒ 실제 자료와 괴리

■ 실제 : 판매량이 증가할 때 충분한 재고 확보를 위해 생산량이 증가
⇒ 생산량 증가폭 > 판매량 증가폭

사실을 보여준다.

재고소진 기피 모형

- 수요량 변화가 불확실할 때 판매량의 증가는 기업의 생산(재고투자)을 증가시킴
  ⇒ 생산량 변동과 판매량 변동 간 양(+)의 상관관계
- 재고소진을 피하기 위해 미래 수요 증가에 대비하여 현재 판매량 < 생산량
  ⇒ 판매량 변동 < 생산량 변동

이러한 사실을 설명하기 위한 여러 시도가 있었다. 그 가운데 **재고소진 기피 모형**(stockout avoidance model)을 살펴보자. 기업은 수요량 변동에 불확실성이 존재해 수요량을 정확하게 예측하기 어려운 상황에 직면해 있다. 이때 기업의 생산량에 관한 의사결정은 수요량에 대한 예측에 기반한다. 즉, 수요량이 적을 것으로 예측하면 적게 생산하고, 수요량이 많을 것으로 예측하면 많이 생산할 것이다.

그런데 기업의 수요량 예측이 빗나갔을 때의 상황을 생각해 보자. 일단 생산을 충분히 해놓았는데 제품에 대한 수요가 예상보다 적으면 팔지 못한 양을 재고로 보유하게 된다. 이때 기업은 의도하지 않은 재고 보유에 따른 비용을 지불해야만 한다. 반면에 생산을 적게 했는데 생산량에 비해 수요가 큰 것으로 판명되면 보유한 재고를 다 처분해도 수요량을 충족시키지 못할 수 있다. 이러한 **재고소진**(stockout)이 발생하면 기업은 가능했던 수익을 실현하지 못할 뿐만 아니라 장기적으로 시장점유율이 하락하여 장래의 판매경쟁에서 불리해질 것이다. 많은 경우에 재고 보유비용보다는 재고소진으로 인한 비용이 더 클 가능성이 높다. 따라서 수요가 증가할 때 재고소진을 우려하는 기업은 미리 생산을 늘려 재고투자를 확대할 유인이 있다.

이와 같이 재고소진 기피 모형은 수요량의 변화에 따른 불확실성이 기업의 생산, 즉 재고투자를 늘리도록 유도한다는 결론을 도출하고 있다. 이에 따라 기업의 생산량 변동과 판매량 변동은 양의 상관관계를 갖고 있다는 경험적 사실이 설명된다. 또한 재고소진을 우려하는 기업이 장래의 수요 증가에 대비하여 현재의 수요량보다 더 많은 생산을 하려 한다면 판매량의 변동에 비해 생산량의 변동이 커지게 된다. 이러한 결론 역시 판매량의 변동성보다 생산량의 변동성이 크다는 사실과 부합한다.

2.3 불완전 신용시장과 투자

이제 8장(2.2 투자)의 신고전학파 투자이론을 응용하여 신용시장의 정보비대칭성이 기업부도율을 통해 기업의 투자에 어떤 영향을 미치는지 알아보자. 앞서 1절(1.2.2 신용시장의 정보비대칭성과 가계부도위험)과 유사하게 기업과 은행으로 구성된 2기간 모형에서 은행은 기업으로부터 예금을 받거나 기업에게 대출을 해주는 역할을 하는데, 이때 예금이자율을 r이라고 하자. 구체적으로 모형경

제에 존재하는 다수의 기업 중 양(+)의 이윤($\Pi = Y - wL - I > 0$)을 얻은 몇몇 기업들은 현재(1기) 은행예금을 선택하고, 은행은 이 예금을 받아 차입을 원하는 기업에 대출해 준다. 차입을 원하는 기업 중 현재는 음(-)의 이윤($\Pi = Y - wL - I < 0$)을 얻고 있지만 미래(2기)에 대출원금과 이자를 기꺼이 갚는 '우량기업(good firm)' 들이 있는 반면, 미래에 아무것도 생산하려고 하지 않는 '불량기업(bad firm)' 들도 있다. 불량기업가는 신용시장에서 돈을 빌려서 신규 투자 대신에 자신의 소비에 사용하고 미래에 대출원금과 이자를 갚으려 하지 않는다고 하자.

그런데 은행과 차입기업 간 정보가 비대칭적일 경우 은행은 우량기업과 불량기업을 구별할 수 없다. 따라서 은행은 차입을 원하는 모든 기업에게 동일한 차입이자율 r_b를 부과한다. 이때 차입이자율과 예금이자율의 차이($r_b - r$)는 **디폴트 프리미엄**(default premium)을 의미한다. 그런데 은행은 대출의 부실위험을 최대한 분산시키기 위해 다수의 차입자들에게 대출할 것이고, 그 결과 이 은행으로부터 차입한 기업들 중 2기에 대출원금과 이자를 상환할 수 없는 불량기업의 비중을 정확히 예측할 수 있게 될 것이다. 결국 우량기업들에게 부과된 디폴트 프리미엄은 불량기업들로부터 회수하기 힘든 대출금을 메우는 데 쓰이게 된다.

사전적으로 우량기업과 불량기업을 구별할 수 없는 상황에서 은행은 차입을 원하는 모든 기업에게 동일한 차입이자율을 부과함
⇒ 우량기업에게 부과된 디폴트 프리미엄(= 차입이자율 − 예금이자율)은 불량기업의 대출금 충당에 사용됨

일반적으로 기업은 유보이윤(retained earnings)과 같은 내부자금으로 투자를 할 때 8장(2.2 투자)에서 살펴본 최적 투자조건($MP_{K'} - d = r$)에 따라 투자결정을 한다. 하지만 은행을 통해 차입이자율 r_b(= r + 디폴트 프리미엄)를 주고 외부자금을 조달하여 투자를 하는 우량기업은 다음의 최적 투자조건에 따라 투자결정을 한다.

$$MP_{K'} - d = r_b \quad \Leftrightarrow \quad MP_{K'} - d - (\text{디폴트 프리미엄}) = r \qquad (18.31)$$

위 식에서도 알 수 있듯이 디폴트 프리미엄은 순자본한계생산($MP_{K'} - d$)을 감소시킨다. 따라서 대출원금과 이자를 갚지 않는 불량차입기업이 늘어남에 따라 디폴트 프리미엄이 상승하면 〈그림 18-11〉에서와 같이 주어진 실질이자율(r) 수준에서 우량차입기업의 투자가 감소할 것이다.

불량차입기업이 늘어남에 따라 디폴트 프리미엄이 상승하면 순자본한계생산을 감소시킴
⇒ 외부자금에 의존하는 우량차입기업의 투자 감소

그림 18-11

기업의 최적 투자계획에서 디폴트 프리미엄 증가의 효과

주어진 실질이자율에서 대출원금과 이자를 갚지 않는 불량차입기업이 늘어남에 따라 디폴트 프리미엄이 x_1에서 x_2로 증가하면 우량기업의 투자가 감소한다.

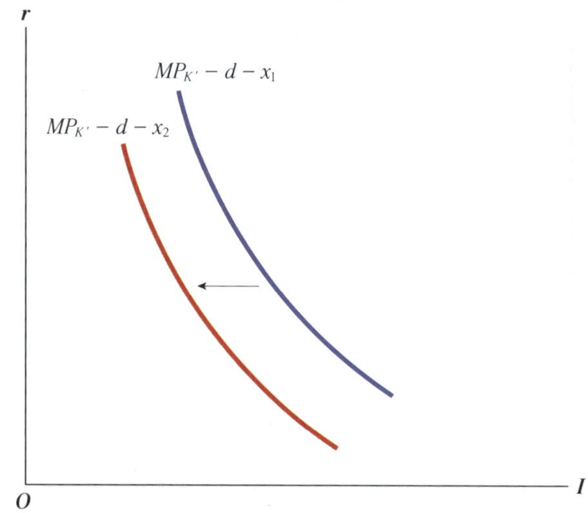

이론과 실제 5 2008년 금융위기와 디폴트 프리미엄, 그리고 투자

이론적으로 볼 때 디폴트 프리미엄과 투자지출은 음의 관계가 있다. 만약 신용시장에서 정보의 비대칭 문제가 심각해지면, 디폴트 프리미엄은 증가할 것이고 투자지출은 감소할 것이다.

〈그림 1〉의 (a)는 총투자지출과 AAA와 BAA 간 이자율 스프레드가 각각 장기추세선으로부터 벗어난 정도를 %로 나타낸 것이다. 여기서 스프레드에 대해서는 동조성을 좀 더 쉽게 분간하기 위해 스프레드 값에 10을 곱하였다. 두 개의 시계열 데이터 간 음(−)의 상관관계는 〈그림 1〉의 (b)에 그려진 산포도에도 뚜렷하게 나타

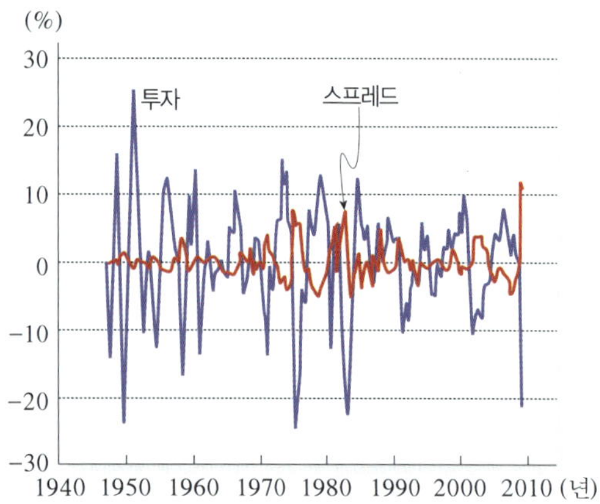

(a) 투자와 금리스프레드의 경기변동 추이

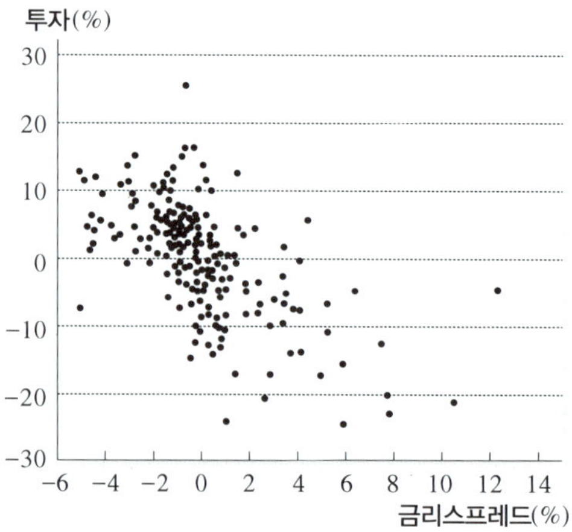

(b) 투자와 금리스프레드의 상관관계

〈그림 1〉 금리스프레드와 투자

난다. 특히 〈그림 1〉의 (a)는 1974~1975, 1981~1982, 1990~1991, 2001, 2008~2009 침체기간 중 스프레드와 투자지출의 움직임을 잘 나타낸다.

특히 2008~2009년 금융위기 당시 금융시장의 불확실성이 증가함에 따라 은행을 포함한 금융기관들은 어떤 은행들이 디폴트를 맞을지 판단하기 어려워졌다. 이러한 불확실성은 〈그림 1〉의 (a)에서 이자율 스프레드의 급격한 증가로 나타난다. 결과적으로 빌린 돈을 갚을 수 있는 회사들도 어려움을 겪게 되었다. 이러한 회사들은 자신들이 차입금을 갚을 수 있음을 알고 있지만, 결국 금융시장 내의 불확실성의 증가로 인해 높은 수준의 디폴트 프리미엄에 직면하게 되고 투자지출은 큰 폭으로 감소했다.

2.4 주택투자

주택은 일종의 내구소비재(durable consumption goods)로서 소비자들은 주택을 구입하여 일정 기간 동안 주택에서 발생하는 주거서비스를 소비한다. 따라서 6장(소비와 저축)의 분석과 유사하게 실물자산으로서 주택구입에 관한 한계원칙인 "주택투자의 한계편익 = 주택투자의 사용자비용"을 적용하여 주택투자수요를 도출할 수 있다.

먼저 주택투자의 한계비용을 의미하는 주택의 실질사용자비용에는 우선 해당 주택을 구입하는 데 지불한 명목가격 P^H와 이자 기회비용의 합 $(1+R)P^H$가 포함된다. 둘째, 주택가격이 상승 또는 하락하면 각각 자본이득 또는 자본손실이 발생한다. 따라서 주택가격 상승분 ΔP^H에 대한 주택의 사용자비용은 $-\Delta P^H$가 된다. 셋째, 주택 감가상각률 d^H의 명목가치 $d^H P^H$도 주택 사용자비용의 일부가 된다. 따라서 주택의 실질사용자비용은 다음과 같다.

$$\frac{u^H}{P} = \frac{P^H}{P}\left(1 + R - \frac{\Delta P^H}{P^H} + d^H\right) \tag{18.32}$$

여기서 u^H는 주택의 명목사용자비용, P^H는 주택가격, d^H는 주택감가상각률을 나타낸다. 또한 소비자에게 주택서비스(h)와 소비(C)가 서로 대체관계를 가질 때 이 둘 간의 한계대체율 $MRS_{h,C}$는 주택투자의 한계편익을 나타낸다. 따라서 소비자의 최적 주택투자는 다음과 같이 주택서비스와 소비 간 한계대체율이 주택의 실질사용자비용과 같은 수준에서 결정된다.

소비자의 최적 주택투자
주택서비스와 소비 간 한계대체율 = 주택의 실질사용자비용

$$MRS_{h,C}=\frac{P^H}{P}\left(1+R-\frac{\Delta P^H}{P^H}+d^H\right) \tag{18.33}$$

위 식 (18.33)에 따르면 주택투자는 실질주택가격($\frac{P^H}{P}$), 명목이자율(R), 주택 보유에 따른 자본이득 또는 자본손실($\frac{\Delta P^H}{P^H}$), 그리고 주택감가상각률(d^H) 등에 의해 결정된다.

소비자의 최적 주택임대
주택서비스와 소비 간 한계대체율 = 주택의 실질임대가격

한편 소비자는 주택구입 대신에 주택을 임대할 수도 있다. 주택투자의 한계비용을 의미하는 주택 사용자비용과 주택임대의 한계비용을 나타내는 주택 임대가격 간의 관계를 알아보기 위해 먼저 주택의 명목임대가격(nominal rental rate of house)을 $(1+i^H)$라고 하면, 주택의 실질임대가격 $\frac{1+i^H}{P}$는 소비자가 주택 한 단위를 추가로 임대하는 데 드는 실질비용이다. 소비자의 최적 주택임대는 다음과 같이 주택의 한계편익인 한계대체율($MRS_{h,C}$)과 주택의 실질임대가격이 같아지는 수준에서 결정된다.

$$MRS_{h,C}=\frac{1+i^H}{P} \tag{18.34}$$

주택임대를 고려한 주택투자의 균형조건 : 주택의 실질사용자비용 = 주택의 실질임대가격

이제 식 (18.33)과 식 (18.34)로부터 다음과 같이 주택의 실질사용자비용과 실질임대가격 사이의 관계가 도출된다.

$$\frac{1+i^H}{P^H}=1+R-\frac{\Delta P^H}{P^H}+d^H \tag{18.35}$$

위 식은 주택의 실질사용자비용과 실질임대가격 간의 균형관계를 의미한다. 왜냐하면 식 (18.35)의 관계가 성립하는 한 소비자는 주거에 필요한 주택을 추가로 확보하는 방식으로 주택구입 또는 주택임대에 무차별적이 되므로 기존 방식을 바꿀 유인이 생기지 않기 때문이다. 만약 주택구입의 이자비용(R)이 증가하여 주택투자의 실질사용자비용이 실질임대가격보다 더 커지면 소비자의 주택구매수요는 줄고 주택임대수요는 늘 것이다. 그 결과 주택의 명목임대가격($1+i^H$)이 상승하고 명목주택가격(P^H)은 하락하면서 주택의 실질사용자비용과 실질임대가격은 다시 동일한 수준으로 수렴해 갈 것이다. 끝으로 식 (18.35)에서 좌변을 주택가격 대비 월 임대가격 비율, 즉 월세율로 보면 시장이자율(R)이 오를수록, 주택가격이 떨어질수록, 또는 주택감가상각률이 상승할수록 주택 월세율은 상승한다.

월세율 상승요인
- 시장이자율 상승
- 주택가격 하락
- 주택감가상각률 상승

요약

1. 소비이론

1.1 불확실성과 소비 랜덤워크 가설에 의하면 미래에 대한 불확실성 속에서 소비자가 합리적으로 행동한다면 현재소비 이외의 다른 어떤 변수도 미래소비를 예측하는 데 도움이 되지 않는다. 한편 소득의 불확실성과 소비와의 관계를 반영한 예비적 저축 가설에 의하면 소비자는 미래소득의 불확실성이 증대될 경우 예기치 않게 소득이 감소하더라도 일정 수준의 소비를 유지할 수 있도록 현재소비를 줄이고 저축을 늘린다. 이때 불확실성과 소비증가율 사이에는 양(+)의 관계가 성립한다.

1.2 불완전 신용시장과 소비 차입이자율이 매우 높아 실질적인 차입제약 또는 유동성제약이 존재하는 경우 현재소비는 현재소득에 크게 좌우된다. 또한 현실경제에서와 같이 예금이자율이 차입이자율보다 낮은 형태의 유동성제약이 있으면 정부의 재원조달방식은 소비선택에 영향을 미친다. 즉, 유동성제약이 있는 상황에서 리카도 대등정리는 성립하지 않는다.

정보비대칭이 존재하는 신용시장에서 불량차입자가 늘어나고 부도율이 증가할수록 디폴트 프리미엄이 상승하고, 우량차입자도 높은 차입이자율에 직면한다. 그 결과 차입과 소비가 감소한다.

신용시장에서는 거래시점에 차입자가 대출계약을 약속대로 이행하지 않을 유인이 존재한다. 그래서 대출시점에 대부자는 차입자에게 담보물을 요구한다. 그 결과 신용시장에서 불완전 계약이행에 따라 담보차입제약이 존재하는 경우 주택가격 하락에 따른 담보가치의 하락은 소비 감소를 가져온다.

사회보장연금제도는 정부가 조세권을 사용해 세대 간 신용시장의 부재를 보완함으로써 개인들이 은퇴 후에도 고른 소비를 가능케 하는 저축수단이다. 사회보장연금제도에는 두 가지 형태가 있다. 우선, 부과방식은 중년층과 노년층 간 이전지출을 수반하는 반면, 완전적립방식은 정부가 제시한 강제 저축방식에 따라 개인들이 중년기에 자산을 구입하고 노년기에 그 수익을 받는 제도이다. 부과방식은 인구증가율이 시장이자율보다 크다면 모든 소비자의 후생을 증가시키지만 완전적립방식은 적어도 일부 중년층 소비자들의 최적선택을 제약함에 따라 소비자들의 후생수준을 악화시킨다.

2. 투자이론

2.1 토빈의 q 이론 전통적 투자함수의 주요 설명변수인 이자율 이외에 투자유인에 관한 포괄적인 정보를 토빈 q = (주식시장에서 평가된 기업의 시장가치/기업의 기존 실물자본 대체비용)로 정의할 때, 투자는 토빈 q의 증가함수가 된다. 한편 자본조정비용을 고려할 경우 자본재 구입비용 대비 수익성이 감소하므로 투자가 감소한다. 토빈 q값은 기업투자의 장래 수익성에 대한 주식시장 참가자들의 예측 및 기대 등 포괄적인 정보가 반영되어 있다.

2.2 불확실성과 투자 투자옵션모형에 의하면 불확실성이 크고 투자가 비가역적(irreversible)인 상황에서는 경기상황이 나쁠 때 섣불리 투자를 하는 것보다 투자자금을 보유하면서 보다 좋은 투자시점이 오기를 기다리는 선택권(option)을 갖는 게 유리하다. 한편 불확실성의 증가가 재고투자를 증가시킬 수 있다는 모형이 있다. 프로덕션 스무딩 이론은 한계비용이 체증하는 경우 균등한 생산이 유리하다는 설명을 제시하지만 현실과의 괴리가 있다. 반면 재고소진 기피 모형에서 수요량을 정확히 예측하기 어려운 경우 매출 증가 시 재고소진(stockout)을 우려하는 기업은 미리 생산을 늘려 재고투자를 확대할 유인을 갖는다. 따라서 재고소진 기피 모형은 프로덕션 스무딩 이론과 달리 판매량과 생산량 간 양(+)의 상관관계와 더불어 판매량의 변동성보다 생산량의 변동성이 크다는 사실에 부합한다.

2.3 불완전 신용시장과 투자 은행은 우량기업과 불량기업을 구분할 수 없기 때문에 대출이자율을 예금이자율보다 높게 설정하는데, 이 차이를 디폴트 프리미엄이라고 부른다. 이때 디폴트 프리미엄은 순자본한계생산을 감소시켜 주어진 이자율 수준에서 투자를 감소시킨다.

2.4 주택투자 주택은 일종의 내구소비재로서 소비자

들은 주택을 구입하여 일정 기간 동안 주택에서 발생하는 주거서비스를 소비한다. 소비자는 주택투자(주택구입) 또는 주택임대를 하며, 주택구입의 경우 주택서비스와 소비 간 한계대체율이 주택의 실질사용자비용과 같은 수준에서 투자결정을 하고, 주택임대의 경우 주택서비스와 소비 간 한계대체율이 주택의 실질임대가격과 같은 수준에서 투자결정을 하게 된다.

연습문제

01 경제위기 이후 정부의 무분별한 카드장려 정책으로 인해 2002년부터 현재까지 신용불량자 규모와 가계부채가 지속적으로 증가하여 왔다. 2기 간 소비선택모형을 이용하여 이러한 가계부실의 문제가 우리나라 소비에 미치는 영향을 분석하여 설명하라.

02 어느 경제학자가 2기의 소비를 예측하기 위해 다음과 같은 모형을 토대로 실증분석을 한다고 하자.

$$C' = \rho C + \alpha X + \varepsilon' \qquad (0 < \rho \leqq 1)$$

이 식에는 이번 기의 소비(C) 이외에 미래의 소비예측과 관련되는 모든 변수들이 X로 표시되어 있으며, ρ는 자기회귀계수(autoregressive coefficient), α는 변수 X와 미래소비의 관계를 나타내는 계수이다. 또한 이 X에는 1기와 그 이전의 소득들이 포함될 수도 있고, 2기 또는 그 다음 기들의 소득수준 예측치도 포함될 수 있다. 랜덤워크 가설이 맞다면 계수 α와 ρ는 각각 어떤 값에 가까워야 하는가? 그 이유를 설명하라.

03 2기간 생존하는 어떤 소비자의 효용함수가 $u(C, C') = ln\,C + ln\,C'$이라고 하자(단, C와 C'은 각각 1기와 2기의 소비를 나타낸다). 이 소비자의 1기, 2기 소득은 각각 $\frac{Y}{5}$, $\frac{4Y}{5}$이다.

(1) 이 소비자가 주어진 시장이자율(r)로 저축이나 차입을 자유로이 할 수 있는 경우 1기와 2기의 최적 소비 및 저축(또는 차입)을 구하고 그림으로 나타내라.

(2) 이제 이 소비자가 주어진 시장이자율(r)로 자유로이 저축은 할 수 있으나 차입은 $\frac{Y}{5}$까지만 할 수 있다고 하자. 이때 1기와 2기의 최적소비를 구하고 그림으로 나타내라. 시장이자율(r)이 어떤 값을 가질 때 이러한 차입제약이 최적 소비선택에 더 이상 영향을 미치지 못하게 되는가?

04 아래 제시된 피셔의 시점 간 자원배분 모형을 토대로 소비자의 효용극대화에 대한 다음 질문에 답하라.

$$max\,U = U(C, C')$$
$$s.t.\ C + \frac{C'}{1+r} = Y + \frac{Y'}{1+r}$$

여기서 U는 소비자의 효용이고, C와 C'은 각각 1기와 2기의 소비, Y와 Y'은 각각 1기와 2기의 소득, r은 이자율을 나타낸다.

(1) 소비자가 1기에서 차입을 통해 효용을 극대화하고 있는 상황을 그래프를 이용하여 설명하라.

(2) 위 (1)과는 달리 소비자가 차입이 불가능한 유동성제약에 직면했다고 가정할 때, 예산제약조건의 변화를 그래프를 이용하여 설명하라.

(3) 이 모형에서 유동성제약이 소비자 효용에 미치는 영향을 그래프를 이용하여 설명하라.

(4) 유동성제약에 대하여 정부가 취할 수 있는 여러 가지 정책 중 하나를 선택하여 그 정책의 장·단점을 설명하라.

(2012년 행정고시 기출문제)

05 어떤 경제에서 모든 경제주체들이 2기간 동안만 산다고 하자. 이들은 1기에 소득(Y) 120만원을 벌고, 2기에 소득(Y') 330만원을 번다. 그리고 이들의 효용함수는 다음과 같다.

$$U(C, C') = \sqrt{C \cdot C'}$$

이들은 대부자금시장에서 이자율 $r = 10(\%)$로 차입과 대출이 자유롭다. 그리고 정부는 1기에 조세(T) 20만원을 징수하여 20만원이 소요되는 정부지출(G)에 충당한다고 한다. 이러한 상황에서 다음 질문에 답하라.

(1) 이 경제의 1기와 2기의 소비(C, C') 및 경제주체의 효용(U), 그리고 저축(S) 또는 차입($-S$)을 계산하라.

(2) 어떤 이유로 이자율이 $r = 20(\%)$로 상승했다고 하자. 이때 위의 (1)의 문제에 대해 다시 답하고, (1)번과 달라진 변화를 소득효과와 대체효과를 이용하여 설명하라.

다시 이자율은 $r = 10(\%)$라고 하자. 이때 정부는 1기에 20만원이 소요되는 정부지출(G)을 공채를 발행하여 충당하려고 한다. 그 대신 조세(T) 20만원은 징수하지 않기로 하였다. 그리고 10%의 이자를 포함한 공채는 2기에 상환하여야 하며, 정부가 발행한 공채는 모두 민간 경제주체에 의해 수용되었다고 하자.

(3) 변화된 조건에서 다시 문제 (1)의 질문에 답하고, 왜 그러한 결과가 나오는지 설명하라.

(4) 어떤 이유로 민간 경제주체가 대부자금시장에서 신용불량자로 분류되어 차입이 전혀 불가능하게 되었다. 이 상황에서 우선 (1)의 질문에 답하라. 그리고 정부가 위의 정책변경을 했다면 이 답은 어떻게 바뀌는가?

(5) (3)번과 (4)번의 답을 케인즈의 절대소득가설의 관점에서 비교하여 설명하라.

06 가계의 금융부채가 주택담보대출을 중심으로 증가하는 상황에서 주택가격이 하락한다고 하자. 일반균형모형을 이용하여 주택가격 하락이 국민소득, 소비, 투자, 고용, 실질임금, 실질이자율, 그리고 물가수준에 미치는 영향을 분석·설명하라.

07 2014년 2월 홍콩상하이은행(HSBC)의 중국 제조업지수(PMI)가 48.3까지 하락하고 부동산 판매도 대폭 감소하는 등 경기둔화 조짐이 나타났다. 또한 중국 정부가 2013년 11월 대규모 경제개혁안을 발표하고 저성장에 대한 용인 가능성이 높아지면서 기업부채와 지방정부부채에 대한 신용리스크가 집중되었다. 기업부도위험(또는 디폴트프리미엄)의 증가가 투자에 미치는 영향을 신고전학파의 (2기간) 투자이론을 이용하여 설명하라. 그리고 일반균형모형(또는 실질총수요·실질총공급 모형)을 이용하여 기업부도위험의 증가가 중국의 국민소득, 소비, 투자, 고용, 실질임금, 실질이자율, 그리고 물가수준에 미치는 영향을 분석·설명하라.

08 8장(2. 2기간 모형)에서 배운 투자이론을 주택투자에 적용해 보자. 이때 생산물 Y는 주택서비스의 양, K는 주택자본(housing capital), 그리고 L은 주택소유자가 집에서 보내는 시간으로 볼 수 있다. 그리고 2기 말 주택의 청산가격이 p_h라고 하자. 즉, 주택소유자는 2기 말에 주택을 p_h단위의 소비재로 교환할 수 있다고 가정한다.

(1) 최적 주택자본투자의 조건을 도출하라.

(2) 2기 말 주택 청산가격 p_h 상승이 주택투자에 미치는 영향을 분석·설명하라. 현실경제에서 주택가격은 경기침체기에 하락하는 성향을 보인다. 이 모형에 의하면 주택투자는 경기순응적인가? 그 이유를 설명하라.

09 기업이 다음과 같은 생산함수를 사용하여 주거서비스(housing services)를 1기와 2기에 각각 생산한다고 하자.

$$Y = z(H)^{0.5},\ Y' = z'(H')^{0.5}$$

여기서 z, z'는 각각 1기와 2기의 총요소생산성을, H, H'는 각각 1기와 2기에 이 기업이 보유한 주택량(housing stock)을 나타낸다. 이 기업의 1기 주택투자를 I_h라고 하면 $H' = (1-d)H + I_h$의 관계를 갖는다. 이때 d는 주택의 감가상각률이다. 이 기업은 2기 말에 감가상각 후 남은 주택량 $(1-d)H'$을 $p_{h,2}$에 팔 수 있다. 이 경제의 실질이자율은 r이라고 가정한다.

(1) 이 기업이 1기와 2기 이윤의 현재가치를 극대화하기 위한 최적 주택투자 조건을 도출하고 그 의미를 설명하라.

(2) 최적 투자조건에 기초하여 2기 주택가격 $p_{h,2}$의 상승이 1기 주택투자에 미치는 영향을 분석 · 설명하라.

(3) 이 기업의 2기 이윤에 비례세 $t(0 < t < 1)$가 부과된다고 하자. 이때 최적 투자조건은 (1)에서 구한 최적 투자조건과 동일한가? 동일하지 않다면 새 최적 투자조건을 도출하고 이러한 비례세의 상승이 주택투자에 미치는 영향을 분석 · 설명하라.

10 현재 어떤 아파트의 가격이 P_t이다. 어떤 투자자가 은행으로부터 아파트 구입자금 전액을 1년간 차입하여 그 아파트를 구입하고 1년 뒤 이를 시장에 되팔아 은행 부채를 청산한다고 하자. 투자자는 부채 청산을 위해 은행에 원금과 연간 이자율 i_t로 이자를 지불해야 하며, 1년 뒤 판매가격은 P_{t+1}에서 결정된다. 수수료, 세금, 감가상각 등 기타 거래비용과 보유비용은 발생하지 않는다고 가정한다.

(1) 위와 같은 방법으로 투자자가 해당 아파트를 1년간 소유할 때 발생하는 투자자의 사용자비용을 구하라. (단, 사용자비용은 양(+)의 값이다.)

(2) 현재 그 아파트의 전세가격은 R_t이다. 임차인이 필요한 전세대금을 전액 은행으로부터 차입하여 지급하고 아파트에 입주하였다. 1년 후 전세대금을 환급받아 전세계약을 해지하고 은행 부채를 청산할 경우, 임차인에게 발생하는 비용을 구하라. (단, 연간 이자율은 i_t로 위의 경우와 동일하며, 다른 비용은 발생하지 않는다.)

(3) (1)의 사용자비용과 (2)의 임차인비용이 같아지는 수준에서 전세가격이 결정될 경우, 은행 이자율이 불변인 상태에서 아파트의 가격상승률이 하락한다면, $\frac{R_t}{P_t}$의 비율이 어떤 방향으로 변할지 $\frac{R_t}{P_t}$를 아파트 가격 상승률의 함수로 도출하여 설명하라.

(2013년 행정고시 기출문제)

11 2008년 금융위기와 같이 불확실성의 증가에 따른 기업부도위험(또는 디폴트 프리미엄)의 증가가 투자에 미치는 영향을 신고전학파의 (2기간) 투자이론을 이용하여 설명하라.

12 최근 글로벌 금융위기 등 세계 경제의 불확실성 증가에 기인한 소비침체와 투자 감소가 전 세계적으로 나타나고 있는 것으로 보인다. 이러한 불확실성과 소비, 투자 간의 관계를 이론적으로 설명하고, 이와 관련된 정부정책의 역할에 대하여 논하라.

13 이자율은 국민경제 전체에 커다란 영향을 미친다. 다른 조건이 일정한 경우, 이자율이 하락하면 투자가 증가하고 이자율이 상승하면 투자가 감소하는 것이 일반적이다. 그런데 현실경제에서 이자율이 낮은 수준인데도 투자가 증가하지 않는 경우도 있다.

(1) 이자율결정이론을 세 가지 이상 열거하고, 각각을 설명하라.

(2) 이자율의 변화가 부동산 가격에 영향을 미칠 수 있다. 그 경로를 설명하라.

(3) 이자율이 낮은 수준인데도 투자가 증가하지 않는 경우에 대하여 그 이유를 이론적 근거를 들어 설명하라.

(2009년 행정고시 기출문제)

14 다음의 상황들을 지금까지 배운 투자이론에 비추어 설명해 보라.

(1) 차세대 이동통신사업에 진출하고자 하는 기업은 10억원 상당의 장비를 갖추어야 한다. 100만 주의 주식을 발행한 A기업이 이동통신사업자로 선정될 것이라는 소문에 주당 100원 하던 A기업의 주가는 1만원으로 치솟았다. A기업은 실제로 10억원 상당의 장비를 갖추어 차세대 이동통신사업에 진출하겠는가?

(2) 그런데 경쟁기업인 B기업이 차세대 이동통신기술을 대체할 신기술 개발에 성공하였고, 이를 상용화하려는 연구가 진행 중이라는 보도가 있었다. 또한 차세대 이동통신용 단말기로는 신기술에 의한 이동통신 서비스를 이용할 수 없다고 한다. 이에 따라 차세대 이동통신사업의 수요가 불확실해진 상황이라면 A기업은 차세대 이동통신사업에 진출하겠는가?

(3) 한편, B기업이 신기술의 상용화에 성공하여 차세대 이동통신사업의 장래 수익성이 매우 낮아졌다고 한다. 이때 A기업이 B기업의 신기술 상용화 이전에 차세대 이동통신사업에 진입한 경우와 A기업의 진입 이전에 신기술의 상용화가 이루어진 경우를 비교하고, 거시경제에서 거시변수의 시간경로가 갖는 의미를 설명하라.

1. 노동탐색모형

2. 비자발적 실업과 임금경직성 모형

3. 노동시장 마찰과 경기변동

노동시장이론

19

고용량이 항상 완전고용 수준이 되는 제3편(거시경제학의 미시적 기초)의 노동시장 모형과 달리 일자리를 구하려는 실업자와 일할 사람을 찾는 기업 간의 매칭(matching)에 의해 자발적 · 구조적 실업이 결정되는 노동탐색모형을 살펴보고 노동자와 기업 간 미스매치(mismatch)를 가져온 산업충격이 경기변동에 미치는 영향을 분석해 보자. 그리고 케인즈(John M. Keynes)가 1930년대 대공황을 직접 목격하면서 대량실업의 원인이 될 수 있다고 생각한 명목임금 경직성의 미시적 기초와 여러 나라에서 관측되어 온 실질임금 경직성의 미시적 기초를 각각 알아본다.

1. 노동탐색모형

Macroeconomics ch. nineteen

현실의 노동시장에서는 일자리를 구하려고 애쓰는 실업자와 일할 사람을 찾지 못해 어려움을 겪고 있는 기업이 공존하고 있다. 또한 사람들마다 원하는 일자리가 다르고, 기업마다 요구하는 노동자의 기술력 등이 다르기 때문에 이들 간에 바람직한 매칭이 이루어지려면 어느 정도의 시행착오가 불가피하다. 따라서 자발적 실업이 발생하고 매칭의 효율성 하락에 따라 구조적 실업도 발생한다. 노동탐색모형은 바로 이러한 현상들의 미시적 기초를 제공한다.

1960년대 후반 맥콜(John McCall)이 처음 개발한 노동시장의 탐색모형은 그 이후 여러 경제학자들에 의해 발전되어 오다가 1990년대 들어 모텐센(Dale Mortensen)과 피사리데스(Christopher Pissarides)가 균형노동탐색모형으로 일반화시키면서 노동경제학과 거시경제학에 널리 사용되고 있다.[1] 이 두 경제학자는 2010년 피터 다이아몬드(Peter Diamond)와 함께 노벨경제학상을 공동 수상하였다. 여기서는 모텐센-피사리데스의 균형노동탐색모형을 단순화시켜 알아본다.

기업이 제공하는 일자리와 노동자들의 서로 다른 특성
⇒ 기업 · 노동자 간 매칭과정에 비용이 수반
⇒ 매칭함수에 반영

일반적으로 기업들이 제공하는 일자리는 서로 다르고 노동자들 또한 각자 다른 특성들을 갖고 있다. 따라서 노동시장에서 기업과 노동자가 서로에게 맞는 상대방을 찾는 것은 시간 및 여타 비용이 들어가기 마련이다. 노동탐색모형에서는

1. McCall, J. "Economics of Information and Job Search," *Quarterly Journal of Economics*, 1970. ; Mortensen, D. and Pissarides, C. "Job Creation and Job Destruction in the Theory of Unemployment," *Review of Economic Studies*, 1994.

이러한 기업 · 노동자 간 매치(match)가 이루어지는 과정을 다음과 같은 **매칭함수**(matching function)로 나타낸다.

$$M = e \bullet m(Q, A) \tag{19.1}$$

여기서 좌변의 M은 기업 · 노동자 간 성공적인 매치의 수를 나타낸다. 그리고 우변의 Q는 매기 초 일자리를 찾는 소비자 겸 노동자의 수를, A는 매기 초 비어 있는 일자리를 채울 노동자를 찾기 위해 비용 k를 들여 구인광고(vacancy posting)를 하는 기업의 수를 나타낸다. 또한 e는 기업 · 노동자 간 매칭의 효율성을 의미하는데, 인터넷 광고와 같은 일자리 탐색기술의 발전은 e를 증가시킨다.

식 (19.1)은 주어진 기업 · 노동자 간 매칭의 효율성(e) 수준에서 구인광고를 내는 기업들(A)과 구직활동을 하는 노동자들(Q)을 '투입요소(inputs)'로 하여 기업 · 노동자 간 성공적인 매치(M)가 '산출물(output)'이 되는 과정을 나타낸다는 점에서 생산함수와 유사하다. 여기서 매칭의 효율성(e)은 생산함수의 총요소생산성(total factor productivity)과 거의 동일한 역할을 한다. 그리고 $m(Q, A)$는 앞서 여러 차례 보아 온 생산함수와 동일한 특성을 갖는다고 가정한다. 그러면 일자리를 탐색하는 노동자 수(Q)나 빈 일자리에 맞는 노동자를 찾기 위해 구인광고를 내는 기업의 수(A)가 증가할수록 기업 · 노동자 매치의 수도 증가하나, 각각의 한계생산은 감소한다. 또한 $m(Q, A)$는 규모수익불변(constant returns to scale)의 특성을 갖는다.

매칭함수
- 구인광고를 내는 기업의 수와 구직활동을 하는 노동자 수의 증가함수
- 한계생산 체감
- 규모수익불변

1.1 소비자의 노동탐색공급

이제 노동시장에서 Q명의 소비자 겸 노동자들이 기꺼이 일자리를 탐색하도록 유도하는 기대수익(expected payoff) $P(Q)$의 결정에 대해 알아보자. 매기 초 일자리를 탐색하는 노동자의 수가 Q명이고 식 (19.1)의 매칭함수에 의해 M개의 기업 · 노동자 매치가 이루어진다면, 개별 노동자가 일자리를 찾을 확률은 $p_c = \frac{M}{Q}$이 되고 규모수익불변의 특성을 갖는 매칭함수 (19.1)에 의해 다음과 같이 결정된다.

$$p_c = \frac{e \bullet m(Q, A)}{Q} = e \bullet m\left(1, \frac{A}{Q}\right) = e \bullet m(1, j) \tag{19.2}$$

노동탐색의 수급상태
일자리를 찾는 노동자 수 대비 일자리를 채우려는 기업 수

여기서 $j = \frac{A}{Q}$는 일자리를 찾는 노동자 수(Q) 대비 빈 일자리를 채우려는 기업 수(A)로서 **노동탐색의 수급상태**(tightness)를 나타낸다. 식 (19.2)가 일자리를 탐색하는 개별 노동자의 취업확률을 나타내므로, 이 노동자가 일자리를 찾지 못하여 실업상태에 놓일 확률은 $(1 - p_c)$가 되고 식 (19.2)에 의해 다음과 같이 결정된다.

$$1 - p_c = 1 - e \cdot m(1,\ j) \tag{19.3}$$

이제 일자리를 탐색하는 노동자들(Q)의 기대수익 $P(Q)$는 다음과 같이 탐색의 결과 p_c의 확률로 취업에 성공하는 경우 받게 되는 실질임금(w)과 $(1 - p_c)$의 확률로 취업에 실패하는 경우 노동자가 받게 되는 실업수당(b)의 합으로 결정된다.

$$P(Q) = p_c w + (1 - p_c)b = b + e \cdot m(1,\ j)(w - b) \tag{19.4}$$

노동탐색공급의 결정요인 = **일자리를 찾는 노동자들의 기대수익 결정요인**
- 실질임금
- 실업수당
- 노동탐색의 수급상태

여기서 p_c는 식 (19.2)와 같다. 다수의 노동자들(Q)이 경쟁적으로 일자리 탐색을 한다는 점을 감안할 때, 노동자들은 바로 식 (19.4)의 기대수익 수준 $P(Q)$에서 기꺼이 일자리를 탐색할 것이라는 점에서 $P(Q)$는 **노동탐색의 공급곡선**을 나타낸다.

식 (19.4)에서 주목할 점은 일자리를 탐색하는 노동자들의 기대수익 또는 '시장가격(market price)'이 실질임금(w)뿐만 아니라 실업수당(b)과 노동탐색의 수급상태(j)에 의해 결정된다는 것이다.

1.2 기업의 노동탐색수요

매기 초 노동시장에서 빈 일자리를 채우기 위해 비용 k를 들여 구인광고를 하는 기업의 수가 A개이고 식 (19.1)의 매칭함수에 의해 M개의 기업 · 노동자 매치가 이루어진다고 하자. 이때 개별 기업이 일자리에 맞는 노동자를 찾을 확률은 $p_f = \frac{M}{A}$이 되고 규모수익불변의 특성을 갖는 매칭함수 (19.1)에 의해 다음과 같이 결정된다.

$$p_f = \frac{e \cdot m(Q,\ A)}{A} = e \cdot m\left(\frac{Q}{A},\ 1\right) = e \cdot m\left(\frac{1}{j},\ 1\right) \tag{19.5}$$

노동시장에서 p_f의 확률로 노동자를 찾은 기업은 소비재 y를 생산할 수 있다고 하자. 여기서 y는 자본투입 없이 노동자 한 사람에 의해 생산된 산출량이므로 노동생산성을 의미하기도 한다. 이제 노동자를 탐색하는 기업의 기대수익이 $p_f(y-w)$이므로 구인광고 비용 k까지 고려하면 기업의 기대수익은 $p_f(y-w)-k$가 된다. 그런데 다수의 기업들이 경쟁적으로 빈 일자리에 맞는 노동자를 탐색한다는 점을 감안할 때 기업은 바로 이러한 기대수익이 0이 되는 수준, 즉 $p_f(y-w)-k=0$까지 빈 일자리에 맞는 노동자를 찾을 것이다. 따라서 노동시장에서 기업의 노동탐색수요를 결정하는 '제로 기대수익조건' $p_f(y-w)-k=0$에 식 (19.5)의 p_f를 대입하면 다음과 같이 **노동탐색의 수요 측면**을 나타내는 관계식이 도출된다.

$$e \cdot m\left(\frac{1}{j}, 1\right) = \frac{k}{y-w} \tag{19.6}$$

식 (19.6)에 따르면 노동탐색의 수급상태($j=\frac{A}{Q}$), 즉 노동탐색공급 대비 노동탐색수요는 기업·노동자 간 매칭 효율성(e), 실질임금(w), 노동생산성(y) 및 구인광고 비용(k) 등에 의해 결정된다.

노동탐색공급 대비 노동탐색수요 결정요인
- 기업·노동자 간 매칭 효율성
- 실질임금
- 노동생산성
- 구인광고 비용

1.3 노동탐색 균형

먼저 기업과 노동자 간 협상(bargaining)에 의해 실질임금이 어떻게 결정되는지 알아보자. 경제주체들 간 협상을 다루는 여러 경제이론 중 가장 널리 알려진 것 중 하나가 **내쉬**(John Nash)**의 협상이론**이다. 이 협상이론에 의하면 총잉여(total surplus) 중 노동자가 가져가는 몫은 노동자의 상대적 협상력에 비례하여 결정된다.

실질임금은 기업과 노동자 간 내쉬 협상에 의해 결정됨

내쉬 협상이론 총잉여 중 노동자 몫은 노동자의 상대적 협상력에 비례하여 결정됨

기업·노동자 매치에서 노동자잉여는 $w-b$, 즉 기업·노동자 간 합의를 이루는 경우 노동자가 받는 실질임금(w)에서 기업·노동자 간 합의를 이루지 못하는 경우 노동자가 받는 실업수당(b)을 뺀 값이 된다. 반면에 기업잉여는 노동자를 고용하여 얻은 이윤인 $y-w$가 된다. 따라서 노동자잉여와 기업잉여를 합한 총잉여는 $y-b$가 된다. 이제 노동자와 기업의 상대적 협상력을 각각 a, $(1-a)$라고 하자. 내쉬의 협상이론에 의하면 기업과 노동자는 각자의 협상력에 비례하여 총잉여를 기업잉여와 노동자잉여로 나누어 갖는 계약에 합의한다. 즉, 노동자

그림 19-1

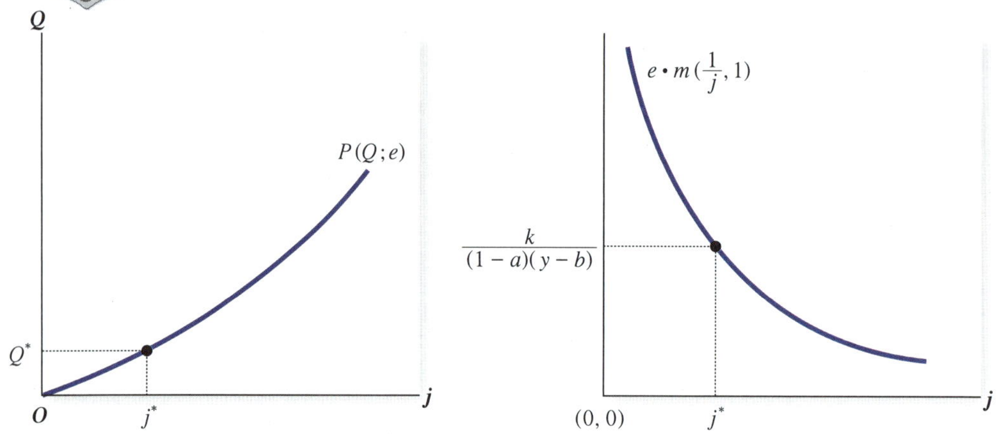

(a) 노동탐색의 공급 측면　　(b) 노동탐색의 수요 측면

➡ 노동탐색 균형

노동탐색의 수요 측면을 나타내는 (b)에서 기업잉여 대비 구인광고 비용이 작을수록 더 많은 기업들이 구인광고를 낼 것이므로 노동탐색의 수급상태가 개선된다. 이에 따라 노동자가 원하는 일자리를 찾을 확률이 높아지므로 노동탐색의 공급 측면을 나타내는 (a)에서 구직자 수도 증가한다. 주어진 기업잉여 대비 구인광고 비용 수준에서 (b)와 같이 노동탐색 균형수급상태(j^*)가 결정되면 (a)에서 균형구직자 수(Q^*)가 결정된다.

잉여는 다음과 같이 결정된다.

$$w - b = a(y - b) \Leftrightarrow w = ay + (1-a)b \qquad (19.7)$$

따라서 균형실질임금은 노동생산성과 실업수당의 가중합이 된다.

식 (19.7)을 노동탐색의 공급 측면과 수요 측면을 각각 나타내는 식 (19.4)와 (19.6)에 대입하면 다음과 같은 두 개의 식이 도출된다.

$$P(Q;e) = p_c w + (1-p_c)b = b + e \cdot m(1, j)a(y-b) \qquad (19.8)$$

$$e \cdot m\left(\frac{1}{j}, 1\right) = \frac{k}{(1-a)(y-b)} \qquad (19.9)$$

식 (19.8)과 (19.9)는 노동탐색 균형구직자 수(Q)와 균형수급상태($j = \frac{A}{Q}$)를 결정한다. 〈그림 19-1〉의 (b)는 식 (19.9)를 나타내는데, 기업잉여 대비 구인광고 비용인 $\frac{k}{(1-a)(y-b)}$가 작을수록 더 많은 기업들이 구인광고를 낼 것이므로 노동탐색의 수급상태 j는 개선된다. 또한 식 (19.8)을 나타내는 〈그림 19-1〉의 (a)에서 노동탐색의 수급상태 j가 증가할수록 노동자가 원하는 일자리를 찾을 확률이 높아지므로, 일자리를 탐색하는 노동자들이 늘어나고 그 결과 구직자 수도 증가함을 알 수 있다.

이 외에도 노동탐색 균형에서 전체 구직자 중 일자리 탐색에 실패한 노동자의 비중인 실업률은 다음과 같이 결정된다.

$$u = \frac{Q(1-p_c)}{Q} = 1 - e \cdot m(1,\ j) \tag{19.10}$$

또한 기업이 공고한 일자리 수 중 채워지지 않은 일자리 비중을 나타내는 구인율(vacancy rate)은 다음과 같다.

구인율 기업이 공고한 일자리 수 중 채워지지 않은 일자리 비중

$$v = \frac{A(1-p_f)}{A} = 1 - e \cdot m(\frac{1}{j},\ 1) \tag{19.11}$$

끝으로 총생산함수 $Y = My$로부터 균형총산출량은 다음과 같이 결정된다.

$$Y = e \cdot m(Q,\ A)y = Qe \cdot m(1,\ j)y \tag{19.12}$$

즉, 구직자 수(Q)가 증가할수록 또는 노동탐색의 수급상태($j = \frac{A}{Q}$)가 양호할수록 총산출량은 증가한다.

1.4 산업충격과 노동시장

이제 지금까지 도출한 노동탐색모형을 이용하여 국가경제의 산업충격(sectoral shock)이 노동시장에 미치는 영향을 분석해 보자. 구체적으로 우리나라를 포함하여 세계 여러 나라에서 사양산업인 일부 제조업 노동자들의 기술이 서비스업에서 필요로 하는 기술과 잘 매치되지 않는 현상(mismatch of skills)이 노동탐색에 미치는 영향을 분석해 보자.

이는 매칭함수 (19.1)에서 기업 · 노동자 간 매칭 효율성을 나타내는 e의 하락을 의미하므로 〈그림 19-2〉의 (b)에서 $e \cdot m(\frac{1}{j},\ 1)$곡선이 좌측으로 이동한다. 그 결과 먼저 노동탐색의 수급상태가 j_1에서 j_2로 감소한다. 기업들이 일자리에

그림 19-2

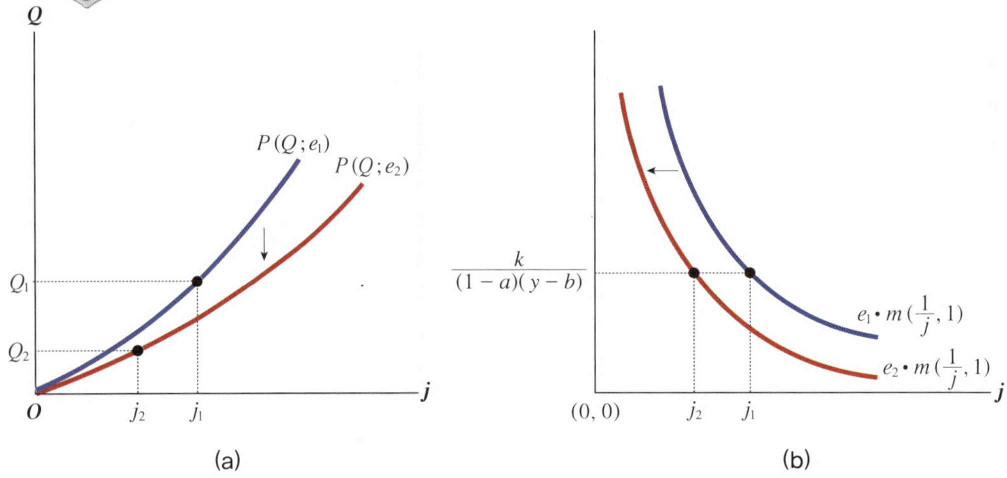

➠ 매칭 효율성의 하락

기업 · 노동자 간 매칭 효율성이 하락하면 기업들이 일자리에 적합한 노동자들을 찾는 것이 어려워짐에 따라 굳이 비용을 들여 구인광고를 내려 하지 않을 것이므로 (b)에서 노동탐색시장의 수급상태가 악화된다($j_1 \rightarrow j_2$). 한편 매칭 효율성의 하락은 노동자들의 기대수익 하락을 의미하므로 (a)에서 일자리를 탐색하는 구직자 수가 감소한다($Q_1 \rightarrow Q_2$).

적합한 노동자들을 찾는 것이 어려워짐에 따라 굳이 비용을 들여 구인광고를 내려 하지 않을 것이므로 노동탐색수요가 감소하게 된다. 또한 (a)에서 e의 하락은 구직자들의 기대수익 하락을 의미하므로 노동탐색공급곡선 $P(Q)$를 아래로 이동시키고($P(Q;e_1) \rightarrow P(Q;e_2)$), 이에 따라 구직자 수는 Q_1에서 Q_2로 감소한다. 더 적은 수의 기업들이 일자리 공고를 내고 매칭의 효율성도 떨어짐에 따라 일자리를 탐색하는 구직자 수가 감소한다.

실업률을 결정하는 식 (19.10)에서 e의 하락과 j의 감소는 실업률의 상승을 가져온다. 한편 구인율(vacancy rate)을 결정하는 식 (19.11)에서 j의 감소는 구인율을 하락시키는 반면, e의 하락은 구인율을 상승시킨다. 그러나 식 (19.9)에서 e의 하락에 따라 우변의 변화가 없으므로 구인율을 나타내는 식 (19.11)의 좌변 또한 변화가 없을 것이다. 구직자 수(Q)와 노동탐색시장의 수급상태($j = \frac{A}{Q}$)가 모두 감소하므로 빈 일자리에 맞는 노동자를 찾기 위해 일정 비용을 들여 공고를 내는 기업의 수(A)도 감소한다. 끝으로 식 (19.12)에서 e, Q, j가 모두 감소하므로 총산출량은 감소한다. 요약하면 산업충격에 따른 기업 · 노동자 간 매칭 효율성의 하락은 경제활동인구의 감소, 기업 구인광고의 감소, 실업률의 상승, 총생산의 감소 및 구인율의 불변을 가져온다.

이론과 실제 1 일자리 매칭 효율성 하락과 베버리지 곡선의 이동

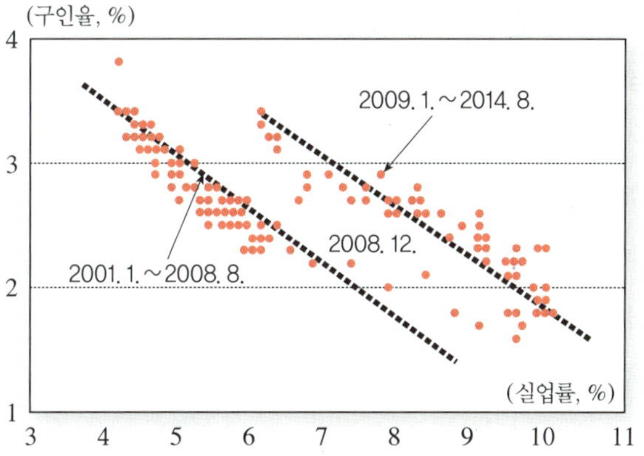

자료 : 미국 노동통계국(2014년 10월)
출처 : 「2015년 세계경제 전망」, 『KIEP 오늘의 세계경제』 대외경제정책연구원, 2014. 11. 27.

〈그림 1〉 미국의 베버리지 곡선

현실경제에서 구인율(vacancy rate) 혹은 빈 일자리 비율은 실업률과 음(−)의 상관관계를 보여왔다. 〈그림 1〉은 2001～2014년 미국의 월별 구인율과 실업률 조합을 점도표(dot plot)로 나타낸 것이다. 2001～2008년 8월까지 구인율 · 실업률 조합은 안정적인 우하향곡선 상에 있었으나 2009년 이후로는 이로부터 우측이동한 곡선 상에 있는 것으로 보인다. 이처럼 실업률과 구인율 간 우하향하는 곡선을 베버리지 곡선(Beveridge curve)이라고 한다.

베버리지 곡선은 구인율의 경기순응성과 실업률의 경기역행성을 나타낸다. 경기확장기에는 노동수요가 늘어나기 때문에 빈 일자리 비율(구인율)이 높아지고, 이때 구직자들은 일자리를 얻을 가능성이 높아 실업률은 낮아진다.

한편 베버리지 곡선 자체의 이동은 노동시장에서 기업 · 노동자 간 일자리 매칭 효율성의 변화를 나타낸다. 베버리지 곡선이 왼쪽으로 이동하면 일자리 매칭 효율성이 높아진 것이고, 베버리지 곡선이 오른쪽으로 이동하면 일자리 매칭 효율성이 감소한 것이다. 이는 노동탐색모형에서 기업 · 노동자 간 일자리 매칭 효율성의 하락이 구인율에는 아무런 변화 없이 실업률 상승을 가져온다는 분석결과와도 일치한다. 〈그림 1〉에서 2009년 이후 나타난 베버리지 곡선의 우측이동이 당시 노동자들의 기술과 기업이 필요로 하는 기술의 매칭이 효율적으로 이루어지지 못한 데(mismatch of skills) 기인한다는 것을 시사한다.

2. 비자발적 실업과 임금경직성 모형

케인즈는 『일반이론』에서 대공황 당시 비자발적 실업을 설명하기 위하여 명목임금의 하방경직성을 가정했다. 어떤 이유에서든지 임금수준이 신축적으로 조정되지 않으면, 시장에서 거래되는 임금수준으로 노동력을 공급하고 싶어도 일을 할 수 없는 비자발적 실업이 존재할 수 있다. 그러나 일반적으로 비자발적 실업의 존재를 규명하기 위해서는 임금이 경직적이라는 사실을 설명해야만 한다. 예를 들어 노동자의 생활수준을 보호하기 위해 정부가 최저임금제도를 강력하게 시행한다면, 법정 기준치 이하로는 명목임금이 내려가지 못하므로 일종의 경직성이 발생할 수 있다. 여기서는 먼저 명목임금 경직성의 미시적 근거를 설명하는 테일러(John Taylor)의 **중첩임금계약 모형**(staggered wage contracts model)을 소개한다.

2.1 명목임금 경직성 : 중첩임금계약 모형

경제에 100개의 기업이 존재하며, 모든 기업이 1년간 유효한 명목임금계약을 체결한다고 하자. 그리고 임금계약을 할 때 노동자와 기업 모두 그 시점까지 이용 가능한 모든 정보를 이용하여 실질임금 수준이 적정한 수준을 유지하도록 명목임금 수준을 결정한다고 하자.

노동시장에서 명목임금계약의 체결방식은 두 가지로 나눌 수 있다. 첫째, **동시임금계약**(synchronized wage contracts) 방식은 경제 내 모든 기업들이 동일한 시점에 일제히 임금계약을 체결하는 것으로, 기업 간 임금계약 유효기간이 일치하게 된다. 둘째, **중첩임금계약**(staggered wage contracts) 방식은 개별 기업들의 임금계약 시점이 상이하게 이루어지는 것으로, 기업 간 임금계약 유효기간이 부분적으로 겹치게 된다. 이러한 상황에서 총수요 충격이 발생했을 때, 두 가지 임금계약 체결방식에 따라 명목임금 수준이 각각 어떻게 변할지 분석해 보자.

동시임금계약 경제 내 모든 기업들이 동일한 시점에 일제히 임금계약을 체결하여 기업 간 임금계약의 유효기간이 겹치지 않음

중첩임금계약 개별 기업들의 임금계약 시점이 상이하여 기업 간 임금계약 유효기간이 중첩됨

먼저 모든 기업이 1월 1일에 명목임금을 동시에 계약하는 동시임금계약의 방식을 생각해 보자. 이때 4월 1일에 예기치 못한 총수요 증가요인이 발생하여 물가수준이 P_0에서 P_1으로 상승했다면, 경제 내 명목임금 수준에 어떤 변화가 생길까? 일단 임금계약 유효기간(12월 31일)까지는 명목임금(W)이 고정되어 있으므로, 총

그림 19-3

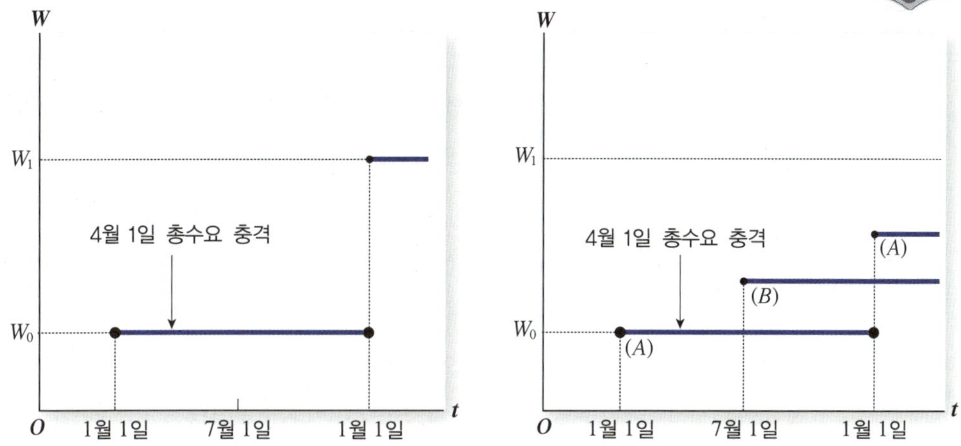

(a) 동시임금계약 (b) 중첩임금계약

➠ 명목임금 경직성

모든 기업들이 동일한 시점에 일제히 임금계약을 체결하는 동시임금계약 방식의 경우 임금계약 유효기간에 수요 충격이 발생하면 다음 임금계약을 할 때 명목임금이 대폭 조정된다. 반면에 경제 내 기업의 반은 1월 1일에, 나머지 반은 7월 1일에 임금계약을 하는 중첩임금계약의 경우 개별 경제주체들이 명목임금을 신축적으로 조정할 의사가 있음에도 임금계약 시 상호의존성 때문에 명목임금이 경직적이 된다.

수요 증가에 따른 물가 상승은 실질임금($\frac{W}{P}$)을 하락시켜 기업들은 노동고용량을 증가시킬 것이다. 그러나 이듬해 1월 1일이 되면, 이러한 총수요 증가에 따른 고용증대효과는 사라진다. 임금 재계약을 할 때 노동자들이 물가상승분을 반영한 명목임금 상승을 요구하기 때문이다. 결국 명목임금이 상승하여 실질임금이 종전 수준으로 돌아오면($\frac{W_1}{P_1} = \frac{W_0}{P_0}$), 기업은 노동고용량을 이전 수준으로 감소시킨다. 〈그림 19-3〉의 (a)에는 이 상황이 묘사되어 있다. 특징적인 것은 임금계약을 할 때 명목임금이 대폭 조정된다는 점이다.

동시임금계약 하에서는 임금계약 시 명목임금이 대폭 조정됨

이번에는 기업 중에서 절반(*A*그룹)은 1월 1일에 임금계약을 하고, 나머지 절반(*B*그룹)은 7월 1일에 임금계약을 하는 중첩임금계약의 방식을 생각해 보자. 앞의 예와 마찬가지로 4월 1일에 예기치 못한 총수요 증가요인이 발생했다고 하자. 이때 *A*의 명목임금이 이전 수준으로 유지되고 있는 상황에서, 7월 1일에 임금계약을 하는 *B*는 총수요 충격의 효과를 명목임금에 모두 반영하기 어렵다. *B*는 임금을 재계약할 때 자신의 절대적 실질임금 수준과 더불어 *A*와의 상대적 임금수준도 함께 고려하기 때문이다. 따라서 총수요 증대효과는 명목임금에 불완전하

중첩임금계약 상황에서 개별 경제주체들이 총수요 충격을 명목임금에 반영하려고 해도 임금계약 시점인 다른 경제주체들의 명목임금이 이전 수준으로 유지되거나 변동폭이 작기 때문에 자신들의 명목임금을 대폭 변화시키지 못함
⇒ 노동시장에서의 상호의존성 측면에서 명목임금이 경직적일 수 있음

게 반영된다. 이러한 현상은 이듬해 1월 1일 A의 임금계약 시기에도 마찬가지이다. 즉, A가 총수요 충격을 명목임금에 반영하려고 해도 B의 명목임금 변동이 소폭에 그쳤으므로 자신들도 명목임금을 대폭 변화시키지 못한다. 〈그림 19-3〉의 (b)는 이 상황을 설명한다. 여기에서 특징적인 것은 (a)와는 달리 명목임금이 여러 기간에 걸쳐 점진적(sluggish)으로 조정된다는 점이다.

이상의 중첩임금계약 모형은 노동시장에서의 상호의존성이라는 측면에서 명목임금이 경직적일 수 있음을 논증했다. 이 모형의 핵심은 경제주체들이 명목임금의 절대적인 수준뿐만 아니라 상대적인 차이를 중요시한다는 점이다. 그리고 개별 경제주체들은 명목임금을 신축적으로 조정할 의사가 있음에도 경제 전체적으로는 상호의존성 때문에 명목임금이 경직적일 수 있다는 것이다.

명목임금 경직성 이론에 따르면 실질임금은 경기역행적이어야 하나, 실제로는 경기와 무관하거나 약하게 경기순응적임

한편 명목임금이 경직적인 경우 총수요 증가로 경기가 호황일 때 물가가 상승하므로 실질임금 수준($\frac{W}{P}$)은 하락한다. 반대로 경기가 불황이면 물가가 하락해 실질임금 수준은 상승하게 된다. 결국 명목임금이 경직적이라면 실질임금은 경기역행적인 행태를 보여야 한다. 그러나 11장(2.3 고용과 실질임금)에서도 지적했듯이 우리나라와 미국 등의 시계열 자료에 의하면 실질임금은 호황·불황을 막론하고 일정하게 유지되거나 호황기에 오히려 약간 상승한 경우가 일반적이었다. 즉, 실질임금은 경기와 무관하게 안정적이거나 혹은 약하게 경기순응적인 모습을 보인다.

이제 이러한 실질임금의 특성과 배치되지 않으면서 비자발적 실업을 설명하기 위해 제기된 효율성임금 가설에 대해 자세히 살펴보자.

2.2 실질임금 경직성

노동시장이 효율적으로 작동한다면 경기불황기에 실질임금이 하락하여 비자발적 실업이 해소되어야 한다. 그러나 현실에서는 실질임금이 경직적이어서 비자발적 실업이 계속 남아 있다. 그렇다면 왜 기업은 실질임금을 낮추지 못하는(혹은 낮추지 않는) 것일까?

이러한 질문에 답하려는 노력은 주로 케인즈적 전통을 가진 경제학자들에 의해 이루어졌다. 이들의 모형은 실질임금이 노동시장의 균형실질임금 수준보다 높게 결정되는 현상과 높은 수준의 실질임금이 경직적이어서 비자발적 실업이 해소되지 않고 지속적으로 존재하는 현상의 원인에 대해 다양한 미시적 근거들을 제

시하고 있다. 그 가운데 대표적인 것은 기업이 높은 생산성을 유지하기 위해 높은 실질임금을 제공한다는 설명과 노동조합의 독점적 협상력에 의해 균형실질임금보다 높은 수준의 실질임금이 경직적으로 유지된다는 설명이다. 전자를 **효율성임금 가설**(efficiency wage hypothesis)이라 하고, 후자를 **내부자-외부자 모형**(insider-outsider model)이라 부른다.

2.2.1 효율성임금 가설

효율성임금 가설은 실질임금이 노동자의 생산성 또는 근로의욕(work effort)을 좌우한다고 가정한다. 즉, 실질임금이 높을수록 노동자들의 생산성은 더 커진다는 것이다. 그렇다면 노동자들의 생산성은 왜 실질임금에 의해 긍정적인 영향을 받게 될까? 우선 실질임금 수준이 높을수록 노동자의 영양상태가 양호하게 유지될 수 있어서 생산성이 커질 수 있다. 그러나 이 설명은 저개발국 또는 자본주의 초기에나 적용될 수 있는 설명으로 고도화된 자본주의 경제에서는 별로 설득력이 없다. 이에 최근에는 시장청산임금, 즉 균형실질임금보다 높은 수준의 효율성임금이 안정적으로 유지될 수 있는 미시적 근거로 다음의 세 가지 설명이 있다.

> **효율성임금 가설** 실질임금이 노동자의 생산성 또는 근로의욕을 결정한다고 가정함

> **효율성임금의 미시적 근거**
> - 노동이직모형 : 높은 임금으로 노동자의 이직 유인을 감소시켜 이직비용을 최소화
> - 태업방지모형 : 높은 임금으로 태업의 기회비용을 상승시켜 노동자의 도덕적 해이 억제
> - 역선택모형 : 정보의 비대칭성으로 평균 실질임금을 제시하면 평균실질임금 이하의 노동자만 직장에 잔류

첫째, 높은 실질임금이 이직률을 낮춘다는 **노동이직모형**(labor turnover model)이 있다. 노동자들이 이직하는 이유는 대부분 좀 더 높은 보수, 혹은 쾌적한 작업환경 등을 찾아서이다. 이때 숙련된 기술자들의 이직률이 높아지면 기업으로서는 큰 손해이다. 새로운 노동자를 고용하기 위해서는 모집광고를 내고 응시자를 선별한 뒤 신규 채용자를 교육시켜야 하는 등 많은 비용이 들기 때문이다. 이와 같은 노동이직비용(turnover cost)을 최소화하기 위해 기업은 시장에서 결정된 균형임금보다 높은 수준의 임금을 지급하여 노동자의 이직유인을 감소시키려 한다는 것이다.

둘째, 실질임금을 높여 노동자의 태업을 방지함으로써 생산성을 높일 수 있다는 **태업방지모형**(shirking model)이 있다. 노동자의 근로의욕에 대해서는 노동자 개인만 정보(private information)를 갖고 있으므로, 노동자는 일단 임금을 받은 후 작업을 태만히 할 유인이 있다. 이때 기업은 어떻게 하면 노동자들의 태업을 방지할 수 있을까? 작업시간 내내 감시하는 것은 비효율적이다. 따라서 기업은 불시에 감시를 하되 태업이 적발된 노동자들은 해고시키는 원칙을 정할 수 있다. 이때 노동자의 입장에서 해고로 초래되는 손실이 바로 임금이다. 따라서 기

업에서 높은 임금을 지급할수록 노동자의 태업의 기회비용은 커진다. 따라서 기업이 시장균형 수준보다 높은 실질임금을 지급한다면 노동자의 태업 유인은 그만큼 감소한다. 결국 효율성임금이 노동자의 도덕적 해이(moral hazard)를 억제하기 위한 유인체계로 작용하는 것이다.

셋째, 노동의 생산성에 대한 정보가 비대칭적으로 존재할 때 효율성임금이 노동의 평균적인 질을 향상시킬 수 있다는 **역선택모형**(adverse selection model)이 있다. 개별 노동자 각각의 생산성을 정확하게 파악하지 못하는 기업이 평균적인 생산성에 따라 실질임금을 지급한다고 하자. 그러면 평균실질임금 이상의 생산성을 지닌 노동자는 직장을 옮기려 할 것이고, 평균실질임금 이하의 생산성을 지닌 노동자만 직장에 남게 된다. 결국 기업은 평균실질임금을 지불하고 평균실질임금 수준 이하의 생산성만 확보하게 되는 셈이다. 따라서 정보의 비대칭성(information asymmetry)에 노출되어 있는 기업이 양질의 노동을 계속 확보하기 위해서는 평균실질임금보다 높은 수준의 효율성임금을 지급해야 한다.

지금까지 살펴본 바와 같이 기업이 노동시장을 청산하는 균형임금보다 높은 수준의 실질임금을 지급하면 노동시장에는 비자발적 실업이 발생한다. 이제 8장(노동수요와 투자)과 9장(실물부문의 일반균형)의 노동시장 균형 분석과 유사한 방법으로 효율성임금 가설을 좀 더 구체적으로 살펴보자.

일반적으로 기업의 단기 생산함수는 고정된 자본량 $\overline{K}$와 노동투입 L의 함수 $F(L, \overline{K})$로 나타낼 수 있다. 그러나 효율성임금 가설에 의하면 실질임금 수준에 따라 노동자의 근로의욕이 달라지므로 기업의 단기 생산함수를 다음과 같이 가정한다.

$$Y = F(e(w)L,\ \overline{K}) \tag{19.13}$$

여기서 $e(w)$는 실질임금 수준이 w일 때 노동자의 근로의욕을 나타내는 지표로서 〈그림 19-4〉와 같이 w의 증가함수로 가정한다. 이때 실제 고용된 노동투입시간을 L이라고 하면 기업의 입장에서 유효노동투입(effective labor input)은 실제 노동투입시간에 근로의욕 수준을 곱한 $e(w)L$이 된다. 따라서 동일한 노동시간이 투입되더라도 특정 임금수준에서 근로의욕이 높으면 유효노동투입이 증가함에 따라 산출량(Y)도 증가할 것이다.

유효노동투입 실제 노동투입시간에 근로의욕 수준을 곱한 값

이제 이윤극대화를 추구하는 기업의 노동수요를 도출해 보자. 경쟁적 노동

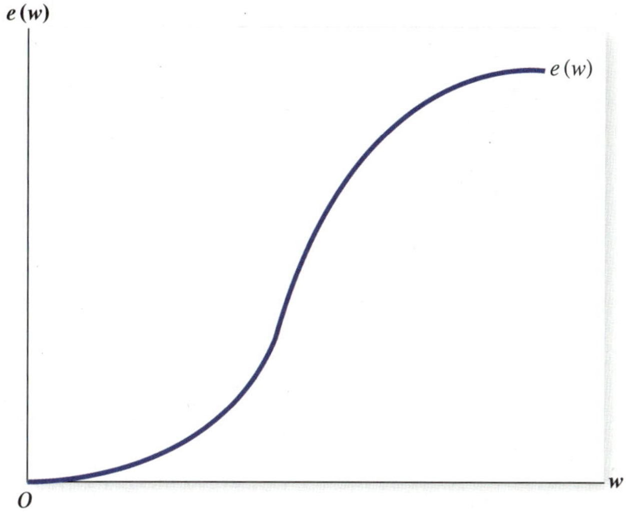

그림 19-4

실질임금과 근로의욕
효율성임금 가설은 노동자의 근로의욕을 나타내는 지표인 e가 실질임금 w의 크기에 의해 결정되고, 둘 사이에는 양(+)의 관계가 있다고 가정한다.

시장에서 이윤을 극대화하려는 기업은 시장에서 결정되는 실질임금 수준보다 더 높은 임금을 지불하지 않는다. 그러나 효율성임금 가설에 의하면 기업이 노동자에게 시장임금보다 높은 임금을 지불함으로써 이윤을 극대화할 수 있다. 따라서 경쟁적 노동시장의 분석과는 달리 실질임금이 기업의 선택변수가 된다. 즉, 기업은 주어진 자본량($\overline{K}$)에서 다음과 같이 정의되는 이윤을 극대화하기 위하여 실질임금(w)과 고용(L)을 선택한다.

$$\Pi = F(e(w)L, \overline{K}) - wL \tag{19.14}$$

경쟁적 노동시장에서와 마찬가지로 기업의 **노동수요**는 노동의 한계생산과 실질임금이 같아지는 수준에서 결정된다. 유효노동투입이 노동시간에 근로의욕을 곱한 값으로 결정되는 경우, 노동의 한계생산성 MP_L은 다음과 같다.[2]

$$MP_L = e(w)MP_{e(w)L} \tag{19.15}$$

2. 이는 식 (19.13)의 생산함수를 L에 대해 미분한 식으로부터 도출된다.

그림 19-5

효율성임금모형에서의 노동수요

효율성임금모형에서 기업의 노동수요는 근로의욕이 부가된 유효노동투입의 한계생산과 실질임금이 같아지는 수준에서 결정되고, 이 관계로부터 우하향하는 노동수요곡선이 도출된다.

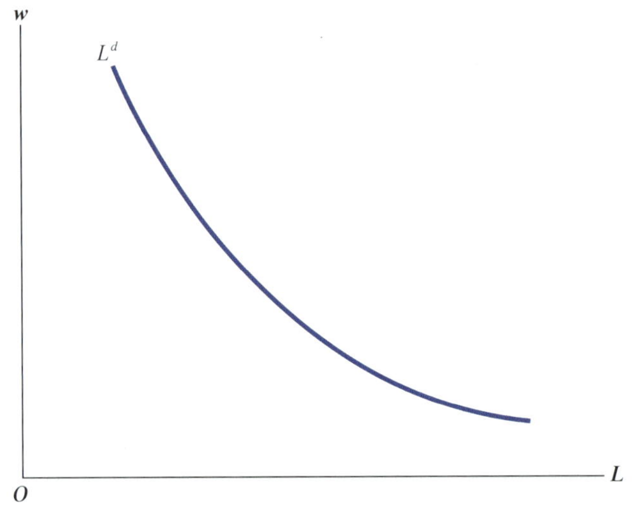

다시 말해, 노동의 한계생산성은 기업이 제시한 실질임금 수준 w에서의 근로의욕 $e(w)$에 유효노동투입의 한계생산성 $MP_{e(w)L}$을 곱한 값으로 결정된다. 따라서 기업의 노동수요는 위의 식 (19.15)로 정의되는 노동의 한계생산성과 실질임금이 같아지는 수준에서 결정된다.[3]

기업의 노동수요
(근로의욕 × 유효노동투입의 한계생산성) = 실질임금

$$e(w)\,MP_{e(w)L} = w \tag{19.16}$$

위의 식 (19.16)을 충족하는 고용(L)과 실질임금(w)의 관계를 그림으로 나타내면 〈그림 19-5〉와 같이 우하향하는 노동수요곡선이 도출된다.[4]

그러면 기업은 어떤 방식으로 실질임금을 선택하는가? 기업의 입장에서 높은 임금은 노동자의 근로의욕 상승과 동시에 고용비용의 상승을 의미한다. 따라서 기업은 실질임금 상승에 따른 근로의욕과 비용상승의 상충관계(trade-off)를 고려하여 임금비용 단위당 근로의욕 수준, 즉 $\frac{e(w)}{w}$를 극대화하는 실질임금을 선택한다. 예를 들어 〈그림 19-6〉의 (a)에서 시간당 임금이 w'이면, 노동자의 근

3. 이는 식 (19.14)의 이윤함수 Π를 L에 대해 미분한 식으로부터 도출된다.

4. 일반적으로 일정한 조건에서는 노동수요곡선이 우하향하지 않을 수도 있다. 여기서는 생산함수와 근로의욕함수가 우하향하는 노동수요곡선에 필요한 모든 조건들을 충족한다고 가정한다.

그림 19-6

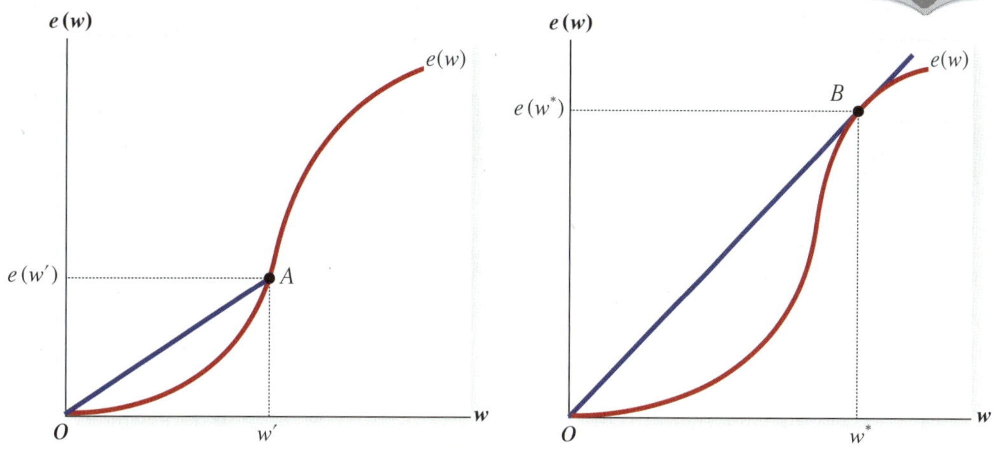

(a) 근로의욕과 실질임금의 비율 (b) 효율성임금의 결정

근로의욕과 실질임금의 비율 및 효율성임금의 결정

기업은 실질임금 상승에 따른 근로의욕과 비용상승의 상충관계를 고려하여 실질임금을 선택한다. (a)에서 임금비용 단위당 근로의욕 수준, 즉 $e(w')/w'$은 원점에서 점 A를 잇는 직선의 기울기가 된다. 따라서 임금 단위당 근로의욕 수준을 극대화하는 기업은 (b)에서와 같이 원점에서 근로의욕곡선 $e(w)$에 접하는 직선의 기울기가 가장 큰 점 B에서의 실질임금 w^*를 최적 효율성임금으로 선택한다.

로의욕은 $e(w')$이 된다. 이때 $e(w')/w'$은 원점에서 근로의욕곡선 상의 점 A를 잇는 직선의 기울기가 된다.

따라서 $\frac{e(w)}{w}$를 극대화하는 기업은 이 직선의 기울기가 가장 큰 점에서 효율성임금을 선택할 것이다. 즉, 〈그림 19-6〉의 (b)에서 기업은 원점을 지나는 직선과 근로의욕곡선 $e(w)$가 접하는 점 B에서의 실질임금 w^*를 최적임금으로 선택하고, 노동자는 $e(w^*)$의 최적 근로의욕으로 노동을 공급한다. 즉, 효율성임금(efficiency wage) w^*는 다음과 같이 한계근로의욕 $e'(w)$와 평균근로의욕 $\frac{e(w)}{w}$가 같아지는 수준에서 결정된다.[5]

기업의 효율성임금 선택
실질임금 상승에 따른 근로의욕과 비용상승의 상충관계를 고려하여 임금비용 단위당 근로의욕 수준 $e(w)/w$를 극대화하는 실질임금을 선택함
⇒ 효율성임금은 한계근로의욕과 평균근로의욕이 같아지는 수준에서 결정됨

$$e'(w) = \frac{e(w)}{w} \tag{19.17}$$

5. 식 (19.17)은 앞서 정의한 기업의 이윤함수 Π를 L과 w에 대해 각각 미분한 식들을 결합하면 도출된다.

그림 19-7

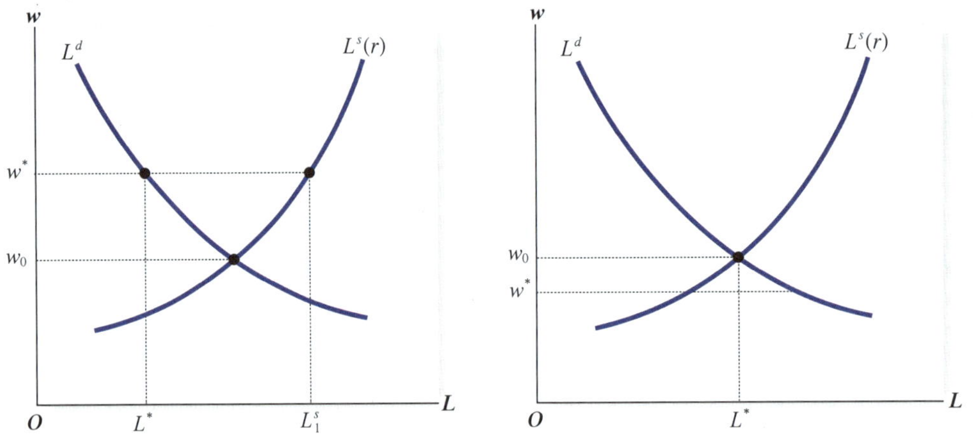

(a) 효율성임금 > 균형임금　　(b) 효율성임금 < 균형임금

효율성임금모형에서의 비자발적 실업

(a)에서와 같이 기업이 균형임금 w_0보다 높은 수준의 효율성임금 w^*를 지급하면 노동시장에는 $(L_1^s - L^*)$만큼의 비자발적 실업이 발생한다. 기업의 입장에서는 효율성임금 w^*를 지급하는 것이 이윤을 극대화시키기 때문에 비자발적 실업이 지속된다. 반면 (b)에서와 같이 기업이 지급하는 효율성임금 w^*가 균형임금 w_0보다 낮은 경우에는 효율성임금 수준에서 원하는 노동을 모두 고용할 수 없기 때문에 실질임금을 시장청산임금 w_0까지 인상하여 지급할 수밖에 없다. 따라서 비자발적 실업은 발생하지 않는다.

효율성임금과 비자발적 실업
- 효율성임금 > 균형임금 ⇒ 비자발적 실업 발생
- 기업의 이윤극대화 결과 ⇒ 효율성임금은 경직적으로 유지되고 비자발적 실업이 지속됨

이제 효율성임금 수준에서 어떻게 비자발적 실업이 발생하는지 살펴보자. 〈그림 19-7〉의 (a)에서 기업이 노동시장을 청산하는 균형임금 w_0보다 높은 수준의 효율성임금 w^*를 지급하면, 노동시장에는 $(L_1^s - L^*)$만큼의 비자발적 실업이 발생한다. 즉, w^*보다 더 낮은 실질임금 수준에서라도 일을 하고 싶은 노동자들이 일자리를 찾지 못하는 현상이 발생하는 것이다. 그러나 기업의 입장에서는 노동시장에 비자발적 실업이 존재하더라도 높은 수준의 실질임금을 유지하는 것이 이윤을 극대화시킨다. 왜냐하면 〈그림 19-7〉의 (a)에서 기업이 w^*보다 낮은 실질임금, 예를 들어 시장청산임금 w_0를 지급하면 노동자들의 근로의욕이 최적 이하 또는 비효율적인 수준이 되면서 기업의 이윤은 감소할 것이기 때문이다. 결국 효율성임금은 균형실질임금보다 높은 수준에서 경직적으로 유지되며, 비자발적 실업을 지속시킨다.

한편 〈그림 19-7〉의 (b)와 같이 기업이 지급하는 효율성임금 w^*가 노동시장을 청산하는 균형임금 w_0보다 낮은 경우 기업은 효율성임금 수준에서 원하는 노동

을 모두 고용할 수 없기 때문에 실질임금을 균형임금 수준까지 인상해 지급해야 할 것이다. 따라서 노동시장의 균형에서 비자발적 실업은 발생하지 않을 것이다.

2.2.2 내부자-외부자 모형

실질임금 경직성을 설명하는 또 하나의 방식으로 **내부자-외부자 모형**이 있다. 여기서 **내부자**(insider)는 기업의 취업자로 기업과 임금협상을 할 수 있는 사람들을 말하며, **외부자**(outsider)는 실업자로 남아 있는 노동자로서 기업과 임금협상을 할 자격이 없는 사람들을 말한다. 이때 외부자는 내부자보다 생산성이 낮은 것으로 가정하자.

이러한 상황에서 노동조합은 단체협약(collective bargaining)에서 외부자의 이해를 고려할 필요가 없기 때문에 자신들의 높은 생산성에 걸맞는 높은 실질임금을 기업에 요구할 것이다. 이때 기업은 외부자, 즉 실업자가 존재함에도 실질임금을 낮게 책정하지 않고, 노동조합의 요구대로 내부자에게 높은 실질임금을 지급한다. 기업이 노동조합이 요구하는 수준의 실질임금을 지급하는 이유는 효율성임금 가설의 설명에서 보았던 노동이직비용을 고려하여 내부자와 고용관계를 계속 유지하고 싶어하기 때문이다. 결국 이 모형에서 실질임금이 경직성을 띠는 이유는 노동조합과 같은 내부자의 독점적 협상력(bargaining power) 때문이다.

이와 같이 실질임금이 균형실질임금보다 높아지면 〈그림 19-7〉의 (a)와 유사하게 비자발적 실업이 발생한다. 외부자들은 계약된 실질임금보다 낮은 실질임금 수준에서 일을 할 의사가 있음에도 고용되지 못하기 때문이다. 아울러 이러한 비자발적 실업은 좀처럼 해소되기 어렵다. 내부자들은 다음 기 임금계약에서도 외부자의 이해를 임금계약에 반영하지 않을 것이기 때문이다.

내부자-외부자 모형은 실업과 인플레이션 간의 관계와 관련하여 실업의 **이력현상**(hysteresis) 또는 **기억효과**를 설명하는 이론으로 제시되기도 하였다. 간단히 말해서 실업의 이력현상 또는 기억효과란 노동에 대한 일회적인 비우호적 충격(one-shot adverse shock)이 실제 실업률을 지속적으로 상승시켜 결국 자연실업률 자체가 상승하는 현상이다. 예를 들어 극심한 경기침체에 직면한 기업은 내부자 중에서 생산성이 낮은 순서대로 노동자를 해고할 것이다. 이것은 내부자의 규모를 축소시키며, 동시에 내부자들은 더 높아진 평균생산성에 대해 더 높은 실질임금을 요구하게 될 것이다. 따라서 생산성이 상대적으로 낮은 실업자들은 높아진 실질임

기업과 임금협상 가능 여부에 따라 노동자를 내부자와 외부자로 구분

우리나라의 노동시장에서 상용직 · 정규직 · 노조원 등 내부자로 볼 수 있는 근로자와 임시 일용직 · 비정규직 · 비노조원 등 외부자로 볼 수 있는 근로자는 근로조건 등에서 상당한 격차가 있는 것으로 나타났다. (전광명 · 이해인, 「우리나라 노동시장의 이원화 실태 분석」, 『조사통계월보』, 한국은행, 2004. 12.)

내부자의 독점적 협상력
- 실질임금 경직성과 비자발적 실업 발생
- **실업의 기억효과** 일회적 충격이 생산성이 상대적으로 낮은 실업자(외부자)의 취업을 더 어렵게 만들면서 실제 실업률을 지속적으로 상승시켜 결국 자연실업률 자체를 상승시킴

금 수준에서 취업이 어려워진다. 한편 실업자의 노동생산성은 점차 노후화되고, 또 실업자라는 사실이 열등한 노동력이라는 불리한 신호(signal)로 작용하면 취업이 더욱 어려워진다. 이러한 과정은 결국 자연실업률 자체를 높이는 요인으로 작용한다.

이러한 논의는 불황기에 정부의 확장적 총수요관리정책을 지지하는 논거가 될 수 있다. 불황기에 정부가 확장적 총수요관리정책을 통해 내부자의 규모를 유지하게 되면 자연실업률의 상승을 방지할 수 있기 때문이다.

3. 노동시장 마찰과 경기변동

Macroeconomics ch. nineteen

이제 9장(실물부문의 일반균형)과 10장(화폐와 물가수준)에서 도출 · 분석한 화폐중립적 일반균형모형을 이용하여 노동자 · 기업 간 매칭 효율성의 변화와 실질임금 경직성 하에서 총요소생산성의 변화가 각각 경기변동에 미치는 영향을 살펴보자. 여기서는 9장(4. 모형의 일반균형분석)에서와 달리 현재 노동공급이 실질임금의 증가함수일 뿐 아니라 실질이자율의 증가함수임을 명시적으로 고려하여 분석한다.

3.1 산업충격과 경기변동

우리는 1절(노동탐색모형)에서 **산업충격**(sectoral shock)으로 인한 노동자 · 기업 간 매칭 효율성 하락이 노동시장에 미치는 영향을 살펴보았다. 특히 2008~2009년 대침체와 회복기에 나타난 바와 같이 산업충격으로 인해 노동자들의 기술과 기업이 필요로 하는 기술이 잘 매치되지 않음(mismatch of skills)에 따라 구인율(vacancy rate)에는 아무런 변화 없이 실업률만 증가하였다.

산업충격에 따른 노동자 · 기업 간 미스매치

■ 실질총공급곡선 좌측 이동 : 노동수요 · 노동공급 감소 → 고용 및 총산출량 감소

이제 9~10장의 일반균형모형을 이용하여 노동자와 기업 간 미스매치(mismatch)를 가져온 산업충격이 경기변동에 미치는 영향을 분석해 보자. 먼저 산업충격에 따른 노동자 · 기업 간 매칭 효율성의 하락은 〈그림 19-8〉의 (a)에서 노동공급곡선을 $L_1^s(r_1)$에서 $L_2^s(r_1)$으로, 노동수요곡선을 L_1^d에서 L_2^d로 각각 좌측이동시킨다. 이러한 고용 감소에 따른 총산출량의 감소는 (b)에서 실질총공급곡선

그림 19-8

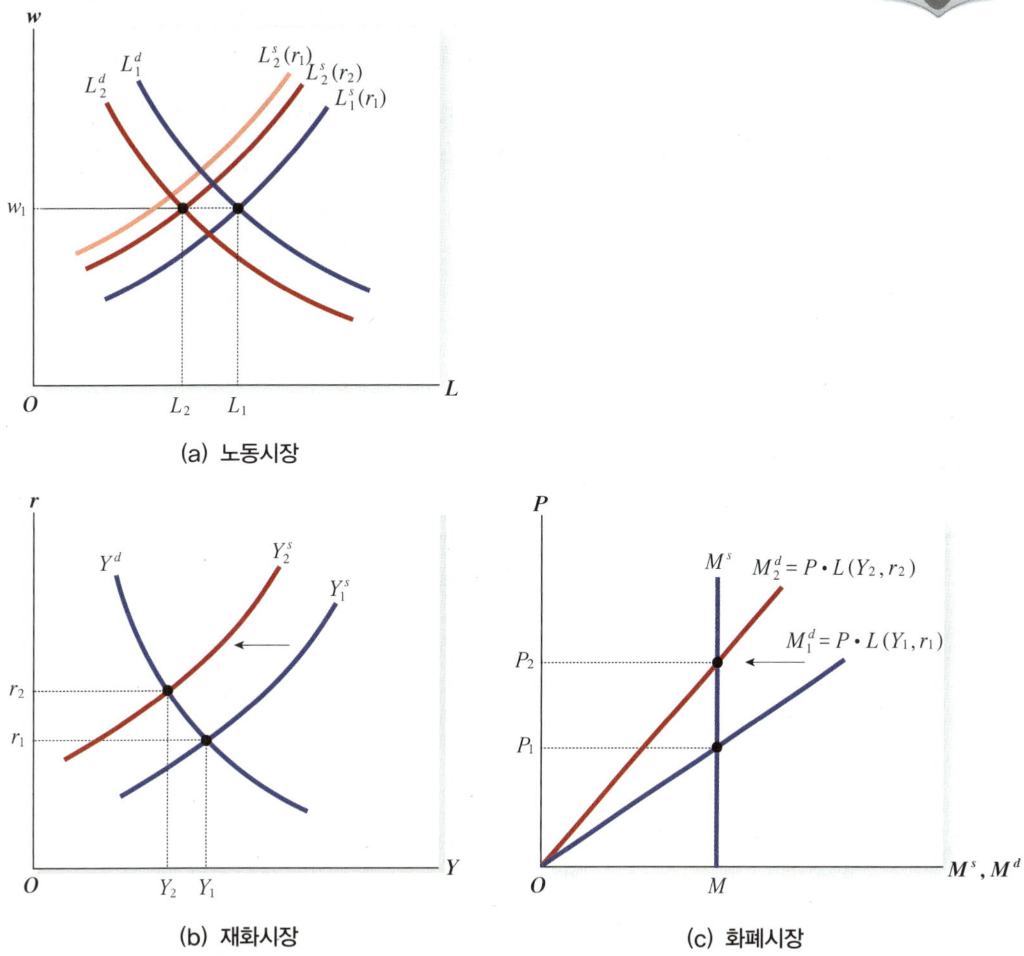

(a) 노동시장

(b) 재화시장

(c) 화폐시장

➡ 산업충격과 경기변동

산업충격에 따른 노동자 · 기업 간 매칭 효율성의 하락은 노동공급곡선과 노동수요곡선을 각각 왼쪽으로 이동시켜 ($L_1^s(r_1) \rightarrow (L_2^s(r_1)$, $L_1^d \rightarrow L_2^d$) 고용량이 감소한다. 이에 따라 총산출량도 감소하기 때문에 실질총공급곡선이 왼쪽으로 이동한다($Y_1^s \rightarrow Y_2^s$). 그 결과 실질이자율이 상승하고 소비와 투자가 감소한다. 한편 실질이자율 상승에 따라 기간 간 대체효과에 따라 현재노동공급이 증가한다($L_2^s(r_1) \rightarrow L_2^s(r_2)$). 그러나 이자율 상승이 노동공급에 미치는 효과가 매칭 효율성 하락에 따른 노동공급 감소에 비해 상대적으로 작다고 가정하면 균형고용량은 감소하고 총산출량(또는 국민소득)도 감소한다. 소득 감소와 이자율 상승은 화폐수요를 감소시키므로($M_1^d \rightarrow M_2^d$) 주어진 화폐공급 수준에서 물가수준은 상승한다.

의 좌측이동($Y_1^s \rightarrow Y_2^s$)을 가져온다. 그 결과 균형총산출량은 Y_1에서 Y_2로 감소한 반면, 실질이자율은 r_1에서 r_2로 상승하고, 실질총수요곡선 상에서 소비와 투자가 감소한다.

- 균형산출량 감소, 균형실질이자율 상승 (⇒현재노동공급 증가)
- 화폐수요 감소 → 물가 상승

한편 실질이자율 상승에 따라 현재노동의 가치가 미래노동에 비해 상대적으로 상승하면서 (a)에서 노동공급곡선이 $L_2^s(r_1)$에서 $L_2^s(r_2)$로 우측이동한다. 이러한 이자율 상승이 노동공급에 미치는 기간 간 대체효과가 노동자 · 기업 간 매칭 효율성 하락에 따른 노동공급 감소에 비해 상대적으로 작다고 가정하면, 균형고용량은 L_1에서 L_2로 감소하고 균형실질임금은 상승 또는 하락한다. 끝으로 소득 감소($Y_1 \rightarrow Y_2$)와 이자율 상승($r_1 \rightarrow r_2$)은 (c)에서 화폐수요를 M_1^d에서 M_2^d로 감소시키므로 주어진 화폐공급 수준에서 균형물가수준은 P_1에서 P_2로 상승할 것이다.

표 19-1

산업충격에 대한 일반균형모형의 예측과 데이터

거시경제지표	데이터	모형
소비	경기순응적	경기순응적
투자	경기순응적	경기순응적
고용	경기순응적	경기순응적
실질임금	경기순응적	불확정적
실질이자율	경기역행적	경기역행적
물가수준	경기역행적	경기역행적
화폐공급	경기순응적	경기비순행적

[표 19-1]은 국민소득에 대한 주요 거시경제지표의 동조성을 기준으로 산업충격에 따른 기업 · 노동자 간 매칭 효율성의 하락에 대한 일반균형모형의 경기변동 예측과 실제 데이터를 비교하고 있다. 소비와 투자, 고용은 경기순응적이고 물가수준과 실질이자율은 경기역행적인 모형의 예측은 실제 데이터와 일치한다. 특히 산업충격에 따른 노동자 · 기업 간 매칭 효율성의 하락은 총산출량, 고용, 소비, 투자 등 실물변수의 감소를 가져오는데, 이는 2008~2009년 글로벌 금융위기로 촉발된 대침체에 나타난 현상과 대체적으로 일치하는 것으로 보인다.

모형 vs 데이터
실질임금이 경기순응적 · 경기역행적일 수 있다는 것은 데이터와 맞지 않음

하지만 실질임금이 경기순응적일 수도 있고 경기역행적일 수도 있다는 모형의 예측은 실제 데이터와 맞지 않는다. 실질임금의 경우 기업 · 노동자 간 매칭 효율성 하락에 따른 노동수요곡선의 좌측이동이 비교적 큰 폭으로 나타난다면 실

질임금은 실제 데이터와 같이 경기순응성을 보일 수 있을 것이다.

3.2 실질임금 경직성과 경기변동

우리는 2절(2.2.1 효율성임금 가설)에서 실질임금 경직성을 설명하는 이론으로서 **효율성임금 가설**(efficiency wage hypothesis)을 살펴보았다. 이제 이러한 실질임금 경직성이 반영된 거시경제모형을 이용하여 총생산성 충격에 대한 경기변동 분석을 한 뒤, 그 결과를 경기변동의 정형화된 사실과 비교해 보자.

먼저 효율성임금 가설에 의하면, 실업이 존재하는 경우 고용수준은 노동수요곡선에 의해 결정되고 노동공급은 고용과 산출량에 아무런 영향을 미치지 못한다. 이때 실질총공급곡선은 어떻게 결정되는가? 우선 〈그림 19-9〉의 (a)와 같이 효율성임금 수준 w^*에서 노동수요(L_1^d)에 의해 고용이 L_1으로 결정되면 생산함수 $Y=zF(K, e(w^*)L)$에 의해 총산출량이 Y_1으로 결정된다. 즉, 기업의 기간내 노동수요는 실질이자율과 독립적으로 결정되므로 노동수요에 의해 결정되는 총산출량 역시 이자율 수준에 관계없이 결정된다. 따라서 실질총공급곡선 Y^s는 〈그림 19-9〉의 (b)에서와 같이 산출량 수준 Y_1에서 수직선이 된다. 그리고 우하향하는 실질총수요곡선과 만나는 점에서 균형실질이자율이 r_1으로 결정된다.

수직의 실질총공급곡선
- 노동수요는 실질이자율과 독립적으로 결정
- 실질총공급곡선을 이동시키는 요인에 의해서만 총산출량 변동

이처럼 실질총공급곡선이 수직선인 상황에서는 실질총공급곡선을 이동시키는 충격만이 총산출량의 변동을 가져온다. 예를 들어 총요소생산성이 증가하는 경우를 상정하자. 먼저 〈그림 19-9〉의 (a)에서 노동수요곡선은 L_1^d에서 L_2^d로 우측이동한다. 그러나 효율성임금은 〈그림 19-6〉의 (b)에서와 같이 근로의욕곡선 $e(w)$에 의해 결정되므로 총요소생산성 증가 이전 수준(w^*)이 그대로 유지된다. 그 결과 고용량이 L_1에서 L_2로 증가하면서 실질총공급곡선은 Y_1^s에서 Y_2^s로 우측이동한다. 따라서 실질이자율은 r_1에서 r_2로 하락하고 노동공급곡선은 다시 $L^s(r_1)$에서 $L^s(r_2)$로 좌측이동함에 따라 실업은 $(L_1^s-L_1)$에서 $(L_2^s-L_2)$로 감소한다. 소득의 증가와 이자율의 하락은 〈그림 19-9〉의 (c)에서 실질화폐수요를 증가시키므로 균형물가수준은 P_1에서 P_2로 하락한다.

모형 vs 데이터
경기비순행적인 실질임금은 총요소생산성과 관계없이 결정되는 효율성임금 수준에 기인

[표 19-2]는 국내총생산에 대한 주요 거시경제지표의 동조성을 기준으로 효율성임금모형의 예측과 실제 데이터를 비교하고 있다. 우선 효율성임금모형은 실물경기변동모형과 유사하게 실제 데이터에서 관측되는 경기순응적인 화폐공급을

그림 19-9

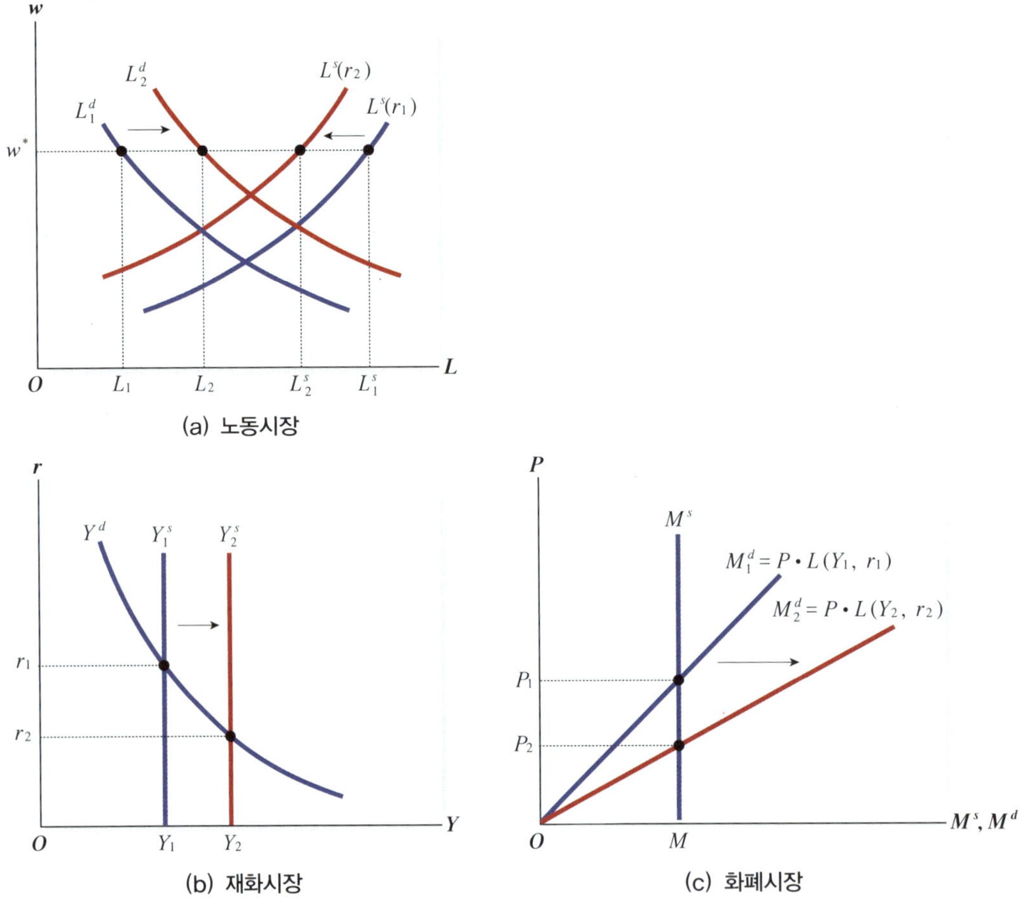

효율성임금모형에서 총요소생산성 증가의 효과

실질총공급곡선이 수직인 상황에서는 실질총공급곡선을 이동시키는 충격만이 총산출량의 변동을 가져온다. 예를 들어 총요소생산성이 증가하는 경우 노동수요곡선은 L_1^d에서 L_2^d로 우측이동한다. 그러나 효율성임금은 근로의욕곡선 $e(w)$에 의해 결정되므로 총요소생산성 증가 이전의 수준(w^*)이 그대로 유지된다. 그 결과 고용량이 L_1에서 L_2로 증가하면서 실질총공급곡선은 Y_2^s로 우측이동한다. 따라서 실질이자율은 r_1에서 r_2로 하락하고 노동공급곡선은 $L^s(r_2)$로 좌측이동함에 따라 실업은 감소한다. 소득 증가와 이자율 하락은 화폐시장에서 실질화폐수요를 증가시키므로 물가수준은 하락한다.

설명하지 못한다. 그리고 효율성임금모형에서는 실질임금이 총요소생산성과 관계없이 효율성임금 수준에서 결정되므로, 12장(새고전학파의 경기변동모형)의 실물경기변동모형과는 달리 경기순응적인 실질임금을 설명하지 못한다.

표 19-2

효율성임금모형의 예측과 데이터

거시경제지표	데이터	모형
소비	경기순응적	경기순응적
투자	경기순응적	경기순응적
고용	경기순응적	경기순응적
실질임금	경기순응적	경기비순행적
실질이자율	경기역행적	경기역행적
물가수준	경기역행적	경기역행적
화폐공급	경기순응적	경기비순행적

요약

1. 노동탐색모형

1.1 소비자의 노동탐색공급 모텐센-피사리데스의 균형탐색모형에서 일자리를 탐색하는 노동자들의 기대수익은 취업에 성공하는 경우 받게 되는 실질임금과 실패하는 경우 받게 되는 실업수당의 합으로 결정되며, 노동자는 기대수익 수준에서 기꺼이 일자리를 탐색할 것이므로 이는 노동공급이 된다.

1.2 기업의 노동탐색수요 제로 기대수익조건에 개별 기업이 일자리에 맞는 노동자를 찾을 확률을 대입하여 노동탐색의 수요 측면을 나타내는 관계식이 도출되며, 이를 통해 노동수요는 기업과 노동자 간 매칭 효율성, 실질임금, 노동생산성 및 구인광고 비용 등에 의해 결정됨을 알 수 있다.

1.3 노동탐색 균형 수요 측면에서 균형수급상태가 결정되면 공급 측면에서 균형구직자가 결정되는 균형이 나타난다. 이때 실질임금은 기업과 노동자 간 협상에 의해 결정된다.

1.4 산업충격과 노동시장 산업충격의 일환으로 기업과 노동자 간 매칭 효율성이 하락하는 경우 기업의 노동탐색수요가 감소하게 되고 구직자들의 기대수익이 하락함에 따라 노동탐색시장의 수급상태가 악화되고 구직자 수가 감소한다.

2. 비자발적 실업과 임금경직성 모형

2.1 명목임금 경직성 : 중첩임금계약 모형 중첩임금계약은 개별 기업의 임금계약 시점이 서로 상이한 경우 임금협상 시 노동자들 간 상호의존성으로 인해 명목임금이 경직적일 수 있음을 보여주었다. 명목임금 경직성 이론에 따르면 실질임금은 경기역행적이어야 하나, 실제로는 경기와 무관하거나 약하게 경기순응적이라는 점에서 현실을 설명하기 어렵다. 실질임금이 노동자의 생산성 또는 근로의욕을 결정한다고 가정하면, 기업이윤을 극대화

하는 효율성임금은 균형임금 수준보다 높게 결정될 수 있으며, 그 결과 비자발적 실업이 발생한다. 여기서 실질임금과 생산성 간의 관계에 대한 근거로 노동이직모형, 태업방지모형, 역선택모형이 제시되었다. 효율성임금은 한계근로의욕과 평균근로의욕이 같아지는 수준에서 결정된다. 한편 내부자-외부자 모형에 의하면 기업과 임금협상을 벌이는 내부자가 실업자로 남아 있는 외부자를 고려하지 않고 높은 임금수준을 요구하기 때문에 실질임금의 경직성과 비자발적 실업이 발생한다.

2.2 실질임금 경직성 실질임금이 노동자의 생산성 또는 근로의욕을 결정한다고 가정하면, 기업이윤을 극대화하는 효율성임금은 균형임금 수준보다 높게 결정될 수 있으며, 그 결과 비자발적 실업이 발생한다. 이때 효율성임금은 한계근로의욕과 평균근로의욕이 같아지는 수준에서 결정된다. 한편 내부자-외부자 모형에 의하면 기업과 임금협상을 벌이는 내부자가 실업자로 남아 있는 외부자를 고려하지 않고 높은 임금수준을 요구하기 때문에 실질임금의 경직성과 비자발적 실업이 발생한다.

3. 노동시장 마찰과 경기변동

3.1 산업충격과 경기변동 일반균형모형에서 산업충격에 따른 노동자, 기업 간 매칭 효율성의 하락에 대해 소비와 투자, 고용, 물가수준, 실질이자율은 실제 데이터와 일치하는 반면 실질임금과 화폐공급에 대해서는 일치하지 않는다

3.2 실질임금 경직성과 경기변동 효율성임금 가설에 따르면 고용수준은 노동수요곡선에 의해 결정되므로 실질총공급곡선은 수직의 형태를 갖게 된다. 따라서 총요소생산성 증대와 같은 총공급 충격만이 총산출량의 변화를 가져올 수 있는데, 이러한 총공급 충격에 대한 일반균형모형의 예측은 실질임금과 화폐공급을 제외한 모든 데이터의 동조성과 일치한다.

연습문제

01 현실경제에서 구인율(vacancy rate) 혹은 '빈 일자리 비율'은 실업률과 음(−)의 상관관계를 보여왔다. 이처럼 실업률과 구인율 간 역의 관계를 나타낸 곡선을 베버리지 곡선(Beveridge curve)이라고 한다. 〈이론과 실제 1〉의 〈그림 1〉에 의하면 2001~2008년 8월까지 안정적인 우하향곡선 상에 있었던 구인율·실업률 조합은 2008년 말 대침체 이후에는 우측이동한 베버리지 곡선 상에 있는 것으로 보인다. 노동탐색모형을 이용하여 이러한 베버리지 곡선의 우측이동이 당시 노동자들의 기술과 기업이 필요로 하는 기술 간 매칭이 효율적으로 이루어지지 못한(mismatch skills) 데 기인한다는 주장을 분석·설명하라.

02 노동탐색모형을 이용하여 다음이 각각 경제활동인구, 기업 구인광고, 실업률, 총생산, 구인율에 미치는 영향을 분석·설명하라.

(1) 실업수당(b)의 증가

(2) 구인광고 비용(k)의 상승

03 효율성임금 가설의 실질임금 경직성이 반영된 거시경제모형을 이용하여 미래 총요소생산성의 증가가 국민소득, 소비, 투자, 고용, 실질이자율, 실질임금, 그리고 물가수준에 미치는 영향을 분석·설명하라.

Macroeconomics ch. twenty

1. 국가경제의 자금순환

2. 가계 · 기업부문의 자산 · 부채와 거시경제

3. 금융부문의 자산 · 부채와 거시경제

4. 거시경제의 과다부채와 대차대조표 불황

5. 금융안정과 거시건전성정책

금융과 경기변동이론

20

이 장에서는 먼저 가계 · 기업 · 정부 · 해외부문 간 금융거래 규모와 부문 간 상호관계, 그리고 실물부문과의 연관성을 기록하는 자금순환계정을 소개한다. 그리고 금융시장 참가자들 간 정보비대칭성과 불완전 계약이행이 상존하는 상황에서 자산가격의 상승 · 하락 등 거시경제 여건의 변화가 가계 · 기업부문의 자산 · 부채 및 소비 · 투자를 통해 경기변동에 영향을 미치는 파급경로를 알아본다. 또한 금융부문의 자산 · 부채뿐만 아니라 정부부채를 포함한 국가경제의 과다부채가 가져오는 문제를 살펴본다. 끝으로 거시경제의 금융안정을 위한 거시건전성정책에 대해 간략히 소개한다.

1. 국가경제의 자금순환

국가경제에서 가계 · 기업 · 정부 · 해외부문 간 실물의 순환 못지않게 경제부문 간 자금의 순환도 중요하다. 자금순환은 다른 이름으로 자금의 융통이라고도 하는데, 이를 줄인 말이 '**금융**(finance)'이다. 실물부문이 제대로 돌아가기 위해서는 자금의 흐름, 즉 금융거래가 원활히 이루어져야 한다. 기본적으로 자금은 화폐 및 금융시장을 통해 자금의 흑자부문으로부터 자금의 적자부문으로 흐른다. 전통적으로 가계부문은 소득이 소비보다 크기 때문에 양(+)의 저축을 하는 자금의 흑자부문인 반면, 기업부문은 투자가 기업이윤보다 크기 때문에 자금의 적자부문으로 볼 수 있다. 정부부문은 조세수입과 지출규모의 상대적 크기에 따라 적자가 될 수도 있고 흑자가 될 수도 있다.

자금순환표 경제의 각 부문이 일정 기간 동안 수행한 금융거래의 규모와 부문 간 상호관계, 그리고 실물활동과의 연관성을 기록
- 금융거래표
- 금융자산부채잔액표
- 거래외증감표

[한국은행 금요강좌] 자금순환통계의 이해와 활용

개별 경제부문의 자금조달 및 운용과 이들 경제부문 간 자산 · 부채의 거래를 통한 자금이전을 나타내는 통계가 바로 **자금순환표**(flow of funds account)이다. 국민소득통계가 주로 실물거래를 기록한다면, 자금순환표는 주로 금융거래를 기록하면서 실물부문과 금융시장 간의 연관성을 나타낸다. 자금순환표는 개인(가계 및 비영리단체)과 기업 · 정부 · 해외 등 경제의 각 부문이 일정 기간 동안 수행한 금융거래의 규모와 부문 간 상호관계, 그리고 생산 · 지출 등 실물활동과의 연관성을 기록한다. 자금순환표는 금융거래표, 금융자산부채잔액표, 거래외증감표로 구성되는데, 여기서는 금융거래표를 중심으로 살펴본다. 아울러 금융자산 · 부채뿐만 아니라 실물자산까지 총괄적으로 기록한 **국민대차대조표**도 간략

히 알아본다.

1.1 금융거래표

[표 20-1]은 2019년 우리나라에서 경제부문별로 자금조달 및 운용의 유량(flow)통계를 기록한 **금융거래표**이다. 우리나라의 자금순환표는 열(column)에 경제부문을, 행(row)에 금융거래 형태를 표시한다. 또한 각 부문에는 금융거래 형태별 자금조달을 기록하는 **원천항목**과 어떠한 금융거래 형태로 자금이 사용되었는가를 나타내는 **운용항목**이 있다. 따라서 자금순환표를 열로 보면 각 경제주체의 자금조달과 운용상황을 한눈에 알 수 있으며, 행으로 보면 금융자산(부채)별로 부문 간 수요·공급관계를 알 수 있다.

금융거래표의 구성
- 자본계정 : 자금의 산업적 유통을 기록
- 금융계정 : 자금의 금융적 유통을 기록

금융거래표에서 모든 경제부문의 경제활동은 실물거래와 금융거래로 구분되고, 이는 자금순환계정상 자금이 생산과정에서 사용된 **산업적 유통**(industrial circulation)을 기록하는 **자본계정**(또는 비금융계정)과 자금의 **금융적 유통**(finan-

표 20-1

금융거래표(2019년)

(단위 : 조원)

		합계		국내										국외	
						금융법인		일반정부		비금융법인		가계 및 비영리단체			
		운용	원천	운용	원천	운용	원천	운용	원천	운용	원천	운용	원천	운용	원천
자본계정	저축		606.1		670.6		22.1		133.6		371.8		143.1		-64.5
	투자	606.2		606.2		10.4		97.7		384.0		114.1			
	저축투자차액[1]	-0.1		64.4		11.7		35.9		-12.2		29.0		-64.5	
금융계정	합계	1,018.4	1,018.4	973.4	911.7	618.7	615.0	69.2	50.6	104.0	156.9	181.6	89.2	-44.9	106.7
	현금 및 예금	299.5	299.5	298.6	299.5	134.4	295.5	-9.7	4.0	43.2	0.0	130.7	0.0	0.9	0.0
	보험 및 연금준비금	77.6	77.6	77.6	77.6	4.9	77.6	0.0	0.0	0.7	0.0	72.0	0.0	0.0	0.0
	채권	164.5	164.5	145.1	144.9	157.1	73.6	-3.2	49.6	8.5	21.7	-17.3	0.0	19.4	19.6
	대출금	186.1	186.1	182.5	191.1	182.5	8.4	0.0	-1.2	0.0	99.5	0.0	84.4	3.6	-5.0
	기타	290.7	290.7	269.7	198.5	139.7	160.0	82.0	-1.9	51.6	35.6	-3.8	4.8	21.0	92.1
	순금융투자		0.0		61.7		3.6		18.6		-52.9		92.5		-61.7

주 : 1) 소수점 이하 금액으로 인해 단수차이 발생.
출처 : 한국은행 경제통계시스템(ECOS)

cial circulation)을 기록하는 **금융계정**으로 나누어진다. 자본계정은 당해 기간 동안의 저축과 투자를 나타내는 계정이다. 저축과 투자는 국가경제 전체의 입장에서 보면 사후적으로 항상 일치하지만 경제부문별로는 일치하지 않는 경우가 일반적이다. 금융계정은 경제부문별로 저축과 투자 간에 차이가 발생했을 때 각 부문이 어떻게 그 부족자금을 조달하고 잉여자금을 운용하였는가를 기록한 계정이다. 경제부문별 자본계정의 저축 · 투자 차액과 금융계정의 순금융투자는 이론적으로 일치해야 하지만, 실제 통계에서는 기초자료의 사정 등에 의하여 일치하지 않는 경우가 대부분이다.

예를 들어 [표 20-1]에서 비금융 법인기업의 자본계정과 금융계정을 살펴보자. 먼저 자본계정에서는 기업부문이 총 371.8조원을 저축하였는데, 투자는 384.0조원이나 이루어졌다. 이때 저축 · 투자 차액은 -12.2조원으로 기록된다. 한편 금융계정에서는 156.9조원의 자금이 대출(99.5조원)과 채권(21.7조원) 및 기타(35.6조원)로 조달되었다. 이렇게 조달된 자금 중 총 104.0조원이 통화와 예금(43.2조원), 보험 및 연금(0.7조원), 채권(8.5조원), 그리고 기타(51.6조원)의 형태로 운용되었다. 이때 운용자금과 조달자금의 차액인 -52.9조원은 순금융투자로 기록되며, 이론적으로 저축 · 투자의 차액(-12.2조원)과 일치해야 하지만, 실제로는 약 40조원의 차이를 보이고 있다.

이제 금융거래표를 이용하여 실물거래에 수반되는 경제부문 간 자금순환의 관계를 살펴보자. 예를 들어 우리는 2절(2.3 균형국민소득의 결정)의 식 (1.7)로부터 실물부문의 민간저축이 투자를 초과하는 부분($S_p - I$)과 정부저축($S_g \equiv T - G$)의 합이 경상수지 흑자($X - Q$)와 동일하다는 것을 알게 되었다.

$$(S_p - I) + (T - G) = X - Q \tag{20.1}$$

이러한 관계는 [표 20-1]에서 실물거래를 나타내는 자본계정을 통해 쉽게 확인할 수 있다. 민간부문의 초과저축($S_p - I$)은 개인과 비금융법인기업, 금융법인기업의 초과저축을 합한 29.5조원(= 29.0 - (-12.2) + 11.7)이고 정부저축($T - G$)은 35.9조원이므로 $(S_p - I) + (T - G) = 65.4$조원이 된다. 이는 우리나라의 경상수지 흑자($X - Q$) 규모를 나타내는 해외부문의 경상수지 적자 64.5조원과 동일(통계편제상의 오차 0.9조원이 있음)하다는 것을 알 수 있다.

또한 이러한 해외부문의 경상수지 적자는 해외부문의 보유자산 매도($\Delta A_f < 0$)

나 부채 발행($\Delta L_f > 0$) 등을 통해 보전되므로 해외부문의 순해외자산(net foreign asset ; NFA)이 감소하고 우리나라의 순해외자산은 증가한다. [표 20-1]의 금융계정에 따르면 해외부문은 부채 발행으로 106.7조원을 조달하여 44.9조원을 자산 매입에 운용하고 그 나머지는 경상수지 적자대금을 치르는 데 사용한 것으로 보인다. 따라서 [표 20-1]의 금융거래표로부터 식 (20.1)을 다음과 같이 국가 간 자산 및 부채의 변화까지 포함된 관계로 나타낼 수 있다.

$$(S_p - I) + (T - G) = X - Q = \Delta A_f - \Delta L_f \equiv \Delta NFA \qquad (20.2)$$

끝으로 [표 20-1]에 나타난 자금흐름을 자금의 공급과 수요 측면으로 나누어 파악해 보면, 자금을 공급하는 경제주체는 가계 및 비영리단체, 금융법인, 일반정부이고, 자금을 수요하는 쪽은 비금융법인기업, 해외부문이다. 이때 자금을 공급하는 부문의 순금융투자액은 114.7조원으로 자금잉여를 보이고 있고, 자금부족을 겪는 자금수요부문에서 이러한 잉여액을 정확히 사용함으로써 자금흐름이 수요와 공급에 의해 균형을 이루고 있다.

요약하면 유량(flow)통계인 금융거래표는 일정 기간 동안 저축과 투자 등 실물부문의 자금순환과 금융부문의 자금순환, 그리고 각 경제부문의 자금과부족이 어떻게 서로 융통되는가를 나타낸다. 한편 저량(stock)통계인 **금융자산부채잔액표**는 경제부문별 부(富)의 측정지표로서 기간 말 각 경제부문의 금융자산 및 부채의 잔액을 나타낸다. 끝으로 **거래외증감표**는 일정 기간 중 환율변동 등 거래 이외의 요인에 의해 발생하는 금융자산 및 부채 잔액의 변동을 기록하는 유량 표이다.

> 일정 기간 동안 측정한 것을 **유량**이라 하며, 주어진 시점에서 측정한 것을 **저량**이라 한다.

> **금융거래표** 유량통계로서 실물부문과 금융부분의 자금순환 및 경제부문 간 자금과부족의 융통을 나타냄

> **금융자산부채잔액표** 저량통계로서 경제부문별 부의 측정지표임

> **거래외증감표** 환율변동 등 거래 이외의 요인에 의해 발생하는 금융자산 및 부채 잔액의 변동을 기록하는 유량 표

1.2 국민대차대조표

국민대차대조표란 연도 말을 기준으로 국가 내 각 경제부문들이 보유하고 있는 금융자산 및 부채뿐만 아니라 **비금융자산**(즉, 실물자산)을 총괄적으로 기록한 통계이다. 일반적인 대차대조표가 해당 기업의 재무현황에 관한 정보를 제공하는 것과 유사하게 국민대차대조표는 **국가순자산**(國富, Net Wealth)의 규모와 그 증감내역에 대한 정보를 제공한다.

> **국민대차대조표** 국가 내 각 경제부문들이 보유하고 있는 금융자산·부채와 비금융자산을 총괄적으로 기록한 통계

[표 20-2]는 한국은행과 통계청이 잠정 추계한 국민대차대조표(총괄표)이

표 20-2

국민대차대조표(2020년)

(단위 : 조원, %, 배)

		비금융 법인기업	금융 법인기업	일반정부	가계 및 비영리단체	국내 경제	해외
2019년 말	비금융자산(A)	4,987.7	187.7	3,642.8	7,210.6	16,028.9	-
	순금융자산(B=a-b)	-2,435.7	180.4	752.3	2,102.4	599.5	-593.9
	금융자산(a)	2,799.7	8,639.8	1,814.0	3,981.5	17,235.1	1,393.5
	금융부채(b)	5,235.4	8,459.4	1,061.7	1,879.1	16,635.6	1,987.4
	순자산(C=A+B)	2,552.0 (15.3)	368.1 (2.2)	4,395.1 (26.4)	9,313.0 (56.0)	16,628.3 (100.0)[8.6]	-593.9
연중 증감	비금융자산(A′-A)	255.7	12.6	190.6	727.4	1,186.3	-
	순금융자산(B′-B)	-564.5	37.2	52.4	382.6	-92.4	92.0
	금융자산(a′-a)	348.4	859.0	176.3	555.3	1,938.9	235.0
	금융부채(b′-b)	912.9	821.9	123.9	172.7	2,031.3	142.9
	순자산(C′-C)	-308.8	49.8	243.0	1,110.0	1,093.9	92.0
2020년 말	비금융자산(A′)	5,243.4	200.3	3,833.4	7,938.0	17,215.2	-
	순금융자산(B′=a′-b′)	-3,000.2	217.6	804.7	2,485.0	507.1	-501.9
	금융자산(a′)	3,148.1	9,498.8	1,990.3	4,536.8	19,174.0	1,628.5
	금융부채(b′)	6,148.3	9,281.3	1,185.6	2,051.8	18,666.9	2,130.3
	순자산(C′=A′+B′)	2,243.2 (12.7)	417.9 (2.4)	4,638.1 (26.2)	10,423.0 (58.8)	17,722.2 (100.0)[9.2]	-501.9

주 : 1) ( ) 내는 각 경제주체의 순자산이 국민순자산에서 차지하는 비중(%).
2) [ ] 내는 국내총생산 대비 비율(배).

[한국은행 금요강좌] 국민대차대조표로 본 한국 경제의 특징

다. 2020년 말 우리나라의 국민순자산은 1경 7,722.2조원이었다. 국민순자산의 대부분이 비금융자산으로, 토지자산(9,679.4조원, 54.6%)과 건설자산(5,522.4조원, 31.2%)이 전체 순자산의 85.8%를 차지하였다. 순금융자산은 507.1조원으로 자산이 부채에 비해 많은 상황이다. 경제부문별로는 가계 및 비영리단체가 전체 국민순자산의 58.8%를 차지하고 있으며, 일반정부 26.2%, 비금융법인 12.7%, 금융법인이 2.4%의 순자산을 보유하고 있는 것으로 나타났다. 경제활동별 자산규모는 서비스업이 전체 고정자산 스톡의 72.7%(2019년 말 기준)를 차지하였다.

한편 2020년 우리나라의 국민순자산은 2019년 말에 비해 1,093.9조원 증가하였다. 토지자산의 증가가 순자산 증가의 83.8%를 차지하였는데, 이러한 순자산의 증가는 자산 취득 등 거래요인에 의한 증가보다는 자산가격 변동에 의한

순자산 증감과 자연재해, 지하자원의 발견 등 거래 외 요인에 의한 증가가 많은 편으로 나타났다. 특히 가계 및 비영리단체의 경우 순자산증감의 84.3%(2019년 말 기준)가 거래 외 요인에 기인하였다. 끝으로 우리나라의 고정자산 축적 규모는 선진국 평균 수준에 도달한 것으로 나타나고 있으나, 가계 및 비영리단체의 순자산은 미국과 일본에 비해 아직 낮은 수준이었다.

2. 가계 · 기업부문의 자산 · 부채와 거시경제

Macroeconomics ch. twenty

대부분의 가계는 소득보다 소비를 적게 하기 때문에 소비하지 않고 남은 자금을 예금이나 채권 · 주식 또는 부동산 등 여러 자산의 형태로 운용한다. 따라서 경제 전체적으로 가계부문은 부채보다 자산을 더 많이 보유하는 흑자부문 또는 자금의 공급부문이 된다. 반면에 개별 기업에 따라서는 일정 기간 동안 내부자금이 투자지출보다 많아서 잉여자금을 저축하는 기업도 있지만, 기업부문은 전체적으로 투자가 내부자금보다 많기 때문에 부족한 자금을 대출이나 회사채 등 부채 발행을 통해 외부에서 조달하는 적자부문, 즉 자금의 수요부문이다.

18장(소비이론과 투자이론)에서 보았듯이 실제 금융시장에서는 차입자 · 대부자 간 정보비대칭성(information asymmetry)이나 계약이행의 불완전성(limited commitment)을 이용한 차입자의 채무불이행(default) 위험이 상존한다. 따라서 사전에 이 위험을 잘 알고 있는 대부자는 차입자의 채무상환 능력을 판단하기 위해 차입자의 대차대조표 분석에 기초하여 자금 대여 여부 및 그 규모를 결정하고 자금 대여 시점에 차입자의 자산을 담보물(collateral)로 요구하기도 한다. 따라서 가계와 기업의 소비 · 투자와 자금조달은 보유 자산 및 부채 · 자본 구성에 따라 크게 달라질 수 있다. 이는 곧 불완전한 금융시장에서 가계 및 기업의 대차대조표 변동이 소비 · 투자의 변화를 통해 단기적인 경기변동에 영향을 미칠 수 있다는 것을 의미하는데, 이를 **대차대조표 효과**(balance sheet effect)라고 한다. 여기서는 가계부문과 기업부문의 대차대조표 효과를 각각 살펴보자.

대차대조표 효과 불완전한 금융시장에서 가계 · 기업의 대차대조표 변동이 소비 · 투자의 변화를 통해 단기적인 경기변동에 영향을 미치는 것

2.1 가계의 대차대조표 효과와 소비

가계의 순자산(= 자산 − 부채) 변화는 주로 자산가격 변동에 기인한다. 우리나라의 경우도 [표 20−2]에서 알아보았듯이 2018년 말 대비 2019년 가계 및 비영리단체의 순자산 증가의 84.3%가 자산가격 상승 등 거래 외 요인에 기인했다.

자산가격 변화와 소비
- 부 효과 : 가계 평생소득의 변화를 통해 소비에 영향을 미치는 것
- 차입제약 완화 : 가계 보유자산의 담보가치 변화에 따른 대출여력의 변화가 소비에 영향을 미치는 것

자산가격과 소비의 관계에 대한 기존 연구결과에 따르면 주택과 같은 자산가격의 변화는 **부**(富) **효과**(wealth effect)와 **차입제약 완화**(relaxing borrowing constraint)를 통해 가계소비에 영향을 미친다. 먼저 가계가 보유한 자산의 가격 변화는 단기적으로 현금흐름을 수반하지는 않으나 가계의 평생소득에 영향을 미치며, 이러한 평생소득의 변화가 현재의 소비에 영향을 미친다는 것이 부 효과의 핵심이다. 이는 동일한 자산가격의 변화가 발생하더라도 경제주체들이 그 변화를 영속적으로 혹은 일시적인 변화로 인식하느냐에 따라 평생소득에 미치는 영향이 다르기 때문에 소비에 미치는 영향도 상이할 수 있다는 것을 의미한다. 이러한 부 효과의 이론적 기반은 6장(2.3 시사점 : 소비 평활화와 항상소득 가설)에서 논의했다.

다음으로 차입제약 완화 경로는 가계 보유자산의 담보가치 변화에 기반을 두고 있다. 가계가 보유한 자산가치의 변화는 해당 자산의 담보가치에 영향을 미치며, 이러한 담보가치의 변화에 따른 대출여력의 변화가 현재소비에 영향을 미칠 수 있다는 것이다.[1]

과다부채의 악순환
채무부담 증가 → 내수위축 → 소득 축소 → 채무부담 증가

한편 가계는 소비와 자산 매입 시 부족한 자금을 금융기관 등을 통해 조달하고 소득과 자본이득 등으로 이를 상환한다. 특히 자산가격 상승이나 경기호황이 지속되면 담보가치 상승, 경제주체들의 위험에 대한 과소평가 경향 등에 기인하여 레버리지가 크게 확대된다. 그러나 이러한 가계부문의 과다부채는 원리금상환 부담 증대로 소비위축을 초래하고, '채무부담 증가 → 내수위축 → 소득 축소 → 채무부담 증가'의 악순환 고리가 형성될 우려가 있다.

고령화와 대차대조표 효과 고령세대와 은퇴준비세대의 자산 · 부채 규모 및 구조의 취약성
⇒ 극심한 경기침체 초래 가능

끝으로 고령화가 빠르게 진행되면서 고령세대 및 은퇴준비세대는 자산 · 부채 규모 및 구조의 취약성을 갖고 있으며, 이는 곧 소비위축과 함께 극심한 경기

1. Campbell, J. Y. and Cocco, J. F. "How Do House Prices Affect Consumption? Evidence from Micro Data," *Journal of Monetary Economics*, 2007. ; Iacoviello, M. "Consumption, House Prices, and Collateral Constraints : A Structural Econometric Analysis," *Journal of Housing Economics*, 2004.

침체로 이어질 수 있다. 첫째, 가계자산이 충분하지 않은 고령자 및 은퇴준비세대는 재취업이나 자산 처분에 내몰리게 되는데, 이는 자산가격의 급락을 가져올 수 있다. 특히 가계자산 중 실물자산의 비중이 높은 고령층일수록 부동산 가격 하락 위험에 더 노출되어 있다. 둘째, 과도한 가계부채를 안고 있는 고령세대의 부채상환이 몰리면, 고령자들의 경제적 어려움이 가중되는 것은 물론 금융기관의 건전성에도 문제가 발생할 수 있다.[2]

이론과 실제 1 우리나라 가계의 대차대조표 효과와 소비*

우리나라에서 2008년부터 2014년까지 실거주 목적의 주택과 주택담보대출을 동시에 보유하고 있는 13만 명의 데이터를 활용하여 주택가격의 변화가 소비에 미치는 영향을 분석한 결과에 따르면 먼저 평균적으로 주택가격 변화는 소비와 정(+)의 관계를 갖는 것으로 나타났다. 단, 그 효과의 크기는 소득 증가가 소비에 미치는 영향에 비해 작았다.

둘째, 주택보유자들의 소득수준이 높을수록, 소득 대비 부채수준이 낮을수록, 연령이 높을수록, 거주지역의 주택가격이 상승 추이에 있을수록 주택가격 상승에 대한 소비의 민감도가 상승하였다. 특히 소득 대비 부채수준이 높거나, 소득수준이 낮은 주택보유자들의 경우 주택가격 변화는 소비에 거의 영향을 미치지 못하였다.

셋째, 차입제약 완화 효과는 LTV 수준이 규제상한선에 근접해 있고, 소득수준이 낮으며, 상대적으로 소득이 불안정한 자영업자들에 한해 나타났다. 이는 가계부채 증가로 인한 차입자들의 상환부담 증가는 주택가격 상승이 소비로 이어지는 부(富) 효과에 걸림돌로 작용할 수 있음을 시사한다.

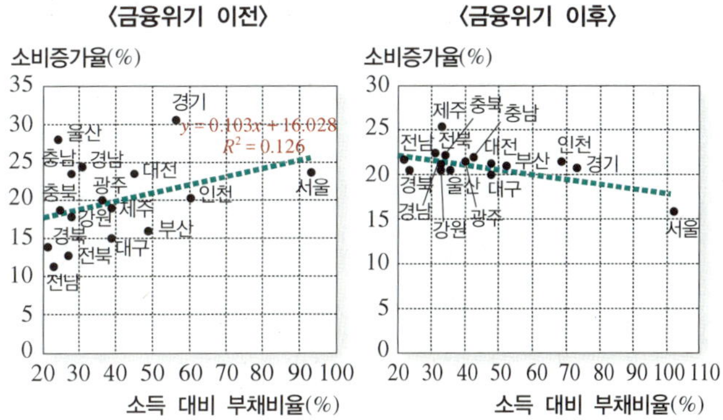

주 : 1) 가계소비는 통계청의 지역 내 총산출량에 대한 지출의 가계최종소비지출(CPI를 이용하여 실질화).
2) 가계부채는 한국은행의 지역별 예금취급기관의 가계대출[2003년(좌측), 2008년(우측)].
3) 소비증가율은 2003~2007년(좌측)과 2008~2012년(우측)의 로그 변화율.
4) 지역별 소득은 통계청의 지역별 제도부문별 소득계정자료의 개인총처분가능소득(원천).
5) 점선은 회귀선.

(a) 금융위기 전후 지역별 부채비율과 소비증가율

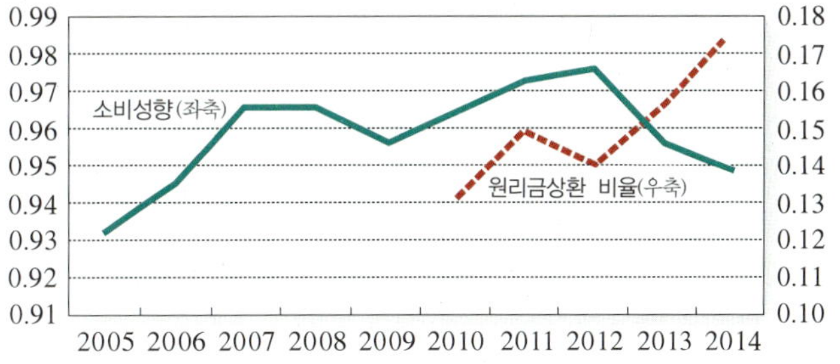

주 : 1) 소비성향 = 가계소비/가계순가처분소득(국민계정).
2) 원리금상환 비율 = 지급이자 및 상환액/가계경상소득(가계금융복지조사).

(b) 가계 소비성향 추이

출처 : 한국은행, 통계청

〈그림 1〉

2. 곽영훈, 「고령화와 가계의 금융자산 축적」, 『주간 하나금융포커스』, 2015. 6. 15.

한국 경제는 현재 가처분소득 대비 가계부채 비율이 매우 높은 수준인 상태이다. 가계부채 부담은 이미 가계소비에 부정적 영향을 미치고 있는 것으로 보이며, 향후 가계가 본격적인 부채조정에 돌입할 경우 소비 및 내수 부진을 심화시킬 것으로 보인다. 〈그림 1〉에서 글로벌 금융위기 이전에는 가계부채가 소비를 촉진하는 효과를 미쳤으나, 최근에는 원리금상환 부담이 증가하면서 소비성향이 하락세로 반전되는 등 소비 제약요인으로 작용한 것으로 보인다. 실제로 금융위기 이후 미국 경제의 분석결과에 의하면 가계의 부채 조정에 따른 지출 축소가 실물경기 침체의 주된 원인이 되었다.

* 최성호 · 송상윤 · 김영식, 「주택가격이 소비에 미치는 영향 : 주택담보대출 차주의 미시패널데이터를 활용하여」, 『경제분석』, 한국은행, 2015. 6. ; 강두용 외, 「한국경제의 일본형 장기부진 가능성 검토」, 『e-KIET 산업경제정보』, 2015. 4. 13.

2.2 기업의 대차대조표 효과와 투자

기업의 대차대조표 효과 금융시장이 불완전할 때 대차대조표 변동이 차입제약이 있는 기업의 실물투자에 미치는 효과

일반적으로 완전한 금융시장(complete financial market)에서는 미래의 모든 상황변화에 대해 정의된 조건부 상품(contingent claim)이 거래됨에 따라 기업은 전액 외부자금 조달을 통해서도 순현재가치가 양(+)인 투자안을 수행할 수 있다. 이때 시장이자율의 상승은 투자계획의 순현재가치를 하락시킨다. 따라서 기업의 투자는 그 순현재가치가 양(+)의 값을 갖는 한 8장(2.2 투자)에서와 같이 시장이자율의 감소함수가 된다. 그러나 시장이 완전하지 않은 경우에는 정보 문제로 인해 외부자금 조달에 제약이 있어 실제로는 순현재가치가 양(+)이라 해도 결국 수행되지 못하는 투자안들이 존재할 가능성이 있다.

부채 · 자본구성 효과

■ 투자액 가운데 기업가의 자기자본 비중이 클수록 대리인 비용 감소

2.2.1 기업의 부채 · 자본구성 효과

기업이 타인자본을 조달하여 새로운 투자를 집행할 경우 채권자들은 기업가에게 일정 수준 이상의 자기자본 부담을 요구한다. 이는 투자액을 전액 외부로부터 조달할 경우 기업가가 도덕적 해이 문제로 인해 투자를 책임지고 관리하지 않으면서 채권자의 기대손실(expected loss)이 확대되기 때문이다. 반대로 투자액 가운데 기업가가 제공하는 자기자본의 비중이 클수록 주인-대리인 관계(principal-agent relationship)에 수반되는 대리인 비용이 줄어들 수 있다.[3]

3. 계약관계에서 권한을 위임하는 사람을 주인(principal)이라 하며, 이를 위임받은 사람을 대리인(agent)이라 한다. 이때 주인이 대리인의 행동을 정확하게 관찰할 수 없으며, 주인과 대리인의 이해관계가 일치하지 않고, 대리인이 주인의 경제적 후생에 영향을 줄 수 있는 행동을 취할 때 주인-

그림 20-1

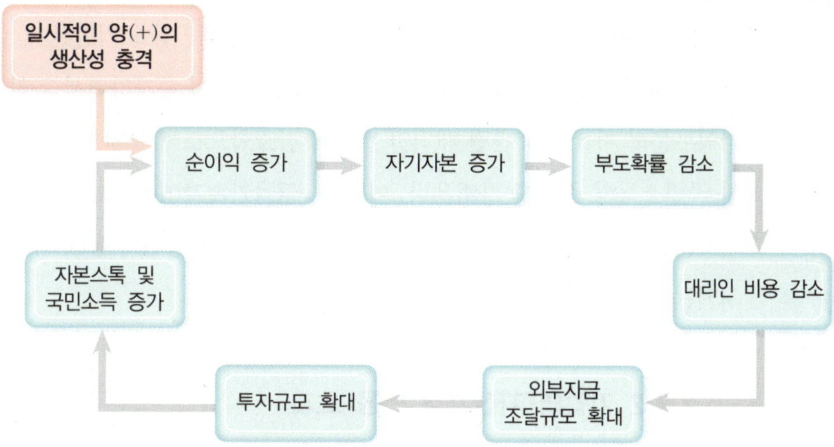

부채 · 자본 구성과 거시경제

일시적인 생산성 충격으로 인한 순이익 증가는 기업의 자기자본을 증가시키고 부도확률을 감소시켜 외부자금 조달에 수반되는 대리인 비용을 감소시킨다. 그 결과 외부자금 조달규모가 확대되어 투자가 늘어나고 국민소득이 증가하면 다시 기업부문의 순이익 및 자기자본이 증가하는 선순환이 나타난다.

이제 기업부문의 자기자본 규모 변화가 거시경제에 미치는 영향을 간략한 예를 통해 알아보자. 경제에 예상하지 못한 우호적 생산성 충격이 발생하여 기업부문의 순이익이 증가했다고 하자. 이때 증가한 순이익은 배당으로 지급되거나 사내유보금으로 저축될 수 있으며, 사내유보금으로 남는 경우 자기자본 규모 증가로 이어진다. 그런데 이 유보이윤이 새로운 투자계획에 투입된다면 기업들은 이전보다 낮은 대리인 비용으로 외부자금 조달규모를 확대할 수 있으며, 이에 따라 전체적인 투자규모 역시 확대될 수 있다. 이렇게 늘어난 투자로 인하여 경제에 자본스톡이 증가하고 국민소득이 증가하면 다시 기업들의 순이익이 증가하면서 또 다시 투자 증가 및 국민소득 증가를 가져올 수 있다. 즉, 〈그림 20-1〉과 같이 애초에 일시적이었던 생산성 충격이 실제로는 일정 기간 동안 국가경제에 지속적인

■ 양(+)의 생산성 충격
⇓
기업의 순이익 증가
⇓
자기자본 규모 증가
⇓
대리인 비용 감소
⇓
외부자금 조달 확대
⇓
투자 · 국민소득 증가

대리인 문제가 발생한다. 여기서는 자본을 기업가에게 빌려준 채권자들이 주인이며, 자본을 조달하여 새로운 투자를 집행하는 기업가는 대리인이다. 자본을 빌려준 채권자들은 대리인인 기업가가 기업경영을 잘하여 투자로부터 수익을 극대화해 주길 바란다. 하지만 기업가의 입장에서는 자기자본을 투하하지 않았다면, 경영을 잘하더라도 추가적인 이익을 별로 얻을 수 없으므로 경영을 잘할 유인이 생기지 않는다. 이러한 기업가를 모니터링하는 데 드는 비용 등 일반적으로 주인이 아닌 대리인이 기업을 경영함으로써 발생하는 비용을 대리인 비용(agency cost)이라 한다.

영향을 미치게 되는 것이다.

이와 같은 이론적 예측은 기업부문의 투자자금 조달에 수반되는 대리인 비용과 자기자본 규모가 역(逆)의 상관관계를 갖고 있다는 점에 기반한다. 국민소득 증가가 상대적으로 빠른 호황기에는 기업의 유보이윤이 증가하면서 차입제약이 있는 기업부문의 자금조달 관련 대리인 비용이 감소함으로써 투자가 증가하고, 이는 다시 국민소득의 증가를 가져온다. 이러한 '**금융가속기**(financial accelerator)'는 자기자본 규모의 증가에 따른 대리인 비용 감소가 투자 증가를 통해 경기변동을 증폭시키는 경로(propagation mechanism)를 나타낸다.[4]

■ **금융가속기 이론** 자기자본 규모의 증가에 따른 대리인 비용 감소가 투자 증가를 통해 경기변동을 증폭시킴

2.2.2 기업의 자산가격 변동 효과

일반적으로 투자자금 조달 관련 대리인 비용의 크기는 자기자본의 절대적인 규모보다는 소요자금 가운데 자기자본으로 조달한 자금의 비중에 의해 결정된다고 할 수 있다. 이 점에서 앞의 금융가속기는 기업부문 대차대조표의 대변(貸邊)을 구성하는 부채와 자기자본의 상대적 구성비에 초점을 맞추는 것이라고 할 수 있다. 이와는 별도로 기업부문 대차대조표의 차변(借邊)을 중심으로 자산가격의 변화가 거시경제에 미치는 영향을 파악할 수도 있다.

경제학자들은 상당수의 기업이 부동산 등 고정자산을 담보로 제공하고 이 담보자산의 가격변동 위험을 반영한 담보인정비율(loan to value ; LTV)까지만큼의 자금을 금융기관으로부터 차입하는 제약이 존재함에 주목하였다. 이와 같은 담보차입제약이 있을 때 자산가격이 급격히 하락할 경우 차입자(기업)의 담보물 가치가 크게 떨어짐에 따라 기업의 신규 차입이 축소되므로 투자 또한 감소할 수밖에 없다.

자산가격 변동 효과 자산가격 급락 시 담보물 가치 하락으로 신규 차입 축소
⇒ 투자 감소를 통해 경기변동을 증폭시킴

예를 들어 〈그림 20-2〉에서처럼 경제에 예상하지 못한 부정적 생산성 충격이 발생하여 국민소득이 감소했다고 하자. 이때 소득 감소에 따른 저축 감소는 자산수요의 감소로 이어지고, 결국 자산가격의 하락을 가져온다. 그런데 이는 기업들이 금융기관으로부터 투자자금을 차입할 때 담보로 제공하는 자산가치의 하락을 의미하므로 기업의 신규 차입이 축소될 수 있으며, 이에 따라 전체적인 투자규모도 축소될 수 있다. 이렇게 위축된 투자로 국민소득이 감소하면 다시 자산수요

4. Bernanke, B. and Gertler, M., "Agency Costs, Net Worth, and Business Fluctuations," *American Economic Review*, 1989.

그림 20-2

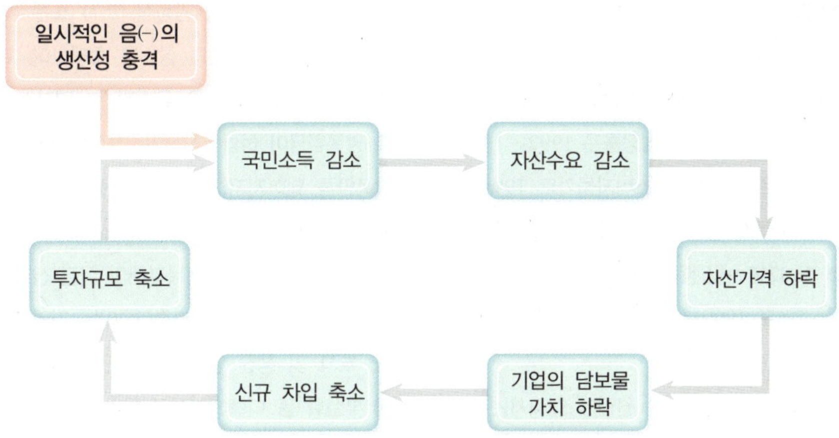

자산가격 변동과 거시경제

음(-)의 생산성 충격으로 국민소득이 감소하면 자산에 대한 수요가 감소하여 자산가격이 하락한다. 이는 곧 차입자(기업)의 담보물 가치가 하락하는 것을 의미하고, 그 결과 신규 차입이 축소된다. 이로 인해 투자가 줄어들면 다시 국민소득이 감소하고 자산가격이 추가적으로 하락하는 악순환이 나타난다.

가 감소하면서 또다시 투자 감소 및 국민소득 감소를 가져올 수 있다. 이와 같이 자산가격 변동에 따른 담보물 가치의 변화는 투자변동을 통해 실물부문에 영향을 미치는 경기변동의 또 다른 파급경로가 될 수 있다.[5]

이론과 실제 2 대공황, 일본의 '잃어버린 20년', 그리고 부채디플레이션*

디플레이션(deflation)은 물가수준이 지속적으로 하락하는 현상을 말한다. 과거 경험에 비추어 볼 때 디플레이션은 경제에 좋은 영향을 미치는 디플레이션(benign deflation)과 심각한 경기침체를 수반하는 부채디플레이션(debt deflation)의 두 가지 유형이 있다.

좋은 디플레이션의 대표적인 예로서 19세기 후반(1869~1896년) 미국을 들 수 있다. 이 기간 중에는 소비자물가가 연 1.8% 하락한 반면, 실질GDP는 연 3.8%의 높은 성장률을 지속하였다. 당시 미국은 남북전쟁(1861~1865년) 이후 대륙횡단 철도의 완공과 전화망 가설에 의해 시장규모가 확대되는 가운데 공장의 전력 사용, 전차 · 타자기 · 냉장수송차의 등장 등 기술혁신이 집중적으로 일어났다. 그 결과 생산성이 크게 향상됨으로써 높은 경제성장과 함께 물가수준이 전반적으로 하락하는 모습을 보였다.

한편 전형적인 부채디플레이션의 예로는 1930년대 세

5. Kiyotaki, N. and Moore, J., "Credit Cycles," *Journal of Political Economy*, 1997.

계 대공황을 꼽을 수 있다. 1930~1933년의 대공황 기간 중 소비자물가는 25% 급락하였던 반면에, 실질GDP는 29% 하락하였고 실업률은 1929년 3.2%에서 1933년 25%로 크게 높아졌다. 또한 최근 대표적인 부채디플레이션 사례로는 일본의 '잃어버린 20년'을 들 수 있다. 1990년 4/4분기 5%에 육박하던 성장률은 1992~1993년에 거의 0% 근처로 떨어졌고, 소비자물가도 1995년 이후 제로 또는 마이너스 성장률로 하락하는 모습을 보였다. 예를 들어 2002년 9월 중 소비자물가 성장률은 전년 동월 대비 −0.7%로 1999년 이후 마이너스를 지속하였다.

부채디플레이션을 초래하는 근본 원인에 대해서는 아직 일치된 견해가 없다. 그러나 1930년대 세계 대공황과 최근 일본의 경험을 볼 때 디플레이션은 자산가격 거품의 붕괴, 과도한 통화긴축, 과잉설비 및 과잉공급 등의 경로를 통해 발생하며, 경제에 다음과 같은 영향을 미치는 것으로 분석되고 있다.

첫째, 물가가 하락하더라도 명목금리는 마이너스로 떨어질 수 없으므로 피셔 방정식 (7.7) 또는 (7.8)에 의해 디플레이션은 실질금리의 상승을 초래하며, 이는 투자수요의 위축과 생산 감소를 유발할 수 있다. 둘째, 단기적으로 명목임금이 하방경직적인 경우 명목임금은 물가수준 하락폭만큼 떨어지지 않으므로 디플레이션은 실질임금의 상승을 초래하며, 이는 고용 및 생산 감소를 가져온다. 셋째, 디플레이션은 기업 명목부채의 실질 상환부담의 증가(즉, 부채디플레이션)를 초래한다. 이는 기업의 대차대조표 악화, 투자 및 생산 감소, 부실채권 급증으로 인한 금융기관 부실화 등 디플레이션의 악순환(deflationary spiral)을 야기할 수 있다.

* **참고문헌** : 양동욱 · 홍승제 · 윤옥자, 「세계 경제 디플레이션의 가능성과 영향」, 한국은행 금융경제연구원, 2001.

3. 금융부문의 자산·부채와 거시경제

Macroeconomics ch. twenty

금융기관의 역할
- 대부자 · 차입자 간 탐색에 수반되는 정보비용 제거
- 신용위험의 전문적 평가 ⇒ 대출 단위당 평가비용 감소
- 여러 대부자가 개별적으로 특정 차입자에게 직접 대출 시 발생하는 정보비용의 중복 문제 해결
- 자산과 부채를 분산하여 고위험 · 저유동성 장기자산을 저위험 · 유동성 단기부채로 전환

앞서 1절(국가경제의 자금순환)에서 알아보았듯이 금융기관의 대표격인 은행은 가계부문의 예금과 시장성 수신 등으로 자금을 조달하여 기업부문에 대출을 해줌으로써 국가경제의 저축과 투자를 연결한다. 구체적으로 은행은 다음의 역할을 통해 금융중개기능을 수행한다. 우선 은행은 대부자와 차입자가 연결되는 장소로서 상대방을 찾는 데 수반되는 정보비용을 없애준다. 둘째, 은행은 신용위험의 전문적 평가를 통해 대출 단위당 평가비용을 낮출 수 있다. 즉, 정보를 얻는 데 규모의 경제(economies of scale)가 존재한다. 셋째, 은행은 많은 대부자들의 자금을 한데 모아 특정 차입자에게 대출하기 때문에, 개별 대부자가 이 차입자에게 직접 대출할 때 발생하는 정보비용의 중복을 피할 수 있다. 넷째, 은행은 자산과 부채를 잘 분산시켜 위험이 높고 유동성이 낮으며 만기가 긴 자산을 상대적으로 안전하고 유동적이며 만기가 짧은 부채로 전환할 수 있다.

이러한 금융중개 과정에서 은행은 예금과 대출의 금리차만큼을 이윤으로 획득한다. 이때 예금 만기와 대출금 만기의 차이, 대출상대방의 신용위험, 예금인출에 대한 불확실성 등으로 인해 은행은 잠재적 위험을 안게 된다. 따라서 은행의 경영자는 안전성, 수익성, 그리고 유동성을 모두 고려하여 자산 · 부채 규모와 구성비율을 결정한다. 따라서 일반적으로 금융부문의 대차대조표 관리는 경제 전체의 자금순환과 유동성 공급에 중요한 역할을 한다. 실제로 2008년 글로벌 금융위기와 대침체의 구조적 원인 중 하나는 금융기관의 시장성 수신을 통한 적극적인 대차대조표 관리였다.

3.1 금융기관의 유동성 공급과 뱅크런

다이아몬드(Douglas Diamond)와 디비히(Philip Dybvig)는 은행이 자산 · 부채의 적절한 관리를 통해 고위험 · 저유동성 장기자산을 저위험 · 유동성 단기부채로 전환하는 역할과, 이 과정에서 나타날 수 있는 대량 예금인출사태, 즉 뱅크런(bank run) 및 정부의 역할을 설명하기 위하여 **은행의 유동성 공급 모형**을 개발하였다.[6]

3.1.1 유동성 공급 모형

세 기간 0, 1, 2 동안 생존하는 여러 명(예를 들어 N명)의 소비자가 있다고 하자. 각 소비자는 0기에 재화 1단위를 받아 생산기술에 투자한 뒤 1기에 그만두면 1기에 재화 1단위를 그대로 돌려받고 2기에는 아무런 수익도 얻지 못한다. 반면에 2기까지 기다리면 1기에는 아무것도 받지 못하는 대신 2기에 $(1+r)$단위의 수익을 얻게 된다.

한편 각 소비자는 1기 소비(C) 또는 2기 소비(C')를 원하는데, 자신이 1기 소비자인지 또는 2기 소비자인지 0기에는 모르고 1기가 되어서야 알게 된다. 다만 개별 소비자는 0기에 t의 확률로 1기 소비자가 되고, $(1-t)$의 확률로는 2기 소비자가 된다는 것을 사전적으로 알고 있을 뿐이다(단, $0<t<1$). 따라서 0기에 개별

생산기술
- 0기 : 재화 1단위를 생산기술에 투자
- 1기에 그만두면 재화 1단위를 그대로 돌려받고 2기에는 0
- 2기까지 기다리면 1기에는 0, 2기에 $(1+r)$을 얻음

1기 또는 2기 소비자가 되는지는 사전적으로 모름
⇒ 소비자는 기대효용을 극대화함

6. 참고문헌 : Diamond, D. and Dybvig, P., "Bank Runs, Deposit Insurance, and Liquidity," *Journal of Political Economy*, 1983. ; Williamson, S. D., *Macroeconomics*, 3rd edition, Pearson, 2008.

그림 20-3

유동성 공급과 균형예금계약

소비자의 기대효용을 극대화시키는 예금계약 A에서 2기 소비자는 1기 소비자보다 더 많이 소비하게 되므로 $(C < C')$, 다른 2기 소비자들이 1기에 예금을 인출하지 않는다면 2기 소비자는 1기 소비자처럼 행동할 유인이 없다. 또한 예금자는 은행이 없을 때 소비점 D에 비해 1기와 2기에 비슷한 수준의 소비를 함으로써 더 높은 효용을 얻는다.

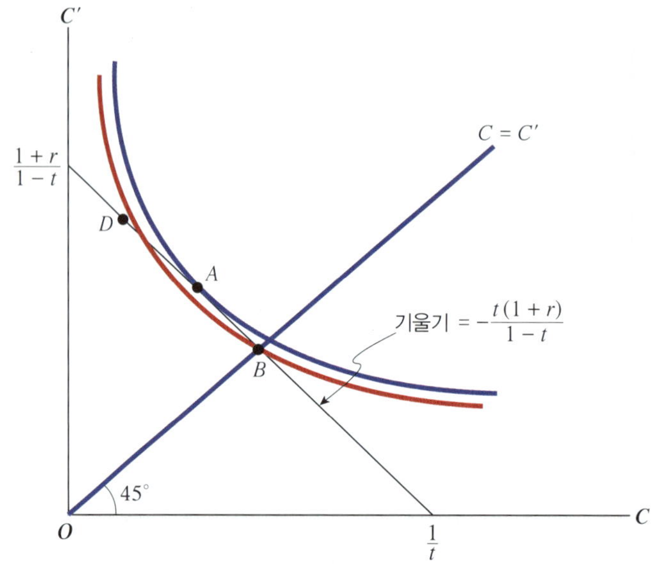

소비자는 다음과 같은 기대효용을 극대화한다.

$$tU(C) + (1-t)U(C')$$

여기서 효용함수 $U(\cdot)$는 한계효용이 체감하고, (C, C')에 대한 무차별곡선은 〈그림 20-3〉에서와 같이 원점에 대해 볼록한 특성을 갖는다.

1기가 되면 1기 소비자와 2기 소비자가 결정됨
- 1기 소비자는 0기의 투자를 1기에 회수해 $C = 1$을 소비함
- 2기 소비자는 2기에 회수해 $C' = (1 + r)$을 소비함

이제 1기가 되면 tN명의 1기 소비자와 $(1-t)N$명의 2기 소비자가 결정된다. 이때 어떤 소비자가 1기 소비(C)를 원할 가능성은 곧 예기치 못한 유동성 수요가 존재함을 의미하는데, 앞에서 설명한 생산기술이 바로 이러한 유동성을 공급한다. 즉, 1기 소비자는 0기의 투자를 1기에 회수하면서 $C = 1$의 소비를 하는 반면, 2기 소비자는 1기에 투자를 회수하지 않고 2기에 $C' = 1 + r$을 소비한다.

그렇다면 은행은 소비자에게 유동성 공급을 통해 $(C, C') = (1, 1 + r)$보다 더 나은 결과를 가져올 수 있는가? 은행이 소비자들에게 제공하는 **예금계약**(deposit contract)에 의하면, 개별 소비자는 0기에 재화 1단위를 은행에 예치하고 1기에 은행으로부터 C만큼의 재화를 인출해 소비하거나 2기까지 은행에 예금을 예치해 두고 C'만큼의 재화를 소비할 수 있다. 은행은 경제 전체에서 1기와 2기 소비자의 비

율이 각각 t와 $(1-t)$인 것은 알고 있지만, 특정 소비자가 1기 또는 2기 소비자인지는 구분하지 못한다고 가정한다. 이때 1기 소비자는 2기에 인출하는 것이 자신의 효용을 감소시키기 때문에 자신이 2기 소비자인 것처럼 행동하지 않는 반면, 2기 소비자는 1기에 예금인출을 원할 수 있다. 왜냐하면 1기에 예금을 인출한 뒤 아무런 추가 비용 없이 2기까지 독자적으로 저장해 소비할 수 있기 때문이다.

은행의 예금계약 완전경쟁적 은행산업에서 개별 은행은 제로 이윤에서 예금자의 기대효용을 극대화시키는 예금계약을 선택함

그렇다면 은행이 제공하는 예금계약 (C, C')는 어떻게 결정될까? 은행산업이 완전경쟁적이어서 진입비용이 없다면 개별 은행은 이윤이 0인 상태에서 각 예금자들의 효용을 극대화시키는 예금계약을 선택할 것이다. 그렇지 않으면 다른 은행에게 고객들을 모두 빼앗겨 버릴 수 있기 때문이다. 소비자 N명이 각각 0기에 재화 1단위를 예금하므로 은행은 0기 생산기술에 투자할 재화 N단위를 갖게 된다. 이 중에서 은행은 1기에 회수할 비율 x를 선택하여 1기에 예금인출을 원하는 소비자에게 C을 돌려줘야 한다. 1기 소비자가 모두 1기에 예금을 찾으러 은행에 나타난다면 다음과 같은 식이 성립한다.

$$tN \cdot C = xN \tag{20.3}$$

이 식은 1기 총예금인출($tN \cdot C$)이 1기에 회수된 투자로부터 얻는 수익(xN)과 같음을 의미한다. 또한 은행이 2기까지 남은 투자로부터 얻게 되는 수익은 2기 소비자에게 지급되므로 다음과 같은 식이 성립한다.

$$(1-t)N \cdot C' = (1-x)N(1+r) \tag{20.4}$$

이제 식 (20.4)를 x에 대해 정리한 뒤 식 (20.3)에 대입하면 다음과 같은 식이 도출된다.

$$tC + \frac{(1-t)C'}{1+r} = 1 \;\Leftrightarrow\; C' = -\frac{t(1+r)}{1-t}C + \frac{1+r}{1-t} \tag{20.5}$$

여기서 왼쪽 식은 예금계약 (C, C')를 선택하는 은행의 예산제약(budget constraint)을 나타내는데, 이 식을 (C, C') 평면에 나타내기 위하여 C'에 대하여 다시 적은 것이 오른쪽 식이다. 이 식은 〈그림 20-3〉에서 기울기가 $-\frac{t(1+r)}{1-t}$인 우하향하는 직선으로 나타낼 수 있다.

은행 예금계약

$1 < C < C' < 1 + r$

- 2기 소비자는 다른 2기 소비자들이 예금을 찾지 않으면 1기 소비자처럼 행동할 유인 없음
- 은행이 없는 경우보다 1기와 2기에 더 고른 소비를 가능케 함 ⇒ 높은 효용 달성

이제 은행이 제공하는 예금계약은 〈그림 20-3〉에서 예산제약선과 무차별곡선이 접하는 점 A가 된다. 이러한 예금계약은 두 가지 특징을 갖는다. 첫째, 2기 소비자가 1기 소비자보다 더 많이 소비하게 된다($C < C'$).[7] 따라서 1기에 2기 소비자들이 한꺼번에 예금을 인출하지 않는다면, 어떤 2기 소비자도 1기에 예금 인출을 원하지 않을 것이다. 즉, 2기 소비자는 다른 2기 소비자들이 예금을 인출하지 않는다면 1기 소비자처럼 행동할 유인이 없다.

둘째, 은행이 소비자에게 제공하는 예금계약 A는 은행이 없었을 때 소비 $(C, C') = (1, 1 + r)$을 나타내는 점 D보다 더 높은 효용을 가져온다. 따라서 은행 예금을 이용하는 소비자는 은행이 없을 경우에 비해 2기에 더 적은 소비를 하게 되지만 1기에는 더 많은 소비를 할 수 있게 된다($1 < C < C' < 1 + r$).[8] 즉, 은행의 예금계약은 개별 소비자의 예상치 못한 유동성 수요에 대한 일종의 보험을 제공함으로써 은행이 없을 때보다 소비자가 1기와 2기에 비슷한 수준의 소비를 할 수 있도록 도와준다.

요약하면, 은행은 다수의 예금자 고객이 있기 때문에 0기에 사전적으로 1기 예금 인출수요를 예측할 수 있고, 이를 충족시키기 위해 0기에 투자한 재화 중 일부를 회수 또는 청산한다. 이와 같이 은행은 소비자들의 유동성 수요를 충족시키기 위해 유동성이 낮은 장기자산을 유동적인 단기부채(즉, 예금)로 전환할 수 있다. 다이아몬드-디비히 모형은 앞서 언급한 금융중개기관의 특징 중 다수의 소비자로부터 예금을 받아 자산과 부채를 잘 분산시켜 위험이 높고 유동성이 낮은 장기자산을 안전하고 유동적인 단기부채로 전환하는 역할을 설명하고 있다.

3.1.2 뱅크런

소비자들의 예기치 못한 유동성 수요를 충족시키는 은행의 역할은 잠재적으로 대규모 예금인출사태, 즉 뱅크런(bank run)이 발생할 여지를 남긴다. 〈그림 20-3〉의 점 A와 같은 예금계약 $(1 < C < C' < 1 + r)$에서 1기 소비자만 1기에 예금을 찾고 2기 소비자는 2기까지 예금을 인출하지 않으면, 모든 소비자들이 은

---

7. 〈그림 20-3〉의 예산제약선 상의 점 $B(C = C')$에서 무차별곡선의 기울기는 $-\frac{t}{1-t}$인 반면, 예산제약선과 무차별곡선이 접하는 점 A에서 무차별곡선의 기울기는 $-\frac{t(1+r)}{1-t}$가 된다. 따라서 점 A는 점 B의 북서쪽에 위치하므로 예금계약은 $C < C'$의 특성을 갖는다.

8. 〈그림 20-3〉에서 점 D가 점 A의 북서쪽에 놓이기 위해서는 한계효용이 체감하는 정도가 충분히 크다는 추가 가정이 필요하다.

행 예금이 없는 경우보다 더 높은 효용을 얻는 '좋은 균형(good equilibrium)'이 달성된다. 이때 $C < C'$이기 때문에 2기 소비자가 1기에 예금을 인출하는 것이 2기까지 기다리는 것보다 효용이 낮으므로 1기에 인출할 유인이 없다.

좋은 균형 1기 소비자만 1기에 인출하고 2기 소비자는 2기까지 기다리는 균형

이제 2기 소비를 원하는 특정 소비자가 다른 2기 소비자들이 모두 1기에 예금을 인출할 것이라고 믿는다고 가정해 보자. 모든 1기 소비자들은 1기에 예금을 인출할 것이기 때문에 이 2기 소비자는 결국 다른 모든 소비자들이 1기에 은행으로 예금을 찾으러 갈 것이라고 생각하게 된다. 그러나 〈그림 20-3〉의 점 A에서 $C > 1$이기 때문에, N이 충분히 크면(즉, 예금자들이 충분히 많으면) 은행이 1기에 모든 투자자산을 유동화하여 재화 N단위를 얻게 되어도 총예금인출 $(N-1)C$을 충족할 수 없게 된다. 이때 이 2기 소비자는 은행으로 급히 달려가 C을 인출하거나 아니면 2기까지 기다리는 두 가지 선택에 직면한다. 그러나 후자의 경우는 아무것도 받지 못하므로 이 2기 소비자 또한 1기에 은행으로 달려가는 **뱅크런**(bank run)이 나타난다. 다행히 은행에 일찍 도착한 소비자들은 C을 받게 되므로 1기 소비자의 경우 예금계약이 없을 때보다 효용이 더 낮아지는 것은 아니지만, 그렇지 못한 소비자들은 아무것도 얻지 못하기 때문에 결국 '나쁜 균형(bad equilibrium)'이 나타나는 것이다.

나쁜 균형
- 뱅크런 : 예금자들이 충분히 많으면 2기의 예금인출을 충당하지 못하게 될 것을 우려하여 2기 소비자도 1기에 인출
- 은행 파산을 예상한 자기실현적 기대

이러한 결과는 1914년 미국 연방준비제도(Federal Reserve System)가 도입되기 이전에 수차례 발생한 **은행공황**(bank panic)을 나쁜 균형의 결과로 설명할 수 있다. 또한 1930년대 미국 대공황 시기에 건전성이 낮은 은행에 뱅크런이 발생한 이유도 설명해 주고 있다. 즉, 은행은 소비자들에게 유동성 수요에 따라 장기 투자자산을 단기부채인 예금으로 변환하는 서비스를 제공하는데, 모든 예금자들이 은행 파산을 예상하여 은행으로 달려가면 곧 그 예상이 자기실현적으로 발생하여(self-fulfilling expectations) 은행이 실제로 파산하게 되는 것이다.

35 years later : Diamond-Dybvig model of bank runs

3.1.3 예금보험

뱅크런의 한 해결책은 정부가 **예금보험**(deposit insurance)을 제공하는 것이다. 만약 정부가 2기 소비자들에게 〈그림 20-3〉의 점 A에서와 동일한 수준의 C'를 보장해 준다면, 어떤 2기 소비자도 1기에 예금을 인출하기 위해 은행으로 달려가지 않을 것이다. 이러한 예금보험이 존재하면 2기 소비자들에게는 1기에 예금을 인출하는 것보다 2기까지 기다리는 것이 더 높은 효용을 가져다주기 때문이다.

뱅크런의 해결책 정부가 예금보험을 통해 2기에 예금인출을 보장함

최초의 예금보험제도는 대공황기인 1933년 3월에 미국에서 연방예금보험공사(Federal Deposit Insurance Corporation; FDIC)에 의해 실시되었다. 그 결과 한 해 동안 거의 2,000건 이상에 이르던 은행 파산이 급격히 줄어들어 1935년 3월에는 파산하는 은행을 거의 찾아볼 수 없게 되었다. 현재 미국에서 예금기관의 예금은 최대 100,000달러까지 연방예금보험공사에 의해 보호받을 수 있다. 우리나라도 1995년 이후 예금보험을 전담하는 기구로 예금보험공사(KFDIC)가 설립·운영되고 있으며, 원금과 이자를 포함하여 1인당 최고 5천만원까지 보장해 주고 있다.

예금보험의 도덕적 해이
- 은행이 고수익-고위험 자산에 투자하여 파산 가능성 증가
- 대마불사주의

그러나 다른 보험과 마찬가지로 예금보험에도 **도덕적 해이**(moral hazard) 문제가 발생한다. 특히 예금기관은 예금보험이 없는 경우보다 더 많은 위험을 부담하게 된다. 예금자들의 입장에서도 예금보험이 존재하는 상황에서는 예금기관이 보유한 자산의 위험에 관심을 갖지 않게 된다. 따라서 예금보험이 건전한 예금기관의 **자기실현적 공황**(self-fulfilling panics)에 따른 파산을 막을 수는 있지만, 은행이 고수익-고위험 자산에 투자하게 만들어 오히려 파산을 증가시킬 수 있다. 이러한 문제 때문에 감독당국은 예금기관이 보유한 자산의 건전성에 대한 감독을 통해 예금기관이 너무 많은 위험에 노출되지 않도록 하고 있다.

예금기관에 나타나는 도덕적 해이의 또 다른 예는 이른바 **대마불사주의**(too-big-to-fail doctrine)이다. 이것은 정책당국이 대형 예금기관에서 발생하는 예금자들의 손실에 대해 예금보험 한도 이상에 대해서도 보장을 해주는 것을 일컫는다. 왜냐하면 그러한 손실이 광범위한 금융공황을 가져올 수 있기 때문이다. 실제로 1984년 당시 미국 10대 대형 은행 중 하나였던 콘티넨탈 일리노이은행(Continental Illinois Bank)이 파산했을 때, 미국 연방예금보험공사(FDIC)는 100,000달러 이하의 금액을 저축한 예금자뿐만 아니라 대형 예금자들 및 채권 소유자들에게도 보상을 해주었다. 그러나 이러한 대형 은행들이 예금자 손실에 대해 암묵적으로 보험에 가입되어 있다고 판단한다면, 작은 은행들에 비해 고위험-고수익 자산을 더 많이 보유하려는 유인을 갖게 될 것이다.

3.2 금융기관 레버리지의 경기순응성[9]

앞서 살펴본 다이아몬드-디비히 모형에서는 은행이 고객 예금을 통해서만 자

9. 참고문헌 : 『서브프라임 위기 : 글로벌 금융위기의 과거, 현재, 미래』, 하나금융경영연구소,

그림 20-4

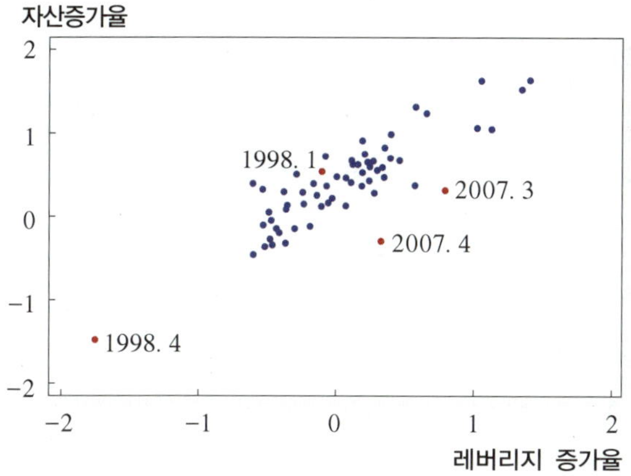

출처 : Adrian, T. and Shin, H. S., "Liquidity and Leverage," *Journal of Financial Intermediation*, 2008.

(a) 미국 투자은행의 레버리지와 자산증가율

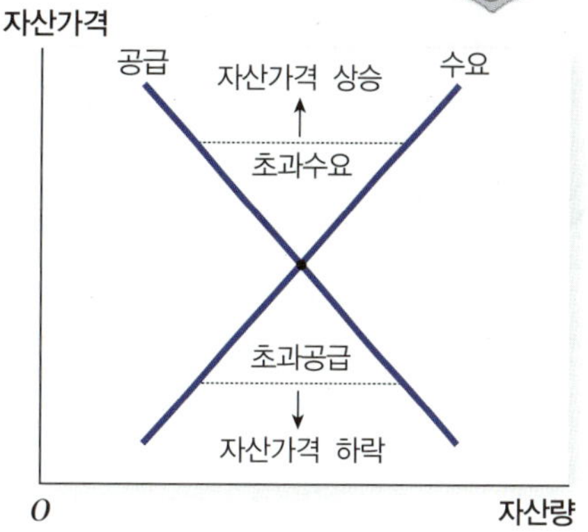

출처 : 하나금융경영연구소

(b) 레버리지 금융기관의 자산수요 · 공급곡선

금융기관 레버리지의 경기순응성과 금융불균형

미국 투자은행과 상업은행의 레버리지는 경기변동에 따라 자산가격 변동과 같은 방향으로 움직이는 경기순응성을 보여왔다. 이러한 레버리지 금융기관의 경우 적극적인 대차대조표 조정으로 인해 우상향하는 수요곡선과 우하향하는 공급곡선이 나타나므로 금융사이클과 경기변동을 증폭시키는 결과를 가져올 수 있다.

금을 조달하는 전통적 상업은행 업무(commercial banking)를 고려했다. 그러나 오늘날에는 투자은행과 상업은행을 포함한 레버리지 금융기관(leveraged financial institution)의 적극적인 대차대조표 조정이 현대 금융시스템의 지배적인 형태가 되었다.

레버리지 비율(leverage ratio) 또는 줄여서 레버리지는 총자산을 총자본(= 총자산 − 총부채)으로 나눈 값으로 자기자본에 비해 자산을 얼마나 보유하고 있는지를 나타낸다. 따라서 레버리지가 클수록 보유자산의 타인자본 의존도가 높아짐을 의미한다. 일반적으로 가계나 기업들의 경우에는 자산가격이 상승하여 순자산이 늘면 레버리지가 줄어드는 경향이 있다. 그러나 미국 투자은행과 상업은행의 레버리지는 〈그림 20-4〉의 (a)와 같이 경기변동에 따라 자산가격 변동과 같은 방향

레버리지 비율

- $\frac{\text{총자산}}{\text{총자본}}$
- 보유자산의 타인자본 의존도를 나타냄

2009. 1. ; Adrian, T. and Shin, H. S., "Liquidity, Monetary Policy and Financial Cycles," *Current Issues in Economics and Finance*, Federal Reserve Bank of New York, 2008. 1. ; Adrian, T. and Shin, H. S., "Financial Intermediaries, Financial Stability and Monetary Policy," Paper presented at the Federal Reserve Bank of Kansas City Symposium at Jackson Hole, 2008. 8.

으로 움직이는 경기순응성(procyclicality)을 보여왔다.

3.2.1 금융기관의 대차대조표 시각과 신용경로

레버리지 금융기관
- 자산가격 상승 시 순자산이 늘면서 위험을 낮게 평가하여 자산 보유 확대
- 우상향 수요곡선과 우하향 공급곡선

⇒ 금융사이클 증폭

호황기에 총자산가치 상승으로 레버리지가 하락하면 은행은 잉여자본을 갖게 된다. 경기가 좋을 때에는 일반적으로 자산수익이 부채조달 비용보다 높기 때문에 은행은 부채를 늘려 조달한 추가 자금으로 자산을 매입하여 총자산을 더 증가시킴으로써 레버리지를 확대하여 자본수익률을 높일 유인을 갖는다. 실제로 투자은행과 시중은행들은 자산가격이 상승하면 주로 환매조건부채권(repo) 같은 시장성 수신을 통해 부채를 증가시킴으로써 레버리지를 조정해 왔다. 반대로 불황기에 자산가격이 하락하면 자본이 부족하게 되어 레버리지는 상승하게 되는데, 이때에는 자산수익률 하락과 부채 조달비용 상승으로 은행은 자산을 매각하여 조달한 자금으로 부채를 줄여 총자산을 더 감소시킴으로써 레버리지를 낮추려 한다.

레버리지의 경기순응성
호황기(불황기)에 자산가격이 상승(하락)할 때 자산 매입(매각)을 통해 레버리지를 일정하게 유지시키는 과정에서 금융사이클과 경기변동을 증폭시킴

이처럼 자산가격 상승 시 자산수요가 늘고, 자산가격 하락 시 자산처분(공급)이 증가함에 따라 레버리지 금융기관의 경우 〈그림 20-4〉의 (b)와 같이 자산가격에 대해 우상향하는 수요곡선과 우하향하는 공급곡선을 갖게 된다. 그 결과 시장이 완전히 유동적이지 못하여 수요가 공급보다 많으면(적으면) 자산가격의 상승(하락) 압력이 생기고, 초과수요(초과공급)로 인해 자산가격이 더욱 상승(하락)하게 되는 것이다. 즉, 금융기관의 적극적인 대차대조표 조정은 호황기에 자산수요의 추가적 증가와 함께 자산가격 상승을 가속화시키고, 불황기에는 자산의 추가적 매도와 함께 자산가격 하락을 가속화시킴으로써 금융사이클과 경기변동을 증폭시키는 결과를 가져올 수 있다.

대차대조표 시각
- 대부자인 금융기관의 대차대조표에 주목 (금융가속기 이론 : 차입자인 기업 또는 가계의 대차대조표에 주목)
- 금융가속기 이론으로 대표되는 전통적인 신용경로와 상호작용하여 경제 전반에 영향을 미침

실제로 금융기관 레버리지의 경기순응성은 2008년 글로벌 금융위기의 주요 원인 중 하나가 되었다. 금융기관의 **대차대조표 시각**(balance-sheet perspective)에서 볼 때, 이번 금융위기가 실물경제에 미치는 경로는 1930년대 대공황을 설명할 때 각광받았던 신용경로(credit channel)와 유사하다. 특히 2절(2.2.1 기업의 부채·자본구성 효과)에서 살펴본 버냉키(Ben Bernanke) 전 미 연준 의장의 금융가속기 이론은 금융여건의 변화를 실물경제에 영향을 미치는 중요한 요인으로 보고 신용경로를 규명한 대표적인 이론이다. 이 이론에 의하면 대부자·차입자 간 주인-대리인 관계에서 차입자의 자금조달 비용(또는 대리인 비용)이 순자산(또는 자기자본) 및 유동성과 같은 지표로 측정될 수 있는 기업의 신용도와 역의 관계를 갖고

있기 때문에, 내생적인 신용도의 변화가 실물경제에 영향을 미친다. 즉, 금융 · 신용 여건이 양호할 때에는 실물경제가 호전되는 반면, 반대의 경우에는 실물경제가 침체에 빠진다는 것이다.

다만 금융기관의 대차대조표 시각은 기업과 같은 차입자가 아니라 대부자인 금융기관의 대차대조표에 주목한다는 점에서 전통적인 신용경로와 다소 차이가 난다. 즉, 전통적인 신용경로가 기업과 같은 차입부문의 금융마찰(financial friction)에 주목한 반면, 대차대조표 시각은 금융기관과 같은 대출부문의 금융마찰에 주목하고 있는 것이다. 2008년 글로벌 금융위기와 대침체는 신용공급을 주도하는 레버리지 금융기관 자체의 차입여건이 악화되면서 초래된 대규모 부채상환(deleveraging) 때문에 실물경제가 연쇄적으로 충격을 받은 것이다. 일반적으로 차입자(가계와 기업)의 대차대조표 악화에 초점을 맞춘 전통적인 신용경로와 대부자(레버리지 금융기관)의 대차대조표 악화에 주목한 대차대조표 시각은 서로 상호작용하여 경제 전반에 영향을 미친다.

이론과 실제 3 서브프라임 모기지 사태와 글로벌 금융위기

실제로 글로벌 금융위기를 촉발한 서브프라임 모기지(sub-prime mortgage) 사태는 금융기관의 능동적인 대차대조표 관리의 부산물이었다. 2008년 금융위기 전까지 몇 년 동안 미국에서는 주택가격이 빠른 속도로 상승하는 중이었고 국민소득이 지속적으로 증가하고 있었다.

http://cfs15.tistory.com/image/31/tistory/2009/01/15/22/11/496f35f706a24

이에 신용도가 낮은 사람이라도 쉽게 돈을 갚을 수 있을 것이라는 믿음으로 서브프라임 모기지론(돈을 빌린 사람들의 소득이 낮아 돈을 갚지 못할 확률이 높은 주택담보대출)이 급격하게 증가하였다. 특히 금융기관들이 부채로 자금을 조달하여 모기지론을 늘려나가는 이른바 레버리징(leveraging)이 급증하였다.

구체적으로 레버리지 금융기관들이 잉여자본을 활용할 새로운 수단으로서 그림자금융시스템(shadow banking system)이 확산되었다. 그림자금융시스템은 금융시장에서 규제를 받지 않는 비은행 금융회사들로서 투자은행, 구조화 투자회사(structured investment vehicle ; SIV), 콘듀잇(conduit) 등으로 구성된다. 이러한 금융회사들은 주택담보부채권(mortgage-backed securities ; MBS), 부채담보부증권(collateralized debt obligation ; CDO)과 같은 장기자산을 담보로 자산담보부기업어음(asset-backed commercial paper ; ABCP)과 같은 단기부채를 차환(rollover)해 조달한 자금으로 다시 모기지 관련 장기자산에 투자하였다.

그런데 2006년 들어 기준금리가 올라가고 주택가격이 떨어질 기미가 보이자 모기지 전문 금융기관이 파산위기에 처하게 되었다. 2007년 중반 서브프라임 사태가 확산됨에 따라 자산담보부기업어음(ABCP)시장에서 차환이 힘들어지자 모회사인 레버리지 금융기관들이 유동성 위기에 처하게 되었다. 금융시스템 전반이 단기부채를 통해 조달한 자금으로 장기의 비유동성 자산을 보유하고 있는 상황(만기불일치)에서 그림자금융시스템에 의해 레버리지 금융기관의 대차대조표가 축소되어 금융사이클의 증폭 메커니즘에 의해 자산가격 하락의 악순환이 시작되었다.

3.2.2 통화정책과 금융안정

연방준비자금 금리가 레버리지 금융기관들의 대차대조표 변동을 증폭시킴
⇒ 통화정책이 레버리지 금융기관의 대차대조표에 미칠 영향을 감안해야 함

레버리지 금융기관들의 대차대조표 변동이 실물경제에 대한 신용공급을 주도하고 있기 때문에 중앙은행은 통화정책이 레버리지 금융기관들의 대차대조표에 미칠 영향을 감안하여 통화정책을 운영하는 것이 바람직하다. 특히 레버리지 금융기관들의 단기차입에 대한 의존도가 높기 때문에 중앙은행의 기준금리 결정은 단기금리를 통해 투자은행 등의 자금조달 비용에 직접 영향을 미친다. 〈그림 20-5〉에서 2008년 금융위기 직후까지 미국 증권부문의 총자산 증가율과 연방

그림 20-5

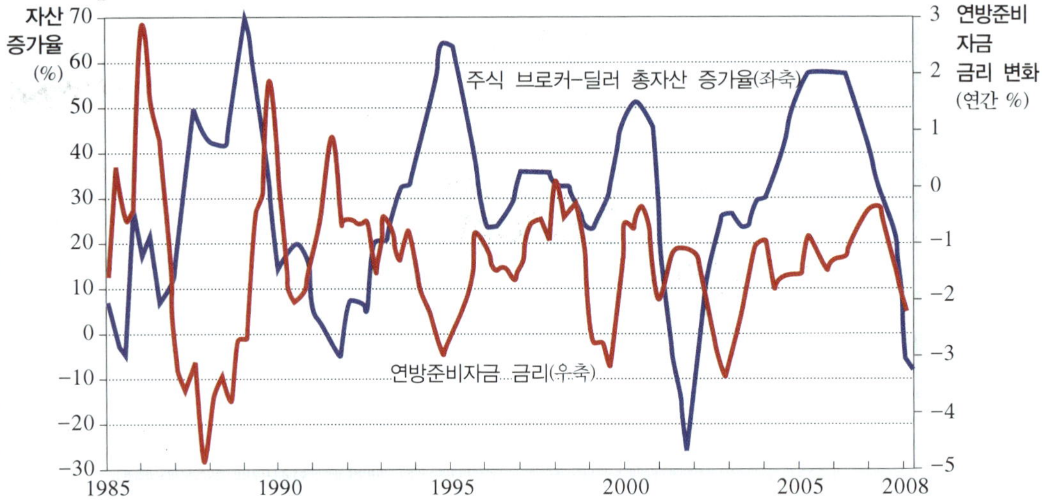

출처 : Adrian, T. and Shin, H. S., "Financial Intermediaries, Financial Stability and Monetary Policy," Paper presented at the Federal Reserve Bank of Kansas City Symposium at Jackson Hole, 2008. 8.

증권부문의 총자산 증가율과 연방준비자금 금리

미국의 단기금리는 중개기관들의 대차대조표 변동을 증폭시키는 경향을 보여왔다. 이는 정책당국이 통화정책의 파급경로에서 금융기관의 유동성과 레버리지가 담당하는 역할의 중요성을 인식하지 못한 데서 비롯되었다.

준비자금 금리 추이를 보면 미국의 기준금리가 중개기관들의 대차대조표 변동을 완화시키기보다는 오히려 증폭시켜 왔던 것으로 보인다. 이는 통화정책의 파급 메커니즘에서 금융기관의 유동성과 레버리지가 담당하는 막중한 역할을 인식하지 못한 데서 비롯되었다.

이러한 시각에서 볼 때 2000년대 초·중반 연준의 초저금리 기조가 결국 2008년 글로벌 금융위기의 씨를 뿌린 것이라고 할 수 있다. 그러므로 최근 글로벌 금융위기가 우리에게 주는 교훈 중의 하나는 통화정책 결정 시 금융안정도 고려할 필요가 있다는 것이다. 즉, 유동성의 증가는 단지 통화량의 문제가 아니라 레버리지 금융기관들의 능동적인 대차대조표 관리와 긴밀하게 연관되어 있기 때문에, 대차대조표의 확장과 수축은 전통적인 통화정책적 시사점뿐만 아니라 금융안정상의 시사점도 함께 지니고 있는 것이다.

[한국은행]
금융안정보고서

4. 거시경제의 과다부채와 대차대조표 불황[10]

Macroeconomics ch. twenty

민스키(Hyman Minsky)가 지적했듯이 현대 금융자본주의에서는 소비·투자 등 경제행위를 위한 경제주체의 자금조달(leveraging)과 부채상환(deleveraging)이 금융시장에서 일상적으로 발생한다.[11] 특히 경제규모가 확대되고 금융이 발달하면서 부채(레버리지)가 확대되는 경향을 보여왔다. 여기서는 지금까지 언급해 온 가계·기업·정부 등 개별 부문의 부채 생성과정을 간략히 정리한 뒤, 경제 전체의 과다부채가 거시경제에 미치는 영향을 살펴본다. 특히 자산가격 급락 및 금융위기와 함께 경기회복에 오랜 시간이 필요한 대차대조표 불황(balance sheet recession)과 부채디플레이션(debt deflation) 문제 및 정책대응을 알아본다.

---

10. 박양수 외, 『부채경제학과 한국의 가계 및 정부 부채』, 한국은행, 2012. 4.
11. Minsky, H. P.(1986, 2008), "Stabilizing an Unstable Economy," Yale University Press, McGraw Hill.

4.1 정부의 자산 · 부채와 거시경제

앞서 1절(국가경제의 자금순환)의 [표 20-1]에서 살펴본 정부부문의 자금순환에 근거하여 정부의 예산제약식을 다음과 같이 적을 수 있다.

$$D = (1+i)D_{-} - PB + SFA$$

기초재정수지 기존 채무에 대한 이자지급을 제외한 재정수지(조세수입 - 정부지출)

스톡-플로우 조정항 재정수지 외에 국가채무에 영향을 미치는 기타 요인(구제금융, 공기업 출자 등)

여기서 D와 D_{-}는 각각 이번 기와 지난 기의 정부부채(또는 국가채무), i는 이번 기의 명목국채이자율, $PB \equiv T - G$는 이번 기의 **기초재정수지**(primary fiscal balances), 즉 기존 채무에 대한 이자지급을 제외한 재정수지를 나타낸다. 그리고 SFA는 **스톡-플로우 조정항**(stock-flow adjustment)으로서 재정수지 외에 국가채무에 영향을 미치는 기타 요인을 의미하며, 구제금융과 공기업 출자 등이 포함된다.

앞 식의 양변을 명목 GDP(Y_t)로 나누면 GDP 대비 정부부채비율이 도출된다.

$$d \equiv \frac{D}{Y} = (1+i)\frac{D_{-}}{Y} - \frac{PB}{Y} + \frac{SFA}{Y} = \frac{(1+i)}{(1+n)}d_{-} - pb + sfa$$

여기서 d은 GDP 대비 국가채무비율, n은 명목 GDP 성장률, pb는 GDP 대비 기초재정수지, 그리고 sfa는 GDP 대비 스톡-플로우 조정을 나타낸다. 위 식으로부터 정부부채비율의 기간 간 차분을 구하면 아래와 같은 식이 얻어진다.

$$\begin{aligned} \Delta d \equiv \frac{D}{Y} - \frac{D_{-}}{Y_{-}} &= \left(\frac{1+i}{1+n} - 1\right)d_{-} - pb + sfa \\ &\approx (r-g)d_{-} - pb + sfa \end{aligned} \tag{20.6}$$

정부부채비율
- 주어진 기존 채무수준에서 실질국채금리 · 성장률 간 격차, 기초재정수지, 스톡-플로우 조정 등에 따라 변동함
- 정부부채가 일정 수준을 넘어서면 국가부도확률이 증가하여 국채 금리가 위험프리미엄 증가와 함께 상승

여기서 r은 실질국채이자율이고 g는 실질GDP 성장률을 나타내며, 인플레이션율을 π라 할 때 $(1+n) = (1+\pi)(1+g)$이고 피셔 방정식에 의해 $(1+i) = (1+\pi)(1+r)$이다.

앞의 식 (20.6)에 따르면 정부부채비율은 주어진 기존 채무(d_{-})수준에서 실질국채금리 · 성장률 간 격차($r-g$), 기초재정수지(pb), 스톡-플로우 조정(sfa) 등의 요인에 따라 변동하는데, 여기서 $(r-g)d_{-}$은 기존 채무에 대한 실질 이자부담을 의미한다. 특히 국채 발행금리가 높거나 경제성장률이 낮은 경우 또는 기초재정수지가 적자를 기록하는 경우 정부부채비율은 상승한다. 일반적으로 국채 금리

는 국가부도확률에 영향을 받기 때문에 정부부채가 일정 수준을 넘어서면 부채가 증가함에 따라 시장에서 평가하는 국가부도확률이 높아지며, 국채 금리는 위험프리미엄 증가와 함께 상승할 것이다. 또한 정부의 활동 중 재정수지 항목에 포함되지 않는 구제금융과 민간 및 공기업 등에 대한 출자 등(즉, 스톡-플로우 조정)도 정부부채비율을 높이는 방향으로 작용한다.

2008년 글로벌 금융위기 이후에 유럽 과다채무국과 선진국의 국가채무비율이 급격하게 상승했는데, 이는 주로 금융위기로 시작된 경기침체에 기인한 것이었다. 일반적으로 경기회복이 느려지면 정부의 세수가 줄어들어 기초재정수지가 악화되고 정부의 채무상환 능력이 떨어진다. 이는 국채 이자지급을 위한 새로운 국채 발행을 늘리고, 이러한 국채물량 증가는 국가부도확률 상승과 함께 국채수익률을 끌어올려 이자지급 부담을 가중시키는 악순환을 가져올 수 있다. 또한 과다채무국의 재정건전성 악화는 현재와 미래의 경기침체나 새로운 경제위기에 대한 정책대응 능력을 악화시킨다.

4.2 과다부채의 생성 메커니즘

앞서 1절(국가경제의 자금순환)에서 살펴보았듯이 가계부문은 개별 가계에 따라 소비와 자산 매입 시 부족한 자금을 금융기관 등을 통해 조달하고 소득과 자본이득 등으로 이를 상환한다. 기업은 영업자금과 설비투자 등에 필요한 부족자금을 타인 자본을 통해 조달하고 창출한 수익으로 이를 상환하는데, 그 결과 기업부문은 차입주체로서 경제주체 가운데 가장 많은 부채를 보유한다. 정부는 사회간접투자, 경기변동 및 경제위기 대처, 전쟁 수행 등에 소요되는 대규모 자금을 조달하는 과정에서 조세 평활화(tax smoothing) 목적으로 레버리지를 이용한다.

가계 소비와 자산 매입 시 부족한 자금을 금융기관을 통해 조달, 소득과 자본이득으로 상환

기업 영업자금과 설비투자 등 필요한 부족자금 조달, 수익으로 상환

정부 사회간접투자 등 대규모 자금조달 과정에서 조세평활화 목적으로 레버리지 이용

한편 레버리지의 경기순응성은 부채의 확대를 가져온다. 경기호황이 지속되면서 자산가격이 상승하면 자본이득에 대한 기대로 자산수요가 증가하고 담보가치 상승으로 신용공급도 확대된다. 또한 경제주체의 행위는 완전히 합리적이지는 않기 때문에 경제상황의 호조세가 지속될 때 위험에 대해 과소평가하며 레버리지를 적극 확대한다. 금융기관도 장기간 지속된 저금리 기조에 고위험-고수익 전략을 통해 신용을 적극 공급한다. 이러한 과정을 통해 개별 경제주체들의 부채는 증가한다.

레버리지 확대 과정

자산가격 상승
↓
담보가치 상승
↓
위험 과소평가
↓
레버리지 확대

과다부채와 금융불안정

- 가계 : '채무부담 증가 → 소비위축 → 소득 축소 → 채무부담 증가'의 악순환
- 기업 : 자금 조달 및 상환의 어려움으로 생산활동 위축
- 정부 : 재정의 화폐화
- 금융기관 : 건전성 악화

재정의 화폐화 정부의 재정적자를 줄이기 위해 중앙은행이 화폐를 발행하여 채무 실질 부담을 낮추는 것
⇒ 인플레이션을 유발할 수 있음

나아가서 가계 · 기업 · 정부 및 금융 부문의 과다부채는 해당 부문의 경제활동을 위축시켜 금융시장의 불안정을 초래할 수 있다. 첫째, 앞서 2절(2.1 가계의 대차대조표 효과와 소비)에서 알아보았듯이 과다한 가계부채는 원리금상환 부담 증대로 소비위축을 초래하고, 이에 따라 '채무부담 증가→소비위축→소득축소→채무부담 증가'의 악순환이 나타날 우려가 있다. 둘째, 부채수준이 과다한 기업은 자금 조달 및 상환에 어려움을 겪게 되어 이윤극대화보다는 부채최소화, 즉 디레버리징을 우선시하면서 생산활동이 위축될 수 있다. 셋째, 정부부채가 과다할 경우에는 경기침체에 대한 정책대응 등 정부의 통상적인 재정활동에 부담을 줄 뿐만 아니라 **재정의 화폐화**(monetization)를 초래할 위험도 있다. 넷째, 가계 및 기업의 과다부채 문제는 금융기관의 건전성 악화로 이어질 가능성도 있다. 특히 금융기관 건전성 악화가 가계 및 기업에 대한 자금공급 위축으로 이어져 이들 부문의 부실도 증대되면서 경기침체 및 금융불안을 초래할 수 있다.

지난 200년 동안 전 세계 금융위기 사례를 조사한 라인하트(Carmen Reinhart)와 로고프(Kenneth Rogoff)에 의하면, 위기 이전에는 민간부채가 크게 증가하고 정부부채는 일정한 패턴을 보이지는 않은 반면에 위기 이후 정부부채가 크게 증가했다.[12] 2008년 글로벌 금융위기 이후 미국과 유로지역 국가들의 부문별 부채 변동을 보면, 민간부문은 부채를 상환하는 경향이 나타나는 반면 정부부문 부채는 급격히 증가했다. 유로지역의 경우에는 민간부채의 부채상환이 있었지만 경제성장이 둔화되면서 GDP 대비 민간부채 비율이 상승했다. 금융위기 이후 민간부채가 정부부채로 이전되거나 또는 민간부채와 더불어 정부부채가 급격히 상승하는 것은 구제금융 및 경기부양책 추진과정에서 재정정책의 역할이 그만큼 중요하기 때문이다.

4.3 과다부채와 대차대조표 불황

대차대조표 불황
과다부채
↓
통화정책 유효성 저하
↓
유효수요 부족 지속
↓
경기회복속도 저하
↓
대차대조표 개선 지연

경제주체들의 부채가 과다한 경우에 금리 상승, 경기침체, 인구 고령화에 따른 자산수요 감소 등과 같은 충격 발생 시 자산가격 급락 및 금융위기와 함께 경기회복에 장시간이 필요한 **대차대조표 불황**(balance sheet recession)에 빠질 위험이 있다. 대차대조표 불황이 발생하면 부채를 과다하게 축적한 가계와 기업이 소비 · 투자보다는 부채 축소를 최우선시함으로써 부채가 적정 수준으로 회귀하

12. Reinhart, C. M. and Rogoff, K. S., *This Time is Different : Eight Centuries of Financial Folly*, Princeton University Press, 2009.

기까지 확장적 통화정책 등의 유효성이 크게 저하되어 유효수요 부족이 지속된다. 그 결과 '경기회복속도 저하 → 대차대조표 개선 지연'의 악순환이 상당 기간 반복될 수 있다. 실제로 일본, 북구 3국(스웨덴, 핀란드, 노르웨이) 등 대차대조표 불황을 겪은 국가들은 불황기 진입 후 성장모멘텀을 회복하기까지 장시간(약 6 ~ 10년)이 소요되었다.

특히 부채 축소가 과도하게 추진되면 경제 전체가 **'부채디플레이션 악순환**(debt-deflation spiral ; 부채 감축이 물가 하락을 초래하는 경우 부채상환 부담이 증가하는 문제)'에 빠지면서 중앙은행의 통화정책이 무력화된다. 가계 및 기업이 소비나 투자를 하지 않고 부채상환에 몰두하는 상황에서는 재정지출 확대를 통해 기업생산이 가시적으로 늘어나고 민간부문의 고용 및 소득 창출로 이어지도록 해야 효과적이다.

부채디플레이션 악순환
- 부채 감축이 물가 하락을 초래하는 경우 부채상환 부담 증가
- 통화정책 무력화

실제로 2008년 9월 리먼브라더스 파산 이후 미 연준과 영란은행이 본원통화를 2배 이상 확대시켰으나 은행신용은 오히려 축소되었다. 또한 1990년대 중반 이후 10년 동안 일본은행이 제로금리정책을 유지했음에도 일본의 기업부문은 부채 감축을 지속했다. 중국에서도 10여 년 동안 투자를 촉진하기 위해 기준금리가 낮게 유지되어 왔다. 그러나 이러한 인위적인 저금리 기조가 이어진 이후에는 경기 경착륙(hard landing)과 함께 장기간의 경기침체 및 부채디플레이션이 올 수 있다.

이론과 실제 4 장기침체론과 한국 경제의 '대차대조표 불황' 가능성*

글로벌 금융위기 이후 대규모 경기부양과 초저금리, 양적완화를 통한 적극적 금융완화 정책에도 경기부진이 이어지면서 선진국 경제의 장기침체(secular stagnation) 논란이 제기되었다. 한국 경제는 주요 선진국에 비해서 기초경제여건(fundamental)이 양호한 편이나, 저출산 · 고령화가 급격히 진행 중이고 내수부진과 가계부채 문제 등이 심화되면서 일본형 장기부진 가능성에 대한 우려가 제기되었다. 또한 한국 경제가 인구구조나 경제구조가 일본과 일정한 시차를 두고 유사한 변화 추이를 보인다는 점도 우려를 높이는 요인이 되고 있다.

일본 경제 장기침체의 배경은 1990년대 초 대규모 버블 붕괴에 따른 침체와 버블 붕괴 이후의 재무구조 악화에 대응하여 일본 기업과 금융기관들이 부채조정을 우선시함에 따라 지출이 억제되고 금융정책이 효과를 발휘하지 못하여 침체가 장기화되는 대차대조표 불황을 꼽을 수 있다. 그리고 성급한 출구전략의 실패(1997년 소비세 인상), 고령화 및 인구 감소, 내수부진–엔화강세–디플레이션 등도 침체를 장기화시키는 요인이 되었다.

일본 경제의 장기침체를 가져온 원인들 가운데 한국 경제에서 재연될 가능성이 가장 높은 위험요인으로는 인구 감소와 가계부채 관련 위험, 그리고 그에 따른 내수침체 및 성장둔화를 들 수 있다. 2016 ~ 2017년경에는 생산연령인구의 감소세 전환이 예상됨에 따라 성

장둔화가 불가피할 전망이다. 또한 가계부채 비율이 매우 높은 수준이고 최근 원리금상환 부담이 높아지는 추세라는 점에서 향후 부채조정의 진행과 더불어 소비부진으로 이어질 가능성이 높다. 특히 생산연령인구 감소와 가계부채 조정이 동시에 진행될 가능성이 적지 않다는 점에서 상승작용을 통한 악영향의 증폭을 우려하는 견해도 있다.

일본 경제의 침체를 설명하기 위해 '대차대조표 불황'이라는 말을 처음 쓴 노무라종합연구소의 리처드 쿠(Richard Koo) 수석이코노미스트는 "대차대조표 불황기에는 통화정책이 아니라 재정을 통한 부양이 긴요하다"고 말했다. 그는 "일본의 국내총생산(GDP)이 거품 붕괴 후에도 어쨌든 소폭이나마 성장한 것은 315조 엔의 재정지출 덕분"이라고 설명했다.

* 강두용 외, 「한국경제의 일본형 장기부진 가능성 검토」, 『e-KIET 산업경제정보』, 2015. 4. 13 ; 이상은, "불황 땐 저금리 정책 안 먹혀… '재정확대'가 답", 한국경제신문, 2013. 2. 19.

5. 금융안정과 거시건전성정책[13]

Macroeconomics ch. twenty

미시건전성 감독 금융시스템 전체 위험을 주어진 것으로 가정하고 개별 금융회사의 파산위험 제어를 목적

거시건전성 감독 개별 금융회사의 집합적인 행동에 의해 내생적으로 결정되는 시스템 위험에 주목

크로켓(Andrew Crockett)에 의하면 **미시건전성 감독**은 금융시스템 전체 위험을 주어진 것으로 가정하고 개별 금융회사의 파산위험 제어를 목적으로 하는 데 반해, **거시건전성 감독**은 시스템위험이 개별 금융회사의 집합적인 행동에 의해 내생적으로 결정되는 것에 주목한다. 개별 금융회사의 입장에서는 합리적인 행동이 외부효과로 인해 경제 전체로 보면 바람직하지 못한 결과를 가져올 수 있는 구성의 오류(fallacy of composition)가 거시건전성 감독의 대표적인 대상이다. 구체적인 사례로 불황기에 금융회사들이 경쟁적으로 자산을 헐값으로 매각하면서 경제 전체가 신용경색(credit crunch)에 직면하는 상황을 들 수 있다.

5.1 거시건전성정책이란 무엇인가?

거시건전성정책 금융안정 차원에서 시스템리스크를 억제하기 위해 건전성 정책수단들을 설계·도입하여 실시하는 정책

거시건전성정책은 "금융안정 차원에서 시스템리스크를 억제하기 위하여 건전성 정책수단들(prudential tools)을 설계·도입하여 실시하는 정책"을 말한다. 여기서 시스템리스크는 일반적으로 "금융시스템의 전부 또는 일부의 장애로 금융기능이 정상적으로 수행되지 못함에 따라 실물경제에 심각한 부정적 파급효과를 미칠 수 있는 위험"을 의미한다.

13. 참고문헌 : 한국은행, 『한국의 거시건전성정책』, 2015.

이러한 거시건전성정책의 대상인 시스템리스크는 크게 다음 두 가지 차원으로 구분된다. 첫 번째는 **시계열 차원**으로서 시간 경과에 따라 변하는 시스템리스크를 의미하며, 거시건전성정책의 목표는 금융시스템에 내재되어 있는 경기순응성을 완화하는 것이다. 경기호황 시 은행은 위험선호성향이 높아져 신용위험을 과소평가하기 쉽기 때문에 차입 및 은행채 발행 등을 통해 자금조달을 늘려 가계 및 기업에 대한 대출을 확대함에 따라 상승 중인 경기가 더 과열되도록 부추기는 경향이 있다. 반대로 불황 시에는 위험회피성향이 높아지면서 대출심사기준 강화 등을 통해 대출을 급격히 회수함에 따라 경기를 더 악화시키고 때로는 금융불안 또는 위기를 초래하게 된다.

시스템리스크의 구분
- 시계열 차원 : 시간 경과에 따라 변하는 시스템리스크
- 횡단면 차원 : 금융기관 간 공통 익스포저, 리스크 집중, 상호 연계성 및 의존성 등으로 인하여 한 부문에서 발생한 위기가 전염·확산될 수 있는 위험

두 번째는 **횡단면 차원**의 시스템리스크로서 금융기관 간 공통 익스포저(common exposure), 리스크 집중(risk concentration), 상호 연계성 및 의존성 등으로 인하여 한 부문에서 발생한 위기가 여타 부문, 경제주체 또는 국가 등으로 전염 또는 확산될 수 있는 위험을 말한다. 이러한 횡단면 차원은 특정 시점에서의 금융시스템 내 리스크의 분포상태를 반영하며, 직·간접적인 연계성 경로를 통해 특정 회사의 자산건전성 악화 또는 유동성 위험이 시스템 전체로 파급되면서 신용경색, 자산투매(fire sale) 및 환매사태(fund run) 등을 유발하게 된다.

글로벌 금융위기는 정책당국이 바로 이러한 시스템리스크를 식별하고 측정하는 능력이 부족함을 여실히 보여주었다. 강력한 거시건전성정책 체계 구축을 위해서는 시스템 내에 누적되고 있는 리스크를 측정할 수 있는 금융 통계 및 분석 수단의 개발이 필요하다. 거시건전성정책을 적절히 수행하려면 판단의 기초가 되는 시스템리스크 지표가 신뢰성과 예측력을 지녀야 하며 정책대응에 필요한 충분한 시간을 확보해 줄 수 있어야 한다. 따라서 금융불안과 안정적인 관련성을 보임으로써 조기경보(early warning) 능력이 우수한 지표를 찾아낼 필요가 있다.

구체적으로 시계열 차원 거시건전성정책에서는 **경기순응성**을, 횡단면 차원 정책에서는 금융기관들의 **시스템 중요성**(systemic importance)을 측정하는 능력을 제고하는 것이 핵심이다. 경기순응성 측정을 위해 경기가 호황일 때 신용공급의 과잉 여부를 파악할 수 있는 지표 개발이 진행 중이며, GDP 대비 신용비율 갭(credit-to-GDP gap)이 대표적으로 사용된다. 이 지표는 GDP 대비 신용비율이 장기 추세치를 벗어난 정도를 나타내는 시계열 차원의 지표로 거시금융 충격의 발생 사실을 사후적으로 설명하는 데 비교적 강점이 있다.

시계열 차원 : 경기순응성 측정 경기호황 시 신용공급의 과잉 여부를 파악하는 지표 개발 중(예 : GDP 대비 신용비율 갭)

횡단면 차원 : 시스템 중요성 측정 금융기관들의 규모, 상호연계성, 대체불가능 정도 등이 반영된 G-SIFI 선정 방법론 개발 중

금융기관의 시스템 중요성 측정과 관련해서는 바젤은행감독위원회(Basel Committee on Banking Supervision ; BCBS) 주도로 '**글로벌 대형 금융기관**(Global Systemically Important Financial Institution ; G-SIFIs)' 선정 방법론이 개발되고 있다. 동 지표는 금융기관들의 규모, 상호연계성, 전문화된 서비스의 대체불가능 정도 등 시스템 중요성을 결정하는 다양한 요소를 반영하고 있다.

5.2 거시건전성 정책수단

국제적 합의에 의하여, 또는 각국 정책당국의 자체 판단에 의하여 활용 · 논의되고 있는 거시건전성 정책수단은 다음과 같다.

5.2.1 경기순응성 완화를 위한 정책수단

경기순응성 완화를 위한 국제적 정책수단
- 경기대응 완충자본금
- 경기대응 담보할인율 및 증거금
- 예상손실 대손충당금

우선 국제적으로 합의된 정책수단은 다음과 같은 세 가지이다. 첫째, 바젤 III의 규제개혁 중 **경기대응 완충자본금**(countercyclical capital buffer), 즉 은행들이 시스템리스크 상승시기(호황기)에 적립하였다가 금융위기 발생 시 사용하는 자본금은 경기순응성을 완화하는 대표적 거시건전성 정책수단이다. 둘째, CGFS (Committee on the Global Financial System)가 권고한 정책수단으로서 **담보할인율**(haircuts ; 담보로 사용되고 있는 자산의 시장가치에서 할인되는 비율) 및 **증거금**(margins)을 호황기에는 강화하여 레버리지 누적을 억제하고 불황기에는 완화하여 급격한 부채상환을 방지하는 것이다. 셋째, **예상손실 대손충당금**(expected loss provisioning) 제도를 도입하면 신용손실을 조기에 인식할 수 있어 경기순응성 완화에 기여할 수 있다.

국가별 정책수단
- 외화부채 한도 설정, LTV, DTI 등
- 은행세(거시건전성부담금)

한편 개별 국가 차원에서는 다음 두 가지 정책수단이 있다. 우선 일부 국가에서는 급격한 자산가격 상승 및 신용팽창을 억제하기 위하여 자국 사정에 맞추어 외화부채 한도 설정, LTV(loan-to-value ratio), DTI(debt-to-income ratio) 등의 정책을 시행 중에 있다. 기타 정책으로 비예금성 부채에 대한 은행세(bank levy 또는 거시건전성부담금) 부과 등이 있다.

5.2.2 금융기관의 시스템 중요성 관련 정책수단

국제적 합의에 이른 정책수단으로서 우선 바젤 Ⅲ의 자본 · 유동성 규제 강화는 외부충격에 대한 개별 기관의 복원력을 제고함으로써 금융위기의 급속한 전염을 차단할 수 있다. 둘째, 대형 금융기관(SIFI)에 의해 유발되는 도덕적 해이 및 외부성을 해소할 수 있도록 규제를 강화하고 있다. 셋째, 장외파생상품(over-the-counter ; OTC) 시장에서 거래표준화, 장외파생상품청산소(CCP) 활성화, 조직화된 거래채널 이용 등 인프라를 확충함으로써 위기의 전염 가능성을 축소하는 데 기여할 수 있다. 한편 개별 국가 차원에서는 개별 금융기관의 파산이 전체 금융시스템으로 확산되지 않도록 자국 사정에 맞추어 각국의 청산 · 결제 시스템 규제 강화, 주요 금융기관의 업무 제한 등을 추진하고 있다. 미국의 도드-프랭크(Dodd-Frank) 법이 그 대표적 예이다.

금융기관 시스템 중요성 관련 국제적 정책수단
- 자본 · 유동성 규제
- 대형 금융기관 규제
- 장외파생상품의 인프라 확충

국가별 정책수단
- 청산 · 결제 시스템 규제 강화
- 주요 금융기관의 업무 제한

Macroeconomics

Box 20-1 주택부문의 거시건전성정책

표 2017년 지역별 LTV, DTI 규제비율(일반 주택담보대출 및 집단대출)

구분	투기과열지구 및 투기지역		투기과열지구, 투기지역 외 조정대상지역		조정대상지역 외 수도권	
	LTV	DTI	LTV	DTI	LTV	DTI
서민 실수요자	50%	50%	70%	60%	70%	60%
주담대 미보유	40%	40%	60%	50%	70%	60%
주담대 1건 이상 보유	30%	30%	50%	40%	60%	50%

자료 : 금융위원회

2000년대 들어 풍부한 시장유동성, 주택수요 증대 등으로 인해 주택가격이 급등하면서 주택담보대출이 가파른 증가세를 보였다. 이러한 주택시장 과열은 향후 주택가격 하락 충격 발생 시 가계 및 금융기관의 건전성을 훼손하고 금융불안을 유발할 가능성이 있다는 우려가 제기되면서 거시건전성 정책수단이 적극 도입되었다. 정책당국은 2002년 9월 담보인정비율(loan-to-value ratio ; LTV) 규제를 도입하여 주택을 담보로 한 대출금액이 담보가액의 일정 비율을 초과하지 못하도록 제한하였다. LTV 비율 규제는 가계의 주택자산(stock)에 근거를 두고 있어 주택가격이 상승할 경우 담보가치도 함께 올라 대출규모도 늘어나는 경기순응적 행태를 억제하는 데에는 한계가 있다. 이에 따라 2005년 8월 LTV 비율 규제를 보완하여 총부채상환비율(debt-to-income ratio ; DTI) 규제가 추가로 도입되어 활용되고 있다. DTI 비율 규제는 주택담보대출 원리금상환액을 차주 연소득(flow) 대비 일정 비율 이내로 제한하는 것이다.*

한편 2018년 1월 31일부터는 기존 DTI 비율 규제를 수정한 신(新) DTI가 도입되었다. 기존 DTI와 신 DTI의 가장 큰 차이점은 산식에 포함되는 원리금상환액의 포괄 범위이다. 신규 주택담보대출 시 기존 DTI의 경우 기존 주택담보대출의 이자 부분만을 산식에 포함시키던 것과는 달리, 신 DTI에서는 기존 주택담보대출의 원금과 이자를 모두 포함하도록 하여 주택담보대출을 2건 이상 보유한 차주에 대한 규제를 강화하였다.

* 한국은행, 『한국의 거시건전성정책』, 2015.

끝으로 우리나라를 포함한 개별 국가의 효율적인 거시건전성 감독체계는 선진국 중심의 일률적인 패러다임에서 탈피하여 각국의 실정에 적합한 것이 되어야 한다. 왜냐하면 각 나라의 위험상태, 전이경로, 금융심화의 정도, 금융회사의 역량, 정책수단의 제한 및 금융인프라 등이 선진국과 다르기 때문이다.

요약

1. 국가경제의 자금순환

1.1 금융거래표 경제부문별로 자금 조달 및 운용의 유량통계를 기록한 표로서 자금순환표를 열로 보면 개별 경제부문의 자금조달과 운용상황을, 행으로 보면 금융자산(부채)별로 부문 간 수요 및 공급관계를 알 수 있다.

1.2 국민대차대조표 연도 말을 기준으로 국가 내 각 경제부문들이 보유하고 있는 금융자산 및 부채뿐만 아니라 비금융자산(즉, 실물자산)을 총괄적으로 기록한 통계로서 국가순자산(Net Wealth)의 규모와 그 증감내역에 대한 정보를 제공한다. 산업연관표, 국민소득통계, 자금순환표, 국제수지표와 함께 5대 국민계정통계를 구성하고 있다.

2. 가계 · 기업부문의 자산 · 부채와 거시경제

불완전한 금융시장에서 가계 및 기업의 대차대조표 변동이 소비 · 투자의 변화를 통해 단기적인 경기변동에 미치는 영향을 대차대조표 효과라고 한다.

2.1 가계의 대차대조표 효과와 소비 자산가격 상승은 가계 보유자산의 가치를 상승시키므로 부(富) 효과에 의해 가계소비가 증가한다. 또한 자산가격 상승은 가계 보유자산의 담보가치 상승을 통해 대출여력을 증가시키므로 차입제약이 완화되어 가계소비가 증가한다. 한편 고령세대 및 은퇴준비세대의 자산 · 부채 규모 및 구조의 취약성은 소비위축과 함께 극심한 경기침체를 가져올 수 있다.

2.2 기업의 대차대조표 효과와 투자 기업의 부채 · 자본 구성과 투자의 관계를 설명하는 금융가속기 이론에 의하면, 일시적인 생산성 충격으로 인한 순이익 증가는 기업의 자기자본을 증가시키고 외부자금 조달에 수반되는 대리인 비용을 감소시킨다. 그 결과 외부자금 조달규모가 확대되어 투자가 늘어나고 소득이 증가하면 다시 기업부문의 순이익 및 자기자본이 증가하는 선순환이 나타난다. 한편 자산가격의 하락은 기업의 담보물 가치가 하락하는 것을 의미하므로 신규 차입이 축소된다. 이로

인해 투자가 줄어들면 다시 소득이 감소하고 자산가격이 추가적으로 하락하는 악순환이 나타난다.

3. 금융부문의 자산 · 부채와 거시경제

금융기관은 대부자와 차입자 간 탐색 및 정보 비용을 낮추며 신용위험의 전문적 평가를 통해 대출 단위당 평가비용을 낮춘다. 또한 금융기관은 정보비용의 중복을 피할 수 있으며 자산과 부채를 잘 분산시켜 유동성이 낮고 만기가 긴 자산을 상대적으로 안전하고 유동적이며 만기가 짧은 부채로 전환할 수 있다.

3.1 금융기관의 유동성 공급과 뱅크런 다이아몬드와 디비히의 유동성 공급 모형에 따르면 은행은 다수의 소비자로부터 예금을 받아 장기자산에 투자한 뒤, 예상되는 예금인출 수요를 만족시키기 위해 장기자산 중 일부를 유동적인 단기부채(즉, 예금)로 전환한다. 소비자는 이러한 예금계약으로 은행이 없을 때보다 더 고른 소비를 할 수 있다. 그러나 어느 소비자가 다른 소비자들의 예금인출을 예상하게 되면, 모든 예금자가 은행으로 달려가는 뱅크런이 나타난다. 이러한 뱅크런의 잠재적인 해결책은 정부가 예금보험을 제공하는 것이나, 이것은 은행이 고수익 · 고위험 자산을 더 많이 보유하게 만들어 대마불사주의 등의 도덕적 해이를 유발할 수 있다.

3.2 금융기관 레버리지의 경기순응성 레버리지 금융기관의 경우 자산가격 상승 시 순자산이 늘면서 위험을 낮게 평가하여 오히려 자산 보유를 늘리고, 그 결과 레버리지가 상승하는 경향이 있다. 이러한 개별 금융기관들의 능동적인 대차대조표 관리가 시장 전체의 금융사이클을 더욱 증폭시켜 금융불안정을 가져온다. 또한 레버리지 금융기관들의 대차대조표 변동이 실물경제에 대한 신용공급을 주도하고 있기 때문에 중앙은행은 통화정책이 레버리지 금융기관들의 대차대조표에 미칠 효과를 고려하여 정책을 운용할 필요가 있다.

4. 거시경제의 과다부채와 대차대조표 불황

4.1 정부의 자산 · 부채와 거시경제 정부부채비율은 주어진 기존 채무수준에서 금리 · 성장률 간 격차, 기초재정수지, 스톡-플로우 조정 등의 요인에 의해 변동한다. 특히 국채발행 금리가 높거나 경제성장률이 낮은 경우 또는 기초재정수지가 적자를 기록하는 경우 정부부채비율은 상승한다. 과다채무국의 재정건전성 악화는 현재와 미래의 경기침체나 새로운 경제위기에 대한 정책대응 능력을 악화시킨다.

4.2 과다부채의 생성 메커니즘 자산가격 상승이나 경기호황의 지속은 담보가치를 상승시키고 경제주체들이 위험을 과소평가하게 함으로써 레버리지 및 신용 확대를 가져온다. 이러한 과정을 통해 과다하게 증가된 부채는 소비와 투자 위축을 통한 경기침체 및 금융불안을 초래할 수 있다.

4.3 과다부채와 대차대조표 불황 대차대조표 불황은 과다부채를 지닌 경제주체들이 부채 축소를 우선시하게 함으로 통화정책의 유효성을 떨어뜨리고, 유효수요 부족, 경기회복속도 저하, 대차대조표 개선 지연 등의 악순환을 장기간 지속시킬 수 있다. 특히 부채가 과도하게 축소되면 물가 하락으로 인해 부채상환 부담이 증가하는 부채 디플레이션 악순환에 빠지게 된다.

5. 금융안정과 거시건전성정책

5.1 거시건전성정책이란 무엇인가? 거시건전성정책은 건전성 정책수단을 사용하여 금융부문의 시스템리스크를 억제함으로써 실물경제에 심각한 악영향을 미칠 수 있는 금융불안을 낮추는 정책을 의미한다. 여기서 시스템리스크는 경기순응성 리스크와 금융기관의 시스템 중요성 리스크로 구분된다.

5.2 거시건전성 정책수단 경기순응성 완화를 위해 국제적으로는 경기대응 완충자본금 확충, 담보할인율 및 증거금 강화, 예상손실 대손충당금 제도가, 국가별로는 LTV, DTI, 은행세 등이 시행 중에 있다. 한편 금융기관의 시스템 중요성 관련 정책수단으로서 국제적으로는 자본 · 유동성 규제 강화, 대형 금융기관 규제 강화, 장외파생상품의 인프라 확충 등을, 국가별로는 청산 · 결제 시스템 규제 강화 등을 추진하고 있다.

연습문제

01 이 장의 [표 20-1]에 소개된 우리나라의 금융거래표(2019년)를 보고 다음 물음에 답하라.

(1) 금융 법인기업의 자본계정(또는 비금융계정)에서 저축액과 투자액을 구하라. 만약 저축과 투자가 차이가 난다면, 저축초과액 또는 저축부족액의 크기를 구하라.

(2) 금융 법인기업이 금융계정을 통해 외부로부터 조달한 총 금액을 구하고, 그 조달수단을 열거하라. 이 중 금융자산의 형태로 운용된 자금을 구하고, 그 운용수단을 열거하라. 금융 법인기업의 경우 운용자금과 조달자금의 차액이 저축 · 투자 차액과 일치하는가?

(3) 개인부문에서의 투자와 저축은 일치하는가? 만약 일치하지 않는다면 저축초과액 또는 저축부족액의 액수는 얼마나 되는가? 개인부문의 운용자금 중 예금과 유가증권의 형태로 운용된 비율을 각각 구하라.

(4) 해외부문에서 도입된 외채의 크기를 구하라. 이 외채는 각각 어느 부문에서 얼마나 사용되었는가?

02 1990년대 일본의 장기불황을 자산 · 부채의 대차대조표 효과를 이용하여 설명하라.

03 우리 경제는 최근 내수, 즉 소비와 투자가 급속히 위축되는 가운데 부동산 가격이 폭등하는 현상을 경험하였다. 일견 서로 모순되는 것처럼 보이는 이 두 가지 현상을 이론적으로 설명할 수 있는 공통의 요인들을 찾고자 한다. 경제주체들의 '이자율 하락 예상'이나 '미래소득의 불확실성 증가'를 이용하여 위 두 가지 현상이 동시에 발생할 수 있음을 각각 이론적으로 설명하라.

(2006년 행정고시 기출문제 일부 변형)

04 다음과 같은 다이아몬드-디비히 모형을 가정하자. 세 기간 0, 1, 2 동안 생존하는 N명의 소비자가 있다. 각 소비자는 0기에 재화 1단위를 받아서 생산기술에 투자한 뒤 1기에 회수하면 재화 1단위를 그대로 돌려받고 2기에는 아무런 수익을 얻지 못한다. 2기까지 기다리면 2기에 재화 $(1+r)$단위를 얻는다. 소비자는 1기 소비만을 원하는 소비자와 2기 소비만을 원하는 소비자로 나누어진다. 자신이 1기 소비자인지, 2기 소비자인지는 1기가 되어서야 알게 된다. t의 확률로 1기 소비자가 될 때 소비자의 기대효용은 다음과 같다.

$$t\sqrt{C} + (1-t)\sqrt{C'}$$

(1) 이 모형에서 은행이 예금계약을 제공한다고 하자. 균형예금계약 C_1^*, C_2^*를 구하라. 그리고 이 결과를 (C, C') 평면에 예산제약식과 함께 그래프로 나타내고 은행이 없는 경우와 비교 · 설명하라.

(2) (1)번의 결과에 따르면 2기 소비자가 1기 소비자라고 거짓말을 할 유인이 존재하는가? 그 이유를 설명하라. 만약 이러한 '나쁜 균형'이 존재한다면 이를 방지할 수 있는 방안은 무엇인가?

05 다음 물음에 답하라.

(1) 우리나라 가계의 금융부채가 주택담보대출을 중심으로 증가하는 상황에서 금리인상과 총부채상환비율(debt-to-income ratio ; DTI) 규제 부활이 주택가격에 미치는 영향을 설명하라.

(2) 고령화에 따른 인구구조의 변화가 주택가격에 미치는 영향을 설명하라.

(3) 위 (1)과 (2)의 주택가격 변화가 거시경제에 미치는 영향을 설명하라.

06 일반적으로 금융위기 기간에는 금융시장의 불안으로 신용경색 현상이 발생하고, 이것은 다시 실물경제에 영향을 주게 된다. 이러한 상황과 관련된 다음의 문항에 답하라.

(1) 폐쇄경제를 상정하고 신용경색이 금융시장의 여러 변수들과 실물경제에 미치는 영향에 대하여 분석하라. 특히 이자율, 국채 금리와 회사채 금리의 격

차, 수익률곡선의 기울기, 통화승수에 대한 효과를 분석하고, 실물경제에 대한 파급효과에 대하여 기술하라.

(2) 글로벌 금융위기에 대응하여 중앙은행이 확장적인 통화공급으로 대응하였을 경우에 (1)에서의 분석과 달라지는 점들을 지적하고, 변동환율제도를 채택하고 있는 한국과 같은 소국 개방경제를 상정하였을 때 환율, 경상수지, 자본수지 등에 대한 영향을 설명하라.

(3) 일부 국가들이 시행하고 있는 것처럼, 주요 통화에 대하여 국내통화의 가치를 고정시키는(pegged) 고정환율제, 또는 최소한 관리변동환율제를 운용할 경우, 글로벌 금융위기 상황에서 환율의 안정성을 확보할 수 있다는 주장이 대두되기도 한다. 이러한 주장의 문제점 또는 한계점을 설명하라.

(2009년 입법고시 기출문제)

07 2008~2009년 글로벌 금융위기가 실물경제에 미치는 영향은 1930년대 대공황을 설명할 때 각광받았던 신용경로(credit channel)와 유사하게 분석할 수 있다. 그러나 1930년대 대공황을 설명하는 전통적인 신용경로가 기업과 같은 차입부문의 금융마찰(financial friction)에 주목한 반면, 최근 글로벌 금융위기에 이은 세계 경기침체를 설명하는 신용경로는 금융기관과 같은 대출부문의 금융마찰에 주목하고 있다.

(1) 전통적 신용경로의 대표적 이론인 버냉키의 금융가속기 이론을 이용하여 1930년대 대공황을 설명하라.

(2) 금융기관 대차대조표의 경기순응성을 이용하여 최근 금융위기가 실물경기 침체를 심화시키는 경로를 설명하라. 이와 같이 금융기관들의 대차대조표 변동이 실물경제의 신용공급을 주도하고 있는 상황에서 확장적 통화정책이 금융안정에 미치는 영향을 설명하라.

08 IMF 구제금융 이후 우리나라 금융산업의 구조조정에 총 100조원 이상의 공적자금 투입이 요구된다고 한다.

(1) 공적자금의 확보를 위해서는 그 재원확보가 문제이다. 어떠한 재원확보방안이 있을 수 있는지와 각각의 문제점은 무엇인지 설명하라.

(2) 만약 재원의 상당 부분을 국공채 매각으로 충당한다면 국민들의 소비에 어떠한 영향을 미칠지 단기와 장기로 구분하여 논하라.

(2000년 행정고시 기출문제 일부 변형)

09 다음은 어느 일간신문에 게재된 기사이다. 물음에 답하라.

> 2008년 9월에 글로벌 금융위기가 터지자 세계 각국 정부는 막대한 규모의 재정지출을 통하여 경기급락을 막았다. 미국은 국내총생산의 5.6%에 달하는 7,870억 달러의 경기부양책을 마련했다. 유럽연합(EU)도 2,000억 유로의 재정지출 계획을 세웠다. 일본은 네 차례에 걸쳐 GDP의 4.7%에 해당하는 27조 4,000억 엔의 부양자금을 투입하겠다고 발표했다.
> 하지만 시간이 지나면서 '빚 잔치'는 부메랑이 되어 돌아오고 있다. 재정적자와 과도한 국가 빚이 경기회복의 발목을 잡기 시작한 것이다. 미국은 2009년 회계연도에 1조 4,000억 달러에 달하는 사상 최대의 재정적자를 기록하였으며 영국, 일본 등도 2009년도에 재정적자의 규모가 크게 증가하였다. 이에 따라 GDP 대비 정부부채비율도 금융위기 이전보다 크게 증가하여 2009년 말 현재 미국은 70.5%, 독일은 67.2%, 일본은 218.6%를 기록하였다.

(1) *IS*-*LM* 모형에서 일시적인 재정지출 증가를 통한 경기부양 효과가 크게 나타나기 위해서는 어떠한 조건이 필요한지 설명하라.

(2) 정부부채의 증가가 경기부양에 도움이 되지 않을 것이라는 견해도 있다. 이 견해를 설명하라.

(3) 정부부채의 증가가 오히려 경기회복의 발목을 잡을 것이라는 위 신문기사의 견해에 대해 평가하라.

(2012년 행정고시 기출문제)

찾아보기

thirteenth edition
Macroeconomics
Index

가

바

사

아

자

영문

지은이에 대하여

정 운 찬

서울대학교 경제학과(학사, 1966 ~ 1970)
미국 마이애미대학교(경제학석사, 1971 ~ 1972)
미국 프린스턴대학교(경제학박사, 1972 ~ 1976)
미국 콜럼비아대학교 조교수(1976 ~ 1978)
서울대학교 교수(1978. 12 ~ 2009. 9)
한국금융학회장(1998. 7 ~ 1999. 6)
서울대학교 제23대 총장(2002. 7 ~ 2006. 7)
한국경제학회장(2006. 2 ~ 2007. 2)
한국사회과학협의회장(2008. 1 ~ 2009. 9)
국무총리(2009. 9 ~ 2010. 8)
한국야구위원회(KBO) 총재(2018. 1 ~ 2020. 12)
서울대학교 명예교수(2011. 3 ~ 현재)
동반성장연구소 이사장(2012. 6 ~ 현재)

[주요 저·역서]

『도전받는 한국경제』(정운찬 외 공저, 1990, 한국신용평가); 『금융개혁론』(1991, 법문사); 『중앙은행론』(1995, 학현사); 『예금보험론』(전정판, 송홍선 공저, 2007, 서울대학교 출판부); 『소리 없는 혁명—중앙은행의 현대화』(앨런 S. 블라인더 지음, 정운찬 · 김홍범 옮김, 2009, 율곡출판사); 『야구 예찬—야구바보 정운찬의 야생야사 이야기』(2013, 휴먼큐브); 『서울대 경제학자 8인이 말하는 한국경제』(정운찬 외 공저, 2017, 율곡출판사); 『경제학원론』(제11판, 조순 · 전성인 · 김영식 공저, 2020, 율곡출판사); 『한국경제, 동반성장, 자본주의 정신』(2021, 파람북); 『화폐와 금융시장』(제6판, 정운찬 · 김홍범 · 김진일 공저, 2022, 율곡출판사); 『나의 스승, 나의 인생—조순 선생과 함께한 55년』(2022, 나남출판사) 외 다수

김 영 식

서울대학교 영어영문학과(학사, 1981 ~ 1985)
미국 카네기멜론대학교(경제학석사, 1989 ~ 1991)
미국 아이오와대학교(경제학박사, 1991 ~ 1994)
뉴질랜드 빅토리아대학교 조교수(1994 ~ 1999)
경희대학교 부교수(2000 ~ 2004. 8)
서울대학교 교수(2004. 9 ~ 현재)

[주요 저서 및 논문]

『금융백서 : 한국 금융의 변화와 전망』(김상조 · 박창균 · 최홍식 · 함준호 공저, 2013, 서울대학교출판문화원)
『경제학으로의 초대』(제3판, 2021, 도서출판 청람)
Liquidity, Quality, Production Cost, and Welfare in a Search Model of Money, (with Shuntian Yao), *Economic Journal*, 2001. How Important is the Intermediate Input Channel in Explaining Sectoral Employment Comovement over the Business Cycle? (with Kunhong Kim), *Review of Economic Dynamics*, 2006. Separation of Unit of Account from Medium of Exchange (with Manjong Lee), *Journal of Money, Credit and Banking*, 2013. Central Bank Digital Currency, Credit Supply, and Financial Stability (with Ohik Kwon), *Journal of Money, Credit and Banking*, 2022.

이 재 원

미국 위스컨신대학교 경제학과, 수학과(경제학학사, 수학학사, 2003)
미국 프린스턴대학교 경제학과(경제학석사, 2005)
미국 프린스턴대학교 경제학과(경제학박사, 2008)
미국 럿거스대학교 조교수(2008~2013)
미국 버지니아대학교 조교수(2017~2021)
서울대학교 조교수, 부교수(2013~2017, 2021~현재)

[주요 논문]

System Reduction of Dynamic Stochastic General Equilibrium Models Solved by gensys (with Woong Yong Park), *Economics Letters* 199 : 109704, 2021.

Sectoral Price Facts in a Sticky-Price Model (with Carlos Carvalho and Woong Yong Park), *American Economic Journal : Macroeconomics* 13 (1) : 216-56, 2021.

The Cross-Sectional Distribution of Price Stickiness Implied by Aggregate Data (with Carlos Carvalho and Niels Dam), *Review of Economics and Statistics* 102(1) : 162-179, 2020.

Sectoral Heterogeneity in Nominal Rigidities in Korea : Implications for Monetary Policy (with Seula Kim), *Korean Economic Review* 36(1) : 59-99, 2020.

Policy Regimes, Policy Shifts, and U.S. Business Cycles (with Saroj Bhattarai and Woong Yong Park), *Review of Economics and Statistics* 98(5) : 968-983, 2016.

Optimal Monetary Policy in a Currency Union with Interest Rate Spreads (with Saroj Bhattarai and Woong Yong Park), *Journal of International Economics* 96(2) : 375-397, 2015.

Inflation Dynamics : The Role of Public Debt and Policy Regimes (with Saroj Bhattarai and Woong Yong Park), *Journal of Monetary Economics* 67 : 93-108, 2014.

Price Indexation, Habit Formation, and the Generalized Taylor Principle (with Saroj Bhattarai and Woong Yong Park), *Journal of Economic Dynamics and Control* 48 : 218-225, 2014.

Monetary Policy with Heterogeneous Households and Imperfect Risk-Sharing, *Review of Economic Dynamics* 17(3) : 505-522, 2014.

Monetary-Fiscal Policy Interactions and Indeterminacy in Post-War U.S. Data (with Saroj Bhattarai and Woong Yong Park), *American Economic Review*, P&P 102(3) : 173-178, 2012.

Aggregate Implications of Heterogeneous Households in a Sticky-Price Model, *Journal of Money, Credit and Banking* 44(1) : 1-22, 2012.

The Relevance of the Fiscal Theory of the Price Level in Korea (with Jung Yi Hong, Jungsik Hyun and Yeji Sung), *Journal of Economic Theory and Econometrics* 26(1) : 1-34.

제13판 거시경제론

초 판 1쇄 발행 1982년 8월 20일
제5판 1쇄 발행 2001년 2월 25일
제6판 1쇄 발행 2003년 6월 20일
제7판 1쇄 발행 2005년 6월 20일
제8판 1쇄 발행 2007년 6월 20일
제9판 1쇄 발행 2010년 2월 10일
제10판 1쇄 발행 2012년 8월 10일
제11판 1쇄 발행 2015년 8월 13일
제12판 1쇄 발행 2018년 3월 5일
제13판 1쇄 발행 2022년 3월 15일
제13판 4쇄 발행 2025년 1월 31일

지은이 정운찬 · 김영식 · 이재원
펴낸이 박기남
펴낸곳 **율곡출판사**
08590 서울시 금천구 가산디지털1로 84(에이스하이엔드 8차), 803호
전화 (代) 02) 718-9872/3
팩스 02) 718-9874
home-page www.yulgokbooks.co.kr
e-mail yulgokbook@naver.com
등록 1989.11.10. 제2014-000031호
ISBN 979-11-91812-21-3 93320

정가 40,000원